Adel im Wandel

Katalog zur Ausstellung in Sigmaringen
vom 13. Mai bis 29. Oktober 2006

Im Auftrag
der Gesellschaft Oberschwaben
für Geschichte und Kultur
und des Landes Baden-Württemberg

herausgegeben von
Casimir Bumiller

Adel im Wandel

200 Jahre Mediatisierung in Oberschwaben

THORBECKE

Veranstaltet von

Gesellschaft Oberschwaben für Geschichte und Kultur

Baden-Württemberg

Wir danken für die finanzielle Unterstützung
von Druck und Gestaltung dieser Bände
der Landesbank Baden-Württemberg,

LBBW
Landesbank Baden-Württemberg

der Stiftung Oberschwaben
und den oberschwäbischen Adelshäusern

Bibliografische Information der Deutschen Bibliothek.
Die Deutsche Bibliothek verzeichnet diese Publikation in der
Deutschen Nationalbibliografie. Detaillierte bibliographische
Daten sind im Internet abrufbar über http://dnb.ddb.de.

© 2006 Gesellschaft Oberschwaben für Geschichte und Kultur e.V.
www.gesellschaft-oberschwaben.de;
www.thorbecke.de; info@thorbecke.de

Alle Rechte vorbehalten. Ohne schriftliche Genehmigung
der Gesellschaft Oberschwaben ist es nicht gestattet, das Werk
unter Verwendung mechanischer, elektronischer und anderer
Systeme in irgendeiner Weise zu verarbeiten und zu verbreiten.
Insbesondere sind vorbehalten die Rechte der Vervielfältigung
– auch von Teilen des Werkes – auf photomechanischem,
digitalem oder ähnlichem Weg, der tontechnischen Wiedergabe,
des Vortrags, der Funk- und Fernsehsendung, der Speicherung
in Datenverarbeitungsanlagen, der Übersetzung und der
literarischen oder anderweitigen Bearbeitung.

Gestaltung: Müller x Hocke x Abele x Abele, Bad Saulgau
Druck: Bodensee Medienzentrum, Tettnang
Buchbinder: Siegloch Edition Buchbinderei, Blaufelden
Verlag: Jan Thorbecke Verlag, Ostfildern

Dieses Buch ist aus alterungsbeständigem Papier nach
DIN-ISO 9706 hergestellt.

Printed in Germany

Verlagsausgabe
ISBN 10: 3-7995-0216-5   ISBN 13: 978-3-7995-0216-0
Ausstellungsausgabe
ISBN 10: 3-7995-0219-X   ISBN 13: 978-3-7995-0219-1

Inhalt

GRUSSWORTE

**Ministerpräsident
Günther H. Oettinger** — 6

**S.H. Fürst
von Hohenzollern** — 7

**Landrat
Dirk Gaerte** — 8

**Bürgermeister
der Stadt Sigmaringen
Wolfgang Gerstner** — 9

GELEITWORT

„Gesellschaft Oberschwaben
für Geschichte und Kultur" und
der „Stiftung Oberschwaben" — 10

VORWORT

Herausgeber — 13

AUFSATZTEIL

Adel in Oberschwaben am
Ende des Alten Reiches
Monika Spicker-Beck — 16

1806 – ein Epochenjahr
deutscher Geschichte
Casimir Bumiller — 30

Adel im Wandel –
Grundzüge der Entwicklung im
19. und 20. Jahrhundert
Casimir Bumiller — 50

KATALOGTEIL

I. Der Adel am Ende das Alten Reiches — 66

II. Napoleon und die Neugestaltung des deutschen Südwestens — 100

III. Hohenzollerns Sonderweg bis 1851 — 132

IV. Der Adel zwischen Anpassung und Widerstand 1815–1848 — 146

V. Von der Wunderkammer zum Museum – die kulturgeschichtliche Leistung des Adels — 168

VI. Adlige als Künstler — 190

VII. Selbstvergewisserung durch Traditionsbildung — 204

VIII. Adel, Kirche und Religion — 222

IX. Vom Kaiserreich zum Dritten Reich — 240

X. Vom Feudalherrn zum Unternehmer — 272

XI. Alte und neue Grafenhäuser Königsegg und Quadt — 284

XII. Die Häuser Waldburg-Zeil und Waldburg-Wolfegg — 298

XIII. Ehemals reichsritterschaftliche Familien: Freyberg und Stauffenberg — 314

XIV. Württemberg und die württembergische Klientel: Zeppelin und König von Warthausen — 342

XV. Das Haus Baden in Salem — 366

XVI. Das Haus Hohenzollern — 378

Literaturverzeichnis — 394
Bildnachweis — 400

GRUSSWORT DES MINISTERPRÄSIDENTEN GÜNTHER H. OETTINGER

IN DIESEM JAHR jährt sich sowohl die Auflösung des Heiligen Römischen Reiches deutscher Nation als auch die Bildung des Rheinbundes zum 200. Mal. Anlässlich dieses Ereignisses veranstaltet die Gesellschaft Oberschwaben für Geschichte und Kultur in Zusammenarbeit mit dem Landesarchiv Baden-Württemberg die Ausstellung „Adel im Wandel". Dazu grüße ich alle Besucherinnen und Besucher sehr herzlich.

Die Gebiete vom Bodensee bis zur Schwäbischen Alb stellen mit ihrer großen Dichte an Schlössern eine klassische Adelslandschaft dar. Über viele Jahrhunderte hinweg prägten die Adelsfamilien die Geschichte des Südwestens. Mit der Bildung des Königreichs Württemberg im Jahre 1806 erfuhr diese Vorrangstellung der Aristokraten jedoch eine gravierende Wende. Bis auf wenige Ausnahmen verloren alle Adelshäuser in Oberschwaben ihren Landesherrenstatus und wurden zu so genannten Standesherren „degradiert". Der Niedergang des herrschenden Adels wurde schließlich durch die Märzrevolution im Jahre 1848 noch beschleunigt.

Seit dem Mittelalter kennzeichnet Oberschwaben das vielfältige Nebeneinander kleiner Territorien, darunter die Reichsstädte Biberach und Ulm sowie Sigmaringen als Hauptstadt des Fürstentums Hohenzollern-Sigmaringen.

Unter dem Schutz weltlicher und geistlicher Herrschaft wurde Oberschwaben nicht nur zu einer der wirtschaftsstärksten Regionen Baden-Württembergs, sondern auch zu einer Kulturlandschaft, die den Besucher heute durch gut erhaltene Städte mit malerischen mittelalterlichen Stadtkernen, eine Vielzahl an Burgen und Schlössern, barocken Kirchen und Klöstern zu beeindrucken weiß.

Wie sich der deutliche Wandel des Adellebens der vergangenen zwei Jahrhunderte gestaltete, wird den Besucherinnen und Besuchern auf 1.200 qm anhand von 300 Exponaten verdeutlicht. Der Besucher erhält hier interessante und aufschlussreiche Einblicke in die von Revolution und Umbildung der Herrschaftsverhältnisse geprägte Vergangenheit des oberschwäbischen Adels.

Ich danke den zahlreichen Helferinnen und Helfern, die mit ihrem fachlichen Wissen und tatkräftigem Einsatz einen wesentlichen Teil zur Vorbereitung und Finanzierung dieser Ausstellung beigetragen haben, sehr herzlich. Mein besonderer Dank gilt den Verantwortlichen, die diese Ausstellung ins Leben gerufen haben. Sie zeigen einen spannenden und wertvollen Teil Baden-Württembergs. Den Veranstaltern wünsche ich viel Erfolg und allen Besucherinnen und Besuchern interessante Einblicke in das Adelsleben des 19. und 20. Jahrhunderts.

Günther H. Oettinger
MINISTERPRÄSIDENT
DES LANDES BADEN-WÜRTTEMBERG

GRUSSWORT
S.H. DES FÜRSTEN VON HOHENZOLLERN

DANK PERSÖNLICHER BEZIEHUNGEN ZU NAPOLEON und der Protektion des stammverwandten Hauses Preussen überlebten die gefürsteten Grafschaften Hohenzollern-Sigmaringen und Hohenzollern-Hechingen das Ende des Alten Reiches und wurden souveräne Fürstentümer (1806 – 1850). In dieser Zeit fielen zukunftsweisende politische Entscheidungen. Fürst Karl von Hohenzollern-Sigmaringen (1831-1848) setzte Maxime wie „Ein Fürst muß ein Mann seiner Zeit seyn; er muß das Zeitalter kennen, die Menschen, ihre Bedürfnisse" oder „Alle persönlichen Vortheile opfere den wichtigeren Interessen, dem Heile, dem Wohlstande und der Sicherheit deiner Unterthanen" in die konkrete Tat um. Karl gab 1833 seinem Fürstentum eine Verfassung mit landständischer Vertretung, förderte die wirtschaftliche Entwicklung des Landes und den städtebaulichen Fortschritt der Residenzstadt Sigmaringen, gründete die Spar- und Leihkasse des Fürstentums (1834) und das Landeskrankenhaus (1847). Infolge der Revolution von 1848 dankte Fürst Karl zugunsten seines Sohnes Karl Anton ab.

Fürst Karl Anton (1848-1885) verzichtete 1850 – gemeinsam mit dem Hechinger Vetter Friedrich Wilhelm Konstantin, letzter Fürst von Hohenzollern-Hechingen – seinerseits auf die Souveränität zugunsten des Königs von Preussen, fortan neuer Landesherr. Es begann ein wichtiger Abschnitt nicht nur in der Geschichte Hohenzollerns als preussische Regierungsprovinz, sondern auch im Hinblick auf die gesellschaftliche Stellung und das Selbstverständnis des Fürstenhauses. Fürst Karl Anton – mit König und Kaiser Wilhelm I. freundschaftlich verbunden – trat in preussische Dienste. Als Ministerpräsident in Berlin und als Militärgouverneur der Rheinprovinz und Westfalens in Düsseldorf übte er hohe Ämter aus. Militärische Karrieren im Dienste Preussens prägten ebenfalls die nachfolgenden Generationen. In der Mitte des 19. Jahrhunderts wurde der Grundstein einer bis heute gültigen und gepflegten Tradition als wesentliches Identitätsmerkmal des Fürstlichen Hauses gelegt: Der große Kunstmäzen Karl Anton baute die Fürstlichen Sammlungen und die Hofbibliothek systematisch und umfassend aus, ließ diese wissenschaftlich betreuen und machte sie der Öffentlichkeit zugänglich.

Soziales und kulturelles Engagement, Pflege von Bau- und Kunstdenkmälern, Einsatz für Wirtschaft und Fremdenverkehr, Erhaltung von Arbeitsplätzen in den Fürstlichen Unternehmen und Betrieben (insbesondere Hüttenwerk Laucherthal) waren und bleiben Aufgabe und Verpflichtung meines Hauses vom 19. Jahrhundert bis zur Gegenwart.

In der Ausstellung „Adel im Wandel" werden markante Zeugen der Geschichte oberschwäbischer Adelsgeschlechter in neuerer Zeit lebendig. Die Gesellschaft Oberschwaben hat mit viel Engagement ein Projekt verwirklicht, dem zahlreiche Interessenten zu wünschen sind.

Friedrich Wilhelm Fürst von Hohenzollern

GRUSSWORT
VON LANDRAT DIRK GAERTE

DIE GROSSE REGIONALE AUSSTELLUNG „Adel im Wandel" gibt in der Zeit vom 13. Mai bis zum 29. Oktober 2006 einen Einblick in das gesellschaftspolitische Geschehen unserer Region in den letzten 200 Jahren. Sie wird von der Gesellschaft Oberschwaben für Geschichte und Kultur in Verbindung mit dem Land Baden-Württemberg veranstaltet und von den oberschwäbischen Landkreisen maßgeblich unterstützt. Mit dem zeitlich-thematischen Anschluss an die erfolgreiche Landesausstellung „Alte Klöster – neue Herren" 2003 in Bad Schussenried, die die Folgen der Säkularisierung von 1803 im deutschen Südwesten verdeutlichte, schließt sich jetzt der Kreis: machte doch die Mediatisierung von 1806 fast alle in unserer Region ansässigen Adelshäuser „von Landesherren zu Standesherren".

Unsere Heimat Oberschwaben und der heutige Landkreis Sigmaringen wurden während der letzten Jahrhunderte in besonderer Weise durch den Adel geprägt. Daneben waren die zahlreichen Klöster, das Bürgertum in den Residenz- und Reichsstädten, die selbstbewusste und streitbare Bauernschaft sowie das Erzhaus Österreich für den Lauf der Geschichte von Bedeutung. Bis in das 18. Jahrhundert sind drei Hochadelsgeschlechter im unmittelbaren Kreisgebiet ansässig und wesentlich für dessen Entwicklung: das Haus Fürstenberg in Meßkirch sowie das Haus Waldburg in Scheer und – bis dato – die Hohenzollern in Sigmaringen. An die einst beträchtliche Zahl von Niederadelsherrschaften erinnern diverse ehemalige Adelssitze zum Beispiel in Gammertingen, Gutenstein, Hettingen, Hornstein, Menningen und Stetten a.k.M.

Vor diesem Hintergrund hat sich der Drei-Länder-Kreis Sigmaringen als idealer Platz für die Schau angeboten; vereint er doch nennenswerte Teile von Baden, Württemberg und Hohenzollern, also aus allen drei Ländern, die aus der Mediatisierung hervorgingen. Und die Stadt Sigmaringen mit ihrem das Stadtbild dominierenden Schloss und herrschaftlichen Verwaltungsbauten aus dem 19. Jahrhundert ist bis in die Gegenwart als Residenz und Sitz der Hohenzollern erlebbar. So sind das Landeshaus, der ehemalige Sitz des Landeskommunalverbandes, und der Neue Prinzenbau, eines der qualitätsvollsten Adelspalais des 19. Jahrhunderts, als Standorte für die Darstellung der Ereignisse seit 1806 geradezu prädestiniert.

Eine Ausstellung dieser Größe und Bedeutung ist in heutiger Zeit ohne Sponsoren nicht mehr denkbar. Sie wird zum großen Teil über Drittmittel der Stiftung Oberschwaben, der Oberschwäbischen Elektrizitätswerke (OEW) und der hiesigen Sparkassen finanziert. Ihren Beitrag geleistet haben im Rahmen ihrer Möglichkeiten aber auch Stadt und Landkreis Sigmaringen. Das Land Baden-Württemberg unterstützt das Ausstellungsvorhaben durch den Einsatz des Staatsarchivs, die Überlassung von Prinzenbau und Landeshaus und eine Förderung durch die Landesstiftung. In der Summe ist dieses umfangreiche geistig-kulturelle und finanzielle Invest in den Landkreis Sigmaringen und die Stadt Sigmaringen gleichzeitig auch ein Bekenntnis der gesamten Region zu diesem Teil Oberschwabens.

Ich danke der Gesellschaft Oberschwaben für die Initiierung und Konzipierung, Organisation und Hauptträgerschaft dieser großen Regionalschau zu einem zentralen Thema der Geschichte des Oberlandes und damit für die verstärkte kulturelle Identitätsbildung in unserer Heimat. Ich freue mich über

GRUSSWORT DES BÜRGERMEISTERS DER STADT SIGMARINGEN WOLFGANG GERSTNER

OBERSCHWABEN, die Kultur und Siedlungsgeschichte ist von Adelshäusern maßgeblich beeinflusst worden. Dies gilt auch für Sigmaringen, wo das Schloss des Fürsten von Hohenzollern das Erscheinungsbild der Stadt prägt. Insbesondere freut es mich, dass es gelungen ist, die Ausstellung „Adel im Wandel" dank der Unterstützung der Gesellschaft Oberschwaben in Sigmaringen der Öffentlichkeit zu präsentieren.

Die Ausstellung befasst sich mit der Mediatisierung und dem Transformations- und Anpassungsprozess des oberschwäbischen Adels vom Ende des Alten Reiches über den Verlust der Souveränität 1806, die Revolution von 1848/49 und das Ende der Monarchien bis hin zur Gegenwart. Die Ausstellung zeigt den Wandel in den Zeiten. Geschichte wird konkret und greifbar dargestellt.

Die Ausstellungsstücke, die hier gezeigt werden, sind wahre Schätze. Viele der Exponate werden erstmals der Öffentlichkeit präsentiert. Und Schätze vergräbt man nicht – man zeigt sie der Öffentlichkeit. Genau das tut diese Ausstellung. Erleben Sie über 200 Jahre oberschwäbische Geschichte.

Mein Dank gilt den Adelsfamilien, die die Ausstellungsstücke für die Dauer der Ausstellung kostenlos zur Verfügung gestellt haben, den Veranstaltern der Ausstellung, der Gesellschaft Oberschwaben für Geschichte und Kultur, dem Land Baden-Württemberg sowie den Sponsoren, die durch ihre finanzielle Unterstützung die Ausstellung ermöglicht haben.

Die Ausstellungsmacher haben Großartiges geleistet. Wir erwarten zu dieser überregional attraktiven Ausstellung viele Besucherinnen und Besucher aus Sigmaringen, der Region und auch aus der Ferne. Sigmaringens Attraktivität und Erlebniswert wird durch die Ausstellung „Adel im Wandel" weiter erhöht.

Wolfgang Gerstner
BÜRGERMEISTER

---

die Bereitschaft und den Einsatz unserer oberschwäbischen Landkreise Alb-Donau, Biberach, Bodensee und Ravensburg, die neben dem Landkreis Sigmaringen durch die Mithilfe ihrer Kreisarchivare sowie die Bereitstellung von OEW-Mitteln auf ganz unmittelbare und „handfeste" Art zum Gelingen beigetragen haben.

Besonders gefreut hat mich das Engagement unserer Adelshäuser, die die Ausstellung in dieser Breite und Tiefe durch die Öffnung ihrer Schlösser, Sammlungen, Bibliotheken und Archive sowie durch bedeutende Leihgaben überhaupt erst ermöglicht haben. Ein umfangreiches Begleitprogramm mit Vorträgen, Führungen, Exkursionen, Konzerten, Theateraufführungen und Kunstausstellungen, das der Landkreis Sigmaringen zusammen mit seinem Kreiskulturforum entwickelt hat, rundet die Ausstellung ab. Für den Landkreis Sigmaringen ist es zusammen mit der Stadt Sigmaringen eine Freude und Ehre zugleich, Gastgeber dieser einmaligen Darstellung eines bedeutenden Kapitels der Geschichte Oberschwabens zu sein.

Ich wünsche der „Adels-Ausstellung" eine große Resonanz und die verdiente Aufmerksamkeit.

Dirk Gaerte
LANDRAT

GELEITWORT
DER „GESELLSCHAFT OBERSCHWABEN FÜR GESCHICHTE UND KULTUR"
UND DER „STIFTUNG OBERSCHWABEN"

DIE FRAGE NACH ROLLE UND FUNKTION DES ADELS in der Geschichte erschließt sich heute nicht von selbst. Für nicht historisch gebildete Bürger heutiger demokratischer Staaten ist eine Gesellschaftsform nur schwer vorstellbar, in der alle politischen Entscheidungen ausschließlich vom Adel und von adelsgleichen Freien getroffen wurden, wie dies im Frühmittelalter der Fall war. Erst mit dem Aufstieg der Ministerialität und der Ausbildung des Bürgertums seit dem 12. Jahrhundert erweiterte sich die Schicht der politisch Berechtigten. Der Adel differenzierte sich in einen hohen und niederen Adel. Zwischen dem niederen Adel, der Ministerialität und dem patrizischen Bürgertum gab es intensive Wechselbeziehungen. Durch kaiserliche Nobilitierungen gelang auch Nichtadligen, insbesondere den graduierten Juristen des 15. und 16. Jahrhunderts, der Aufstieg in den Adel. Ein gemeinsames Konnubium besiegelte diesen Wandel, auch wenn der alte Adel diesen Neuerungen mißtrauisch gegenüber stand.

Prinzipiell war der politische Herrschaftsanspruch des Adels unangefochten bis zum Ende des Heiligen Römischen Reiches Deutscher Nation. Gerade im deutschen Reich blieb die Gesellschaft trotz des Aufstiegs des Bürgertums und der erkämpften bäuerlichen Mitbestimmung eine vom Adel dominierte Welt.

Die Säkularisation und die Mediatisierung der Jahre 1803/06 haben Wesentliches verändert. Zunächst die Reichsritterschaft, dann auch der hohe Adel mußten auf Herrschaftsrechte verzichten und sich innerhalb der neu gebildeten Staaten des 19. Jahrhunderts eine neue politische und gesellschaftliche Rolle suchen. Die weiterhin höfisch geprägte Gesellschaft und die weitgehend dem Adel reservierten Ersten Kammern der Parlamente wie auch das Militär boten auch in der gewandelten Gesellschaft Möglichkeiten, den historisch gewachsenen adligen Führungsanspruch weiterhin zu realisieren. Die Einrichtung wissenschaftlicher Archive, die Publikation von Urkunden, die Veröffentlichung von Familiengeschichten, die Anregung wissenschaftlicher Forschungen zur Familiengeschichte, die Öffnung der Bibliotheken, der naturwissenschaftlichen und kunstgeschichtlichen Sammlungen für das allgemeine Publikum, die Förderung musikalischer Aktivitäten, der Ausbau der Residenzen im Stile der Romantik und des Historizismus, all dies bot Möglichkeiten, trotz der verlorenen politischen Dominanz alten adligen Führungsanspruch mit Leben zu erfüllen. Das Königtum, das im 19. Jahrhundert in ganz Europa trotz seines adligen Charakters zum verantwortlichen Träger bürgerlicher Erneuerung der Gesellschaft wurde, trug auch in Württemberg den politischen, wirtschaftlichen und sozialen Wandel.

Mit der Abschaffung der Monarchie in Deutschland durch die Revolution von 1918 und die Folgegesetze bis 1922 wurden alle bisherigen Privilegien des Adels aufgehoben. Die Begründung adliger Existenz mußte fortan auf Grund von Familientradition, Anlehnung an die historischen Leistungen des Adels und durch persönliche Lebensführung erfolgen. Herausragende Beispiele wie die des Grafen Claus Schenk von Stauffenberg haben sich dem allgemeinen Bewußtsein eingeprägt.

Der deutsche Adel besaß in Europa eine einzigartige Vielfalt und Strenge der inneren Gliederung. Der oberschwäbische Raum, in dem sich seit dem Untergang der Staufer keine dominierende Landesherrschaft durchsetzen konnte, bot alle Möglichkeiten für die Ausbildung eine vielfältigen Adelsstruktur. Reichsfürsten, Reichsgrafen und ritterschaftliche Herrschaften lagen im engsten Gemenge beieinander. Die bunte Fülle der im alten deutschen Reich möglichen Formen fanden in Oberschwaben ihre Ausprägung. Einzig die großen, für adliges Leben unentbehrlichen Höfe lagen außerhalb.

Die Mediatisierung des Adels und seine Einbindung die Rheinbundstaaten, im Süden die Königreiche Bayern und Württemberg sowie das Großherzogtum Baden, bildete einen großen Umbruch in der Herrschaftsausübung, der sozialen Position, den wirtschaftlichen Verhältnissen und im persönlichen und familiären Selbstverständnis. Die auf den Kaiser zentrierte Welt des oberschwäbischen Adels mußte neue Mittelpunkte suchen, was teilweise erst in einem schmerzlichen Anpassungsprozeß gelang.

Die Gesellschaft Oberschwaben für Geschichte und Kultur nimmt das zweihundertjährige Jubiläum der Mediatisierung und der Bildung des Königreichs Württemberg zum Anlaß, Geschichte und Kultur des oberschwäbischen Adels in der Spätzeit des alten Heiligen Römischen Reiches Deutscher Nation und dessen Wandel während des langen 19. Jahrhunderts und nach dem Umbruch von 1918 in einer Ausstellung zu würdigen.

Die Große Landesausstellung des Jahres 2003 in Bad Schussenried zur Säkularisation „Alte Klöster – Neue Herren" wurde vom Land Baden-Württemberg getragen. Die Gesellschaft Oberschwaben für Geschichte und Kultur beteiligte sich ideell an der Konzeption und an dem Begleitwerk, dessen Erstellung und Finanzierung sie übernahm. Dieses Mal ist die Gesellschaft Oberschwaben der Träger der Ausstellung zusammen mit dem Land Baden-Württemberg, das über sein Landesarchiv, Abt. Staatsarchiv Sigmaringen, Mitveranstalter ist. Zugleich stellt das Land die Ausstellungsräumlichkeiten im ehemaligen Landeshaus kostenfrei zur Verfügung.

Ohne eine breite Unterstützung aus der Region Oberschwaben und aus dem Land Baden-Württemberg wäre ein solches Projekt für die Gesellschaft Oberschwaben nicht zu schultern gewesen. Die Landesstiftung Baden-Württemberg hat durch die Übernahme der Kosten für die Ausstellung im Landeshaus die Ausstellung im nötigen Rahmen erst möglich gemacht. Die Landesbank Baden-Württemberg übernahm die Finanzierung des Ausstellungskataloges. Die Stiftung Oberschwaben hat mit den Stiftungserträgnissen der Jahre 2004-2007 den wesentlichen Teil der Ausstellung finanziert. Die Oberschwäbischen Elektrizitätswerke (OEW) haben ebenfalls einen namhaften Betrag zur Gesamtfinanzierung beigesteuert. Mit großem Engagement haben auch die Kreissparkasse Biberach, die Sparkasse Bodensee, die Sparkasse Pfullendorf-Meßkirch, die Kreissparkasse Ravensburg, die Hohenzollerische Landesbank-Kreissparkasse Sigmaringen und der SparkassenVerband Baden-Württemberg sowie die Stadt und der Landkreis Sigmaringen die Ausstellung unterstützt.

Mit der Stadt Sigmaringen wurde ein Ausstellungsort gefunden, der in idealtypischer Weise beide Aspekte der Geschichte oberschwäbischer Adelsresidenzen verkörpert: Die Fürsten von Sigmaringen waren vor 1806 bedeutende Herrschaftsträger innerhalb des alten Reiches. Nach 1806 formten sie die Residenz des kleinsten der vier durch die napoleonische Neuordnung geschaffenen Staaten im deutschen Südwesten. Mit dem Erbprinzenbau, der heutigen Abt. Staatsarchiv Sigmaringen, wird ein nobler Herrschaftsbau des 19. Jahrhunderts selbst zum Bestandteil der Ausstellung. Das alte Landeshaus, der zweite Ort der Ausstellung, ist ein historisch bedeutendes Denkmal der politischen Mitbestimmung der Bürger im Adelsstaat des 19. Jahrhunderts.

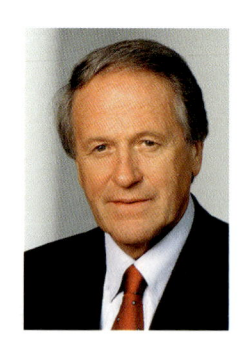

Eine Ausstellung über Rolle und Funktion des Adels in Oberschwaben wäre ohne die engagierte Hilfe der heute in diesem Raum ansässigen Adelsfamilien nicht möglich. Wir bedanken uns für die offene Aufnahme unseres Vorhabens, für die ideelle und die materielle Förderung des Unternehmens, insbesondere durch die großzügige Bereitstellung von Exponaten. Anders als bei rein musealen Sammlungen werden sie für die Dauer der Ausstellung aus ihren Lebenszusammenhängen genommen und vielfach erstmals einer breiten Öffentlichkeit präsentiert.

Die Liste derjenigen, denen wir zu Dank für Rat und Hilfe verpflichtet sind, macht deutlich, in welchem Maße seine solche Ausstellung vom Wohlwollen staatlicher und privater Stellen, von der Großzügigkeit der Leihgeber und Sponsoren und von dem unermüdlichen Einsatz der an der Herstellung von Ausstellung und Katalog Beteiligten abhängig sind. Anders als bei einer staatlichen Ausstellung ist man auf das persönliche und zum guten Teil über die dienstlichen Verpflichtungen hinausgehende Engagement vieler Beteiligter angewiesen. Vor

Ort waren dies der Leiter des Kreiskulturamtes Sigmaringen, Dr. Edwin Weber, und der Leiter der Abt. Staatsarchiv Sigmaringen, Dr. Volker Trugenberger.

Es ist uns ein besonderes Anliegen, Herrn Dr. Casimir Bumiller, der die Grundkonzeption der Ausstellung erarbeitet und sie dann auch praktisch realisiert hat, und seinen Mitarbeiterinnen, Gritt Augustin M.A. und Dr. Monika Spicker-Beck zu danken. Unser Dank gilt ebenfalls dem Ausstellungsteam Müller x Hocke x Abele x Abele, das die Ideen der wissenschaftlichen Ausstellungsplaner praktisch umgesetzt hat. Frau Susanne Wetterich hat die Öffentlichkeitsarbeit übernommen, um einen möglichst großen Interessentenkreis nach Sigmaringen zu führen. Herr Dr. Casimir Bumiller hat den Katalog erarbeitet. Herr Dr. Elmar Kuhn und Dr. Mark Hengerer haben die durch eine von ihnen veranstaltete Tagung vorbereiteten Begleitbände zum Druck gebracht.

Die „Gesellschaft Oberschwaben für Geschichte und Kultur" und die „Stiftung Oberschwaben" hoffen, mit dieser Ausstellung erneut ein wesentliches Stück der Geschichte Oberschwabens, einer „Musterkarte europäischer Möglichkeiten", sichtbar zu machen. Wir hoffen, dass die Chancen für die Stadt und die Region, die sich beide stark engagiert haben, erkannt werden, und dass die Ausstellung in breitem Maße erneut die Kenntnis einer der wesentlichen Epochen oberschwäbischer und südwestdeutscher Geschichte befördert – ein Erfolg, den wir uns alle wünschen.

Prof. Dr. Franz Quarthal
VORSITZENDER DER „GESELLSCHAFT
OBERSCHWABEN FÜR GESCHICHTE UND KULTUR"

Dipl. Ing Siegfried Weishaupt
VORSITZENDER DES VORSTANDES DER
„STIFTUNG OBERSCHWABEN"

VORWORT DES HERAUSGEBERS

NAPOLEON hat durch seinen Eingriff in die Verhältnisse des Reiches das Schicksal der deutschen Geschichte im 19. Jahrhundert bestimmt. Der korsische Emporkömmling und „Selfmade-Kaiser" sorgte in einer Art „Revolution von oben" für die radikale Umgestaltung der territorialen Verhältnisse Deutschlands. Am Ende der Entwicklung stand die Auflösung des Reiches. Die Instrumente, mit denen Napoleon das Antlitz des Alten Reiches veränderte, waren die Säkularisation, also die Aufhebung der Klöster und geistlichen Territorien im Jahr 1803, und die Mediatisierung des Adels im Jahr 1806, also die Eingliederung der kleineren Herrschaftskomplexe in die neu geschaffenen Mittelstaaten wie Baden und Württemberg.

Mit der Säkularisation befasste sich im Jahr 2003 eine große Landesausstellung in Bad Schussenried, an der die Gesellschaft Oberschwaben für Geschichte und Kultur e.V. bereits beteiligt war. Nun nimmt die Gesellschaft Oberschwaben das thematisch anschließende Projekt einer Ausstellung zur Mediatisierung 1806 aus eigener Kraft in Angriff. Auch nachdem das Land Baden-Württemberg als Mitveranstalter gewonnen werden konnte, ist die jetzt in Sigmaringen gezeigte Ausstellung doch keine „Landesausstellung". Dies ergibt sich schon aus der räumlichen Beschränkung auf Oberschwaben. Dies kommt aber auch im deutlich kleineren Ausstellungsetat und der geringeren Ausstellungsfläche zum Ausdruck. „Adel im Wandel – 200 Jahre Mediatisierung in Oberschwaben" ist eine Regionalausstellung, die dennoch wegen ihres exemplarischen Charakters und wegen der bedeutenden Adelshäuser, die hier im Mittelpunkt stehen, über den engeren Raum hinaus Interesse beanspruchen kann.

Wie lässt sich „Adel im Wandel" in einer Ausstellung präsentieren? Beim Betreten jedes beliebigen Schlosses wird dem Besucher schlagartig bewusst, welche Bedeutung das Porträt für das Selbstverständnis des Adels besitzt. Die Ausstellung arbeitet deshalb bewusst und ausgiebig mit Adelsporträts, mithin mit einem biografischen Element. In der Biographie wird aber nicht nur die Individualität der einzelnen Person sichtbar, sondern immer auch ihre repräsentative Rolle in einer Gruppe oder in ihrer Generation. In vielen Lebensbildern spiegelt sich der gesellschaftliche Wandel des Adels in einer typischen Mischung aus beharrenden und fortschrittlichen Momenten. Zur Rückbesinnung auf Geschichte, Tradition und Religion gesellte sich eine Öffnung für die Moderne.

Die Ausstellung wäre ohne die großzügige Unterstützung der betrachteten Adelshäuser nicht möglich gewesen. Mein Dank gilt allen Vertretern der Häuser, die sich auf dieses Wagnis eingelassen haben. Daneben geht ein großer Dank auch an die jeweiligen Archivare und Konservatoren, die mit viel Geduld und Mühe unsere Wünsche erfüllt haben. Weiter danke ich allen Museen und Privatpersonen, die mit ihren Leihgaben zum Erfolg der Ausstellung beigetragen haben. Der Katalog und die Ausstellungsgestaltung tragen die Handschrift des Grafikbüros Müller x Hocke x Abele x Abele, Bad Saulgau, bei dem ich mich für die gute und immer spannende Zusammenarbeit bedanke. Nicht vergessen möchte ich meine Mitarbeiterinnen Gritt Augustin M.A. und Dr. Monika Spicker-Beck, die großen Anteil am Gelingen des Katalogs hatten. Schließlich gilt mein großer Dank der Gesellschaft Oberschwaben, deren Vorstand unter dem Vorsitz von Prof. Franz Quarthal mir das Vertrauen geschenkt hat, dieses anspruchsvolle Projekt zu bewältigen.

Dr. Casimir Bumiller

SPONSOREN DER AUSSTELLUNG

Die Ausstellung wird gefördert von:

Stiftung Oberschwaben

OEW
gegründet 1909

LANDESSTIFTUNG Baden-Württemberg
Wir stiften Zukunft

Kreissparkasse Biberach

Sparkasse Bodensee

Sparkasse Pfullendorf-Meßkirch

Kreissparkasse Ravensburg

Hohenzollerische Landesbank
Kreissparkasse Sigmaringen

Sparkassenverband
Baden-Württemberg

LBS Landesbausparkasse
Baden-Württemberg

SV Sparkassen-Versicherung

LBBW Landesbank
Baden-Württemberg

LEIHGEBER DER AUSSTELLUNG

Allmendingen
Freiherr von Freyberg-Eisenberg

Altshausen
Archiv des Hauses Württemberg
I.K.H. Herzogin Diane von Württemberg, Schloss Altshausen

Bad Saulgau
Stadtmuseum

Beuron
Erzabtei Beuron

Biberach
Braith-Mali-Museum
Wieland-Museum

Donaueschingen
Fürstlich Fürstenbergisches Archiv
Fürstlich Fürstenbergische Sammlungen

Friedrichshafen
Zeppelin Museum

Hechingen
Hohenzollerisches Landesmuseum

Isny
Gräflich Quadt'sche Verwaltung
Kath. Kirchengemeinde St. Georg und Jakobus

Königseggwald
Gräflich Königsegg'sches Archiv

Langenenslingen
Schlossmuseum Wilflingen

Leutkirch
Waldburg-Zeilsches Gesamtarchiv, Schloss Zeil

Mittelbiberach
Graf Brandenstein-Zeppelin Archiv

Pfullendorf
Heimatmuseum

Ravensburg
Kreisarchiv

Riedlingen–Grüningen
Hans Christoph Freiherr von Hornstein-Grüningen

Salem
S.K.H. Max Markgraf von Baden, Schloss Salem

Salenstein (CH)
Napoleonmuseum, Schloss Arenenberg

Sigmaringen
Fürstlich Hohenzollernsche Hofbibliothek
Fürstlich Hohenzollernsche Sammlungen, Schloss Sigmaringen
Landesarchiv Baden-Württemberg, Abt. Staatsarchiv Sigmaringen
Kunstsammlungen des Kreises Sigmaringen
Hans Joachim Dopfer

Stuttgart
Haus der Geschichte Baden-Württemberg

Sulz a.N.
Kultur- und Museumszentrum Schloss Glatt

Überlingen
Friedrich Hebsacker

Warthausen
Schlossmuseum Warthausen

Wolfegg
Kunstsammlungen der Fürsten zu Waldburg-Wolfegg, Schloss Wolfegg

DANK FÜR UNTERSTÜTZUNG UND ANREGUNGEN

S.K.H. Prinz Bernhard von Baden, Salem

S.K.H. Max Markgraf von Baden, Salem

StD Rudolf Beck, Leutkirch-Zeil

Dr. Otto H. Becker, Sigmaringen

Jürgen Bleibler, Friedrichshafen

Albrecht Graf von Brandenstein-Zeppelin, Mittelbiberach

Frank Brunecker, Biberach

Helga Ciriello, Hechingen

Dr. Uwe Degreif, Biberach

Christina Egli M.A., Salenstein (CH)

Siegfried Esslinger, Sulz-Glatt

Reiner Falk, Ravensburg

Dr. Eberhard Fritz, Altshausen

Dr. Ulrich Freiherr von Freyberg-Eisenberg, Allmendingen

S.D. Heinrich Fürst zu Fürstenberg, Donaueschingen

S.D. Christian Erbprinz zu Fürstenberg, Donaueschingen

Dominik Gügel M.A., Salenstein (CH)

Erzabt Theodor Hogg, Beuron

S.H. Friedrich Wilhelm Fürst von Hohenzollern, Sigmaringen

S.D. Karl Friedrich Erbprinz von Hohenzollern, Sigmaringen

Hans Hubert Freiherr von Hornstein-Grüningen, Riedlingen-Grüningen

Heike Freiin von Hornstein-Grüningen, Riedlingen-Grüningen

Irmgard Jacob, Altshausen

Peter Kempf, Sigmaringen

Stephan Kirchenbauer, Altshausen

Birgit Kirchmaier, Sigmaringen

Dr. Ulrich Knapp, Leonberg

Corinna Knobloch, Sigmaringen

S.E. Johannes Graf zu Königsegg, Königseggwald

S.H. Maximilian Erbgraf zu Königsegg, Königseggwald

Dr. Bernd Konrad, Radolfzell

Prof. Dr. Hubert Krins, Tübingen

Dr. h.c. Elmar L. Kuhn, Friedrichshafen

Uwe Lohmann, Weingarten

Dr. Bernd Mayer, Wolfegg

Franz Mohr, Reute/Biberach

Dr. Viia Ottenbacher, Biberach

S.E. Alexander Graf von Quadt, Isny

Prof. Dr. Franz Quarthal, Stuttgart

Prof. Dr. Hans Ulrich Rudolf, Weingarten

Dr. Birgit Rückert, Salem

Andreas Ruess, Bad Saulgau

Franz Freiherr Schenk von Stauffenberg, Langenenslingen-Wilflingen

Dr. Andreas Schmauder, Ravensburg

Dr. Stefan Schmidt-Lawrenz, Hechingen

Kai Sprenger M.A., Ravensburg

Christa Störk, Bad Saulgau

Dr. Volker Trugenberger, Sigmaringen

Franz Freiherr von Ulm-Erbach, Warthausen

Barbara Waibel M.A., Friedrichshafen

S.D. Johannes Fürst zu Waldburg-Wolfegg und Waldsee

S.D. Georg Fürst von Waldburg-Zeil, Leutkirch-Zeil

S.E. Erich Erbgraf von Waldburg-Zeil, Leutkirch-Zeil

Dr. Edwin E. Weber, Sigmaringen

Sophie Weidlich M.A., Salem

Landrat Kurt Widmaier, Ravensburg

Dr. Andreas Wilts, Donaueschingen

S.K.H. Carl Herzog von Württemberg, Altshausen

I.K.H. Diane Herzogin von Württemberg, Altshausen

MITARBEITER DER AUSSTELLUNG

Ausstellungsleitung
Dr. Casimir Bumiller

Wissenschaftliche Mitarbeit
Gritt Augustin M.A.
Dr. Monika Spicker-Beck

Presse- und Öffentlichkeitsarbeit
Susanne Wetterich, Stuttgart

Ausstellungskonzept und -gestaltung, Grafik-Design, Katalog und Internetauftritt
Müller x Hocke x Abele x Abele GbR

Besucherorganisation, Museumshop und Gastronomie
Vera Romeu

Fotoarbeiten
Dr. Ulrich Knapp, Leonberg
Fotostudio Lauterwasser, Überlingen
Foto Ulrich, Riedlingen
Fotostudio Rack, Bad Buchau
Barbara Zoch-Michel, Überlingen
Johannes Volz Fotodesign, Ravensburg

Restauratorinnen
Christine Götz, Blaubeuren
Evamaria Popp, Blaustein
Cornelia Weik, Schorndorf

Transport
Art Sped Schütz, Freiburg

Ausstellungsmöbel, Vitrinen, Beleuchtung
Pius Luib, Bad Saulgau
Ladenbau König, Mengen
Maler Pfänder, Bad Saulgau
Schlosserei Förster, Bad Saulgau
Schmötzer Raumausstattung, Bad Saulgau
Elektro Neher, Bad Saulgau

Audio- und Videotechnik
Klaus Nißl, München

Tongestaltung
Peter Roigk, Geräuschemacher, Berlin

Großdrucke
Foto Ulrich
Theo Beutinger GmbH

Sicherheit
Rolf Eichelmann, Sigmaringen
König Sicherheitstechnik, Balingen

Autoren
Gritt Augustin G.A.
Rudolf Beck R.B.
Jürgen Bleibler J.B.
Casimir Bumiller C.B.
Bernd Konrad B.K.
Bernd Mayer B.M.
Monika Spicker-Beck M.S.

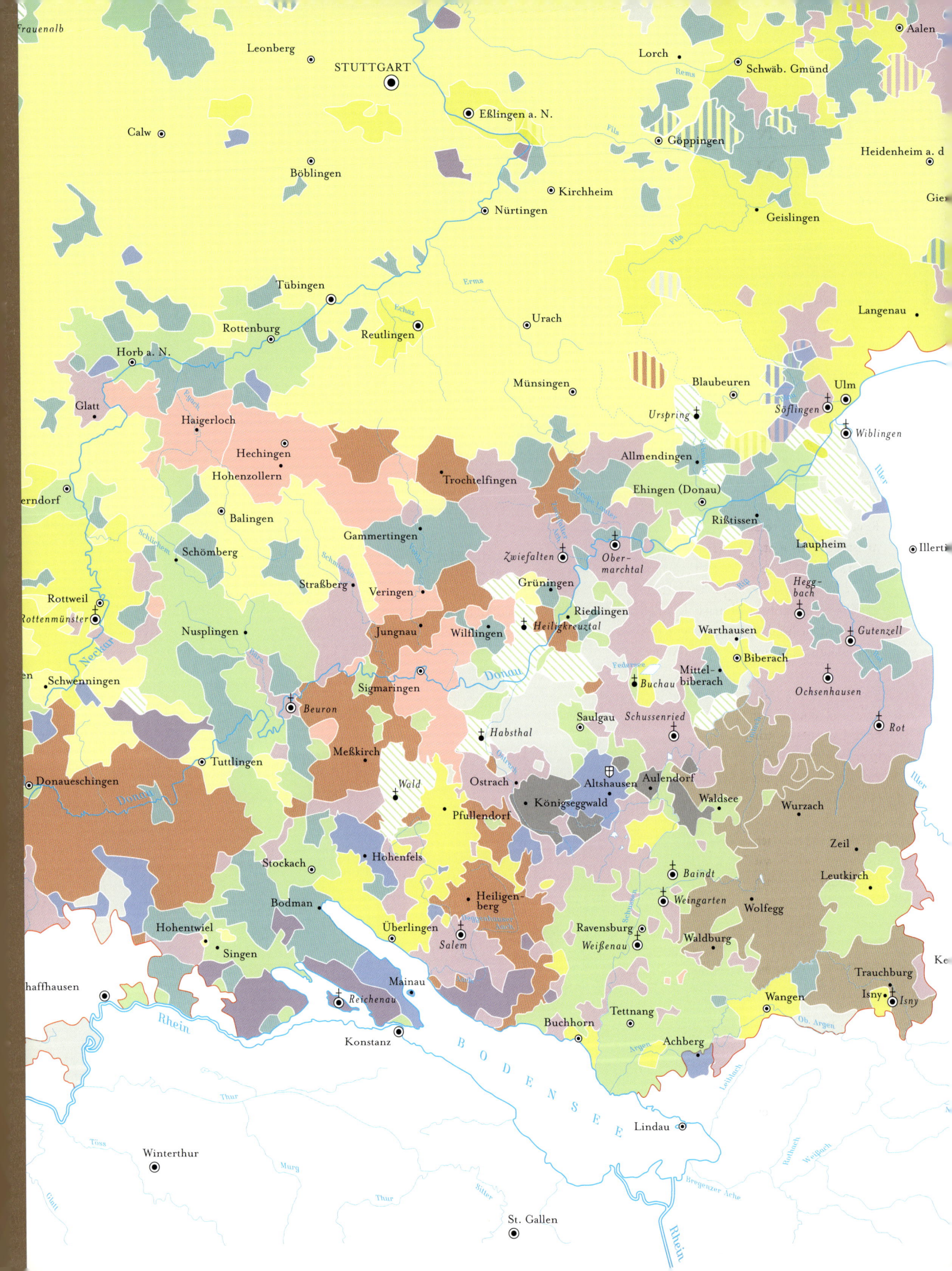

Frauenalb
Aalen
Leonberg
Lorch
STUTTGART
Schwäb. Gmünd
Calw
Eßlingen a. N.
Göppingen
Heidenheim a. d
Böblingen
Kirchheim
Nürtingen
Geislingen
Tübingen
Urach
Langenau
Rottenburg
Reutlingen
Horb a. N.
Münsingen
Blaubeuren
Ulm
Glatt
Ursprung
Söflingen
Haigerloch
Wiblingen
Hechingen
Allmendingen
Hohenzollern
Trochtelfingen
Ehingen (Donau)
Balingen
Rißtissen
Schömberg
Gammertingen
Laupheim
Straßberg
Veringen
Zwiefalten
Obermarchtal
Hegg-
Rottweil
Grüningen
bach
Rottenmünster
Riedlingen
Nusplingen
Jungnau
Heiligkreuztal
Gutenzell
Wilflingen
Warthausen
Schwenningen
Biberach
Mittel-
Sigmaringen
biberach
Ochsenhausen
Beuron
Buchau
Habsthal
Saulgau
Meßkirch
Schussenried
Rot
Donaueschingen
Tuttlingen
Wald
Ostrach
Aulendorf
Altshausen
Königseggwald
Waldsee
Pfullendorf
Wurzach
Stockach
Hohenfels
Zeil
Baindt
Leutkirch
Bodman
Heiligenberg
Weingarten
Hohentwiel
Überlingen
Ravensburg
Wolfegg
Singen
Salem
Weißenau
Waldburg
Mainau
Trauchburg
Reichenau
Wangen
haffhausen
Tettnang
Isny
Konstanz
Buchhorn
Achberg
Rhein
BODENSEE
Lindau
Winterthur
St. Gallen

ADEL IN OBERSCHWABEN AM ENDE DES ALTEN REICHES

MONIKA SPICKER-BECK

> »*Die Glücklichsten sind gerade mächtig genug,*
> *um viel Gutes tun zu können ...*«

EIN FLICKENTEPPICH

„Es gibt auf einem gewissen Planeten unseres Sonnensystems eine Nation ... Sie enthält ... eine unglaubliche Menge größerer und kleiner Staaten, welche ... einzelnen Regenten von unterschiedlicher Benennung unterworfen sind, auf deren Willen es meistens ankömmt, wie viele oder wenige von ihren Untergebenen sich täglich satt essen sollen. Einige dieser Selbstherrscher sind mächtig genug, grössere Kriegsheere ins Feld zu stellen als Scipio und Caesar jemals angeführt haben: andre können den ganzen Umfang ihrer Monarchie von der Spitze eines Maulwurfhügels übersehen. Verschiedene (und unstreitig die Glücklichsten) sind gerade mächtig genug, um viel Gutes thun zu können, wenn sie wollen ..." [1]

Was Christoph Martin Wieland 1773 hier für das gesamte Deutsche Reich formulierte, gilt ebenso – im kleineren Maßstab – für die Adelslandschaft Oberschwabens. Eine beträchtliche Anzahl von Adelshäusern übte hier die Landesherrschaft über ihre meist kleinen Territorien aus. Seit dem Ende der Staufer war es keiner der Adelsfamilien gelungen, ein „Nachfolgemodell" für das Herzogtum Schwaben, wie es bis 1268 bestanden hatte, zu entwickeln. Statt dessen bildeten die adligen Häuser ihre eigenen reichsunmittelbaren Herrschaften aus, in denen sie, um Wielands Ausdruck zu gebrauchen, „Selbstherrscher" waren und die Landeshoheit innehatten. Einigen Häusern wie Fürstenberg, Hohenzollern, Königsegg, Stadion, Thurn und Taxis oder Waldburg gelang der Aufstieg in den Hochadel. Sie hatten ihren Platz „auf der Reichstagsbank", konnten also Sitz und Stimme auf dem Reichstag wahrnehmen. Andere oberschwäbische Adelshäuser wie die Hornstein, Freyberg, Schenk von Stauffenberg und Ulm-Erbach gehörten der Reichsritterschaft, damit dem „niederen Adel" an, waren aber als ritterschaftliche Korporation ebenfalls reichsunmittelbar und unterstanden direkt dem Kaiser.

Am Ende des Alten Reiches präsentierte sich Oberschwaben also als vielgestaltiger Flickenteppich, zu dem neben den Adelsfamilien auch das Fürstbistum Konstanz, die Reichsstädte, der Deutsche Orden und die Reichsklöster ihre „Flicken" beisteuerten. Den größten territorialen Komplex bildete dabei Vorderösterreich. Ein gewisses Spannungsfeld ergab sich dadurch, dass die Habsburger als Kaiser und Erz-

Territorialkarte von Oberschwaben vor 1800.

herzöge von Österreich die Dienst- und Lehensherren des oberschwäbischen Adels waren, gleichzeitig aber mit den oberschwäbischen Adelshäusern um territoriale Rechte konkurrierten und ihr eigenes Territorium zu arrondieren versuchten. Dabei stand das Ziel im Raum, eine Landbrücke zwischen den Vorlanden und den habsburgischen Besitzungen am Hoch- und Oberrhein herzustellen. Als beispielsweise das Haus Montfort im Jahr 1786 ausstarb, vergrößerte Österreich sein eigenes Territorium, indem es die Herrschaften Tettnang und Langenargen in Besitz nahm. Zu der angestrebten Landverbindung sollte es zwar nicht mehr kommen, als jedoch die Rothenfelser Linie des Hauses Königsegg in eine wirtschaftliche Notlage geriet, griff Österreich erneut zu und vereinbarte mit Franz Fidel Anton von Königsegg-Rothenfels (1750-1804) einen „Tauschhandel". Der Graf von Königsegg-Rothenfels überließ den Habsburgern kurz vor seinem Tod die Grafschaft Immenstadt und Staufen. Als Ausgleich dafür konnte er seine Schulden tilgen und erhielt Besitzungen in Ungarn, die nun die wirtschaftliche Grundlage für den Erhalt des Hauses bildeten[2].

Das größte Territorium nach Österreich bildete mit etwa 2.100 km² und rund 85.000 Einwohnern das Fürstentum Fürstenberg. Ein Herrschaftsgebiet mittleren Umfangs besaßen die Grafen von Waldburg mit rund 750 km² und etwa 30.000 Untertanen, ebenso die beiden Königsegger Linien. Die Grafschaft Hohenzollern mit etwa 13.500 Untertanen in Hohenzollern-Hechingen und 15.500 Bewohnern in Hohenzollern-Sigmaringen war von ähnlicher Größe, während die Stadion'sche Herrschaft Warthausen mit 6.000-8.000 Einwohnern zu den kleineren Terrritorien gehörte.

DER ADEL UND DIE KATHOLISCHE KIRCHE

Trotz der territorialen Konkurrenzsituation stand der oberschwäbische Adel treu zum Hause Habsburg. Einen wichtigen „gemeinsamen Nenner" bildete dabei der katholische Glaube, dem die oberschwäbischen Adelshäuser im Gegensatz zu Württemberg und Baden durchweg anhingen. Nach alter Tradition umgab sich der Kaiser mit Bediensteten aus den katholischen oberschwäbischen Adelsfamilien. Sie fanden ihre Wirkungsbereiche am Hof, im Miltär, in Verwaltung und Diplomatie. Die „Herrschernähe" wertete ihre Bedeutung auf und erhöhte den eigenen Einfluss. Umgekehrt bedeutete die enge Verbindung mit den oberschwäbischen Adelshäusern Rückhalt und Stärkung der kaiserlichen Position in Südwestdeutschland[3].

Für die nachgeborenen Söhne der katholischen Adelsfamilien bestand eine „klassische Karriere" darin, die geistliche Laufbahn einzuschlagen und sich auf eine Domherrenpfründe zu bewerben. Durch die Zugehörigkeit zu einem Domkapitel konnte die Familie das Auskommen der Nachgeborenen sichern. Bei den Töchtern geschah dies durch den Eintritt in ein Damenstift wie beispielsweise Buchau am Federsee oder das „Collegium Ducale" in Lindau. Die Eintrittsgelder in ein Damenstift waren geringer als ein Heiratsgut und die Stiftsdamen verzichteten auf weitere Erbansprüche. Ein Domherr bezog auf Lebenszeit ein nicht geringes Einkommen, das aus einem Anteil an den Erträgen des Kapitelgutes bestand und teils in Geld, teils in Naturalien ausbezahlt wurde. Auch die Aussicht, später möglicherweise in den Rang eines Fürstabts, einer Fürstäbtissin oder eines Fürstbischofs aufzusteigen, war verlockend. Abgesehen von dem beträchtlichen Einfluss, den eine solche Position mit sich brachte, war damit auch ein außerordentlicher Prestigezuwachs für die

Familie verbunden. In Oberschwaben machte vor allem die Familie der Schenken von Stauffenberg häufig von der Möglichkeit Gebrauch, ihre Söhne in Domkapiteln unterzubringen und sie für eine geistliche Karriere vorzusehen. Einer von ihnen, Johann Franz Schenk von Stauffenberg (1658-1740), der 1704 schon zum Fürstbischof von Konstanz aufgestiegen war, wurde 1738 zusätzlich zum Fürstbischof von Augsburg gewählt. Eine ganze Reihe seiner Neffen und Großneffen wurden Domherren der Stifte Würzburg, Augsburg und Eichstätt [4]. Nicht selten vereinigten sie sogar mehrere Pfründen auf sich. Dies wurde dadurch ermöglicht, dass ein Domherr, je nach den Statuten des jeweiligen Kapitels, nur einige Monate im Jahr in seinem Kapitel zu residieren hatte. Je nach der festgesetzten Minimalresidenz konnte der Domherr noch weitere „Pfründe verdienen". Dies war nicht nur in finanzieller Hinsicht von Bedeutung, sondern auch für die Anwartschaft auf einen Bischofsthron. Die Kapitel wählten den Bischof im allgemeinen aus ihrer Mitte, so dass sich die Aussicht, Bischof zu werden, erhöhte, wenn der Kandidat mehreren Domkapiteln angehörte [5]. Voraussetzung für die Bewerbung um eine Domherrenpfründe war dabei die Vorlage einer Ahnenprobe, mit der der Kandidat eine standesgemäße Abstammung über mehrere Generationen nachzuweisen hatte[6]. In der Regel mussten acht Ahnen, also die Urgroßeltern, als ritterbürtig belegt werden. Einige Kapitel erhöhten die Anzahl der nachzuweisenden Ahnen auf 16 oder gar 32, um den „neuen Adel" von der Stiftsfähigkeit auszuschließen. Damit sich eine Familie diese Versorgungs- und auch Aufstiegsmöglichkeit nicht für die zukünftigen Nachkommen verbaute, war also sehr darauf zu achten, dass die Familie „in immerwährendem Flor" blieb, wie es der Fürstbischof Johann Franz Schenk von Stauffenberg in seinem Testament formulierte, und nicht womöglich „durch eine Mißheurath in völlige Decadenz" gerate, die den Verlust der Standesqualität und der Stiftsfähigkeit, und damit eine Verbürgerlichung nach sich zöge. Das gute Verhältnis der Schenken von Stauffenberg zu den Habsburgern ist nicht zuletzt auf das Bestreben nach der „Conservation der Familie" zurückzuführen, die wie Kaiser Karl VI. 1738 bestätigte, „verschiedene angenehme und ersprießliche Dienste seit ihrer Erhebung zum Bisthum zu Costanz bis auf diese zeiten mit ohnausgesetzen devotesten Diensteyfer praestirt."[7] Was hier am Beispiel der reichsritterschaftlichen Familie der Schenken von Stauffenberg ausgeführt ist, gilt in gleichem Maße auch für die Freiherren von Freyberg, die mit Johann Christoph (1623-1690) und Johann Anton von Freyberg (1674-1757) ebenfalls zwei Fürstbischöfe hervorgebracht haben [8], sowie für die Familie Hornstein-Göffingen [9]. Aus dem Hause Stadion ist mit Maximiliane (1737-1818), der jüngsten Tochter des Grafen Friedrich von Stadion, eine Fürstäbtissin hervorgegangen. Sie leitete das Damenstift Buchau am Federsee.

Mit der Aufklärung geriet die Besetzung der Stifte mit Adligen wie auch die Stellung des Adels überhaupt mehr und mehr in die Kritik – auch aus den eigenen Reihen. Der 1767 in den Freiherrnstand erhobene Politiker und Schriftsteller Friedrich Carl Freiherr von Moser (1723-1798) wählte harsche Worte in seiner Abhandlung „Über die Regierung der geistlichen Staaten in Deutschland" von 1787: „Lasst uns ehrlich gegen uns selbst, gegen Gott, gegen Menschheit und Deutsches Vaterland sein! Es geht ja heut zu Tag mit allen Erz- und Hochstiftern nicht um Religion, welche entstund, ehe Bischöfe zu Fürsten wurden, und bleiben wird, wenn auch kein Bischof mehr Fürst seyn würde, sondern die Stifter sind nur noch das glückliche Medium zur Erhaltung des Adels." [10]

Maximiliane von Stadion, Fürstäbtissin des Damenstifts Buchau am Federsee. Ausschnitt aus einem Deckengemälde in der Stiftskirche von Andreas Brugger 1776

Monika Spicker-Beck

> »... Es war mit einem Wort die mürb und müde gewordene Ritterzeit, die sich puderte, um den bedeutenden Schimmel der Haare zu verkleiden; einem alten Gecken vergleichbar, der noch immer selbstzufrieden die Schönen umtänzelt, und nicht begreifen kann und höchst empfindlich darüber ist, daß ihn die Welt nicht mehr für jung halten will.«
> Freiherr Joseph von Eichendorff, 1857 [12]

Friedrich Carl von Moser war der Sohn des Staatsrechtlers Johann Jakob Moser (1701-1785), der – gerade im Begriff ein Gesetzeswerk zur Vereinheitlichung des deutschen Staatsrechts zu verfassen – ohne Verurteilung fünf Jahre in Festungshaft auf dem Hohentwiel zubrachte, nachdem er 1759 beim württembergischen Herzog Carl Eugen in Ungnade gefallen war [11]. Sei es, dass er das Schicksal seines Vaters vor Augen hatte, der Opfer absolutistischer Willkür wurde, seien es eigene Erfahrungen, die er am Wiener Hof Maria Theresias und in Hessen-Homburg gemacht hatte, Moser hatte in vielerlei Hinsicht Kritik gegen den Adel vorzubringen. In zahlreichen Schriften prangerte er Sittenlosigkeit und Korruption an den Fürstenhöfen an – und er blieb mit seiner Kritik nicht allein. Mit dem Gedankengut der Aufklärung bekam der Adel deutlichen Gegenwind zu spüren. Die Position und Privilegierung des Adels als Geburtsstand – der durch ebenbürtige Heiraten abgeschlossen war und blieb – wurde immer häufiger grundsätzlich in Frage gestellt. Flankiert wurde die später so bezeichnete „Adelskrise" von der wirtschaftlich schwierigen Situation vieler Häuser, die um des „standesgemäßen" Lebens willen beachtliche Schulden anhäuften. Repräsentative Schlösser, reich ausgestattete Kirchen finden sich in der oberschwäbischen Adelslandschaft in bemerkenswerter Dichte.

FORMEN ADLIGER HERRSCHAFT

Noch aber war der Adel der eigentliche „Herrschaftsstand" im Reich. Die Landeshoheit kam in einer Vielzahl von Rechten zum Ausdruck, die der Landesherr in seinem Territorium ausübte. Hierzu zählten die Grundherrschaft und die Leibherrschaft, die die Untertanen zu Abgaben und Frondiensten verpflichteten. Die Leibeigenen waren zudem persönlich von ihren Herren abhängig, was im Zeichen aufklärerischen Denkens immer unverständlicher wurde und die oberschwäbischen Agrarkonflikte verschärfte. Dieses Fundament der feudalen Gesellschaftsordnung war aber noch immer geltendes Reichsrecht. Hinzu kam in größeren Territorien das Collectationsrecht, also das Recht, Steuern zu erheben, die Wehrhoheit wie auch das Patronatsrecht, also die Befugnis, Pfarrstellen zu besetzen.

Von besonderer disziplinarischer Bedeutung war die Gerichtsherrschaft in ihren beiden Formen, der Hochgerichtsbarkeit und der Niedergerichtsbarkeit. Durch die niedere Gerichtsbarkeit wirkte der Landesherr in viele Bereiche des Alltags seiner Untertanen hinein. Als verlängerter Arm der Obrigkeit traten dabei die Dorfvögte auf, die über kleinere Frevel, Diebstahl, sittliche Verfehlungen oder Streitigkeiten der Untertanen zu Gericht saßen. Die Strafen für die geahndeten Vergehen waren eine nicht zu vernachlässigende Einnahmequelle der herrschaftlichen Kasse. Zum Herrn über Leben und Tod wurde der Landesherr durch die Ausübung der Hochgerichtsbarkeit, mit der Kapitalverbrechen bestraft wurden. Von diesem Recht des sogenannten „Blutbanns" war die Ritterschaft allerdings teilweise ausgenommen. All diese Rechtsverhältnisse hatten die Untertanen zu akzeptieren. Sichtbarer Ausdruck war der Huldigungseid, den sie – von immer wieder auftretenden „Nichthuldigern" abgesehen – im allgemeinen leisteten.

Der Adel hatte also eine nahezu unumschränkte Machtposition in seinem Territorium, aufgrund dieser Macht aber auch zahlreiche Möglichkeiten, das Gemeinwesen zu gestalten. Im Bereich herrschaftlichen Selbstverständnisses zeigt sich kein einheitliches Bild, so dass sich in dieser Hinsicht kaum von **dem** oberschwäbischen Adel sprechen lässt. Repräsentation und Hofleben, Jagdleidenschaft, Reise- und Baufreudigkeit konnten an den verschiedenen Höfen einen sehr unterschiedlichen Stellenwert haben. Vor allem aber die Gestaltung des Verhältnisses zwischen Obrigkeit und Untertanen weist eine große Divergenz auf. Während einige Herren dem aufgeklärten Absolutismus aufgeschlossen gegenüberstanden, Verwaltung und Wirtschaft modernisierten oder die sozialen Bedingungen ihrer Untertanen verbesserten, waren die Beziehungen anderswo durch jahrzehntelange Untertanenkonflikte belastet.

UNTERTANENKONFLIKTE: DAS BEISPIEL HOHENZOLLERN-HECHINGEN

Besonders harte Auseinandersetzungen wurden in der Grafschaft Hohenzollern-Hechingen ausgetragen[13]. Der Konflikt zwischen dem Landesherrn und den Untertanen um die freie Pirsch und Fronleistungen erhielt über ein Jahrhundert lang immer neuen Zündstoff. Schon im 17. Jahrhundert gab es heftige Konfrontationen mit der Bevölkerung, die mit ihren Abgaben die Hofhaltung des Landesherrn, die Verwaltung, die Verteidigung und nicht zuletzt die Bauvorhaben zu finanzieren hatten. Außer den Abgaben hatten sie noch mannigfache Fronen zu leisten, infolge der

Fürstliche Jagdgesellschaft vor der Kulisse der Stadt Hechingen und der Burg Hohenzollern, ca. 1700

Monika Spicker-Beck

fürstlichen Jagdleidenschaft besonders viele Jagdfronen. In einer ganzen Reihe von Aufständen forderten die Untertanen die Einschränkung der Fronen und der Abgaben. Eine Verschärfung der Landesordnung führte zu weiteren Auseinandersetzungen. Diese Konflikte wurden seit 1700 in einem Prozess vor dem Reichskammergericht und dem Reichshofrat ausgetragen. Der Rechtsstreit verschlang große Summen und ließ den ohnehin vorhandenen Schuldenberg des Fürstenhauses noch weiter anwachsen.

Fürst Joseph Wilhelm (1717-1798), der 1750 die Nachfolge seines ledigen Vetters Friedrich Ludwig (1688-1750) antrat, führte den fürstlichen Absolutismus in Hechingen zum Höhepunkt. Aus der Mitgift seiner 18-jährigen Ehefrau, Maria Theresia Folch de Cardona (1732-1750), die schon nach dreimonatiger Ehe starb, blieb ihm zwar ein großes Vermögen, das zur Sanierung seines Haushalts durchaus hätte nützlich sein können. Sein Hang zu repräsentativem Hofleben, seine Jagdvergnügen und abenteuerlichen Projekte, die er mit seinem Berater, dem späteren amerikanischen Generalinspekteur Steuben aushackte, trieben den Schuldenstand jedoch immer weiter in die Höhe.

Aus Ersparnisgründen löste er zeitweise die Hofhaltung auf, um sich statt dessen fünf Jahre lang inkognito auf Reisen zu begeben und in Begleitung Steubens und weniger Bediensteter sein Geld durchzubringen. Später versuchte Fürst Joseph Wilhelm, sein Prestige durch ehrgeizige Bauprojekte zu erhöhen. In den Jahren 1780-1783 entstand die Hechinger Stiftskirche, für deren Bau er den Straßburger „Stararchitekten" Michel d'Ixnard verpflichtete. Dabei wurde ein Teil der Finanzierung auf die Untertanen abgewälzt, die zu sogenannten „Ehrenfronen" herangezogen wurden. Drei Jahre später entstand in Hechingen die Villa Eugenia. Prestigeobjekte dieser Art ließen die Diskrepanz zwischen dem herrschaftlichen Aufwand und der Leistungsfähigkeit des Landes immer deutlicher zutage treten. Dazu kam die Jagdproblematik, die den Untertanenkonflikt noch weiter anheizte. In der Regierungszeit des Fürsten verfünffachte sich das Jagdpersonal und die Wildbestände erhöhten sich so, dass man der Aussage eines fürstlichen Oberjägers zufolge im hohenzollerischen Wald Rudel von über hundert Rothirschen antreffen konnte. Entsprechend groß waren die von den Bauern zu beklagenden Wildschäden, die in den Hungerjahren am Ende des Jahrhunderts das Fass zum Überlaufen brachten. Beeinflusst von den Ideen der Französischen Revolution, die bis nach Hohenzollern gelangten, brachte ein Landbewohner aus dem Dorf Starzeln 1792 seine Auffassung zum Ausdruck: „Es solle hier auch zugehen wie in Frankreich, dann würde es bald besser sein … Man werde der Herren Köpf auch noch auf den Spießen herumtragen. Der Fürst sei eben selbsten nichts; er sei ein Schuldenmacher, ein Spitzbub, ein Grundbiren Fürst."

Erst dem Nachfolger Joseph Wilhelms, Fürst Herrmann Friedrich Otto (1748-1810), gelang es den Untertanenkonflikt beizulegen. Er nahm bald nach seinem Regierungsantritt 1798 die Vergleichsverhandlungen mit den Gemeinden auf. Das Steuerwesen wurde geregelt, die Untertanen erhielten auf ihren Gemarkungen das Jagdrecht, die Wildschäden wurden durch die Errichtung eines Tiergartens eingeschränkt, die Leibeigenschaft aufgehoben. Dass die Bevölkerung nicht an einer „von Saeculis her angewohnten Rebellionsseuche" litt, derer sie Joseph Wilhelm bezichtigt hatte, zeigt die Tatsache dass bereits ein Jahr nach Amtsantritt seines Nachfolgers der Kon-

Schloss Königseggwald

Intarsien auf einer Jagdflinte des
16. Jahrhunderts (Kat. Nr. I.26)

flikt beigelegt war. Am 26. Juni 1789 unterschrieben, abgesehen von Bisingen, alle Gemeinden den Landesvergleich und der Fürst nahm die Huldigung entgegen.

Auch in der Grafschaft Königsegg-Aulendorf war die Jagd der Grund für Auseinandersetzungen zwischen Graf Hermann Friedrich von Königsegg-Aulendorf (1723-1786) und seinen Untertanen. Sie sind zum Jahr 1786 als „Hirschkrieg von Riedhausen" in die Annalen eingegangen. Schon Jahre zuvor hatte die Gemeinde – allen voran der Pfarrer Anton Figl – gegen die starke Zunahme des Rotwilds protestiert, das für die gräfliche Jagd gehegt wurde. Angesichts der großen wirtschaftlichen Not, in der sich die Gemeinde Riedhausen befand, war die erhebliche Belastung durch Wildschäden nicht mehr tragbar. Der Konflikt konnte erst durch eine kühne Erpressung auf dem Totenbett bereinigt werden: Pfarrer Figl verweigerte dem Grafen offenbar so lange die Sterbesakramente bis dieser den Abschuss der Hirsche freigab. Erst nach diesem Zugeständnis wurde Hermann Friedrich „mit den heiligen Sterbsakramenten auferbaulichst versehen"[14], worauf er am 1. Oktober 1786 starb. Noch im gleichen Monat wurde in Riedhausen zu einer gewaltigen Treibjagd geblasen, in der um die 1000 Stück Rotwild erlegt worden sein sollen[15].

EIN AUFGEKLÄRTER MUSENHOF

Ein ganz anderes Bild vom Verhältnis zwischen Herrschaft und Untertanen gewinnen wir aus anderen Herrschaften der Adelslandschaft Oberschwaben. Stand der Repräsentationsanspruch in angemessenem Verhältnis zu den Einkünften der Herrschaft, gestaltete sich diese Beziehung weit angenehmer. Dies ist beispielsweise in der Herrschaft Warthausen zu beobachten, wo seit dem Jahr 1761 der weltoffene Graf Friedrich von Stadion (1691-1768) residierte. Nach langen Jahren als Geheimer Konferenzminister und Großhofmeister im Dienst des Mainzer Erzbischofs hatte er sich auf sein oberschwäbisches Schloss zurückgezogen, wo er als weltoffener, weitgereister Ästhet das Ideal des aufgeklärten Adels verkörperte. Er war gebildet, liebte Montesquieu, Diderot und Voltaire, den er in Mainz persönlich kennengelernt hatte, beschäftigte sich aber auch mit den Werken der englischen Philosophen. Zwar vertrat er eine reichstreue prohabsburgische Politik, brachte sich aber als Verfechter eines aufgeklärten Katholizismus in Gegnerschaft zum Papst und zu den Jesuiten. Der Kampf gegen den Aberglauben gehörte ebenso zu den Merkmalen seiner Herrschaftsführung wie die Gründung von Ausbildungs- und Fürsorgeeinrichtungen für die Bevölkerung. In der Landwirtschaft unterstützte er neue Anbaume-

Monika Spicker-Beck

»Stellen Sie sich einen Greis von einer Gestalt und einem Gesichtsausdruck vor, von denen Shakespeare sagt, ‚that Nature might stand up and say this is a Man' und der mit 72 Jahren das Feuer eines Franzosen von 50 besitzt, verbunden mit der Einfachheit, der Denkungsart und dem Benehmen eines englischen Edelmannes, einen Staatsmann, einen Liebhaber der Literatur und der Künste, so angenehm im Gespräch wie man es nur sein kann, und Sie haben einen Begriff vom Charakter des Hausherrn.«

Christoph Martin Wieland, 1762 [17]

thoden, und förderte die Einführung der Kartoffel. Seine Energie konzentrierte sich auf Reformen zur Förderung des Allgemeinwohls. Die Bedürfnisse seiner Untertanen wurden dabei durchaus berücksichtigt, so dass Konflikte wie die für Hohenzollern-Hechingen beschriebenen nicht denkbar waren. Im Hinblick auf die „freie Pirsch", soll Friedrich geäußert haben, dass sie „das einzige Hilfsmittel des Landmanns gegen die Menge des ihre Felder zerstörenden Wildes sei". Daher müsse sie erhalten werden, denn, so lautete seine Begründung, „die Bauern sind mir lieber als die Hirsche und die wilden Schweine"[16]. Bei der Verwaltung seiner Güter wurde Stadion unterstützt von seinem vermutlich natürlichen Sohn Georg Michael Frank von la Roche (1720-1788), der mit seiner Familie auf Warthausen lebte und als Verwaltungsfachmann und Privatsekretär in seinen Diensten stand.

Graf Friedrich von Stadion liebte die geistige Anregung, Kunst und Literatur. Er förderte Künstler wie beispielsweise den Maler Johann Heinrich Tischbein d.Ä. (1722-1789) oder den Dichter Christoph Martin Wieland (1733-1813), der damals das Amt eines Kanzleiverwalters in Biberach innehatte. In dieser Zeit machte sich die Warthausener Hofgesellschaft einen Namen als „Musenhof", an dem Künstler und Gelehrte ein- und ausgingen und die Kultur gepflegt wurde. Einen zentralen Anteil an der dortigen Atmosphäre hatte – neben Graf Friedrich selbst – die Persönlichkeit von Sophie von La Roche (1730-1807), der Ehefrau von Michael Frank La Roche. Die spätere Dichterin nahm bei Graf Friedrich die Aufgabe einer Gesellschafterin wahr und erfüllte repräsentative Aufgaben. Sie führte einen Teil der französischen Korrespondenz und war so stets gut informiert über die geistigen Strömungen in Europa. Selbst sehr belesen diente sie dem Grafen als unterhaltsame Gesprächspartnerin und trug zur Kontaktpflege mit interessanten Menschen der gebildeten Welt bei [18].

Sophie von La Roche stammte aus dem Bürgertum, war als Tochter des Augsburger Arztes Georg Friedrich Gutermann geboren und erhielt eine gute Ausbildung

Der sogenannte Stadion-Salon im Schloss Warthausen

wie sie für Mädchen aus gehobenen bürgerlichen Kreisen üblich war. Französisch und Klavierspielen gehörte zu den wichtigen Kenntnissen. Englisch, das seit Voltaires „lettres anglaises" besonders „en vogue" war, lernte sie während ihrer ersten Schwangerschaft. In einem Rückblick auf ihr Leben in der Umgebung Stadions beschreibt Sophie von la Roche, wie sie von der Hofgesellschaft profitiert hatte: „... ich versäumte ... keine Gelegenheit, wo ich in der prächtigen Bibliothek des Graf. Stadion etwas Nützliches oder Schönes bemerken konnte – sah an seiner Tafel sechzehn Jahre hindurch, viele kluge bedeutende Menschen, hörte diese mit dem Grafen Minister von tausend Gegenständen sprechen; da mußte ja vieles Neue, mit dem in frühern Zeiten Gesammelten, sich in meiner Seele verbinden. – Ich mußte, um die Cabinetsarbeiten meines Mannes in etwas zu erleichtern, den Briefwechsel mit dem Abbé la Chaux, über alles Neue, so in Paris erschien, führen. – So erweiterte sich der Kreis meiner Kenntnisse in der wirklichen und in der Bücherwelt"[19].

„Es gibt kein schlichteres und zugleich angenehmeres Leben als das, was man hier führt", schreibt Wieland, der auf Warthausen ein Zimmer zur Verfügung hatte, im Jahr 1762 an einen Freund. „Der Tag ist gewöhnlich geteilt zwischen der Lektüre, der Konversation, den Freuden der Tafel, dem Spaziergang und schließt mit einem Konzert von Jomelli, Graun und ähnlichen Komponisten."[20] Sophie von La Roche bestätigte: „Schönere Tage sah ich nie, kann sie nie sehen, als die in Warthausen von 1761 bis 1768 waren ..."[21] Morgens, noch vor 7 Uhr legte ihr Mann ihr „gewisse Blätter" in französischer, deutscher oder englischer Sprache auf einen Tisch, „welche ich mit Aufmerksamkeit lesen, ihren Inhalt mir bekannt machen, und eine leichte schickliche Einkleidung suchen sollte, in welcher ich sie, bald beim Auf- und Abgehen mit dem Grafen in vielen in einander laufenden Zimmern, bald bei Tische anzubringen mich bemühen sollte, damit der edle Mann immer das Vergnügen habe, etwas Unterhaltendes zu hören. An der Tafel faßte dann mein Mann oder ein Fremder den Faden auf, und man hörte Gedanken, welche die erste Idee bereicherten oder ausführten ..."[22]

Sophie von La Roche machte sich selbst als Schriftstellerin einen Namen. Ihr Werk, „Die Geschichte des Fräuleins von Sternheim", in dem sie sich mit dem höfischen Leben des Adels auseinandersetzt, gilt als der erste Frauenroman in der deutschen Literatur[23]. Christoph Martin Wieland, mit dem sie in jungen Jahren einige Zeit verlobt, zeitlebens aber in tiefer Freundschaft verbunden war, gab ihn 1771 anonym heraus. Der Roman wurde von der Literaturszene des Sturm und Drang sogleich nach Erscheinen sehr positiv aufgenommen. Herder, Jacobi und auch der junge Goethe, der nach ihrem Umzug nach Koblenz-Ehrenbreitstein mit der Familie befreundet war, äußerten sich begeistert. In seinen Lebenserinnerungen „Dichtung und Wahrheit" beschrieb Goethe Sophie von La Roche, die „durch ein langes Leben und viele Schriften einem jeden Deutschen ehrwürdig bekannt geworden" sei: „Sie war „die wunderbarste Frau, und ich wüßte ihr keine andre zu vergleichen. Schlank und zart gebaut, eher groß als klein, hatte sie bis in ihre höheren Jahre eine gewisse Eleganz der Gestalt sowohl als des Betragens zu erhalten gewußt, die zwischen dem Benehmen einer Edeldame und einer würdigen bürgerlichen Frau gar anmuthig schwebte."[24]

In ähnlicher Weise finden wir im 18. Jahrhundert den Fürstenhof als kulturelles „Gesamtkunstwerk" in der Grafschaft Waldburg umgesetzt, wo das Herrscher-

»... ein edles grosses Schloss auf einem freundlichen Berg – ein Garten, in dessen Alleen man in der Kutsche herum fuhr – Feldbau – Sennerey – alles nett, alles edel – glückliche geliebte Unterthanen, und ein von allen geseegneter Oberherr ...«
Sophie von la Roche, 1791[25]

paar Graf Ferdinand Ludwig Reichserbtruchsess zu Wolfegg (1678-1735) und Gräfin Maria Anna (1681-1754) danach strebten, Schloss Wolfegg zur „idealen oberschwäbischen Adelsresidenz" auszubauen. Musik und Kunst standen auch dort im Mittelpunkt des kulturellen Lebens. Sie gingen einher mit einer aus dem katholischen Glauben erwachsenen sozialen Verantwortung, die sich beispielsweise in der Gründung mehrerer Spitäler und frommer Stiftungen ausdrückte. Die Begeisterung der Wolfegger für Architektur zeigt sich an anspruchsvollen Bauvorhaben, von denen die Stiftskirche oder der Innenausbau des Schlosses heute noch Zeugnis ablegen[26].

FRÜHMODERNE STAATLICHKEIT: DAS FÜRSTENTUM FÜRSTENBERG

Auf dem Weg zu frühmoderner Staatlichkeit befand sich auch das Fürstentum Fürstenberg, in dem Fürst Joseph Wilhelm Ernst (1699-1762) zu Beginn seiner Herrschaft umfangreiche Reformen einleitete. Als sich das bisher zersplitterte Territorium nach dem Aussterben der Heiligenberger Linie zu einem Gesamtkomplex unter seiner Führung vereinigte, war Fürstenberg eines der bedeutendsten Territorien im deutschen Südwesten geworden. Joseph Wilhelm Ernst, der „Schöpfer des Fürstenbergischen Staatswesens"[27] begann sein Fürstentum grundlegend zu modernisieren, verlegte seinen Sitz nach Donaueschingen, das er zur Residenzstadt erhob und zum Hauptort des Fürstentums ausbaute. Dort entstand eine straffe zentrale Verwaltung, denn nach Ansicht des aufgeklärten Fürsten sei „zu Beförderung dero sämtlichen Land und leuthen ein convenabler neuer Regierungsstaat einzurichten".[28] Es wurde ein Kammerkollegium gebildet, bestehend aus einem Geheimen Rat und Kanzler,

Das Schloss Donaueschingen aus dem 18. Jahrhundert in einer Fotografie Ende 19. Jahrhundert

drei Hof- und Regierungsräten, zwei Kammerräten und einem Archivarius. Jeder von ihnen war für einen bestimmten Geschäftsbereich verantwortlich, einmal in der Woche wurde die Arbeit in einer „Kammersitzung" koordiniert. Eine Beamtenordnung mit Besoldungsregeln wurde eingeführt, das Gemeinderechnungswesen neu geordnet. Die Forstwirtschaft wurde auf den modernsten Stand gebracht, wobei sich die Freiherrn von Laßberg über mehrere Generationen besondere Verdienste erwarben. Durch Nachforschungen, ob von den Untertanen Klagen gegen die herrschaftlichen Beamten vorlägen, wurden die Ämter kontrolliert. Da Joseph Wilhelm Ernst die Schule als staatliche und nicht als kirchliche Angelegenheit sah, führte er bereits 1746 die allgemeine Schulpflicht ein. Danach war der tägliche Schulbesuch zwar nur von Martini bis Ostern verbindlich, umfasste aber immerhin einen Zeitraum von sieben Schuljahren. Eltern, die das Schulgeld nicht bezahlen konnten, sollten aus der Gemeindekasse unterstützt werden[29].

Auch auf die Bautätigkeit hatte dieser Aufschwung Auswirkungen. In der Residenzstadt wurde das Schloss erweitert und die Pfarrkirche neu gebaut, wobei Fürst Joseph Wilhelm Ernst keineswegs die Neigung zu Prunkgehabe und Prachtentfaltung anhaftete. Die Beamten erhielten ein Regierungsgebäude sowie ein Wohnhaus am Regierungssitz, auch die Brauerei wurde neu errichtet. Für die umfangreiche Bücher- und Handschriftensammlung entstand ein Archivgebäude, in dem auch die aus verschiedenen Schlössern stammende Gemäldesammlung untergebracht werden konnte. Johann Wilhelm Ernst gelang es, durch eine geschickte Erbregelung die fürstenbergischen Stammlande zu erhalten, indem er seinem Bruder Ludwig August Egon die niederösterreichische Herrschaft Weitra übertrug.

Durch die vielfältigen Anstrengungen zur Förderung des Gemeinwohls und zur Verbesserung der wirtschaftlichen, rechtlichen und sozialen Verhältnisse fand der Sohn Fürst Joseph Wenzel (1762-1783) bei der Amtsübernahme nach dem Tod seines Vaters eine Herrschaft mit wohlgeordneten Strukturen vor. Mit diesen Voraussetzungen und einer geschickten Haushaltsführung, stand das Fürstentum Fürstenberg auch unter seiner Regentschaft gut da. Zugute kam ihm dabei sein Gespür für sinnvolle fortschrittliche Entwicklungen. So förderte er beispielsweise die Heimarbeit im Schwarzwald, die später eine wichtige wirtschaftliche Grundlage für die Industrialisierung in dieser Region wurde. Auch seine Nachfolger, die beiden Enkel Benedikt Maria (1783-1796) und Karl Joachim (1796-1804) profitierten noch vom „convenablen neuen Regierungsstaat" des Großvaters Johann Wilhelm Ernst.

Fürst Joseph Wenzel setzte während seiner Regentschaft einen besonderen Schwerpunkt auf kulturellem Gebiet, wobei ihm die Pflege der Musik besonders am Herzen lag. Er selbst spielte Cello und war „ein grosser Liebhaber und Beschützer der Musik", die ab der zweiten Jahrhunderthälfte eine besondere Rolle am Fürstenbergischen Hof spielte. Höhepunkt des blühenden Musiklebens am Hof war der 12-tägige Besuch der Familie Mozart, die während einer Konzertreise 1763/64 in Donaueschingen weilte. Dass die Musik einen wichtigen Stellenwert in der fürstlichen Familie einnahm, zeigt sich auch daran, dass der Bruder des regierenden Fürsten, Karl Egon, ein begabter Flötist war und die Tradition der Musikpflege an die folgende Generation weitergegeben wurde. Joseph Maria Benedikt (1783-1796), der älteste Sohn und Nachfolger Joseph Wenzels war ebenso ein „ausser ordentlicher Liebhaber und Kenner der Musick" und spielte „selbst virtuos auf dem Forte piano". Seine Frau Maria Antonia von Hohenzollern-Hechingen übernahm regelmäßig die Sopranrollen in den Opern des Fürstlichen Hoftheaters, zu dessen Repertoire beispielsweise „Die Zauberflöte" oder „Die Entführung aus dem Serail" gehörte. Seine „Hochfürstliche Hof- und Kammermusik" zählte etwa zwei Dutzend Musiker. Beinahe wäre der junge Mozart um 1786 sogar fürstlich fürstenbergischer Hofkomponist geworden. Das Musikleben am Donaueschinger Hof wahrte auch während der Regierungszeit von Karl Joachim (1796-1804), dem Bruder Joseph Maria Benedikts, sein hohes Niveau[30].

Betrachten wir die Gesamtsituation des Adels am Ende des Alten Reichs, so scheint der Begriff „Adelskrise" nicht in jeder Hinsicht angemessen. Die Pflege und Förderung der Kultur auf dem Gebiet der Musik, der Literatur und Dichtung, der bildenden Kunst, des Geisteslebens insgesamt ist eine Leistung, die in hohem Maße vom Adel erbracht wurde und keineswegs die Bezeichnung „Krise" verdient. Auch die Bautätigkeit – manchmal allerdings ohne jede wirtschaftliche Vernunft – erlebte am Ende des Alten Reichs einen außerordentlichen Aufschwung, der wie ein letztes Aufbäumen der adligen Bauherren anmutet, kurz vor dem drohenden Umbruch. Fest steht jedenfalls, dass die Welt ärmer wäre ohne die Kirchen und Schlösser entlang der sogenannten „Barockstraße" und ohne die Kammermusik, die für die Fürstenhöfe jener Zeit eigens komponiert wurde.

Auch die Gedankenwelt der Aufklärung hatte im Adel ihre Träger und fand in den Errungenschaften derjenigen Herrschaften, die nach den Grundsätzen des aufgeklärten Absolutismus geführt wurden, ihren Ausdruck. Effiziente Regierungen, Modernisierung der Verwaltungen, Sorge um das Wohl der Untertanen, Neuerungen in der Landwirtschaft, Einrichtung von sozialen Institutionen sind nur einige Stichworte, die wichtige Schritte in der Weiterentwicklung der Staatsidee charakterisieren. Freilich gab es neben den „Aufgeklärten" auch diejenigen, die die Zeichen der Zeit nicht erkannten, und entsprechende Konflikte auszutragen hatten.

Aber „auch im aufgeklärten Absolutismus wurden die Untertanen noch nicht zu Staatsbürgern"[31], wie es ein Historiker kürzlich formulierte. Eine so weit reichende Einsicht konnte man vom Adel des Alten Reichs in der Tat nicht erwarten. Dazu bedurfte es der sich nun mit Macht ankündigenden republikanischen Bewegungen.

»In jedem Stadium der Zivilisation wird es, gleichviel unter welchen Namen und Formen immer wieder Aristokraten geben ... Denn der Adel ... ist seiner unvergänglichen Natur nach das ideale Element der Gesellschaft; er hat die Aufgabe, alles Große, Edle und Schöne, wie und wo es auch im Volke auftauchen mag, ritterlich zu wahren, das ewig wandelbare Neue mit dem ewig Bestehenden zu vermitteln und somit erst wirklich lebensfähig zu machen. Mit romantischen Illusionen und dem bloßen eigensinnigen Festhalten des Längstverjährten ist also hierbei gar nichts getan.«
Freiherr Joseph von Eichendorff, 1857

ANMERKUNGEN

1 Teutscher Merkur 1773, Band 3, 177 f.
2 Ausführlich dazu *Horst Boxler:* Die Geschichte der Reichsgrafen zu Königsegg seit dem 15. Jahrhundert, 589-597.
3 *Volker Press:* Südwestdeutschland im Zeitalter der Französischen Revolution und Napoleons. In: Baden und Württemberg im Zeitalter Napoleons. Katalog und Begleitband zur Ausstellung, hg. vom Württembergischen Landesmuseum Stuttgart. Stuttgart 1987. Band 2, 9-24, hier 11.
4 S. u. Kat. Nr. VIII.3 .
5 *Werner Kundert:* Reichskirche und Adel im Südwesten des Reiches. In: Barock in Baden-Württemberg. Vom Ende des Dreißigjährigen Krieges bis zur Französischen Revolution. Ausstellung des Landes Baden-Württemberg im Schloß Bruchsal vom 27.6-15.10.1981. Hg. vom Badischen Landesmuseum Karlsruhe. Karlsruhe 1981, Bd. 2, 325-333, hier 330 und 332 ff..
6 *Kundert* (wie Anm. 5), 329, s.u. Kat. Nr. VIII.2.
7 *Gerd Wunder:* Die Schenken von Stauffenberg. Eine Familiengeschichte. Stuttgart 1972, 244 f.
8 S. u. Kat. Nr. VIII.1.
9 Dazu ausführlich der Beitrag von *Kurt Diemer* im Band 2 dieses Begleitbuchs.
10 *Friedrich Carl Freiherr von Moser:* Ueber die Regierung der geistlichen Staaten in Deutschland. Frankfurt/ Leipzig 1787, 162. *Karlfriedrich Eckstein:* Friedrich Carl von Moser (1723-1798). Rechts- und Staatstheoretisches Denken zwischen Naturrecht und Positivismus. Diss. Giessen 1973.
11 *Casimir Bumiller:* Hohentwiel. Die Geschichte einer Burg zwischen Festungsalltag und großer Politik. Konstanz 1990, 179.
12 *Joseph von Eichendorff:* Der Adel und die Revolution. In: Sämtliche Werke des Freiherrn Joseph von Eichendorff. Hg. von *Wilhelm Kosch und August Sauer,* Regensburg 1910, Bd. 10, 383-406, hier 303.
13 *Fritz Kallenberg:* Hohenzollern im Alten Reich. In: Hohenzollern. Hg. von *Fritz Kallenberg.* Schriften zur politischen Landeskunde in Baden-Württemberg Bd. 23. Stuttgart 1996, 48-128, hier 78-87.
14 *Boxler* (wie Anm. 2), 737.
15 *Boxler* (wie Anm. 2), 760.
16 *Gabriele von Koenig-Warthausen:* Friedrich Graf von Stadion. In: Lebensbilder aus Schwaben und Franken. Band 8, Stuttgart 1962, 113-136 .

17 Zitiert nach dem Katalog zur Ausstellung: Christoph Martin Wieland 1733-1813. Leben und Wirken in Oberschwaben. Ausstellung der Stadtbibliothek Ulm und der Stadtbücherei Biberach. Hg. von *Hans Radspieler.* Weißenhorn 1983, 81.
18 Zum folgenden: *Michael Maurer (Hg.):* Ich bin mehr Herz als Kopf. Ein Lebensbild in Briefen. Sophie von la Roche. München 1983. *Viia Ottenbacher/ Heinrich Bock:* Sophie von La Roche von Warthausen „... schönere Tage sah ich nie ... „. Marbach a.N. 1997. *Monika Nenon:* Autorschaft und Frauenbildung. Das Beispiel von Sophie von La Roche. Würzburg 1988. *Monika Küble:* Gefährliche Liebschaften in Oberschwaben. Sophie la Roches Geschichte des Fräuleins von Sternheim im Kontext des Musenhofs Warthausen. In: Schwabenspiegel. Literatur vom Neckar bis zum Bodensee 1000-1800. Hg. von *Ulrich Gaier, Monika Küble, Wolfgang Schürle* im Auftrag der Oberschwäbischen Elektrizitätswerke. Ulm 2003, Band 2, 127-134.
19 *Sophie von La Roche:* Melusinens Sommerabende. Hg. von *Christoph Martin Wieland.* Nachdruck der Ausgabe von 1806. Eschborn 1992, XVIII f.
20 *Christoph Martin Wieland,* 22.6.1762, zitiert nach dem Katalog Christoph Martin Wieland 1733-1813 (wie Anm. 17), 81.
21 Briefe über Mannheim 1791, 354, zitiert nach *Viia Ottenbacher/ Heinrich Bock* (wie Anm. 18), 1.
22 *Sophie von La Roche:* Melusinens Sommerabende (wie Anm. 19), L f.
23 *Sophie von La Roche:* Die Geschichte des Fräuleins von Sternheim. Hg. von *Fritz Brüggemann.* Darmstadt 1964.
24 *Johann Wolfgang von Goethe:* Aus meinem Leben. Dichtung und Wahrheit. Hg. von *Siegfried Scheibe.* 2 Bde. Berlin 1974. Dritter Theil, Dreyzehntes Buch, hier Bd. 2, 463.
25 Briefe über Mannheim, 1791, 354. Zitiert nach *Viia Ottenbacher/ Heinrich Bock* (wie Anm. 18), 1.
26 Dazu ausführlich der Beitrag von *Kurt Diemer* im Band 2 dieses Begleitbuchs.
27 *Volker Press:* Das Haus Fürstenberg in der deutschen Geschichte. In: *Volker Press:* Adel im Alten Reich. Gesammelte Vorträge und Aufsätze. Tübingen 1998. 139-166, hier 158-162. *Albrecht P. Luttenberger:* Das Haus Fürstenberg vom frühen Mittelalter bis ins 19. Jahrhundert In: Die Fürstenberger, 1-38, hier 28-32. *Eduard Johne:* Der Schöpfer des Fürstenbergischen Staatswesens, Fürst Joseph Wilhelm Ernst zu Fürstenberg (1699-1762). Seine Bedeutung für die staatlichen und kulturellen Verhältnisse in den Fürstenbergischen Landen. In: Badische Heimat 25 (1938), 291-304. *Ingfried Dold:* Die Entwicklung des Beamtenverhältnisses im Fürstentum Fürstenberg in der Zeit des späten Naturrechts (1744-1806). Allensbach 1961.

28 *Johne,* 294
29 *Johne,* 298 f. Richard Link: Verwaltung und Rechtspflege im Fürstentum Fürstenberg in den letzten Jahrzehnten vor der Mediatisierung (1744-1806). Diss. Freiburg 1942.
30 *Manfred Schuler:* Die Fürstenberger und die Musik. In: *Erwein H. Eltz/Arno Strohmeyer (Hgg.):* Die Fürstenberger. 800 Jahre Herrschaft und Kultur in Mitteleuropa. Schloß Weitra. Korneuburg 1994, 150-161. *Heinrich Burkard:* Musikpflege in Donaueschingen. In: Badische Heimat 8 (1921), 83-98.
31 *Axel Kuhn:* Aufgeklärter Absolutismus – Revolution – Reform. Der Stellenwert der Französischen Revolution in der deutschen Geschichte. In: *Anton Pelinka/ Helmut Reinalter (Hgg.):* Die Französische Revolution und das Projekt der Moderne. Wien 2002, 17-26, hier 20.

jour du mois de Juillet Mil huit cent S

Napoleon

Le Ministre des
Relations extérieures,
Talleyrand prince de Bénévent

Par l'Em
Le Ministre Se
Hugues B

1806 — EIN EPOCHENJAHR DEUTSCHER GESCHICHTE

CASIMIR BUMILLER

DIE MEDIATISIERUNG

Am 12. Juli 1806 unterzeichneten 16 deutsche Fürsten, darunter der König von Bayern, der König von Württemberg, der Großherzog von Baden und die beiden Fürsten von Hohenzollern, die so genannte Rheinbund-Akte. Mit der Gründung des Rheinbunds hatte Napoleon sein Ziel erreicht, sämtliche deutschen Mittelmächte von Baden über Württemberg und Bayern bis hinauf nach Sachsen von Österreich und Preußen zu isolieren und unter seiner Protektion aus dem Reichsverband heraus zu lösen. Die Unterzeichnung der Rheinbund-Akte bedeutete nichts weniger als einen Verrat am Reich. Insofern war es folgerichtig, dass am 6. August 1806 Kaiser Franz II. (1792-1806, als Kaiser Franz I. von Österreich bis 1835) die ehrwürdige deutsche Kaiserkrone nieder legte. Damit hörte nach rund 900 Jahren eine der ältesten Monarchien Europas, das Heilige Römische Reich Deutscher Nation, auf zu existieren.

Rheinbundakte vom 12. Juli 1806 mit der Unterschrift Napoleons

Dies war der Schlusspunkt unter einer dramatischen politischen Entwicklung, die dieses Ergebnis seit Jahren vorgezeichnet hatte. Vorstufen des Untergangs des Deutschen Reiches bildeten die Säkularisation und die Mediatisierung. Bereits im Reichsdeputationshauptschluss von 1803 waren zahllose Klöster und geistliche Territorien zugunsten weltlicher Fürstentümer aufgehoben worden[1]. Zugleich war es damals bereits zu ersten Mediatisierungen gekommen. Die sperrige Vokabel beschreibt einen einfachen, verfassungsrechtlich aber weit reichenden Vorgang. Insgesamt 112 Reichsstände, also Fürsten, Grafen und Städte, die bisher unmittelbar dem Reich unterstellt waren und mit Sitz und Stimme auf den Reichstagen an der Gesetzgebung mitgewirkt hatten, verloren in den Jahren 1803 bis 1806 durch den Eingriff Napo-

Casimir Bumiller

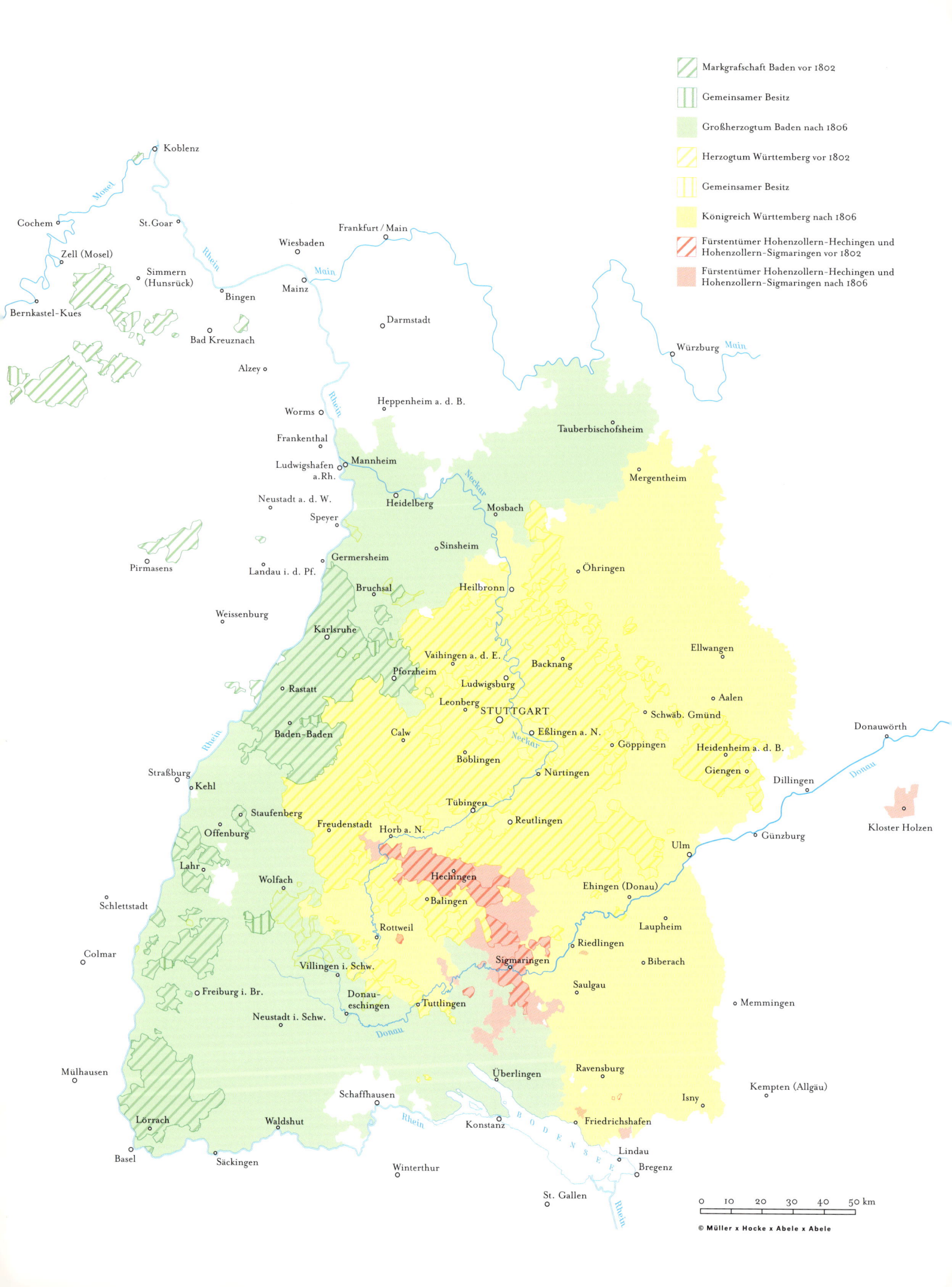

	Markgrafschaft Baden vor 1802
	Gemeinsamer Besitz
	Großherzogtum Baden nach 1806
	Herzogtum Württemberg vor 1802
	Gemeinsamer Besitz
	Königreich Württemberg nach 1806
	Fürstentümer Hohenzollern-Hechingen und Hohenzollern-Sigmaringen vor 1802
	Fürstentümer Hohenzollern-Hechingen und Hohenzollern-Sigmaringen nach 1806

© Müller x Hocke x Abele x Abele

leons ihre Reichsunmittelbarkeit und ihre landesherrliche Souveränität und wurden der Landeshoheit eines anderen weltlichen Fürsten unterworfen. Nach einer gängigen Formel wurden die betroffenen Hochadelsfamilien „vom Landesherrn zum Standesherrn" degradiert[2]. In Oberschwaben betraf dies die fürstlichen Familien von Fürstenberg, Thurn und Taxis, Waldburg-Zeil und Waldburg-Wolfegg und die gräflichen Familien von Königsegg, von Stadion und von Quadt-Isny. Hinzu kamen zahlreiche reichsritterschaftliche Familien, die in den neu geschaffenen Staaten zu einer Art privilegierter Staatsbürger zurück gestuft wurden. Hierzu zählten in Oberschwaben die Freiherren von Bodman, von Freyberg, von Hornstein, von Speth, von Stauffenberg und von Ulm-Erbach.

Säkularisation und Mediatisierung führten zu einer radikalen Veränderung der politischen Landkarte. Von unzähligen Territorien Südwestdeutschlands (in den Grenzen des heutigen Landes Baden-Württemberg) waren 1806 noch ganze vier übrig geblieben: Baden, Württemberg und die beiden Fürstentümer Hohenzollern-Hechingen und Hohenzollern-Sigmaringen[3]. Diese vier verdankten ihren territorialen Zuwachs der Einverleibung säkularisierter Klöster und der Mediatisierung ihrer bisherigen Nachbarn und Standesgenossen. So erweiterte etwa Bayern – um den großen Nachbarn mit zu berücksichtigen – seine Staatsfläche um 144 %, Württemberg die seine um 414 % und Baden sogar um 738 %. Dieser Bedeutungs- und Machtzuwachs der neuen Mittelmächte wurde von Napoleon zusätzlich durch Rangerhöhungen dokumentiert: So wurden 1805/06 die Markgrafen von Baden zu Großherzögen, die Herzöge von Bayern und Württemberg zu Königen erhoben. Lediglich die beiden Hohenzollern-Fürsten bekamen weniger vom verteilten Kuchen ab und erfuhren keine Rangerhöhungen[4].

Damit sind die fünf Entwicklungsschritte benannt, die Napoleons politische Ziele in Bezug auf Deutschland umschreiben: Mit Hilfe der Säkularisation (1), der Mediatisierung (2) und der Rangerhöhungen (3) machte sich Napoleon jene deutschen Fürsten gefügig, die sich unter seiner Protektion im Rheinbund (4) zusammen fanden und mit diesem Akt des Reichsverrats die Auflösung des Reiches (5) bewirkten [5].

Unter dem Strich hatte Napoleon in nur drei Jahren nicht nur die politische Landkarte Mitteleuropas neu vermessen, sondern auch die staatlichen Verhältnisse Alteuropas so tief greifend umgestaltet, dass man mit Fug und Recht von einer revolutionären Umwälzung sprechen kann, auch wenn der spezifische Charakter dieser „Revolution" noch näher zu kennzeichnen sein wird.

Diese für die neuere deutsche Geschichte entscheidenden Jahre bilden, aus einem europäischen Blickwinkel betrachtet, den Höhepunkt des Napoleonischen Zeitalters (1799-1815), das seinerseits als Vollendung – alias als Überwindung, jedenfalls als vorläufiger Abschluss der 1789 begonnenen Französischen Revolution gilt. Die gesamte Epoche der Französischen Revolution und Napoleons entwickelte nach Dieter Langewiesche eine Dynamik, „die in etwa 2 ½ Jahrzehnten die Welt politisch umgestaltete. Unter dem revolutionären Druck zerfielen die feudalen und ständischen Ordnungen, in denen die Menschen Jahrhunderte gelebt hatten."[6] Dem Charakter und der Bedeutung des deutschen Epochenjahrs 1806 gilt es sich aus einer erweiterten historischen Perspektive anzunähern.

Die Karte zeigt die von Napoleon geschaffenen neuen Mittelstaaten Baden, Württemberg und Hohenzollern nach 1806 mit ihrem jeweiligen Gebietszuwachs.

Casimir Bumiller

ZUR LAGE DES ADELS AM ENDE DES ALTEN REICHES

Das Gros der deutschen Kleinstaaten erschien gegen Ende des Alten Reiches reformbedürftig. Die mittleren und kleinen souveränen Staatsgebilde, an deren Spitze „Westentaschen-Monarchen" mit Fürsten- oder Grafentiteln standen, beherbergten in der Regel zu wenige Einwohner, als dass von deren Steuerkraft die öffentlichen Aufgaben hinreichend zu bewältigen gewesen wären. Die Staatskassen wie die privaten Schatullen der Grafen und Fürsten, die ihren Repräsentationsaufgaben im Rahmen ihrer reichsfürstlichen Verpflichtungen nachzukommen hatten, waren vielfach hoch verschuldet. Hinzu kamen Ende des 18. Jahrhunderts Probleme der Überbevölkerung. Diese hätte Maßnahmen des landwirtschaftlichen Strukturwandels oder der Protoindustrialisierung erfordert, die aber häufig nur rudimentär erfolgten. Die Duodezfürstentümer waren auf die Herausforderungen der beginnenden Moderne nicht vorbereitet. Manche Fürsten genügten sich anachronistisch im Genuss ihres spätfeudalen Glanzes wie die von Hohenzollern-Hechingen, die ihr Territorium zum bloßen Jagdrevier degradierten und damit schwere Konflikte mit den Untertanen provozierten [7].

Vielen Fürsten war die territoriale Begrenzung als Hinderungsgrund für das Aufblühen ihres jeweiligen Staatsgebildes bewusst, doch fanden sie keinen Ausweg aus dem bestehenden Dilemma. Eine Vergrößerung von Territorien fand nur im Rahmen dynastischer Zufälle statt, beispielsweise nach dem Aussterben verwandter Linien. Die Vereinigung von ehemals getrennten Herrschaften führte etwa Fürstenberg ab 1716/44 oder Baden ab 1771 auf eine neue Stufe staatlicher Organisation. Nicht von ungefähr waren es gerade die so entstandenen größeren Herrschaftskomplexe, die sich den notwendigen Modernisierungen zu öffnen verstanden. So zählte die vereinigte Markgrafschaft Baden unter Markgraf Carl Friedrich (1728-1811) zu den gelobten Beispielen aufgeklärten Absolutismus [9]. Auch die Fürsten Joseph Wilhelm Ernst († 1762) und Joseph Wenzel von Fürstenberg (1762-1783) versuchten, ihren landesherrlichen Aufgaben durch eine Modernisierung von Verwaltung und Wirtschaft angemessen nachzukommen [10].

Trotz aller Fortschritte in einzelnen Staaten bleibt festzuhalten, dass der überwiegende Teil der kleineren Staats- und Herrschaftsgebilde für sich genommen wie auch das Reich als Ganzes ohne den – ungebetenen – Eingriff des Korsen nicht reformfähig gewesen wären. Insofern eröffnete die Mediatisierung von 1806 den von Napoleon willkürlich geschaffenen deutschen Mittelstaaten – objektiv betrachtet – einen Modernisierungsschub, der diese Länder erst zu überlebensfähigen Staaten machte.

Auf der anderen Seite stellte die Mediatisierung für die ihrer Herrschafts- und Souveränitätsrechte beraubten Adelshäuser – subjektiv betrachtet – einen Akt willkürlicher Gewalt dar, der von allen Betroffenen als entwürdigend empfunden wurde. Die Vertreter der mediatisierten Adelshäuser haben das Geschehen der Jahre von 1801 bis 1806 durchweg mit Bitterkeit und mit dem Gefühl ungerechter und demütigender Behandlung erfahren. Alle haben sie zunächst den Anspruch auf eine Rückkehr an ihren „angestammten" Platz in einer feudalen Ordnung aufrecht erhalten, einer feudalen Ordnung, die gerade – was aber niemand so klar erkannte – irreversibel untergegangen war.

»Das Heilige Römische Reich war jetzt ein altes, baufälliges und morsches Gebäude, welches der erste Sturm zusammenstürzen mußte, seine mehr als dreihundert Eigentümer waren zum Teil gar komische und sonderbare Käuze, besonders die Duodezsouveränchen, von denen fast jeder in seinem Ländchen seine eigenen, oft sehr kostbaren Spielereien hatte ... Jenes Fürstlein vergeudete die von seinen Untertanen erpressten Gelder mit ausländischen Mätressen, dieses Gräflein oder Markgräflein hatte die Soldatenwut ..., ein anderer brachte die Einkünfte seines Ländchens mit Theaterbauten, großen Opernvorstellungen und Theaterprinzessinnen durch, wieder ein anderer war ein wütender Nimrod, stellte ewig Parforce-Jagden an, bei denen nicht nur das Wild, sondern auch die armen Teufel von Bauern par force gehetzt wurden.«
Johann Konrad Friederich 1806 [8]

»... dass sie wieder in den nemlichen Stand der Freiheit und Unmittelbarkeit, in den vollkommenen Genuß unserer Rechte, Eigenthums und Einkünfte hergestellt werden möchten, in welchem sie sich vor dem unseligen Rheinbunde in dem Jahr 1805 wirklich befunden haben... [...] wodurch der Zustand vom Jahre 1805, wie er uns vor Gott und der Welt zusteht, ... wieder ergänzt werde.«
Verein der Deutschen Standesherren Dez.1815 [11]

DIE FEUDALE ORDNUNG

In der feudalen Ordnung des Mittelalters und der Frühen Neuzeit – also während des langen Zeitraumes von etwa 800 bis 1800 – spielte der Adel eine privilegierte, in der Verfassung verankerte Rolle. Die Etablierung des Feudalismus als Herrschaftsmodell und der Aufstieg des Adels als herrschende Schicht im frühen Mittelalter gingen Hand in Hand – sie bildeten zwei Seiten einer Medaille. Der Feudalismus war eine vom Adel geprägte und definierte Gesellschaftsform. Ihre inhärente Staatsform war die Monarchie, auch wenn das Königtum und der Adel im weiteren Verlauf der Geschichte eine durchaus konflikthafte, von unterschiedlichen Interessen geleitete Beziehung eingehen konnten.

Der Feudalismus war zugleich Herrschaftsprinzip und Wirtschaftsordnung. Er durchdrang alle Bereiche gesellschaftlicher Beziehungen. Herrschaft wurde in der feudalen Ordnung vom König auf dem Wege von Lehensbeziehungen über eine Rangordnung von Herzögen, Grafen, Freiherren und Ritteradligen von oben nach unten durchdekliniert. Auf der untersten Stufe der Gesellschaft standen die bäuerlichen Produzenten, die gleichzeitig durch ein von unten nach oben organisiertes Wirtschaftssystem mit ihrem landwirtschaftlichen Ertrag die feudale Ordnung ökonomisch aufrechterhielten[12].

Die feudale Gesellschaftsordnung basierte auf Ungleichheit und Unfreiheit. Wenige privilegierte Herrschaftsträger – Adlige unterschiedlicher Rangordnung – übten Herrschaft aus über die Masse der von ihnen abhängigen Untertanen mit Hilfe der wichtigsten Herrschaftstitel Leibherrschaft, Grundherrschaft und Gerichtsherrschaft: Das heißt, der jeweilige Untertan war – idealtypisch beschrieben – durch Leibeigenschaft an einen Herrn gebunden, dessen Äcker und Wiesen er gegen eine Grundrente zu Lehen hatte und der zugleich über ihm zu Gericht saß. Der „Herrschaftsvertrag" siedelte aber die Lasten nicht ausschließlich auf Seiten der Untertanen an. Diese konnten vielmehr von ihrem Herrn „Schutz und Schirm" einfordern, der sie vor Übergriffen Dritter bewahrte oder in Zeiten der Not Schonung und Hilfe gewährte. In der Frühen Neuzeit hatten die Bauern sogar die Möglichkeit, gegen herrschaftliche Willkür vor dem Reichskammergericht zu klagen, wie dies etwa die hohenzollern-hechingischen Untertanen praktizierten.

In der Frühen Neuzeit entwickelte sich der Feudalstaat in Richtung Absolutismus fort. Die Untertanenverhältnisse waren zunehmend von Herrschaftsintensivierung und sozialer Disziplinierung charakterisiert. Gleichzeitig wurden die feudalen Herrschaftsbeziehungen seit dem 16. Jahrhundert unter dem Einfluss antiker Ökonomien und der daraus entwickelten „Hausväterliteratur" zunehmend nach dem Modell einer gut geordneten Familie gedacht. Wie die Familie und die häusliche Ökonomie unter der Aufsicht eines ordnenden Hausvaters stehen sollten, so wurden ritterschaftliche Gutsherren zu Patrimonialherren, mindermächtige Grafen wie landesherrliche Fürsten avancierten zu „Landesvätern", und selbst auf einer abstrakten Ebene personifizierte sich Herrschaft im „Vater Staat". Wenn auch diese paternale Herrschaftsauffassung unverkennbar kaschierende, also ideologische Züge trägt, so darf doch nicht übersehen werden, dass in den zahllosen kleinen und kleinsten Herrschaften Südwestdeutschlands, die teilweise nur wenige Tausend Einwohner

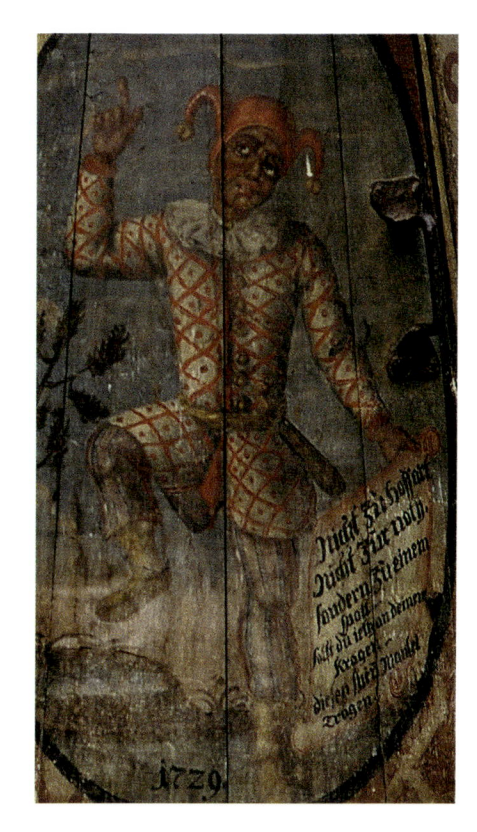

Detail des Schandmantels aus der Herrschaft Mittelbiberach. Im Schandmantel zu sitzen war eine Ehrenstrafe.

Casimir Bumiller

zählten, die Nähe zum Landesherrn durchaus körperlich wahrgenommen wurde und Herrschaft bei aller disziplinierenden Härte als „väterlich" empfunden werden konnte. Dies war insbesondere ein charakteristischer Zug der Herrschaftsverhältnisse in Oberschwaben[13].

Diese patriarchale Gesellschaftsordnung erschien nicht nur den Herrschaftsträgern selbst, sondern nach Jahrhunderten entsprechender Herrschaftspraxis auch den Untertanen als gottgegeben. Das „Gottesgnadentum", also die Gewissheit, seine Herrschaftsrechte von Gott selbst übertragen bekommen zu haben, blieb integraler Bestandteil aristokratischer Mentalität, auch bei jenen Adligen oder Landesfürsten, die in der 2. Hälfte des 18. Jahrhunderts Formen des aufgeklärten Absolutismus praktizierten. Mehr als 20 Generationen feudaler Herrschaftspraxis (gerechnet in einem Zeitraum von ca. 1200 bis 1800) trugen dazu bei, ein historisch gewachsenes Phänomen als ein ontologisches, also naturgegebenes Faktum zu erfahren.

Vor diesem Hintergrund entwickelte weder der Adel eine Bereitschaft zu grundlegenden Veränderungen noch zeigten die deutschen Untertanen eine ausgeprägte Neigung zu revolutionären Umtrieben, auch wo man den Revolutionsereignissen in Frankreich seit 1790 zunächst mit Interesse begegnete. Die landesherrlichen Beamten und die deutschen Intellektuellen glaubten das Paradies bereits gekommen und schauten mit staunendem Interesse auf die französischen Umtriebe, zunächst ohne die Sorge, von dort eines Tages behelligt werden zu können[14].

Die preußischen Beamten waren stolz, in einem Staat zu leben, der dank der Öffnung Friedrichs II. für die Ideen der Aufklärung (Voltaire) bereits nach den Prinzipien der Vernunft organisiert war. Dass es jenseits des „aufgeklärten" Absolutismus eine Staatsform ohne Absolutismus, ja ohne Monarchie geben könnte, war hierzulande kaum denkbar. Die kleinen Landesherren, ihre Beamten und die Gebildeten (welch letztere beide häufig identisch waren) hatten sich in einer spätfeudalen Nische mit aufgeklärten Tupfern eingerichtet und schoben die Möglichkeit weiter gehender Reformen oder gar einer Revolution weit von sich. Ab 1796 beobachteten sie zunehmend fassungslos die revolutionäre Welle, die da aus Frankreich auf Deutschland zurollte.

DEUTSCHE UND FRANZÖSISCHE AUFKLÄRUNG

Die deutsche Geisteswelt am Ende des 18. Jahrhunderts hatte einen gänzlich anderen Zuschnitt als jene in Frankreich. Die Strömungen der Aufklärung waren gemäßigter, wenn man so will: „philosophischer" (also theoretischer). Als einsamer Großdenker internationalen Rufs lieferte Kant von Königsberg aus die gültige Definition der Aufklärung. Ansonsten wirkte eine Vielzahl von populären Aufklärern in der zweiten Reihe oder gar im Verborgenen. Vielleicht das Beste, was die deutsche Aufklärung hervor gebracht hat, war jene Bildungsoffensive, die in den meisten Territorien die allgemeine Schulpflicht durchsetzte und die recht vermittelt auf einen „Ausgang des Menschen aus seiner selbstverschuldeten Unmündigkeit" zielte[15]. Selbst Kant, der die Französische Revolution noch 1798 „in ihrem Wesen [für] moralisch" erachtete, glaubte, dass dem Genuss kollektiver Freiheit in Deutschland ein sittliches

»Befände sich Teutschland in ebendenselben Umständen, worin sich Frankreich vor vier Jahren befand – hätten wir nicht eine Verfassung, deren wohlthätige Wirkungen die nachtheiligen noch immer überwiegen, befänden wir uns nicht bereits im wirklichen Besitz eines großen Theils der Freyheit, die unsere westlichen Nachbarn erst erobern mussten – genössen wir nicht größtentheils milder, gesetzmäßiger Regierungen [...], so würden anstatt daß es bloß bey Disposizionen zur Ansteckung blieb, die Symptome des Fiebers selbst ausgebrochen und das teutsche Volk aus einem bloßen theilnehmenden Zuschauer, schon lange handelnde Personen geworden seyn.«

Christoph Martin Wieland 1793

»Aufklärung ist der Ausgang des Menschen aus seiner selbstverschuldeten Unmündigkeit. Unmündigkeit ist das Unvermögen, sich seines Verstandes ohne Leitung eines anderen zu bedienen. Selbstverschuldet ist diese Unmündigkeit, wenn die Ursache derselben nicht im Mangel des Verstandes, sondern der Entschließung und des Mutes liegt, sich seiner ohne Leitung eines anderen zu bedienen.«

Immanuel Kant

Erziehungswerk vorausgehen müsse. ⁍ Die politisch fortschrittlichen Strömungen der Aufklärung standen in Deutschland in einer spürbaren Konkurrenz zu konservativen Geistesrichtungen wie dem Pietismus, dem Okkultismus oder Mystizismus (Lavater, Jung-Stilling, freimaurerische Strömungen wie die Rosenkreuzler), die alle religiös gegründet waren, ohne im eigentlichen Sinn konfessionell zu sein. Insgesamt stärkte dieses verinnerlichte Denken eine anti-aufklärerische, ja gegenrevolutionäre Stimmung[16].

Demgegenüber war die französische Philosophie der Aufklärung radikaler, schon im Denken revolutionär. Die französischen Aufklärer des 18. Jahrhundert dachten politischer und stellten in ihren staatstheoretischen Schriften die feudale Ordnung direkt in Frage. Hatte mit Jean Bodin (1530-1596) ein französischer Staatstheoretiker des 16. Jahrhunderts („Six livres de la République" 1576) einen Souveränitäts-Begriff entwickelt, der die theoretische Begründung der absoluten Monarchie lieferte, so formulierte Jean-Jacques Rousseau (1712-1778) im „Contrat social" (1762) mit dem Begriff der Volks-Souveränität die radikale Gegenposition, in der die Republik als Staatsform den Vorzug vor der Monarchie erhielt[18]. Die französische Aufklärung ging in zwei Richtungen radikal über das deutsche Denken hinaus: in der Infragestellung von Monarchie und Feudalität und in der Infragestellung der Gottgegebenheit feudaler Herrschaft. In der materialistischen Variante der französischen Aufklärung wurde schließlich die religiöse Legitimation aller Herrschaft in Frage gestellt: „Der Begriff Gott wird aus meinem Gesetzbuch verbannt", so Denis Diderot (1713-1784), einer der Begründer der „Enzyklopädie"[19].

⁍ »Denn ein solches Phänomen in der Menschengeschichte vergißt sich nicht mehr, weil es eine Anlage und ein Vermögen in der menschlichen Natur zum Besseren aufgedeckt hat, dergleichen kein Politiker aus dem bisherigen Laufe der Dinge herausgeklügelt hätte.«

Immanuel Kant über die Französische Revolution 1798[17]

DIE FRANZÖSISCHE REVOLUTION

Die Philosophie der französischen Aufklärung schien ihren radikalen tätigen Ausdruck in der Französischen Revolution gefunden zu haben. Für den deutschen Physiker und Aufklärer Georg Christoph Lichtenberg (1742-1799) war – wie immer kurz und bündig – die „Französische Revolution das Werk der Philosophie"[20]. Selbst wenn man dem hinzufügen muss, dass selbstverständlich in einer komplexen Erklärung die sozialen, wirtschaftlichen und politischen Voraussetzungen dieser Revolution zu berücksichtigen sind, so wird man doch zugestehen müssen, dass die geistige Vorbereitung der französischen Aufklärung einen zentralen Sitz im Ursachengeflecht der Revolution beanspruchen darf[21]. Und es ist kaum erstaunlich, wie schnell die Revolution zum Kern der Sache, zur Beseitigung des feudalen Systems vordrang. Zwar wurde König Ludwig XVI. zunächst noch die Rolle eines konstitutionellen Monarchen zugemutet – eine Rolle, die er nicht wirklich zu spielen bereit war -, doch wurde schon im August 1789 die Abschaffung der Feudalordnung verkündet. Nach der vereitelten Flucht des Königs 1791 mündete die Revolution „folgerichtig" in den Sturz der Monarchie (und die Hinrichtung des Königs am 16. Januar 1793) und in die Errichtung der Republik (September 1792)[22].

Der 1792 beginnende 1. Koalitionskrieg gegen Frankreich mag auf den ersten Blick als Reaktion des feudalen Europa gegen das revolutionäre Frankreich erscheinen, als ein Rachefeldzug der europäischen Monarchen gegen die Peiniger Ludwigs XVI. Dabei ging der Krieg gar nicht von den Nachbarn aus. Vielmehr zeigten sich Öster-

Casimir Bumiller

Die Erstürmung der Bastille 1789

reich und Preußen zunächst eher unwillig, einen solchen Krieg zu führen. In Pillnitz Februar 1792 einigte man sich zunächst nur darauf, die Ereignisse in Frankreich zu beobachten. Hingegen machten sich schon Ende 1791, also lange vor dem Ausbruch des Krieges martialische Tendenzen bei den Führern der Revolution bemerkbar. Die Revolution suchte in einer Art Flucht nach vorn den Krieg mit dem feudalen Ausland, um ihrer inneren Widersprüche und Konflikte Herr zu werden. Der Girondist Brissot propagierte den Krieg schon am 16. Dezember 1791 mit den Worten: „Ein Volk, das seine Freiheit nach zehn Jahrhunderten Sklaverei errungen hat, braucht den Krieg. Der Krieg ist notwendig, um die Freiheit zu festigen."[23] Er sei das Siegel, um die Revolution zu bewahren. Der Krieg erscheint so als innenpolitischer Steuerungsmechanismus, als ein Mittel zur Stabilisierung der revolutionären Kräfte.

Tatsächlich stieß diese Haltung bei den wichtigsten politischen Gruppen und in der Bevölkerung auf Zustimmung. Mit dem Krieg exportierte die Revolution aber auch ihre politischen Spannungen und ihre innere Dialektik[24]. Vom Jahreswechsel 1791/92 datieren zwei widersprüchliche Tendenzen der Französischen Revolution. Hier formulierte sich erstmals der revolutionäre Messianismus, der den unter der Knute der Despotie lebenden Brüdern im Ausland die Freiheit zu bringen versprach. Wieder war es Brissot, der das pathetische Motto formulierte: der Augenblick eines „Kreuzzuges für die allgemeine Freiheit ist gekommen"[25]. Dieser Messianismus mutierte aber sehr bald und fast unmerklich in seinen imperialistischen Zwillingsbruder, der die europäischen Völker – immer unter dem Banner und dem Versprechen der Freiheit – mehr und mehr unter die Knute der französischen Hegemonialherrschaft zwingen sollte[26].

Mit dem Ausbruch des 1. Koalitionskrieges im April 1792 begann jene Entwicklung, an deren Ende die territoriale Umgestaltung Deutschlands stehen sollte. Nach der Thronbesteigung Kaiser Franz' II. im Juli 1792 nahm das feudale Europa die Provokationen des revolutionären Frankreich an, ohne zu ahnen, dass der revolutionäre Furor und die nationale Begeisterung der französischen Soldaten nicht nur den Truppen der feudalen Staaten standhalten, sondern Europa auf Jahre hinaus militärisch in Schach halten sollte. Die berühmte Kanonade von Valmy vom 20. September 1792, in der die preußische Armee zum Rückzug gezwungen wurde, war das Ereignis, das der Beobachter Johann W. Goethe ⦿ als Fanal für eine neue Zeit gedeutet hat. Kriegserklärung (April) und Errichtung der Republik (September 1792) gingen Hand in Hand, Krieg und Revolution wurden nach einem Wort François Furets „wesensgleich."[27]

⦿ »... ich hatte die Schar gewöhnlich mit kurzen Sprüchen erheitert und erquickt; diesmal sagte ich: Von hier und heute geht eine neue Epoche der Weltgeschichte aus, und ihr könnt sagen, ihr seid dabei gewesen.«

Johann W. Goethe 1820 über die Kanonade von Valmy 1792[28]

DAS REPUBLIKANISCHE PRINZIP

Mit der republikanischen Verfassung in Frankreich war erstmals praktisch das Gegenmodell zur feudalen Ordnung in einem der wichtigsten europäischen Flächenstaaten etabliert. Zwar behielt man die Monarchie zunächst noch bei, doch nahm man den König an die Kandarre der Staatsverfassung („Ludwig von Gottes Gnaden und der Staatsverfassung König der Franzosen"). Er war absetzbar und der Nation rechenschaftspflichtig. Mit seinem Fluchtversuch im Juni 1791 beschleunigte und erleichterte Ludwig die völlige Abschaffung der Monarchie. Seit Juni 1790 war – übrigens mit Zustimmung eines erheblichen Teils der Adligen – der Erbadel abgeschafft. Zu den Errungenschaften der Revolution zählten weiter die Abschaffung der Zunftmonopole und die Einführung zentralistischer Verwaltungsstrukturen, d.h. die Schaffung der bis heute bestehenden Departements. Wichtig war schließlich die Einführung des Wahlrechts, auch wenn sich die Constituante nicht zum allgemeinen und gleichen Wahlrecht, sondern nur zu einem Zensuswahlrecht durchringen konnte. Die bedeutendste und die Weltgeschichte prägendste Errungenschaft der Französischen Revolution war aber zweifellos die Verkündung der Menschenrechte als Bestandteil der Verfassung[29].

Das republikanische Prinzip basierte – idealtypisch gesprochen – auf der Gleichheit und der Freiheit der Bürger (und Adlige waren in diesem Sinne als „Bürger", als „citoyens" durchaus geduldet). Politische Macht wurde den Repräsentanten der Republik auf definierte Zeit verliehen. Die Legitimation einer republikanischen Ordnung erwächst demnach „von unten", nämlich aus der Souveränität des Volkes, während sich das feudale System im Gottesgnadentum „von oben" legitimiert hatte[30].

REPUBLIKANISCHE UMTRIEBE IN SÜDWESTDEUTSCHLAND

In Deutschland wurde die Französische Revolution bis 1792 mit Interesse und teilweise mit Sympathie betrachtet[31]. Da man sich überwiegend im Stand der Freiheit wähnte, rechnete aber niemand ernsthaft mit einem Übergreifen der Revolution. Erst jetzt wurde man gewahr, dass es auch in Deutschland revolutionäres Potential und republikanische Tendenzen gab. Nach der Eroberung der Pfalz durch französische Truppen und der Errichtung der Mainzer Republik 1792 fühlten sich auch rechts des Rheins deutsche Jakobiner und Republikaner ermutigt, ihre Sympathie mit Frankreich zu bekunden und republikanische Projekte zu entwickeln. Sie konnten sich dabei auf den revolutionären Messianismus der französischen Armee und

Casimir Bumiller

auf entsprechende Hilfsangebote berufen. Es ist bislang nicht gerade viel, was die Quellen zu Protesten, Aufruhr und revolutionären Umtrieben in Südwestdeutschland preisgegeben haben, aber doch immerhin soviel, dass man hierzulande von einem gewissen republikanischen Bewusstsein in bestimmten gebildeten Kreisen ausgehen kann[32].

Wo in Südwestdeutschland in den 90er Jahren des 18. Jahrhunderts Formen von Protest, Aufruhr und Konspiration zu Tage traten, war dieser obrigkeitlicherseits mit geringem Aufwand meist leicht zu besänftigen oder zu unterdrücken. Als im Dezember 1792, nicht lange nachdem in Mainz die Republik ausgerufen war, Pforzheimer Bürger in einer Sympathiekundgebung ausriefen: „Man fürchtet den Tyrannen nicht mehr, ganz laut spricht man von Freiheit..." ⟡, entgegnete auf einer Versammlung der Pforzheimer Unternehmer und Gewebetreibenden ein Amtsassessor kurz und bündig: „Seid Ihr nicht schon frei? Ein freier Mensch ist, wer Gott fürchtet und dem Gesetz gehorcht!" Und weiter: „Man fürchtet den Tyrannen nicht mehr? Wer wäre dieser? Wer dürfte es ungescheut und ungestraft wagen, unter einem Fürsten, wie dem unsrigen über einem Theil seines Volks Tyrann zu seyn?" Der Gedanke, Markgraf Karl Friedrich von Baden könne ein solcher Tyrann sein, wird erst gar nicht zugelassen[33].

⟡ »Man fürchtet den Tyrannen nicht mehr, ganz laut spricht man von Freiheit ... Zu uns werden sie kommen, die wackeren Franzosen, ja die Freiheit wird längs dem Rhein herauf neue Eroberungen machen.«
Pforzheimer Bürger 1792

Es gibt nur wenige aktenkundige Beispiele für revolutionäre oder republikanische Bewegungen in Südwestdeutschland, die in Erwartung französischer Unterstützung die Republik errichten wollten. So gab es 1796/98 in Baden eine Verschwörung, an der sich zwischen Durlach und Kandern neben vielen exponierten Republikanern auch der Bruder des Verlegers Cotta beteiligte. Die Verschwörer ließ man aber von Seiten des Direktoriums in Frankreich am langen Arm verhungern und gab sie der Aufdeckung preis[34]. Die deutschen Jakobiner hatten offenbar den Wandel der Vorzeichen in der Revolutionsrhetorik des französischen Direktoriums gar nicht wahrgenommen oder aber falsch gedeutet. Frankreich trat mittlerweile nicht mehr als Befreier, sondern als Besatzer auf[35].

1798 erschien im östlichen Oberschwaben eine anonyme Denkschrift, in der zur Errichtung einer Republik in Oberschwaben aufgerufen wurde. Wie die badischen Verschwörer hatten auch oberschwäbische Republikaner 1796 Kontakt zu französischen Verbindungsmännern in Straßburg aufgenommen. Aber nachdem schon die badische republikanische Bewegung aufgeflogen war, scheint auch von der oberschwäbischen Denkschrift schließlich keine nennenswerte Wirkung mehr ausgegangen zu sein[36].

NAPOLEON: VOM JAKOBINISCHEN OFFIZIER ZUM MILITÄRDIKTATOR

Die auf französische Hilfe hoffenden deutschen Republikaner mussten erfolglos bleiben, weil die französische Republik Mitte der 90er Jahre zwar noch die republikanische Rhetorik pflegte, sich aber längst vom Pfad des Lichts abgewandt hatte. In der historischen Praxis desavouierte sich das republikanische Ideal der Revolution zunächst in der Schreckensherrschaft eines Robespierre (1793/94), nicht minder aber auch in dem 1795 etablierten Direktorium, einem schwachen Regime von Revolutionsgewinnlern, das sich einem trägen Hedonismus hin gab und seine labile Herrschaft nur durch die militärischen Erfolge seiner Armeen aufrecht erhalten konnte. Der Ausweg aus dem Dilemma der Französischen Revolution, in dem Royalisten, Wirtschaftsbourgeoisie und Dritter Stand sich wechselweise darin blockierten, die Revolution zu einem Abschluss zu bringen, verkörperte sich seit 1796 in dem jungen korsischen Offizier Napoleon Bonaparte (1769-1821)[37].

Der Bewunderer Rousseaus hatte sich früh der Revolution angeschlossen und war 1793 nach der Belagerung von Toulon jüngster Revolutionsgeneral geworden. Als Anhänger der radikalen Jakobiner wurde er nach dem Sturz Robespierres verhaftet, dann jedoch mit der Niederschlagung des Pariser Royalisten-Aufstands von 1795 betraut. Als Oberbefehlshaber der französischen Armee in Oberitalien errang er 1796 für Frankreich bedeutende Siege, die das Regime des Direktoriums retteten und zugleich den „Napoleon-Mythos" begründeten.

Seine aus dem militärischen Erfolg resultierende Autorität sicherte ihm eine einflussreiche Stellung gegenüber dem Direktorium, das zunehmend von seinen Erfolgen (und von den unermesslichen Kontributionen, die er aus Italien heraus presste) abhängig wurde. Doch statt mit seinem militärischen Genie ein ihm mehr und mehr verhasstes Regime am Leben zu halten, reifte in dem General der Gedanke, selbst die Macht zu ergreifen. Im November 1799 (am 18. Brumaire des Jahres VIII der Revolution) nützte Napoleon, unterstützt von seinem Bruder Lucien, seine Position zum Sturz des Direktoriums und zur Errichtung des Konsulats, sprich: einer Militärdiktatur. Napoleon war zu diesem Zeitpunkt als Erster Konsul der mächtigste Mann Europas. Als solcher schickte er sich an, nach dem 1797 erreichten Frieden von Campo Formio auf dem Rastatter Kongress den mitteleuropäischen Mächten seine Vorstellungen von einem künftigen Europa zu diktieren, hier zunächst: die Abtretung des linken Rheinufers an Frankreich, die dann im Frieden von Lunéville von 1801 besiegelt wurde. Die Ausweitung Frankreichs bis an seine „natürliche" Rheingrenze setzte jenen territorialen Umgestaltungsprozess in Deutschland in Gang, der sich aus dem Entschädigungsprinzip ergab: jene Mächte, die links des Rheins Gebiete verloren hatten, sollten jenseits des Rheins Kompensation erfahren – das ging natürlich nur durch die Aufhebung geistlicher Herrschaften sowie reichsstädtischer Territorien und kleinerer weltlicher Herrschaften. Die Idee der Säkularisation und der Mediatisierung war geboren.

Wichtig wurde allerdings auch die innenpolitische Wende, die Napoleons Konsulat im Gesamtzusammenhang der Französischen Revolution darstellte. Sicherlich bedeutete die Errichtung dieses autokratischen Systems eine Abwendung von den Prinzipien der Revolution. Zwar bemühte der Erste Konsul weiterhin die Rhetorik der Republik und gab vor, den Willen des Volkes zu repräsentieren, doch war die Konsulatsverfassung ganz auf die Machtvollkommenheit seiner Person zugeschnitten, die staatlichen Kontrollorgane waren eine reine Farce. Von Interesse ist allerdings, welches politische Programm Napoleon in wenigen Jahren verwirklichte. Die vier wichtigsten Punkte waren (1) die Aussöhnung der Französischen Republik mit dem Papsttum, (2) die Repatriierung des emigrierten Adels, wobei den Royalisten zugleich deutlich gemacht wurde, dass eine Wiederaufrichtung der bourbonischen

»Er scheint mir einen ausgeprägten Hang zum Tyrannen zu haben und ich könnte mir vorstellen, das es ihm gut anstünde, wenn er König wäre, aber dass dann sein bloßer Name für die Nachwelt wie für einen sensiblen Patrioten ein Name des Schreckens würde.«

Lucien Bonaparte über seinen Bruder Napoleon 1792 [38]

Casimir Bumiller

Monarchie ausgeschlossen sei, (3) die Einführung eines neuen Adels, dessen Legitimation aus dem Prinzip der Leistung und des Verdiensts rührte und (4) die Einführung des „Code civil" („Code Napoleon") als eines bürgerlichen (!) Gesetzeswerks, das eine große Wirkung entfalten sollte.

Unter dem Strich bedeutete die bonapartische Politik unter dem Konsulat ein gigantisches Aussöhnungswerk in der französischen Gesellschaft, in der sowohl der alte Adel wie auch die neue bürgerliche Schicht der Revolutionsgewinnler ihre neuen Rollen zugewiesen bekamen in einem gesellschaftlichen Schmelztiegel, der die bürgerliche Gesellschaft des 19. Jahrhunderts hervorbringen sollte. Unverkennbar ist allerdings an dieser Gesellschaftspolitik trotz aller bürgerlichen Elemente die Tendenz zur Rearistokratisierung der Gesellschaft und zur Remonarchisierung des Staates.

Das Napoleonische Regime – zunächst das Konsulat, dann aber auch das Empire – war möglicherweise die Kompromissformel, in der allein die Errungenschaften der Revolution im Kern gerettet werden konnten. Die eigentümliche Wandlung (oder sollten wir sagen: Entfaltung?) des kleinen korsischen Generals Bonaparte vom jakobinischen Offizier zum Empereur birgt vielleicht das Geheimnis, weshalb 1789 für das „ganze" Frankreich, für die Linke wie für das konservative Lager zum gemeinsamen identitätsstiftenden Ereignis seiner Geschichte werden konnte. Napoleon gilt den Franzosen wahlweise sowohl als Inbegriff der Rettung der Republik wie auch als Schöpfer der letzten französischen Dynastie[39].

Napoleon I. (1769-1821)

NAPOLEONS EMPIRE

Im Konsulat, das Bonaparte fortschreitend zum einzigen und absoluten Machthaber machte, war das monarchische Prinzip bereits angelegt, d.h. Napoleons Konsulat mündete mehr oder weniger zwangsläufig in sein Empire von 1804. Dieser erstaunliche Ausgang der Französischen Revolution, die damit paradoxerweise an ihren Ausgangspunkt zurück zu kehren schien, wird damit erklärt, dass die Franzosen nach mehr als zehn Jahren Revolutionswirren stabile Verhältnisse wünschten, die zu verwirklichen sie dem charismatischen Kriegshelden zutrauten. Zu den stabilen Verhältnissen, die den Franzosen vorschwebten, hätte allerdings nach der Herstellung des inneren Friedens auch die Herstellung des äußeren Friedens gehört. Doch den konnte Napoleon nicht gewähren. Die Franzosen verkannten, dass das „System Napoleon" auf Imperialismus angelegt war, es konnte nur überleben in der immerwährenden Projektion seiner inneren Widersprüche auf die europäische Außenwelt. Um seinen immanenten Imperialismus zu kaschieren, wandte Napoleon eine bekannte Formel aller bekannten Aggressoren der Weltgeschichte an: Sein Ausgriff auf Europa wurde als Präventivmaßnahme gegen behauptete Aggressionen der Nachbarmächte gerechtfertigt. So wurde der Hegemon Napoleon zwar mit seinen Siegen bis 1806 zum Begründer der „Grande Nation", dann jedoch zunehmend zum Totengräber seines zunehmend ausgelaugten Systems.

Auch Napoleons Kaisertum trägt eigenwillige und widersprüchliche Züge. Der zum Krönungsakt am 2. Dezember 1804 herzitierte Papst Pius VII. bekam zwar die Rolle zugewiesen, den neuen Imperator zu salben, er diente aber ansonsten eher als dekoratives Element dieser eigenartigen Zeremonie in Notre Dame denn als Mittler eines wie auch immer gearteten Gottesgnadentums. Bemerkenswert ist, dass sich Napoleon im Vorfeld sein Kaisertum in einem Plebiszit vom französischen Volk bestätigen ließ. Dieses Plebiszit war allerdings ebenso Teil der Inszenierung wie die Salbung des Papstes. Napoleon benötigte nämlich weder die Legitimation höherer Mächte, noch benötigte er die Legitimation des Volkes. In Wahrheit machte sich hier einer aus eigener Machtvollkommenheit zum Kaiser, was in der Geste der Selbstkrönung (und der Krönung seiner Kaiserin Joséphine) sinnfälligen Ausdruck fand[40].

Dieses Empire war keine Monarchie feudalen Charakters, auch wenn er eine solche kopierte und übersteigerte. Napoleon übersteigerte die französische Monarchie des Ancien Regime insofern, als er aus dem bourbonischen *König*tum ein napoleonisches *Kaiser*tum machte. Mit dem Titel des Imperators rekurrierte er auf das antike Caesarentum, zugleich aber usurpierte er den seit ottonischer Zeit traditionell dem deutschen Königtum zugebilligten Kaisertitel. Unter Bezugnahme auf Karl den Großen, dessen Talisman er sich bei seinem Besuch in Aachen im September 1804 vom dortigen Bischof Berdolet schenken ließ[41], beanspruchte er den Kaisertitel nun für die „Franken". Auch dies war eine der Voraussetzungen, warum der Habsburger Franz II. zwei Jahre später den („deutschen") Kaisertitel niederlegen musste: das römische Kaisertum war zwischenzeitlich vom „Heiligen Römischen Reich deutscher Nation" auf die „Grande Nation" übergegangen.

Trotz demonstrativer Bezugnahme auf „Charlemagne" war Napoleons Empire ein Kaisertum sui generis. Es war nicht eigentlich eine Schöpfung der Restauration, sondern ein Erbe der Revolution. Als solches trägt es jenseits aller imperialen Symbolik unverkennbar bürgerliche Züge und einen revolutionären Charakter, der geeignet war, Errungenschaften und Dynamik der Revolution auf dem Weg imperialen Ausgriffs nach Deutschland zu exportieren. Hierzu zählte die langfristig unumkehrbare Überführung der deutschen Verhältnisse von einer feudalen Gesellschaft in eine bürgerliche Welt.

Napoleons Kaiserkrönung am 2. Dezember 1804

Casimir Bumiller

NAPOLEONS »WAHLVERWANDTSCHAFTEN«

Napoleon hat sich auch nach seiner Erhebung zum Kaiser im Kreis der europäischen Monarchen minderwertig empfunden. Trotz des Schwindel erregenden Aufstiegs seiner Familie aus dem verarmten Kleinadel war das zu wenig, um im Kreis der Habsburger, der Romanows, der Wittelsbacher und der Hohenzollern bestehen zu können. Deshalb machte sich der Empereur schnell daran, seine Verwandten mit den geschichtslosen Titeln neu errichteter Königreiche auszustatten. So machte er seinen Bruder Louis zum König von Holland, und da seine Stieftochter Hortense mit Louis verheiratet wurde, erlangte diese den Titel einer „Königlichen Hoheit". Den jüngsten Bruder Jérôme machte er zum König von Westfalen. Der Mann seiner Schwester Caroline, sein enger Weggefährte Joachim Murat, von Herkunft ein Gastwirtssohn, wurde zum Herzog von Berg und später zum König von Neapel erhoben. Es konnte aber nicht nur darum gehen, seine Verwandten aus dem Nichts zu Monarchen mit phantastischen geschichtslosen Titeln auszustatten. Er trachtete sehr schnell danach, seine Verwandten auch mit berühmten alten Fürstenhäusern zu verbinden. Dies hatte im Umfeld der Gründung des Rheinbunds den zusätzlichen politischen Sinn, die kleinen Monarchien des Rheinbunds noch enger an seine Person zu binden. So drängte er mit einem gewissen Zwang den Häusern Bayern, Württemberg, Baden und Hohenzollern Angehörige seiner Familie als Schwiegersöhne und Schwiegertöchter auf. Sein Bruder Jérôme heiratete die Prinzessin Katharina von Württemberg, die dadurch Königin von Westfalen wurde. Er schreckte nicht davor zurück, die bestehende Verlobung Karls von Baden mit der Prinzessin Auguste Amalie von Bayern zu sprengen, um dem einen, Karl von Baden, seine Adoptivtochter Stéphanie de Beauharnais (1806), der anderen, Auguste Amalie von Bayern, seinen Adoptivsohn Eugène, als Gatten anzutragen (1806). In ähnlicher Weise wurde der Erbprinz Karl von Hohenzollern gedrängt, Antoinette Murat, eine Nichte von Napoleons Schwester Caroline zu ehelichen (1808)[42].

Auf diese Weise etablierte der Empereur die neue Dynastie der Napoleoniden. Diese Dynastiebildung hatte allerdings einen entscheidenden Makel. Wie gezeigt, hatte Napoleon den auserwählten europäischen Dynastien keine eigenen Kinder anzubieten. Bestenfalls stand ein Bruder eigenen Blutes zur Verschwägerung bereit. In allen anderen Fällen waren es Stiefkinder oder entfernt Verwandte, die er adoptiert hatte. Denn seine Ehe mit Joséphine de Beauharnais war kinderlos geblieben. Joséphine hatte zwar aus ihrer ersten Ehe mit dem 1794 guillotinierten Alexandre de Beauharnais die beiden Kinder Eugène und Hortense, die der Kaiser adoptierte, aber gemeinsame Kinder waren dem Paar in ihrer nicht immer glücklichen Beziehung nicht beschieden. Und nach ihrer Kaiserkrönung 1804 war Joséphine (1763-1814) nach menschlichem Ermessen zu alt, um noch Nachkommen zu haben.

Diese Tatsache wurde dem Kaiser schmerzlich bewusst, und von diesem Moment an sann er auf die Scheidung von Joséphine, die er trotz aller Leidenschaft, die er ihr gegenüber verspürte, aus dynastischen Erwägungen verstoßen musste. Die Scheidung erfolgte im Jahr 1809. Gleichzeitig streckte Napoleon die Fühler aus nach einer günstigen Heiratsgelegenheit im Kreis der höchsten europäischen Königshäuser. Während er von den russischen Romanows eine Abfuhr erhielt, führte seine Anfrage in Wien zum Ziel. Im Jahr 1810 verheiratete er sich mit der Habsburgerin Marie-Luise[43].

Detail aus dem Heiratsvertrag des Erbprinzen Karl von Hohenzollern mit Antoinette Murat.

Diese Wendung der Geschichte muss auch der abgebrühte Historiker ganz langsam auf sich wirken lassen, um ihren psychologischen Gehalt vollkommen zu begreifen. Da hatte der Mann, der Habsburg über Jahre hinweg militärisch in die Knie gezwungen und gedemütigt, der Kaiser Franz II. den römischen Kaisertitel streitig gemacht und ihn zum Verzicht auf den deutschen Königsthron genötigt hatte, die Stirn, um die Hand seiner Tochter anzuhalten, um aus dem Blut einer der ehrwürdigsten Dynastien Europas und dem Blut eines korsischen Emporkömmlings eine neue Megadynastie zu zeugen!

Das Kalkül ist nicht ganz aufgegangen. Marie-Luise gebar dem Empereur zwar den ersehnten Stammhalter Napoleon II. (1811-1832), der als König von Rom oder Herzog von Reichstadt in die Geschichte eingegangen ist. Sein zeitiger Tod hat aber dem Fortleben der Napoleoniden in direkter Linie ein frühes Ende gesetzt. Eine sekundäre Genealogie gründete auf der Ehe von Napoleons Bruder Louis Bonaparte mit Napoleons Stieftochter Hortense, die den späteren Kaiser der Franzosen Napoleon III. (1808-1873) hervorbrachte, aber schon zu Ende des 19. Jahrhunderts erlosch. Alle heute noch lebenden Napoleoniden gehören der dritten Linie Jérômes an[44].

DIE MEDIATISIERUNG VON 1806 – EINE REVOLUTION?

Hans-Georg Wehling nennt den Umbruch von 1803/06 die „napoleonische Territorialrevolution"[45]. •❖ Diese Definition wirft zwei Fragen auf: zunächst die, ob der Begriff der Revolution hier überhaupt fasst, und wenn ja, ob die Zuschreibung „territorial" zur näheren Kennzeichnung hinreicht.

Vier Kriterien erscheinen mir nach der klassischen Definition konstitutiv für eine Revolution:
- Der Begriff Revolution beschreibt einen fundamentalen Umsturz der gesellschaftlichen Verhältnisse, an dessen Ende ein anderes politisches System steht.
- Dies setzt eine politische Zielsetzung und im Idealfall ein durchdachtes politisches Programm voraus, also auch „Autoren" eines Programms, die der revolutionären Bewegung als Führer oder Ideologen dienen.
- Der Umsturz wird getragen von einer Masse von Unterprivilegierten, die eine Teilhabe an der politischen Macht oder zumindest eine Abschaffung von Missständen fordern.
- Der Umsturz erfolgt in der Regel unter Anwendung von Gewalt (und Gegengewalt).

Diese „klassische" Definition ist unverkennbar gewonnen an historischen Umbrüchen wie der Französischen oder der Russischen Revolution, und es wäre in der Tat zu diskutieren, ob der Revolutionsbegriff nicht auch für Umstürze der „friedlichen" Art aus der jüngeren Geschichte offen zu halten wäre[47].

Wenn wir die gegebene Definition auf die Jahre der Mediatisierung anwenden, so wird schnell deutlich, dass, wenn dies eine Revolution war, sie unter den vielen merkwürdigen Revolutionen auf deutschem Boden vielleicht die merkwürdigste war. Sicherlich fand eine Umgestaltung der territorialen und politischen Verhältnisse bis hin zum Sturz des Kaisers und zur Auflösung des Reiches statt. Es folgten in

Casimir Bumiller

Napoleon auf dem Schlachtfeld vor Ulm 1805.

•❖ »... aus dem Sturm, der das Deutsche Reich auszulöschen schien, ist dieses Reich ... stärker denn je hervor getreten, besteht es jetzt doch aus wesentlich homogeneren, besser miteinander verknüpften ... Elementen, die auf der Höhe der Zeit und der in ihr vorherrschenden Ideen sind.«

Napoleon 1803 [46]

den neuen Staaten grundlegende Reformen der Verwaltung, des Rechtswesens und der Militärverfassung. Es gab auch eine Zielsetzung und ein politisches Programm. Doch von hier an fügt sich das Jahr 1806 nur noch mit Mühe in die gegebene Definition einer Revolution.

Denn die politische Empörung rührte nicht aus den Widersprüchen des Systems selbst – wir hatten festgestellt, dass die deutschen Intellektuellen bei aller Sympathie für die Revolution in Frankreich eine solche in Deutschland nicht erwarteten und nicht förderten. Und das Programm des Umsturzes wurde auch nicht hier, sondern in Paris entwickelt. Die Revolution kam „von außen" auf dem Wege einer Invasion mit anschließender Implantation eines fremden Systems. Man könnte dies als eine Art exportierte Revolution gelten lassen, wenn die Träger des Umsturzes von 1806 deutsche Republikaner gewesen wären, die unter dem Schutz der auswärtigen Macht zumindest ein Stückweit aus eigener Kraft gehandelt hätten. Doch 1806 gab es keine deutschen Jakobiner mehr. Das was in Deutschland in den 90er Jahren an republikanischem Potential vorhanden gewesen war, hatten die „Befreier" der Französischen Republik seinerzeit am langen Arm verhungern lassen, weil diese Republik damals schon auf dem Weg in die Diktatur war.

Zu Beginn des 19. Jahrhunderts machte die „Französische Republik", die auch unter dem Konsulat Napoleons noch so firmierte, schon gar nicht mehr gemeinsame Sache mit deutschen Jakobinern, sondern mit einer Handvoll deutscher Fürsten, die sich der Erste Konsul als Verbündete und zukünftige Trabanten für seine beabsichtigte Umgestaltung des Reiches auserkoren hatte. Mit seiner Usurpation des Kaisertitels und dem Sturz des „römischen" Kaisers Franz II. agierte Napoleon eher in der Manier eines Putschisten, dem es weniger darum ging, ein System zu stürzen, sondern vielmehr dessen Repräsentanten durch sich selbst zu ersetzen.

Es fand 1803/06 also keine „klassische" Revolution von unten statt, die ein politisches System in ein gegengerichtetes verwandelt hätte, sondern eine Revolution von außen und zugleich von oben, in der eine erstarrte Monarchie durch eine effizientere Monarchie ersetzt wurde. Dabei wurden wenige Mittelmächte durch eine gigantische Umverteilungsaktion aufgewertet, indem zahllose mindermächtige Fürsten, Grafen und Reichsritter ihrer Souveränität, ihrer territorialen Selbständigkeit und ihrer feudalen Privilegien beraubt wurden. Wenn dies als ein Vorgang revolutionärer Art gewertet werden kann, dann bezog er seine besondere Brisanz daraus, dass er von einem Empereur ausging, der gerade die Monarchie und die Aristokratie in Frankreich restauriert hatte und der dabei von (neu installierten) deutschen Königen sekundiert wurde, die nichts Eiligeres zu tun hatten, als ihre bisherigen Standesgenossen zu mediatisieren und sich deren Territorien einzuverleiben. Dem deutschen Adel ist 1806 von den von Napoleon begünstigten Souveränen weit übler mitgespielt worden als von den Begründern der Weimarer Republik 1918/19.

Zu allem Überfluss war dies eine Revolution auf dem diplomatischen Parkett, auf dem sich die auswärtigen Machthaber und die vom Umsturz Bedrohten nach den Regeln höfischen Zeremoniells gegenüber standen. Die von der Mediatisierung bedrohten Fürsten wurden in den Jahren 1801 bis 1806 nicht müde, in einer regen Reisediplomatie dem Ersten Konsul und späteren Kaiser Napoleon nach Paris, Straßburg, Karlsruhe, Regensburg oder München nachzureisen, um, immer geflissentlich antichambrierend und Geldsäckchen überreichend, ihrer sich abzeichnenden Entmachtung zu entgehen. Es war so gesehen bei aller hektischen Regsamkeit eine stille und „gewaltfreie" Revolution, bei der sich die Mediatisierten vordergründig schweigsam in ihr Schicksal fügten.

Die territoriale Umgestaltung vollzog sich also vergleichsweise „friedlich". Sowohl um 1803 (Säkularisierung) wie auch im Jahr 1806 (Mediatisierung) herrschte äußerlich Frieden (zunächst jener von Lunéville, dann der von Preßburg). Dabei darf aber nicht übersehen werden, dass diesen Etappen der „napoleonischen Territorialrevolution" jeweils Kriege voraus gingen, die dem Sieger erst die Macht gaben, eine solche Umgestaltung zu erzwingen. Insofern ist die Bedingung der Gewaltsamkeit durchaus gegeben.

Alles in allem ist der klassische Revolutionsbegriff nur mit Einschränkungen auf das Jahr 1806 anzuwenden, und dennoch kann man sich der Erkenntnis schwer entziehen, dass damals etwas Revolutionäres stattgefunden hat. Der scheinbare Widerspruch löst sich auf, wenn man sich von den begrenzten Ereignissen der Jahre 1803/06 löst und das, was 1789 als Französische Revolution begonnen hatte, als einen fortdauernden Prozess begreift, der weder 1799 (Napoleons Konsulat) noch 1804 (Empire) noch 1815 (Restauration) endete, sondern über Frankreich hinaus einen gesellschaftlichen Wandel in Gang setzte, der in Frankreich selbst 1870/80, in Deutschland aber erst 1918 bzw. 1945 abgeschlossen war – der Prozess der Republikanisierung. In diesem lang anhaltenden Prozess bildet das Epochenjahr 1806 nur eine Etappe, deren revolutionärer Gehalt erst in der weiteren Perspektive angemessen zu würdigen ist.

ZWISCHEN REICH UND REPUBLIK

François Furet, dem wir eine der beeindruckendsten Darstellungen der Französischen Revolution verdanken, hat 1989 anlässlich der 200-Jahr-Feierlichkeiten der Revolution mit seiner Perspektiverweiterung eine neue Deutung des 1789 begonnenen Prozesses angeboten[48]. Nach seiner Darstellung ist die Französische Revolution erst 1870 mit der Errichtung der Dritten Republik an ihr Ziel und damit zum Abschluss gekommen. Die Einführung des 14. Juli als Nationalfeiertag im Jahr 1880 kennzeichnet sozusagen die Historisierung der Revolution. Dieser „Zielfindung" ging eine „Folge sehr heterogener politischer Systeme"[49] voraus, die sich als Pendelbewegungen nach „links" (Richtung Republik) wie nach „rechts" (Richtung Restauration der Monarchie) verstehen lassen: Dem Ausschlag nach links (bürgerliche Revolution bis 1792 und jakobinische Republik 1792/95) folgte der „Flashback" über die Mitte des Direktoriums hin zum Konsulat und zum Empire Napoleons, das dann 1815-30 folgerichtig von der dynastischen Restauration der Bourbonen gekrönt wurde. Mit der liberalen Revolution von 1830 und der Errichtung des Bürgerkönigtums trat die Wende nach links ein, die 1848-52 in die Zweite Republik mündete. Das Kaiserreich Napoleons III. seit 1852 bildete den letzten Versuch der Restauration der Monarchie, der aber die Niederlage von 1870 nicht überlebte und dann in die dritte Republik mündete.

Casimir Bumiller

Die politische Entwicklung Frankreichs im 19. Jahrhundert findet ihr – wenn auch verzerrtes – Spiegelbild in der nationalstaatlichen Entwicklung Deutschlands. ◆◇ Die Entwicklungen verliefen nicht unbedingt parallel, sie hatten aber in gemeinsamen historischen Epochenjahren (1870, 1848, 1830) ihre Berührungspunkte und basierten auf dem gemeinsamen Ausgangspunkt der Jahre 1804/06 (Empire und Rheinbund). Und beide Entwicklungen gründeten in der Person und im politischen Willen Napoleons, der das Erbe der Revolution von 1789 in einem Amalgam aus republikanischen und monarchistischen Tendenzen komprimierte.

◆◇ »Der große Vorsprung, welchen wir [die Franzosen] in politischer Rücksicht durch unsere Revolution vor den Deutschen gemacht haben, ist allerdings bedeutend; auch wird es uns von diesem Volke nicht sobald nachgetan werden können; allein Deutschland, welches seiner Natur nach nicht fähig ist, Sprünge zu machen, wird uns mit raschem, gleichem Schritt einholen...«
Ein anonymer französischer Offizier 1797 [50]

In Deutschland waren die Amplituden der Pendelbewegung zwischen Reich und Republik vielleicht nicht so extrem wie in Frankreich, aber es herrschte während des gesamten 19. Jahrhunderts eine ständige Spannung zwischen beiden Prinzipien in der deutschen Gesellschaft. 1815 brachte zwar auch in Deutschland die Restauration, doch das konstitutionelle Prinzip, die ständische Verfassung war dauerhaft verankert, und der mediatisierte Adel blieb von der Herrschaft ausgeschlossen. Wie in Frankreich wirkte unter der biedermeierlichen Oberfläche des Vormärz beständig eine bürgerlich-liberale, teilweise republikanische Bewegung, die sich 1848 – erfolgloser als in Frankreich – artikulierte. Wieder versank Deutschland 1849 (wie Frankreich 1852) in der Restauration, die 1870/71 in der Lösung der nationalen Frage aufgehoben wurde.

Bemerkenswerterweise drifteten erst jetzt die französische und deutsche Entwicklung deutlich auseinander. Frankreich wählte in der Niederlage seines Kaisertums die Flucht in die Republik, während Deutschland seinen Triumph mit der Errichtung des Zweiten Reiches krönte. Es war natürlich auch eine subtile Form nationaler Rache: Hatte Napoleon I. 1804 das Kaisertum usurpiert und 1806 den römischen Kaiser Franz II. gestürzt, so wurde nun Napoleon III., zugleich Enkel und Neffe Napoleons I., und mit ihm das Kaisertum der Franzosen beseitigt, während sich Deutschland ein neues Kaiserreich gab. Doch die Entwicklung war damit nicht zu Ende: in Deutschland wiederholte sich das Szenario mit umgekehrten Vorzeichen 50 Jahre später. Der Verlierer von 1870/71, Frankreich, hatte sich in die Republik gerettet, während das siegreiche Deutschland die Monarchie erneuerte. 1918 in der Niederlage gegen Frankreich gab sich auch Deutschland die Staatsform der Republik, während die Monarchen endgültig stürzten. Jetzt erst war, wenn man so will, die Französische Revolution auch in Deutschland zum Abschluss gekommen.

ANMERKUNGEN

1 Zur Säkularisation im deutschen Südwesten s. ausführlich den Katalog und die Begleitbände zur Ausstellung: Alte Herren – neue Klöster. Die Säkularisation im deutschen Südwesten 1803, hg. von *Volker Himmelein* (Katalog) und *Hans Ulrich Rudolf* (Begleitband). Ostfildern 2003.
2 *Heinz Gollwitzer:* Die Standesherren. Die politische und gesellschaftliche Stellung der Mediatisierten 1815-1918. Ein Beitrag zur deutschen Sozialgeschichte. Göttingen 1964.
3 Zur territorialen Entwicklung Südwestdeutschlands grundlegend *Karl S. Bader:* Der deutsche Südwesten in seiner territorialstaatlichen Entwicklung. Sigmaringen 2. Aufl. 1978.
4 Zum Zusammenhang s. Katalog und Begleitband zur Ausstellung Baden und Württemberg im Zeitalter Napoleons, hg. vom Württembergischen Landesmuseum Stuttgart. Stuttgart 1987.
5 *Johannes Willms:* Napoleon. Eine Biographie. München 2005, 437 f. und 442-446.
6 *Dieter Langewiesche:* Art. Revolution. In: Fischer Lexikon Geschichte, hg. von *Richard van Dülmen*. Frankfurt a.M. 1990, 262.
7 Zur Lage des Adels im Alten Reich s. ausführlich den vorangehenden Beitrag von *Monika Spicker-Beck*.
8 *Johann Konrad Friederich:* Denkwürdigkeiten oder Vierzig Jahre aus dem Leben eines Toten. Leipzig-Weimar 1978, Bd. 1, 68 f.
9 Karl Friedrich und seine Zeit. Ausstellungskatalog Baden-Baden 1981; *Jürgen Voss:* Baden und die Französische Revolution. In: Ders. (Hg.): Deutschland und die Französische Revolution. München 1983, 98 ff. [wieder abgedruckt in Ders.: Deutsch-französische Beziehungen im Spannungsfeld von Absolutismus, Aufklärung und Revolution. Bonn-Berlin 1992, 271-296]; *Hansmartin Schwarzmaier:* Baden. Dynastie – Land – Staat. Stuttgart 2005, 162-176.
10 *Eduard Johne:* Der Schöpfer des Fürstenbergischen Staatswesens, Fürst Joseph Wilhelm Ernst zu Fürstenberg (1699-1762). Seine Bedeutung für die staatlichen und kulturellen Verhältnisse in den Fürstenbergischen Landen. In: Badische Heimat 25 (1938), 291-304.
11 Zitiert nach *Frank Meier*: Die Verhältnisse der mediatisierten Herren, Grafen und Fürsten betreffend. Fürst Wunibald von Waldburg-Zeil-Trauchburg (1750-1818) und die Vereine der Mediatisierten 1813 und 1815/16. In: *Hans Ulrich Rudolf u.a.*: Alte Klöster – neue Herren (wie Anm. 1), 954.
12 Zum Feudalismusbegriff s. *Marc Bloch*: Die Feudalgesellschaft. Frankfurt a.M.-Berlin-Wien 1982; *Heide Wunder (Hg.):* Feudalismus – 10 Aufsätze. Frankfurt a.M. 1976; *Ludolf Kuchenbuch (Hg.):* Feudalismus – Material zur Theorie und Geschichte. Frankfurt a.M.-Berlin-Wien 1977.
13 *Peter Blickle*: Deutsche Untertanen. Ein Widerspruch. München 1981.
14 *Louis Bergeron u.a.:* Das Zeitalter der europäischen Revolution 1780-1848. Frankfurt a.M. 1969, 105 ff.; vgl. *Christian Hattenhauer:* Wahl und Krönung Franz II. AD 1792. Frankfurt a.M;. 1995, 45 ff.
15 *Franklin Kopitzsch:* Art. Aufklärung. In: Fischer Lexikon Geschichte. Frankfurt a.M. 1994, 131-140.
16 *Bergeron* (wie Anm. 14), 108 ff.
17 *Immanuel Kant:* Der Streit der Fakultäten (1798), In: Werke in 12 Bänden. Frankfurt a.M. 1964, XI 361.
18 *Günter Barudio:* Das Zeitalter des Absolutismus und der Aufklärung 1648-1779. Frankfurt a.M. 1985, 88 ff. und 153 ff.
19 Ebd., 156.
20 Ebd., 147.
21 *Ernst Schulin:* Die Französische Revolution. München 4. Aufl. 2004, 176-192.
22 Zum Verlauf der Revolution 1789-1792 ebd., 59-131.
23 Zitiert nach *Bergeron* (wie Anm. 14), 91; vgl. *Schulin* (wie Anm. 21), 122-131.
24 *Furet* in *Bergeron* (wie Anm. 14), 52 ff.
25 *Schulin* (wie Anm. 21), 125.
26 *Alain Ruiz:* Agents de la propagande révolutionnaire en Allemagne de 1789 à 1792: Les voyageurs et leurs récits sur la France. In: *Jürgen Voss (Hg.):* Deutschland und die Französische Revolution. München 1983, 82-97.
27 Ebd., 55.
28 Zitiert nach *Schulin* (wie Anm. 21), 130 mit Anm. 115.
29 *Schulin* (wie Anm. 21), 100 ff.
30 *Wolfgang Mager:* Republikanismus. Überlegungen zum analytischen Umgang mit einem geschichtlichen Begriff. In: *Peter Blickle (Hg.):* Verborgene republikanische Traditionen in Oberschwaben. Tübingen 1998, 243-260.
31 *Rudolf Vierhaus:* „Sie und nicht wir." Deutsche Urteile über den Ausbruch der Französischen Revolution. In: *Jürgen Voss:* Deutschland und die Französische Revolution. München 1983, 1-15; *Karl Hammer*, Deutsche Revolutionsreisende in Paris, ebd., 26-42; Hattenhauer (wie Anm. 14), 41 ff.
32 Zum Beispiel bei Wieland, vgl. *Hartmut Zückert:* Das Leiden des Biberacher Kanzleidirektors Christoph Martin Wieland an seiner Stadtrepublik. Zu Wielands republikanischem Gedankengut. In: *Peter Blickle (Hg.):* Verborgene republikanische Traditionen in Oberschwaben. Tübingen 1998, 211-226.
33 *Helga Schnabel-Schüle:* Ansteckungsgefahr und Prophylaxe: Die Französische Revolution und die napoleonische Territorialrevolution. In: Die großen Revolutionen im deutschen Südwesten. Hg. von *Hans-Georg Wehling* und *Angelika Hauser-Hauswirth*. Stuttgart-Berlin-Köln 1998, 21 f.; *Christoph Döbeli:* Revolutionäre Bestrebungen in Vorderösterreich. In: Vorderösterreich – nur die Schwanzfeder des Kaiseradlers? Hg. vom Württembergischen Landesmuseums Stuttgart. Stuttgart 1999, 211-217.
34 *Voss* (wie Anm. 9), 98-117.
35 *T.C.W. Blanning:* Die französischen Revolutionsarmeen in Deutschland: Der Feldzug von 1796. In: Deutschland und Europa in der Neuzeit. Festschrift für Karl Otmar Freiherr von Aretin zum 65. Geburtstag, hg. von Ralph Melville u.a. Stuttgart 1988, Bd. 1, 489-504.
36 *Elmar L. Kuhn:* „Kein Land zu einer Republik besser geschaffen als Oberschwaben". Der Plan einer oberschwäbischen Republik 1798. In: *Peter Blickle (Hg.):* Verborgene republikanische Traditionen in Oberschwaben. Tübingen 1998, 227-241.
37 An jüngeren deutschsprachigen Biographien seien genannt *Franz Herre:* Napoleon Bonaparte. Eine Biographie. Regensburg 2003 und *Willms* (wie Anm. 5).
38 *Willms* (wie Anm. 5), 35.
39 *Willms* (wie Anm. 5), 258 f.
40 *Willms* (wie Anm. 5), 374-399; *Christina Egli:* 2. Dezember 1804: Das grösste Spektakel aller Zeiten. In: *Dominik Gügel/Christina Egli (Hgg.):* Was für ein Theater! Frauenfeld 2004, 67-107.
41 Ebd., 70.
42 *Paul Sauer:* Heiraten aus Staatsräson. Napoleon und seine Beziehungen zu den Regentenhäusern Badens, Württembergs und Hohenzollerns. In: Baden und Württemberg im Zeitalter Napoleons. Hg. vom Württembergischen Landesmuseum, Band 2, (1987), 55-80.
43 *Willms* (wie Anm. 5), 509-521.
44 Zur Genealogie der Napoleoniden vgl. Schloss Arenenberg, in: Bodensee-Magazin Spezial (2005), 14/15 und *Hubert Krins*, Das Fürstenhaus Hohenzollern. Lindenberg 2005, 14 f.
45 *Hans-Georg Wehling/Angelika Hauser-Hauswirth (Hgg.)*: Die großen Revolutionen im deutschen Südwesten. Stuttgart 1998, 10.
46 *Wilms* (wie Anm. 5), 349.
47 *Hannah Arendt:* Über die Revolution. München 1963; Hans Wassmund: Revolutionstheorien. München 1978.
48 *François Furet:* La Révolution 1770-1880. Paris 1988.
49 *Danny Trom:* Frankreich. Die gespaltene Erinnerung. In: *Monika Flacke (Hg.):* Mythen der Nationen: ein europäisches Panorama. München/Berlin 2. Aufl. 2001, 129.
50 Zitiert nach *Voss* (wie Anm. 9), XII.

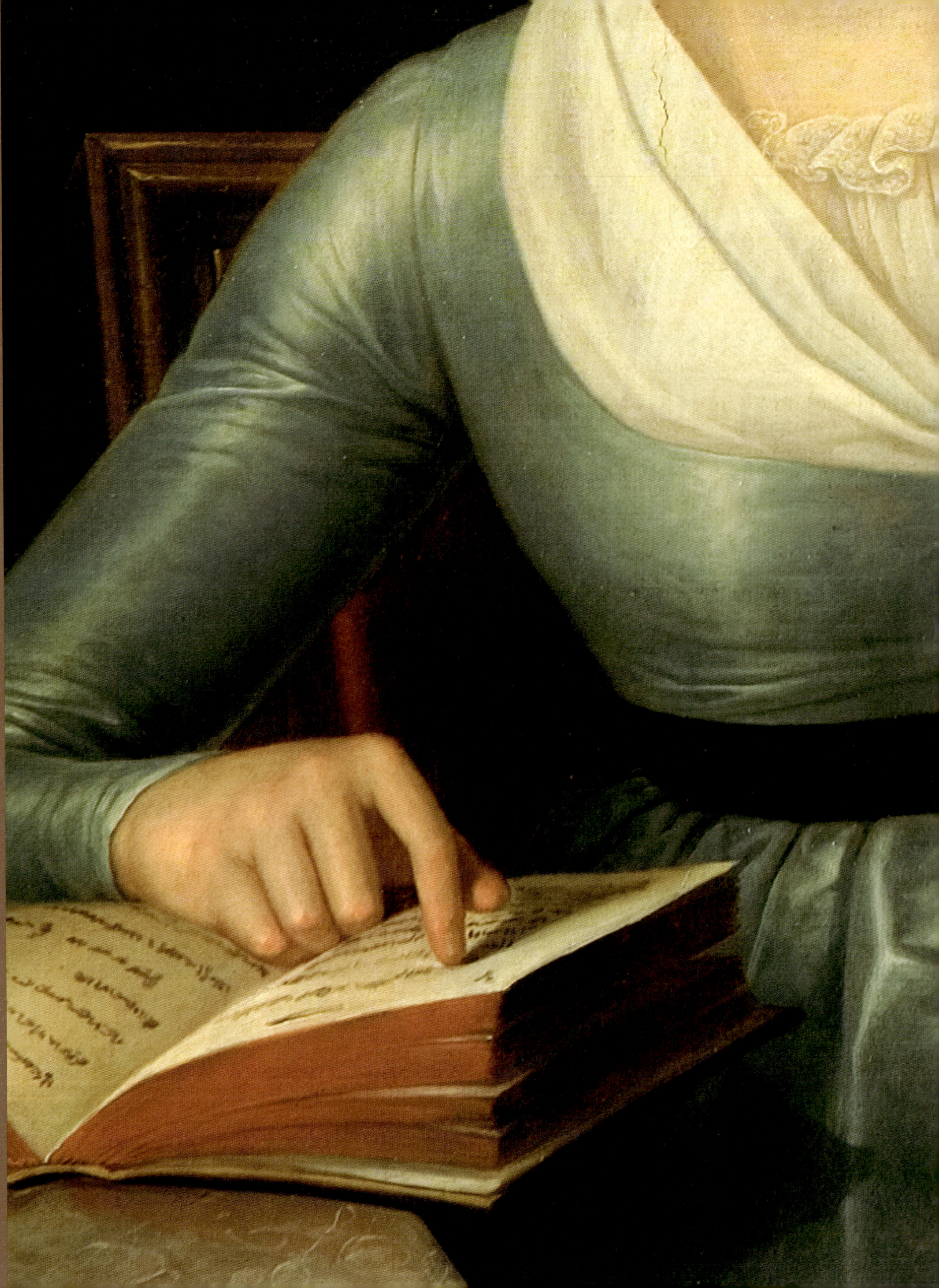

ADEL IM WANDEL — GRUNDZÜGE DER ENTWICKLUNG IM 19. UND 20. JAHRHUNDERT

CASIMIR BUMILLER

ADEL ZWISCHEN REICH UND REPUBLIK

Im voran gegangenen Beitrag wurde die These ausgebreitet, die Französische Revolution von 1789 habe in Frankreich wie in Deutschland einen politischen Veränderungsprozess in Gang gesetzt, der erst nach längerem Ringen zwischen der monarchistischen und der republikanischen Option schließlich mit der Etablierung der Republik in beiden Ländern (in Frankreich 1870, in Deutschland 1918) ihren Abschluss fand. Auf der Seite des 1806 mediatisierten Adels hat dieses Schwanken zwischen den Systemen je nach Ausschlag des Pendels Hoffnungen oder Befürchtungen geweckt. Denn naturgemäß bestand beim Adel eine gewisse Affinität zur Monarchie und eine Aversion gegen die Republik, von der man nicht ohne Grund die Abschaffung der Adelsprivilegien befürchtete[1].

1815

Der Zusammenbruch des Napoleonischen Systems 1813 bis 1815 weckte bei den Standesherren zunächst Hoffnungen auf den Wiener Kongress, von dessen restaurativen Tendenzen sich exponierte Vertreter des südwestdeutschen Adels wie Fürst Wunibald von Waldburg-Zeil oder Fürstin Elisabeth von Fürstenberg die Rückkehr zu den Verhältnissen von 1805 erhofften. Doch der Adel musste enttäuscht zur Kenntnis nehmen, dass in der Bundesverfassung von 1815 die Mediatisierung ausgerechnet von jenen festgeschrieben wurde, die von Napoleons Gnaden Rangerhöhungen erfahren hatten und nun von der Zurücksetzung ihrer bisherigen Standesgenossen profitierten[3]. Dies trug zusätzlich zur Verbitterung der Mediatisierten bei, die schon ohnedies unter der Tatsache litten, ihre Degradierung einem Emporkömmling zu verdanken.

Nach 1815 waren die Reaktionen des oberschwäbischen Adels unterschiedlich. Eine Sonderrolle spielte sicherlich das Haus Fürstenberg, das mit seinem Territorium überwiegend im badischen Staat aufgegangen war. Fürstenberg gelang es, unter den badischen Standesherren den ersten Rang einzunehmen. Hinzu kam, dass durch die Verehelichung des Fürsten Karl Egon II. mit der Prinzessin Amalie von Baden 1818 das Haus Fürstenberg sich unter den gegebenen Umständen eine ganz vorzügliche Stellung erobert hatte und sich so in gewisser Weise mit seiner neuen Rolle im Großherzogtum bald eins fühlte[5].

»Um den im Jahr 1806 und seitdem mittelbar gewordenen ehemaligen Reichsständen… in Gemäßheit der gegenwärtigen Verhältnisse in allen Bundesstaaten einen gleichförmig bleibenden Rechts-Zustand zu verschaffen, so vereinigen die Bundesstaaten sich dahin: a] Daß diese Fürstlichen und gräflichen Häuser fortan nichts destoweniger zu dem hohen Adel in Deutschland gerechnet werden, und ihnen das Recht der Ebenbürtigkeit, in dem dem bisher damit verbundenen Begriff verbleibt; b] sind die Häupter dieser Häuser die ersten Standesherren in dem Staate, zu dem sie gehören; – Sie und ihre Familien bilden die privilegirteste Klasse in demselben …«
Art. 14 der Deutschen Bundsakte vom 1815[2]

»Der Paragraph, der die unterdrückten Reichsstände betrifft, ist unter aller Kritik. Man sieht ihm an, dass die Herren selbst fühlen, wie ungerecht er seye, die Fürsten und Grafen, die durch den Willen eines fremden Usurpators [Napoleon] mediatisiert worden sind, in diesem Zustande zu belassen, und hatten jedoch nicht den Mut und Ehrlichkeit genug, um die unschuldig Beraubten in ihrem Eigentum wieder einzusetzen.«
Fürstin Elisabeth von Fürstenberg 1815[4]

Fürstin Elisabeth von
Fürstenberg (1767-1822)

❧ »Die Maßnahmen, dem württembergischen Adel huldvoll die Uniform seiner Hoffuriers zu verleihen und eine Residenzpflicht für Monate in Stuttgart einzuführen, haben nur dazu geführt, dass man zunächst alles tat, um die Sonne dieser neuen königlichen Residenz zu vermeiden.«

Franz Wilhelm Schenk von Stauffenberg

Im Gegensatz hierzu haderten die östlichen Nachbarn, deren Territorien im württembergischen Staat aufgegangen waren, mit ihrem Status. Zwar im Einklang mit der Staatsform der Monarchie und mit den restaurativen Tendenzen, stand man hier dem württembergischen Staat äußerst reserviert, ja distanziert gegenüber. Traditionell katholisch und eng mit dem habsburgischen Kaiserhaus verbunden stießen sich die Fürsten von Waldburg, die Grafen von Königsegg, der gräfliche wie der freiherrliche Zweig der Schenken von Stauffenberg wie auch die Freiherren von Freyberg und andere an der befremdlichen Art, wie man vom evangelischen Stuttgart aus mit dem alten oberschwäbischen Adel umsprang. Man nahm das Angebot der politischen Mitwirkung in der Adelskammer, wie in der Verfassung von 1819 verankert, widerwillig an, versuchte aber, sich den Stuttgarter Verpflichtungen so gut wie möglich zu entziehen. Wer konnte, wich nach Bayern oder Österreich aus. So zogen sich die Grafen von Königsegg 1829 für viele Jahrzehnte demonstrativ auf ihre ungarischen Güter zurück und pflegten dort ihre traditonelle Nähe zu Österreich [6]. Die Stauffenberg, die sowohl von Württemberg wie von Bayern mediatisiert wurden, orientierten sich nach München, wo zwei Stauffenberg politisch Karriere machten und Franz 1874 mit der Grafenwürde belohnt wurde, während man Stuttgart die kalte Schulter zeigte [7]. ❧ Auch die Grafen von Quadt-Wykradt in Isny spielten die bayerische Karte und erlangten mit Bertram von Quadt 1901 die bayerische Fürstenwürde [8]. „Nach München geht man, nach Stuttgart muss man", war ein geflügeltes Wort in diesen Kreisen.

Eine originelle Entwicklung zeichnete sich im Haus Waldburg-Zeil ab, wo in drei Generationen drei ganz unterschiedliche Haltungen zum württembergischen Staat zum Tragen kamen. Ging Fürst Wunibald von Waldburg-Zeil (1750-1818) als exponierter Vertreter der Mediatisierten in den Widerstand gegenüber „seinem" neuen Staat, so nahm sein Sohn Franz Thaddäus (1778-1845) das Angebot einer politischen

Schloss Zeil um 1840, im Vordergrund zu Pferd Fürst Constantin

Karriere in Württemberg an und war zeitweilig Präsident der Ständekammer. Dessen Sohn, Fürst Constantin von Waldburg-Zeil (1807-1862) krönte diese Entwicklung mit einer eigenwilligen politischen Karriere. Aus seiner dezidiert katholischen Haltung heraus grundsätzlich in Opposition zum (evangelischen) Staat entfaltete er sich in der Revolution von 1848 zum „roten" Fürsten, der als Abgeordneter der Frankfurter Paulskirche mit der Linken für die Abschaffung des Adels stimmen sollte. Was sich als recht widersprüchlicher Lebensweg darstellt, hat bei genauerer Betrachtung eine gewisse Konsistenz. Constantin ging mit der Revolution, weil er sich von ihr auch Freiheitsrechte für das diskriminierte katholische Milieu versprach und weil sie den restriktiven württembergischen Staat in Frage stellte. Fürst Konstantin propagierte eine Koalition aus Aristokratie und Landvolk gegenüber einer als autoritär und absolutistisch empfundenen Monarchie. Der „rote Fürst" vertrat damit eine eigenwillige, aber interessante Spielart in der Entwicklung des repräsentativen Parlamentarismus [9].

1848

Die Revolution von 1848 erreichte zwar nicht ihr Ziel der Errichtung einer Republik oder einer demokratisch verfassten konstitutionellen Monarchie. Sie bildete aus der Sicht des Adels in einer hundertjährigen Entwicklung letztlich nur so etwas wie eine Schrecksekunde, und doch stand hier für einige Monate das Gespenst der Französischen Revolution im Raum, einzelne Adlige fürchteten entsprechende Auswirkungen. Auch wenn die Beschlüsse der Paulskirche zur Abschaffung des Adels nicht Verfassungsrealität werden sollten, so verband sich doch das Jahr 1848 für den Adel mit weiteren Beschneidungen adliger Vorrechte wie des Jagdprivilegs. Das Revolutionsjahr von 1848 brachte auch all jene tief greifenden Änderungen zum Abschluss, die im Vormärz unter dem Stichwort der „Bauernbefreiung" in die Geschichte eingegangen sind: also die Aufhebung der Leibeigenschaft und der Frondienste, die Ablösung der grundherrlichen Gefälle und der Zehnten, die seit ca. 1830 in den adligen Standesherrschaften durchgeführt wurden.

Die „Bauernbefreiung" war für den Adel insofern der „zweite Akt der Mediatisierung", als er mit der Beseitigung der letzten Reste feudaler Strukturen vollends seiner traditionellen ökonomischen Basis beraubt war [12]. Dies wurde von den oberschwäbischen Adelshäusern durchaus als bedrohlich empfunden, und es bedurfte einiger Zeit der Anpassung, bis sie diesem Aspekt der „Revolution" positive Seiten abzugewinnen verstanden.

Die Bauern befreiten sich mit einer Einmal-Zahlung von den auf ihren Gütern liegenden Feudallasten. Ihre Felder waren damit zwar wegen der Kreditaufnahmen auf Jahrzehnte hinaus finanziell belastet, aber sie gehörten ihnen nun zu eigen. Auf der anderen Seite liefen auf der Seite der Standesherren in diesen Jahren enorme Ablösungssummen zusammen, so z.B. beim Fürsten von Thurn und Taxis als dem größten Empfänger 2.366.000 Gulden, beim Fürsten von Waldburg-Wolfegg 712.000 Gulden, beim Grafen von Königsegg-Aulendorf 190.000 Gulden und beim Grafen Quadt immer noch 130.000 Gulden [13].

Auch wenn sich die württembergischen Standesherren zu Recht darüber beklagten, dass sie nach einem schlechteren Ablösesatz entschädigt worden waren als ihre

»Vom christlichen und aristocratischen Standpunkte aus behaupte ich: 1] Die Obrigkeit ist insofern von Gott, als Alles, was ist, nur mit Zulassung Gottes geschieht. 2] Gott wirkt aber nicht unmittelbar, sondern mittelbar durch Individuen, in ihrer Gesammtheit Volk genannt. 3] Mithin geht von diesem die Einsetzung der Obrigkeit aus – für beide Theile entstehen dadurch Rechte und Pflichten. 4] Solange diese von oben beachtet werden, wird das Volk zufrieden sein. 5] Erkennt aber die Gewalt keine Pflichten mehr an, weder gegen Gott noch gegen das Volk..., so tritt nothwendig zur Erhaltung der Freiheit das Princip der Volkssouveränität jenem revolutionären Absolutismus entgegen, und in seiner Vollendung als Revolution auf.«
Fürst Konstantin von Waldburg-Zeil 1848 [10]

»Der alte Fürst Leopold v. Wurzach musste auch viel unangenehmes hören und hatte bedeutend Angst.«
Graf Otto von Quadt befürchtete, »daß [die Besitzenden] auch noch ihren letzten Rock hergeben müssen« und »daß man von dem Einzelnen das Hemd verlangt ...« [11]

Casimir Bumiller

badischen Standesgenossen, so bekamen sie doch ein erkleckliches Kapital an die Hand, mit dem man „wuchern" konnte. In der Regel wurden erhebliche Teile der Ablösesummen in den Ankauf von Wäldern und Grundbesitz gesteckt, so dass der adlige Großgrundbesitz teilweise erst um die Mitte des 19. Jahrhunderts entstanden ist. Für Fürstenberg, das mit 375.000 Gulden entschädigt wurde, wird geschätzt, dass der Waldbesitz des Hauses zwischen 1840 und 1890 um 40 % anwuchs[14].

Mit dem Ende der 48-er Revolution war zwar die drohende Abschaffung des Adels abgewendet. Dennoch war nun endgültig der Prozess der Entfeudalisierung abgeschlossen. Der standesherrliche Adel war nicht länger feudaler Rentenempfänger, sondern Großgrundbesitzer und Kapitaleigner. Einige erkannten früh, dass in diesem Wandel auch Chancen steckten, so Fürst Friedrich von Waldburg-Wolfegg, wenn er 1847 bemerkte: „Adel mit Grundbesitz u. Capitalvermögen wird mächtig seyn, Adel mit Gefällbesitz muß immer verhasster werden."[15] Es entstand nach 1848 die paradox anmutende Situation, dass der mediatisierte Adel, der sich 1806 noch als Opfer einer „Revolution" sehen konnte, 50 Jahre später durch die bedeutenden Ablösungssummen in gewisser Weise zum Revolutionsgewinner geworden war. Das Haus Waldburg konnte mit diesen Mitteln erstmals die aus der Feudalzeit rührende Verschuldung drastisch mindern.

Nach der abgewendeten Revolution und nach erfolgreicher Transformation der adligen Ökonomie weg von den Feudalrenten hin zur modernen kapitalorientierten Eigenbewirtschaftung stellte sich bei den meisten Adelshäusern eine gewisse Beruhigung ein. Die politische Restauration nach 1849, kombiniert mit dem spürbaren wirtschaftlichen Aufschwung – an dem der Adel durch seine Industriebeteiligungen und seinen Einsatz für den Eisenbahnbau teil hatte – bereitete die euphorische Stimmung im Vorfeld der Reichsgründung von 1871 vor.

1871

Trat der Adel insgesamt mit prinzipieller Zustimmung und großen Erwartungen in die Zeit des Kaiserreichs ein, so ist diese Aussage für die oberschwäbischen Adelsfamilien doch zu differenzieren.

Grundsätzlich wurde auf Seiten des Adels wie des Bürgertums die Reichsgründung begrüßt. Nur wurde die kleindeutsche Lösung der nationalen Frage – also die Reichseinheit unter Führung Preußens und unter Ausschluss von Österreich – nicht gleichermaßen goûtiert. Gerade jene oberschwäbischen Familien, die nach wie vor enge Kontakte zu Österreich pflegten oder sogar in der k.k. Monarchie begütert waren wie Fürstenberg und Königsegg, empfanden die Abkopplung Österreichs von der gemeinsamen nationalen Entwicklung als schmerzhaft. Diese Trennung der Wege war allerdings spätestens mit dem Sieg Preußens im „Deutschen Krieg" von 1866 vorgezeichnet. Österreich war nach der Niederlage von Königgrätz nicht nur in der deutschen Frage aus dem Rennen, in Folge dieser Niederlage brach im Vielvölkerstaat der deutsch-ungarische Dualismus mit nationalistischen Tendenzen gegen die Deutschen auf, was zumindest langfristig auf den Rückzug deutscher Adelsfamilien wie der Grafen von Königsegg aus Ungarn Einfluss hatte. Diese Entwicklung förderte zwar nicht unbedingt die Annäherung der Königsegger an Preußen, wohl aber eine vorsichtige Rückbesinnung auf Württemberg[16].

Die beiden Häuser Waldburg, wo sich zumindest Fürst Constantin um 1848 noch vorstellen konnte, dass Österreich eine größere Rolle im Deutschen Bund spielen sollte, hielten sich nach der Reichsgründung mit Sympathiebekundungen eher zurück. Und auch aus dem Haus der Freiherren von Freyberg ist überliefert, dass nicht alle ehemaligen Reichsritter Freunde Preußens waren. Dies dürfte im Grundsatz auch für das Haus Stauffenberg gegolten haben. Allerdings findet sich hier in der Person des Freiherrn Franz Schenk von Stauffenberg (1834-1901) eine Persönlichkeit, die sich nach langjähriger politischer Tätigkeit im bayerischen Landtag mit Begeisterung für die deutsche Einheit engagierte und dann von 1871 bis 1893 für die Nationalliberalen im Deutschen Reichstag saß [17]. Wie Stauffenberg haben sich viele Adlige aus dem deutschen Südwesten rasch mit der kleindeutschen Reichseinheit arrangiert.

Es gab unter den süddeutschen Adelshäusern eines, das die Führungsrolle Preußens uneingeschränkt begrüßen musste: nämlich Hohenzollern. Dies hatte seinen Grund in der Stammverwandtschaft der schwäbischen Hohenzollern mit dem preußischen Königs- und Kaiserhaus. Vor diesem Hintergrund waren die beiden Fürstentümer Hohenzollern-Sigmaringen und Hohenzollern-Hechingen bereits im Jahr 1850 im preußischen Staat aufgegangen. Was sich damals in der Folge der Revolution von 1848/49 abgespielt hatte, war nichts anderes eine Selbstmediatisierung, der freiwillige Rücktritt der beiden souveränen Hohenzollern-Fürsten Friedrich Wilhelm Konstantin (in Hechingen) und Karl Anton (in Sigmaringen) in den Kreis der Standesherren, nachdem ihre beiden Häuser 1806 die politische „Flurbereinigung" Napoleons noch kurioser Weise überlebt hatten. Dieses freiwillige Aufgehen in einer größeren, ja der größten politischen Einheit innerhalb des Deutschen Bundes hatte ausschließlich Vorteile für Fürst Karl Anton mit sich gebracht, der das Haus Hohenzollern nach dem Tod seines Hechinger Vetters 1869 allein vertrat. Er erlangte für seine Familie nicht nur protokollarische Privilegien wie die Anrede „Königliche Hoheit" und eine erkleckliche Jahresrente, der Sigmaringer Fürst machte auch politisch Karriere in Preußen, zunächst 1858-61 als Ministerpräsident in Berlin (wo er zum Vorgänger Bismarcks wurde), dann als Militärgouverneur in Düsseldorf. Die verwandtschaftliche Nähe wie die politische Verbundenheit stellten die bedingungslose Gefolgschaft der Hohenzollern im Deutschen Reich außer Frage, auch wenn Fürst Karl Anton sich durchaus bemühte, seinem mediatisierten Haus ein eigenständiges Profil zu verleihen [18]. ☙

Dagegen ist Hinwendung des Hauses Fürstenberg zu Preußen durchaus erklärungsbedürftig. Denn Fürstenberg gehörte ja traditionell zu den Geschlechtern, die einen großen Teil ihrer Identität aus der Nähe zu Habsburg bezogen und die nach wie vor böhmische Besitzungen hatten. Andererseits hatte sich Fürstenberg nach 1815 durch seine privilegierte Stellung als „erster Standesherr" und durch die Einheirat ins Haus Baden politisch weitgehend an das Großherzogtum angelehnt. Nachdem Großherzog Friedrich I. von Baden 1856 durch seine Ehe mit Luise von Preußen zum Schwiegersohn des nachmaligen Kaisers Wilhelm I. geworden war, war gewissermaßen auch für Fürstenberg eine Bahn nach Berlin gespurt. Die Annäherung Fürstenbergs an Preußen wurde schließlich durch das freundschaftliche Verhältnis von Fürst Max Egon II. zu Kaiser Wilhelm II. gekrönt [20]. Dass Fürstenberg aber immer noch eine doppelte Loyalität zu beachten hatte, drückte sich darin aus, dass

Fürst Karl Anton von Hohenzollern (1811-1885)

❧ »... und es gelang mir, die Vermittlung zwischen strammem preußischen Wesen und schwäbischer Gemütlichkeit zu finden.«
Fürst Karl Anton von Hohenzollern[19]

Casimir Bumiller

Fürst Max Egon II. von Fürstenberg (1863-1941)

Detail aus der Zeiler Gedenktafel für die Gefallenen des 1. Weltkrieges mit Georg Fürst von Waldburg-Zeil und seinem Sohn Erbgraf Eberhard

Fürst Max Egon II. im Ersten Weltkrieg zwei seiner Söhne in der deutschen, zwei weitere Söhne aber in der österreichischen Armee Dienst tun ließ.

Insgesamt war im oberschwäbischen Adel in den Gründerjahren nach 1871 eine grundsätzliche Zustimmung zu dem durch die Reichsgründung geschaffenen Status quo anzutreffen – auch in jenen Familien, die Preußen nicht so freundlich gesonnen waren und wo man deshalb nicht unmittelbar von den Karriereangeboten in Beamtenschaft, Diplomatie und Militär Gebrauch machte. Die Aufbruchstimmung der Gründerjahre rührte aus dem Grundkonsens des Adels mit den konservativen und autoritären Strömungen der Monarchie, die sich freilich im jährlichen Ritual der Kaisermanöver zunehmend militaristisch gebärdete, eine Entwicklung, die nicht nur den württembergischen König Wilhelm II. befremdete. Die Aufbruchstimmung korrespondierte überdies mit einem wirtschaftlichen Aufschwung, an dem der Adel inzwischen auf vielfache Weise partizipierte.

Auch wenn die Wertschätzung des Adels durch die preußische Monarchie außer Frage stand, so war doch auch deutlich, dass der jetzt erreichte Stand des parlamentarischen Konstitutionalismus den politischen Einfluss des Adels nicht prinzipiell aufwertete. Zwar genossen die Standesherren nach wie vor in den Mitgliedsstaaten des Reiches das Vorrecht der Zugehörigkeit zu den jeweiligen Adelskammern, doch auf Reichsebene musste sich der politisch aktive Adlige ebenso um ein Reichstagsmandat bewerben wie jeder Bürgerliche. Politische Betätigung war dem Adel nicht mehr sozusagen in die Wiege gelegt, sondern setzte einen Akt bewusster Entscheidung und Professionalisierung voraus. Politiker in diesem Sinne waren im oberschwäbischen Adel außer Franz Schenk von Stauffenberg nur Graf Friedrich Wilhelm von Quadt, M.d.R. (1818-1892) und Wilhelm Franz Fürst von Waldburg-Zeil, M.d.R. (1835-1906).

Im Übrigen brachte der Eintritt ins Industriezeitalter mit der Entstehung der Arbeiterschaft und der Sozialdemokratie eine neue Herausforderung für die konstitutionelle Monarchie. Die proletarische Linke konkurrierte nicht nur im Anspruch auf politische Partizipation mit dem Adel und dem Bürgertum, in ihr erwuchs dem Adel eine gesellschaftliche Kraft, die seine Existenz erneut grundsätzlich in Frage stellte. Diese Bedrohung kam allerdings erst zum Tragen, als mit der Niederlage der preußischen Monarchie im Ersten Weltkrieg das gesellschaftliche Pendel erneut nach links auszuschlagen begann.

1918

Praktisch alle Häuser des oberschwäbischen Adels stellten dem Kaiser Männer und Söhne zur Verfügung, als dieser 1914 zu den Waffen rief: In diesem durchaus problematischen Waffengang fühlte sich der Adel aufgrund seiner Verwurzelung in der militärischen Tradition des Rittertums und der Reichsritterschaft unmittelbar bei seiner Ehre angesprochen. Fast alle betrachteten Häuser hatten aber auch Kriegsopfer zu beklagen. So fielen im Ersten Weltkrieg sowohl Fürst Georg von Waldburg-Zeil († 1918) als auch sein Sohn, Erbgraf Eberhard († 1916). Fürst Max Egon II. von Fürstenberg verlor seinen Sohn Friedrich Eduard († 1916). Opfer beklagten auch die Häuser Königsegg mit Carl Seyfried von Königsegg-Aulendorf († 1916) und Freyberg mit Kaspar Freiherrn von Freyberg († 1915) und zweien seiner Brüder.

Neben diesen persönlichen familiären Verlusten traf der Untergang der Monarchie nach dem verlorenen Krieg den Adel im Mark. Nicht nur Kaiser Wilhelm II. dankte in der von seinen Soldaten angezettelten Novemberrevolution von 1918 ab, ihm folgten die Monarchen aller deutschen Staaten nach, so am 22. November der badische Großherzog Friedrich II. und am 30. November der württembergische König Wilhelm II. Für Baden war der Zusammenbruch des Reiches doppelt tragisch, weil das Haus mit Friedrich I. (1826-1907) einen der „Paten" der Reichsgründung und mit Prinz Max von Baden (1869-1929) im Oktober/November 1918 seinen letzten Kanzler gestellt hatte [21].

Hatten die Mitgliedsstaaten des Deutschen Reiches bereits 1871 einen Teil ihrer Souveränitätsrechte an das Reich abgegeben, so ging nun in Baden und Württemberg die ganze Monarchie dahin. Der Großherzog von Baden und der König von Württemberg traten damit unverhofft in die Kreise jenes Adels zurück, den sie rund 110 Jahre zuvor mediatisiert hatten. Ihrer Residenzen in Karlsruhe und Stuttgart von der Republik beraubt, siedelten sie sich auf ihren privaten Besitzungen Salem (Baden) und Altshausen (Württemberg) an und wurden dadurch erst zu Mitgliedern des oberschwäbischen Adels.

Die Väter der Weimarer Verfassung waren sich zunächst nur darin einig, dass die Monarchie abgeschafft sein sollte. Die weiter gehende Frage, ob in Deutschland auch der Adel „abgeschafft" werden sollte, nahm eine verblüffende Wendung. Anders als in Österreich, das ja eine parallele Entwicklung zu bewältigen hatte und wo der Adel enteignet und alle Adelsvorrechte beseitigt wurden, wurde in Deutschland die Forderung der Linken nach der Abschaffung des Adels von den bürgerlichen Parteien aufgrund von verfassungsrechtlichen Bedenken verworfen.

Der Adel wurde zwar seiner letzten politischen und standesrechtlichen Vorrechte beraubt und fiel damit endgültig der „Privatisierung" anheim (obwohl Fürstin Elisabeth von Fürstenberg bereits 1817 beklagt hatte, ihr Sohn Karl Egon sei „in die Classe der Privatmänner" eingetreten), aber es fand keine Enteignung statt, auch wenn 1926 noch einmal das Gespenst der „Fürstenenteignung" umging [24]. Die „proletarische" Revolution von 1918 hat den deutschen Adel objektiv betrachtet nicht stärker angetastet als die „aristokratische" Revolution von 1806.

Dennoch wurde der Untergang der Monarchie in den Kreisen des Adels als weiterer katastrophaler Einschnitt wahrgenommen. Man stand der Republik grundsätzlich ebenso reserviert gegenüber wie der Adel dem republikanisch gesinnten Bürgertum verdächtig blieb. Wenn man die Gefühlslage des Adels im Kaiserreich als „warm" und zugewandt bezeichnen möchte, so erkaltete die Stimmung nach Etablierung der Weimarer Republik umgehend spürbar. Nichts ist in der Lage die frostige Stimmung zwischen einem Adelshaus und den Repräsentanten der Republik besser zu illustrieren als der Konflikt, der sich Ende der 20er Jahre zwischen dem Fürsten von Hohenzollern und dem Sigmaringer Regierungspräsidenten Scherer entspann. Da Scherer in Übereinstimmung mit der Verfassung Friedrich Prinz von Hohenzollern den Fürstentitel und das Prädikat „Königliche Hoheit" verweigerte, drohte jener, seine Verwaltung von Sigmaringen nach München zu verlegen und erreichte auf Intervention Berliner Stellen die Versetzung Scherers in den einstweiligen Ruhestand [25].

Casimir Bumiller

»An das Württemberger Volk! Wie ich schon erklärt habe, soll meine Person niemals ein Hindernis sein für die freie Entwicklung der Verhältnisse des Landes und dessen Wohlergehen. Geleitet von diesem Gedanken lege ich mit dem heutigen Tage die Krone nieder. [...] Gott segne, behüte und schütze unser geliebtes Württemberg in alle Zukunft. Dies ist mein Scheidegruß. Wilhelm [König von Württemberg] 30. Nov. 1918« [22]

»Öffentlich-rechtliche Vorrechte oder Nachteile der Geburt oder des Standes sind aufzuheben. Adelsbezeichnungen gelten nur als Teil des Namens und dürfen nicht mehr verliehen werden.«
Art. 109 Absatz 3 Weimarer Verfassung von 1919 [23]

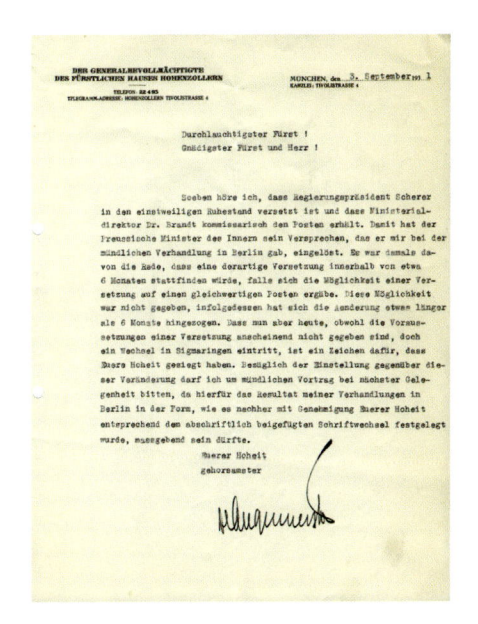

Brief des Generalbevollmächtigten des Hauses Hohenzollern an Fürst Friedrich vom 3. September 1931

Die Ablehnung durch den Adel hätte dem Weimarer Staat möglicherweise gleichgültig sein können, wäre er die einzige gesellschaftliche Gruppe mit Vorbehalten gegen die „ungeliebte" Republik gewesen. Doch in dem Spektrum von Staatsfeinden links und rechts wirkte eine kleine, aber wirtschaftlich einflussreiche Gruppe wie der Adel, auch wo er nicht offensiv Widerstand leistete, demontierend [26].

1933

Die Frage, inwiefern sich der Adel von der Machtergreifung der Nationalsozialisten positive Impulse versprach, ist für Oberschwaben noch nicht hinreichend zu beantworten. Doch lassen sich Grundzüge einer Antwort erkennen. Sicherlich waren der autoritäre Charakter des Hitler-Regimes, die Ausmerzung der „Schmach" von 1918, die Gegnerschaft gegen die Republik, die Wiederbewaffnung, die dem Adel unterhalb ehemals regierender Fürstenhäuser Karrieremöglichkeiten eröffnete, Aspekte, die dem Adel zunächst positive Aufmerksamkeit abnötigten. Dennoch darf die Erinnerungsfähigkeit des Adels nicht zu gering geschätzt werden. Hatte man nicht schon einmal Erfahrungen mit einem Emporkömmling gemacht, der sich aus kleinen Verhältnissen zu imperialem Größenwahn aufschwang? Überdies war unverkennbar, dass bestimmte Kreise innerhalb der NSDAP einschließlich Adolf Hitlers eher adelsfeindlich gesinnt waren. Hinzu kommt – und dies ist insbesondere für Oberschwaben ein nicht zu vernachlässigender Faktor -, dass der NS-Staat antikonfessionell, ja atheistisch geprägt war [27].

So mag es zwar sein, dass dem NS-Regime, wie jüngst herausgestellt wurde, Mitglieder aus dem ostelbischen Junkertum in Scharen zuliefen [28] – der oberschwäbische Adel hingegen hielt sich von den Nazis überwiegend fern. Daran ändern auch die beiden prominenten Gegenbeispiele, Karl Egon Erbprinz von Fürstenberg (1891-1973) und Franz Joseph Prinz von Hohenzollern (1891-1964) nichts, die beide eine SS-Karriere durchliefen und dennoch für die Nazis in ihren Organisationen verdächtige adlige Exoten blieben [29]. Diesen beiden Beispielen steht eine große Zahl oberschwäbischer Adelsvertreter gegenüber, die sich den Nazis ostentativ fern hielten oder sogar in den Widerstand gingen. Als Gegner des Nationalsozialismus lassen sich die Grafen Alexander von Quadt († 1936) und Erwin von Königsegg-Aulendorf (1891-1951) ebenso namhaft machen wie Herzog Albrecht von Württemberg (1865-1939) und Markgraf Berthold von Baden (1906-1963) [30]. Bereits 1934 focht der Fliegerpionier und Wehrmachtsoffizier Egloff Freiherr von Freyberg (1883-1984) einen Strauß mit Hermann Göring aus [31]. Als eine Form von Widerstand aus dem katholischen Lager lässt sich das publizistische Engagement des Fürsten Erich von Waldburg-Zeil mit der Zeitschrift „Der Gerade Weg" beschreiben [32]. Schließlich haben wir das bekannte Beispiel des Grafen Claus Schenk von Stauffenberg als eines Widerstandskämpfers des 20. Juli 1944. Es darf allerdings nicht übersehen werden, dass hier wie bei vielen adligen Wehrmachtsoffizieren des Dritten Reiches zunächst eine durchaus erwartungsvolle Haltung vorherrschte. Erst die offen zu Tage tretenden Gräueltaten und Menschenrechtsverletzungen des Regimes rührten in Menschen wie Claus Schenk von Stauffenberg und seinem Bruder Berthold an der Offiziers- wie an der Adelsehre und ließen die beiden zu Märtyrern der Menschlichkeit werden[33].

UND NACH 1945?

Die Tatsache, dass die Männer des 20. Juli, darunter zahlreiche Adlige, heute in der Ruhmeshalle der Bundesrepublik Deutschland in den Gründungsmythos der Bundesrepublik als einer aus dem Widerstand geborenen Republik verwoben werden konnten, kann als Zeichen gewertet werden, dass „Adel" und „Republik" in der zweiten Republik auf deutschem Boden ein besseres Verhältnis zueinander gefunden haben als zur Weimarer Zeit. Von Seiten des Adels wird anerkannt, dass die politische Entwicklung der Republik unumkehrbar geworden ist. Als Beleg für diese These kann auch das politische Engagement von Adligen wie Georg Fürst von Waldburg-Zeil und Alois Graf von Waldburg-Zeil in der Nachkriegsgeschichte der Bundesrepublik gewertet werden [34]. Von Seiten des Staates und von kommunaler Seite wird dem Adel eine integrative Aufmerksamkeit entgegen gebracht. Man ziert sich gerne im repräsentativen gesellschaftlichen Auftritt mit „feudalem" Glanz und gewährt Vertretern des Adels bereitwillig Anredeformen wie S.K.H., S.D., S.E. usw. Insofern kann man sagen, dass der Adel heute faktisch in der bürgerlichen Welt der Gegenwart angekommen ist. Bleibt dennoch die Frage, wie sich der Adel in der bürgerlichen Welt neu definiert hat.

WAS IST ADEL?

„Adel" kann nach der Mediatisierung von 1806 nicht mehr so definiert werden wie unter den historischen Verhältnissen des Alten Reiches. Im Feudalzeitalter war die „Herrschaft über Land und Leute" ein Konstituens des Adelsbegriffs. Der Adel bildete einen Stand, dessen Herrschaftsrechte in der Reichsverfassung verbrieft waren. Wie immer man Adel nach der Mediatisierung fassen mag, der Verlust an Herrschaftsrechten und politischer Macht muss in diese Definition Eingang finden. Dieser Begriffswandel war und ist aber nicht nur ein Problem für die Geschichtswissenschaft, die den Adel unter historisch-soziologischen Fragestellungen neu zu begreifen sucht [35]. Er war nach 1806 zunächst einmal ein Problem für die Selbstdefinition des Adels, der über diesem historischen Bruch nach einer Kontinuität von Nobilität suchte. Wenn sich Adel nicht mehr über das Privileg der Herrschaftsausübung definieren konnte, worin bestand dann Adel? Da ihm nach 1806/15 die hergebrachte politische Legitimation verwehrt blieb, suchte er seine gesellschaftliche Identität im weitesten Sinne auf dem Wege kultureller Selbstvergewisserung. Dies fand seinen Niederschlag in verschiedenen Feldern der Selbstreflexion, z.B. in einem erwachenden Geschichtsbewusstsein.

GESCHICHTSBEWUSSTSEIN UND GESCHICHTSSCHREIBUNG

Im Zuge eines wachsenden Interesses an der Geschichte der eigenen Familie wurden Alter, Rang, Leistung und Bedeutung des jeweiligen Adelsgeschlechts in der Geschichte des Alten Reiches herausgearbeitet. Die Aneinanderreihung von Generationen von Vorfahren, die sich in der Reichsritterschaft, in Kirche und Militär hervor getan hatten, hob das Selbstwertgefühl der Adligen des 19. Jahrhunderts als Teil eines geschichtsmächtigen Kollektivs, das seine Identität nicht zuletzt aus der Kontinuität bezog. Solches Geschichtsbewusstsein war beim oberschwäbischen Adel schon vor

Titelseite der Hornstein'schen Familienchronik des Edward Sigmund Freiherrn von Hornstein

Casimir Bumiller

dem Ende des Alten Reiches präsent und fand beispielsweise Eingang in Anträge auf adlige Rangerhöhungen. So führte etwa Anton Freiherr von Stauffenberg (1734-1803) in seiner Bewerbung um den Reichsgrafentitel alle bedeutenden Leistungen seiner Vorfahren bis in die graue Vorzeit an. Und auch das Fürstendiplom des Hauses Waldburg von 1803 zitierte noch die Verdienste des Truchsessen Georg von Waldburg (des „Bauernjörg") um die Niederschlagung des Bauernkrieges von 1525 [36].

Dieses historische Interesse knüpfte zwar an ältere Formen adliger Geschichtsschreibung seit der Renaissance an, erreichte jedoch im Lauf des 19. Jahrhunderts eine neue Stufe an Wissenschaftlichkeit. Adlige Geschichtsforschung wurde so Teil der gerade erwachenden „bürgerlichen" Geschichtswissenschaft. Das Interesse des Adels an seiner eigenen Geschichte brachte in beinahe allen Häusern Geschichtsforscher hervor, die zumindest handschriftliche Notizen hinterließen, in vielen Fällen jedoch beachtliche gedruckte Hausgeschichten veröffentlichten. Das bedeutendste Produkt dieser Gattung ist die handgeschriebene, später gedruckte Chronik der Familie Hornstein aus der Feder des Edward Sigmund Freiherrn von Hornstein (1843-1927)[37]. Bei den fürstlichen Häusern führte das erwachende Geschichtsbewusstsein im Verbund mit der sich gerade erst etablierenden Geschichtswissenschaft zu Quelleneditionen und zu wissenschaftlichen Grundlagenwerken, auf die jeder Landeskundler noch heute zurück greift. Hier sind insbesondere die Häuser Hohenzollern und Fürstenberg zu erwähnen, die Mitte und Ende des 19. Jahrhunderts mit den „Monumenta Zollerana" und dem „Fürstenbergischen Urkundenbuch" bedeutende Quellenwerke zur Haus- und Landesgeschichte vorlegten. Das Haus Fürstenberg leistete sich einen regelrechten „wissenschaftlichen Dienst" aus renommierten Archivaren, Konservatoren und Historikern wie Franz Ludwig Baumann, Aloys Schulte und Sigmund Riezler, die die fürstenbergische Geschichte auf hohem Niveau erforschten. Von Interesse ist hierbei, dass – übrigens ebenso wie Maler, die im adligen Milieu reussierten, z.B. Carl M. (von) Ebersberg (1818-1880) – auch bürgerliche Historiker, die im Auftrag des Adels tätig waren, wegen ihrer wissenschaftlichen Verdienste selbst nobilitiert wurden wie Sigmund (von) Riezler (1843-1953).

KUNSTHISTORISCHE SAMMLUNGEN

Mit dem wissenschaftlichen Interesse an der (Familien-) Geschichte ging auch wissenschaftliches Interesse für andere Wissensgebiete einher. So findet sich unter den Adligen in Oberschwaben im 19. Jahrhundert ein renommierter Experte für Ornithologie wie Richard König von Warthausen (1838-1894), eine bedeutende Genealogin wie dessen Schwester Elise König (1835-1921), ein Sprachwissenschaftler wie Franz Schenk von Stauffenberg und verschiedene Fachleute für landwirtschaftliche und technische Fächer wie Gustav von Königsegg (1813-1882), Karl König (1800-1889) oder Dipl.-Ing. Konrad Freiherr von Freyberg (1877-1939).

Historisches und naturhistorisches Interesse führten zum Ausbau der in den Adelshäusern traditionell angesiedelten „Wunderkammern" zu eigentlichen Museen. Auf diesem Feld haben sich wiederum die Häuser Fürstenberg und Hohenzollern bleibende Verdienste erworben. Etwa zeitgleich entstanden in Sigmaringen (1867) und Donaueschingen (1868) eigens errichtete Museumszweckbauten, in denen die kunst-

Einblick in den altdeutschen Saal des Schlosses Sigmaringen um 1860

geschichtlichen Sammlungen beider Häuser nicht nur zeitgemäß präsentiert waren, sondern durch ihre professionelle Betreuung auch Anschluss an die wissebschaftliche kunsthistorische Forschung fanden. Beide Museen waren und sind teilweise bis heute Institutionen von nationalem Rang [38]. Daran änderte auch der teilweise Ausverkauf der hohenzollerischen Sammlungen im Jahr 1927 und die Auflösung der Fürstenberg-Sammlungen in den letzten Jahren nichts. Entscheidend für unsere Fragestellung ist, dass sich hier mit den Fürsten Karl Anton von Hohenzollern-Sigmaringen (1811-1885) und Karl Egon III. von Fürstenberg (1820-1892) ein Adelstypus artikulierte, der die Außendarstellung seines Hauses stark über kulturelle Repräsentation verwirklichte. Man mag einwenden, dies sei traditionell immer schon ein Zug gräflicher und fürstlicher Adelsfamilien gewesen. Dann muss aber doch darauf verwiesen werden, dass im Falle Hohenzollerns und Fürstenbergs in dieser bewussten Öffnung der privaten Adelssammlung für das Bürgertum ein „demokratisches" Element und ein Verantwortungsgefühl zum Ausdruck kam, das es so in der Vormoderne nicht gegeben hat.

HISTORISMUS

In der Geschichtsforschung wie in der kunsthistorischen Sammlungstätigkeit adliger Häuser kommt eine Rückbesinnung des Adels auf historische Epochen des Mittelalters und der Renaissance zum Ausdruck. Hier in der Entstehungs- und Blütezeit des Feudalismus suchte man seine Wurzeln. Man begann mit der Sammlung mittelalterlicher Handschriften (Nibelungenlied in Donaueschingen) und „altdeutscher" Kunst (Sigmaringen). Mit der Adaptation mittelalterlicher Kunstschätze wurden die romanischen Stilformen der höfischen Kultur und die spätmittelalterliche Gotik der Dürerzeit stilbildend. Vorbereitet durch die Mittelaltersehnsucht der Romantik setzte sich nach 1850 in der Architektur der Baustil der Historismus durch, insbesondere repräsentiert in der Neugotik. Paradebeispiel hierfür ist der Wiederaufbau der Burg Hohenzollern in den Jahren 1850 bis 1868. Bezeichnend ist auch, dass Fürst Karl Anton von Sigmaringen, nachdem er schon 1855 einen „altdeutschen Saal" eingerichtet hatte, sein neues Museumsgebäude in Sigmaringen 1867 im Tudorstil errichten ließ. Die Neugotik wurde aber auch in Wolfegg im Umfeld von Fürsten Franz zu Waldburg-Wolfegg (1833-1906) und seiner Frau Sophie (1836-1908) gepflegt.

Dass der Historismus nicht nur eine Angelegenheit der Architektur, sondern so etwas wie der Ausdruck eines Lebensgefühls war, lässt sich an der Biographie von Edward Sigmund Freiherr von Hornstein in Grüningen zeigen. Er betätigte sich nicht nur forschend und ordnend als (Familien-) Historiker, er eignete sich auch beachtliche künstlerische Fähigkeiten an, malte die Gewölbe seines Grüninger Schlosses im Stil spätmittelalterlichen Wanddekors aus und fertigte eine handgeschriebene Familienchronik in derart mittelalterlicher Codices an [39].

Der Historismus des 19. Jahrhunderts war nicht ausschließlich eine Angelegenheit und ein ästhetisches Ideal des Adels, auch das gehobene Bürgertum fühlte sich in der Rückbesinnung auf das Mittelalter wohl. Es ist ohne weiteres davon auszugehen, dass sich der Historismus auch ohne den Adel „ereignet" hätte. Und doch kann man sich des Eindrucks nicht erwehren, dass der Adel an der architektonischen Stilbildung des Historismus und an der Erweckung des dazu gehörigen Lebensgefühls einen maßgeblichen Anteil hatte.

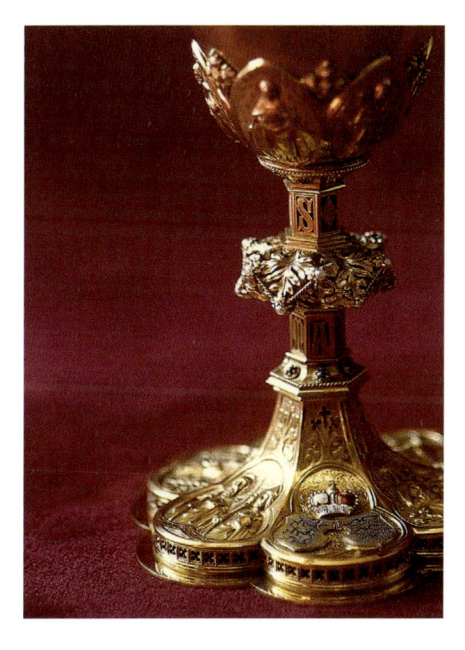

Neugotischer Kelch.
Eine Stiftung des Fürstenpaares Franz und Sophie zu Waldburg-Wolfegg

Casimir Bumiller

EXKLUSIVE GESELLSCHAFTSFORMEN

Die exklusive gesellschaftliche Begegnung war vermutlich jener Bereich adliger Kultur, wo nach 1806 am leichtesten Traditionen aufrecht zu erhalten waren. Vom Herrenabend über den Verwandtschaftsbesuch in der Nachbarschaft und vom literarischen Salon über die Konzert- oder Theateraufführungen bis hin zu Hochzeitsfeierlichkeiten und Leichenbegängnissen stand dem Adel dasselbe Repertoire an Begegnungsmöglichkeiten offen wie je. Unter den standesspezifischen Geselligkeitsformen spielte zweifellos die Jagd eine herausragende Rolle. Die Jagd blieb auch im 19. und beginnenden 20. Jahrhundert ein Refugium exklusiver Standesrituale [40]. Darüber ließen auch solche Adligen nicht mit sich reden, die auf anderem Gebiet fortschrittlicher dachten wie Constantin von Waldburg-Zeil. Die Aufhebung des adligen Jagdprivilegs in der Revolution von 1848 empfanden viele Adlige als weiteres Mosaiksteinchen in der Demontage ihrer Vorrechte. Allerdings blieb auch danach der Wald als Raum exklusiver Freizeitbetätigung ungefährdet, da große Teile der Ablösungssummen aus der Bauernbefreiung in den Walderwerb geflossen waren und somit weiterhin ausgedehnte Jagdreviere zur Verfügung standen. Allerdings ist auch auf diesem Feld zu beobachten, dass Adlige auf das Bürgertum zugingen wie Friedrich Fürst zu Waldburg-Wolfegg, der 1855 in Ravensburg als Gründungsmitglied des Oberschwäbischen Schützenvereins auftrat.

Im Lauf des 19. Jahrhundert griff der Adel alte Traditionen, die 1806 durch die Mediatisierung gekappt worden waren, unter neuen Vorzeichen und in neuem Gewand auf. So knüpfte der 1858 gegründete St. Georgsverein des württembergischen Adels bewusst an der Tradition der Reichsritterschaft an, die 1806 zerschlagen worden war und deren Patron der Hl. Georg war [41]. Aber auch diese Wiederbelebung einer ehrwürdigen Adelskorporation erfolgte jetzt unter Anpassung an die Formen des bürgerlichen Vereinswesens. Auch der Bayerische St. Georgsorden, der im 18. Jahrhundert unter Anknüpfung an das Vorbild mittelalterlicher Ritterorden gegründet worden war und dem zahlreiche oberschwäbische Adlige angehörten, erweiterte 1871 seine Statuten in Richtung eines zeitgemäßen caritativen Engagements [42].

RELIGIOSITÄT

Die Religion, und das heißt in Oberschwaben: der Katholizismus bildete vermutlich das stärkste traditionsbildende Element des Adels[43]. Die betonte, teils ostentative Hinwendung zum katholischen Glauben hatte zweierlei Funktion. Der Katholizismus war zunächst ein Hort der Kontinuität, er stand für das Festhalten an den Grundlagen barocker Herrlichkeit und bildete ein fortdauerndes Bekenntnis zum Haus Habsburg, mit dem man sich in einer auch religiös gestifteten Schicksalsgemeinschaft empfand. Zugleich betonte man im demonstrativen Bekenntnis zum katholischen Glauben den Gegensatz zum protestantischen württembergischen Königshaus. Das religiöse Bekenntnis war also Bestandteil des politischen Vorbehalts. Zwar war die Säkularisation nicht wieder rückgängig zu machen, aber der Adel nützte doch in der zweiten Hälfte des 19. Jahrhunderts die jetzt wieder günstigeren Bedingungen, um an die monastische Tradition anzuknüpfen. Das bedeutendste Beispiel hierfür ist zweifellos die Neugründung des Klosters Beuron durch Für-

»Ich rufe Euch auf zur Selbststärkung im Gefühl der katholischen Zusammengehörigkeit, um gewappnet zu sein für die Kämpfe, welche die destruktive Strömung der Jetztzeit einem jeden einzelnen aus der Gesamtheit nicht erspart.«
Maximilian Fürst zu Waldburg-Wolfegg 1901

stin Katharina von Hohenzollern 1862 [44]. Aber auch in Kirchen- und Kapellenstiftungen im Umfeld des Wolfegger Fürstenpaares schlug sich ein Katholizismus nieder, der zugleich Frömmigkeitsformen des Barock wie des späten Mittelalters wiederbelebte.

Kann man beim gesamten oberschwäbischen Adel von einer traditionellen Verankerungen im katholischen Glauben ausgehen, so gab es doch adlige Persönlichkeiten wie Fürst Karl Anton von Hohenzollern, denen ultramontane Tendenzen verdächtig waren und die alles verabscheuten, was zu sehr „nach der Sakristei roch". Karl Anton war übrigens mit der Protestantin Josephine von Baden verheiratet. Allerdings konvertierte diese im Jahr 1847 zum Katholizismus, ebenso wie sich der evangelische Standesherr Wilhelm Otto von Quadt (1783-1849) in Isny katholisch verheiratete und seine Kinder katholisch erzog. Dies ist ein Hinweis darauf, dass man sich dem katholischen „Mainstream" in Oberschwaben damals schwer entziehen konnte.

Einzig die Grafen von Zeppelin bekannten sich zu einer strengen Spielart des protestantischen Glaubens. Da diese jedoch zunächst im thurgauischen Girsberg lebten, galten sie nicht so sehr als Angehörige des oberschwäbischen Adels. Als Graf Ferdinand von Zeppelin um die Jahrhundertwende in Friedrichshafen sein Luftschifffahrtsunternehmen aufbaute, wogen die Konfessionsunterschiede bereits nicht mehr so schwer. Hinzu kam, dass beim Grafen als einer Persönlichkeit von nationaler Wertschätzung die Konfessionszugehörigkeit zweitrangig wurde. Für ihn selbst hingegen, der sich immer als ein Werkzeug Gottes und seinen Erfolg als Lohn seines Glaubens begriffen hat, bildete die Verankerung im evangelischen Glauben die Grundvoraussetzung seiner Existenz [45].

Graf Ferdinand von Zeppelin (1838-1917)

WANDEL DURCH BEHARRUNG

Das Interesse an der Wissenschaft und die Hinwendung zum technischen und zivilisatorischen Fortschritt führte bei zahlreichen Adligen zu einer aktiven Mitwirkung am Modernisierungsprozess, der mit der Industrialisierung einherging. Der Graf Zeppelin mit seiner Pionierleistung im Luftfahrtsektor bildet hier nur das Spitzenbeispiel. Aber auch andere wie die Grafen von Königsegg oder von Quadt engagierten sich beispielsweise für den Eisenbahnbau und die Mechanisierung in der Landwirtschaft [46].

Unter dem Strich erscheint der Wandlungsprozess des Adels im 19. Jahrhundert zwiespältig und ambivalent. Sucht man nach Charakterisierungen dieses Prozesses, so drängen sich paradox anmutende Formulierungen auf. Der Adel befand sich nach der Mediatisierung in einem Prozess, den man als einen „Wandel durch Beharrung" bezeichnen möchte, als einen Wandel gerade durch konservatives Festhalten an Traditionen, am hergebrachten Glauben, am historischen Vorbild. Zugleich erlangte der Adel diese „Kontinuität durch Wandel", indem er hergebrachte Inhalte und Formen adaptierte und sie den Gegebenheiten des bürgerlichen Zeitalters anverwandelte, indem er aus dem Rückgriff auf historisch Vergangenes etwas Neues schuf: den Historismus. Der Historismus wurde übrigens zur Stilform, in der die technische Moderne inklusive Fabrikgebäude und technische Produkte verpackt wurde.

Casimir Bumiller

Zum entscheidenden Faktor für den gesellschaftlichen Wandel des Adels wurde die Transformation der adligen Ökonomie. Die Entfeudalisierung, also die Abkoppelung der adligen Existenzgrundlagen von den bäuerlichen Abgaben und damit der Verlust der traditionellen Legitimation erlaubten es dem Adel, seine neue Rolle unabhängig von der „Herrschaft über Land und Leute" zu definieren. Die breite ökonomische Basis – jetzt nach Fürst Friedrich von Waldburg-Wolfegg aus „Grundbesitz und Capitalvermögen" bestehend – blieb weiterhin die grundlegende Voraussetzung von adeliger Lebensführung.

FAZIT

Obwohl eine breite wirtschaftliche Basis auch im bürgerlichen Zeitalter immer noch den Adelsstatus begründete, wurde „Adel" im 19. Jahrhundert von Adeligen selbst nicht mehr materiell definiert. Adel wurde immer mehr ideell, als innerer moralischer Wert aufgefasst. Diese Tendenz wird schon 1817 bei Fürstin Elisabeth von Fürstenberg fassbar, als sie ihrem Sohn Karl Egon zum Antritt seiner Standesherrschaft schrieb: „ Die alles zerstörende Hand der Zeit hat manchen Nimbus zerstreut, der Deine Vorältern umgab – ausgelöscht aus der Zahl der Immediaten Reichsfürsten, bist Du nunmehr nur ein Gutsbesitzer, wie so viele andre... [...] Möge Geliebtester Deine Zurückweisung in die Classe der Privatmänner Deiner moralischen Ausbildung nützlich werden! Ewig bleibe Dir Hochmuth und Hoffahrt fremd, aber ein edler Stolz ziert den Deutschen Jüngling. Gott hat Dir in seiner Gnade Fähigkeiten gegeben; vernachlässige keine derselben... Präge Dir tief ein, dass Du nunmehr nur durch Dein eigenes Selbst Achtung und Liebe erwerben kannst."[47]

Noch am Ende des 19. Jahrhunderts unterstreicht Graf Zeppelin bei der Lektüre Sternbergs den Satz: „Titel und Wappen können uns geraubt werden, der Adel bleibt."[48] Wahrer Adel ist demnach keine Angelegenheit der Herkunft, der ökonomischen oder politischen Macht, sondern ein innerer Wert, der sich in standesgemäßem Verhalten und Verantwortungsbewusstsein äußert. Deshalb definierte Graf Zeppelin den Adel auch wie folgt: „Das Privileg des Adels besteht darin, dass er das Gefühl der Pflicht gegenüber dem Gemeinwohl in besonders starkem Maße haben muß."[49] Welch ein Wandel in nicht einmal 100 Jahren: Vom Privileg der Herrschaft zum Privileg der Pflicht gegenüber dem Gemeinwohl!

Wir finden diese Auffassung des Adels als inneren Wert und als Kategorie des Verdienstes übrigens nicht nur bei den Standesherren, sondern selbst bei Wilhelm II. von Württemberg, der seine Legitimation als Monarch nicht mehr vom Gottesgnadentum herleitete, sondern der als bürgernaher Monarch sein Königtum durch eine gute Regentschaft und die Liebe des Volkes verdienen wollte[50]. Wenn aber „Adel" kein naturgegebenes soziales Faktum mehr ist, sondern ein innerer Wert, der erworben werden muss, dann wird Adel zu einer Angelegenheit der Erziehung. Dieser Gedankengang ist sicherlich eine der Voraussetzungen für die von Prinz Max von Baden 1921 gegründete Schlossschule in Salem, die übrigens zugleich der weiteren Konsequenz Rechnung trug: Wenn adliges Verhalten eine Angelegenheit der Pädagogik ist, dann kann Nobilität unabhängig von Geburt und sozialer Herkunft auch von Bürgerlichen erworben werden[51].

ANMERKUNGEN

1 Einen Überblick zum Thema in europäischer Perspektive bietet *Volker Press:* Adel im 19. Jahrhundert. Die Führungsschichten Alteuropas im bürgerlich-bürokratischen Zeitalter. In: *Ralph Melville/Armgard Rheden-Dohna (Hgg.):* Der Adel an der Schwelle des bürgerlichen Zeitalters 1780-1860. Stuttgart 1988, 1-19.
2 *Ernst Rudolf Huber (Hg.):* Dokumente zur deutschen Verfassungsgeschichte. Stuttgart 3. Aufl. 1978, Bd. 1, 88.
3 *Rudolf Beck:* Man frißt die Fürstlein wie die Würstlein. Die Mediatisierung des Hauses Waldburg. In: *Hans Ulrich Rudolf (Hg.):* Alte Klöster - neue Herren. Die Säkularisation im deutschen Südwesten 1803. Ostfildern 2003, Band 2,2, 919-928.
4 *Alexander von Platen:* Karl Egon II. Fürst zu Fürstenberg 1796-1854. Stuttgart 1954, 19.
5 Platen (wie Anm. 3); *Erwein H. Eltz:* Die Modernisierung einer Standesherrschaft. Karl Egon III. und das Haus Fürstenberg in den Jahren 1848/49. Sigmaringen 1980; *Elisabeth Fehrenbach:* Das Scheitern der Adelsrestauration in Baden. In: *Eberhard Weis (Hg.):* Reformen im rheinbündischen Deutschland (Schriften des Historischen Kollegs 4). München 1984; Fürstliche Standesherrschaft Fürstenberg. Eine Denkschrift verfasst im Auftrag des *Fürsten Max zu Fürstenberg* von der Fürstlich Fürstenbergischen Hofkammer in Donaueschingen. Baden-Baden 1919; *Martin Furtwängler:* Die Standesherren in Baden (1806-1848). Frankfurt-Berlin-New York-Paris-Wien 1996; *Albrecht P. Luttenberger:* Das Haus Fürstenberg vom frühen Mittelalter bis ins 19. Jahrhundert In: Die Fürstenberger, 1-38; *Volker Press:* Das Haus Fürstenberg in der deutschen Geschichte. In: Adel im Alten Reich. Gesammelte Vorträge und Aufsätze. Hg. von *Franz Brendle und Anton Schindling.* Tübingen 1998, 139-166.
6 *Horst Boxler:* Die Geschichte der Reichsgrafen zu Königsegg seit dem 15. Jahrhundert. Bannholz 2005, 783-864.
7 *Gerd Wunder:* Die Schenken von Stauffenberg. Eine Familiengeschichte. Stuttgart 1972, 312-322 und 332 ff.
8 *Josef Rottenkolber:* Geschichte des Allgäus, Bd. 4: Das 19. Jahrhundert. München 1938, 253; *Sylvia Greiffenhagen:* Politische Kultur Isnys im Allgäu. Auf den Spuren einer Freien Reichsstadt. Kehl-Straßburg-Arlington 1988, 137 ff.
9 *Andreas Dornheim:* Adel in der bürgerlich-industrialisierten Welt. Frankfurt a.M. 1993, 130-178; *Andreas Antonin:* „Der gesunde und rechtliche Sinn der Oberschwaben". Constantin, der „rote Fürst", und die Revolution im Oberland. In: Im Oberland 9 (1998), 3-15; *Rudolf Beck:* Man frißt die Fürstlein wie die Würstlein. Die Mediatisierung des Hauses Waldburg. In: *Hans Ulrich Rudolf (Hg.):* Alte Klöster - Neue Herren. Die Säkularisation im deutschen Südwesten. Ostfildern 2003, Band 2,2 (2003), 919-928; *Walter-Siegfried Kircher:* Ein fürstlicher Revolutionär aus dem Allgäu. Fürst Constantin von Waldburg-Zeil 1807-1862. Kempten 1980; *Martin Zürn:* Vom Untergange retten, was man noch kann... Das Fürstliche Haus Waldburg zwischen 1806 und 1848. In: *Hans Ulrich Rudolf (Hg.):* Alte Klöster - neue Herren. Die Säkularisation im deutschen Südwesten. Ostfildern 2003, Band 2,2, 929-942.
10 Dornheim (wie Anm. 8), 177.
11 Ohne Gerechtigkeit keine Freiheit. Hg. vom Haus der Geschichte Baden-Württemberg in Zusammenarbeit mit der Gesellschaft Oberschwaben. Stuttgart-Friedrichshafen-Ravensburg 1999, 95 f.
12 *Wolfgang von Hippel:* Die Bauernbefreiung im Königreich Württemberg. 2 Bde. Boppard 1977.
13 Ohne Gerechtigkeit keine Freiheit (wie Anm.10), 106.
14 *Wolf Dieter Münch:* Die Grunderwerbungen der Fürstlich Fürstenbergischen Standesherrschaft im Schwarzwald während des 19. Jahrhunderts. Freiburg 1958; *Albrecht Krause:* Frauen machen Politik. Amalie Zephyrine von Hohenzollern-Sigmaringen und Elisabeth von Fürstenberg. In: *Otto Borst (Hg.):* Frauen bei Hof. Tübingen 1998, 163 f.
15 Ohne Gerechtigkeit keine Freiheit (wie Anm. 10), 113.
16 Boxler (wie Anm. 5), 853 ff.
17 *G. Wunder* (wie Anm. 6), 332 ff. Helmut Steinsdorfer: Franz Freiherr von Stauffenberg (1834-1901) als ein bayrischer und deutscher Politiker. Dissertation München 1959.
18 Vgl. den Beitrag von *Edwin E. Weber* im Begleitband zu diesem Katalog.
19 *Hubert Krins:* Das Fürstenhaus Hohenzollern. Lindenberg 2005, 24.
20 Im Bann des Kaisers. Max Egon II. und das Haus Fürstenberg im Wilhelminischen Zeitalter. Hg. von *Andreas Wilts* u.a. Donaueschingen 2000.
21 *Hansmartin Schwarzmaier:* Baden. Dynastie - Land - Staat. Stuttgart 2005, 231-247.
22 Das Haus Württemberg. Ein biographisches Lexikon. Hg. von *Sönke Lorenz* u.a. Stuttgart 1997, 281.
23 Huber (wie Anm. 1), Bd. 4, 167 f.
24 Dornheim (wie Anm. 8), 238-243.
25 *Fritz Kallenberg:* Die Staatsautorität der Republik. Der preußische Regierungspräsident, der Fürst von Hohenzollern und die Stadt Sigmaringen 1919-1933. In: Deutschland und Europa in der Neuzeit. Festschrift *Karl Otmar Frhr. von Aretin.* Stuttgart 1988, Bd.2, 751-779; *Fritz Kallenberg:* Hohenzollern (Schriften zur politischen Landeskunde Baden-Württembergs 23). Stuttgart 1996, 185-197.
26 Dornheim (wie Anm. 8), 256 ff.
27 Dornheim (wie Anm. 8), 259-269.
28 *Stephan Malinowski:* Vom König zum Führer. Deutscher Adel und Nationalsozialismus. Frankfurt a.M. 2004.
29 Dornheim (wie Anm. 8), 270-277, vgl. *Lothar Höbelt:* Adel und Politik seit 1848. In: *Erwein H.Eltz/Arno Strohmeyer (Hg.):* Die Fürstenberger. 800 Jahre Herrschaft und Kultur in Mitteleuropa. Korneuburg 1994, 376 f.
30 Boxler (wie Anm.), 869 ff.; Das Haus Württemberg (wie Anm. 20), 417 f.; *Golo Mann:* Ein Regent in der Republik. Markgraf Berthold von Baden. O.O. 1963.
31 Vgl. Kat.Nr. IX. 26.
32 Dornheim (wie Anm. 8), 295-347.
33 Vgl. den Beitrag von *Doris Muth* im Begleitband.
34 Dornheim (wie Anm. 8), 380-196.
35 Vgl. hierzu Dornheim (wie Anm. 8), 18-40.
36 Vgl. Kat.Nr. XIII.17 (zu Stauffenberg) und *Eugen Mack:* Kaiser Franz II. erhebt das Reichserbtruchsessenhaus Waldburg in den Fürstenstand, 21. März 1803. O.J.
37 Vgl. Kat.Nr. VII.10-14.
38 *Johann Georg Prinz von Hohenzollern:* Der Museumsbau in Sigmaringen. In: Nachrichtenblatt der Denkmalpflege in Baden-Württemberg 10/4 (1967), 86-90; *Fritz Kallenberg:* Landesgeschichte in Hohenzollern. Der Hohenzollerische Geschichtsverein im Spannungsfeld von Lokalpatriotismus und Geschichtswissenschaft. In: ZHG 15 (1979), 9-90; *Walter Kaufhold:* Fürstenhaus und Kunstbesitz. Hundert Jahre Fürstlich Hohenzollernsches Museum. In: Zeitschrift für Hohenzollerische Geschichte 3 (1967), 133-22 und 4 (1968), 69-147 [dasselbe als Separatdruck Sigmaringen 1969]; *Erwein H. Eltz:* Die Modernisierung einer Standesherrschaft. Karl Egon III. und das Haus Fürstenberg in den Jahren 1848/49. Sigmaringen 1980.
39 Wie Anm. 35.
40 *Andreas Stephani:* Die Jagd als Phänomen adligen Selbstverständnisses. In: *Erwein H. Eltz/Arno Strohmeyer (Hg.):* Die Fürstenberger. 800 Jahre Herrschaft und Kultur in Mitteleuropa. Korneuburg 1994,167-176.
41 *Heinrich von Wedel:* Über Entwürfe zur Reorganisation des Adels im 19. Jahrhundert. In: Deutsches Adelsblatt XXX (Berlin 1912), 295-298, 337-339, 353-356, 365-367, 382-385, 393-394, 405-407, 412-423, 437-439.
42 *Ernst von Detouches:* Geschichte des Königlich Bayerischen Haus-Ritter-Ordens vom Heiligen Georg. Nach urkundlichen Quellen des Ordensarchives dargestellt. Zeichnungen von Peter Halm. Bamberg 1890.
43 Vgl. zum Beispiel Waldburg Dornheim (wie Anm. 8).
44 *Theodor Hogg/Bernd Mathias Kremer (Hgg.):* Wo Gott die Mitte ist - Ordensgemeinschaften in der Erzdiözese Freiburg in Geschichte und Gegenwart. Lindenberg 2002.
45 Vgl. Der Graf 1838-1917. Ausstellungskatalog, hg vom Zeppelin Museum Friedrichshafen. Friedrichshafen 2000 (darin die Beiträge von *Christoph Möhl* und *Marion Mienert*).
46 Boxler (wie Anm. 5), 829 ff.
47 Platen (wie Anm. 3), 23 f.
48 Der Graf (wie Anm. 43), 124.
49 Ebd. 113.
50 Das Haus Württemberg (wie Anm. 20), 331 ff. *(Langewiesche).*
51 *Mann* (wie Anm. 28).

Casimir Bumiller

I.

→ »...EINIGE DIESER SELBSTHERRSCHER KÖNNEN DEN GANZEN UMFANG IHRER MONARCHIE VON DER SPITZE EINES MAULWURFSHÜGELS ÜBERSEHEN...«

Christoph M. Wieland

Der Adel am Ende des alten Reiches

OBERSCHWABEN als Adelslandschaft präsentierte sich am Ende des Alten Reiches als vielgestaltiger Flickenteppich. Eine beträchtliche Anzahl von Adelshäusern übte hier die Landesherrschaft über kleine Territorien aus. Hochadlige Häuser wie Fürstenberg, Hohenzollern, Königsegg, Stadion, Thurn und Taxis oder Waldburg waren reichsunmittelbar, unterstanden also direkt dem Kaiser und hatten Sitz und Stimme auf dem Reichstag. Auch freiherrliche Familien wie die Freyberg, Hornstein, Schenk von Stauffenberg und Ulm-Erbach, die der Reichsritterschaft angehörten, waren reichsunmittelbar.

Den größten territorialen Komplex besaß Vorderösterreich. Die Habsburger waren als Kaiser und Erzherzöge von Österreich einerseits Dienst- und Lehensherren des oberschwäbischen Adels, andererseits traten sie zu diesem in Konkurrenz um territoriale Rechte. Als das Haus Montfort 1786 ausstarb, riss Österreich deren Herrschaften Tettnang und Langenargen an sich. Trotz der Gefahr solcher Inbesitznahme blieb Habsburg die feste Bezugsgröße des gesamten oberschwäbischen Adels.

Noch war der Adel der eigentliche „Herrschaftsstand" im Reich. Mit der Aufklärung wurde diese Stellung jedoch hinterfragt. Der Adel geriet auch in Deutschland in die Kritik. Flankiert wurde die „Adelskrise" von der wirtschaftlich schwierigen Situation vieler Häuser, die um des „standesgemäßen" Lebens willen beachtliche Schulden anhäuften. Andererseits gingen vom Adel bedeutende Impulse auf den Gebieten der Literatur, der Musik und der Baukunst aus.

Der oberschwäbische Adel zeigt in seinem herrschaftlichen Selbstverständnis kein einheitliches Bild. Während einige Landesherren dem aufgeklärten Absolutismus aufgeschlossen gegenüberstanden, Verwaltung und Wirtschaft modernisierten oder die sozialen Verhältnisse ihrer Untertanen verbesserten, waren die Beziehungen anderswo durch anhaltende Untertanenkonflikte belastet.

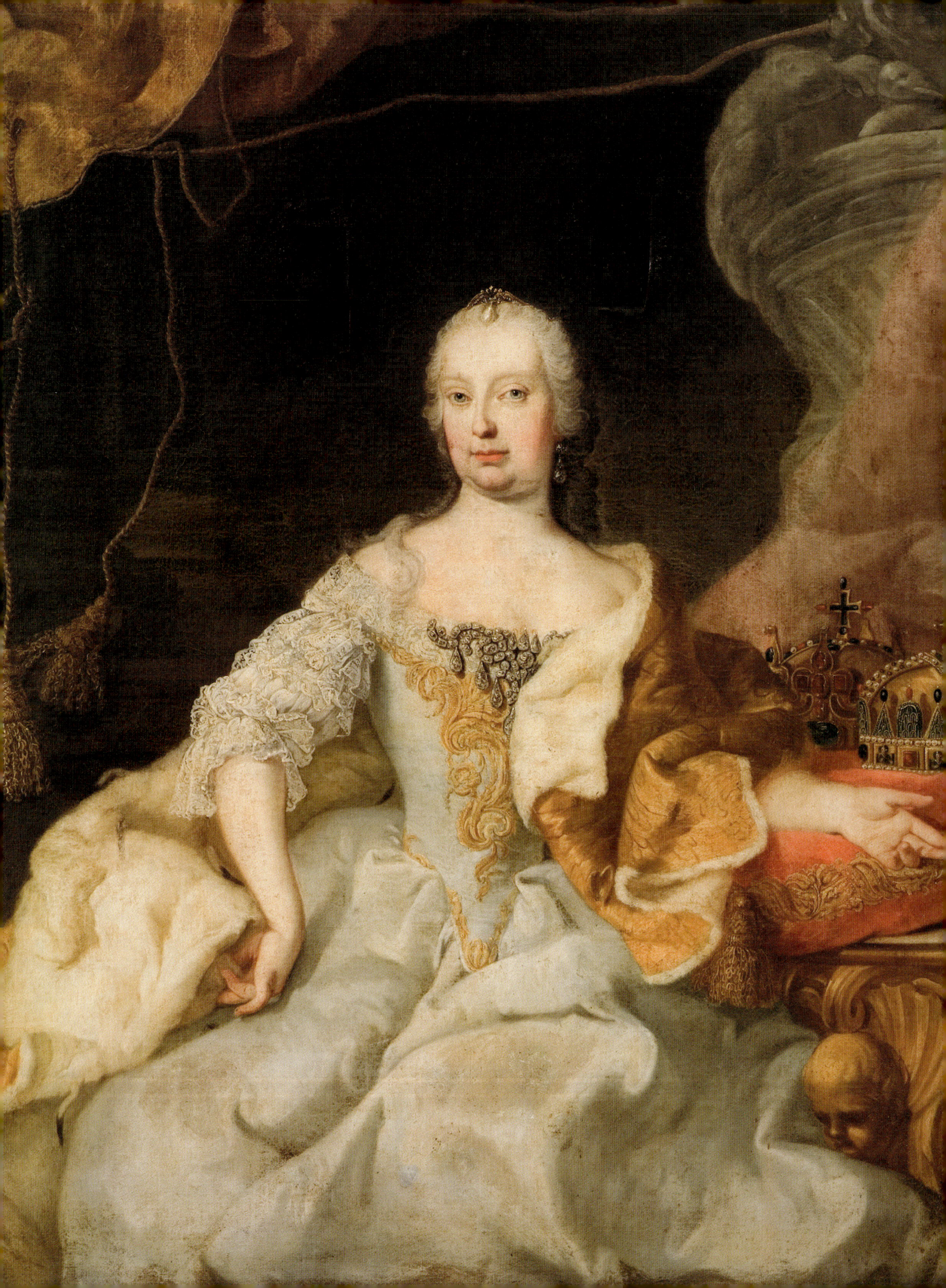

I. DER ADEL AM ENDE DES ALTEN REICHES

I.1
Kaiserin Maria Theresia
(1717-1780)

Unbekannter Künstler
Öl auf Leinwand
144,5 x 114 cm
Privatbesitz

Die starke Bindung des oberschwäbischen Adels an die habsburgischen Herrscher hatte eine zweifache Wurzel: Zum einen bestand beim gesamten oberschwäbischen Adel mindestens seit dem 16. Jahrhundert eine enge Anlehnung an die Habsburger. Da diese seit 1438 ununterbrochen die deutschen Kaiser stellten, entstammten Territorialherr und Reichsoberhaupt derselben Dynastie. In vielen Schlössern des oberschwäbischen Adels finden sich deshalb Porträts deutscher Könige und Kaiser aus dem 17. und 18. Jahrhundert. Das hier gezeigte Porträt der Kaiserin Maria Theresia (reg. 1740-1780) aus einem ehemals ritterschaftlichen Haus überrascht durch seine Dimensionen und die vergleichsweise gute Qualität. C.B.

LIT.: Unveröffentlicht.

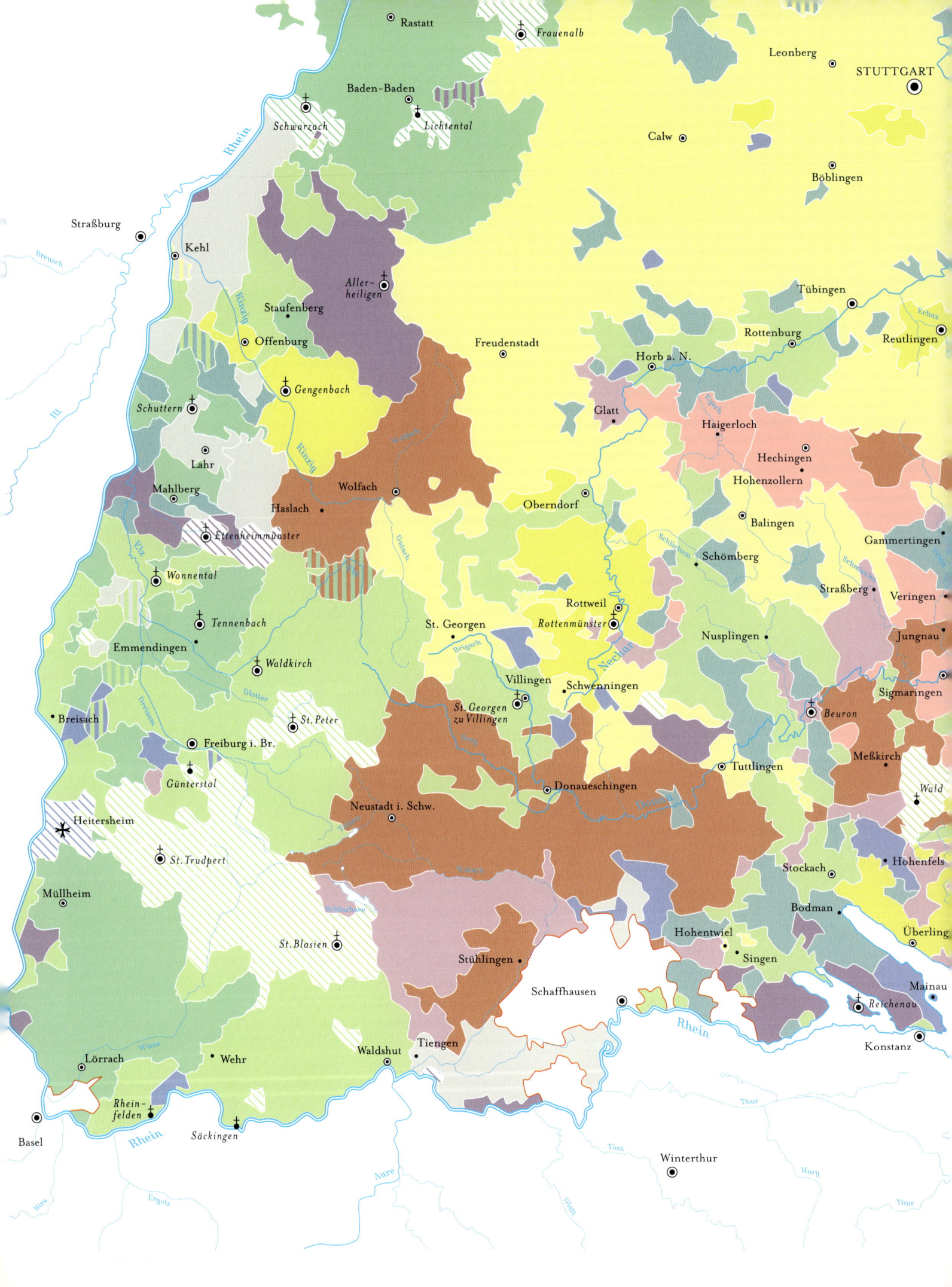

Stuttgart
Leonberg
Rastatt
Frauenalb
Baden-Baden
Schwarzach
Lichtental
Calw
Böblingen
Straßburg
Kehl
Tübingen
Aller-
heiligen
Staufenberg
Rottenburg
Offenburg
Reutlingen
Freudenstadt
Gengenbach
Horb a. N.
Schuttern
Glatt
Haigerloch
Lahr
Hechingen
Mahlberg
Wolfach
Hohenzollern
Haslach
Oberndorf
Ettenheimmünster
Balingen
Gammertingen
Wonnental
Schömberg
Straßberg
Rottweil
Veringen
Tennenbach
Rottenmünster
Nusplingen
Emmendingen
St. Georgen
Jungnau
Waldkirch
Villingen
Schwenningen
Breisach
St. Peter
St. Georgen
zu Villingen
Sigmaringen
Freiburg i. Br.
Beuron
Günterstal
Donaueschingen
Tuttlingen
Meßkirch
Neustadt i. Schw.
Wald
Heitersheim
St. Trudpert
Stockach
Hohenfels
Müllheim
Bodman
Überling
Hohentwiel
St. Blasien
Singen
Stühlingen
Mainau
Schaffhausen
Reichenau
Waldshut
Tiengen
Konstanz
Lörrach
Wehr
Rhein-
felden
Säckingen
Basel
Winterthur

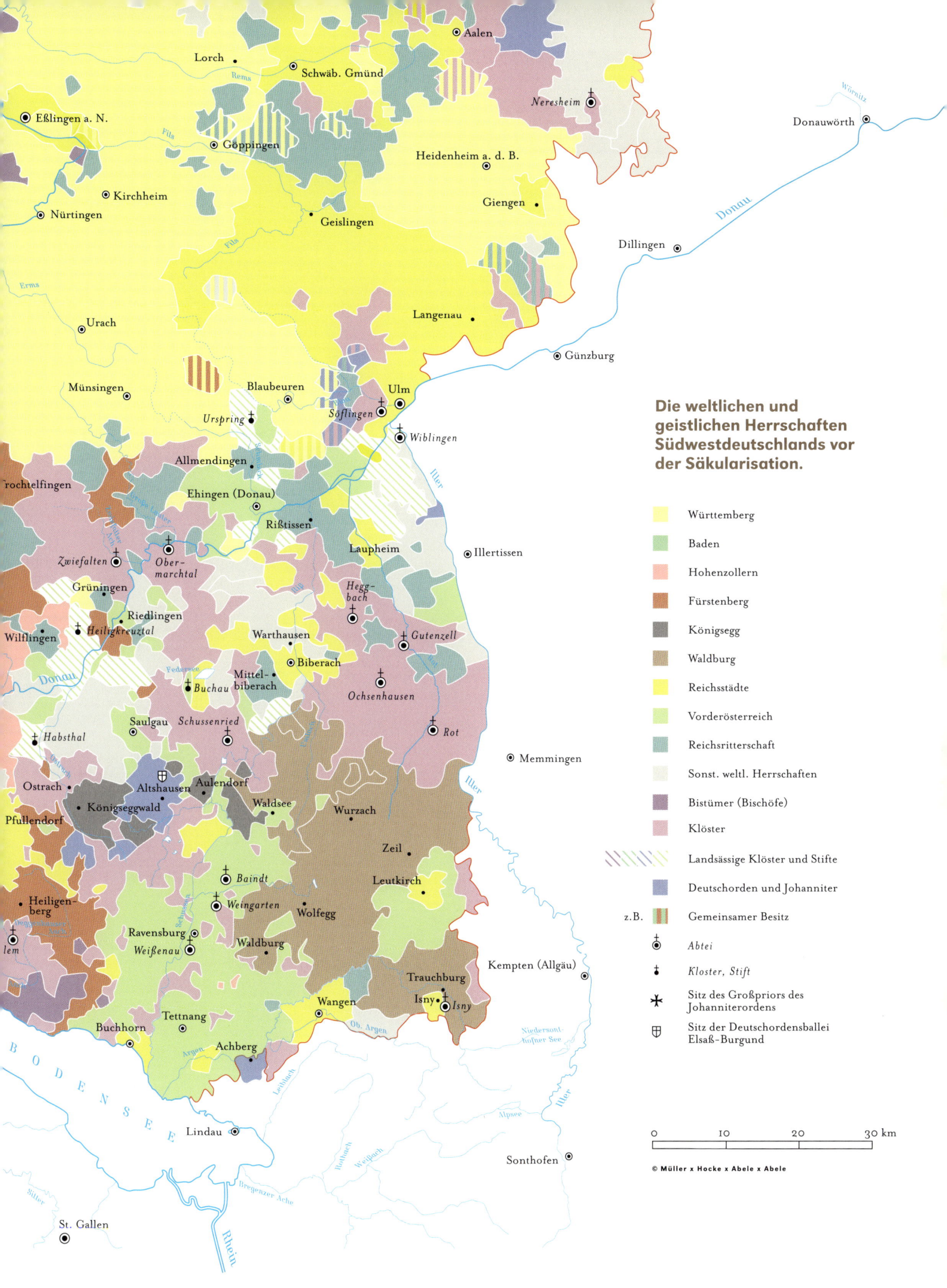

Die weltlichen und geistlichen Herrschaften Südwestdeutschlands vor der Säkularisation.

Legende:
- Württemberg
- Baden
- Hohenzollern
- Fürstenberg
- Königsegg
- Waldburg
- Reichsstädte
- Vorderösterreich
- Reichsritterschaft
- Sonst. weltl. Herrschaften
- Bistümer (Bischöfe)
- Klöster
- Landsässige Klöster und Stifte
- Deutschorden und Johanniter
- z.B. Gemeinsamer Besitz
- ⊚ Abtei
- ☩ Kloster, Stift
- ✱ Sitz des Großpriors des Johanniterordens
- ⊞ Sitz der Deutschordensballei Elsaß-Burgund

© Müller x Hocke x Abele x Abele

Orte (Auswahl): Aalen, Lorch, Schwäb. Gmünd, Eßlingen a. N., Göppingen, Neresheim, Donauwörth, Kirchheim, Heidenheim a. d. B., Nürtingen, Giengen, Dillingen, Geislingen, Urach, Langenau, Münsingen, Blaubeuren, Ulm, Günzburg, Ursprung, Söflingen, Wiblingen, Allmendingen, Ehingen (Donau), Rißtissen, Laupheim, Illertissen, Zwiefalten, Obermarchtal, Heggbach, Grüningen, Riedlingen, Wilflingen, Heiligkreuztal, Warthausen, Gutenzell, Buchau, Biberach, Mittelbiberach, Ochsenhausen, Saulgau, Schussenried, Rot, Habsthal, Memmingen, Ostrach, Altshausen, Aulendorf, Königseggwald, Waldsee, Pfullendorf, Wurzach, Heiligenberg, Zeil, Leutkirch, Baindt, Weingarten, Wolfegg, Ravensburg, Waldburg, Weißenau, Trauchburg, Kempten (Allgäu), Buchhorn, Tettnang, Wangen, Isny, Achberg, Lindau, Sonthofen, St. Gallen

0 10 20 30 km

72

I. DER ADEL AM ENDE DES ALTEN REICHES

I.2
Karte des Schwäbischen Kreises „Circulus Suevicus"

F. de Witt
Druck Ende 17. Jahrhundert
55 x 65 cm
Privatbesitz

Die Karte des holländischen Kartographen de Witt zeigt Südwestdeutschland Ende des 17. Jahrhunderts mit den Herrschaften, die dem Schwäbischen Kreis angehörten. In der Wappenkartusche dominiert das Wappen der Herzöge von Württemberg. **C.B.**

I.3
Siegelstock des Schwäbischen Grafenkollegiums

17. Jahrhundert (?)
Bronze
15 x 13 cm
Privatbesitz

UMSCHRIFT:

SIGILLUM COLLEGIALE SACRI ROMANI IMPERII COMITUM ET DYNASTARUM IN SUEVIA.

Das Siegel zeigt den doppelköpfigen Reichsadler und die zu Gruppen angeordneten Wappen von 24 Grafenfamilien in Schwaben, die reichsunmittelbare Herrschaften in Schwaben und damit Sitz und Stimme auf der schwäbischen Grafenbank innehatten. Zu ihnen gehörten in Oberschwaben die Familien Montfort, Fürstenberg, Waldburg, Königsegg, Fugger, Freyberg und Stadion. **C.B.**

LIT.: Unveröffentlicht.

SCHLOSS WARTHAUSEN: »EIN HAIN, DRIN DIE MUSEN LUSTWANDELTEN«

EINE BESONDERHEIT in der Adelslandschaft Oberschwabens bildete der so genannte „Musenhof Warthausen" des Grafen Friedrich von Stadion (1691-1768). Nach langen Jahren im Dienst des Mainzer Erzbischofs zog sich Graf Friedrich im Jahr 1761 auf sein oberschwäbisches Schloss Warthausen zurück, wo er als weltoffener, weit gereister und antiklerikal eingestellter Ästhet das Ideal eines aufgeklärten Adligen repräsentierte. Reformen zur Förderung des Allgemeinwohls, die Gründung von Fürsorge- und Ausbildungseinrichtungen sowie neue Anbaumethoden in der Landwirtschaft waren Merkmale seiner Herrschaftsführung. Bekannt wurde Schloss Warthausen als „Musenhof", an dem Künstler wie der Maler Johann Heinrich Tischbein d.Ä. oder der Dichter Christoph Martin Wieland verkehrten und gefördert wurden. Den Mittelpunkt dieses Kreises bildete neben Graf Friedrich die Dichterin Sophie von La Roche (1730-1807), die Ehefrau seines unehelichen Sohnes Georg Michael Frank La Roche.

I.4
Böllerkanone von Schloss Warthausen mit Wappen der Familie Stadion

3. Viertel 18. Jahrhundert
Gusseisen
Lafette und Räder aus Holz
Ca. 120 cm (mit Lafette) x 55 cm
Schlossmuseum Warthausen

Die Böllerkanone wurde bei festlichen Anlässen auf Schloss Warthausen eingesetzt. Sie trägt das Wappen des Hauses Stadion.

I.5
Die Verherrlichung des Grafen Friedrich von Stadion

Johann Heinrich Tischbein d.Ä.
Um 1751/52
Öl auf Leinwand
97 x 78 cm
Braith-Mali-Museum Biberach

Der Maler ehrt mit diesem Gemälde seinen Förderer, den Grafen Friedrich von Stadion (1691-1768), der in einem von Putten getragenen Medaillon im Zentrum der allegorischen Szene steht. Vor der Architektur eines Apollotempels am rechten Bildrand des Gemäldes gruppieren sich die Musen, die sich durch ihre Attribute zu erkennen geben: Personifikationen der Poesie, der Musik, der Kunst, die dem Grafen Stadion huldigen. Vor dem Brustbild des Grafen finden sich Minerva, die römische Göttin der Weisheit und der schönen Künste, sowie der Maler Tischbein selbst, der auf die neben ihm stehende Muse der Geschichtsschreibung auf Stadions Bildnis aufmerksam macht. Über dem Medaillon schwebt die Ruhmesgöttin Fama, eine Krone über das Porträt haltend. Um sie herum gruppieren sich Abundantia mit dem Füllhorn, die Allegorie der Tugend mit dem Strahlenkranz als Attribut für Tugendhaftigkeit sowie die Personifikation der Ewigkeit mit der Weltkugel in der Linken. Alle zusammen huldigen dem Förderer der Künste und der Wissenschaft. M.S.

LIT.: Kat. Kassel 1989, 91 und 172; Kat. Bad Schussenried 2003, 89; Kat. Biberach 2000, 72 f.; Flohr 1997, 211.

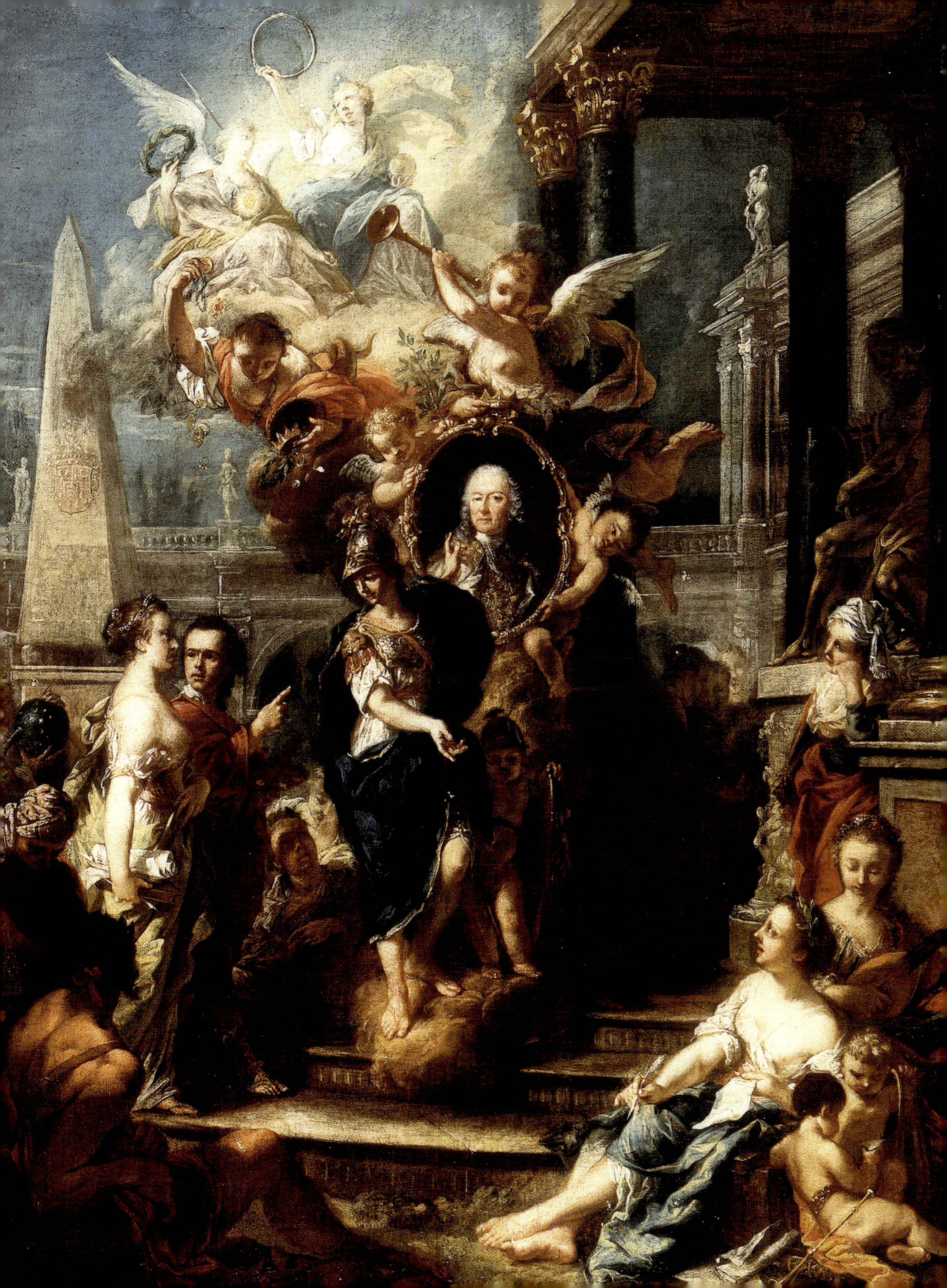

I.6
Porträt des Christoph Martin Wieland (1733-1813)

Georg Oswald May (1738-1816)
1779
Öl auf Leinwand
76,5 x 64 cm (m.R.)
Wieland-Archiv Biberach

Christoph Martin Wieland (1733-1813) wurde als Sohn des Pfarrers Thomas Adam Wieland in Oberholzheim geboren und wuchs in Biberach auf. Als 17-Jähriger verlobte er sich mit Sophie von Gutermann zu Gutershofen. Die Verlobung wurde – wegen der Bedenken der Eltern – nach drei Jahren gelöst, worauf Sophie ihre Ehe mit Georg Michael von La Roche einging. Die freundschaftliche Beziehung Sophies zu Wieland, der ihr die Welt der Literatur erschloss, blieb jedoch zeitlebens erhalten. Als Graf Friedrich von Stadion – und mit ihm die Familie La Roche – seinen Wohnsitz auf Schloss Warthausen nahm, um dort seinen Lebensabend zu verbringen, ging Christoph Martin Wieland im so genannten „Musenhof" ein und aus. Der Überlieferung nach stand ihm im Schloss ein Zimmer zur Verfügung. Von 1760-1769 war er Senator in Biberach, wo er das Amt des Kanzleiverwalters bekleidete. Als Direktor der evangelischen Komödiantengesellschaft führte er 1761 Shakespeares „Sturm" auf und gab eine Shakespeare-Übersetzung heraus. In seiner Biberacher Zeit entstand eine große Anzahl dichterischer Werke. 1766 kam es zum Streit zwischen der Stadt Biberach und Warthausen, in den Wieland verwickelt wurde, so dass er das Schloss zwei Jahre lang nicht mehr besuchte. Erst 1768, kurz vor dem Tod des Grafen Friedrich, kam es durch Vermittlung Sophies von La Roche zur Versöhnung. 1769 wurde Wieland Professor der Philosophie in Erfurt, drei Jahre später, nach Erscheinen seines Werkes „Der goldene Spiegel", von Herzogin Anna Amalia von Sachsen-Weimar-Eisenach zur Erziehung ihrer Söhne nach Weimar berufen. Dort hatte er Anteil am Aufstieg des Weimarer Hofs zum Kulturmittelpunkt der „Weimarer Klassik", an dem sich von Musäus über Herder bis zu Goethe und Schiller die führenden Größen der Geisteswelt versammelten. **M.S.**

LIT.: Starnes 1987, Bd. 1; Kat. Ulm/Biberach 1983, 44-50 und 80-96. Kat. Ulm 2003, 73 und 493.

I.7
Sophie von La Roche

Kopie des Ölporträts von Langenbeck
Um 1762
Öl auf Leinwand
66 x 50 cm
Schlossmuseum Warthausen

Sophie von La Roche geb. von Gutermann zu Gutershofen war die Frau des Georg Michael Frank von La Roche, der als vermutlich natürlicher Sohn des

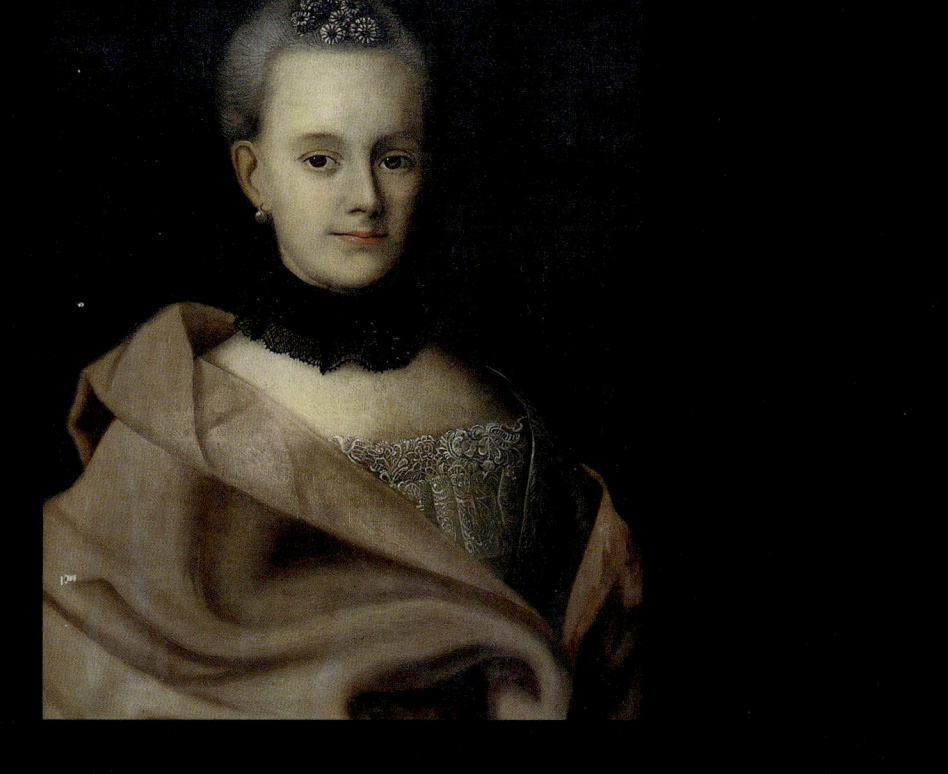

Grafen Friedrich von Stadion die Aufgaben eines Verwalters und Privatsekretärs wahr nahm. Die Familie La Roche lebte ab 1762 mit dem Grafen Friedrich im Schloss Warthausen. Sophie von La Roche nahm dort die Aufgabe einer Gesellschafterin wahr und erfüllte repräsentative Aufgaben in der Hofgesellschaft. Gut informiert über die geistigen Strömungen in Europa und geübt in der Kunst der Konversation, diente sie dem Grafen als unterhaltsame Gesprächspartnerin und trug zur Kontaktpflege mit Vertretern der gebildeten Welt bei. Sophie von La Roche machte sich selbst als Schriftstellerin einen Namen. Ihr Werk, die „Geschichte des Fräuleins von Sternheim", in dem sie sich mit dem höfischen Leben des Adels auseinandersetzt, gilt als der erste Frauenroman in der deutschen Literatur. Dem Wieland-Biografen Ofterdinger zufolge ließ sich Sophie von La Roche 1762 – also kurz nach ihrem Umzug nach Warthausen – von einem Maler namens Langenbeck porträtieren. Das Original gelangte über mehrere Zwischenstationen ins Wieland-Museum Biberach, diese nahezu identische Kopie befindet sich im Schloss Warthausen. **M.S.**

LIT.: Kat. Ulm/Biberach 1983, 44 f. und Tafel 3; Ottenbacher/Bock 1997; Kat. Ulm 2003, Bd. 2, 127-134.

I.8
Damenschreibtisch von Schloss Warthausen mit Schreibutensilien

18. Jahrhundert
Schreinerarbeit mit Intarsien
92 x 79 x 59 cm
Schlossmuseum Warthausen

Ein solcher Schreibtisch mag Sophie von La Roche bei ihren vielfältigen Schreibarbeiten gedient haben. Sie erledigte die französische Korrespondenz des Grafen Friedrich von Stadion, unterhielt von Warthausen aus aber auch intensiven persönlichen Briefkontakt mit literarisch interessierten Persönlichkeiten der Zeit, wie beispielsweise dem Zürcher Arzt und Literaten Johann Caspar Hirzel (1725-1803) oder dem Philosophen Johann Georg Jacobi (1740-1814). Einen besonders umfangreichen Briefwechsel führte sie mit Christoph Martin Wieland, mit dem sie sich nicht nur über persönliche Wechselfälle des Lebens, sondern auch über Fragen der Literatur und Literaturkritik unterhielt. In Warthausen entstand auch ihr Roman die „Geschichte des Fräuleins von Sternheim". **M.S**

LIT.: Maurer 1983, 7-20 und 59-118.

I.9
Originalausgaben von Christoph Martin Wieland:

Comische Erzählungen. Zürich: Orell Geßner und Comp. 1765
Musarion oder die Philosophie der Grazien. Ein Gedicht, in drey Büchern. Leipzig: Weidmanns Erben und Reich 1768, Wieland-Archiv Biberach

Die beiden Werke entstanden in Wielands Warthausener Zeit. Bei den „Comischen Erzählungen" handelt es sich um vier Verserzählungen, die Szenen aus der Welt der antiken Götter, Nymphen und Faune behandeln. Sie erschienen anonym, da sie Ihres Inhalts wegen Gefahr liefen, zensiert zu werden. In der Tat wurden sie nach ihrem Erscheinen begeistert gelobt oder als unsittlich verurteilt. Sie spiegeln den Geist des Warthausener Kreises. Graf Stadion, so schreibt Wieland in einem Brief, sei durch sie „von seinem wohl hergebrachten Vorurtheile wider die deutsche Poesie bekehrt" worden. Er habe bisher die deutsche Sprache nur aus Akten, Urkunden und Minsterialschriften gekannt und habe nun entdeckt, dass man alles auch in deutscher und nicht nur, wie er bisher geglaubt hatte, in französischer Sprache sagen könne. Ein großer Erfolg wurde Wielands Werk „Musarion, oder die Philosophie der Grazien". Das Lehrgedicht handelt von dem jungen Athener Phanias, der sich enttäuscht von seiner Geliebten Musarion in die Einsamkeit zurückzieht. Mit einem Stoiker und einem Pythagoräer führt er dort die philosophische Diskussion über das höchste Glück und dessen Verhältnis zu den rein geistigen Freuden und den irdischen Annehmlichkeiten. Musarion bekehrt ihn schließlich zu einer Lebensanschauung, nach der das wahre Glück nur durch die Verbindung von Natur und Weisheit zu finden sei, durch kluge Beschränkung und Mäßigung im Genuss.

LIT.: Kat. Biberach 1983, 120 und 122, 123-128. Starnes 1987, 278-281, 303, 305, 307, 309, 311-313 u.ö.

I.10
Sophie von La Roche: Geschichte des Fräuleins von Sternheim.

Von einer Freundin derselben aus Original-Papieren und andern zuverlässigen Quellen gezogen. Herausgegeben von C.M. Wieland. Leipzig bey Weidmanns Erben und Reich. 1771. Originalausgabe, Wieland-Archiv Biberach

Sophie von La Roches Erstlingswerk „Geschichte des Fräuleins von Sternheim" wurde von Christoph Martin Wieland herausgegeben und mit einem Vorwort versehen. Es erschien anonym im Jahr 1771 als Briefroman und hatte das höfische Leben der Adelswelt zum Inhalt. Es finden sich darin viele Anklänge an das Leben auf Schloss Warthausen, seien es landschaftliche Beschreibungen oder das beispielhafte Verhältnis zwischen Herrschaft und Untertanen. Der Roman zog noch im Erscheinungsjahr die Aufmerksamkeit all jener auf sich, die in der deutschen Literatur im letzten Viertel des 18. Jahrhunderts tonangebend waren. Von vielen Zeitgenossen – darunter Herder und Goethe – waren positive Kritiken zu lesen. Die begeisterte Aufnahme des Romans führte nach dem Umzug ihrer Familie nach Koblenz-Ehrenbreitstein zur Gründung eines literarischen Salons, in dem die aktuellen geistigen Strömungen diskutiert wurden.

M.S.

LIT.: La Roche/ Brüggemann 1964; Kat. Ulm/Biberach 1983, 96; Küble 2003, 127-134; Ottenbacher/Bock 1997, 12 f.

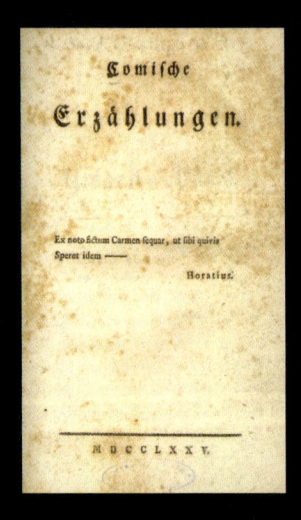

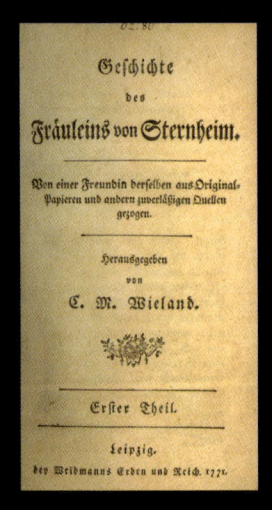

I.11
Johann Philipp Graf von Stadion und Thannhausen erhebt in seiner Eigenschaft als Comes Palatinus maior den Joseph Friedrich Roming, Dr. der Rechte und Kanzleiverwalter zu Biberach, mit dem Prädikat „Edler von Roming" in des Heiligen Römischen Reiches Adelsstand

Mainz, 20. Oktober 1790
Tinte auf Pergament mit koloriertem Wappenbrief
39,5 x 61,5 cm (aufgeschlagen)
Schlossmuseum Warthausen (Archiv)

Das kaiserliche Privileg des Großen Palatinats beinhaltete für seinen Träger das Recht zur Nobilitierung verdienter Bürger. Das Palatinat besaßen beispielsweise die Fürsten von Fürstenberg seit 1627, die Grafen von Königsegg-Rothenfels seit 1675, die Grafen von Waldburg-Zeil-Zeil seit 1745 und die Grafen von Stadion seit 1757. Eine Adelsverleihung konnte wegen der damit verbundenen Einnahmen für den Inhaber des Pfalzgrafenamts lukrativ sein. Die verschiedenen Familien nahmen ihr Nobilitierungsrecht jedoch unterschiedlich wahr. Am ausgiebigsten machten die Grafen von Waldburg-Zeil davon Gebrauch. Die vorliegende Adelserhebung eines Biberacher Bürgers erfolgte auf Intervention von Graf Johann Philipp von Stadion (1763-1824), der später als österreichischer Außenminister zum Gegenspieler Napoleons werden sollte. **C.B**

LIT.: Dornheim 1993, 98-100; Rössler 1966.

BAROCKE KULTUR AM WOLFEGGER HOF

DIE EPOCHE DES ÜBERGANGS vom Barock zum Rokoko wird in der Herrschaft Waldburg-Wolfegg von einer – auch in seiner Körperfülle – wahrhaft barocken Persönlichkeit geprägt: Reichserbtruchess Ferdinand Ludwig Graf zu Waldburg-Wolfegg (1678-1735). In Anna Renata von Schellenberg (1681-1754) stand ihm eine gleichgesinnte, gleichermaßen kunstsinnige wie fromme Gemahlin zur Seite. Die ganze Leidenschaft des herrschaftlichen Paares galt der sakralen Architektur. Neubau- und Umbauvorhaben wie die Stiftskirche und die Loretokapelle in Wolfegg, die St. Anna-Kapelle und die Pfarrkirche in Kißlegg setzen nicht nur markante künstlerische Akzente, sondern dominieren bis heute das Erscheinungsbild der vormaligen Residenzorte. Sozialem Engagement wie dem Bemühen um einen angemessenen Platz im Jenseits verdanken wir die neu errichteten Kapellen bei den Spitälern Neutann und Kißlegg.

Die Anstrengungen des Herrscherpaares auf dem Feld der weltlichen Architektur beschränken sich im wesentlichen auf das Piano Nobile im Residenzschloss Wolfegg. Die Heranziehung der ersten Garde der Stuckateure (Schütz und Herkommer) zur Neugestaltung des ersten Obergeschosses zeugt vom hohen künstlerischen Anspruch seiner Bewohner. Die Stuckaturen dieser Raumfolge zählen zum Besten, was in der ersten Hälfte des 18. Jahrhunderts in Oberschwaben an Dekoration zu finden ist. Hochfliegende Pläne zur Umgestaltung des Hofgartens zu einer barocken Anlage mit einem zentralen Lusthaus blieben leider in den Ansätzen stecken. Von der lebendigen Theater- und Musikkultur am Wolfegger Hof zeugen der erhaltene Bestand an Theaterkulissen ebenso wie das überlieferte handschriftliche Notenmaterial. B.M.

I.12
Entwurf eines Gartenpavillons für den Wolfegger Hofgarten

Unbekannter Zeichner
Erste Hälfte 18. Jahrhundert
52 x 67 cm (m. R.)
Kunstsammlungen der
Fürsten zu Waldburg-Wolfegg,
Schloss Wolfegg

Dieser Entwurf zeugt vom intensiven Interesse an der barocken Gartenbaukunst bei den Grafen von Waldburg-Wolfegg im 18. Jahrhundert. Ob der Entwurf ausgeführt wurde, ist nicht bekannt. G.A.

LIT.: Mayer 2005.

I. DER ADEL AM ENDE DES ALTEN REICHES

I.13
Schloss Wolfegg

*Monogrammist M
1855
Öl auf Holz
22 x 29,5 cm
Kunstsammlungen der
Fürsten zu Waldburg-Wolfegg,
Schloss Wolfegg*

Schloss Wolfegg, ein Renaissancebau von 1580, wurde nach den Zerstörungen des Dreißigjährigen Krieges bis 1690 wieder hergestellt und erhielt in den Jahren 1691 bis 1700 eine Neuausstattung seiner Repräsentationsräume, insbesondere des Rittersaals. Eine zweite Ausstattungsphase fällt in die Zeit um 1749. Ende des 18. Jahrhunderts wurde der Hofgarten angelegt und das Gelände um das Schloss grundlegend verändert. Das Gemälde zeigt das Schloss vom „Thiergarten" aus. Von dem im Tal stehenden, als Bauernhof gestalteten Brunnenhaus wurden nicht nur die Brunnen im Hofgarten, sondern alle Wasserstellen des Schlosses mit Wasser versorgt. G.A.

LIT.: Graf von Waldburg 1961; Mayer 1995; Mayer 2005.

Geometrisch Verjüngte Mappa der Grafschaft Wolfeck, wie solche nach gepflogner Abtheilung von Ao. 1669 den 8. Octobris, mit
Statt Würzach
Notata
Angrenzende Herrschaft Waldsee
Angrenzende Land Vogtey
Altorffer Gemeiner Waldt

I. DER ADEL AM ENDE DES ALTEN REICHES

I.14
**Landtafel
der Herrschaft Wolfegg**

*Daniel Beich zugeschrieben
Bezeichnet rechts oben:
„Ao. 1669 den 8. Octrobris"
Öl auf Leinwand
153,5 x 117 cm
Kunstsammlungen der
Fürsten zu Waldburg-Wolfegg,
Schloss Wolfegg*

Seit dem 16. Jahrhundert treten in Oberschwaben die ersten topographischen Karten, großmaßstäblische Karten kleinerer Gebiete auf. Die Landtafel der Herrschaft Wolfegg wird neuerdings Daniel Beich zugeschrieben. Beich wurde 1662 Bürger der Reichsstadt Ravensburg und war dort als Maler und Kartograph tätig. **G.A.**

LIT.: H. Fischer 2000; H. Fischer 2002; H. Fischer 2005.

I.15
Traversflöte mit Etui

*aus dem Bestand der Wolfegger
Hofkapelle
Fa. Rudhard, Stuttgart
Um 1800
Holz und Messing
22 x 31 cm
Kunstsammlungen der
Fürsten zu Waldburg-Wolfegg,
Schloss Wolfegg*

I.16
Sextetto pour Deux Clarinetts, Deux Cors, Deux Basson

*Amabilis Hafner (1739-1823),
Leiter des Wolfegger Hoforchesters
Um 1800
Tinte auf Papier
38 x 27 cm
Kunstsammlungen der Fürsten
zu Waldburg-Wolfegg,
Schloss Wolfegg*

I.17
Bassetthorn

*Erste Hälfte 18. Jahrhundert
108,6 cm lang
Fürstlich Hohenzollernsche
Sammlungen Sigmaringen*
LIT.: Bär 1994.

I.18
Serpent

*18. Jh.
Holz, Leder
Metall
85 x 40 cm
Kunstsammlungen der
Fürsten zu Waldburg-Wolfegg
Schloss Wolfegg*

Der Serpent (franz. „Schlange") ist ein historisches Bassinstrument aus der Zinkenfamilie und wird mit einem Kesselmundstück geblasen. Die Röhre des Serpents ist aus Holz und schlangenförmig gewunden. Sie ist aus zwei Stücken zusammengeleimt und mit Leder überzogen. Der Serpent hat sechs Fingerlöcher, dazu einige weitere, die mit Klappen bedient werden. Das Instrument gibt es laut Überlieferung seit 1590, es wurde in der katholischen Kirchenmusik, in Orchestern wie auch in der französischen Militärmusik des 19. Jahrhunderts eingesetzt. G.A.

I. DER ADEL AM ENDE DES ALTEN REICHES

**I.19
Theaterkulisse mit
Scheinarchitektur**

*Unbekannter Kulissenmaler
Erste Hälfte 18. Jahrhundert
Öl auf Leinwand
310 x 100 cm
Kunstsammlungen der
Fürsten zu Waldburg-Wolfegg,
Schloss Wolfegg*

LIT.: Mayer 2005.

HABSBURGISCHE VORPOSTEN IN OBERSCHWABEN: DAS BEISPIEL KÖNIGSEGG

DAS HAUS KÖNIGSEGG unterhielt in beiden Linien Königsegg-Rothenfels und Königsegg-Aulendorf enge Beziehungen zum Haus Habsburg. Der in Immenstadt residierende Rothenfelser Zweig kämpfte in der zweiten Hälfte des 18. Jahrhunderts um das wirtschaftliche Überleben. Unter Graf Franz Fidel Anton zu Königsegg-Rothenfels (1750-1804) wuchs der Schuldenstand stetig an. Die prekäre Lage rührte von dem unwirtschaftlichen Ankauf von Burg und Herrschaft Werdenberg 1785. Habsburg, das an einer Landbrücke zwischen Österreich und den habsburgischen Vorlanden interessiert war, hatte schon einige Jahre zuvor die oberschwäbischen Besitzungen des Hauses Montfort aufgekauft. Angesichts der Rothenfelsischen Notlage bot es dem Haus Königsegg 1804 einen annehmbaren Tausch an: Franz Fidel Anton zu Königsegg-Rothenfels überließ Österreich seine oberschwäbische Grafschaft Immenstadt und Staufen und behielt lediglich das Wohnrecht im Schloss Immenstadt. Im Gegenzug erhielt er Besitzungen in Ungarn: das königliche Krongut Boros Sebes mit 21 Dörfern, das die wirtschaftliche Grundlage für den Erhalt des Hauses bildete. Die zweite Linie des Hauses Königsegg residierte im namengebenden Schloss Aulendorf sowie in dem von Graf Hermann Friedrich zu Königsegg-Aulendorf (1723-1786) neu erbauten Schloss Königseggwald. Einer alten Tradition folgend übten die Grafen zu Königsegg in enger Verbundenheit mit dem Haus Habsburg bis 1803 das Amt des Landvogts in Ober- und Niederschwaben aus. Nachgeborene Söhne wurden meist Kleriker oder machten Karriere im österreichischen Militärdienst.

I.20
Graf Hermann Friedrich zu Königsegg-Aulendorf (1723-1786)

Unbekannter Künstler
Undatiert,
Öl auf Leinwand
60 x 47 cm
Privatbesitz

Graf Hermann Friedrich zu Königsegg war 1740 an der Universität Ingolstadt eingeschrieben. Eine Kavaliersreise führte ihn 1747/48 nach Holland und England. 1750 wurde ihm von Österreich traditionsgemäß der Titel eines Landvogts in Oberschwaben verliehen. Im selben Jahr heiratete er Maria Eleonora Gräfin zu Königsegg-Rothenfels, womit eine Verbindung zwischen den beiden Linien des Hauses hergestellt war. Nach dem Tod des Vaters 1765 trat er die Herrschaft an, die auch das ungarische Majorat Pruska umfasste. In den Jahren 1767 bis 1775 ließ Graf Hermann Friedrich das Schloss Königseggwald errichten. **C.B.**

LIT.: Boxler 2005, 728-737.

I. DER ADEL AM ENDE DES ALTEN REICHES

I.21
Ahnenprobe des Grafen Carl Aloys zu Königsegg-Aulendorf (1726–1796)

1733, Tinte auf Pergament mit kolorierten Wappendarstellungen und vier anhängende Siegel
73 x 49 cm
Privatbesitz

Während der älteste Bruder Hermann Friedrich zur Übernahme der Herrschaft bestimmt war und der zweite Bruder Franz Xaver (1724–1792) eine militärische Karriere als k.k. österreichischer Offizier machte, wurde der drittgeborene Sohn Carl Aloys für eine geistliche Laufbahn bestimmt. Für zahlreiche gräfliche, aber auch ritterschaftliche Familien im oberschwäbischen Adel bildete der Zugang zu Domstiften eine wichtige Versorgungs- und Karrieremöglichkeit. Zur Bewerbung um eine Domherrenpfründe gehörte der Nachweis der adligen Herkunft bis in die vierte Generation, die so genannte Ahnenprobe. Carl Aloys zu Königsegg, der sich schon in jungen Jahren 1745 und 1750 zweimal in Rom aufhielt, bekleidete zunächst ein Amt am Konstanzer Domkapitel und war spätestens 1770 Weihbischof und Domdekan in Köln. C.B.

LIT.: Boxler 2005, 742 f.

I.22
Kommode mit Intarsien

Franz Josef Denner (1734-1811)
Um 1780
Holz, verschiedenfarbiges Furnier
129 x 86 x 69 cm
Privatbesitz

Die wertvolle Kommode wurde um 1780 von dem Kunstschreiner und Ebenisten Franz Josef Denner (1734-1811) aus Altshausen angefertigt, der auch für den dortigen Deutschordenskomtur Christian Moritz zu Königsegg-Rothenfels arbeitete. Auf der Oberseite hat der Schreiner in kunstvollen Intarsien eine Ansicht von Königseggwald eingelegt. Die rechte Seitenwand ziert eine Ansicht des Watthofs, die linke ein Bild der Stammburg Königsegg. Diese Darstellung besitzt insofern historischen Dokumentationswert, als sie den um 1790 abgebrochenen Bergfried verewigt hat. C.B.

LIT.: Boxler 2005, 735; Lindemann, Denner, 144 f.

I.23
Schloss Königseggwald

Unbekannter Künstler
Aquarell
3. Viertel 19. Jahrhundert
34 x 48 cm
Privatbesitz

Graf Friedrich Hermann zu Königsegg gewann als Baumeister für seinen Schlossneubau in Königseggwald (1767-1775) den berühmten Architekten Pierre Michel d'Ixnard (1723-1795), der sich in jenen Jahren durch viel beachtete Bauten wie den Dom von St. Blasien (1768-74), das Damenstift in Buchau (1767-1773) und das Palais Sickingen in Freiburg (1769-73), später auch durch die Siftskirchen in Buchau (1774-77) und in Hechingen (1779-83) einen Namen machte. D'Ixnard hatte mit seinen zahlreichen Bauwerken einen maßgeblichen Anteil an der Etablierung des klassizistischen Stils in Schwaben. Schlossbauten wie in Königseggwald hatten hieran allerdings einen geringen Anteil. Das ca. 100 Jahre jüngere Aquarell zeigt vor dem Eingang des Schlosses einen säulengetragenen Balkon. Dieser gehört nicht zur Originalanlage, sondern ist eine Zutat des 19. Jahrhunderts. C.B.

LIT.: Boxler 2005 731 f.; Franz 1985, 33-41, 174-177.

I. DER ADEL AM ENDE DES ALTEN REICHES

I.24
Karte über den Waldbesitz in der Herrschaft Königsegg

Um 1750
Tinte auf Papier
koloriert
42 x 62 cm
Privatbesitz

Diese „Waldkarte" zeigt eine der Formen herrschaftlicher Kartographie im 18. Jahrhundert. Hier betätigte sich ein Schulmeister als Geometer und Kartograph: „Grund Rys Deren Waldungen welche von Johann Baptist Schuemacher Schuel- und Rechnungs Maister in Wald nach dem Rheinischen Schue Abgemeßen worden." Die Karte belegt die Übersichtlichkeit adliger Territorien am Ende des Alten Reiches. Diese erlaubte dem Zeichner eine Annäherung an die realen Gegebenheiten der Landschaft und an die Häuser und Dörfer aus der Vogelschau. Das vordergründige Interesse am Waldbesitz der Herrschaft gibt aber auch den Blick auf andere Bereiche der Herrschaft frei. So macht der oben links eingezeichnete „dreischläfrige" Galgen en passant darauf aufmerksam, dass die Grafen zu Königsegg über die Hochgerichtsbarkeit verfügten, also das Recht, über Leben und Tod zu richten.
C.B.

LIT.: Unveröffentlicht.

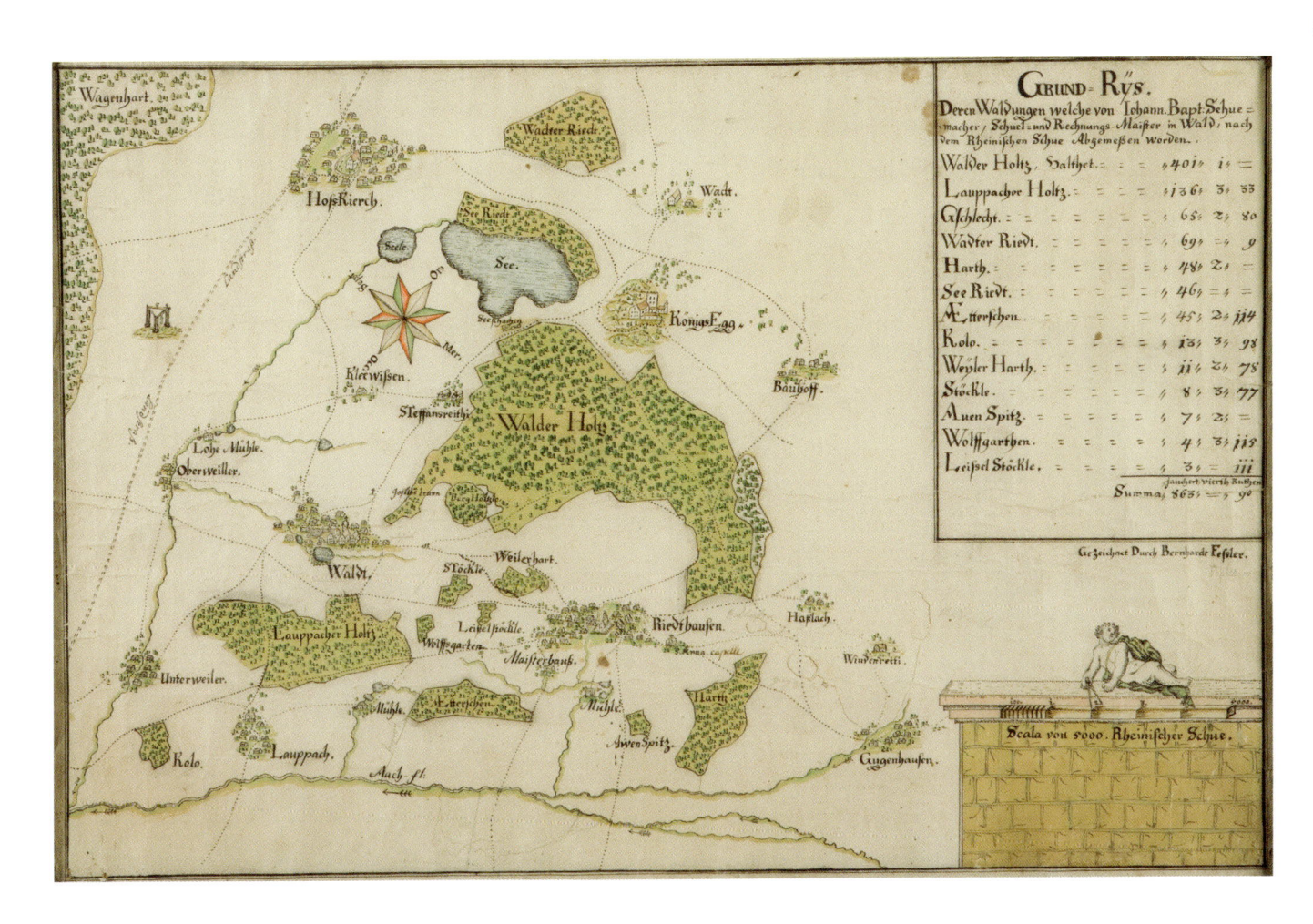

90

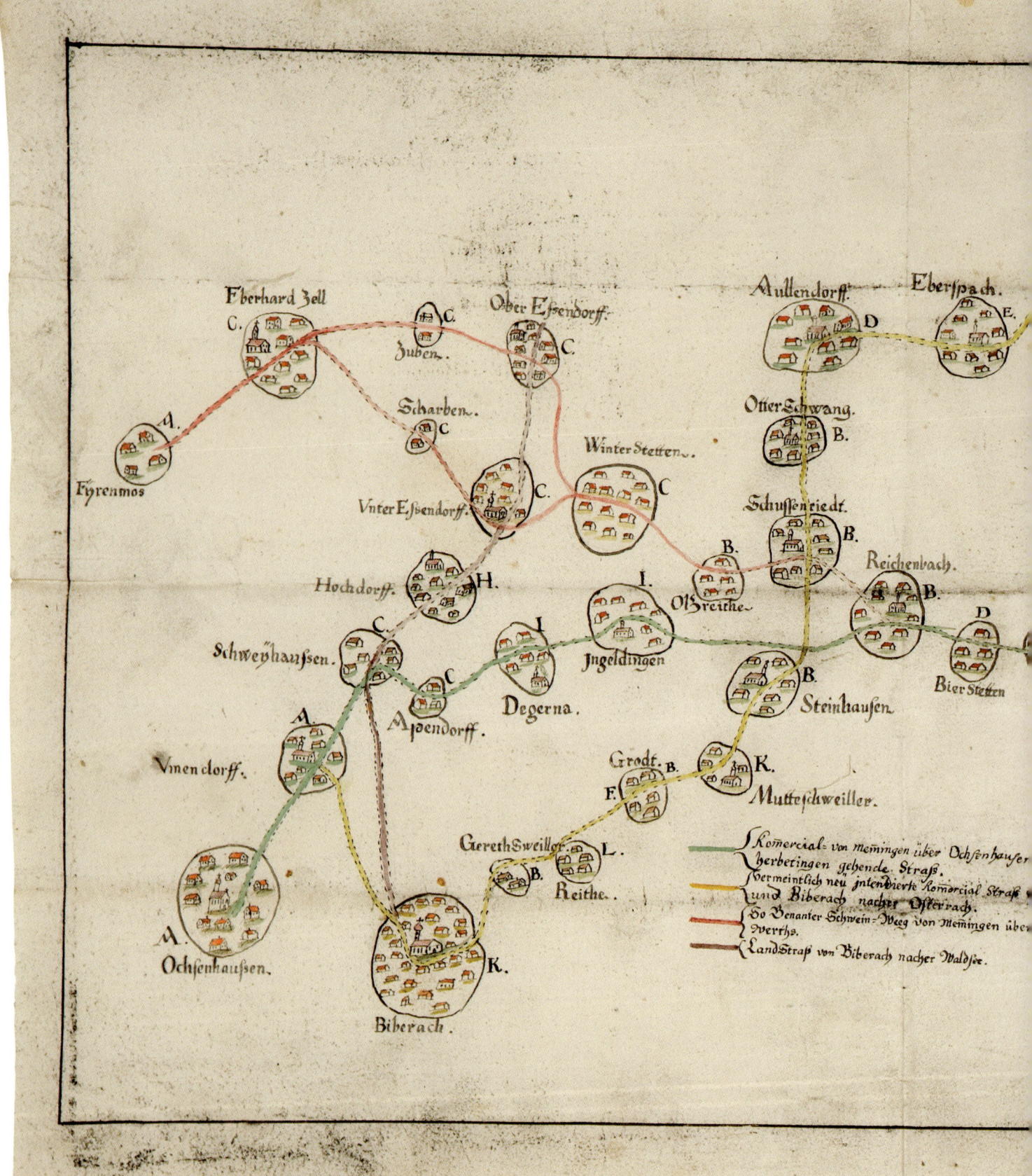

Eberhard Zell C.
Juben C
Ober Essendorff C
Aullendorff D
Eberspach E
Fyrenmos
Scharben C
Otter Schwang B
Unter Essendorff C
Winter Stetten C
Schussenriedt B
Hochdorff H
Olsreithe B
Reichenbach B
Schweyhaussen C
Ingeldingen I
Bier Stetten D
Vnenclorff
Aspendorff C
Degerna I
Steinhaussen B
Grodt F B
K
Mutteschweiller
Ochsenhaussen A
GerethSweiller L
Reithe B
Biberach K

Komercial von Memingen über Ochsenhausen, Herbetingen gehende Straß
Vermeintlich neu jntendierte Komercial Straß und Biberach nacher Osterrach
So Benanter Schwein-Weeg von Memingen über Werths
LandStraß von Biberach nacher Waldsee

I. DER ADEL AM ENDE DES ALTEN REICHES

Bemerckung
wohin die folgenden massen bezeichnete Orthe Gerichtbar.

A. Ochsenhausen.
B. Schussenriedt.
C. Schloß Waldsee.
D. Aullendorff.
E. Altschausen.
F. Stift Buchau.
G. Scheer.
H. Warthausen.
I. St. Georgen in Villingen
K. Biberach.
L. Mittelbiberach.

I.25
Jurisdiktionskarte

Mitte/Ende 18. Jh.
Tinte auf Papier, koloriert
40 x 61,5 cm
Privatbesitz

Die Karte zeigt – gewissermaßen „auf dem Kopf stehend", da nicht genordet – die Orte im Raum zwischen Herbertingen, Altshausen, Aulendorf, Ochsenhausen und Biberach mit den verschiedenen Landstraßen. Unter der „Bemerckung wohin die folgender massen bezeichnete Orthe Gerichtbar" sind nicht weniger als elf Gerichtsherrschaften aufgezählt, die in diesem Raum zuständig sind und zugleich die herrschaftliche Zersplitterung andeuten. Erklärungsbedürftig ist lediglich die Zuständigkeit von Kloster St. Georgen in Villingen für den Ort Ingoldingen. Diese Beziehung geht auf die Gründungszeit des Schwarzwaldklosters St. Georgen um 1083 zurück, denn dieses Kloster sollte ursprünglich in Königseggwald entstehen und wurde damals mit Besitz in diesem Raum ausgestattet. C.B.

LIT.: Unveröffentlicht.

FÜRSTLICHER ABSOLUTISMUS IN HOHENZOLLERN-HECHINGEN

VON KONFLIKTEN GEPRÄGT war die Herrschaft der Fürsten von Hohenzollern-Hechingen am Ende des Alten Reiches. Die Auseinandersetzungen zwischen Landesherren und Untertanen über die freie Pirsch und Frondienstleistungen zogen sich über Jahrhunderte hin. Seit 1700 wurde ein Prozess vor dem Reichskammergericht und dem Reichshofrat geführt. Fürst Joseph Wilhelm (1717-1798) führte seit 1750 den fürstlichen Absolutismus in Hechingen zum Höhepunkt. Repräsentatives Hofleben, Jagdvergnügen, Reisen und nicht zuletzt die Prozesskosten der Reichsgerichte verschlangen große Summen. Bauprojekte wie die Villa Eugenia in Hechingen, besonders aber der Neubau der Hechinger Stiftskirche durch den Architekten Michel d'Ixnard, ließen den Schuldenstand ins Unermessliche anwachsen. Ein Teil der Finanzierung dieses Prestigeobjektes wurde auf die Untertanen abgewälzt, die zu so genannten „Ehrenfronen" herangezogen wurden. Das schlechte Verhältnis zwischen der Herrschaft und den Untertanen brachte ein Landbewohner 1792 zum Ausdruck: „Der Fürst sei eben selbsten nichts; er sei ein Schuldenmacher, ein Spitzbub, ein Grundbiren Fürst." Erst dem Nachfolger Joseph Wilhelms, Fürst Hermann Friedrich Otto (1748-1810) gelang es 1798, nun schon unter dem Eindruck des epochalen Wandels, den Untertanenkonflikt beizulegen.

I.26
Radschlossbüchse mit Intarsienarbeiten

Ende 16. oder 17. Jahrhundert
Eisen, Holz, Bein
127 cm lang
Privatbesitz

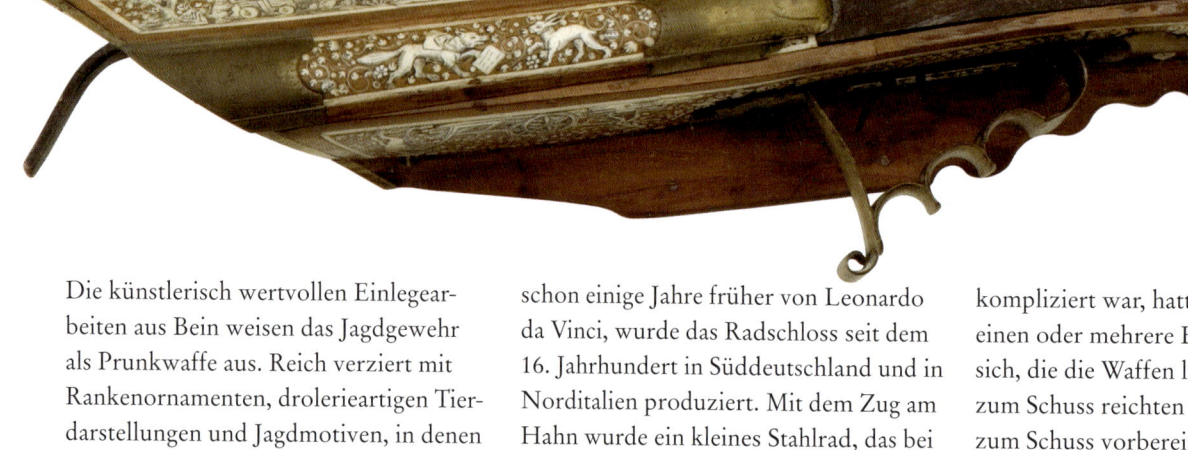

Die künstlerisch wertvollen Einlegearbeiten aus Bein weisen das Jagdgewehr als Prunkwaffe aus. Reich verziert mit Rankenornamenten, drolerieartigen Tierdarstellungen und Jagdmotiven, in denen sich die Hasen als Jagdgehilfen geben, wirkt es trotz seines wuchtigen hölzernen Schaftes filigran und leicht. Möglicherweise vom Nürnberger Büchsenmacher Kiefuß 1517 erfunden, vielleicht aber schon einige Jahre früher von Leonardo da Vinci, wurde das Radschloss seit dem 16. Jahrhundert in Süddeutschland und in Norditalien produziert. Mit dem Zug am Hahn wurde ein kleines Stahlrad, das bei dieser Büchse nicht erhalten ist, in Drehung versetzt. Durch Reibungswärme schlug das Rad an einem Stück Schwefel- oder Eisenkies Funken und entzündete so die Ladung. Da der Ladevorgang recht kompliziert war, hatten adelige Jäger stets einen oder mehrere Büchsenspanner bei sich, die die Waffen luden, dem Herrn zum Schuss reichten und dann erneut zum Schuss vorbereiteten. So konnte der Jäger zu erstaunlich hohen Abschusszahlen gelangen. **M.S.**

LIT.: H. Müller 1997, 40-42 u.ö.; Willers 1991, 94 f.; Joly 1998, 11-17.

I. DER ADEL AM ENDE DES ALTEN REICHES

I.28
Jagdgewehr

Meister Christian Matthias Karg, Hechingen
3. Viertel 18. Jahrhundert
Holz, Eisen, Silber, 134,8 cm lang
Fürstlich Hohenzollernsche Sammlungen Sigmaringen

Die Jagdflinte besitzt einen mit Ornament-Schnitzereien verzierten Nussbaumschaft mit hölzernem Ladestock. Die Beschläge sind aus Silber. Der am hinteren Teil achteckige Damastlauf ist möglicherweise ein orientalischer Import. Das Schloss ist von einem Hechinger Büchsenmacher gefertigt, der sich auf der Schlossplatte verewigt hat: CHRI:MATHIAS.KARG IN HECHINGEN. Das Daumenblech zeigt das mit dem Fürstenhut gekrönte Zollernwappen. C.B.

LIT.: Stuttgart 1987, 1,1, 355.

I.27
Schrotgewehr mit Steinschloss

Wolfgang Schirmer
Bamberg
1760
Holz, Eisen
136,5 cm lang
Kunstsammlungen der Fürsten zu Waldburg-Wolfegg, Schloss Wolfegg

I.29
Karte des Fürstentums Hohenzollern-Hechingen

C. J. Hauck, 1716
Feder auf Papier, koloriert, 98,5 x 182 cm
Landesarchiv Baden-Württemberg,
Staatsarchiv Sigmaringen, K I/Z1

Der „Kampf um die Freie Pirsch" in Hohenzollern-Hechingen, der in Wirklichkeit eine Auseinandersetzung um die geringen Ressourcen des Landes war, reichte bis 1584 zurück und sollte erst 1798 enden. Nicht weniger als 15 bäuerliche Revolten erschütterten in dieser Zeit das kleine Fürstentum. Seit 1700 prozessierten die Untertanen beim Reichskammergericht in Wetzlar gegen ihre Fürsten. 1731 erlangten sie ein günstiges Urteil, das Fürst Friedrich Ludwig aber nicht akzeptierte. Ein abschlie-

I. DER ADEL AM ENDE DES ALTEN REICHES

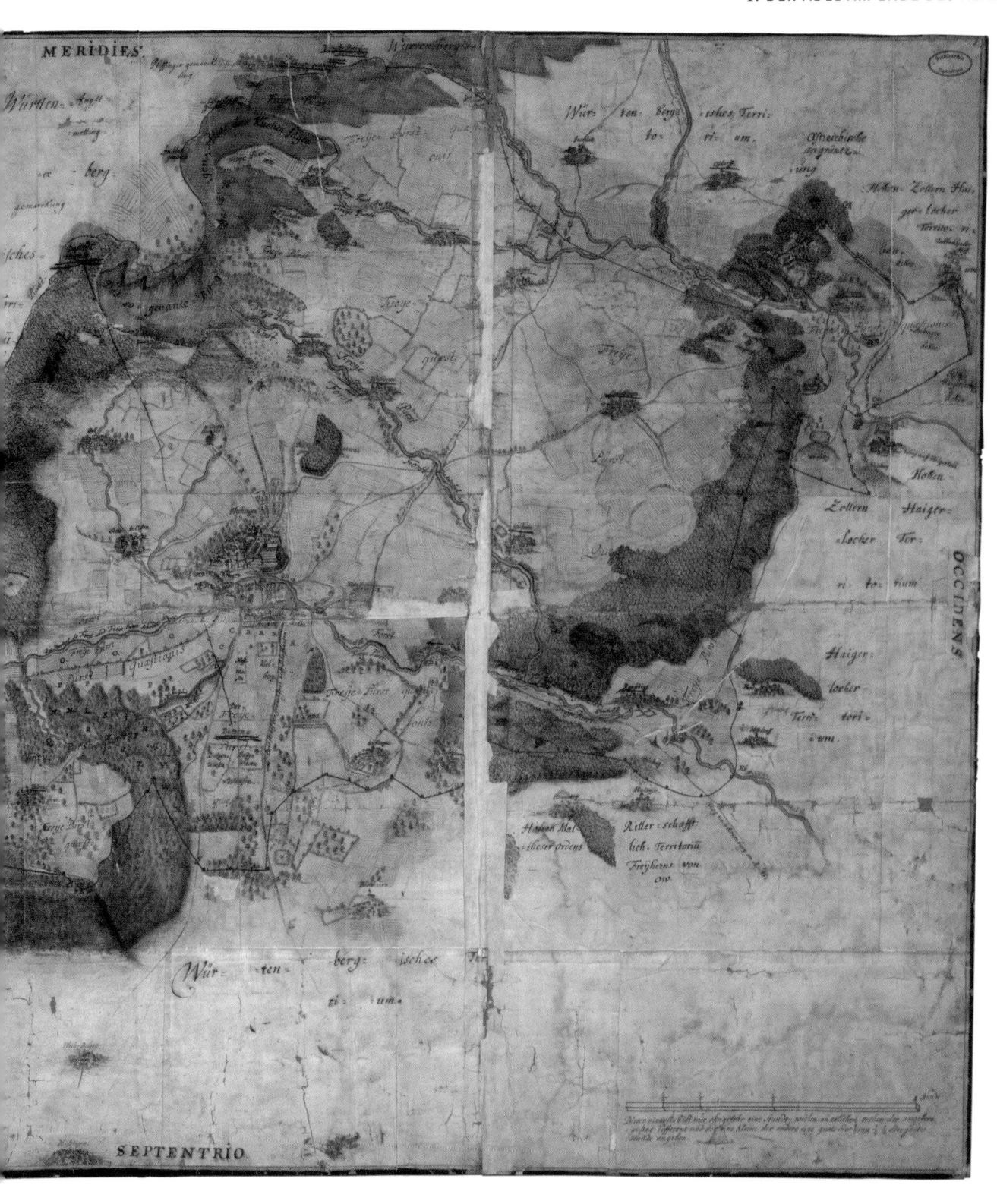

ßendes Urteil von 1768 (so genannte Finalsentenz) begünstigte den Fürsten in seiner Rechtsauffassung. Es ging dabei u.a. um die Frage, ob die Bauern berechtigt seien, das überschüssige Wild des „Tiergartens", das ihre Felder schädigte, aufgrund ihrer hergebrachten „freien Pirsch" schießen zu dürfen, was der fürstlichen Jagdleidenschaft entgegen stand. Im Rahmen dieser Prozesse wurden mehrfach Karten angefertigt, die die Bezirke des herrschaftlichen Forstes und der „Freien Pirsch" auf dem Territorium des Fürstentums von einander abgrenzen sollten. Diese große Karte hat trotz ihrer erheblichen Beschädigung ihre „Anschaulichkeit" bis heute bewahrt. C.B.

LIT.: Kallenberg 1996, 81-83; Bumiller 1996.

I.30
Fürstliche Jagdgesellschaft vor der Kulisse der Stadt Hechingen und der Burg Hohenzollern

Unbekannter Künstler
Ca. 1700
Öl auf Leinwand
138 x 214 cm
Hohenzollerisches Landesmuseum Hechingen

Die vage Datierung des Gemäldes beruht auf der Identifizierung der dargestellten Hauptpersonen. Das Bild zeigt mit großer Wahrscheinlichkeit in blauem Rock den Fürsten Friedrich Wilhelm von Hohenzollern-Hechingen († 1735) und rechts daneben seinen kleinen Sohn Friedrich Ludwig (1688-1750). Im Mittelgrund hebt sich aus dem in grau gehaltenen Weichbild der Stadt Hechingen der helle Komplex des 1576-96 errichteten Renaissanceschlosses ab, das architekturgeschichtlich mit den Schlössern Messkirch, Heiligenberg, Wolfegg und Zeil eine Gruppe bildete, aber nach 1819 abgebrochen wurde. Im Hintergrund links erhebt sich die Burg Hohenzollern, Stammschloss des Gesamthauses Hohenzollern, über die Szene. Der hier als Kind abgebildete Fürst Friedrich Ludwig sollte später sein Fürstentum in ein riesiges Jagdrevier umwandeln und damit schwere Konflikte mit seinen Untertanen provozieren, deren Felder durch das überhand nehmende Wild geschädigt wurden. Nach einem für die Untertanen positiven Urteil des Reichskammergerichts von 1731, das der Fürst nicht anerkannte, gab es bis 1739 schwere Unruhen und Revolten an verschiedenen Orten des Landes. C.B.

LIT.: Schefold 1963, 40; Elbs 1987; Kallenberg 1996, 78-85; Bumiller 1996.

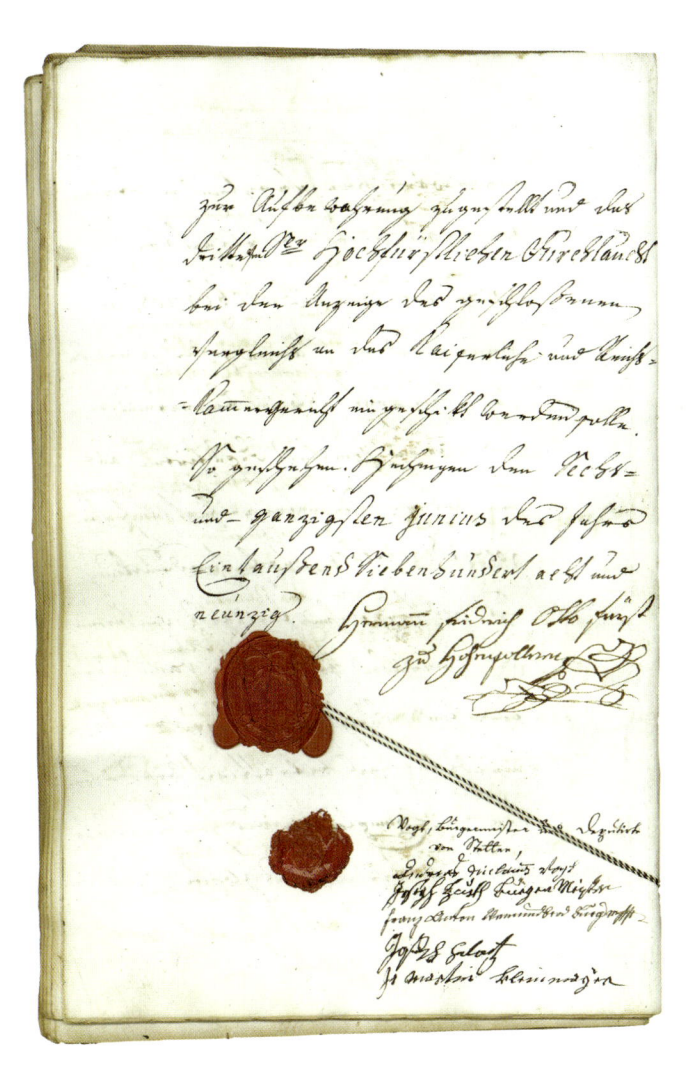

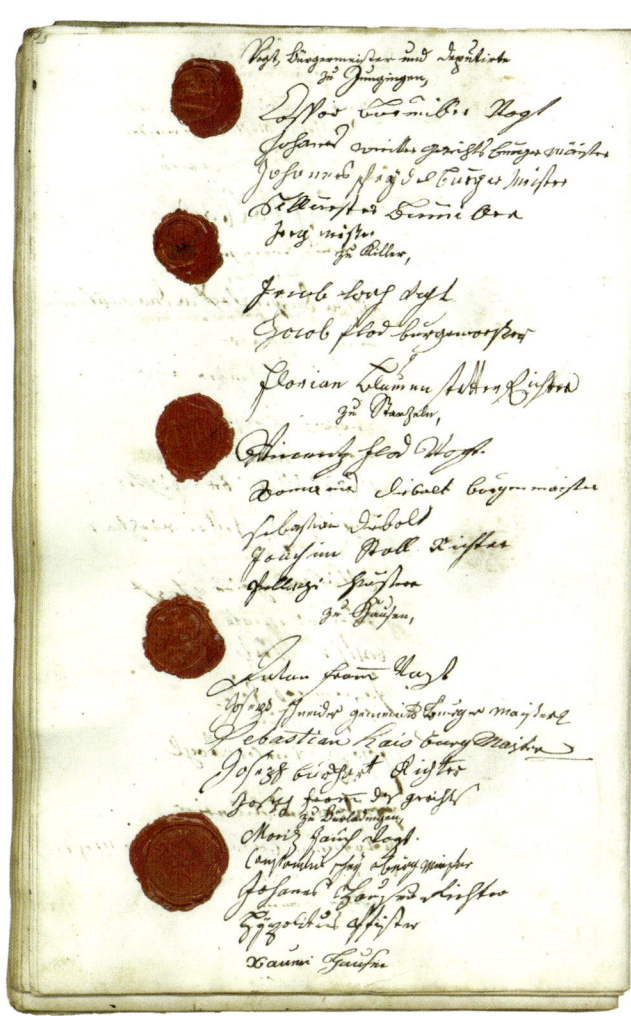

I.31
Landesvergleich des Fürstentums Hohenzollern-Hechingen vom 26. Juni 1798

Libell, Tinte auf Papier
32,7 x 46 cm (aufgeschlagen)
Landesarchiv Baden-Württemberg,
Staatsarchiv Sigmaringen,
Ho 1 T 1 Nr. 470

1798 starb Fürst Joseph Wilhelm von Hohenzollern-Hechingen. War es ihm 1795 noch gelungen, nach einem Aufstand der Untertanen mit den Bürgern seiner Residenzstadt Hechingen zum Ausgleich zu kommen, so konnte er die Landgemeinden nicht mehr gewinnen. Dabei erschien die Beilegung des Konflikts dringlich, denn unter dem Eindruck der Französischen Revolution hatten sich in den vergangenen Jahren die Untertanen in Hohenzollern-Hechingen zunehmend radikalisiert. Ein Händler aus dem Dorf Starzeln hatte 1791 ausgerufen: „Es solle hier auch zugehen wie in Frankreich... Man werde der Herrn Köpfe auch noch auf den Spießen herumtragen." Nachdem 1796 erstmals französische Truppen in der Umgebung auftauchten und den Umbruch der Zeiten ankündigten, ging es dem neuen Fürsten Hermann Friedrich Otto (reg. 1798-1810) darum, den Untertanenkonflikt rasch beizulegen. Am 26. Juni 1798 kam es zur Unterzeichnung des Landesvergleichs, der so etwas wie das „Grundgesetz" des Fürstentums werden sollte. In dem Vergleich wurde nicht nur die Jagdgerechtigkeit der Bauern geregelt, sie erhielten die freie Vogtwahl und ein Mitwirkungsrecht an der Finanzverwaltung des Landes. Auch die Leibeigenschaft wurde damals de jure, nicht aber de facto abgeschafft. Der Vertrag ist unterzeichnet vom Fürsten und von insgesamt 150 Vögten und Deputierten der Gemeinden. Lediglich die Gemeinde Bisingen verweigerte sich dem Ausgleich mit dem Fürsten, was ihr bis heute den Übernamen „Nichthuldiger" einbrachte. Noch im Jahr 1798 wurde der Landesvergleich gedruckt. **C.B.**

LIT.: Kallenberg 1996, 85-88; Press, Landesvergleich 1987; Press 1980; Kat. Stuttgart 1987, 355 f.

RECHTSPFLEGE

DIE LANDESHERRSCHAFT kam in einer Vielzahl von Herrschaftsrechten zum Ausdruck. Hierzu zählten die Grundherrschaft und die Leibherrschaft, in größeren Territorien auch das Collectationsrecht, also das Recht, Steuern zu erheben, die Wehrhoheit und das Patronatsrecht, die Befugnis, Pfarrstellen zu besetzen. Von besonderer disziplinarischer Bedeutung war die Gerichtsherrschaft in ihren beiden Formen, der Hochgerichtsbarkeit und die Niedergerichtsbarkeit. Durch die niedere Gerichtsbarkeit wirkte der Landesherr in viele Bereiche des Alltags seiner Untertanen hinein. Als verlängerter Arm der Obrigkeit dienten dabei die Dorfvögte, die über kleinere Frevel, Diebstahl, sittliche Verfehlungen oder Streitigkeiten der Untertanen zu Gericht saßen. Zum Herrn über Leben und Tod wurde der Landesherr durch die Ausübung der Hochgerichtsbarkeit („Blutbann"), mit der Kapitalverbrechen bestraft wurden. Als Zeichen des Blutbanns erkennt man auf zahlreichen herrschaftlichen Karten Galgen und Rad.

I.32
Richtschwert der Herrschaft Mittelbiberach mit dazu gehöriger Scheide

Ende 16. Jahrhundert
Eisen, Messing
110 cm Gesamtlänge (Klinge 88 x 7 cm)
Privatbesitz

Das beidhändig zu führende zweischneidige Richtschwert mit flach abgerundetem Ort gehörte dem Scharfrichter der Herrschaft Mittelbiberach, damals im Besitz der Familie Schad von Mittelbiberach. Wie bei vielen Richtschwertern üblich, ist es auf der Vorder- und Rückseite mit Ranken-Ornamenten und Arabesken versehen. In der so genannten Blutrinne findet sich die Inschrift: „Die Herren Steuren Dem Vnheil. Ich Exequire Ihr Endt Vrtheil". Auf der Rückseite: „Wann Ich Daß Schwert Thue Aufheben, So Wünsche Ich Dem Armen Sünder Das Ewige Leben." Darunter ist die Abbildung einer schwerttragenden Person eingraviert, die sich möglicherweise als Scharfrichter, der Kleidung nach vermutlich eher als Urteilssprecher interpretieren lässt. M.S.

LIT.: Schild 1985, 72, 79-81.

I. DER ADEL AM ENDE DES ALTEN REICHES

I.33
Schandmantel der Herrschaft Mittelbiberach

Datiert 1729
Holz mit Eisenreifen,
bemalt, 125 cm hoch,
oberer Durchmesser 45 cm
unterer Durchmesser 82 cm
Privatbesitz

Zur Vollstreckung von Ehrenstrafen war dieser Schandmantel, auch Schandtonne genannt, vorgesehen. Sie wurde bei Freveln, Beleidigungen oder moralischen Vergehen wie beispielsweise übermäßigem Trinken eingesetzt. Ziel dieser Strafe war es, den Übeltäter zu demütigen, der mit dem Schandmantel für eine bestimmte Zeit auf dem Dorf-, Kirch- oder Marktplatz zu stehen hatte und so zum Gespött der Öffentlichkeit wurde. Dies gibt auch die Bemalung des Schandmantels zu erkennen, die einen Narren mit einem Dokument zeigt, auf dem zu lesen ist:
„Nicht zu Hoffart,
nicht zur noth,
sondern zu einem spott
solst du ietz an deinem Kragen
diesen s[c]hen[en] Mantel Tragen"
M.S.

LIT.: Schild 1985, 214, 224.

I.34
Schwurkreuz aus Geislingen

18. Jahrhundert
Holz
82,5 x 51 x 12 cm
Privatbesitz

Das schlichte Holzkreuz mit dem barocken Kruzifix stammt aus Geislingen bei Balingen, das 1802/03 an Württemberg fiel, als Familiengut aber von 1697 bis 1965 den Schenken von Stauffenberg gehörte. Es diente als Schwurkreuz im Rahmen dörflicher Gerichtssitzungen. Das Dorfgericht entschied unter dem Vorsitz des Dorfvogts in Angelegenheiten der Niedergerichtsbarkeit (z.B. Schlaghändel, Diebstahl, Injurien usw.). **C.B**

LIT.: Unveröffentlicht; vgl. G. Wunder 1972, 354, 360; Becker 1979, 143 f., 148.

II.

→

»…KOMMT EINE NEUE REVOLUTION, SO SIEDET MANN ALLE GRAFEN IM HAFEN UND FRISST DIE FÜRSTLEIN WIE WÜRSTLEIN…«

Fürst Max Wunibald von Waldburg-Zeil

II. NAPOLEON UND DIE NEUGESTALTUNG DES DEUTSCHEN SÜDWESTENS

Napoleon und die Neugestaltung des deutschen Südwestens

NAPOLEON BONAPARTE (1769-1821) bestimmte annähernd 20 Jahre lang die Geschicke Europas. Der Bewunderer Rousseaus wurde 1793 jüngster Revolutionsgeneral und mit der Niederschlagung des Royalistenaufstands in Paris 1795 zu einer Stütze des Direktoriums. Als Oberbefehlshaber der italienischen Armee errang er 1796 bedeutende Siege, die den „Napoleon-Mythos" begründeten. Statt sein militärisches Genie weiterhin einem unfähigen Regime zur Verfügung zu stellen, nutzte er im November 1799 die Gelegenheit zum Staatsstreich, der ihn als Ersten Konsul an die Spitze einer Militärdiktatur stellte. Als mächtigster Mann des Kontinents schickte er sich nun an, den europäischen Mächten seine Vorstellungen von einem künftigen Europa zu diktieren. Der Friede von Lunéville von 1801, in dem Frankreich seine „natürliche" Rheingrenze für sich reklamierte, setzte jenen territorialen Umgestaltungsprozess in Gang, der das Gesicht Deutschlands nachhaltig verändern sollte. Territorien, die linksrheinisch Gebietsverluste hinzunehmen hatten, sollten rechts des Rheins entschädigt werden. Das war ohne die Aufhebung geistlicher Territorien, reichsstädtischer Gebiete und adliger Herrschaften nicht möglich. Die Idee der Säkularisation und der Mediatisierung war geboren. Sie wurde im Reichsdeputationshauptschluss von 1803 erstmals realisiert.

Um seiner tatsächlichen Machtfülle Ausdruck zu verleihen, ließ sich Napoleon 1804 zum Kaiser der Franzosen erheben. Als er 1805/06 sowohl Österreich wie Preußen (Schlachten bei Austerlitz und bei Jena und Auerstedt) in die Knie gezwungen hatte, stand er auf dem Höhepunkt seiner Macht. Der Zusammenschluss der deutschen Mittelmächte wie Bayern, Württemberg und Baden im so genannten Rheinbund unter Napoleons Protektion führte 1806 zur Abdankung des Kaisers und zur Auflösung des Alten Reiches. Mit der spanischen Erhebung und mit der Erhebung Österreichs ab 1808 formierte sich der militärische Widerstand gegen Napoleon, der schließlich in die Befreiungskriege von 1813-15 mündete und die Niederlage des Korsen herbeiführte (Völkerschlacht bei Leipzig 1813, Waterloo 1815). Der Wiener Kongress bestätigte für Südwestdeutschland den Status quo, der Machtverlust des Adels durch die Mediatisierung von 1806 war unumkehrbar geworden. Dadurch und mit der Rezeption des bürgerlichen Gesetzbuches ("Code Napoleon") z.B. in Baden (nicht aber in Württemberg) blieb Napoleons Eingriff in die deutschen Verhältnisse über seinen Untergang hinaus wirksam.

LIT.: B. Wunder 2001; Herre 2003; Willms 2005.

DIE FRANZÖSISCHE REVOLUTION VON 1789

DIE FRANZÖSISCHE REVOLUTION von 1789 gilt als das Epochen bildende Ereignis der neueren Geschichte. Der Sturz der Monarchie, die Beseitigung des Feudalismus, die Errichtung der Republik und die Erklärung der Menschenrechte hatten über Frankreich hinaus welthistorische Bedeutung. Vertreter des aufgeklärten Bürgertums in Deutschland bis hin zu Immanuel Kant begrüßten die Französische Revolution zunächst euphorisch. Ihre Begeisterung schlug erst um, als die Revolution mit der Hinrichtung König Ludwigs 1793 in die radikale Phase der Schreckensherrschaft eintrat. Nach der Hinrichtung Robbespierres 1794 beerbten bürgerliche Republikaner die Revolution und regierten Frankreich mit Hilfe des Direktoriums von 1795 bis 1799. Dieses schwache Regime überdauerte nur, weil ein junger Revolutionsgeneral namens Bonaparte mit seinen militärischen Erfolgen in Italien die finanziellen Mittel zu seinem Überleben beschaffte. Die Kriege, die Frankreich seit 1792 gegen die Feudalmächte Europas führte, um die Ideen der Revolution zu exportieren, wurden spätestens 1796 zu reinen Eroberungskriegen. General Bonaparte, seiner Rolle als Stütze des schwachen Regimes bewusst, nutzte 1799 die Gunst der Stunde, um das Direktorium zu stürzen und sich selbst als Erster Konsul an die Spitze einer Militärdiktatur zu stellen. Er erklärte damals, zehn Jahre nach ihrem Ausbruch, die Revolution für beendet.

LIT.: Schulin 2004

II.1
Napoleon Bonaparte als Erster Konsul

Anne-Louis Girodet-Trionson
Ca. 1800
Öl auf Leinwand
69,5 x 56 cm
Napoleonmuseum,
Schloss Arenenberg
C.B

LIT.: Schloss Arenenberg, S. 25.

Baden, Württemberg und Hohenzollern nach 1806

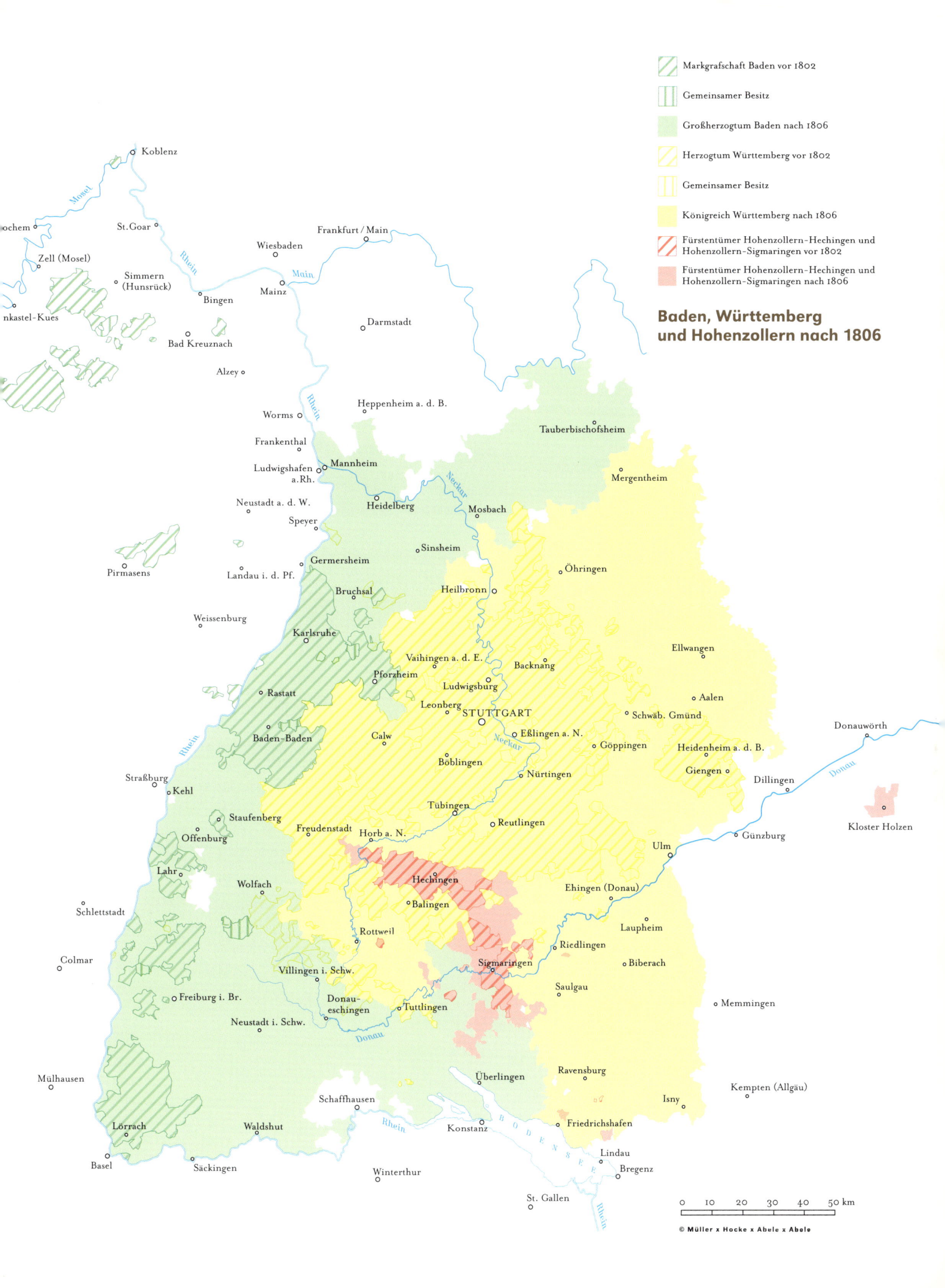

Legende:
- Markgrafschaft Baden vor 1802
- Gemeinsamer Besitz
- Großherzogtum Baden nach 1806
- Herzogtum Württemberg vor 1802
- Gemeinsamer Besitz
- Königreich Württemberg nach 1806
- Fürstentümer Hohenzollern-Hechingen und Hohenzollern-Sigmaringen vor 1802
- Fürstentümer Hohenzollern-Hechingen und Hohenzollern-Sigmaringen nach 1806

© Müller x Hocke x Abele x Abele

II.2
**Die Schlacht
bei Ostrach 21. März 1799**

Johann Baptist Pflug (1785-1866)
1842
Öl auf Blech
56 x 77 cm
Kunstsammlung des
Landkreises Sigmaringen

Die französische Revolutionsarmee stand erstmals 1796 in Schwaben. Im Zweiten Koalitionskrieg (1798-1801) gab es erneut Truppenbewegungen, die Oberschwaben betrafen. An verschiedenen Orten kam es zu Schlachten zwischen französischen und Koalitionstruppen, so am 21. März 1799 in Ostrach. In der Schlacht bei Ostrach unterlag der französische General Jourdan mit seiner Donauarmee den zahlenmäßig deutlich überlegenen Österreichern unter Erzherzog Carl von Österreich. Das Gemälde von Johann Baptist Pflug zeigt Erzherzog Carl auf seinem Schimmel inmitten seiner Soldaten im Sturm auf die französischen Linien. Im Hintergrund erkennt man die Silhouette des Dorfes Ostrach. Nach der Schlacht, die vom frühen Morgen bis in den späten Nachmittag hinein dauerte, übersäten auf französischer Seite 2257 und auf österreichischer Seite 2113 Tote die Felder um Ostrach. Noch in der Nacht zog sich General Jourdan mit seinen Truppen nach Stockach zurück. C.B

LIT.: Zengerle 1957, 119; Bücheler 1999; Fetscher 1999.

II.3
**Die Schlacht bei Stockach
und Liptingen 25. März 1799**

Johann Baptist Pflug (1785-1866)
Öl auf Blech
34,8 x 45 cm
Schlossmuseum Warthausen

Nur vier Tage nach der Schlacht von Ostrach maßen sich die Franzosen erneut mit den Österreichern, um zum Bodensee vorzustoßen. Doch auch hier wurden sie aufgehalten und zum weiteren Rückzug nach Villingen gezwungen. Obwohl man auf Seiten Österreichs die Begegnung als siegreich betrachten konnte, musste das Koalitionsheer mit dem Tod des Feldmarschallleutnants Carl Joseph Aloys Fürst von Fürstenberg einen herben Verlust hinnehmen. C.B

LIT.: Zengerle 1957, 105; Bücheler 1999, 152-159.

II.4
Vorstellung der Schlacht bei Biberach (1800)

Johann Baptist Pflug (1785-1866)
Signiert und datiert 1803
Aquarellierte Federzeichnung auf Papier
35 x 59 cm
Braith-Mali-Museum Biberach

Im Jahr 1800 drangen die Franzosen erneut nach Oberschwaben vor. Während Napoleon selbst Norditalien zurück eroberte, stieß General Moreau Ende April mit einem Überraschungsangriff von Schaffhausen her nach Oberschwaben vor. Sein Gegenspieler, der österreichische Feldzeugmeister Paul Freiherr von Kray, verlegte seine Truppen von Donaueschingen nach Engen, wurde aber am 3. und 4. Mai zunächst bei Engen, dann bei Messkirch geschlagen und zog sich nach Biberach zurück. Die Schlacht von Biberach begann am 9. Mai um 10 Uhr mit einer Kanonade und endete um 15 Uhr mit der Einnahme der Stadt durch die Franzosen. Das Aquarell zeigt im Vordergrund zu Pferd die französischen Generäle St. Cyr und La Croix unter der Trikolore. Auf den Anhöhen im Hintergrund erstürmen französische Einheiten österreichische Stellungen. Moreau warf die Österreicher in den folgenden Wochen bis an den Inn zurück, um sie am 3. Dezember bei Hohenlinden vernichtend zu schlagen. Damit war der Weg frei für den Frieden von Lunéville vom Februar 1801, der den 2. Koalitionskrieg beendete. **C.B.**

LIT.: Bücheler 1999, 163-165; Zengerle 1957, 100, 118; Kat. Biberach 1985, 75; Kat. Stuttgart 1987, 1,1, 470 f.; Braith-Mali-Museum 3, 64 f.

II.5
Napoleon auf dem Schlachtfeld vor Ulm (1805)

Johann Baptist Pflug (1785-1866)
Ca. 1841
Öl auf Holz
25,5 x 31,5 cm
Braith-Mali-Museum Biberach

Im 3. Koalitionskrieg von 1805 trat Napoleon, inzwischen Kaiser der Franzosen, erstmals persönlich als Feldherr auf einem deutschen Schlachtfeld in Aktion. Am 17. Oktober erreichten die Franzosen nach wochenlanger Belagerung von Ulm die Kapitulation der Österreicher unter Mack. Diesen ersten Erfolg krönte Napoleon am 2. Dezember 1805 mit seinem glänzenden Sieg bei Austerlitz über Österreich und Russland. Der Friede von Preßburg am 25. Dezember besiegelte die Niederlage Österreichs und setzte die Auflösung des Alten Reiches in Gang. Der Blick Napoleons auf das Ulmer Schlachtfeld von 1805 mit den Augen des Malers Johann Baptist Pflug im Jahr 1841 illustriert bereits die verklärende Rückschau auf die Ereignisse von 1805. **C.B.**

LIT.: Kraus 1912; Zengerle 1957, 106, 119; Kat. Biberach 1985, 76; vgl. Kat. Stuttgart 1987, 1,1, 472.

II.6
Feldapotheke des Fürsten Carl Aloys von Fürstenberg

*2. Hälfte 18. Jahrhundert
Holz, Glas, Zinn
16 x 16 x 16 cm
Fürstlich Fürstenbergische
Sammlungen Donaueschingen*

Die Feldapotheke des Fürsten Carl Aloys besteht aus einem braunen Holzkästchen mit Klappdeckel, kleinen Schubladen und ausschwenkbaren Elementen am Vorderteil, die der Aufbewahrung von Medizin in Glasfläschchen und Zinndosen dienten. **C.B.**

II.7
Uniform und Zweispitz des Fürsten Carl Joseph Aloys Fürst von Fürstenberg
(1760–1799)

*Hellblauer Rock über roter und weißer Weste, Kragen und Armbünde rot mit goldener Brokatstickerei.
Zweispitz aus schwarzem Samt mit Goldbrokatapplikation.
Vor 1799
Fürstlich Fürstenbergische
Sammlungen Donaueschingen*

Fürst Carl Joseph Aloys von Fürstenberg machte eine steile militärische Karriere in habsburgischen Diensten. Er begann seine Laufbahn im Türkenkrieg 1788–90 und wurde nach Ausbruch der Revolutionskriege beinahe ohne Unterbrechung im Kampf gegen die französische Armee verwendet. Im Rang eines Feldmarschallleutnants hatte er sich bereits in der Schlacht bei Ostrach auffällig hervorgetan. Auch sein Einsatz bei Liptingen am 25. März 1799 wurde von der Generalität „mit außerordentlicher Tapferkeit" bewertet. Er fiel, als er sich dem Angriff der französischen Division Soult mit zwei Regimentern entgegen stellte und von mehreren Kartätschenkugeln getroffen wurde. Die enge Verbundenheit des Hauses Fürstenberg mit Habsburg schlug sich in dem Satz nieder: „Haus Österreich schlägt keine Hauptschlacht, ohne dass ein Fürstenberg fällt." **C.B.**

LIT.: Tumbült 1899; Bücheler 1999, 155 f.; Kat. Weitra 1994, 398.

II.8
Schnurtrommel mit dem Wappen der Grafen von Stadion

18. Jahrhundert
Holz, Hanfschnur, Tierhaut
35 cm Höhe, 49 cm Durchmesser
Schlossmuseum Warthausen

Das Wappen ist quadriert, im 1. und 3. Viertel befinden sich 3 goldene Tannenzapfen auf schwarzem Grund, die an Thannhausen erinnern. Das 2. und 4. Viertel zeigt ein rotes Kreuz auf silbernem Grund. Im Mittelschild findet sich das Stammwappen der Stadion, drei übereinander gestellte gestürzte goldene Wolfsangeln. Die Wolfsangel, eine in der Heraldik häufig gebrauchte Figur, ähnelt einem goldenen Halbmond mit einem Ring in der Mitte. **M.S.**

LIT.: Becke-Klüchtzner 1879, 43.

II.9
Schnurtrommel mit passenden Schlägeln

Süddeutschland, vor 1806
Gesamthöhe 48 cm
Zargenhöhe 38,7 cm
Durchmesser 42 cm
Länge der Schägel 41,5 cm
Fürstlich Hohenzollernsche
Sammlungen Sigmaringen

Im Inneren der Trommel ist auf der Zarge mit Bleistift schwer lesbar geschrieben: „Ludwig Bauer Tambour/[unleserlich] der Kür[a]ssir Musik NA 1805". Von einem weiteren Vermerk ist nur lesbar: N 86. Außen neben der Schnarrsaitenspannvorrichtung befindet sich ein Brandstempel: H (=Hohenzollern?). Dem Inhabervermerk nach zu schließen ist das Instrument im hohenzollerischen Kürassierregiment noch vor dem Anschluss Hohenzollerns an Napoleon gespielt worden. **G.A.**

LIT.: Bär 1994, 133 ff.

II.10
Kaiser Franz II. (1768–1835)

Johann Stephan Decker (1784–1844)
Vermerk auf der Rückseite:
„Franz I. aus dem Besitz der Kaiserin
Marie–Luise"
Undatiert
Öl auf Leinwand
53,5 x 42,5 cm
Napoleonmuseum Arenenberg

Kaiser Franz II. war der tragische Gegenspieler Napoleons auf Seiten der Koalition. Während sein Vater und Vorgänger auf dem Kaiserthron, Leopold II. (1790-92), zögerlich auf die aggressive Außenpolitik der Französischen Republik reagierte, nahm Kaiser Franz II. die Herausforderung der Revolutionsarmee an. Die jeweils von Österreich geführten Koalitionsarmeen agierten indes in drei Kriegen (1792-1797, 1798-1801 und 1805) unglücklich, so dass Österreich im Frieden von Preßburg 1805 seine Position im Westen des Reiches, also auch in Oberschwaben vollständig verlor. Als die neuen von Napoleon geförderten Mittelmächte wie Baden, Bayern, Württemberg und Hohenzollern sich 1806 im Rheinbund mit Frankreich verbündeten, zog Franz II. die Konsequenzen und legte am 6. August die Kaiserkrone nieder, womit das Heilige Römische Reich Deutscher Nation erlosch. Der Monarch blieb allerdings bis zu seinem Tod 1835 als Franz I. österreichischer Kaiser. Napoleon, seit 1804 selbst Kaiser der Franzosen, hielt seinem Gegenspieler eine weitere Demütigung bereit: Um sein Kaisertum aufzuwerten und um sich Österreich zu verpflichten, heiratete er 1810 nach der Scheidung von seiner ersten Frau Joséphine Marie-Luise, die Tochter Franz' I.

LIT.: W. Ziegler 1993; Hattenhauer 1995.

II.11
Graf Ernst zu Königsegg-Aulendorf (1755-1803)

Unbekannter Künstler
Undatiert
Öl auf Leinwand
69 x 53 cm
Privatbesitz

Ernst war der älteste Sohn des Hermann Friedrich zu Königsegg-Aulendorf und der Maria Eleonora zu Königsegg-Rothenfels. Seine Studienjahre zwischen 1772 und 1778 führten ihn nach Dillingen, Innsbruck, Nancy, Würzburg und Straßburg. Anschließend führte ihn der Vater in Altdorf in den Landvogteidienst ein. 1778 wurde er zum k.k. Kammerherrn, 1781 zum Landvogt in Ober- und Niederschwaben ernannt. Er sollte der letzte österreichische Landvogt in Schwaben bleiben. 1795 wurde er zusätzlich zum kaiserlich bevollmächtigten Minister des schwäbischen Kreises ernannt. Als solcher war er unmittelbar von den Ereignissen der Napoleonischen Zeit betroffen. Er erlebte die Schlachten bei Ostrach und bei Stockach (1799) hautnah mit. 1803 war er als Landvogt noch mit der Säkularisation oberschwäbischer Klöster befasst, doch sein baldiger Tod ersparte ihm die Erfahrung der Mediatisierung seiner Herrschaft. **G.A.**

LIT.: Boxler 2005, 756-769.

II.12
Joseph Anton Fürst zu Waldburg-Wolfegg und Waldsee (1766-1833)

Franz Müller
1835
Öl auf Leinwand
58,5 x 48,5 cm
Kunstsammlungen der Fürsten zu Waldburg-Wolfegg, Schloss Wolfegg

Joseph Anton von Waldburg-Wolfegg gehörte zu jenen Fürsten, deren Herrschaft der Mediatisierung zum Opfer fiel. Das „Fürstentum Waldburg" gelangte 1806 unter württembergische Hoheit. Die Tragik des Waldburg'schen Schicksals lag auch darin, dass der Familienverband in allen drei Linien Wolfegg, Wurzach und Zeil, gerade um dieser möglichen Entwicklung gegenzusteuern, sich erst 1803 unter großen Kosten um die Erhebung in den Fürstenstand beworben hatte. Fürst Joseph Anton bemühte sich mit seinem Verwandten Maximilian Wunibald zu Zeil bis 1815 vergeblich um die Wiedererlangung der Souveränitätsrechte. **C.B.**

LIT.: Mack o.J.; Beck 2003.

II.13
Rheinbundakte

Exemplar für das Fürstentum Hohenzollern-Sigmaringen
Paris/Sigmaringen 12./19. Juli 1806
Tinte auf Papier, Einband aus Samt, Seide, Metallamée
32,7 x 42 cm (aufgeschlagen)
Landesarchiv Baden-Württemberg, Staatsarchiv Sigmaringen, Ho 80A T 1 U 1806 Juli 12/19

In der Schlacht bei Austerlitz unterlag die dritte Koalition zwischen England, Russland und Österreich Napoleon und seinen Verbündeten Bayern, Baden und Württemberg. Im Frieden von Preßburg vom 26. Dezember 1805 anerkannte Österreich die neuen Könige von Bayern und Württemberg und verlor seine süddeutschen Besitzungen an Bayern, Baden und Württemberg. Die Militärallianzen zwischen Frankreich und seinen neuen Verbündeten wurden noch 1806 durch Heiratsverbindungen mit Verwandten Napoleons gefestigt. In der Rheinbundakte, der „Sterbeurkunde" des Alten Reiches (Willms), die der Erste Konsul seinen neuen Verbündeten am 12. Juli 1806 vorlegte, sagten sich 16 Fürsten vom Reich los und bildeten eine Konföderation unter dem Protektorat Napoleons. Baden wurde gleichzeitig zum Großherzogtum erhoben. Fürst Anton Aloys von Hohenzollern-Sigmaringen erfuhr zwar keine Rangerhöhung, er besaß nun aber erstmals die volle Souveränität und sein Fürstentum wurde durch die Mediatisierung reichsritterschaftlicher Gebiete erheblich vergrößert. Auch er musste der Verehelichung seines Sohnes Karl mit einer Adoptivtochter Napoleons zustimmen. **C.B.**

LIT.: Huber 1978, Bd. 1, Nr. 2; Becker 1979; Schöntag 1987; Kallenberg 1996, 117-121; Bumiller 2003; Willms 2005, 445; vgl. Kat. Stuttgart 1987, 1,1, 85; Kat. Bad Schussenried 2003, 135.

promettons qu'il sera inviolablement observé.

En foi de quoi Nous avons donné les présentes signées de notre main, contresignées et munies de notre Sceau impérial.

En Notre Palais de St Cloud, le dix-neuvième Jour du mois de Juillet Mil huit cent Six.

Napoléon

Le Ministre des
Relations extérieures,
le prince Talleyrand prince de Bénévent

Par l'Empereur :
Le Ministre Secrétaire d'État
Hugues B. Maret

II.14
Drei Steinschlossflinten aus dem Besitz des Königs von Württemberg

Christian Körber, Ingelfingen
1805
Schaft aus Nussbaumholz, feuergebläuter Lauf, Schloss hochglanzpoliert
Abzugsbügel, Schaftkappe, Beschläge und Einlegearbeiten in französischer Boulle-Technik aus Silber
Länge 135 cm
Sammlung Hebsacker, Überlingen

Die drei Flinten gehörten zu einem ursprünglich wohl aus elf gleichartigen Waffen bestehenden Krönungsgeschenk für König Friedrich I. von Württemberg. Sie wurden gefertigt von dem zwischen 1786 und 1846 nachgewiesenen Meister Christian Körber aus Ingelfingen, hohenloheschen Hofbüchsenmachers. Der von Silberranken gezierte Meistername ist, der damaligen Mode entsprechend, in französischer Manier als „Chrétien Koerber à Ingelfingen" in den Stahl des Laufes eingestochen und mit Silber ausgelegt. Das gesamte Kunstwerk verrät das französische Vorbild. Die Verzierungen des Schaftes in französischer Boulle-Technik sind bei Waffen jedoch ungewöhnlich und nur bei Arbeiten von Körber bekannt. Als Kunstwerke sind die Waffen schon deshalb anzusprechen, weil sie nicht zu Gebrauchszwecken, sondern als prestigeträchtige Prunkstücke für die königliche Waffensammlung gedacht waren. Das gekrönte württembergische Wappen am Schaft der Flinten weist auf den königlichen Empfänger hin. Als Auftraggeber kommen neben dem Fürsten von Hohenlohe auch andere südwestdeutsche Fürsten in Betracht, die diese Sammlung dem neuen Monarchen zur Königsproklamation übereigneten. Es gehört zur Ironie der Geschichte, dass ausgerechnet diese Schenker nur ein halbes Jahr nach dem Krönungsakt durch Württemberg mediatisiert wurden. C.B.

LIT.: Expertise F. Hebsacker, Überlingen 1980.

II.15
König Friedrich I. von Württemberg (1754–1816)

Unbekannter Künstler
Undatiert
Öl auf Leinwand
83 x 69 cm
Privatbesitz

Friedrich, 1797 als letzter spätabsolutistischer Herzog Württembergs zur Regierung gelangt, avancierte durch den Eingriff Napoleons zum ersten württembergischen König. Der Reichsdeputationshauptschluss von 1803 brachte dem Herzog als Entschädigung für linksrheinische Gebietsverluste zahlreiche säkularisierte Klosterherrschaften und mediatisierte Reichsstädte sowie die Kurfürstenwürde ein. 1805 zwang Napoleon dem Württemberger anlässlich eines Besuchs in Ludwigsburg ein Militärbündnis gegen Österreich auf. Diese Gefolgschaft belohnte Napoleon mit der Königskrone und ersten Gebietsgewinnen in Oberschwaben. Die Donaustädte Riedlingen, Ehingen, Munderkingen, Mengen und Saulgau wurden damals württembergisch. Den Rheinbundplänen Napoleons konnte sich Friedrich I. jetzt ebenso wenig verwehren wie der Verheiratung seiner Tochter Katharina mit Napoleons Bruder Jérôme 1807. Unter württembergische Souveränität gelangten 1806 durch die Mediatisierung zahlreiche oberschwäbische Reichsstifte wie Buchau, Marchtal, Ochsenhausen, Weingarten oder Schussenried und Adelsherrschaften wie Waldburg und Warthausen. C.B.

LIT.: Sauer 1984; Press, König Friedrich I., 1987; Lorenz u.a. 1997, 289–292.

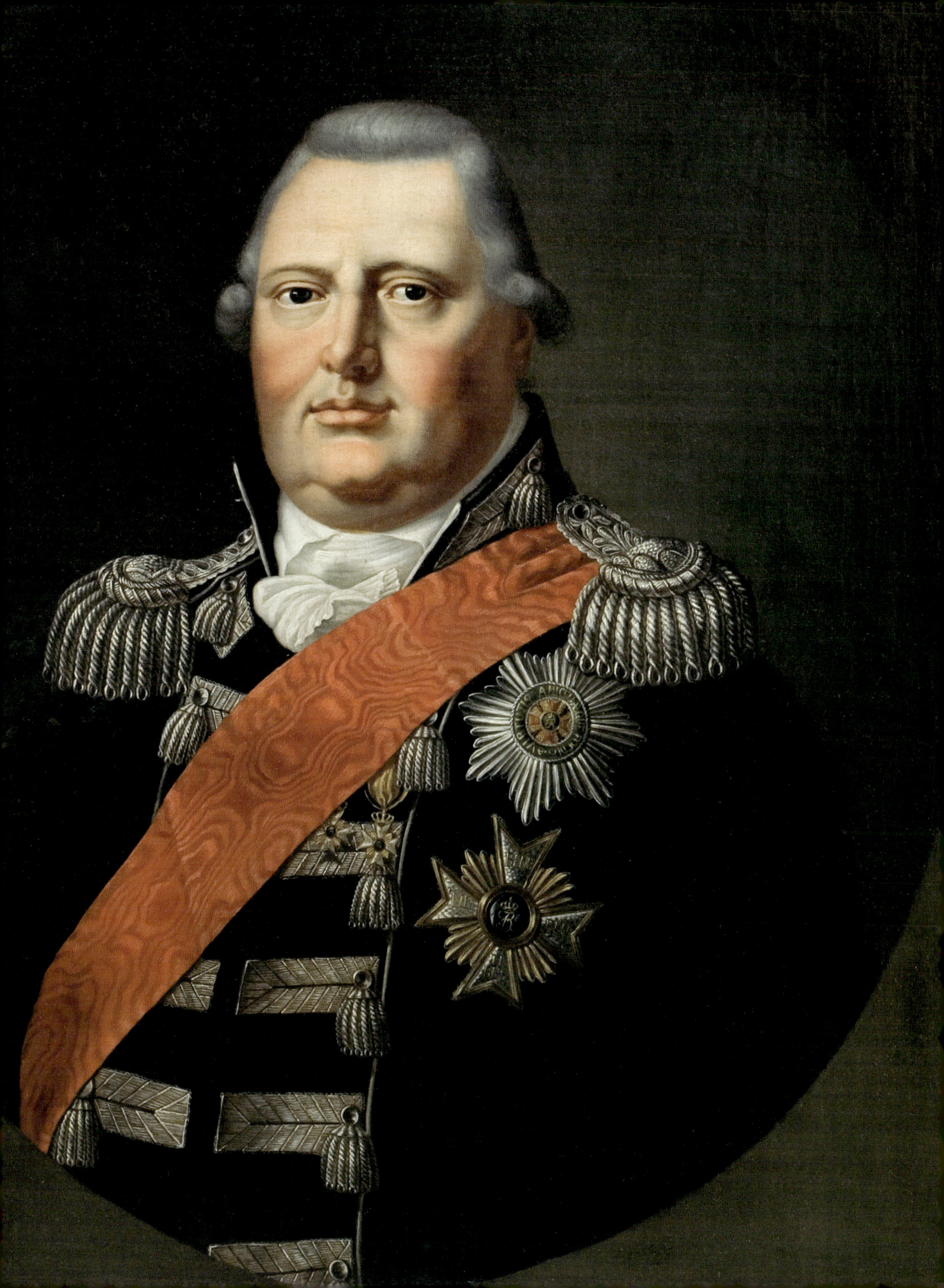

II.16
Fürst Anton Aloys von Hohenzollern-Sigmaringen
(1762-1831)

Franz Joseph Zoll (1770-1833)
1810
Öl auf Leinwand
87 x 76 cm
Fürstlich Hohenzollernsche
Sammlungen Sigmaringen

Fürst Anton Aloys von Hohenzollern-Sigmaringen war nach einem Wort von Fritz Kallenberg die personifizierte „Verbindung des Biedermanns und Landesvaters", der sein Fürstentum zwar mit einer gewissen haushälterischen Begabung, aber ohne politischen Weitblick führte.

Seine tragische Ehe mit Amalie Zephyrine von Salm-Kyrburg, die ihn bald nach der Geburt des Sohnes Karl 1785 verließ, hatte immerhin den unerwarteten Effekt, dass jene mit ihren einflussreichen Beziehungen in Paris in erheblichem Maße zum politischen Überleben des kleinen Fürstentums 1803/06 beitrug. Der Preis war freilich der Beitritt des keineswegs frankophilen Anton Aloys zum Rheinbund 1806 und die Verehelichung seines Sohnes Karl mit Antoinette Murat, der Adoptivtochter Napoleons 1808. Das Porträt des fürstenbergischen Hofmalers Franz Joseph Zoll zeigt den gütig-patriarchal in Szene gesetzten Fürsten mit dem Stern des preußischen Ordens vom Schwarzen Adler. **C.B.**

LIT.: Kallenberg 1996, 114-121; Kat. Stuttgart 1987, 359; Kat. Bad Schussenried, 133.

II.17
Badischer Thronsessel

Südwestdeutsch, wohl nach 1806
Holz, weiß gefasst und vergoldet
Bezug aus rotem Samt mit silbernen
Borten und Fransen
125,5 x 89 x 78 cm
S.K.H. der Markgraf von Baden

Das Möbel beruht möglicherweise auf Anregungen von einem von Ch. Percier und P.F.L. Fontaine, Recueil de décorations intérieures, Paris 1801, Pl. 25 publizierten Musterentwurf. Während die Wangen des dort entworfenen Sessels zwei sitzende Löwen zeigen, figurieren hier ein geflügelter Löwe und ein geflügelter Greif, die Wappentiere des badischen Hauses. Die genaue Entstehungszeit des Thronsessels ist unklar. Ein 1811 im Inventar der Hauskämmerei genannter Sessel „mit weis und vergoldtem Gestell" muss sich nicht zwingend auf das hier gezeigte Möbel beziehen. **C.B.**

LIT.: Kat. Baden-Baden 1981, Nr. 3.7.1; Kat. Stuttgart 1987, 1,1, S. 165; Kat. Salem 2002, 178

II.18
Großherzog Carl Friedrich von Baden (1728-1811)

Unbekannter Künstler
Undatiert
Öl auf Leinwand
78 x 84 cm
Privatbesitz

Noch als Markgraf hatte Carl Friedrich von Baden sein Territorium nach den Grundsätzen des aufgeklärten Absolutismus in Richtung einer modernen Staatlichkeit geführt. Doch erst die unvermeidliche Hinwendung zu Napoleon, der Aufstieg zum Kurfürsten 1803 und schließlich zum Großherzog 1806 sowie die Verneunfachung des Staatsgebiets durch Säkularisierung und Mediatisierung führten zur vollen Souveränität und ermöglichten die Entwicklung Badens zur vorbildlichen konstitutionellen Monarchie. Der greise Großherzog, der seit 1808 altersbedingt kaum mehr in die Regierung eingriff, konnte sich bei der Modernisierung des Staates auf eine Reihe fähiger Staatsbeamter wie Reitzenstein, Brauer und Dalberg stützen.
C.B.

LIT.: Kat. Baden-Baden 1981; Schwarzmaier 2005, 163-193.

II.19
Gedrucktes Besitzergreifungspatent des Königreichs Württemberg

19. November 1805
48 x 63 cm
Landesarchiv Baden-Württemberg,
Staatsarchiv Sigmaringen,
Ho 80A T 2 Pak. 156 (C.I.2.a. Nr. 20)

Schon vor dem Frieden von Preßburg vom 26. Dezember 1805 beeilte sich Württemberg, die ihm zugesprochenen geistlichen und ritterschaftlichen Herrschaften in Besitz zu nehmen. Dies geschah durch gedruckte Besitznahmepatente, die in allen Orten angeschlagen wurden. Im Preßburger Frieden fielen Württemberg auch vorderösterreichische Besitzungen zu. Württemberg erhob darüber hinaus Anspruch auf Hohenzollern-Sigmaringen, da dieses teilweise österreichisches Lehen war, und besetzte das Fürstentum kurzerhand im März 1806. Auf Intervention des französischen Militärs mussten die Württemberger Sigmaringen wieder räumen. Das vorliegende Exemplar des württembergischen Besitznahmepatents zeigt deutliche Nagelspuren. C.B.

LIT.: Kallenberg 1996, 118 f.; Bumiller, 2003, 901.

II. NAPOLEON UND DIE NEUGESTALTUNG DES DEUTSCHEN SÜDWESTENS

Chur-Württembergische Hoheit.

117

II.20
Württembergische Hoheitstafel

1806
Öl auf Eisenblech
31,5 x 24
Landesarchiv Baden-Württemberg,
Staatsarchiv Sigmaringen,
Ho 80A T 2 Pak. 156
(C.I.2.a. Nr. 20)

Vergleichbare Blechtäfelchen ließen damals alle begünstigten Staaten anfertigen, um ihre Inbesitznahme von mediatisierten Gebieten sinnfällig zu demonstrieren. Diese Hoheitstafel war ohne Wirkung in Hohenzollern angeschlagen gewesen, das unter dem Schutz Napoleons stand (vgl. vorige Nr.). **C.B.**

LIT.: Kat. Bad Schussenried 2003, 127.

NAPOLEON —
ERINNERUNGSSTÜCKE ZWISCHEN VEREHRUNG UND VERACHTUNG

Napoleon wird in allen zeitgenössischen Charakterisierungen als beeindruckende Persönlichkeit beschrieben, deren Faszination man sich schwerlich entziehen konnte. Gleichzeitig polarisierte seine wachsende Machtfülle die Zeitgenossen in Bewunderer und Gegner. Fürst Friedrich Hermann von Hohenzollern-Hechingen, der sich nach einer Audienz bei Napoleon in München 1806 als glühender Bewunderer des Kaisers bekannte, wurde von jenem nur mäßig mit territorialen Zugewinnen belohnt, während sein Verwandter, Fürst Anton Aloys in Sigmaringen, der dem Kaiser der Franzosen seine Souveränität verdankte und sein Schwiegersohn wurde, ihm zeitlebens distanziert gegenüber stand. Die zwiespältige Wahrnehmung Napoleons und das ambivalente Verhältnis zu seiner Macht blieben über sein Ende hinaus bestehen. Napoleons Popularität war zu seinen Lebzeiten Gegenstand der Alltagskultur und führte nach seinem Tod zur Sammlung teils skurriler Erinnerungstücke.

II.21
Gipsbüste von Napoleon Bonaparte

Antonio Canova (1757-1822)
Undatiert (nach 1802)
60 x 28,5 x 26,5 cm
Fürstlich Fürstenbergische
Sammlungen Donaueschingen

Diese mit der Marke der römischen Werkstatt Canovas versehene Büste präsentiert den Beherrscher Europas in der kühlen, sentimentalen Ästhetik klassischer Marmorbüsten. Canova, der als bedeutendster Vertreter des italienischen Klassizismus gilt, arbeitete ausschließlich für hochrangige Auftraggeber, so auch für Papst Pius VI. und für Kaiser Franz II. Nachdem seine anfängliche Ablehnung Napoleons in Bewunderung umgeschlagen war, arbeitete er vielfach für den Imperator und seine Familie. Bei seinem ersten Paris-Aufenthalt 1802 fertigte er Gipsmodelle für spätere Marmor- und Bronzestatuen Napoleons an, die den Empereur in seiner Dualität als Mensch und Mythos darstellen wollten. Diese Büste ist gewissermaßen ein „Abfallprodukt" von Canovas Napoleon-Zyklus.

LIT.: Thieme-Becker, Bd. 5, 515-521; Licht 1983, 99 ff.

II.22
Totenmaske Napoleons

Marchi
Nach 1821
Bronze, geschwärzt, der Lorbeer
aus vergoldetem Messingblech ist eine spätere Zutat
30,5 x 13 x 22,5 cm
Napoleonmuseum Arenenberg

Nach dem Krebstod des auf St. Helena exilierten Kaisers wurde diesem unter widrigen Umständen von zwei Ärzten die Totenmaske abgenommen. Diese kursierte dann in mehreren Abgüssen in der Familie. Das Museum der Universität Freiburg i.Br. (Uniseum) bewahrt einen schlichten Gipsabguss, der angeblich aus dem Besitz der Stephanie von Baden, Napoleons Adoptivtochter, stammt. Ob der Bronzemaske in Arenenberg dieselbe Matrize zugrunde liegt, ist unklar. Durch die Schwärzung der Maske und die beigegebenen goldenen Lorbeerzweige wird das Antlitz Napoleons nicht nur verfremdet, sondern zugleich verklärt und veredelt. Der antikisierende Lorbeerzweig verwandelt Napoleon vom Märtyrer zum Helden der französischen Nation, „dem größten, den die Welt seit Cäsar gesehen hatte". C.B.

LIT.: Schloss Arenenberg, 24 f.; Hertl 2002, 164 ff.

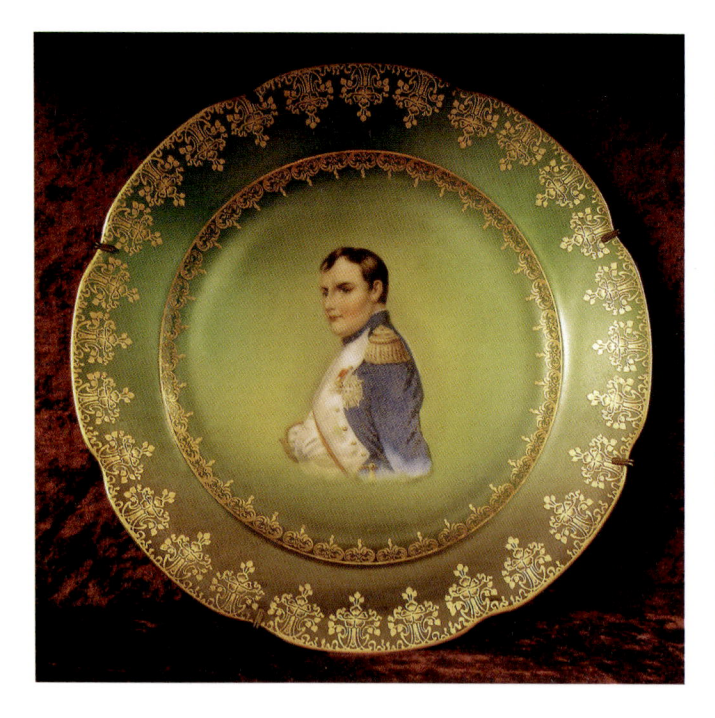

II.23
Zwei Porzellanteller mit Napoleonmotiven

Nach 1810
Durchmesser 25,5 cm
Kultur- und Museumszentrum Schloss Glatt (Sammlung Siegfried Esslinger)

Die beiden grün bzw. grün und violett grundierten Teller tragen an den Rändern reiches Golddekor im Empirestil. Die Teller zieren die Porträts von Napoleon und seiner zweiten Frau Marie-Luise von Österreich (1791-1847), die er 1810 heiratete. Erkennbare Gebrauchsspuren verdeutlichen, wie präsent der Napoleon-Kult in der Alltagskultur war. C.B.

LIT.: Unveröffentlicht.

II.24
Napoleon I. (1769-1821) **und Joséphine Bonaparte** (1763-1814)

Porträtminiaturen
Jean-Baptiste Isabey (1767-1855)
1808
Tempera auf Bein
Je 10 x 6 cm
Fürstlich Hohenzollernsche Sammlungen Sigmaringen

Porträtminiaturen dieser Art aus der Hand des gefeierten Porträtisten Isabey kursierten in der Napoleonzeit in unzähligen Exemplaren. Sie wurden insbesondere von den Verwandten des Kaisers der Franzosen gesammelt. Joséphine war zunächst mit dem Vicomte Alexandre de Beauharnais verheiratet, der 1794 guillotiniert wurde. 1796 heiratete sie den General Bonaparte und stieg an dessen Seite 1804 zur Kaiserin auf. C.B.

LIT.: Kat. Stuttgart 1987, 1,1, 358.

II.25
Uhr mit Napoleonaufsatz

Um 1810
Marmor, Bronze, vergoldete Bronze
47 x 31 x 13 cm
Napoleonmuseum Arenenberg

Das auf einem kubischen Marmorsockel sitzende Bronzegehäuse der Uhr hat die Form eines Berges, auf dem Napoleon in Feldherrnpose mit ausgestrecktem linkem Arm steht. C.B.

II.26
Reise-Urinal (*bourdalou*)
Napoleons mit Futteral

Porzellanmanufaktur Sèvres um 1810
Vase inwändig versilbert,
Henkel aus Goldblech mit Darstellung
eines gelockten Männerkopfes
18 cm hoch
Futteral aus rotem Saffianleder
mit goldenen Initialen NN,
dazwischen der Adler
21 x 18,5 cm
Fürstlich Fürstenbergische
Sammlungen Donaueschingen

Dieser bourdalou war ein Geschenk Napoleons an seinen Schlachtenzeichner Dedon. Er wurde wohl 1841 vom Großherzog von Baden aus einer Versteigerung erworben und gelangte später an dessen Schwager Karl Egon II. Fürst zu Fürstenberg. **C.B.**

LIT.: Kat. Weitra 1994, 298.

II.27
Eiserner Schmuck mit Etui

Ca. 1813
28,5 x 34 x 31 cm
Privatbesitz

Dieser eiserne Schmuck ist in einer freiherrlichen Familie Oberschwabens überliefert. Er stammt aus der Zeit der Befreiungskriege 1813-15 und zeugt von der nationalen Erhebung gegen Napoleon, in der unter der Parole „Gold gab ich für Eisen" auch der Adel aufgefordert war, seine Opferbereitschaft zu beweisen und Wertgegenstände zur Finanzierung der Feldzüge zu geben. **C.B.**

LIT.: Flacke 2001, 116-120.

II. NAPOLEON UND DIE NEUGESTALTUNG DES DEUTSCHEN SÜDWESTENS

123

NAPOLEONS »WAHLVERWANDTSCHAFTEN«

NAPOLEON empfand sich trotz seiner Erhebung zum Kaiser der Franzosen im Kreis der europäischen Monarchen als minderwertig. Daran änderte auch nichts, dass er seine Verwandten mit den geschichtslosen Titeln neu errichteter Königreiche ausstattete: den Bruder Louis zum König von Holland, den Bruder Jérôme zum König von Westfalen, den Schwager Joachim Murat zum Herzog von Berg erhob. Deshalb trachtete er danach, seine Familie mit alten Fürstendynastien zu verschwägern. Dies hatte im Rahmen der Gründung des Rheinbunds den zusätzlichen Sinn, die kleinen Monarchien des Rheinbunds noch enger an seine Person zu binden. So drängte er den Häusern Bayern, Württemberg, Baden und Hohenzollern Angehörige seiner Familie als Schwiegersöhne und Schwiegertöchter auf. Sein Bruder Jérôme wurde 1807 mit Prinzessin Katharina von Württemberg verheiratet, die dadurch Königin von Westfalen wurde. Napoleon schreckte auch nicht davor zurück, die bestehende Verlobung Karls von Baden mit Prinzessin Auguste Amalie von Bayern zu sprengen, um Karl von Baden seine Adoptivtochter Stéphanie de Beauharnais (1806), Auguste Amalie von Bayern seinen Stiefsohn Eugène als Gatten anzubieten (1806). In ähnlicher Weise wurde Erbprinz Karl von Hohenzollern gedrängt, Antoinette Murat, eine Nichte von Napoleons Schwester Caroline zu ehelichen (1808).

Auf diese Weise etablierte der Empereur die neue Dynastie der Napoleoniden. Diese Dynastiebildung hatte nur den Makel, dass Napoleon keine eigenen legitimen Kinder hatte. Denn seine Ehe mit Joséphine de Beauharnais war kinderlos und würde es wohl bleiben. Deshalb betrieb er die Scheidung von Joséphine (1763-1814), mit der er seit 1796 verheiratet war. Gleichzeitig streckte er die Fühler aus nach einer günstigen Heiratsgelegenheit im Kreis der höchsten europäischen Königshäuser. Nachdem er von den russischen Romanows eine Absage erhielt, führte seine Anfrage in Wien zum Ziel. Im Jahr 1810 verheiratete er sich mit der Habsburgerin Marie-Luise. Die Tochter des österreichischen Kaisers gebar dem Empereur den ersehnten Stammhalter Napoleon II. (1811-1832), doch dessen zeitiger Tod setzte dem Fortleben der Napoleoniden in direkter Linie ein frühes Ende. Eine sekundäre Genealogie gründete auf der Ehe von Napoleons Bruder Louis Bonaparte mit Napoleons Stieftochter Hortense, die den späteren Kaiser der Franzosen Napoleon III. (1808-1873) hervorbrachte. Alle heute noch lebenden Napoleoniden stammen von Jérôme und Katharina von Württemberg ab.

LIT.: Sauer 1987; Schloss Arenenberg, 14/15; Krins, 14 f.

II.28
Prinz Karl von Hohenzollern-Sigmaringen (1785-1853)

Unbekannter Künstler
Undatiert
Um 1805
Öl auf Leinwand
105 x 83 cm
Fürstlich Hohenzollernsche
Sammlungen Sigmaringen

Wenige Wochen nach seiner Geburt von der Mutter Amalie Zephyrine verlassen, traf der Erbprinz Karl von Hohenzollern-Sigmaringen erst im Jahr 1801 mit dieser wieder zusammen. Er war in den folgenden Jahren in die diplomatischen Bemühungen um die politische Rettung Hohenzollerns eingebunden und wurde gleichzeitig von seiner Mutter in die Pariser Gesellschaft eingeführt. Es waren wohl die Mutter Amalie Zephyrine und die Kaiserin Joséphine, die – zum Leidwesen seines Vaters Anton Aloys – die Verlobung Karls mit Antoinette Murat einfädelten. C.B.

LIT.: Kallenberg 1996, 114-121 und 139; Kat. Stuttgart 1987, 1,1, 360 f.

II.29
Antoinette Fürstin von Hohenzollern-Sigmaringen geb. Prinzessin Murat (1792-1847)

Giuseppe Cammarano
1809
Öl auf Leinwand
88 x 75 cm
Fürstlich Hohenzollernsche
Sammlungen Sigmaringen

Antoinette war die Nichte von Joachim Murat, einem engen Weggefährten Napoleons, ohne den dessen militärische Laufbahn möglicherweise nicht so verlaufen wäre. Im Jahr 1800 verheiratete Napoleon seine Schwester Caroline mit Murat. Im Jahr des Rheinbundes 1806 erhob der Kaiser den gascognischen Gastwirtssohn zum Großherzog von Berg, 1808 zum König von Sizilien. Seine Nichte Antoinette gehörte eigentlich nur entfernt zur Sippe der Napoleoniden, doch das Verwandtschaftsverhältnis schien hinreichend nahe, um mit dem Mädchen das Haus Hohenzollern an die französische Kaisersippe zu binden. Die 1808 geschlossene Ehe zwischen Antoinette und Karl entwickelte sich wider Erwarten zu einem harmonischen Bund. C.B.

LIT.: Bücheler 2004, 29-33; Krins 2005, 14 f.; Kat. Stuttgart 1987, 1,1, 360 f.

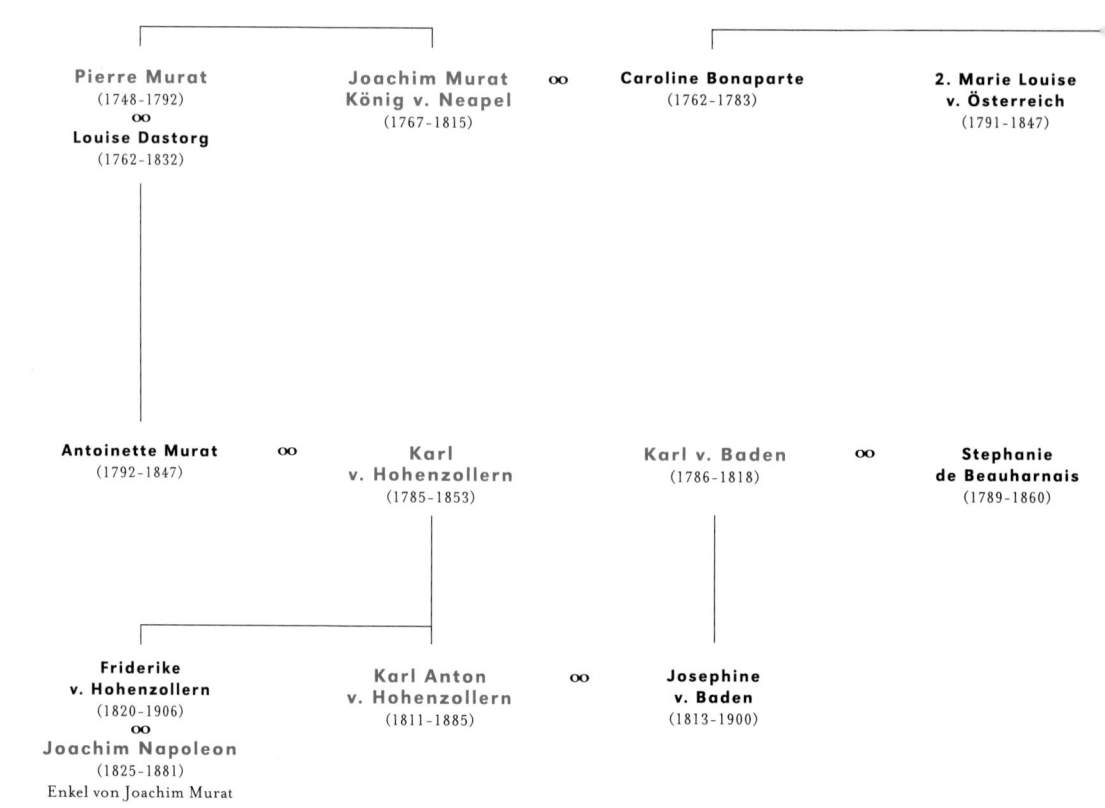

Pierre Murat (1748-1792) ∞ **Louise Dastorg** (1762-1832)	**Joachim Murat** **König v. Neapel** (1767-1815)	∞ **Caroline Bonaparte** (1762-1783)		**2. Marie Louise** **v. Österreich** (1791-1847)
Antoinette Murat (1792-1847)	∞ **Karl** **v. Hohenzollern** (1785-1853)	**Karl v. Baden** (1786-1818)	∞	**Stephanie** **de Beauharnais** (1789-1860)
Friderike **v. Hohenzollern** (1820-1906) ∞ **Joachim Napoleon** (1825-1881) Enkel von Joachim Murat	**Karl Anton** **v. Hohenzollern** (1811-1885)	∞ **Josephine** **v. Baden** (1813-1900)		

NAPOLEONS HEIRATSPOLITIK IN SÜDDEUTSCHLAND

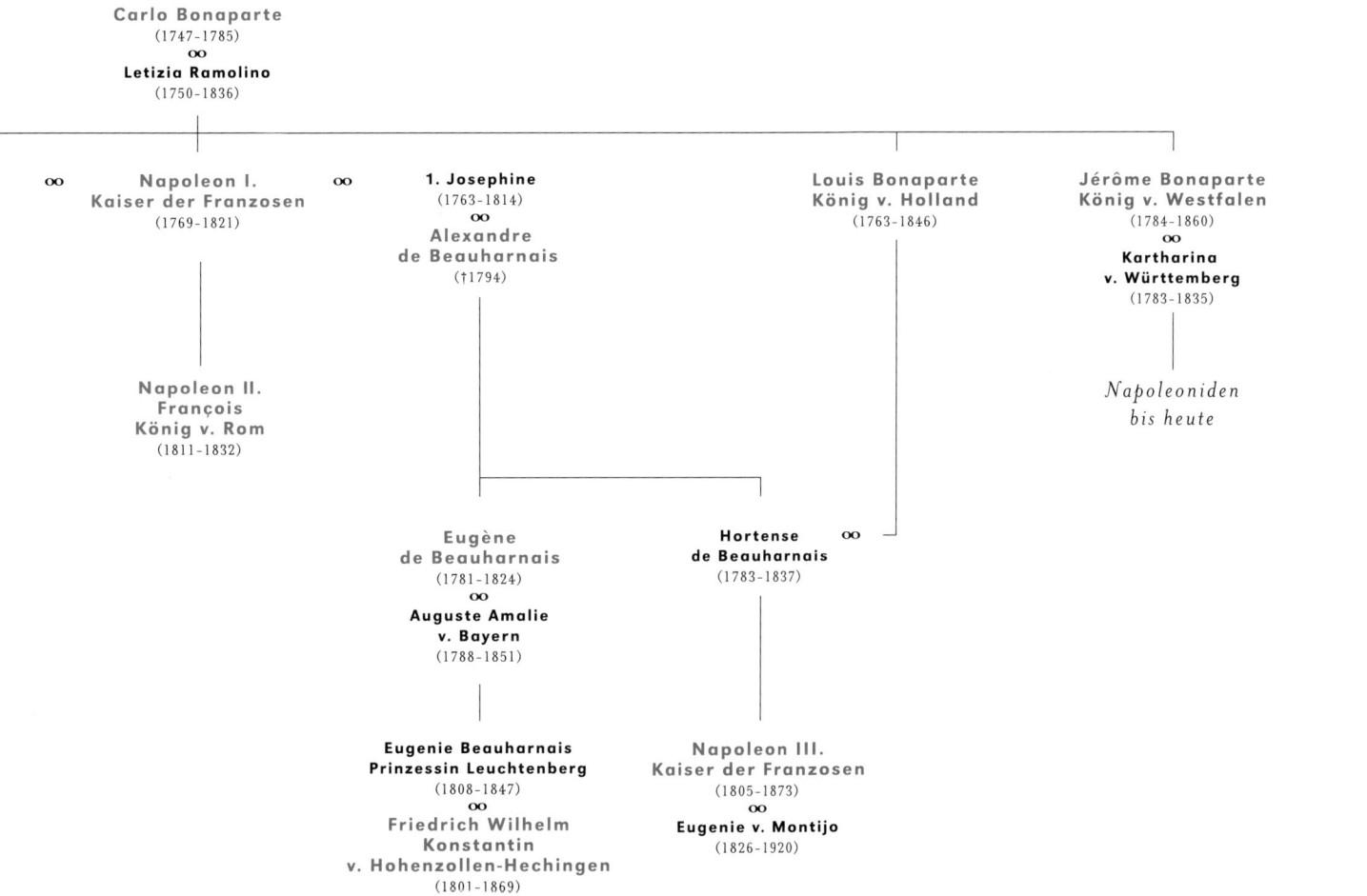

Carlo Bonaparte
(1747-1785)
∞
Letizia Ramolino
(1750-1836)

∞ **Napoleon I. Kaiser der Franzosen** (1769-1821) ∞ **1. Josephine** (1763-1814) ∞ **Alexandre de Beauharnais** (†1794)

Louis Bonaparte König v. Holland (1763-1846)

Jérôme Bonaparte König v. Westfalen (1784-1860) ∞ **Kartharina v. Württemberg** (1783-1835)

Napoleon II. François König v. Rom (1811-1832)

Napoleoniden bis heute

Eugène de Beauharnais (1781-1824) ∞ **Auguste Amalie v. Bayern** (1788-1851)

Hortense de Beauharnais (1783-1837) ∞

Eugenie Beauharnais Prinzessin Leuchtenberg (1808-1847) ∞ **Friedrich Wilhelm Konstantin v. Hohenzollen-Hechingen** (1801-1869)

Napoleon III. Kaiser der Franzosen (1805-1873) ∞ **Eugenie v. Montijo** (1826-1920)

Sa Majesté Napoléon

Empereur des Français Roi d'Italie, Protecteur de la Confédération du Rhin;

Comme donnant son autorisation au mariage de S. A. Madame la Princesse Antoinette Murat avec S. A. S. Mgr. Le Prince héréditaire de Hohenzollern et aussi à cause de la donation ci après faite par Sa Majesté.

Son Altesse Sérénissime Monseigneur Charles-Antoine-Frédéric-Meinrade-Fidèle Prince héréditaire de Hohenzollern-Sigmaringen demeurant ordinairement à Sigmaringen, de présent à Paris logé Rue St. Lazare N°. 56, fils majeur et fils unique de S. A. S. Mgr. Antoine Aloyse Meinrade François Conrad Fidèle Prince regnant de Hohenzollern Sigmaringen et de S. A. S. Madame Amalie Zéphirine née Princesse de Salm Kirburg, son Epouse; Son Altesse Le Prince héréditaire agissant en son nom et avec le consentement de LL. AA. SS. Le Prince et La Princesse ses père et mère .... D'une part

Son Altesse Impériale Monseigneur Le Prince Joachim Grand Duc de Berg, Grand Amiral de France, demeurant à Paris en son Palais de l'Elisée procédant en cet présentet au nom et comme Tuteur de Son Altesse Madame la Princesse Antoinette Murat, mineure, sa niéce, à ce présente et consentant; Le Prince Grand Duc nommé à cette charge de Tuteur et spécialement autorisé aux effets ci après par délibération du Conseil de famille de la Princesse mineure portant consentemens

II.31
Ägyptischer Mameluckensäbel

Hochzeitsgeschenk von König Joachim Murat für Karl von Hohenzollern-Sigmaringen
um 1800
Stahl, Bronze vergoldet, Ebenholz
Gold- und Silbertauschierungen
Gesamtlänge 93,5 cm
Klinge 74,5 x 4,46 cm
Fürstlich Hohenzollernsche Sammlungen Sigmaringen

Das bronzene Säbelgefäß ist vergoldet, die Griffschalen bestehen aus Ebenholz, die Parierstange läuft in Füllhörnern aus. Die Mitteleisen sind mit liegenden Löwen verziert. Die eiserne Scheide ist silbertauschiert. Die mit Goldtauschierungen versehene Klinge des Säbels stammt von einem der Mameluckensäbel, die Napoleon 1799 aus Ägypten mitgebracht hat. C.B.

LIT.: Kat. Stuttgart 1987, 1,1, 360.

II.30
Heiratsvertrag des Erbprinzen Karl von Hohenzollern-Sigmaringen mit Antoinette Murat vom 3. Februar 1808

Tinte auf Papier
35 x 24,5 cm
Staatsarchiv Sigmaringen, FAS HS 1-80 T 1-6 R. 53, 158a.

Im Mai 1806 schlug Napoleon eine Verehelichung des Erbprinzen Karl mit Antoinette Murat, der Nichte seiner Schwester Caroline vor, ein Wunsch, dem sich der regierende Fürst Anton Aloys in Sigmaringen „blutenden Herzens" beugte. Da die Braut erst 13 Jahre alt war, sollte die Hochzeit im Jahr 1808 stattfinden. Sie ging am 4. Februar, einen Tag nach Niederschrift des Vertrags, als eines der rauschendsten Feste in Paris über die Bühne – in Abwesenheit des Sigmaringer Fürsten. Im Sommer wurde das Fest in kleinerem Rahmen in Sigmaringen wiederholt. Der in französischer Sprache abgefasste Heiratskontrakt trägt die Unterschrift Kaiser Napoleons. C.B.

LIT.: Sauer, Heiraten aus Staatsräson, 1987; Kallenberg 1996, 114-121 und 139; Bumiller 2003, 902 f.; Kat. Stuttgart 1987, 1,1, 359.

II.32
Fürstin Eugenie Hortense von Hohenzollern-Hechingen geb. von Leuchtenberg (1808–1847)

Sign. J. Richter
1834
95 x 80 cm (m.R.)
Hohenzollerisches Landesmuseum Hechingen

Fürstin Eugenie geb. Herzogin von Leuchtenberg war die Tochter von Eugène de Beauharnais, dem Adoptivsohn Napoleons, und der Auguste von Bayern und somit eine Enkelin Napoleons. In ihrer 1826 geschlossenen Ehe mit dem Hechinger Fürsten Friedrich Wilhelm Konstantin wirkte Napoleons Heiratspolitik in Bezug auf südwestdeutsche Fürstenhäuser gewissermaßen über seinen Tod hinaus fort. Fürstin Eugenie wird wegen ihres außergewöhnlichen sozialen und karitativen Engagements in Hechingen bis in die Gegenwart wie eine Heilige verehrt. Ihr früher Tod 1847 begünstigte die Entscheidung ihres Mannes zum Regierungsverzicht. C.B.

LIT.: Feldhahn u.a. 1997.

II.33
Friedrich Wilhelm Konstantin Fürst von Hohenzollern-Hechingen (1801–1869)

Unbekannter Künstler (nach Stieler)
Undatiert
Öl auf Leinwand
95 x 80 cm (m.R.)
Hohenzollerisches Landesmuseum Hechingen

Friedrich Wilhelm Konstantin war von 1838 bis 1849 der letzte regierende Fürst des Fürstentums Hohenzollern-Hechingen. Enttäuscht über die revolutionären Umtriebe seiner Untertanen, entsagte er wie sein Verwandter Fürst Karl Anton in Sigmaringen am 7. Dezember 1849 der Regierung zugunsten der Krone Preußen, die sich 1850 die Fürstentümer Hohenzollern-Hechingen und -Sigmaringen einverleibte. Der empfindsame, musisch begabte Fürst zog sich auf seine schlesischen Besitzungen zurück, wo er als letzter Vertreter der Linie Hohenzollern-Hechingen 1869 starb. Der Hausbesitz fiel an Hohenzollern-Sigmaringen. C.B.

LIT.: Hohenlocher 1938.

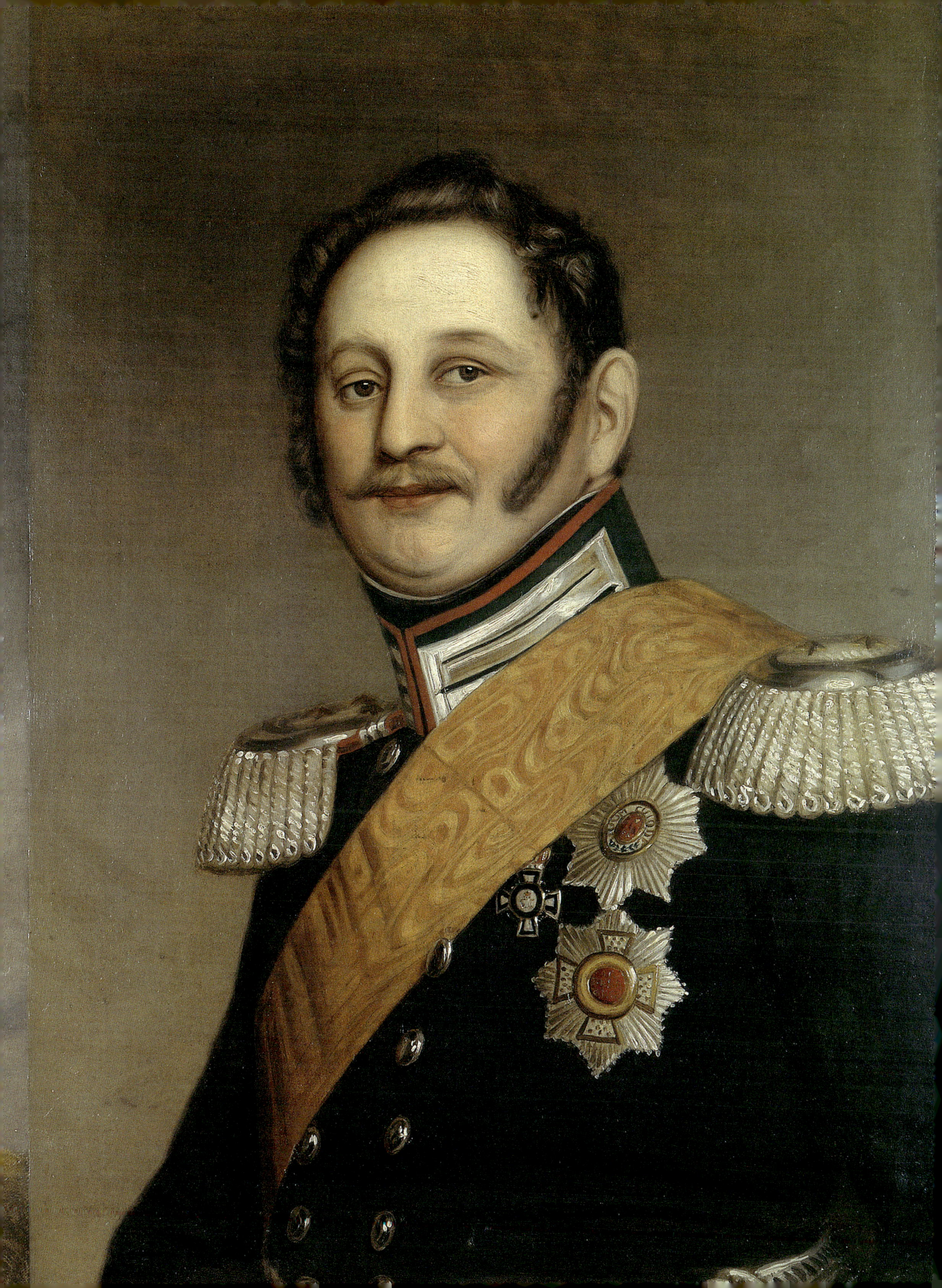

III.

→

»…OFFENBAR WERDEN DIE KLEINEN FÜRSTEN IN WAHRHEIT ENTBEHRLICH UND NUTZLOS SEIN…«

Fürst Karl von Hohenzollern 1848

Hohenzollerns Sonderweg bis 1851

DIE GESCHICHTE HOHENZOLLERNS im 19. Jahrhundert ist als „Sonderweg" oder „Sonderentwicklung" beschrieben worden (Kallenberg). Diese Sonderentwicklung, die der hohenzollerischen Geschichte im deutschen Südwesten ein eigenes Profil verlieh, basiert auf drei historischen Entscheidungen. Ausgangspunkt war das unerwartete politische Überleben der beiden Fürstentümer Hohenzollern-Hechingen und Hohenzollern-Sigmaringen im Jahr 1806, das sich nicht zuletzt dem Engagement und dem Einfluss der Fürstin Amalie Zephyrine am Pariser Hof Napoleons verdankte. Die Bewahrung der Souveränität bei gleichzeitiger Kleinräumigkeit bedeutete allerdings ein erhebliches Hindernis für die Modernisierung der Länder. Verfassungen kamen in den beiden Fürstentümern erst 1832 (Sigmaringen) und 1835 (Hechingen) zustande. Spätestens in der Revolution von 1848 traten die gesellschaftlichen, wirtschaftlichen und politischen Widersprüche der Kleinstaaten so deutlich zutage, dass beide Fürsten 1849 abdankten. In Hohenzollern vollzog sich die Mediatisierung somit mit einer Phasenverschiebung von ca. 45 Jahren. Diese Mediatisierung war allerdings ein freiwilliger Akt, verbunden mit einer weit reichenden Entscheidung. Aufgrund der Stammverwandtschaft mit dem preußischen Königshaus traten die beiden Hohenzollern-Fürsten ihre Fürstentümer an Preußen ab, so dass 1850 neben Baden und Württemberg der preußische Staat zur dritten politischen Kraft im deutschen Südwesten wurde.

III.1
Prinzessin Amalie Zephyrine von Salm-Kyrburg (1760–1841)

Unbekannter Künstler
Um 1782
Öl auf Leinwand
82 x 65 cm
Fürstlich Hohenzollernsche Sammlungen Sigmaringen

Dieses bislang unidentifizierte Porträt einer jungen Dame wird hier als mögliches Jugendbildnis der Amalie Zephyrine von Salm-Kyrburg zur Diskussion gestellt. Das Porträt erscheint als Pendant zu dem etwa zeitgleichen Jugendbildnis ihres Gatten Anton Aloys von Hohenzollern-Sigmaringen von J.B. Seele (1794). Das Bild mit der Datierung um 1782 wäre demnach unmittelbar in der Zeit ihrer Verehelichung entstanden. Das Porträt atmet noch die Unbeschwertheit eines Jugendlebens, das sich im Vorfeld der Französischen Revolution zwischen Paris und dem Schloss Kyrn in der Rheingrafschaft abgespielt hat. C.B.

LIT.: Unveröffentlicht.

III.2
Paravent der Prinzessin Amalie Zephyrine von Salm-Kyrburg

Unbekannter Meister
Um 1780
Holzrahmen, bemaltes Leder, Flechtwerk
Drei Flügel je 182 x 60 cm
Kultur- und Museumszentrum Schloss Glatt (Sammlung Siegfried Esslinger)

Der Paravent besteht aus drei Flügeln, die etwa im Verhältnis des goldenen Schnitts unterteilt sind. Der untere Teil besteht aus grün grundiertem Leder, das in Goldtönen mit einem Blumenbouquet bemalt ist. Der obere Teil zeigt zentral angeordnet ein in Holz geschnitztes Wappen, von dem Flechtwerk ausstrahlt. Das Wappen ist dreigeteilt und zeigt im oberen Feld links drei Lilien und rechts zwei waagerecht liegende Salmen, unten einen nach rechts schreitenden Löwen. Dieses Wappen variiert zwar die Salm'schen Wappenmotive, entspricht aber nicht dem im Reichsfürstendiplom vom 21. Februar 1742 verliehenen Wappen der Familie. Die Zuschreibung des Paravents an Fürstin Amalie Zephyrine bleibt deshalb unsicher. C.B.

LIT.: Unveröffentlicht; vgl. Siebmacher Bd. 4 T. 2, Tafel 302; Emig 1997, 39 f.

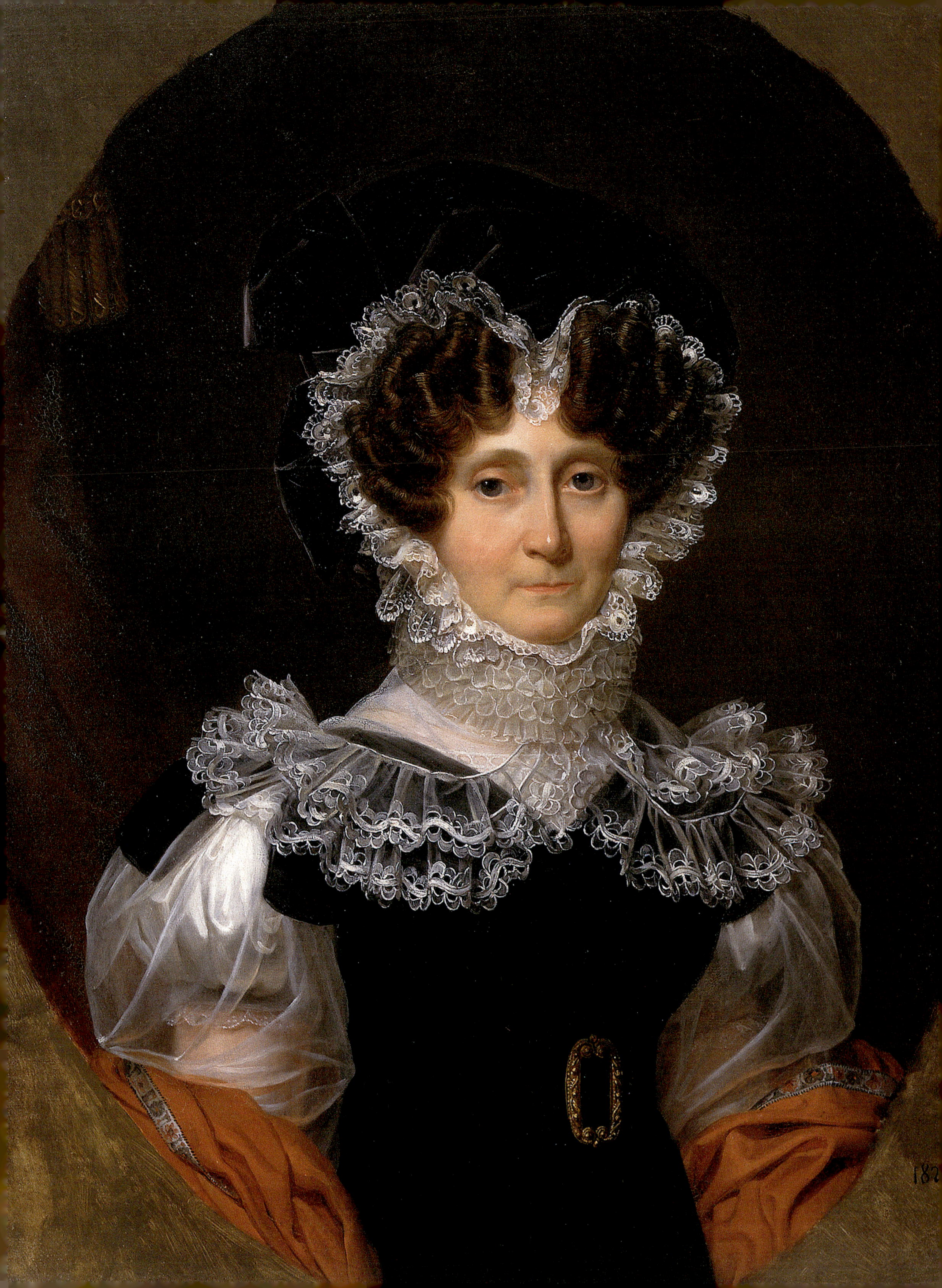
182

III.3
Fürstin Amalie Zephyrine von Hohenzollern-Sigmaringen
(1760-1841)

Auguste François Laby (1784-1860)
1828
Öl auf Leinwand
81 x 65 cm
Fürstlich Hohenzollernsche Sammlungen Sigmaringen

Dieses bekannte Porträt der Amalie Zephyrine zeigt die Sigmaringer Fürstin als ältere Dame von 68 Jahren. Das hochgeschlossene Kleid und die Spitzenhaube lassen sie als strenge, fast schon puritanisch wirkende Matrone erscheinen, deren früherer Lebenswandel sich in dieser Selbstdarstellung nicht recht spiegeln will. Einem frankophilen Fürstenhaus entstammend und zeitweilig in Paris aufgewachsen, kam die junge Fürstin nach ihrer Verehelichung mit Fürst Anton Aloys von Hohenzollern-Sigmaringen mit der Enge der Sigmaringer Provinz nicht zurecht. Sie floh im Mai 1785, bald nach der Geburt ihres Sohnes Karl, nach Paris zu ihrem Bruder. Ihr Pariser Leben wird als freizügig, wenn nicht sogar libertinär beschrieben. Ihr Bruder Friedrich wie ihr Geliebter Alexandre de Beauharnais sympathisierten mit der Revolution, bevor beide unter der Terrorherrschaft 1794 Opfer der Guillotine wurden. Die Bekanntschaft mit Talleyrand, dem späteren Außenminister, und mit Joséphine de Beauharnais, der künftigen Gattin Napoleons, verschafften ihr in Paris die Beziehungen, die sie nach 1800 spielen lassen konnte, um das Fürstentum Hohenzollern-Sigmaringen politisch zu retten. Dieses politische Engagement kann als eine Art Wiedergutmachung an ihrem Sohn und ihrem Gatten verstanden werden. Trotz dieses Erfolgs und trotz ihrer Übersiedlung nach Sigmaringen 1808 kam eine förmliche Aussöhnung mit Anton Aloys nicht mehr zustande. Auch die Schuldgefühle gegenüber ihrem Sohn wirkten nach, so dass sie das Bedürfnis verspürte, ihr dramatisches Leben in einer Art Rechtfertigungsschrift niederzuschreiben. Zu ihrer Ehe mit Anton Aloys notierte sie darin: „Wir waren nicht für einander geschaffen." Als das Porträt entstand, war sie möglicherweise bereits mit ihren Memoiren befasst. **C.B.**

LIT.: Kallenberg 1996, 452-459; Bumiller 2003, 897 ff.; Egli 2006; Kat. Stuttgart 1987, 357.

III.4
„Memoiren" der Fürstin Amalie Zephyrine von Hohenzollern-Sigmaringen

1830
Tinte auf Papier
Einzelblätter 33,2 x 20,5 cm
(Heft aufgeschlagen mit Einband 35,8 x 48 cm)
Landesarchiv Baden-Württemberg,
Staatsarchiv Sigmaringen,
FAS HS 1-80 T 7 (NZ) R. 53,24

Im Jahr 1830 schloss Fürstin Amalie Zephyrine von Hohenzollern-Sigmaringen (1760-1841) das letzte von vier Heften, die ihre autobiografischen Notizen enthielten. Sie selbst nennt ihre Aufschriebe in französischer Sprache eine „Widmungsepistel für meinen Sohn". Der testamentarisch bestimmte Empfänger, Fürst Karl von Hohenzollern-Sigmaringen, bezeichnete die Notizen als die „Lebensgeschichte" („Histoire de la vie") seiner Mutter. Heute würde man wohl von den „Memoiren" der Fürstin sprechen. Anlass für die autobiografische Aufarbeitung ihres Lebens bildete das für alle Beteiligten traumatische Ereignis des Jahres 1785, als sie ihren neu geborenen Sohn Karl in Sigmaringen zurück ließ, um der erdrückenden Enge der Provinz zu entfliehen. Sie sollte ihren Sohn erst 15 Jahre später, ihren Mann, der ihr nie verziehen hat, erst 1808 wieder sehen. Spannend zu lesen und auch von historischem Interesse sind ihre Passagen über das Paris der Revolutionsjahre. Aufgeschlagen ist die Seite mit der Schilderung der Hinrichtung Ludwigs XVI. 1793. In diese Zeit fällt ihre Bekanntschaft mit Joséphine de Beauharnais, der späteren Frau Napoleons, die Amalies Fürsprecherin am Hof des künftigen Ersten Konsuls und Kaisers war.

LIT.: Zingeler o.J.

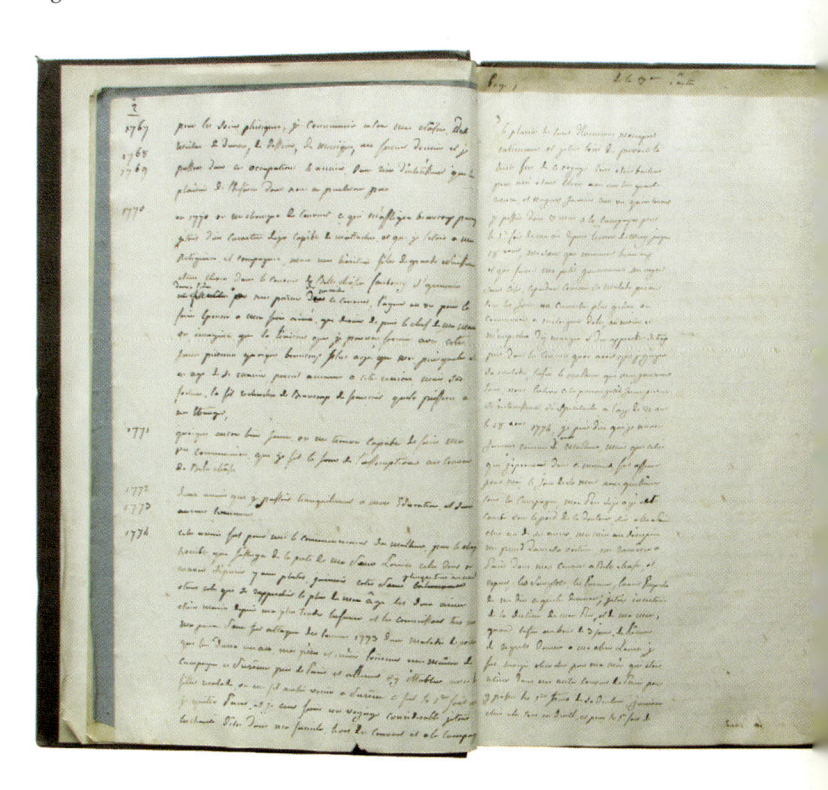

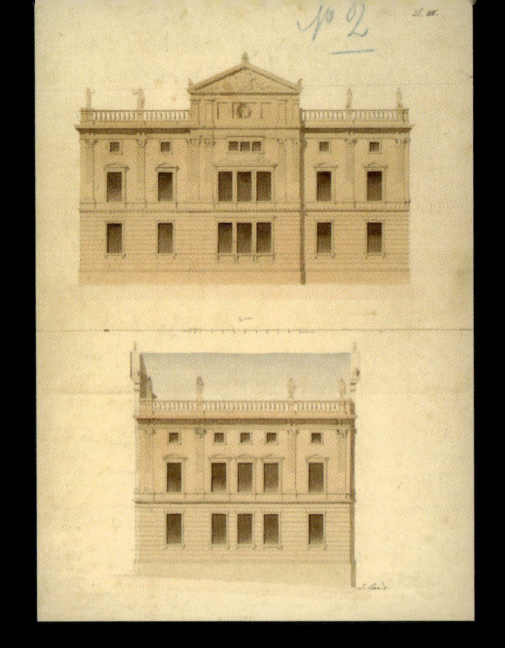

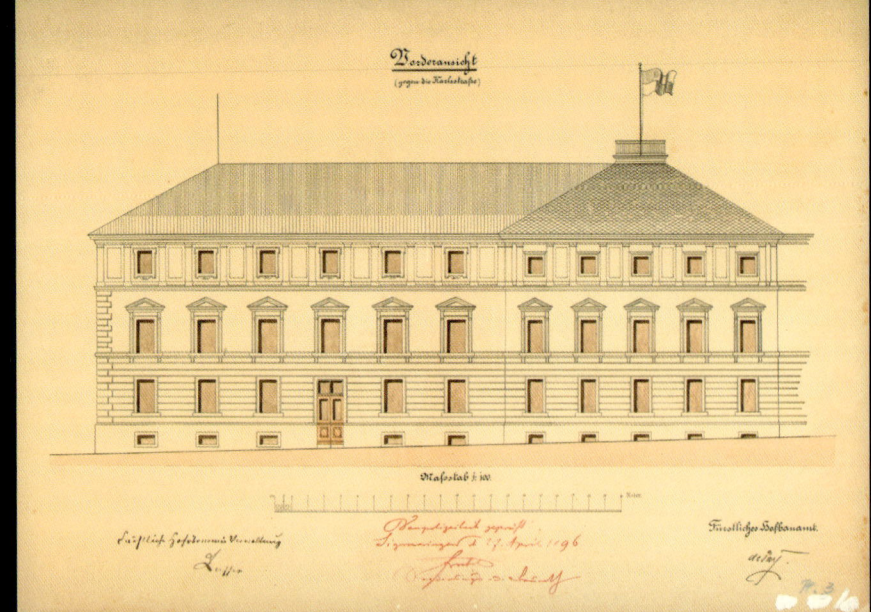

III.5
Pläne des so genannten Prinzenbaus in Sigmaringen

Ca. 1872
63,5 x 44,5 cm (mit Passepartout)
Landesarchiv Baden-Württemberg,
Staatsarchiv Sigmaringen, FAS P 502/6

Nach ihrer Rückkehr nach Hohenzollern 1808 bewohnte Fürstin Amalie Zephyrine zunächst das Amtshaus im ehemaligen Kloster Inzigkofen. 1822 schloss sie mit dem Fürsten einen Vertrag über die Errichtung eines fürstlichen Gebäudes. Der so genannte (alte) Prinzenbau wurde 1822 von Bauinspektor Uhl geplant und konnte von Amalie 1825 bezogen werden. Sie lebte hier bis zu ihrem Tod 1841. Danach bezog ihr Enkel, Erbprinz Karl Anton mit seiner Frau Joséphine von Baden das Haus. Zwischen 1842 und 1847 entstand daneben der neue Prinzenbau, der mit dem alten durch ein zweistöckiges Zwischengebäude mit Tordurchfahrt und darüber liegender Hauskapelle verbunden wurde. Weitere Ausbaustufen fielen in die Jahre nach 1872, als der Erbprinz Leopold und seine Gemahlin Antonia von Portugal den Prinzenbau bezogen, und ins Jahr 1896, als der Alte Prinzenbau mit dem früheren Küchengebäude vereinigt wurde. Bis 1958 wurde der Prinzenbau von Angehörigen des Hauses Hohenzollern bewohnt. Seit 1934 gab es aber bereits Nebennutzungen durch karitative Einrichtungen. 1944/45 befanden sich hier Behörden der nach Sigmaringen geflohenen französischen Vichy-Regierung. 1947 mietete das Staatsarchiv Sigmaringen einige Räume im Neuen Prinzenbau an. 1980 erwarb das Land Baden-Württemberg das Gebäude zur Nutzung durch das Staatsarchiv Sigmaringen. **C.B.**

LIT.: Kuhn-Rehfus 1979; Alte Pläne neu im Blick, 27 und 28.

**III.6
Fürst Anton
Aloys von Hohenzollern-
Sigmaringen** (1762-1831)

Marie Ellenrieder
1827
Öl auf Leinwand
63,8 x 48,5 cm
Fürstlich Hohenzollernsche
Sammlungen Sigmaringen

Hohenzollern-Sigmaringen hatte durch die Säkularisation und Mediatisierung erhebliche Gebietserweiterungen erfahren und war dennoch im Verhältnis zu Baden und Württemberg ein Miniaturstaat geblieben. Fürst Anton Aloys war in der eigentümlichen Situation, dass ehemals mächtigere Fürsten wie Thurn und Taxis (wegen Ostrach) und Fürstenberg (wegen Jungnau und Trochtelfingen) in Hohenzollern als mediatisierte Standesherren auftraten. Der Fürst stellte das Interesse seines Hauses über das des Landes. Er verleibte das 1803 erworbene Säkularisationsgut dem Hausbesitz ein und schuf so eine Problematik, die bis ins 20. Jahrhundert hinein ein Stein des Anstoßes bleiben sollte. Die politische Modernisierung des Landes trieb er weniger stringent voran. Die in der Bundesakte von 1815 geforderte Verwirklichung einer landständischen Verfassung ging Fürst Anton Aloys erst 1828, drei Jahre vor seinem Tod, an, ohne das Verfassungswerk vollenden zu können. Das Porträt Marie Ellenrieders zeigt den Regenten etwa zu diesem Zeitpunkt auf der Höhe seiner Macht. Die Turbulenzen und Irritationen der Jahre um 1800 waren längst gewichen. Der Fürst traf sich in diesen Jahren sogar wieder regelmäßig mit seiner Frau Amalie Zephyrine zum nachmittäglichen Kaffee. C.B.

LIT.: Kallenberg 1996, 130-147; Krins 2005, 11-16.

III.7
Fürst Karl von Hohenzollern-Sigmaringen (1785-1853)

Joseph Hartmann (?)
Um 1840
Öl auf Leinwand
95 x 81 cm
Fürstlich Hohenzollernsche
Sammlungen Sigmaringen

Fürst Karl war ein ernster, fast asketischer Schöngeist, dessen skrupulöse, sparsame Lebensführung sich z.T. aus der familiären Konstellation seiner Kindheit erklärt. Von 1806 bis 1808 machte er eine militärische Karriere im Gefolge Napoleons. Seiner jungen Frau Antoinette Murat war er ein eher väterlicher Gemahl. Anders als sein Vater ging er nach Regierungsantritt 1831 rasch die Frage der Landesverfassung an, die schon 1832 in Kraft trat. Der Fürst, der mit diesem Schritt dem erwachenden Liberalismus im Land entgegen gekommen war, fühlte sich von der demokratischen Revolution von 1848 in Sigmaringen so tief getroffen, dass er noch im selben Jahr zurück trat und die Regierung seinem Sohn überließ. 1850 stimmte er dem Übergang des Landes an Preußen zu. Damit traten die Fürsten von Hohenzollern, die im Jahr 1806 einen historischen Aufschub erhalten hatte, mit einer Phasenverschiebung von 45 Jahren aus dem Kreis der Souveräne freiwillig zurück in den Kreis der Standesherren. **C.B.**

LIT.: Zingeler 1909/10; Kallenberg 1996, 147-154; Gönner 1996; Bumiller 1998; Kat. Stuttgart 1987, 1,1, 360 f.; Krins 2005, 16-19.

III.8
Brief des sachsen-weimarischen geheimen Rats Johann Wolfgang von Goethe an den Erbprinzen Karl von Hohenzollern Sigmaringen

13. April 1828
Vier Blätter mit sieben
beschriebenen Seiten,
auf der letzten Seite eigenhändige
Unterschrift Goethes
Seitenmaße 25,3 x 21 cm
Landesarchiv Baden-Württemberg,
Staatsarchiv Sigmaringen,
FAS HS 1-80 T 1-6 R. 53, 1255

Erbprinz Karl befasste sich ausgiebig mit Erziehungsangelegenheiten seines 1811 geborenen Sohnes Karl Anton. Er erbat sich Rat bei bedeutenden Persönlichkeiten wie Alexander von Humboldt oder dem Konstanzer Bistumsverweser Wessenberg. Am 30. März 1828 wandte er sich an Goethe, den er von einem Kuraufenthalt in Marienbad 1822 her kannte. Nachdem schon Humboldt für den jungen Karl Anton zu einem Offizier als Erzieher geraten hatte, schloss sich Goethe dieser Meinung an, er riet aber nicht zu einem preußischen, sondern zu einem süddeutschen Offizier. In der Tat erhielt Karl Anton, als er 1828 aus dem Genfer Internat zurückkehrte, den württembergischen Hauptmann von Rüpplin als Gouverneur.

LIT.: Kat. Sigmaringen 1995, 152.

III.9
Inbesitznahme der Fürstentümer Hohenzollern-Sigmaringen und Hohenzollern-Hechingen durch Friedrich Wilhelm IV. König von Preußen

Charlottenburg, 16. Februar 1850
Tinte auf Papier, Einband aus rotem Samt
53,5 × 40 cm
Landesarchiv Baden-Württemberg,
Staatsarchiv Sigmaringen,
FAS HS 1-80 T 1-6 R. 53, 1403

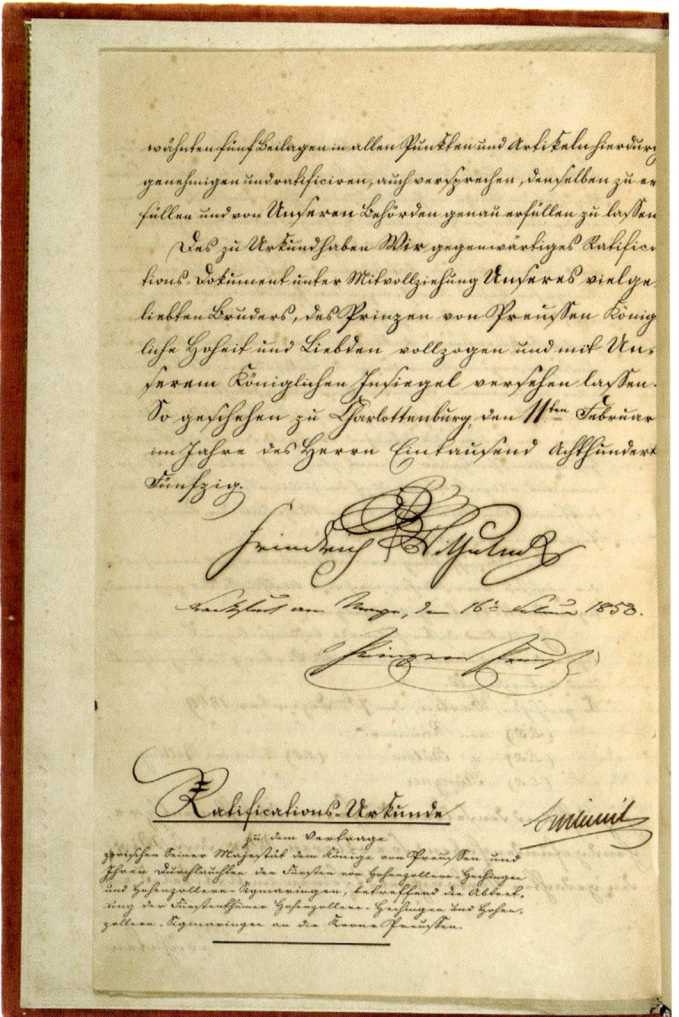

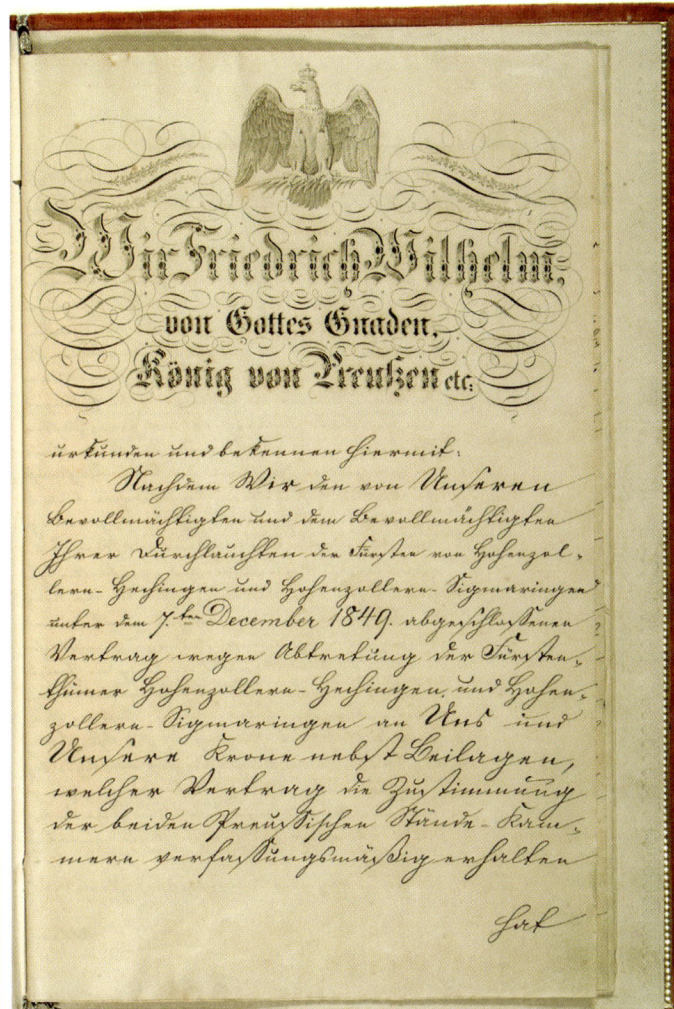

Aus Enttäuschung über die Erhebung ihrer Untertanen in den Jahren 1848/49 dankten sowohl Fürst Friedrich Wilhelm Konstantin in Hechingen als auch Fürst Karl Anton in Sigmaringen ab. Die Frage, unter wessen politische Fittiche sich das Land begeben sollte, wurde auch öffentlich diskutiert. Die Option eines Anschlusses an Württemberg stieß aber sowohl bei den Fürsten wie bei den Untertanen auf Widerspruch. Der nahe liegende Anschluss an das stammverwandte Preußen, der in zwei Erbverträgen von 1695 und 1705 vorweg genommen war, stieß aber in Berlin zunächst nicht auf Gegenliebe. Es bedurfte einer gewissen Überzeugungsarbeit seiner Berater, bis König Friedrich Wilhelm IV. von seiner neuen Provinz, den „Stammlanden" aller Hohenzollern Besitz ergriff. Dieser politische Schachzug bedeutete für die Untertanen einen verspäteten Vollzug der „territorialen Revolution", die 1806 ausgeblieben war, und für den Fürsten in Sigmaringen einen äußerst vorteilhaften und privilegierten Rückzug in den Kreis der Standesherren. C.B.

LIT.: Kuhn-Rehfus 1976; Treffeisen/Trugenberger 1995; Gönner 1996; Bumiller 1999; Kat. Karlsruhe 1998, 456.

III.10
Ehrenkreuz Erster Klasse

Hohenzollern-Sigmaringen
1841
Gold
Durchmesser 6 cm
Fürstlich Hohenzollernsche
Sammlungen Sigmaringen

Es gehörte zu den Vorrechten souveräner Monarchien, Orden und Ehrenzeichen zu verleihen. Das Fürstentum Hohenzollern-Sigmaringen stiftete noch im Jahr 1841 dieses Ehrenkreuz. Das weiß emaillierte und schwarz geränderte Kreuz trägt im runden weißen Mittelmedaillon die gekrönten Initialen F.C. für Fürst Carl (von Hohenzollern-Sigmaringen), umgeben von einem blauen Kreis mit der Umschrift FÜR TREUE UND VER- DIENST. Auf der Rückseite des Mittelmedaillons erscheint das weiß-schwarz gevierte hohenzollerische Wappen im gekrönten Wappenmantel. Um das Mittelmedaillon liegt ein grün emaillierter (Lorbeer-) Kranz. Das Kreuz hängt an einer goldenen Krone mit Hermelin und rotem Futter. **G.A.**

LIT.: Link, Gauggel 1985, 34 ff.

III.11
Huldigungsmedaille für König Friedrich Wilhelm IV. von Preußen

1851
Silber
Durchmesser 3 cm
Fürstlich Hohenzollernsche
Sammlungen Sigmaringen

Vorderseite: Der preußische König im Profil nach rechts blickend, Umschrift: FRIEDRICH WILHELM IV. VON PREUSSEN.

Rückseite: Der gekrönte preußische Adler mit dem hohenzollerischen Wappen auf der Brust, Umschrift: ZUR HULDIGUNG . HOHENZOLLERN D. 23. AUGUST 1851. **C.B.**

LIT.: Bahrfeldt 1900; vgl. Preußen in Hohenzollern, 31.

III.12
Erbhuldigung auf Burg Hohenzollern am 23. August 1851

Georg Eberlein
1851/52
Öl auf Leinwand
158 x 173,5 (m.R.)
Haus der Geschichte Baden-Württemberg

Der preußische König Friedrich Wilhelm IV. und sein Bruder Prinz Wilhelm nehmen vor der Ruine der Burg Hohenzollern die Huldigung der schwäbischen Untertanen entgegen. **C.B.**

LIT.: Wiedel-Senn 1951; Für die Sache der Freiheit, 62; Landesgeschichten 2002, 96.

IV.

→

»…ALS OB ES IN IHRER MACHT STÜNDE, UNSEREN ADEL ZU SCHMÄLERN…«

Fürstin Elisabeth von Fürstenberg 1815

IV. DER ADEL ZWISCHEN ANPASSUNG UND WIDERSTAND 1815–1848

Der Adel zwischen Anpassung und Widerstand 1815–1848

FÜRSTENBERG

DAS HAUS FÜRSTENBERG stammt von den Grafen von Urach ab, das um die Mitte des 11. Jahrhunderts auf der mittleren Schwäbischen Alb beheimatet war und dort 1189 das Kloster Zwiefalten gründete. Der bis ins 20. Jahrhundert prägende Leitname Egino (Egon) geht auf die Grafen von Urach zurück. Da Egino IV. von Urach um 1180 mit Agnes, der Tochter Bertholds IV. von Zähringen verheiratet war, fiel ihm nach dem Aussterben der Zähringer 1218 ein Teil des zähringischen Erbes zu, die Städte Freiburg und Villingen, das Kinzigtal und die Landgrafschaft Baar. Die Söhne Eginos V. († 1236), Konrad und Heinrich, teilten vor 1250 das väterliche Erbe: Konrad erhielt Freiburg und Heinrich Villingen (1328 verloren gegangen) und die Baar. Heinrich nannte sich nach der 1175 erstmals genannten Burg Fürstenberg.

Die Grafen von Fürstenberg lehnten sich seit dem späten Mittelalter eng ans Haus Habsburg an. Seit 1488 war Donaueschingen Residenz der Fürstenberger. 1534 erlangten sie aus dem Erbe der erloschenen Grafen von Werdenberg die Grafschaft Heiligenberg als Reichslehen und die Herrschaften Trochtelfingen und Jungnau. Nach dem Tod Graf Friedrichs von Fürstenberg 1559 entstanden die drei Linien Fürstenberg-Heiligenberg, -Meßkirch und -Stühlingen. Nach dem Aussterben der Linien Heiligenberg 1716 und

Meßkirch 1744 vereinigte sich der Gesamtbesitz in der Hand Joseph Wilhelm Ernsts (1699-1762), der 1716 in den Reichsfürstenstand erhoben wurde. Auf ihn, den „Schöpfer des Fürstenbergischen Staatswesens" (Johne) gehen umfassende Reformen zurück.

Als mit seinem Enkel Karl Joachim die Stühlinger Linie 1804 erlosch, ging die Regierung auf die 1756 errichtete böhmische Sekundogenitur über. Allerdings war im Jahr 1804 der künftige Fürst Karl Egon II., dessen Vater in der Schlacht bei Stockach 1799 sein Leben gelassen hatte, erst acht Jahre alt. So war es die Mutter, Fürstin Elisabeth, die mit Hilfe des Regierungspräsidenten Kleiser die Mediatisierung Fürstenbergs vergeblich abzuwenden versuchte.

Obwohl deutlich größer als beispielsweise Hohenzollern konnte Fürstenberg dem Schicksal der Mediatisierung nicht entgehen. Der größere Teil des fürstenbergischen Territoriums ging im liberaleren Baden auf, nur kleinere Teile in Württemberg und Hohenzollern. Mit dem Großherzogtum schloss Fürst Karl Egon II., der 1818 bereits Amalie Christine von Hochberg, Prinzessin von Baden geheiratet hatte, 1823 einen vorteilhaften Staatsvertrag, der den Fürstenbergern eine privilegierte Stellung im Großherzogtum Baden verschaffte. Um 1900 bestand unter Fürst Max Egon II. eine enge Beziehung zum preußischen Kaiserhaus. Die Standesherrschaft Fürstenberg war im 19. Jahrhundert nach der Ablösung der Zehnten und der Fronden (1831-33) und der Streichung aller verbliebenen Feudalrechte 1848 gezwungen, seine Ökonomie radikal auf modernes Unternehmertum umzustellen. Das geschah durch Investition in die Montanindustrie, in die Fürstenberg-Brauerei und in die heimische Forstwirtschaft. Die Gewinne aus den Ablösungen flossen weitgehend in den Erwerb von Waldflächen.

Unter den Fürsten Karl Egon II. (1796-1854) und Karl Egon III. (1820-1892) entstanden die berühmten Fürstenbergsammlungen, die seit 1868 in einem eigens errichteten Museum präsentiert wurden. Während ein Teil der Sammlungen in den vergangenen Jahren veräußert wurde, ist das Haus Fürstenberg bis heute für sein Mäzenatentum im Bereich der Musik einer alten Tradition treu geblieben.

LIT.: Riezler 1883; Tumbült 1908; Johne 1938; Bader 1956; Eltz 1980.

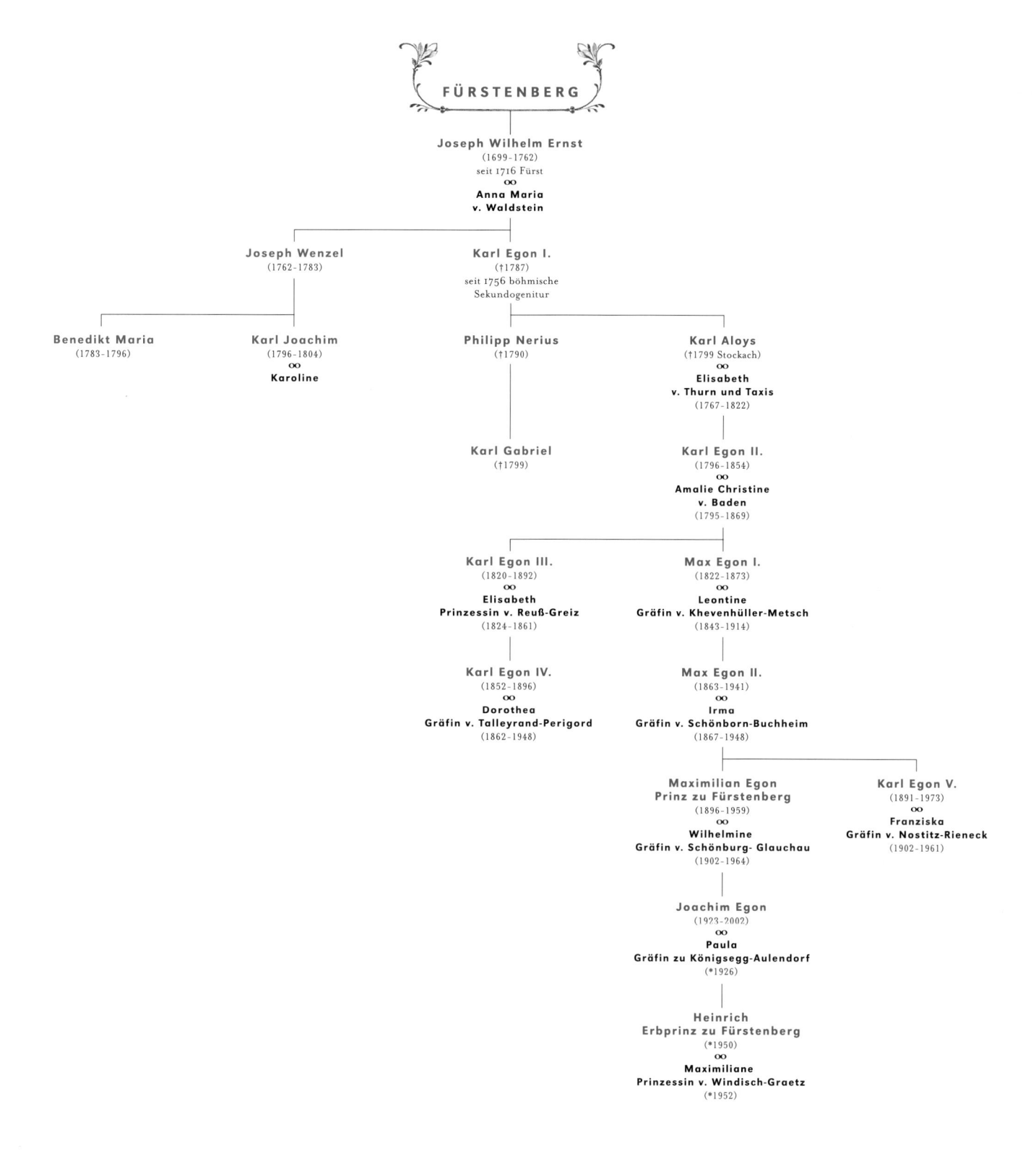

FÜRSTENBERG

Joseph Wilhelm Ernst
(1699-1762)
seit 1716 Fürst
∞
**Anna Maria
v. Waldstein**

- **Joseph Wenzel** (1762-1783)
  - **Benedikt Maria** (1783-1796)
  - **Karl Joachim** (1796-1804)
    ∞
    Karoline
- **Karl Egon I.** (†1787)
  seit 1756 böhmische Sekundogenitur
  - **Philipp Nerius** (†1790)
    - **Karl Gabriel** (†1799)
  - **Karl Aloys** (†1799 Stockach)
    ∞
    Elisabeth v. Thurn und Taxis (1767-1822)
    - **Karl Egon II.** (1796-1854)
      ∞
      Amalie Christine v. Baden (1795-1869)
      - **Karl Egon III.** (1820-1892)
        ∞
        Elisabeth Prinzessin v. Reuß-Greiz (1824-1861)
        - **Karl Egon IV.** (1852-1896)
          ∞
          Dorothea Gräfin v. Talleyrand-Perigord (1862-1948)
      - **Max Egon I.** (1822-1873)
        ∞
        Leontine Gräfin v. Khevenhüller-Metsch (1843-1914)
        - **Max Egon II.** (1863-1941)
          ∞
          Irma Gräfin v. Schönborn-Buchheim (1867-1948)
          - **Maximilian Egon Prinz zu Fürstenberg** (1896-1959)
            ∞
            Wilhelmine Gräfin v. Schönburg-Glauchau (1902-1964)
            - **Joachim Egon** (1923-2002)
              ∞
              Paula Gräfin zu Königsegg-Aulendorf (*1926)
              - **Heinrich Erbprinz zu Fürstenberg** (*1950)
                ∞
                Maximiliane Prinzessin v. Windisch-Graetz (*1952)
          - **Karl Egon V.** (1891-1973)
            ∞
            Franziska Gräfin v. Nostitz-Rieneck (1902-1961)

IV.1
Elisabeth Fürstin von Fürstenberg geb. Thurn und Taxis mit ihrer Tochter Maria Leopoldine

Johann Baptist Seele (1774–1814)
Um 1798
Öl auf Leinwand
96,5 x 75 cm
Fürstlich Fürstenbergische Sammlungen Donaueschingen

Elisabeth war die Witwe des 1799 bei Liptingen gefallenen Fürsten Karl Aloys von Fürstenberg. Durch den frühen Tod ihres Mannes wurde sie nicht nur zur alleinigen Erzieherin ihrer Kinder Leopoldine und Karl Egon, sie profilierte sich angesichts der gravierenden Umbrüche dieser Zeit als politische Persönlichkeit. Zunächst versuchte sie, unterstützt von ihrem Regierungspräsidenten Joseph von Kleiser, mit allen Mitteln der Diplomatie, die Mediatisierung ihres Fürstentums abzuwenden. Dem französischen Außenminister Talleyrand versuchte sie Fürstenberg als vierte souveräne Macht zollern schmackhaft zu machen. Als sich diese Hoffnung mit der Verkündung der Rheinbundakte 1806 zerschlug, setzte Elisabeth in den Jahren bis 1815 alles daran, die Lage der Mediatisierten zu verbessern und womöglich zu den alten Souveränitätsrechten zurückzukehren. Auf dem Wiener Kongress wurde sie zur „Vorkämpferin der Interessen der Mediatisierten" (Platen). Als sich die Standesherren nach 1815 endgültig in ihr Schicksal fügen mussten, blieb der Fürstin nur noch übrig, wenigstens die privilegierte Stellung ihres Hauses zu sichern. Als „erster Standesherr" errang ne Verehelichung mit Amalie Christine von Baden (-Hochberg) eine bevorzugte Stellung im Staat Baden. Das Leben der Fürstin Elisabeth von Fürstenberg zeigt trotz ihres politischen Scheiterns manche Parallelen zu dem der Fürstin Amalie Zephyrine von Hohenzollern. Auch Elisabeth verband ein enges Verhältnis mit ihrem Sohn Karl Egon, dem sie 1817 zu dessen Regierungsantritt einen programmatischen Brief überreichte. **C.B.**

LIT.: Platen 1954, 7-25, Abb. nach S. 9; Bader 1956; Fehrenbach 1984; Mildenberger 1984, 210; Kurzel-Runtscheiner 1994; Krause 1998; Gaier/Weidhase 1998, 64-69; Kat. Stuttgart 1987, 129 f.

IV.2
Brief der Fürstin Elisabeth von Fürstenberg an ihren Sohn Karl Egon

Heiligenberg, 4. Mai 1817
(Abschrift von fremder Hand Juni 1822)
Tinte auf Papier
25 x 20 cm
Fürstlich Fürstenbergisches Archiv Donaueschingen,
OB 19 LXXII/22

Der beeindruckende Brief zeugt von einer tiefen Mutterliebe: „Du bist nun gerichtlich meiner Gewalt entlassen; aber der Gewalt meiner Liebe bleibst Du es auf ewig nie..." Zugleich enthält er ein ethisches Programm für den nicht mehr souverän, sondern nur noch als Standesherr „regierenden" Sohn: „... ausgelöscht aus der Zahl der Immediaten Reichsfürsten, bist Du nunmehr nur ein Gutsbesitzer wie so viele andre – aber wenn Du auch nicht mehr über Land und Leute gebiethest, so können Dir mehr als 90 Tausend auf Fürstenbergischer Erde gebohrne Menschen darum nicht weniger ein heiliger Erbtheil Deiner Väter sein." Elisabeth sucht nach moralischen Mitteln, den Verlust souveräner Macht auszugleichen: „Möge... Deine Zurückweisung in die Classe der Privatmänner Deiner moralischen Ausbildung nützlich werden! Ewig bleibe Dir Hochmuth und Hoffahrt fremd, aber ein edler Stolz ziert den Deutschen Jüngling... Präge Dir tief ein, dass Du nunmehr nur durch Dein eigenes Selbst Achtung und Liebe erwerben kannst." C.B.

LIT.: Platen 1954, 22 ff.

IV.3
Fürstlich Fürstenbergisches Wappen

Josef Jäckle
1814
Tempera auf Karton
105 x 81 cm (m.R.)
Fürstlich Fürstenbergische
Sammlungen Donaueschingen

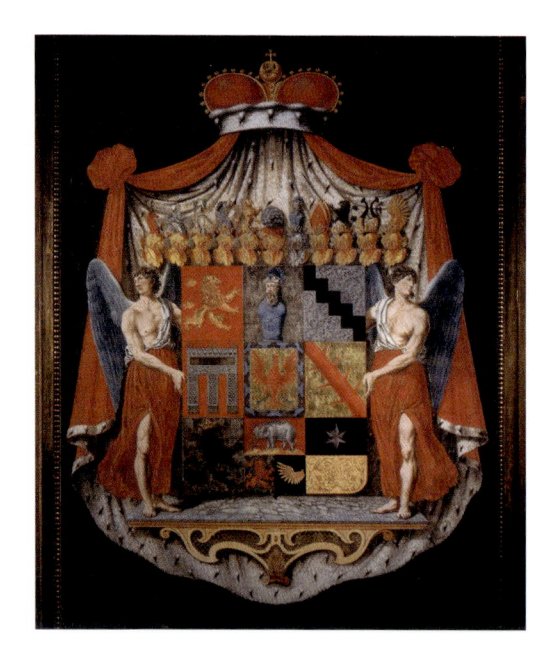

Das auf einen marmorierten Hintergrund gemalte Wappen zeigt das vollständige Fürstenberg-Wappen im Hermelinmantel mit Fürstenhut. Kurz vor dem Wiener Kongress, der den Souveränitätsverlust der Mediatisierten bestätigen sollte, wird hier das Haus Fürstenberg nochmals in seiner ganzen Machtfülle symbolisch repräsentiert. C.B.

LIT.: Kat. Weitra 1994, 425, dort auch Goerlipp 1994, 45-64.

IV.4
Schloss Heiligenberg

Hermann Corrodi
Undatiert
Öl auf Leinwand
82 x 123 cm
Fürstlich Fürstenbergische
Sammlungen Donaueschingen

Die Herrschaft Heiligenberg fiel 1534 durch Erbschaft an die Grafen von Fürstenberg. Das 1575 errichtete Schloss Heiligenberg zählte neben Meßkirch, Hechingen, Wolfegg und Zeil zu den herausragenden Renaissancebauten des oberschwäbischen Adels. Nach Erlöschen der Heiligenberger Linie 1716 nahm Heiligenberg den Charakter einer Nebenresidenz und eines Sommersitzes an. Nach 1800 bewohnte die verwitwete Fürstin Elisabeth das Schloss zeitwei-

IV. DER ADEL ZWISCHEN ANPASSUNG UND WIDERSTAND 1815–1848

IV.5
Allianzwappen Fürstenberg-Baden

Um 1820
Öl auf Holz
52 x 46 cm
Fürstlich Fürstenbergische Sammlungen Donaueschingen

Durch die 1818 geschlossene Ehe Karl Egons II. von Fürstenberg mit Amalie Christine von Baden, die allerdings der freiherrlichen Nebenlinie von Baden-Hochberg entstammte und erst in den Fürstenstand erhoben werden musste, wurden geschickt die Interessen beider Häuser verknüpft. Diese familiäre Verbindung begünstigte die Stellung Fürstenbergs als eine Art „Unterlandesherr" in Baden, wie sie im Staatsvertrag von 1828 festgeschrieben wurde. Das vorliegende Allianzwappen stammt von der Kutsche des Fürstenpaares. **C.B.**

LIT.: Kat. Stuttgart 1987, 131.

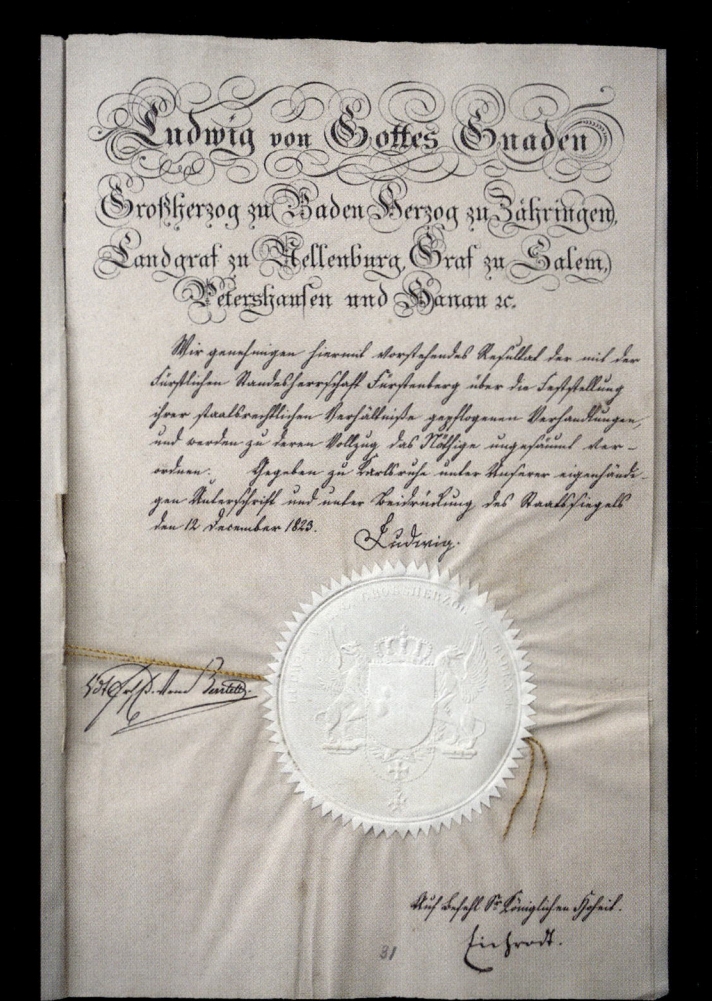

IV.6
Vertrag zwischen Baden und Fürstenberg vom 11. November 1823 über die staatsrechtliche Stellung des Hauses Fürstenberg im Großherzogtum Baden

Zustimmungserklärung des Großherzogs Ludwig von Baden
Tinte auf Papier mit Papiersiegel und Unterschrift des Großherzogs
Libell 33,8 x 22 cm
Fürstlich Fürstenbergisches Archiv Donaueschingen, Oberhoheitsakten II, Ae, 4.

154

IV.7
Stammtafel des Hauses Fürstenberg

Xaver Stiehle
1847
Tempera auf Papier
95 x 62 cm
Fürstlich Fürstenbergische
Sammlungen Donaueschingen

Der reich illustrierte Gesamtstammbaum des Hauses Fürstenberg von den Ursprüngen im Hause Urach bis in die Gegenwart des Jahres 1847 war ein Auftrag des fürstlichen Hauses und basiert nach Angaben des Malers Xaver Stiehle am unteren Rand des Werkes auf archivalischer Quellenforschung. Der Stammbaum ist auf einzelne Blätter gezeichnet, die so auf Stoff geklebt sind, dass sie in der Art eines Leporellos gefaltet und in einer dazu gehörigen Tasche verwahrt werden können. In der Wurzel des Stammbaums prangt das prachtvolle Fürstenberg-Wappen, links und rechts von den kleineren Wappen der verschiedenen fürstenbergischen Herrschaften begleitet. Oben links und rechts stehen sich die Wappen Fürstenberg und Baden, den dynastischen Höhepunkt der Hausgeschichte repräsentierend, gegenüber.

LIT.: Unveröffentlicht.

IV.8
Karl Egon II. Fürst zu Fürstenberg (1796–1854)

Richard Lauchert (1823–1868)
1857
Öl auf Leinwand
214 x 154 cm
Fürstlich Fürstenbergische
Sammlungen Donaueschingen

Dieses monumentale Porträt des Fürsten Karl Egon II. (1796-1854) ist posthum 1857, drei Jahre nach seinem Tod entstanden. Auftraggeber war entweder die Witwe des Fürsten, Fürstin Amalie, oder sein Sohn Karl Egon III. Der hohenzollerische Hofmaler Richard Lauchert griff für das Bildnis des Fürsten auf ein früheres Porträt zurück, das er hier in eine erweiterte Bildkonzeption einfügte. Die ganz auf Eindruck angelegte Monumentalität des Bildes zeigt den Fürsten in einem brokatbestickten Prachtmantel mit dem Orden vom Goldenen Vlies, den er 1836 verliehen bekam. Der hier demonstrierte Habitus entspricht der Ikonographie regierender Reichsfürsten, wie sie die Zeit vor der Mediatisierung um 1800 hervor gebracht hat. Für die Zeit nach 1850 ist ein solches Bild eines Standesherrn ungewöhnlich. Hinzu kommt, dass solch fürstlicher Prunk dem Selbstverständnis gerade dieses Fürsten nicht gerecht wird. Karl Egon II. gab sich in seinen früheren Porträts durchaus vornehm und standesbewusst (so in einem bekannten Bild von Marie Ellenrieder von 1819), verkörperte aber eher den Typus des kultivierten Homme de lettre, was ja seinem Lebensstil entsprach. So ist zu vermuten, dass der verstorbene Fürst hier im Klima der Restauration nach 1850, wohl im Auftrag seiner Witwe, posthum zum souveränen Reichsfürsten stilisiert werden sollte. **C.B.**

LIT.: Platen 1954; Kaufhold, Hofmaler 1969, 4, 19; Kat. Weitra 1994, 401 f; vgl. Kat. Stuttgart 1987, 131.

Maximilian Wunibald
Reichserbtruchseß Graf von
Waldburg-Zeil nachmals
erster Fürst Waldburg-
Zeil ꝛc.

DIE WÜRTTEMBERGISCHEN STANDESHERREN

DIE MEISTEN ADELSFAMILIEN OBERSCHWABENS wurden 1806 von Württemberg mediatisiert. Das gespannte Verhältnis zwischen dem württembergischen Staat und den neuen Standesherren beruhte auf zwei Faktoren. Zum einen war der oberschwäbische Adel seit Jahrhunderten ausschließlich auf Österreich ausgerichtet und zeigte über den Untergang des Alten Reiches hinaus eine außerordentliche Anhänglichkeit an das Haus Habsburg. Waldburg beispielsweise war stolz auf seine Reichserbtruchsessen-Würde und fühlte sich dem habsburgischen Kaiserhaus besonders eng verbunden. Die Grafen von Königsegg waren seit dem 16. Jahrhundert von Habsburg mit der Landvogtei Oberschwaben belehnt gewesen. Auf der anderen Seite gab es in Württemberg seit dem 16. Jahrhundert keinen landsässigen Adel mehr. Man war hier insofern seit langem frei von Rücksichten auf adlige Interessen. Hinzu kam, dass Württemberg seit 1803 recht rigoros mit der Einverleibung geistlicher und weltlicher Territorien verfahren war. Ein weiterer Aspekt war der konfessionelle Gegensatz des oberschwäbischen Adels zum neuen Landesherrn.

Nach der württembergischen Verfassung von 1819 bildete der Adel zwar die privilegierte Klasse im Staat, die jeweiligen Chefs der Häuser besaßen das lebenslange Recht, in der Ersten (Adels-) Kammer politisch mitzuwirken. Dennoch galt dem Fürsten von Waldburg-Zeil die Hauptstadt als „Purgatorium der Standesherren" und König Friedrich I. als „Stuttgarter dicker Herodes". Der Sitz in der Ersten Kammer und die regelmäßige Anwesenheitspflicht wurden als lästig empfunden, man versuchte den politischen Verpflichtungen in Bezug auf Württemberg so gut es ging zu entgehen. Erst nach der Mitte des 19. Jahrhunderts besserte sich das Verhältnis der Standesherren zum württembergischen Staat.

LIT.: Dornheim 1993, 127-142, 159-165; Endres 2003.

IV.9
Maximilian Wunibald Fürst von Waldburg-Zeil (1750-1818)

Unbekannter Künstler
Anfang 19. Jahrhundert
Öl auf Leinwand
100 x 82 cm
Fürstlich Waldburg-Zeil'sches Gesamtarchiv Schloss Zeil

Das Porträt eines unbekannten Meisters trägt die Beschriftung: „Maximilian Wunibald Reichserbtruchsess Graf von Waldburg-Zeil, nachmals erster Fürst von Waldburg-Zeil" und zeigt den Erbtruchsessen bald nach der Erhebung des Gesamthauses Waldburg in den Reichsfürstenstand 1803. Die Bemühungen um die Standeserhöhung des Hauses standen bereits unter dem Eindruck der sich ankündigenden Umwälzungen. Trotz der hohen Kosten von ca. 90.000 fl., die das Verfahren kostete, trat man in Verhandlungen mit dem Reich, weil man sich von der Fürstenwürde und Reichsstandschaft Vorteile für das politische Überleben im Territorienroulette versprach. Das Haus Waldburg wurde dennoch 1806 mediatisiert, obwohl Maximilian Wunibald als Direktor des Schwäbischen Reichsgrafenkollegiums noch am 6. Januar 1806 in München bei Napoleon interveniert hatte. Fürst Waldburg-Zeil wurde jetzt zum Standesherrn in Württemberg, eine Rolle, die er widerwillig akzeptierte: „Lieber Kuhhirt in der Türkei als Standesherr in Württemberg...", war seine Devise. 1808 wurde er zum württembergischen Erb-Reichs-Oberhofmeister bestellt, eine Würde, dessen schaler Geschmack das althergebrachte Reichserbtruchsessenamt nicht ersetzen konnte. Als das Ende Napoleons absehbar war und die Neuordnung Deutschlands auf dem Wiener Kongress anstand, wurde Maximilian Wunibald 1813 und 1815/16 zur führenden Kraft im „Verein der mediatisierten Fürsten und Grafen", die in Wien versuchten, zu den Zuständen von 1805 zurückzukehren. Ohne seine politischen Ziele erreicht zu haben, verstarb Maximilian Wunibald Fürst von Waldburg-Zeil am 16. Mai 1818 als profilierter Vertreter jener Adelsgeneration, die die Feudalgesellschaft und die Vorrechte des Adels für unantastbar hielt. C.B.

LIT.: Mößle 1968; Beck 2003; Meier 2003.

IV.10
Reichsfürstendiplom für Waldburg

Wien, 21. März 1803.
Pergament (11 beschriebene Blätter),
roter Samteinband
Unterschrift Kaiser Franz' II.,
kaiserliches Siegel in vergoldeter
Metallkapsel anhängend.
36,5 x 35 cm
Fürstlich Waldburg-Zeil'sches
Gesamtarchiv, Abt. Wurzach,
ZAWu U 2109.

Kaiser Franz II. verleiht den Reichserbtruchsessen von Waldburg Graf Ernst von Zeil-Wurzach, Graf Maximilian Wunibald von Zeil und Trauchburg und Graf Joseph Anton von Wolfegg und Waldsee und ihrem gräflichen Gesamthaus die Reichsfürstenwürde mit der Maßgabe, dass der jeweils Regierende dieser drei Linien und nach dessen Tod derjenige seiner Söhne, der ihm im Besitz seiner Reichsherrschaften nachfolgt, berechtigt ist, den Fürstentitel zu führen. Gleichzeitig erhebt Kaiser Franz II. ihre sämtlichen Reichsherrschaften zu

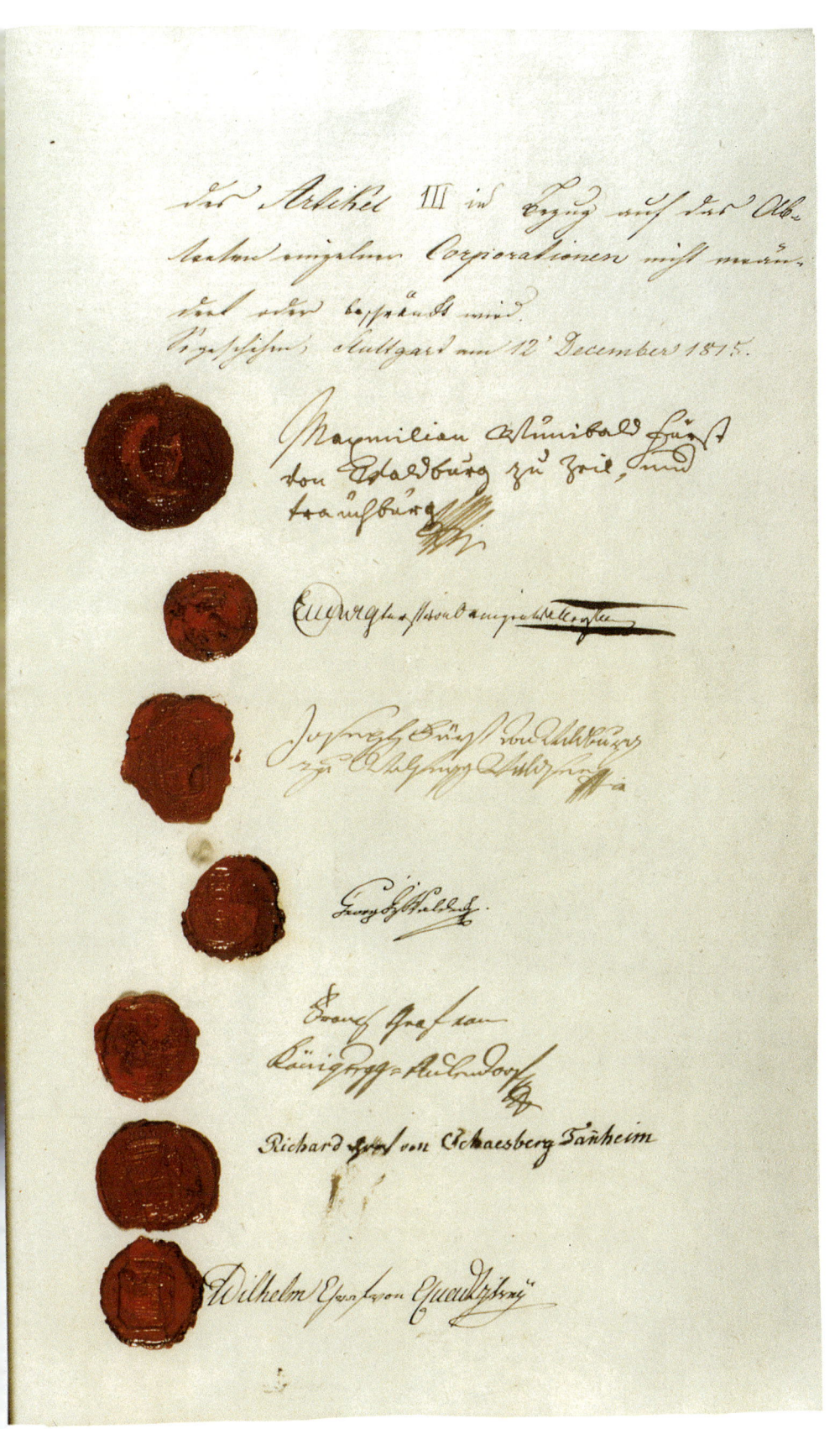

IV.11
Verein der mediatisierten Fürsten und Grafen

Instruktion für die Bevollmächtigten beim Frankfurter Bundestag vom 12. Dezember 1815
33,5 x 40,5 (aufgeschlagen)
Letzte Seite mit den Unterschriften von Waldburg-Zeil, Öttingen-Wallerstein, Waldburg-Wolfegg-Waldsee, Waldegg, Königsegg-Aulendorf, Schaesberg-Tannheim und Quadt-Isny
Tinte auf Papier, Siegelwachs
Fürstlich Waldburg-Zeil'sches Gesamtarchiv Schloss Zeil.

Bereits am 10. Dezember 1813 wurde eine „Vereinigung der Standesherren" gegründet, die keine zwei Jahre später aufgelöst wurde. Erklärtes Ziel war die Restitution der Reichsunmittelbarkeit der Standesherren. 1815 verfasste Fürst Maximilian Wunibald von Waldburg-Zeil eine 110-seitige Denkschrift zur künftigen Stellung des Adels, die „eine einzige Anklage gegen die Anmaßung Württembergs dar(stellt), die okkupierten Rechte aus der Rheinbundzeit nach dessen Auflösung weiterhin zu behaupten" (Meier). Mit dieser Denkschrift profilierte sich Fürst Zeil in den Kreisen der Standesherren so sehr, dass er nach der Gründung des „Vereins der mediatisierten Fürsten und Grafen" am 12. Dezember 1815, dem 35 Adelshäuser beitraten, zu dessen führender Persönlichkeit wurde. Die Tätigkeit des Vereins wurde von württembergischer Seite argwöhnisch beobachtet und führte am 8. Juni 1816 zum Verbot. Es war aber auch ohnedies klar, dass die Deutsche Bundesakte in ihrem Artikel 14 nicht mehr zu den Adelsrechten von 1805 zurückkehren würde. C.B.

LIT.: Mößle 1968, 228-240; Meier 2003.

IV.12
Empfang Kaiser Franz' I. in Aulendorf am 8. Juni 1814

Johann Georg Sauter
nach 1814
Öl auf Leinwand
76 x 111 cm
Privatbesitz

Nachdem sich mit der Völkerschlacht bei Leipzig im Oktober 1813 das Kriegsglück Napoleons gewendet hatte, begannen im November in Frankfurt die Verhandlungen zwischen den Souveränen und die Mediatisierten um die politische Ordnung nach Napoleon. Ein Jahr später, im Oktober 1814, begann in Wien der berühmte Kongress. Zwischen den beiden Ereignissen bereiste Kaiser Franz I. von Österreich, das 1806 gestürzte Haupt des Alten Reiches, verschiedene Stationen seiner früheren Erbländer. Er wurde überall in den ehemals vorderösterreichischen Besitzungen freundlich, ja überschwänglich empfangen. Dreimal, im Herbst 1813 in Freiburg, im Juli 1814 in Schaffhausen und im Oktober 1814 in Wien, gewährte Kaiser Franz beispielsweise der Fürstin Elisabeth von Fürstenberg Audienz. Zuletzt in Wien trug sie ihm im Namen ihrer Standesgenossen die „deutsche" Kaiserkrone wieder an. Das zeigt, wie sehr man unter den Mediatisierten auf die Rückkehr zu den alten Verhältnissen bedacht war. Aber nicht nur die mediatisierten Fürsten, auch gräfliche Familien versuchten den „Kaiserumritt" für sich prestigeträchtig in Szene zu setzen. So gelang es dem Grafen Franz Xaver zu Königsegg (1787-1863), den Kaiser am 8. Juni 1814 auf dem Weg nach Wien zu einer viertelstündigen Rast im Aulendorfer Schloss zu bewegen. Der kurze Aufenthalt kontrastiert auffällig mit dem gewaltigen Aufwand, den die gräfliche Familie und die Stadtbürger betrieben, um dem Kaiser aufzuwarten. Wenn Franz Xaver berichtet, wie „seine Majestät" im „allgemeinen Volksjubel" „empfangen wurden", erinnert dies an die Situation einer Huldigung, und die Tatsache, dass der Graf in „einer ungarischen Magnatenuniform an des Kaisers Seite tritt" (Boxler), spiegelt den ungebrochenen Wunsch der Grafen zu Königsegg wieder, zur ehemaligen Schutzmacht zurück zu kehren. Das „Kaiserbild" wurde von Johann Georg Sauter, dem von Graf Franz Xaver geförderten Aulendorfer Maler, mit einiger zeitlicher Verzögerung in Szene gesetzt. **C.B.**

LIT.: Platen, 15-17; Flad 1990; Boxler 2005, 795-797.

IV. DER ADEL ZWISCHEN ANPASSUNG UND WIDERSTAND 1815–1848

IV.13
Graf Franz Xaver Euseb zu Königsegg-Aulendorf
(1787–1863)

Unbekannter Künstler
Undatiert (nach 1840)
Öl auf Leinwand
70 x 55 cm
Privatbesitz

Franz Xaver gehört zu jener Generation junger Adliger, die den Umbruch der Napoleonzeit mit wachen Sinnen verfolgten, ohne bereits politisch aktiv zu sein, er wurde zu einem Erben der Mediatisierung. Beim Tod des Vaters Graf Ernst zu Königsegg 1803 war Franz Xaver 16, bei Verkündigung der Rheinbundakte 1806 gerade 19 Jahre alt. Die Mutter Maria Christina von Manderscheid-Blankenheim, die vom Kaiser die Vormundschaft erhielt, starb 1811. Während der kritischen Jahre 1804 bis 1806 studierte Franz Xaver Jura an den Universitäten Heidelberg, Lausanne und Genf. Da die Familie Güter in Ungarn besaß, bereiste der junge Graf bereits 1803 und wieder ab 1807 Ungarn. Damals wurde Franz Xaver zum ungarischen Magnaten ernannt. 1811 heiratete er die ungarische Gräfin Maria Anna Károlyi von Nagy-Károlyi. Seit 1817 war er k.k. Kämmerer. Die Doppelstellung Königseggs als österreichischer Magnat und als württembergischer Standesherr zeigte Probleme. 1807 zum württembergischen Kammerherrn ernannt, forderte der württembergische König Graf Franz Xaver 1810 auf, sich zwischen Württemberg und Ungarn zu entscheiden. Der Spagat zwischen Württemberg und Ungarn blieb sein ganzes Leben bestehen. Bereits 1819 fand sich Franz Xaver im württembergischen Landtag, und er sollte der Adelskammer offiziell bis 1856 angehören. 1828 wurde in einem Vertrag zwischen Württemberg und dem Haus Königsegg der Rechtsstatus des Hauses geklärt. Um diese Zeit entschied sich die Familie jedoch innerlich für Ungarn. Franz Xavers Herz schlug eindeutig für die k.k. Monarchie, was sich nicht zuletzt in seiner selbstbewussten Darstellung als ungarischer Magnat ausdrückt. Franz Xaver erlebte die Revolution von 1848 in zwei Staaten, ohne dass seine Herrschaften besonders betroffen wurden. Die Verwaltung der Güter legte er bereits 1839 in die Hände des Sohnes, Erbgraf Gustav. Als Graf Franz Xaver zu Königsegg-Aulendorf 1863 starb, wurde mit ihm laut dem „Württembergischen Staatsanzeiger" der „letzte Theilnehmer an der Verfassung berathenden Versammlung [von 1819] zu Grabe getragen." C.B.

LIT.: Boxler, 785-811.

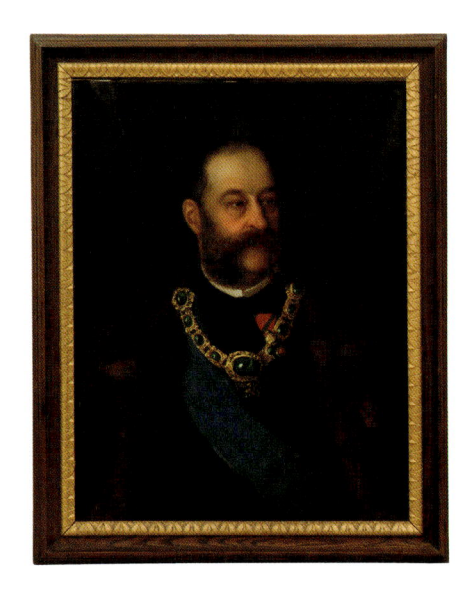

IV.14
Graf Gustav zu Königsegg-Aulendorf
(1813–1882)

Unbekannter Künstler
Undatiert
Öl auf Leinwand
80 x 67 cm
Privatbesitz

Graf Gustav zu Königsegg wurde vom Vater 1839 mit der Verwaltung der königseggschen Besitzungen in Ungarn und in Schwaben betraut und trat damit auch das Erbe dieser komplizierten Doppelstellung gegenüber Württemberg und Österreich an. Während sich das Familienleben mit der 1843 geehelichten Gizella von Czáky (1823-1892) überwiegend auf dem damals neu errichteten Schloss Pruska abspielte, kehrte in den württembergischen Verpflichtungen ein distanzierter Pragmatismus ein. 1838 nahm Gustav erstmals an einer Stuttgarter Ständeversammlung teil. 1863 nach dem Tod des Vaters leistete er gegenüber König Wilhelm von Württemberg den Huldigungseid. 1872 verlieh ihm König Karl das Großkreuz des königlich württembergischen Friedrichsordens, nachdem er 1854 bereits das österreichische Ritterkreuz des St. Stephansordens erhalten hatte. Gustav war anders als sein kunstsinniger Vater „der moderne Technokrat" (Boxler). Nach einem Jura-Studium in Wien erwarb er sich in Reisen durch Oberungarn und Norddeutschland Kenntnisse im Hüttenwesen, in der Forst- und Landwirtschaft, die er auf seinen Gütern in Pruska wie in Königsegg anwandte. Jahrelang war er Vorsitzender des oberungarischen Forstvereins. Von der Landwirtschaftlichen Hochschule in Hohenheim ließ er sich technische Neuerungen nach Pruska liefern. Seit 1857 engagierte er sich neben anderen Adelsfamilien federführend im Eisenbahnbau in Oberungarn. 1869 fand eine erfolgreiche Probefahrt mit einer Lokomotive namens „Königsegg" statt. Der Deutsche Krieg von 1866 brachte nicht nur Einquartierungen für die königseggschen Besitzungen, er führte auch zu einer veränderten politischen Situation. Die deutsche Frage kam nach dem Sieg Preußens über Österreich einer „kleindeutschen" Lösung ohne Österreich näher. Gleichzeitig brach in der Donaumonarchie der österreichisch-ungarische Dualismus auf, der die Stellung der deutschen Großgrundbesitzer in Ungarn verschlechterte. Mit der Reichsgründung von 1871 begann deshalb die Rückbesinnung der Königsegger auf Württemberg. C.B.

LIT.: Boxler 2005, 815-832.

IV.15 a–c
Säbel
88 x 5 cm
Gürtel
80 x 5,5 cm
Knöpfe und Umhangschnallen
Privatbesitz

Säbel, Gürtel und Schmuck gehörten zur ungarischen Magnatenuniform der Grafen Franz Xaver und Gustav zu Königegg-Aulendorf. Die ungarische Bezeichnung dieses Gewandes ist „Disz Magyar". Ihn trugen alle im Herrenhaus vertretenen Magnaten. Es war weniger eine Uniform als vielmehr eine Standestracht. Es gab insofern auch keine feste Kleidervorschrift, die Farbe der Knöpfe und der Säbel konnte nach Belieben gewählt werden. Nur bei Trauer war schwarz vorgeschrieben. Ursprünglich trugen nur die alten magyarischen Familien dieses Kleid, nach 1848 dann auch Familien, die später eingewandert sind oder in Ungarn Besitz hatten. G.A.

LIT.: Unveröffentlicht.

IV.16
Constantin Maximilian Erbprinz zu Waldburg-Zeil

Unbekannter Künstler
Um 1835
Öl auf Leinwand
91 x 72 cm (m.R.)
Fürstlich Waldburg-Zeil'sches
Gesamtarchiv Schloss Zeil

Fürst Constantin Maximilian ist wegen seiner politischen Aktivitäten 1848/49 als „der rote Fürst" in die Geschichte eingegangen. Hatte sein Großvater Max Wunibald ganz in Opposition zum württembergischen Staat gestanden, sein Vater Franz Thaddäus († 1845) dagegen als württembergischer Beamter und zeitweiliger Präsident der Ständeversammlung das Angebot politischer Mitwirkung angenommen, so erscheint Constantins Weg in gewisser Weise als Kompromiss aus den Haltungen der beiden Vorgänger. 1807 geboren und somit bereits „in meiner Wiege mediatisiert", wurde der Fürst in seiner konservativen Erziehung zu einem Verfechter der katholischen Erneuerung. Nichts schien ihn zu einer „linken" politischen Karriere zu prädestinieren. Dennoch stimmte er nach seiner Wahl zur Frankfurter Nationalversammlung 1848 mit der Linken für die Trennung von Staat und Kirche und für die Beseitigung adliger Fideikommisse, ja sogar für die Abschaffung des Adels selbst. Seine widersprüchlich anmutende Haltung klärt sich vor dem Hintergrund seines württembergischen Erfahrungshorizonts auf. Sein Votum zur Trennung von Kirche und Staat resultierte nicht zuletzt aus seinem Widerstand gegen die württembergische Zentralbürokratie und eine protestantisch dominierte Staatskirche. In der Paulskirche wandelte er sich vom Repräsentanten der Aristokratie „zum Volkstribun seines Landstrichs" (Zürn). Mit seiner Vorstellung von einer in Gott gründenden Volkssouveränität fand er zu einer „eigenwilligen Verknüpfung von Gottesgnadentum und Legitimation" (Zürn) und darüber hinaus zu einer durchaus originellen Interpretation seiner Rolle als aristokratischer Volksvertreter.

LIT.: Kircher 1980; Kircher 1999; Dornheim 1993, 166-178; Mayer 1998; Antonin 1998; Zürn 2003.

»BAUERNBEFREIUNG«
UND DIE REVOLUTION VON 1848

NACHDEM IN DER BUNDESAKTE von 1815 der Adel seine neue verfassungsmäßige Rolle gefunden hatte, hielt die erste Hälfte des 19. Jahrhunderts zwei weitere Herausforderungen für das Selbstverständnis des Adels bereit: die Bauernbefreiung und die Revolution von 1848.

Die so genannte Bauernbefreiung umfasste die Aufhebung der Leibeigenschaft (in Baden schon 1783 bzw. 1803/08, in Württemberg 1817, in Hohenzollern 1848), die Umwandlung der bäuerlichen Lehen in freies Eigentum (Württemberg 1808/21), die Ablösung der bäuerlichen Gefälle (Ablösungsgesetze in Baden von 1808/15, in Württemberg erste Ansätze 1817), die Ablösung der Frondienste (Baden 1831, Württemberg 1836) und schließlich die Ablösung der Zehnten (Baden 1833, Württemberg 1849, Hohenzollern nach 1850).

Da die bäuerlichen Abgaben nach wie vor den Löwenanteil der standesherrlichen Einkünfte ausmachten, befürchtete der Adel von der Ablösung der Feudallasten eine wirtschaftliche Existenzgefährdung. Als die Ablösungsfrage in Württemberg 1817 erstmals zur Diskussion stand, wurde sie auf heftigen Einspruch der Standesherren vertagt. Nach einem zweiten Vorstoß 1836 führten die meisten Standesherrschaften in den folgenden Jahren die Ablösung der grundherrlichen Abgaben durch. Dabei befreiten sich die Bauern mit einer einmaligen Zahlung von ihren jährlichen Verpflichtungen. Obwohl in Württemberg ein für den Adel ungünstiger Ablösungsmodus gewählt wurde, bekamen die Standesherren auf einmal stattliche Summen an die Hand. So erhielt das Haus Thurn und Taxis allein 2,6 Mio Gulden, die drei Häuser Waldburg zusammen 1,6 Mio Gulden, die Grafen von Königsegg-Aulendorf ca. 300.000 Gulden und die Grafen Quadt-Wykradt-Isny 163.000 Gulden.

Die Bauernbefreiung wurde wegen der Beseitigung der letzten Reste feudaler Herrlichkeit als „zweiter Akt der Mediatisierung" (von Hippel) bezeichnet. Dennoch hat der Adel diese Entwicklung langfristig als Chance begriffen. Die erheblichen Entschädigungssummen, die ihm damals zuflossen, setzten ihn in die Lage, Eigentum an Grund und Boden zu erwerben oder aber Kapital zu investieren „und somit den Übergang vom Feudalherrn zum Unternehmer zu vollziehen" (Dornheim). Das Haus Fürstenberg vergrößerte mit diesem Kapital seinen Grundbesitz zwischen 1830 und 1850 um 43 %.

Im Grunde mussten die Standesherren froh sein, dass sie den Prozess noch in den 40er Jahren vollzogen hatten. Denn nach Ausbruch der 48er Revolution bestand die Gefahr, dass die Ablösung der Feudallasten entschädigungslos vollzogen worden wäre. Die 48er Revolution war in Baden radikaler als in Württemberg und hatte unter Führerpersönlichkeiten wie Hecker und Struve eine entschiedener republikanische Stoßrichtung. Unter den diskutierten Verfassungsvarianten erhielt die konstitutionelle Monarchie den Vorzug. Doch die von der Linken vorgetragene Forderung nach Abschaffung des Adels fand in der Nationalversammlung in der Frankfurter Paulskirche im Dezember 1848 eine Mehrheit. Die Niederschlagung der Revolution im folgenden Jahr bewahrte den Adel vor diesem Schicksal.

Die Revolution erreichte auch Hohenzollern-Hechingen und Hohenzollern-Sigmaringen und führte hier zur Abdankung beider Souveräne. Revolutionäre Umtriebe sind überliefert für die badischen Amtsstädte Donaueschingen, Meßkirch und Pfullendorf, aber auch für die württembergischen Städte Saulgau, Ravensburg, Isny und Wangen. Als Kuriosum ist zu werten, dass die schwarz-rot-goldene Fahne sogar von Schloss Zeil wehte.

LIT.: Gönner 1952; U. Ziegler 1976; von Hippel 1977; Dornheim 1993, 149-159; Gönner 1996; Zürn 2003; Für die Sache der Freiheit 1998; Kat. Wolfegg 1999 (Beiträge von Wieland und Habicht).

IV.17
Fahne des Freicorps Saulgau aus dem Jahr 1848

Seide bemalt
150 x 130 cm
Stadtmuseum Bad Saulgau

Die rote Fahne des Freicorps von 1848 trägt auf der Vorderseite im Eichenkranz mit schwarz-rot-goldener Schleife die Aufschrift „Freicorps Saulgau" und ist auf der Rückseite mit dem habsburgischen Doppeladler bestickt. Die Fahne wurde bemerkenswerterweise im Revolutionsjahr 1919 von der Einwohnerwehr in Saulgau reaktiviert, die sich damit bewusst in die Tradition der Freiheitsbewegung von 1848/49 stellte. C.B.

LIT.: Ruess 1998 mit Abb. S. 272; Habicht, Städte 1999, 131 und 137.

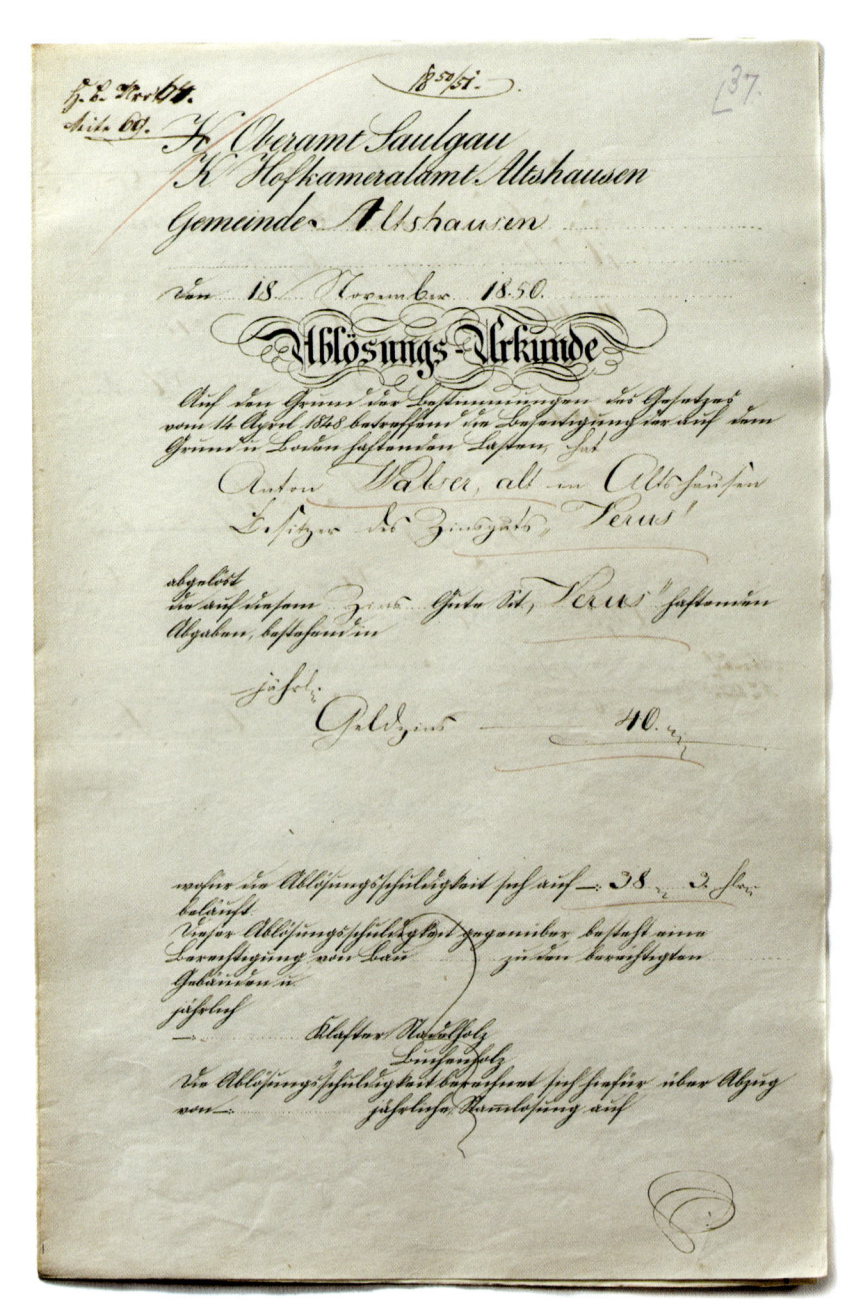

IV.18
Ablösungsurkunde aus dem Jahr 1850

Tinte auf Papier
31 x 19,5 cm
Archiv des Hauses Württemberg, Schloss Altshausen

„Ablösungs-Urkunde auf den Grund der Bestimmungen des Gesetzes vom 14. April 1848 betreffend die Beseitigung der auf dem Grund und Boden haftenden Lasten hat Anton Walser alt in Altshausen, Besitzer des Zinsguts Verus abgelöst..." Derlei standardisierte Ablösungsurkunden füllen zu Hunderten die Archive der württembergischen Oberämter wie der Standesherren.

LIT.: Wieland 1999, 66 f.

IV.19
Waffen der Bürgerwehr Pfullendorf aus dem Revolutionsjahr 1848

Heimat- und Handwerksmuseum Bindhaus Pfullendorf

Die Vorderladergewehre und die gerade geschmiedeten Kampfsensen gehen auf die Pfullendorfer Bürgerwehr der Revolutionszeit zurück.

LIT.: Weber 1998.

IV. DER ADEL ZWISCHEN ANPASSUNG UND WIDERSTAND 1815–1848

IV.20
Zusammenkunft der Sigmaringer Revolutionäre im Gasthaus „Zollerhof"

Unbekannter Künstler
1848
Öl auf Leinwand
37 x 42,5 cm
Privatbesitz

Das Gemälde dominiert der nach Art Friedrich Heckers in Freischäreruniform gekleidete Hauptmann der Bürgerwehr Karl Dopfer, der in der Gaststube des „Zollerhofs" auf seine Kameraden einspricht. Einige der abgebildeten Revolutionäre sind identifiziert, so am Fass sein Glas nachfüllend Nachtwächter Klein, neben dem Fass sitzend Flaschner Buhl, rechts schlafend Dr. Rabold, neben der Türe sitzend Schriftsetzer Brucker. Der eigentliche Revolutionsführer in Sigmaringen war Rechtsanwalt Carl Würth, der der Sigmaringer Bewegung eine stark republikanische Note verlieh. Höhepunkt war die Versammlung von 3000 Demokraten am 26. September 1848 auf dem heutigen Leopoldsplatz. Doch die Ernüchterung kehrte rasch ein. Fürst Karl Anton stellte schon wenige Tage später mit bayerischen Truppen die Ordnung wieder her. Würth wurde zum Abgeordneten in der Frankfurter Paulskirche gewählt, wo er der Linken angehörte. In Sigmaringen selbst wurde es im Frühjahr 1849 noch einmal kritisch, als es zur Unterstützung der Reichsverfassungskampagne in Baden kam. Doch nach der Niederschlagung der badischen Revolution Ende Juni 1849 zogen auf Wunsch des Fürsten Anfang August preußische Truppen in Sigmaringen ein, die auch hier die Revolution beendeten. C.B.

LIT.: Rieber 1998 mit Abb. S. 44.

V.

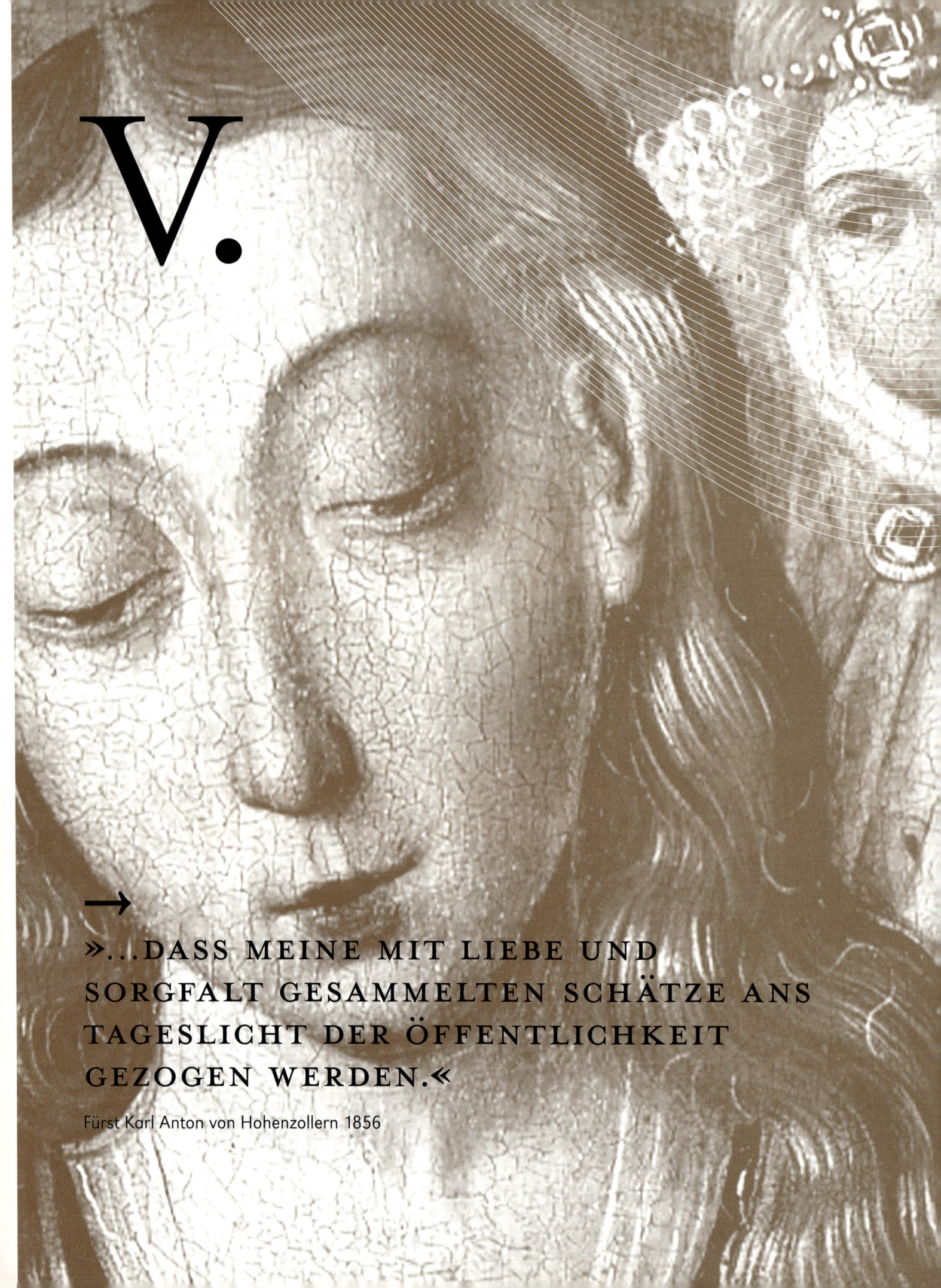

→

»...DASS MEINE MIT LIEBE UND SORGFALT GESAMMELTEN SCHÄTZE ANS TAGESLICHT DER ÖFFENTLICHKEIT GEZOGEN WERDEN.«

Fürst Karl Anton von Hohenzollern 1856

Von der Wunderkammer zum Museum – die kulturgeschichtliche Leistung des Adels

DIE SCHLÖSSER des oberschwäbischen Adels sind bedeutende Schatzkammern. Hier haben sich in der Regel seit dem 16. Jahrhundert von Generation zu Generation die Porträts von Familienangehörigen zu umfangreichen Galerien angesammelt. Daneben finden sich bei den österreich-freundlichen Familien verschiedentlich qualitätvolle Habsburgerporträts und Stammtafeln in unterschiedlicher Gestaltung. Überdies begannen die Adligen früh mit der Sammlung von Erinnerungsstücken, Reiseandenken und Kriegs- und Jagdtrophäen aller Art, die sich in den Fluren ihrer Schlösser oder in eigens bereit gestellten Räumen und Bibliotheken zu ungeordneten „Wunderkammern" anhäuften. In Fürstenhäusern, aber auch in gräflichen Häusern wurden früh gezielt Kunst oder Bücher gesammelt. Berühmt ist die im 17. Jahrhundert entstandene Grafiksammlung der Grafen von Waldburg-Wolfegg. Solche zufällig oder gezielt entstandenen Sammlungen bestehen bis heute, sind aber in der Regel für die Öffentlichkeit nicht zugänglich.

Es gab allerdings im 19. Jahrhundert zwei Fürstenhäuser in Oberschwaben, die ihre „wilden" Sammlungen in einem Akt bewusster kulturpolitischer Verantwortung in moderne Museen überführten: Fürstenberg und Hohenzollern. In Donaueschingen und in Sigmaringen entstanden in etwa zeitgleich (1867 und 1868) Funktionsbauten, in denen die Sammlungen zeitgemäß präsentiert und wissenschaftlich betreut werden konnten. Beide Sammlungen waren und sind teilweise bis heute kulturelle Einrichtungen von nationalem Rang, auch wenn das Sigmaringer Museum 1927 aufgrund finanzieller Notlage des Fürstenhauses einen Teil seiner Schätze abstoßen musste und wenn das Fürstenhaus Fürstenberg durch seine spektakulären Verkäufe der letzten Jahre den Zusammenhang der um die Mitte des 19.Jahrhunderts entstandenen Sammlung weitgehend zerstört hat. Die Begründer dieser beiden Museen – hier Fürst Karl Anton von Hohenzollern, dort Karl Egon III. von Fürstenberg – repräsentierten einen Typus des mediatisierten Fürsten, für den die Sammlungstätigkeit ein Stück adliger Identität bedeutete und der sich zugleich seiner öffentlichen Verantwortung in der bürgerlichen Gesellschaft bewusst war.

170

V. VON DER WUNDERKAMMER ZUM MUSEUM

V.1
Wappengobelin

mit dem Motiv einer Stammtafel
Im Zentrum das Allianzwappen
Freyberg-Stein
Mitte 16. Jahrhundert
362 x 298,5 cm
Privatbesitz

LIT.: Unveröffentlicht.

V.2
Porträt des Ludwig von Freyberg († 1480)

Unbekannter Künstler
Ende 16./Anfang 17. Jahrhundert
Öl auf Leinwand
94 x 76 cm
Privatbesitz

Das Porträt zeigt einen geistlichen Herrn mit Glatze und weißem Vollbart nach links blickend in einem vornehmen dunklen Damastgewand mit einem goldenen, medaillenartigen Schmuckstück auf der Brust und einem zusammen gerollten Schriftstück in der rechten Hand. Die Bildinschrift am unteren rechten Rand identifiziert die Person als LUDOVICUS L(iber) B(aro) DE FREYBERG PAROCHUS EHINGÆ A(nn)O 1465 ÆTATIS 82 (Ludwig Freiherr von Freyberg, Pfarrherr von Ehingen im Jahr 1465 im Alter von 82 Jahren). Diese Angaben führen zu einer illustren Gestalt des 15. Jahrhunderts, Ludwig von Freyberg, der 1459 auf die Pfarrei Ehingen präsentiert wurde. Diese Pfarrei war aber nur eine von mehreren Pfründen des Geistlichen, der ansonsten Kanzler des Erzherzog Sigmunds von Österreich war und vom Konstanzer Bischof Hermann von Landenberg zu seinem Koadjutor und Nachfolger bestimmt wurde. Daraus entspann sich der „Konstanzer Bischofsstreit", denn nach Bischof Hermanns Tod 1474 wählte das Domkapitel einen Konkurrenten, Otto von Waldburg, zum Oberhirten, obwohl Ludwig von Freyberg die Unterstützung des Papstes und Herzog Sigmunds hatte. 1479 wurde der Streit zu Ungunsten des Freybergers entschieden, der bald darauf auf einer Romreise 1480 starb.

Das Porträt ist nicht zeitgenössisch. Darauf verweisen schon seine Dimensionen, aber auch die renaissancehafte Malweise und die Tracht des Dargestellten. Kleider wie das hier abgebildete gehören dem späten 16. Jahrhundert an, die Barttracht wie auch die spitzengesäumte Halskrause kennzeichnen schon die Mode des beginnenden 17. Jahrhunderts. Es bleibt unklar, warum der adlige Herr aus dem Abstand von mehr als 100 Jahren nach seinem Tod ein posthumes Porträt erhielt. Das Porträt hing bis 1860 im Pfarrhaus zu Ehingen und gelangte erst damals, vielleicht als Zeichen eines wach gebliebenen Familienbewusstseins im Haus Freyberg durch Ermächtigung des Kgl. Katholischen Kirchenrats in den Besitz der Familie. **C.B.**

LIT.: Freyberg 1884, 39 f.; F.M. Weber 1955, 261; freundl. Auskunft des Kath. Pfarramts Ehingen.

V.3
Fechtbuch des Fechtmeisters Hans Talhoffer

Meister Johann Liechtenauer
Um 1460
30,5 x 44 cm (aufgeschlagen)
Privatbesitz

Hans Talhoffer war der bedeutendste deutsche Fechtmeister des 15. Jahrhunderts. Von seinem Lehrbuch existieren mehrere Handschriften, so eine 1467 von Graf Eberhard im Bart von Württemberg in Auftrag gegebene. Dieses Exemplar lässt sich durch die einleitenden Seiten als Auftragsarbeit des Junkers Luithold von Königsegg (1446/1473) erkennen. Auf S. 45 bspw. nennt sich ein kniender Ritter, über dessen Helm das Königseggsche Rautenwappen prangt, liutold von küngsegg. Das Werk versteht sich nicht nur als technische Anleitung zum Erwerb der Fechtkunst, sondern darüber hinaus als Schule zur Ritterschaft. Es ist ein

Jung man nu lern
got lieb hann und fruwen eren
red fruwen wol
vnd biß manlich da man soll
hüt dich vor lügen
vnd vor schamlichen krügen
setz din synnen uff erlich sach
vnd gedenck nach ritterschaft.
[...]
Hie will liutold von küngsegg lernen...
von dem Tallhofer.

LIT.: Hils 1982, 1985; Kat. Stuttgart 1985, 136-138; Boxler 2005, 32 f.

V. VON DER WUNDERKAMMER ZUM MUSEUM

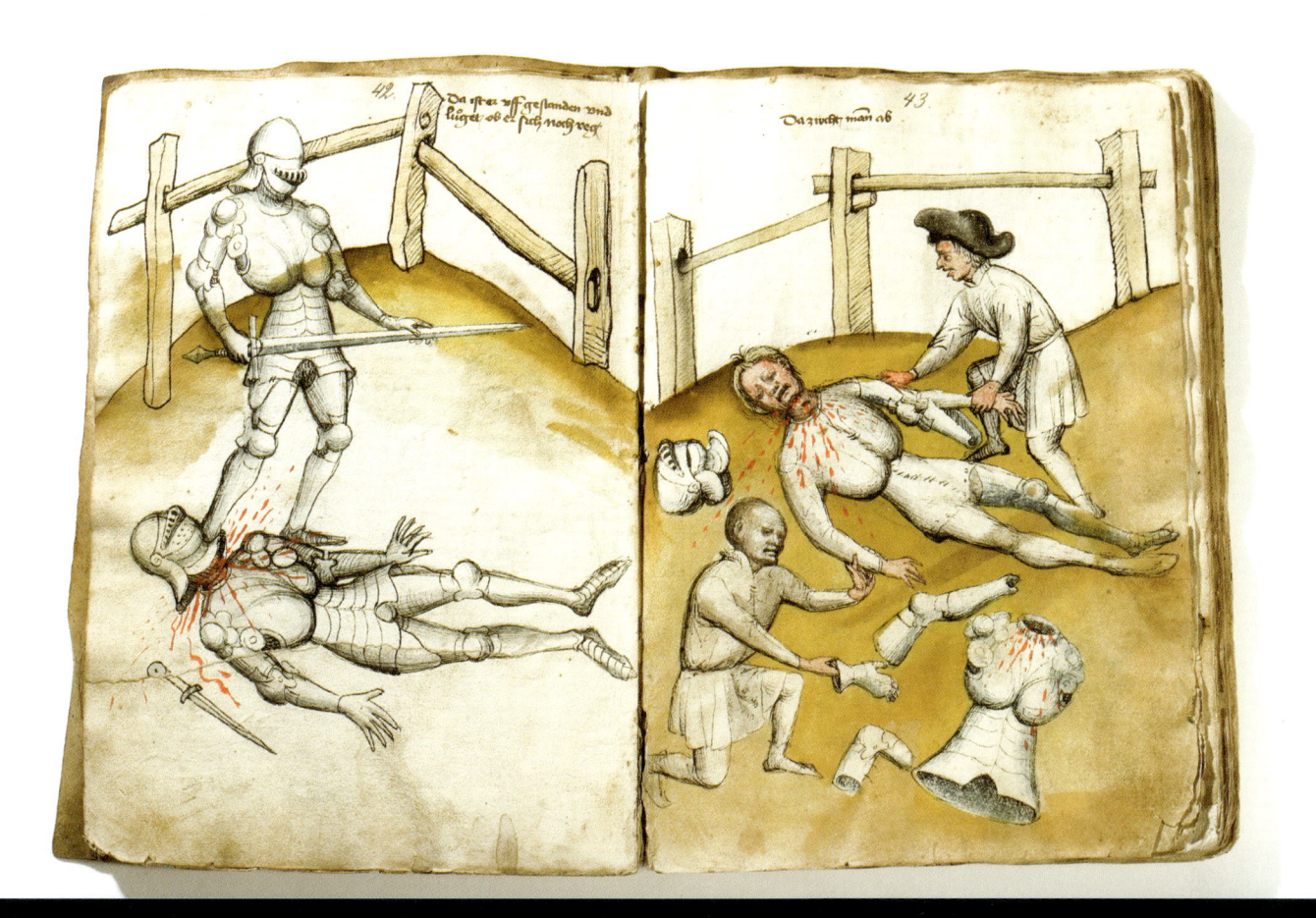

V.4
Steinzeitliches Steinbeil mit modernem Stiel

Stein und Holz
63 x 19 cm
Privatbesitz

Das steinzeitliche Beil wurde von seinem Finder, Ernst Freiherr von Freyberg (oder einem seiner Söhne), nachträglich mit einem Stiel versehen. Egloff Freiherr von Freyberg hat, damals 85-jährig mit dem Beil einen Einbrecher niedergeschlagen und ihn dann der Polizei übergeben. **C.B.**

LIT.: Unveröffentlicht.

V.5 a-d
Gerätschaften australischer Herkunft

Erste Hälfte 20. Jahrhundert
a) Bumerang mit Rillen
66 cm lang
b) Bumerang
59 cm lang
c) Wurfgerät
27 cm lang
d) Brett mit Darstellung zweier Kraniche
80 x 47 cm
Privatbesitz

Der „Alte Adler" (Pilot schon vor dem Ersten Weltkrieg) und Luftwaffenoffizier Egloff Freiherr von Freyberg (1883-1984; vgl. Kat. Nr. IX.26) begab sich im Jahr 1935 nach einem Zerwürfnis mit Hermann Göring auf eine Expedition nach Australien und brachte von dieser Reise zahlreiche Gerätschaften und Kunstgegenstände der indigenen Bevölkerung (Aborigines) mit, darunter traditionelle Wurfgeräte wie den Bumerang. **C.B.**

LIT.: Unveröffentlicht.

V.6
So genannte Türkenkeule

Duplikat eines Originals von 1597
62,5 cm lang, Dm. der Kugel 8,5 cm
Privatbesitz

V. VON DER WUNDERKAMMER ZUM MUSEUM

Die auf dem Stab eingravierte Inschrift weist diese Streitkeule als ein Erinnerungsstück aus, das als solches von dieser Adelsfamilie bis heute aufbewahrt wird:	ICH IVLIVS VÖLCKHER VON FREYBERG ZUM EISENBERG TEVTS ORDENS HOFMAISTER ZV ALSHAVSEN HAB DISEN PVSICAN AVS DEM VNDER HVNGERISCHEN ZVG ANHEIM GEBRACHT

Julius Volker von Freyberg, Hofmeister der Deutschordenskommende Altshausen, brachte also diese Keule 1597 von einem Feldzug im Rahmen des Türkenkrieges von 1593 bis 1606 mit, in dem die osmanischen Türken erstmals aufgehal-

V.7
Standbild des Fürsten Karl Anton von Hohenzollern
(1811–1885)

Adolf Donndorf, 1891
Bronze, Höhe 84 cm
Fürstlich Hohenzollernsche
Sammlungen Sigmaringen

Dieses kleine Standbild stammt von dem aus Weimar gebürtigen und in Stuttgart lebenden Bildhauer Adolf Donndorf und diente als Modell für die bekannte Statue des Fürsten Karl Anton, die heute, der Stadt zugewandt, unterhalb des Schlosses Sigmaringen in einem kleinen Park steht. Die Statuette fand soviel Anklang, dass der zweite Sohn des Fürsten, König Carol (Karl) I. von Rumänien, bei Donndorf drei Exemplare der Skulptur bestellte. Fürst Karl Anton war sicherlich eine der überragenden Persönlichkeiten aus dem Haus Hohenzollern, die aber sicherlich ohne Berücksichtigung ihrer kulturellen Leistung nicht angemessen zu würdigen ist. Schon in früher Jugend kunstgeschichtlich gebildet, blieb er zeitlebens ein begeisterter Kunstsammler, der die im Schloss Sigmaringen vorhandene Sammlung erheblich erweiterte, so dass er „meine Privatsammlung als die reichhaltigste in Deutschland" bezeichnen konnte. Es sollte allerdings nicht übersehen werden, dass die Gemahlin des Fürsten, Josephine von Baden, mit ihrem kunsthistorischen Sachverstand an der Erweiterung der fürstlichen Sammlung erheblichen Anteil hatte. Bald nach 1850 sann Karl Anton darauf, seine Schätze der Öffentlichkeit zugänglich zu machen. Das geschah zunächst im so genannten „Altdeutschen Saal" des Schlosses, 1867 schließlich in einem eigens dafür errichteten Museumsbau, der neben dem etwa gleichzeitig entstehenden Karlsbau in Donaueschingen die junge deutsche Museumslandschaft bedeutend bereicherte. Durch die professionelle Betreuung des Museums und die wissenschaftliche Bearbeitung der Sammlung fand Sigmaringen in der 2. Hälfte des 19. Jahrhunderts Anschluss an die moderne kunstgeschichtliche Forschung. C.B.

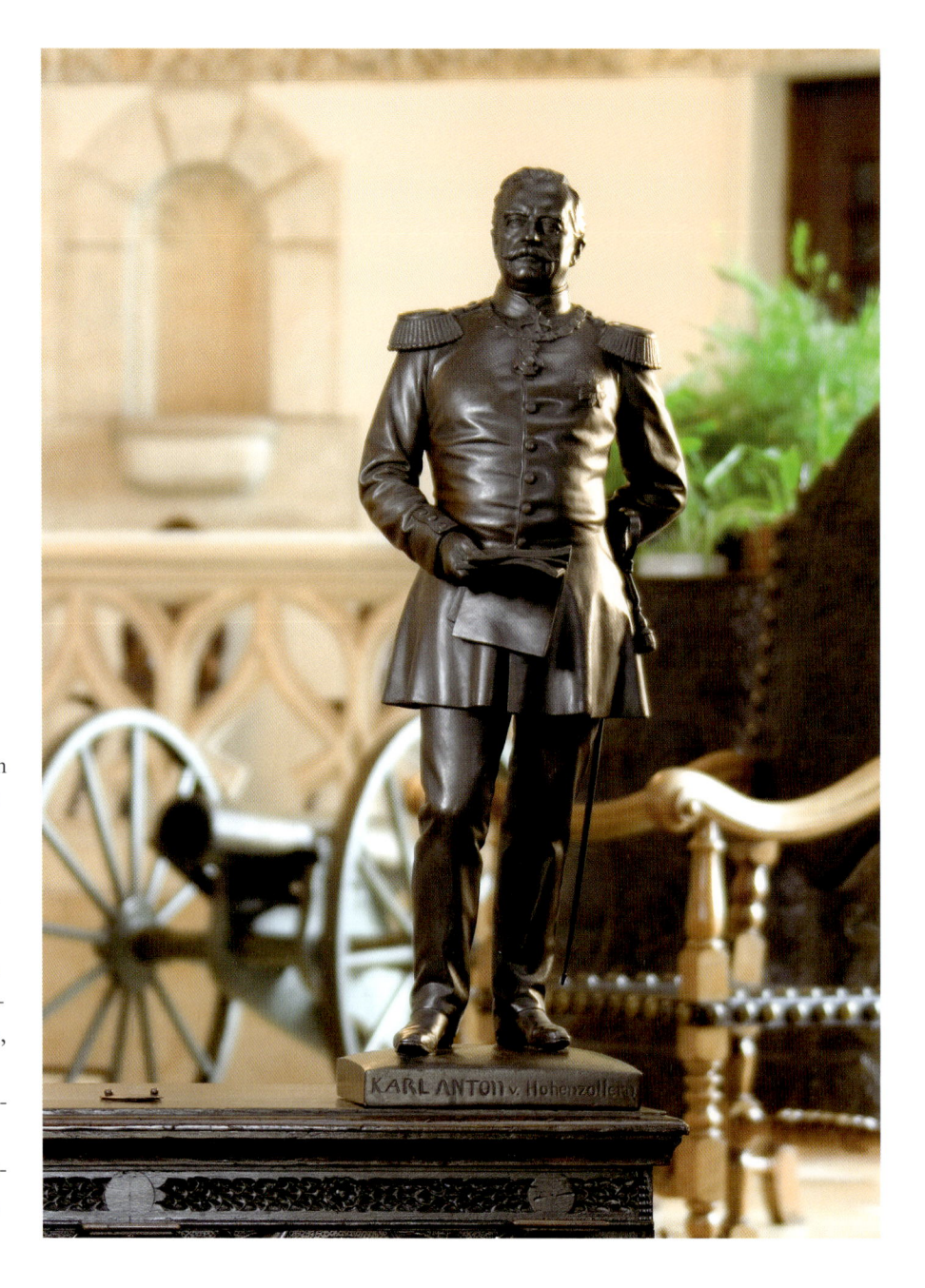

LIT.: Walter 1949, 496; Kaufhold 1967/68; Kallenberg 1979, 16-21, 65-70; Fuchs 1986; Krins 2005, 22-29.

V. VON DER WUNDERKAMMER ZUM MUSEUM

**V.8
Der Altdeutsche Saal
im Josefsbau des Schlosses
Sigmaringen**

*Fotoserie von Carl von
Normann (1806-1883)
Um 1860
Originalfotos 29,5 x 21,3 cm
Fürstlich Hohenzollernsche
Sammlungen Sigmaringen*

Der Altdeutsche Saal im Josefsbau des Sigmaringer Schlosses wurde 1856 mit der Kunstsammlung des Fürsten Karl Anton bestückt und war damit Vorläufer des 1867 eröffneten Museums. Fotograf der Bilderserie war möglicherweise Carl von Normann, ein mit Fürst Karl Anton von Hohenzollern eng befreundeter Kunstliebhaber. Seine Fotografien dokumentieren die dichte, fast überbordende Präsentation der Exponate, die in dieser Form dem Willen des Fürsten entsprach. C.B.

LIT.: von Normann 1894, Kaufhold 1967, 141-153; Krins 2005, 26 f.

V.9
Innenansicht des Fürstlichen Museums in Sigmaringen

Carl Emanuel Conrad
1872
Aquarellierte Zeichnung
54 x 73,4 cm
Fürstlich Hohenzollernsche Sammlungen Sigmaringen

Fürst Karl Anton begann 1862 neben dem Sigmaringer Schloss einen Neubau für seine Bibliothek zu errichten. Schon vor der Fertigstellung entschied er sich für die Umwidmung des Gebäudes als Museum, das er mit jener Sammlung überwiegend sakraler Kunst des Mittelalters ausstattete, die bislang im „Altdeutschen Saal" untergebracht war. 1867 eröffnete er das im Tudorstil errichtete Gebäude als Museum. Das Aquarell des Düsseldorfer Malers C.E. Conrad entstand im Jahr 1872. Es zeigt links der Bildmitte zwischen zwei Säulen stehend, den fürstlichen Bibliothekar und Konservator Friedrich A. Lehner (1823-1895) mit seiner Frau. Lehner war 1864 zum Bibliothekar und Konservator ernannt worden und war neben dem älteren Intendanten Carl Freiherr von Mayenfisch (1803-1877) der Spiritus rector des Museums. Doch Fürst Karl Anton und nach ihm sein nicht minder kunstsinniger Sohn Fürst Leopold haben die Entwicklung des Museums immer persönlich begleitet. Auch Fürst Wilhelm (1864-1927) führte das Museum mit neuer Akzentsetzung fort. Allerdings war dieser am Ende seines Lebens 1927 gezwungen, wegen der schwierigen wirtschaftlichen Situation und wegen eines Schädlingsbefalls der fürstlichen Waldungen große Teile der Sammlung zu verkaufen. Auch wenn seinem Sohn Fürst Friedrich schon 1928 der Rückerwerb zahlreicher Stücke, insbesondere des alten Hausbesitzes gelang, so bedeutete doch das Jahr 1927 einen Einschnitt in der Geschichte des fürstlichen Museums. **G.A.**

LIT.: von Hohenzollern 1967; Kaufhold 1967/68, Abb. 1967 nach S. 204; Kaufhold 1981; Kallenberg 1979, 65-70; Kat. Hauptstadt 1989, 252.

V. VON DER WUNDERKAMMER ZUM MUSEUM

V.10
Das 1867 für die Kunstsammlungen eröffnete Museumsgebäude

F. Kugler
Um 1890
Fotografie
24 x 30,1 cm
Fürstlich Hohenzollernsche Sammlungen Sigmaringen

LIT.: Kaufhold 1967/68; Kirchmaier/Treffeisen 1997; Krins 2005, 27.

V.11
Knabenrüstung

Ende 16. Jahrhundert,
(Schwert Mitte 17. Jahrhundert)
Brüniertes Metall
Höhe 128,5 cm
Fürstlich Hohenzollernsche
Sammlungen Sigmaringen

Die für ein Kind angefertigte
Rüstung stammt von der Burg
Hohenzollern.

V. VON DER WUNDERKAMMER ZUM MUSEUM

V.12
Bidenhänder

Spätes 16. Jahrhundert
Länge 178,5 cm
Fürstlich Hohenzollernsche
Sammlungen Sigmaringen

Schloss Sigmaringen besitzt eine der größten und bedeutendsten privaten Waffen- und Rüstungssammlungen Deutschlands. Die Sammlung ist überwiegend aus der Waffenkammer des Schlosses hervorgegangen, besitzt aber auch Zugänge von der Burg Hohenzollern und wurde durch den Erwerb der umfangreichen Sammlung des Hausarchivars Carl von Mayenfisch 1866 bedeutend erweitert. Der Bidenhänder, eine mit zwei Händen zu führende Waffe, besitzt eine zweischneidige Klinge mit drei fast durchgehenden schmalen Hohlschliffen, die Spitze ist gebrochen. Der kurze Parierknebel ist leicht nach oben gebogen. Die Fehlschärfe ist 0,25 m lang, auf dieser befindet sich eine Klingenmarke. Das Gefäß hat einen vasenförmigen gerieften Knauf, eine mit Leder bezogene Hülse, eine flache gerade Parierstange, die an den Enden lilienförmig geschlitzt und eingerollt ist. **G.A.**

LIT.: Kaufhold 1967, 161.

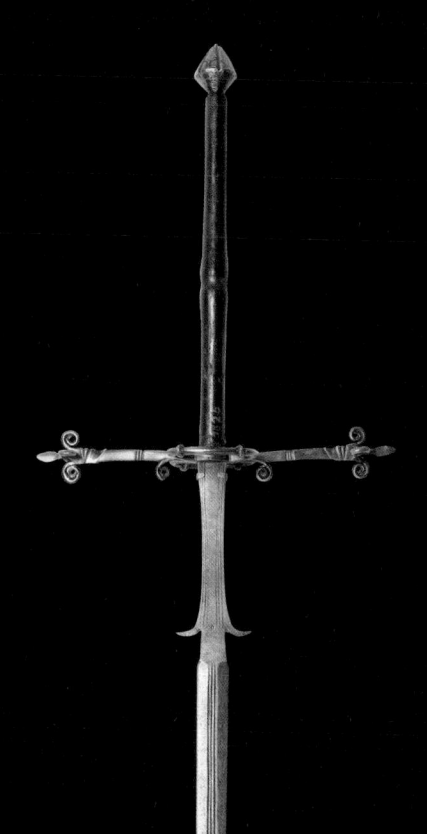

V.13
Sponton

Anfang 18. Jahrhundert
Eschenholz mit Eisenspitze
Länge des Eisens 39 cm
Gravur: Monogramm FF
Fürstlich Hohenzollernsche
Sammlungen Sigmaringen

Zweischneidige Klinge mit Mittelgrat, gegen den Ansatz doppelt mondsichelförmig verbreitert, die Spitzen der einen Sichel nach oben, die der anderen nach unten gerichtet, zwischen den beiden Sicheln eine geflammte Spitze. Das eingravierte Monogramm FF (Fürst Friedrich Wilhelm von Hohenzollern-Hechingen, 1663-1735) ist noch nicht aufgelöst. Die runde Tülle ist mit drei breiten Wülsten und 0,49 m langen Stangenfedern besetzt. **G.A.**

V.14
Morion der Fürstlich Hohenzollerischen Leibgarde

Deutsch, nach 1623
Eisen, getrieben, geätzt
Höhe 29,5 cm
Tiefe 33 cm
Fürstlich Hohenzollernsche
Sammlungen Sigmaringen

Die Grafen von Hohenzollern wurden 1623 von Kaiser Ferdinand II. in den Reichsfürstenstand erhoben. Seitdem erscheint bei den Wappen der Linien Sigmaringen und Hechingen anstelle der bisherigen Helmzier die Fürstenkrone. Diese dient zur Datierung des Morions, dessen reiche Verzierung neben der Wiedergabe des Herrscherwappens darauf verweist, dass er von den Trabanten, den Soldaten der Leibgarde, getragen wurde. Der Morion ist aus einem Stück getrieben und mit einem geschnürlten Rand versehen. Oberhalb der Krempe finden sich rosettenartige Nieten, mit denen die heute verlorene Fütterung an der Innenseite des Helms befestigt war. Der Helm ist mit geätztem Blattrankenornament auf geschwärztem Hintergrund verziert. Auf der einen Seite des Helms findet sich in einer Kartusche das Wappen der Fürsten von Hohenzollern-Sigmaringen mit Fürstenkrone. Auf der anderen Seite ist ein Krieger mit Fußstreitaxt, begleitet von einer Dame in höfischer Tracht, dargestellt. **G.A.**

LIT.: AK Badisches Landesmuseum 1986, Bd. 2, 744 f.

V.15
Die Sigmaringer Marientafeln

Rechter Flügel Innenseite:
Anbetung der Könige
Meister von Meßkirch
Um 1520
Mischtechnik auf Holz,
159,3 x 77 cm
Fürstlich Hohenzollernsche
Sammlungen Sigmaringen

Einen Sammlungsschwerpunkt des Fürstlichen Museums in Sigmaringen bildete die sakrale Kunst alter Meister. Darunter finden sich neben Werken des Meisters von Sigmaringen auch solche des Meisters von Meßkirch. Während ein Großteil des Werkes des Meisters von Meßkirch im 19. Jahrhundert nach Donaueschingen gelangte, besitzt Sigmaringen seit 1928 mit den Marientafeln, die ursprünglich wohl in der Schlosskapelle Krauchenwies hingen, ein frühes Werk des Meßkirchers. Es handelt sich um die Außen- und Innenseiten beweglicher Flügel, die zu einem Retabel mit erhöhter Schreinmitte gehörten. Dargestellt sind links außen die Verkündigung, rechts außen die Heimsuchung, links innen die Geburt Christi und rechts innen die Anbetung der Könige, die hier wiedergegeben ist. Die Vorlagen für seine Bildmotive fand der Meister von Meßkirch, der – nicht ganz zweifelsfrei – mit Josef Maler aus Balingen identifiziert wird, in Holzschnitten von Albrecht Dürer. **C.B.**

LIT.: Moraht-Fromm/Westhoff 1997, 36-41.

V.16
Die drei hll. Bischöfe Ulrich von Augsburg, Nikolaus von Myra und Konrad von Konstanz

Bernhard Strigel
Um 1520
Öl auf Holz
34,5 x 53,5 cm
Kunstsammlungen der
Fürsten zu Waldburg-Wolfegg,
Schloss Wolfegg

Die im 19. Jahrhundert aus der Sammlung des Grafen Leutrum mit weiteren Werken erworbene Tafel stellt möglicherweise eine Predella oder ein Fragment aus einem größeren Zusammenhang dar. Ulrich von Augsburg, mit dem Fisch in der Hand, und Konrad, mit der Spinne über dem Kelch, waren nicht nur Zeitgenossen im 10. Jahrhundert, sondern auch eng miteinander befreundet. Beide sind die wichtigsten Heiligen des Bistums Konstanz, das sich bis zur Reformation nördlich bis weit über die Donau hinaus und östlich bis zur Iller erstreckte, mithin ganz Oberschwaben umfasste. Der in Memmingen ansässige Bernhard Strigel war einer der meist beauftragten Maler in der Zeit um 1480 bis 1525 in dieser Region. In nahezu jeder Adelssammlung findet sich somit zumindest ein Gemälde von ihm bzw. aus dessen Werkstatt. **B.K.**

LIT.: Unveröffentlicht.

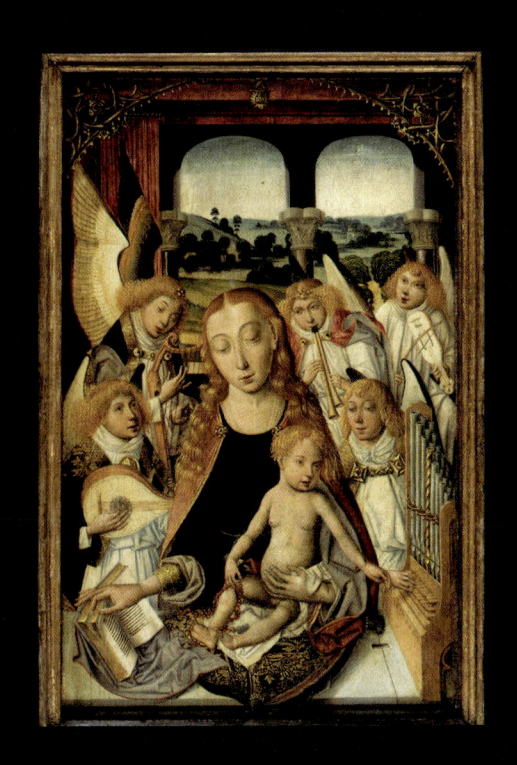

V.17
Die hl. Muttergottes umgeben von fünf musizierenden Engeln

*Südniederländischer oder
Nordwestdeutscher Maler
um 1470
Öl auf Holz
52 x 33 cm
Staatliche Museen Berlin,
Gemäldegalerie*

Die heute in der Gemäldegalerie der Staatlichen Museen, Berlin, befindliche Tafel wurde 1936 als „Pfandgut der Dresdner Bank" per „Ministerieller Überweisung" vom Ministerium für Wissenschaft, Erziehung und Volksbildung der Berliner Galerie übergeben. Darunter sind Zwangseinlieferungen von jüdischen Besitzern zu verstehen. Sie zählte bis 1928 zum Bestand der Fürstlich Hohenzollerischen Sammlungen zu Sigmaringen, gehört allerdings nicht zu den Erwerbungen unter Fürst Karl Anton in der Gründungszeit der Sammlungen. Sie wurde erst 1905 über den Kunsthandel Böhler, München, erworben. Im Zuge der Versteigerungen bei A. S. Drey in New York, kam sie über einen unbekannten Besitzer zurück nach Deutschland. Auf dieser Auktion wurden alle niederländischen Gemälde aus der Sigmaringer Sammlung zum Aufruf gebracht, während die altdeutschen Tafeln im selben Jahr im Frankfurter Städel-Museum versteigert worden sind. **B.K.**

LIT.: Gemäldegalerie Berlin, Gesamtverzeichnis. Berlin 1996, 89, Abb. 788.

V.18
Krater auf dem Mosberge in der Eifel

*Adolf Lasinsky (1808-1871)
1867
Öl auf Leinwand
90 x 121 cm
Fürstlich Hohenzollernsche
Sammlungen Sigmaringen*

Nach der Abtretung des Fürstentums Hohenzollern-Sigmaringen 1850 an Preußen begann Fürst Karl Anton eine Karriere in der preußischen Armee, die ihn 1852 zunächst als Kommandeur und 1863 als Militärgouverneur nach Düsseldorf führte. Dort pflegte er einen engen Kontakt zu den Malern der Düsseldorfer Akademie. Adolf Lasinsky gehörte der so genannten Düsseldorfer Malerschule an, zu deren berühmtesten Vertretern Andreas und Oswald Achenbach, Ludwig Knaus und Andreas Müller zählten. Fürst Karl Anton erwarb zahlreiche Werke dieser Schule, um sie seiner Sigmaringer Sammlung einzuverleiben. Prof. Andreas Müller zählte überdies zu den Beratern des Fürsten bei der Ausstattung des Sigmaringer Museums. **G.A.**

LIT.: Kaufhold 1967, 147 ff.; Kat. Düsseldorfer Malerschule 2003.

**V.19
Statuette Joseph Maria Christoph Freiherr von Laßberg** (1770-1855)
*Eduard Meister (1837-1867)
Um 1850
Gips
Höhe 58 cm, Sockel Dm. 20 cm
Fürstlich Fürstenbergische
Sammlungen Donaueschingen*

Unter dem Arm zwei Pergamentrollen, in der Hand einen Band mit der Aufschrift „Daz ist der Niblungeliet", zeigt die Skulptur den Naturwissenschaftler und Germanisten Joseph von Laßberg in seinen letzten Lebensjahren. Nach dem Studium der Jura, Nationalökonomie, Forstwissenschaft und Philosophie sowie einem dreijährigen Forstpraktikum in Hohenzollern-Hechingen übernahm Laßberg 1804 die Stelle seines Vaters als Landesforst- und Jägermeister in der Fürstlich Fürstenbergischen Zentralverwaltung Donaueschingen. Mit der verwitweten Elisabeth von Fürstenberg, die 1805 mit ihrem Sohn, dem Erbprinzen Karl Egon nach Donaueschingen kam, unterhielt er eine Liebesbeziehung, aus der ein Sohn, Hermann von Liebenau (1807-1874) hervorging. 1814 begleitete er die Fürstin auf den Wiener Kongress, um sie bei ihrem vergeblichen Kampf um die Rückgewinnung ihrer Souveränitätsrechte zu unterstützen. Als Leiter der Fürstlichen Verwaltung frönte er der Sammelleidenschaft und dem Studium der erst im Entstehen begriffenen Germanistik. Briefkontakte und Freundschaften unterhielt er mit Jacob Grimm, Karl Lachmann, Gustav Schwab und Ludwig Uhland. Für die bereits mehr als 10.000 Bände umfassende Bibliothek erwarb er aus Mitteln der Fürstin im Jahr 1815 die Handschrift C des Nibelungenlieds. Nach seiner Pensionierung 1817 zog er sich auf das 1812 erworbene Schlossgut Eppishausen zurück, das mit finanzieller Unterstützung Elisabeths ausgebaut wurde. Ihr Tod im Jahr 1822 bedeutete für Laßberg einen schwer zu überwindenden Verlust. Noch im Alter von 64 Jahren heiratete er Anna Maria Freiin von Droste-Hülshoff, genannt Jenny, die Schwester der Dichterin Annette von Droste-Hülshoff. Mit ihr verbrachte er seinen Lebensabend auf dem 1837 erworbenen Schloss Meersburg. Laßbergs umfangreiche Sammlungen wurden nach seinem Tod vom Haus Fürstenberg erworben. Die Statuette wurde von dem Bildhauer Eduard Meister (1837-1867) geschaffen. Der Schüler des Städelschen Instituts in Frankfurt und der Kunstschule Stuttgart ist vor allem für seine 12 Statuetten badischer Markgrafen bekannt geworden. Außer der Laßberg-Skulptur schuf er für das Fürstenbergische Haus den plastischen Schmuck der Reithalle in Donaueschingen. **M.S.**

LIT.: Bader 1955; Kallenberg 1979, 44; Eltz 1980, 168 ff; Krause 1997; Gaier/Weidhase 1998; Bothien 2001; Thieme-Becker, Bd. 24, 248.

V. VON DER WUNDERKAMMER ZUM MUSEUM

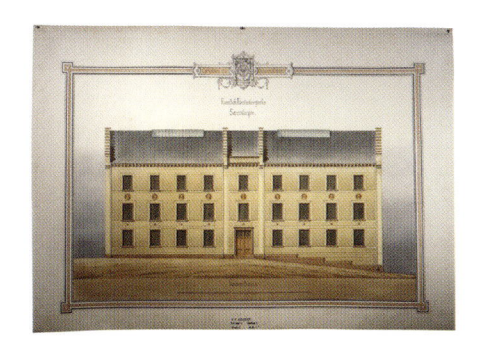

V.20
Karlsbau in Donaueschingen

Frontansicht des Museums
70,4 x 99,8 cm
(eigtl. Bild 57,9 x 86,7 cm)
Fürstlich Fürstenbergische
Sammlungen Donaueschingen

Bald nach seinem Regierungsantritt 1854 erkannte Fürst Karl Egon III. (1820-1892) die Notwendigkeit, geeignete Räumlichkeiten für die umfangreichen Bücher-, Naturalien-, Münz-, Antiquitäten- und Kunstsammlungen des Hauses Fürstenberg zu schaffen. Zunächst dachte man daran, die seit 1843 vorliegenden Pläne Joseph Berckmüllers (1800-1879) zu verwirklichen, die den Umbau des seit 1806 als Fruchtkasten genutzten Gebäudes vorsah. Da nach der Zehntablösung auch die Zehntscheuer leerstand, modifizierte Berckmüllers Nachfolger, Hofbaumeister Theodor Dibold, die bestehende Planung. Im Hinblick auf eine mögliche Erweiterung der Sammlungen begann man 1865 mit dem Umbau der Zehntscheuer, der 1868 abgeschlossen war. Auf ihren Grundmauern entstand der so genannte „Karlsbau" als „Vielzweckmuseum". Die hier gezeigte Südfassade schmücken neun Terrakotta-Medaillons mit den Porträts berühmter Naturforscher und Künstler. M.S.

LIT.: Eltz 1980, S. 184 ff.; Küppers-Fiebig 1994, 121 f.; Salm 1970.

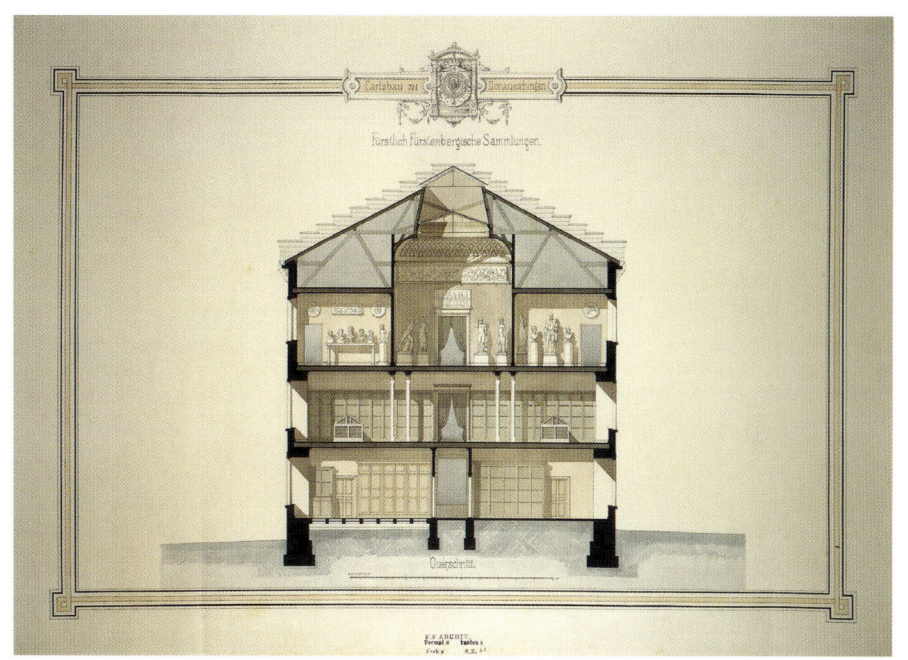

V.21
Karlsbau Donaueschingen

Querschnitt durch den Nordflügel mit
Einblick in den Antiken-Saal
70,4 x 99,8 cm
(eigtl. Bild 57,9 x 86,7 cm)
Fürstlich Fürstenbergische
Sammlungen Donaueschingen

Der Querschnitt durch den Karlsbau zeigt das durch Hofbaumeister Theodor Dibold von zwei auf drei Stockwerke erweiterte Museum. Es beherbergt in den beiden unteren Geschossen die naturhistorischen Sammlungen sowie die dazugehörigen Labor- und Arbeitszimmer, das dritte Stockwerk ist den Kunstsammlungen vorbehalten. Mit diesem Museum hatte der Fürst von Fürstenberg neben Bibliothek und Archiv ein drittes kulturgeschichtliches „Institut" eröffnet, das seit der Wiederaufnahme der Tätigkeit des „Vereins für Geschichte und Naturgeschichte der Baar" auch mit „Leben" erfüllt wurde. Zeitgleich mit Sigmaringen reihte sich Donaueschingen damit ein in den Reigen privater Adelsmuseen von nationalem Rang, die von namhaften Wissenschaftlern geleitet wurden. M.S.

LIT.: Eltz 1980, 184 ff.; Salm 1970.

V.22
Kopf einer Bacchantin

Gipsbüste
Höhe 74,5 cm, Breite 40 cm
Fürstlich Fürstenbergische
Sammlungen Donaueschingen

Diese androgyn wirkende Porträtbüste aus der Fürstenbergischen „Antikensammlung" ist wohl als Kopf einer Bacchantin anzusprechen. Denn Bacchantinnen, auch Mänaden genannt, sind an ihrem Efeukranz und an einem efeuumwundenen Thyrusstab erkennbar und treten im Gefolge des Gottes Dionysos (Bacchus) auf. Der Aufbau der „Antikensammlung" geht auf Fürst Egon III. (1820-1892) zurück, der in Rom, Wien, Paris und Berlin teils recht kostspielige Gipsabgüsse berühmter griechischer und römischer Plastiken, so genannte „Antiken" herstellen ließ. Die ursprünglich 140 Stücke umfassende Sammlung erhielt im dritten Stockwerk des Karlsbaus einen besonderen Platz, ist heute aber verstreut. M.S.

LIT.: Eltz 1980, 186; Gutmann 1893, 32. Woltmann 1979, 44.

V. VON DER WUNDERKAMMER ZUM MUSEUM

a)

b)

c)

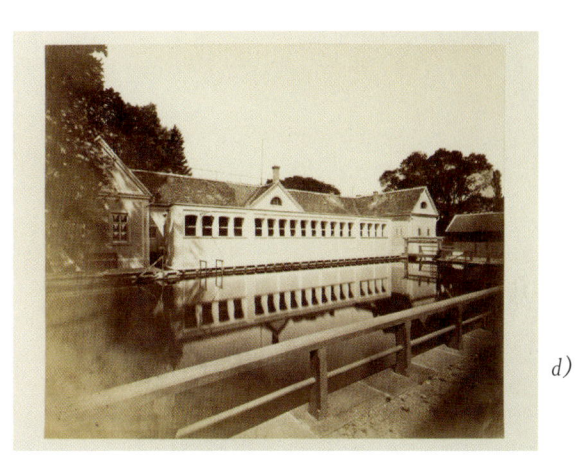

d)

V.23
Das moderne Donaueschingen

*Fotoserie um 1880
Fürstlich Fürstenbergisches
Archiv Donaueschingen*

a) Die Orangerie
b) Das neue Gebäude der
   Fürstlichen Hofkammer
c) Die neue Fassung der
   Donauquelle vor dem
   Fürstlichen Schloss
d) Das Fürstliche Badehaus
e) Die Gewächshäuser im
   Schlosspark

e)

V.24–26
Instrumente aus dem Fürstlichen Hoforchester

vor 1850
Jagdoboe, Flöten, Geige
Fürstlich Fürstenbergische
Sammlungen Donaueschingen

Die Musik spielte am Fürstenbergischen Hof eine überaus wichtige Rolle. Besonders in der zweiten Hälfte des 18. Jahrhunderts, unter der Regentschaft des Fürsten Joseph Wenzel, der selbst Cello spielte, wurde das Musikleben gefördert, das mit dem 12-tägigen Besuch der Familie Mozart während ihrer Konzertreise 1763/64 einen Höhepunkt erreichte.

Dass die Musik einen wichtigen Rang in der fürstlichen Familie einnahm, zeigt sich daran, dass auch der Bruder des regierenden Fürsten, Karl Egon, ein begabter Flötist war und die Tradition der Musikpflege an die folgende Generation weitergegeben wurde. Joseph Maria Benedikt, der älteste Sohn Joseph Wenzels spielte „selbst virtuos auf dem Forte piano", seine Frau Maria Antonia übernahm regelmäßig die Sopranrollen in den Opern des Fürstlichen Hoftheaters, zu dessen Repertoire beispielsweise „Die Zauberflöte" oder „Die Entführung aus dem Serail" gehörte. Fast wäre der junge Mozart um 1786 sogar fürstlich fürstenbergischer Hofkomponist geworden. Das Musikleben am Donaueschinger Hof blieb auch während der Regierungszeit von Karl Joachim, dem Bruder Joseph Maria Benedikts, auf hohem Niveau. Unter Karl Egon II., der 1817 Conradin Kreutzer sowie ab 1822 Johann Wenzel Kalliwoda als Kapellmeister engagierte, erlebte es eine letzte Blütezeit. Einen wichtigen Beitrag leistete vor allem die Fürstin Amalie selbst, die Tochter des badischen Großherzogs, die als „wahres Musiktalent" gelobt wurde, als 1. Sängerin dem Hoftheater angehörte und auch als Pianistin Beachtliches leistete. **M.S.**

LIT.: Schuler 1994; Burkard 1921.

V. VON DER WUNDERKAMMER ZUM MUSEUM

V.27
Donaueschinger Musiktage 1921

Gruppenausflug nach Beuron
Fotografie
1921
17,5 x 21,7 cm
Fürstlich Fürstenbergische Sammlungen Donaueschingen

Nirgends ist die Musiktradition eines Fürstenhauses im 20. Jahrhundert so konsequent wieder aufgegriffen worden wie in Donaueschingen. Hier wurde die aus dem 18. und 19. Jahrhundert überkommene höfische Tradition der Musikpflege in die bürgerliche Moderne des 20. Jahrhunderts überführt. Die Donaueschinger Musiktage gelten bis heute als ein Forum für experimentelle Ansätze in der Musik. „Avantgardisten" wie Schönberg wurden hier „entdeckt". Das Foto zeigt eine Gruppe von Künstlern, darunter Schönberg und Hindemith mit dem Fürsten Max Egon von Fürstenberg in Beuron.

V.28
Donaueschinger Musiktage 1924

Fotografie 1924
11,7 x 16,2 cm
Fürstlich Fürstenbergische Sammlungen Donaueschingen

Das Foto zeigt eine Gruppe von Musikern, darunter Schönberg, Webern und Scherchen, im Donaueschinger Schlosspark. Fürst Max Egon von Fürstenberg, der das Foto mit einem Autogramm versehen hat, steht in der Mitte hinten.

VI.

→

»…DIE JUNGE WITWE LEBTE DEN STUDIEN, SIE MALTE, SIE LAS, SIE KOMPONIERTE…«

Ungern-Sternberg über Stéphanie von Baden 1832

Adlige als Künstler

DIE KUNSTHANDWERKLICHE Beschäftigung gehörte traditionell zum Erziehungsprogramm adliger Mädchen, und künstlerische Betätigung zählte auch vor 1800 zur Freizeitbeschäftigung der adligen Dame. Dennoch galt die Regel: Der Adel war zwar Kunstmäzen, die professionelle Kunstproduktion lag in Händen spezialisierter Kunsthandwerker. Der gesellschaftliche Umbruch des frühen 19. Jahrhunderts verlieh der Kunst im Umfeld des Adels einen gewandelten Stellenwert. Künstlerische Betätigung in Kreisen des Adels entwickelte sich tendenziell weg von der bloßen Liebhaberei hin zur (Semi-) Professionalität. Selbst eine Königin Hortense nahm Malunterricht und betätigte sich gelegentlich als Porträtistin. Dabei fällt zweierlei auf: Es waren vorwiegend die Damen, die sich der bildenden Kunst zuwandten (aber auch ein Fürst Leopold von Hohenzollern oder ein Freiherr Edward von Hornstein zeigten hierin großes Talent). Und es waren eher Angehörige des niederen Adels, die die Kunst zur eigentlichen Profession machten wie Charlotte Freiin von Freyberg oder Clara Quien (Ausnahme aber Herzogin Diane). Lag die bildende überwiegend in Händen der Frauen, so waren Schriftstellerei und Musik bis ins 20. Jahrhundert eher Domänen des adligen Mannes.

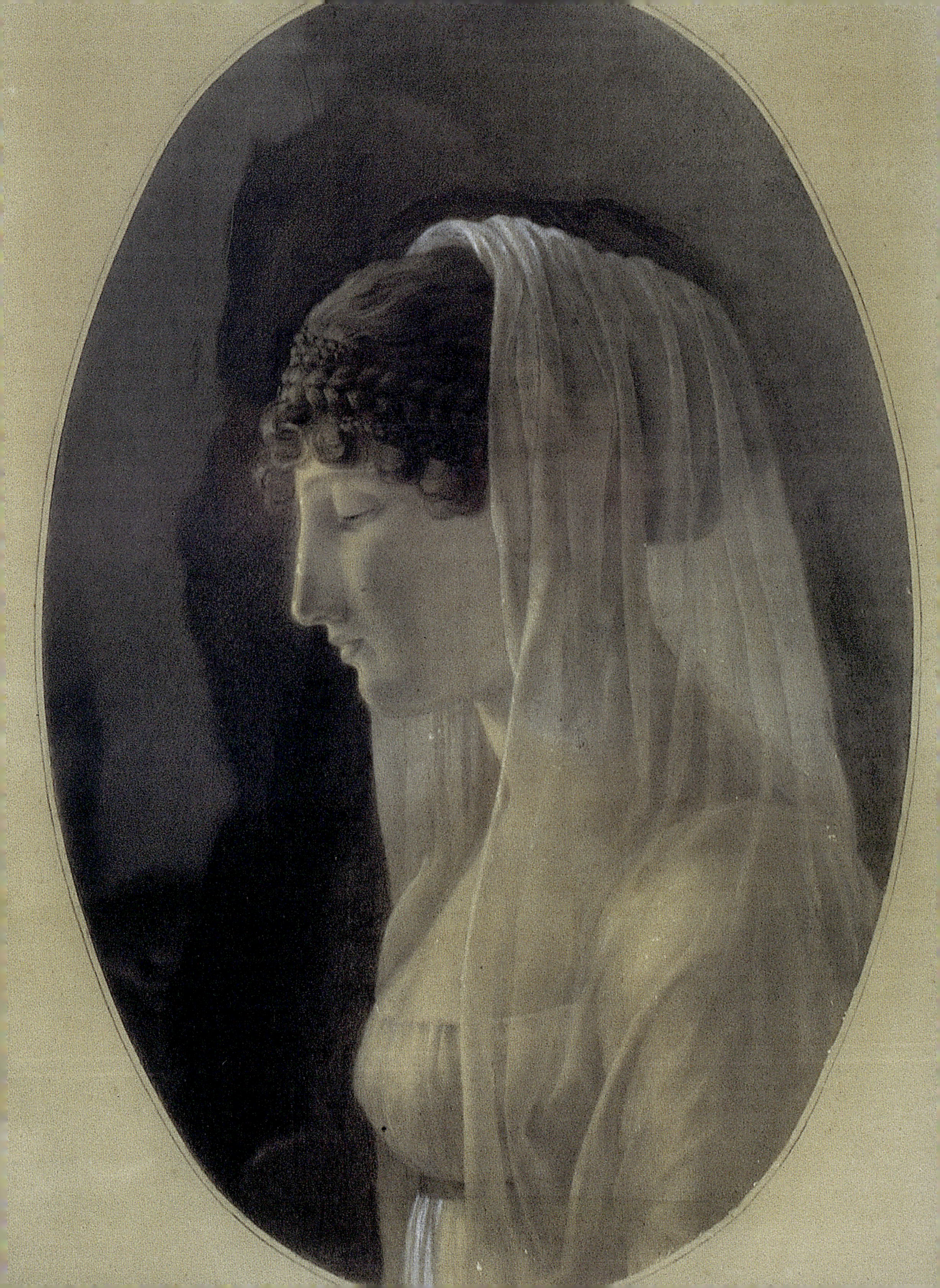

VI.1
Porträt der Stéphanie von Baden (1789-1860)

Königin Hortense (von Holland)
(1783-1837)
Undatiert (ca. 1830)
Kohle und Kreide weiß gehöht
auf Papier
78,5 x 59 cm
Napoleonmuseum Arenenberg,
Salenstein (CH)

Hortense war die Tochter von Alexandre de Beauharnais, der 1794 unter der Guillotine starb, und von Joséphine, die 1796 zur Gattin Napoleons wurde. Napoleon verheiratete die von ihm adoptierte Stieftochter 1802 mit seinem Bruder Louis, den er 1806 zum König von Holland erhob. Nach dem Untergang des napoleonischen Systems 1815 siedelte sich die ehemalige Königin von Holland in Konstanz an, von wo aus sie 1817 das nahe in der Schweiz gelegene Schloss Arenenberg erwarb. Dieser idyllisch gelegene Ort wurde zu einem Musenhof, an dem der gesamte südwestdeutsche Adel verkehrte. Zugleich war Arenenberg das Refugium der Familie Bonaparte, von dem aus die politische Zukunft der Familie geplant wurde, denn Hortenses Sohn Napoleon (III.) war von Napoleon zum Haupt der Familie bestimmt worden. In Arenenberg verkehrte auch Stéphanie von Baden geb. Beauharnais, eine leibliche Cousine, aber durch Napoleons Adoption Schwester der Königin Hortense. Stéphanie war 1806 mit dem Großherzog Karl von Baden verheiratet worden und lebte nach dessen Tod 1818 in Mannheim. Nach der zeitgenössischen Publizistik soll sie die Mutter des geheimnisvollen Findlings Kaspar Hauser gewesen sein. Ihre Tochter Joséphine verheiratete sie 1834 mit Fürst Karl Anton von Hohenzollern, dem Sohn Antoinette Murats. Zwischen 1825 und 1834 besaß die Großherzogin ein Gut in Mannenbach unterhalb Arenenberg. Bei einem ihrer Besuche am Bodensee ist sie von Hortense im Profil von einem Schleier bedeckt porträtiert worden. Die Königin versammelte an ihrem kleinen Hof nicht nur Künstler aller Art, sie war selbst künstlerisch tätig wie übrigens auch die Porträtierte Stéphanie.

LIT.: Walter 1949, 295-362.; Kühn 1965; Sauer, Heiraten 1987, 55-68; Gügel 2004; Schloss Arenenberg 2005, 4-12; Krins 2005, 15.

VI.2
„Flora von Hohenzollern"

*Fürstin Antonia von
Hohenzollern (1845-1913)
Fünf Aquarellbände
1884-1898
Jedes Blatt 44 x 29,5 cm
Fürstliche Hohenzollernsche
Sammlungen Sigmaringen*

Fürstin Antonia erweist sich nicht nur in stilvollen Landschaftsaquarellen als begabte Malerin, sondern auch in ihrer Gestaltung botanischer Motive. Einen Teil ihrer Blumenaquarelle fasste sie in fünf Bänden „Flora von Hohenzollern" zusammen.

LIT.: Krins 2005, 32.

VI.3
Erbprinzessin Antonia Maria von Hohenzollern (1845-1913)

*Marie Wiegmann
1870
Öl auf Leinwand
68 x 56 cm
Fürstlich Hohenzollernsche
Sammlungen Sigmaringen*

Antonia, Infantin von Portugal, war seit 1861 mit dem Erbprinzen Leopold von Hohenzollern (1835-1905) verheiratet, dessen Schwester Stephanie (1837-1859) mit ihrem Bruder, dem Thronfolger Pedro V. von Portugal vermählt gewesen war. Das Erbprinzenpaar bewohnte den Prinzenbau, dem es durch zwei umfangreiche Baumaßnahmen 1872 ff. und 1896 ff. im Wesentlichen das heutige Aussehen gab. In die Gestaltung der Innenräume brachte Antonia nicht nur ihren künstlerischen Sachverstand ein, sie beteiligte sich selbst an der Gestaltung. Für den Altar der Kapelle schuf sie 1873 das Altarbild. Auch die Stillleben der Supraporten über den Türen des Schwarzen Saals stammen von ihrer Hand. Das Porträt von Marie Wiegmann in ovalem Rahmen zeigt Erbprinzessin Antonia im Jahr 1870, das durch die spanische Thronkandidatur ihres Mannes Leopold eine dramatische Wende nehmen sollte.

LIT.: Krins 2005, 24, 26-32; Kuhn-Rehfus 1979, 166-170.

Sigmaringen
22. August 1887

Malva moschata
L.

VI.4
Schloss Sigmaringen

Gräfin Marie von Flandern, Prinzessin von Hohenzollern (1845-1912)
1876
Radierung
62,2 x 83,8 cm
Fürstlich Hohenzollernsche
Sammlungen Sigmaringen

VI.5
Erinnerung an Inzigkofen

Gräfin Marie von Flandern, Prinzessin von Hohenzollern (1845-1912)
1869
Radierung
35,7 x 27,5 cm
Fürstlich Hohenzollernsche
Sammlungen Sigmaringen

Prinzessin Marie von Hohenzollern war die jüngste Tochter des Fürsten Karl Anton, Schwester des Erbprinzen Leopold. Sie heiratete Philipp von Flandern und war die Mutter des späteren Königs Albert von Belgien. Mit ihrer gleichaltrigen Schwägerin Antonia teilte sie das Interesse und die Begabung für die Malerei. Von ihren Besuchen in Sigmaringen nahm sie Erinnerungen aus der Heimat mit, die sie in Brüssel in Form von Radierungen künstlerisch gestaltete.

LIT.: Krins 2005, 26.

VI. ADLIGE ALS KÜNSTLER

VI.7
Porträtbüste von Mahatma Gandhi

Clara Quien (1903-1972)
1946
Bronze
42 x 38 x 22 cm
Schlossmuseum Warthausen

Clara Quien stammte mütterlicherseits von der Adelsfamilie von Pflummern ab und war eine Cousine des porträtierten Eberhard von Ulm-Erbach. Sie lebte seit den 20-er Jahren bis 1952 im Orient und hatte über diplomatische Beziehungen Zugang zu zahlreichen Politikern und Machthabern asiatischer und afrikanischer Staaten. Sie schuf u.a. Porträtbüsten und Großplastiken von Gandhi, Nehru, Nyerere und dem Schah Reza Pahlewi von Persien.

VI.6
Porträtbüste Eberhard Baron von Ulm-Erbach

Clara Quien (1903-1972)
1929
Bronze
42 x 15 x 15 cm mit Sockel
Schlossmuseum Warthausen

VI.8
Porträt der Catharina Kopp, Schlossköchin in Allmendingen

Charlotte Freiin von
Freyberg (1848-1911)
Um 1900
Öl auf Holz
25 x 20,5 cm
Privatbesitz

VI.9
Porträt einer Nichte (Marie?) der Künstlerin, in Felsen kletternd

Charlotte Freiin von
Freyberg (1848-1911)
Um 1890
Öl auf Karton
40 x 33 cm
Privatbesitz

Über das Leben der Charlotte Freiin von Freyberg ist auch in der familiären Überlieferung wenig bekannt. Sie genoss ihre künstlerische Ausbildung in Karlsruhe, wo sie einige Jahre verbrachte. Ansonsten lebte sie unverheiratet in Allmendingen. Sie verkaufte zwar gelegentlich Bilder, ihre Malerei blieb aber eher Berufung als Beruf. Sie malte überwiegend Motive ihrer Lebenswelt, Landschaften der Schwäbischen Alb und beeindruckende Familienporträts. **C.B.**

LIT.: Unveröffentlicht.

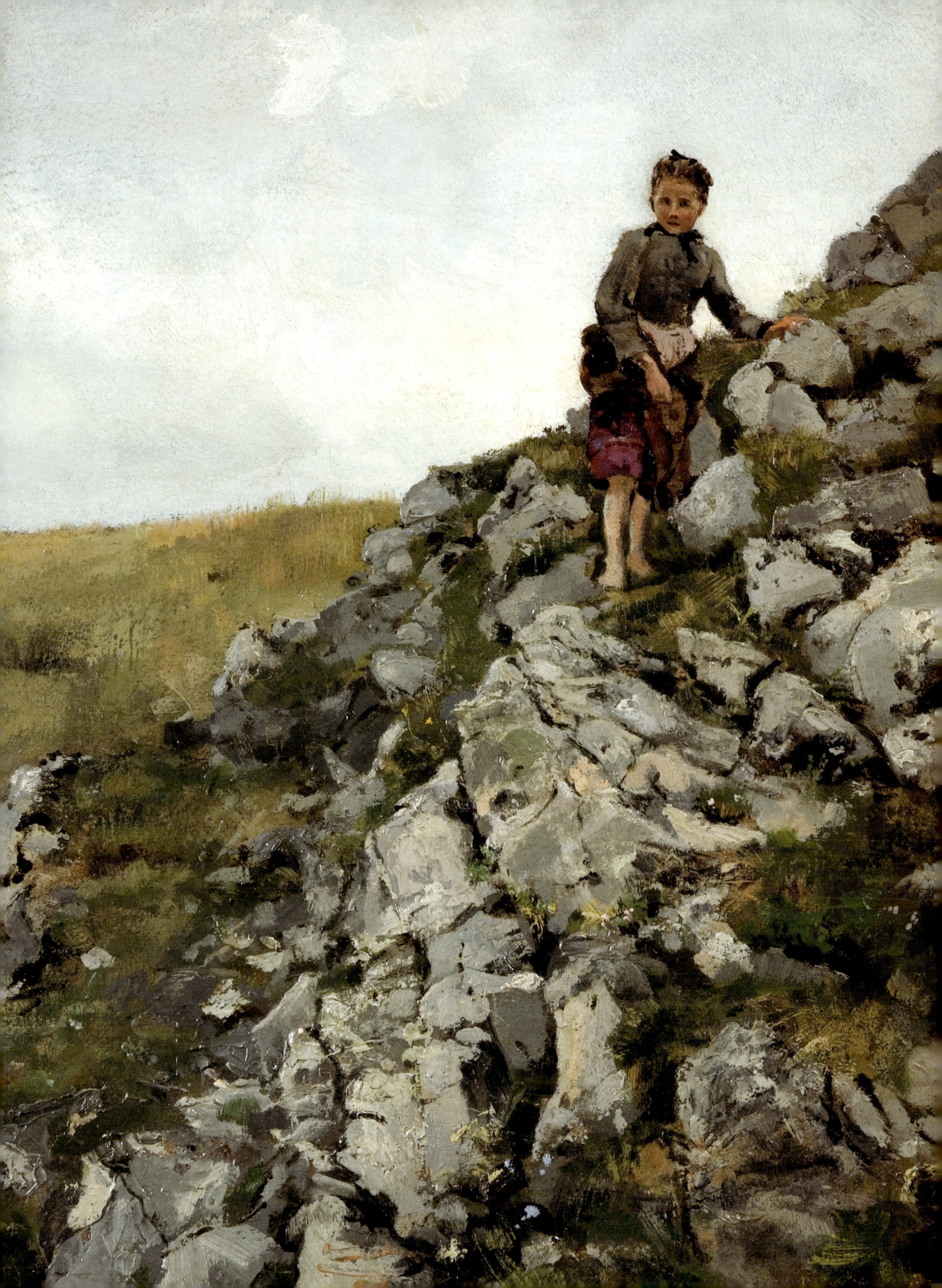

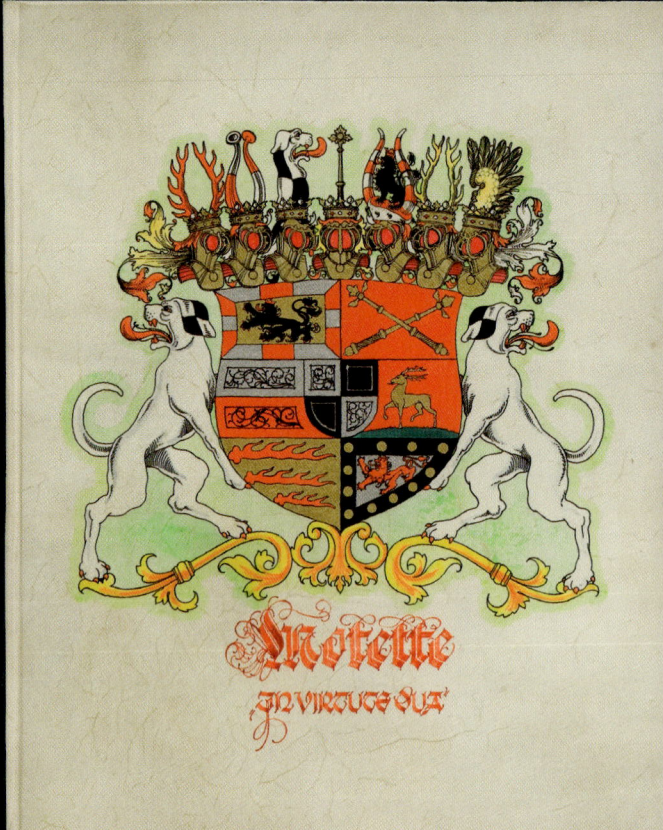

Motette
In virtute tua

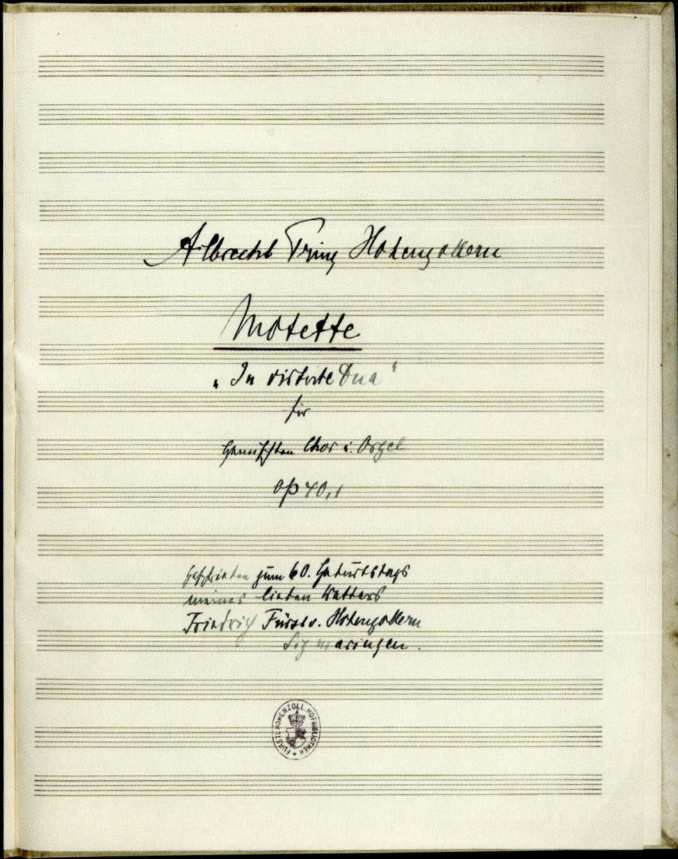

Albrecht Prinz Hohenzollern

Motette
"In virtute tua"
für
gemischten Chor a cappella
op 40,1

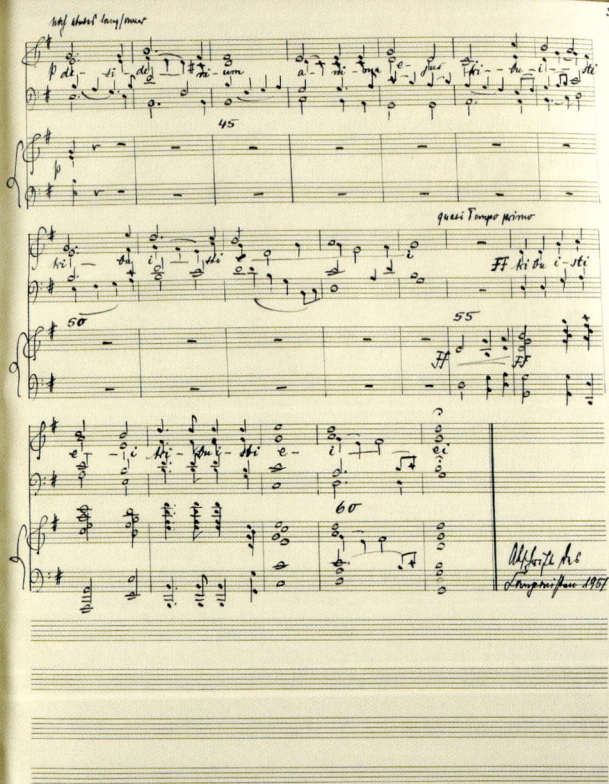

geschrieben zum 60. Geburtstage
meines lieben Vaters
Friedrich Fürst v. Hohenzollern
Sigmaringen.

Albrecht Prinz
Krauchenwies 1957

VI.10
**Motette In Virtute dua, für gemischten Chor und Orgel op. 40.1
Mit eigenhändiger Notation und Widmung: „geschrieben zum 60. Geburtstag meines lieben Vetters Friedrich Fürst von Hohenzollern Sigmaringen" und einem prachtvollen Hohenzollernwappen auf dem Einband**

*Albrecht Prinz von Hohenzollern (1898-1977)
1951
Fürstlich Hohenzollernsche Hofbibliothek Sigmaringen*

Im Haus Hohenzollern ist im 19. und 20. Jahrhundert eine ausgesprochen musische Veranlagung anzutreffen. Nicht nur die bildenden Künste wurden gepflegt, bei verschiedenen Angehörigen der Familie spielte Musik eine besondere Rolle. Bereits Fürst Friedrich Wilhelm Konstantin († 1869), der letzte Vertreter des Hauses Hohenzollern-Hechingen, unterhielt eine berühmte Hofkapelle und hat eigene Kompositionen hinterlassen. Im 20. Jahrhundert war Albrecht Prinz von Hohenzollern, ein Cousin des Fürsten Friedrich als Komponist tätig. In der Gegenwart ist Erbprinz Karl Friedrich von Hohenzollern als aktiver Jazzmusiker bekannt.

LIT.: A.v. Hohenzollern 1998.

VI.11
Variationen und Fuge über ein eigenes Thema für Pianoforte

*Albrecht Prinz von Hohenzollern (1898-1977)
Selbstverlag 1935
Mit einer eigenhändigen Widmung an die Tante Adelgunde Fürstin von Hohenzollern 1950
Fürstlich Hohenzollernsche Hofbibliothek Sigmaringen*

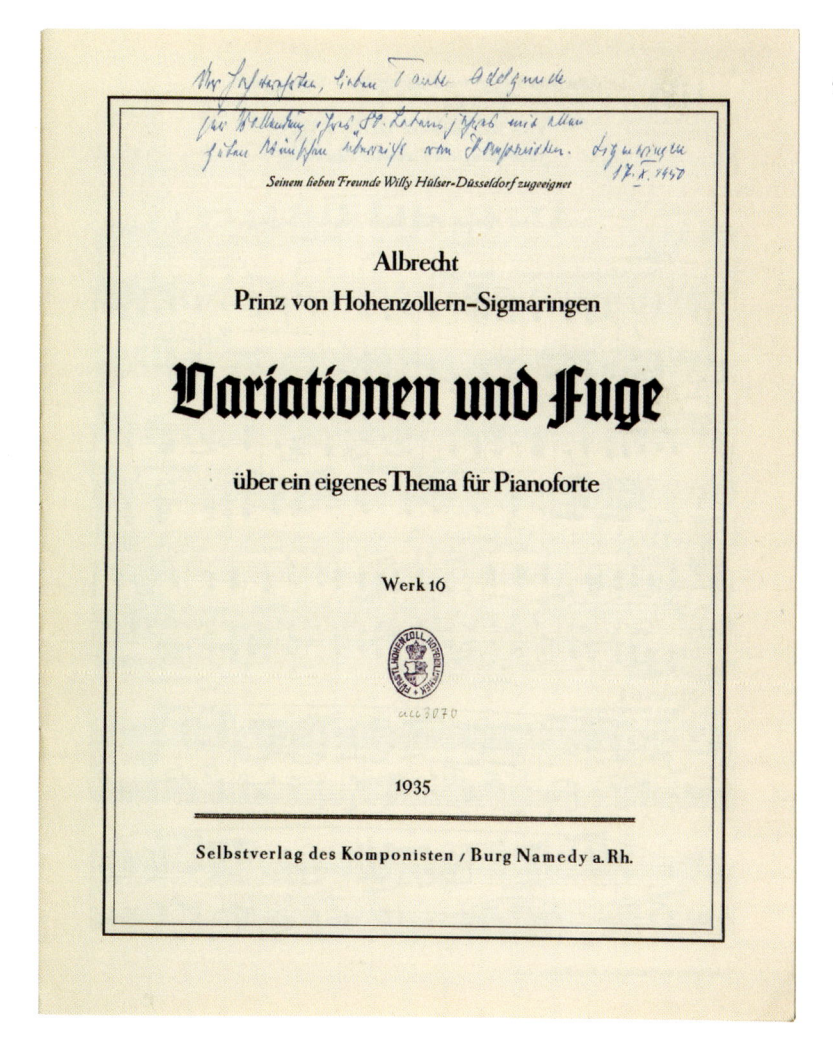

VI.12
Unser Lebensweg

Diane Herzogin
von Württemberg (1940)*
Bronze
2003
138 x 182 x 77 cm
Privatbesitz

Dieses Kunstobjekt ist ein Symbol für den Lebensweg eines jeden Menschen, jeder ist anders, doch immer mit dem gleichen Ziel unterwegs. Am Anfang steinig, hart und ungewiss, wird er durch Erfahrung und selbst angeeignete Lebensweisheit nach und nach ruhiger, überschaubarer und ausgeglichener. Symbolisch übermittelt der Stock die Kraft des Kosmos, geführt durch göttliche Hand. Am Ende sind die Gelenke abgenützt, der Körper ermüdet, die Spuren im Sand werden weich und fließend, bis einen die letzte Woge an den von Gott auserwählten Bestimmungsort führt. Herzogin Diane von Württemberg geb. Prinzessin von Frankreich ist eine international anerkannte Künstlerin. Ausgehend von der Stoffmalerei, wandte sie sich Ende der 1960-er Jahre der Ölmalerei zu. Ihre Werke sind auf internationalen Ausstellungen zu sehen und werden mit „D. Diane" signiert. Seit ca. 1980 ist sie auf Skulpturen spezialisiert. Im Schlosspark von Altshausen organisiert sie regelmäßig den „Skulpturenpark Herzogin Diane", wo junge Künstler ihre Arbeiten präsentieren können. Herzogin Diane engagiert sich in zwei von ihr ins Leben gerufenen Stiftungen auch im Denkmalschutz und in der Kinder- und Jugendpflege.

LIT.: Lorenz u.a. 1997, 425 f.

VI.13
Der Herzog von Savoyen

Diane Herzogin
von Württemberg (1940)*
Bronze
1998
235 x 200 x 140 cm
Privatbesitz

Die Künstlerin stellt den Herzog von Savoyen in stolzer Pose dar, der auf sein von Reformen und Errungenschaften gezeichnetes Lebenswerk zeigt. Emmanuel Philibert (1528-1580), Herzog von Savoyen (reg. 1553 -1580) – genannt Eisenkopf – folgte seinem Vater Karl III., der sein Herzogtum im Jahre 1536 an Franz I. von Frankreich und die eidgenössische Schweiz verloren hatte, als Erbe nach. Der Herzog von Savoyen trat in die Dienste von Kaiser Karl V. und später in die von dessen Sohn König Philipp II. von Spanien. Als dessen Generalleutnant gewann er in der Schlacht bei St. Quentin 1557 einen

VI. ADLIGE ALS KÜNSTLER

bedeutenden Sieg über die Franzosen. Durch den Vertrag von Cateau Cambrésis 1559 erlangte er sein verlorenes Herzogtum mit Ausnahme von Genf und Vaude wieder zurück. Im gleichen Jahr heiratete er Margarete von Valois, die Schwester Heinrichs II. von Frankreich. Berühmt ist der Herzog von Savoyen bis heute wegen seiner Modernisierung des Finanz- und Bildungswesens, des Handels und der Industrie sowie des Militärs, insbesondere seiner Flotte. Mit ausgeprägter Diplomatie und Toleranz (Waldenser) konnte er sich ohne kriegerische Zwischenfälle gegenüber Frankreich, Spanien und der Schweiz behaupten. Durch die Verlegung seines Herzogtums nach Turin im Piemont wurde der Grundstein dafür gelegt, dass diese einstige zum französischen Herrschaftsgebiet gehörende Provinz später an Italien fiel.

LIT.: Lorenz u.a. 1997, 425 f.

203

VII.

→
»…TITEL UND WAPPEN
KÖNNEN UNS GERAUBT WERDEN,
DER ADEL BLEIBT.«

Motto des Grafen Zeppelin

Selbstvergewisserung durch Traditionsbildung

MIT DER MEDIATISIERUNG von 1806 hatte der Adel seinen Status als verfassungsmäßig verankerter Stand verloren. Auf die Rolle des privaten Staatsbürgers verwiesen, drohte er seine Identität zu beschädigen, die auf dem Privileg politischer Herrschaft, auf jahrhundertealter Familientradition, auf Dienst (in der Regel für das Haus Habsburg), auf gesellschaftlicher Exklusivität und auf korporativem Standesbewusstsein beruhte. Nach einer Phase der Verunsicherung nach dem Wiener Kongress 1815, der die Mediatisierung festgeschrieben hatte, besann sich der Adel auf seine Traditionen als gesellschaftliche Gruppe. An den Begegnungsformen hatte sich ja im Grunde nichts geändert: Man traf sich im Freundeskreis und in der Nachbarschaft zu geselligen Runden, man heiratete „standesgemäß" in dem durch die Mediatisierung noch um rheinische Familien erweiterten Kreis von Adelsfamilien, man sah sich bei Hochzeiten, Familienfesten und Beerdigungen. Eine wichtige Rolle spielten Jagdgesellschaften, in der ein altes Adelsvorrecht demonstrativ gepflegt wurde. Nach der Revolution von 1848 kompensierte der Adel verlorenen politischen Einfluss durch die Wiederbelebung korporativer Traditionen. 1858 gründeten Angehörige ehemals reichsritterschaftlicher Familien in Württemberg den St. Georgenverein, der sich zur Aufgabe machte, die adligen Standesinteressen zu vertreten. Im 1871 erneuerten bayerischen Ritterorden vom Hl. Georg griff der Adel die Tradition der mittelalterlichen Ritterorden in gewandelter Form auf. Nicht zuletzt wuchs im Laufe des 19. Jahrhunderts bei allen Adelsfamilien das Bedürfnis zur Aufarbeitung der eigenen Familiengeschichte. Die Besinnung auf Tradition und Geschichte der jeweiligen Familie diente der Selbstvergewisserung des Adels als gesellschaftlicher Gruppe in der bürgerlichen Welt und bildete zugleich eine der Wurzeln moderner wissenschaftlicher Landesgeschichte.

VII.1
Trinkbecher

Keramik
Mitte 19. Jahrhundert
H. 29 cm, Dm. 11 cm
Privatbesitz

VII.2
Trinkkrug mit Deckel

Zinn
Mitte 19. Jahrhundert
H. 18 cm, Dm. 12 cm
Privatbesitz

VII.3
Trinkbecher

Zinn
Mitte 19. Jahrhundert
H. 33 cm, Dm. 10,5 cm
Privatbesitz

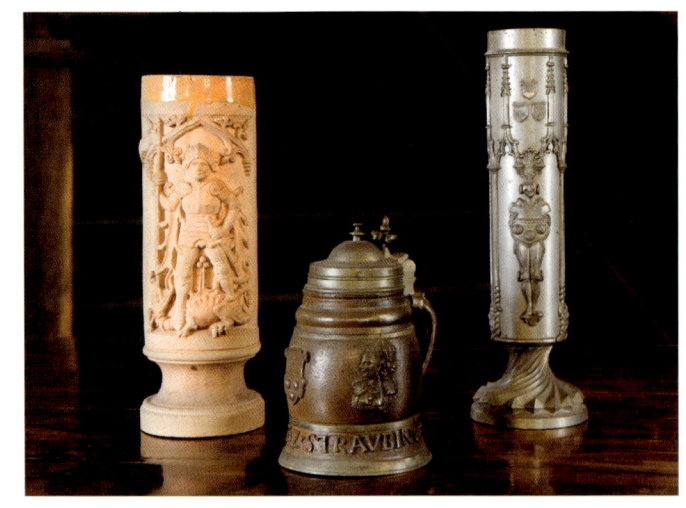

VII.4
Trinkbecher

Grünes Glas mit Goldrand und mit Wappen verziert
(darunter das Wappen Ulm-Erbach)
Um 1880, H. 16 cm, Dm. oben 7 cm
Privatbesitz

VII.5
Bierhumpen mit Henkel und emailliertem Zinndeckel, darauf das Wappen Württemberg

Mitte 19. Jahrhundert
H. 13,5 cm, Dm. Öffnung 7,5 cm, Dm. Boden 8,5 cm
Privatbesitz

VII.6
Bierhumpen mit Henkel und emailliertem Zinndeckel, darauf das Wappen Adelmann von Adelmannsfelden

Mitte 19. Jahrhundert
H. 15 cm, Dm. Öffnung 9 cm, Dm. Boden 10,5 cm
Privatbesitz

VII.7
Bierhumpen mit Henkel und emailliertem Zinndeckel, darauf das Wappen Freyberg

Mitte 19. Jahrhundert
H. 15 cm, Dm. Öffnung 8 cm, Dm. Boden 10 cm
Privatbesitz

VII. SELBSTVERGEWISSERUNG DURCH TRADITIONSBILDUNG

VII.8 a und b
Zwei Tabakpfeifen mit den Motiven Schloss Wolfegg und Schloss Zeil

Holz, Porzellanköpfe
Mitte 19. Jahrhundert
75 und 81 cm lang
Privatbesitz

VII.9 a–e
Fünf Tabakpfeifen mit verschiedenen Motiven, darunter Schloss Erbach und Ruine Hohenfreyberg

Holz, Porzellanköpfe
Mitte 19. Jahrhundert
Alle Pfeifen ca. 32–33 cm lang
Privatbesitz

VII.10
Edward Sigmund Freiherr von Hornstein-Grüningen (1843–1927)

Franz Adam
Ca. 1860/65
Öl auf Leinwand
64 x 50,7 cm
Privatbesitz

Edward Sigmund Freiherr von Hornstein-Grüningen vertrat in exemplarischer Weise Geschichtsbewusstsein und Traditionsbildung eines freiherrlichen Hauses in Oberschwaben. Hornsteins Lebenswerk geriet über seinen familiengeschichtlichen Forschungen, seinem romantischen Mittelalterinteresse, seiner künstlerischen Begabung und seinem Faible für neugotische Stilformen beinahe schon zu einem Gesamtkunstwerk des Historismus. Er fertigte eine prachtvolle handschriftliche Hauschronik an, er gestaltete kunstvolle Stammbäume und malte zahlreiche Räume des Schlosses Grüningen in „altdeutscher" Art aus. Zu seiner Mittelalterverehrung passte auch sein autoritätgebietendes Auftreten im Ort Grüningen, wo er sich als strenger Patrimonialherr regierte. Der Freiherr stellte seinen historischen Sachverstand nicht nur in den Dienst der Hausgeschichtsforschung, sondern war auch staatlicherseits mit denkmalpflegerischen Aufgaben im Oberamt Riedlingen betraut und war Vorsitzender des Vereins Altertumskunde und Heimatpflege in Riedlingen. Auf ihn geht auch die Ordnung der Hornstein'schen Familienarchive in Binningen (Hegau) und Grüningen zurück. Ein ungeklärtes Rätsel bleibt vor diesem Hintergrund, warum sich Edward Sigmund von Hornstein und drei seiner Verwandten im Jahr 1873 dazu hinreißen ließen, das gerade erst wieder erworbene und völlig intakte Stammschloss der Familie, Hornstein bei Bingen (SIG), auf Abriss zu verkaufen. Das Gemälde von Franz Adam zeigt den ernst blickenden jungen Mann am Ausgangspunkt seiner „Karriere". **C.B.**

LIT.: Gemälde unveröffentlicht; Weber, Kommunale Archivpflege 1997, 24 f.; Weber, Abriß 1997.

VII. SELBSTVERGEWISSERUNG DURCH TRADITIONSBILDUNG

VII.11
Kolorierter Stammbaum der Familie Hornstein-Grüningen

Edward Sigmund Freiherr von Hornstein-Grüningen (1843-1927)
Ca. 1880/90
Zeichnung auf kreidegrundiertem Pergament
197 x 12,7 cm
Privatbesitz

Dieser in ungewöhnlichem Format gehaltene Familienstammbaum wurde von Edward Sigmund Freiherr von Hornstein in der Art mittelalterlicher Buchmalerei auf einem mit Kreidegrund bearbeiteten Pergament ausgeführt. Hornstein greift nicht nur in der Maltechnik, sondern auch in der Wahl der Schrift, in der Gestaltung von Wappen und Helmzier und in der Darstellung des Ritters, der der Manesse'schen Handschrift entsprungen sein könnte, unverkennbar auf Vorbilder des 14. Jahrhunderts zurück. Das Gebäude unten links neben dem Reiter ist Schloss Grüningen. Mit 13 Faltungen ist der Stammbaum in der Art eines Leporellos auf eine Größe von 14 x 13,7 cm zusammen zu falten. C.B.

LIT.: Unveröffentlicht.

VII.12
Handschriftliche kolorierte Familienchronik des Hauses Hornstein-Grüningen

Edward Sigmund Freiherr von Hornstein-Grüningen (1843–1927)
1880–1985
Mit weißem Leder kaschierter Holzdeckel mit je fünf Messingstollen auf dem vorderen und hinteren Deckel und zwei Lederriemen mit Messingschließen
37,3 x 30 x 13 cm
Privatbesitz

Die Hauschronik mit dem umständlichen Titel „Freiherrlich von Hornsteinsche Familien-Chronik der Linie Grüningen-Hohenstoffeln vom Anfang des 13. bis Ende des 18. Jahrhunderts. Nach Urkunden beschrieben von Reichsfreiherrn Edward Sigmund von Hornstein zu Grüningen. 1880–1885" zählt zu den herausragenden und kostbarsten Produkten der Geschichtsschreibung im oberschwäbischen Adel des Kaiserreichs. Das ganze Werk ist in der Art eines mittelalterlichen Codex gestaltet, sowohl was den Einband angeht als auch in der Behandlung der Seiten. Der Text imitiert historische Schrift, wobei Schreiberhände des 16. und 17. Jahrhunderts als Vorbilder dienten. Er ist üppig illuminiert mit Initialen, Miniaturen und Wappen in der Manier des 15. und 16. Jahrhunderts. Die 1911 erfolgte Druckfassung des Werkes versucht den Charakter der Handschrift zu imitieren, bleibt aber naturgemäß weit hinter der handschriftlichen Vorlage zurück. C.B.

LIT.: Unveröffentlicht.

VII. SELBSTVERGEWISSERUNG DURCH TRADITIONSBILDUNG

VII.13
Gedruckte Fassung der Hornstein'schen Familienchronik

Edward von Hornstein-Grüningen:
Die von Hornstein und Hertenstein.
Erlebnisse aus 700 Jahren.
Konstanz 1911.
20,5 × 16,8 × 7,5 cm
Privatbesitz

89–92. IV. Generation.

89. Anna von Hornstein (1364) war vermählt mit Gerwin von Halfingen. „Gedenckhen umb Gottes Willen Frawen Anna v. Hornstain, Gerwins von Halfingen Ehefrau, so Anno 1364 im leben gewesen." (H. Mort. S. 16.)

90. Frau Gremlich, eine geb. **von Hornstein**, hatte zum Gemahle Ritter Hermann Gremlich. „Zu Salmansweyl im Münster uff der linkhen handt, stehet in Ainer gemahlten Tafel, so Anno 1507 renoviert worden, herr Hermann Gremlich, Ritter :¦ welche ein aigne begräbnus allba haben :¦ und neben Ihme, seiner Gemahlin, das Hornstainisch Wappen." (H. Mort. S. 71.)

91. Heinrich von Bützkoven, von Hornstein genannt, 1352 saß zu Bützkoven und hatte einen Hof zu Aichach, der Hornsteinhof hieß, und den er 1352 veräußerte. Er hinterließ einen Sohn gleichen Namens und eine Schwester, die an einen herrn von Buwenburg verehelicht war.

a) 1352 Aug. 20. Heinrich v. Bützkoven, von hornstein genannt, Heinrich, sein Sohn, und Konrad von Buwenburg, seiner Schwester Sohn, verkaufen an Hans Sunk von Hornsteinhof zu Aichach um 35 Pfd. Konst. Münz. Im gleichen Jahre wird der Hof von Graf Eberh. hofrechtshofen geeignet und an Kl. Weingarten verkauft. Ein Heinrich v. Bützkoven urkundet 1295²⁷ᵈ) und 1299²⁷). (Arch. Stuttg.)

92. Frau Guta von Hornstein, geborene von Aechterdingen (1355), wahrscheinlich die Gemahlin vorgenannten Heinrichs von Bützkoven, war zu Winterlingen begütert und hatte mit ihrem Sohne, Kunz von Hornstein, einen Teil des Zehnten daselbst, den sie 1355 verkauften.

a) 1355 Mai 15. Guta v. hornstein (S), geb. v. Achterdingen, Heinrichs v. hornstein selig ehl. Wirtin, und Kunz v. hornstein, ihr ehl. Sohn, verkaufen um 43½ Pfd. Htr. an Kunz den Tode, Bürger zu Veringen, ihren Teil des Zehnten zu Winterlingen. Mitsiegler: Benz v. hornstein (S) zu Büttelschieß und Kunz v. hornstein (S), hansens Sohn. (Arch. Stuttg.)

IV. Generation.

b) 1357 März 12. Kunz Nolle vermacht seiner Schwester Elisabeth, Klosterfrau zu Kreuztal, ein Leibgeding aus Gütern zu Winterlingen gelegen, die sein Vater sel., härtlieg Nolle, von „drowen Guoten wilont hainrichs seligen von hornstain elicher drowen, diu von Aechtertingen genant ist", gekauft hat, als „ain rehtes friges aigen". (Ebd.)

Fünfte Generation (1361–1398).

93. Nesa von Hornstein (1386) hatte zum Gemahle Eberhart von Freiberg, ein Sohn Burkharts und der geb. Truchsessin zu Waldsee. Ihre heimsteuer und Morgengabe mit 1900 Pfd. wurde ihr (1386) auf Schloß Achstetten, dem Sitze Eberharts, versichert. Sie hinterließ zwei Töchter, wovon die eine einen von Plumberg, die andere einen von Spauer ehlichte. (H. Mort. S. 12 und Freib. Chronik, 16. Jahrh.)

94. Salome von Hornstein (1381) war vermählt mit Konrad vom Stein. Sie verzichtet 1381 auf dem Gerichte zu Gundrichingen zu Gunsten Elisabethen von Küßnacht auf die ihr verpfändeten Güter zu Dachsen. (Staats-Arch. Zürich Nr. 2161.)
Mit ihrem Gemahle Konrad und ihrem Sohne Berthold ist sie im Nekrolog des Klosters Ursprung eingeschrieben. „Julius 24. IX Kal. Bertholdus vom Stain, halbritter, filius Conradi vom Stain et Salome ab Hornstain, uxorem, habuit Agatham a Sulmentingen." (Baumann, Nekrolog. Germ. S. 216.)

95. Gutta von Hornstein (1373 bis 1408). Mit ihrem Gemahle, Konrad von Swaindorf, saß Gutta auf der Burg zu Hecheln, einem reichenauischen Lehen, nicht weit vom Stammsitze der Familie (jetziges Schwandorf) gelegen.ᵃ) Außerdem war das Ehepaar zu Dankmarzwiesen und Allensbach begütert, worauf Guttas heiratsgut versichert war ᶜ); ferner zu Wangen und an andern reichenauischen Orten. 1393 erwarb Gutta von Heinz von Hödorf einen hof zu Garmensweiler und zwei halbe höfe zu Mainwangen.ᵇᵉ)
Als ihr Gemahl das Zeitliche segnete, stiftete sie (1408) auf den Fall ihres Todes ihren hof zu Garmensweiler zu einem „Seelgeräthe" an das Kloster Wald.¹) Sie hinterließ einen Sohn Namens Konrad.

---

424. XVI. Gen. Marianna Elisabeth.

Mit 11 Jahren wurde Elisabeth, oder Fräulein Lisone, wie man sie nannte, der berühmten Mademoiselle Bené in Belfort übergeben, da, wie es hieß, die Erziehung in den Klöstern völlig abzunehmen beginne. Behufs ihrer Reise dahin wurden ihr ein Reisewagen mit 150 fl. und ein Winterkleid zu 81 fl. angeschafft. Die Ritterschaft, als Obervormundschafts-Behörde, fand die Erziehungskosten der Fräulein Lisone außergewöhnlich und erhob Einsprache, daß man den Reisewagen ihrem noch in den Windeln liegenden Brüderchen Karl in Rechnung brachte, jedoch in Anbetracht, daß Lisone keine weiteren Geschwister hatte und „ihre education" — Gott sei Dank — gut angeschlagen, ließ man es dabei bewenden. (Filialarch. Ludwigsb.)

Neunzehn Jahre alt, 1769, verehelichte sich Lisone mit Leopold Lasser von der halden zu Lassereck und Burgstall, herr zu Autenried ec.ᵃ) Nach dem Tode seiner Eltern hatte sein Oheim Josef Anton v. d. halden Leopold an Kindes Statt angenommen. Leopold legte sich dessen Namen bei und erhielt 1771 die Güter Autenried, Ochsenbrunn und Anhofen. In fürstlichen Diensten stehend, lebte er mit seiner Gemahlin zumeist in Kempten, oft besuchten sie Grüningen, wo sie das gegen Osten liegende obere Turmzimmer, das sog. „Stallmeisterzimmer", bewohnten. Zur Kirche in Grüningen stiftete Lisone ein silbernes Missale, das an den Festtagen des Jahres noch jetzt benützt wird. Leopold starb nach 29-jähriger glücklicher Ehe 1798. Seine Gemahlin, die 1801 durch Kauf eines Hauses zu Kempten daselbst dauernde Wohnung genommen hatte, folgte ihrem Gemahl nach 11 Jahren den 7. Juli 1809 und fand ihre Ruhestätte in der Seelenkapelle der Stiftskirche.

Da das Ehepaar keine Kinder hinterließ, fiel die herrschaft Autenried mit Ochsenbrunn und Anhofen an Anna Freifrau v. Deuring, Tochter des

Porträt der Freifrau Lasser v. d. halden geb. v. Hornstein.
Bibliothek in Schloß Grüningen.

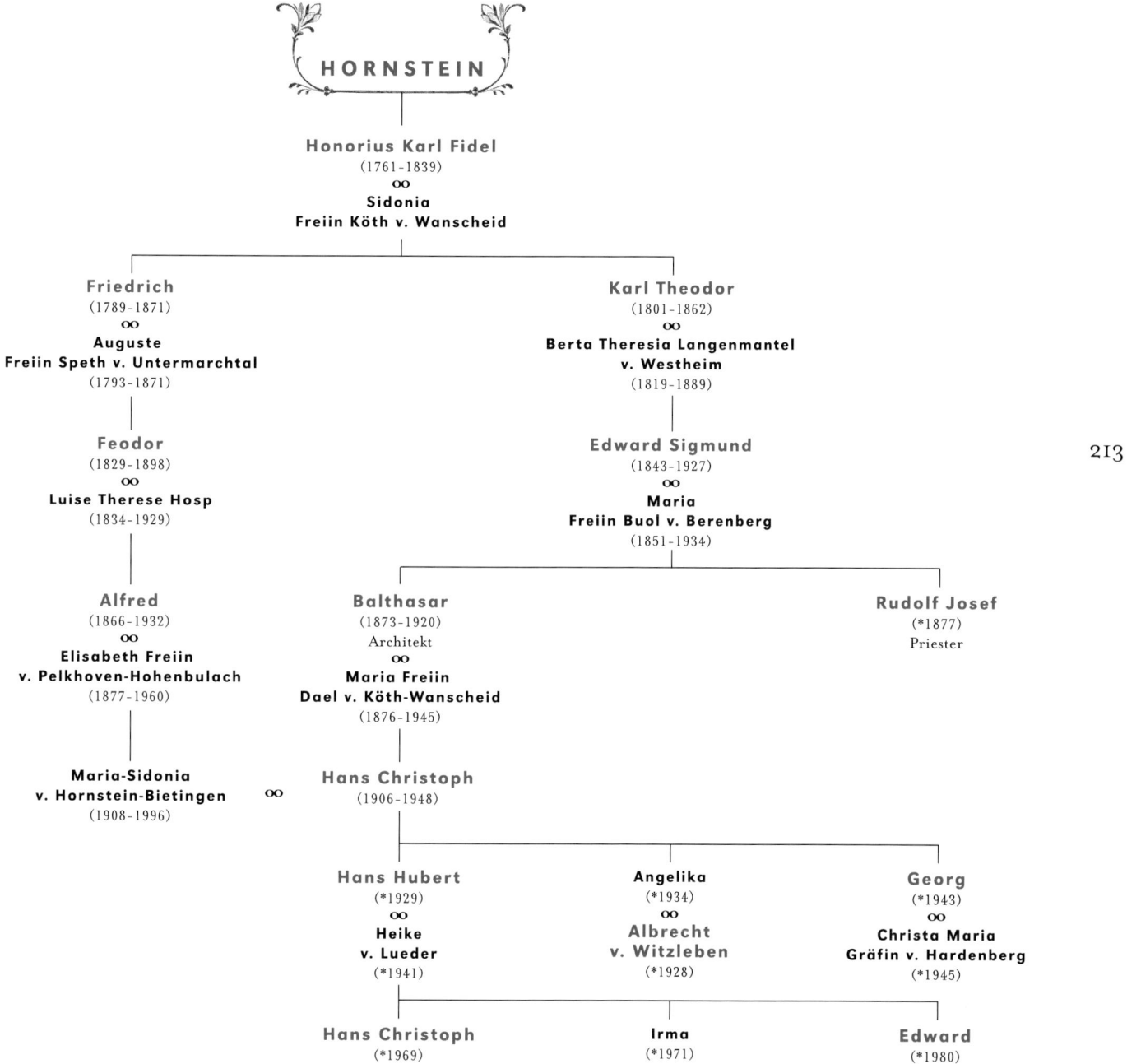

HORNSTEIN

Honorius Karl Fidel
(1761–1839)
∞
Sidonia
Freiin Köth v. Wanscheid

Friedrich
(1789–1871)
∞
Auguste
Freiin Speth v. Untermarchtal
(1793–1871)

Feodor
(1829–1898)
∞
Luise Therese Hosp
(1834–1929)

Alfred
(1866–1932)
∞
Elisabeth Freiin
v. Pelkhoven-Hohenbulach
(1877–1960)

Maria-Sidonia
v. Hornstein-Bietingen
(1908–1996)
∞

Karl Theodor
(1801–1862)
∞
Berta Theresia Langenmantel
v. Westheim
(1819–1889)

Edward Sigmund
(1843–1927)
∞
Maria
Freiin Buol v. Berenberg
(1851–1934)

Balthasar
(1873–1920)
Architekt
∞
Maria Freiin
Dael v. Köth-Wanscheid
(1876–1945)

Rudolf Josef
(*1877)
Priester

Hans Christoph
(1906–1948)

Hans Hubert (*1929) ∞ **Heike v. Lueder** (*1941)

Angelika (*1934) ∞ **Albrecht v. Witzleben** (*1928)

Georg (*1943) ∞ **Christa Maria Gräfin v. Hardenberg** (*1945)

Hans Christoph (*1969)   **Irma** (*1971)   **Edward** (*1980)

S. SEBASTIANUS.
I. Burch. A.V.
S. EUSTACHIUS.
I. Burch. A.V.

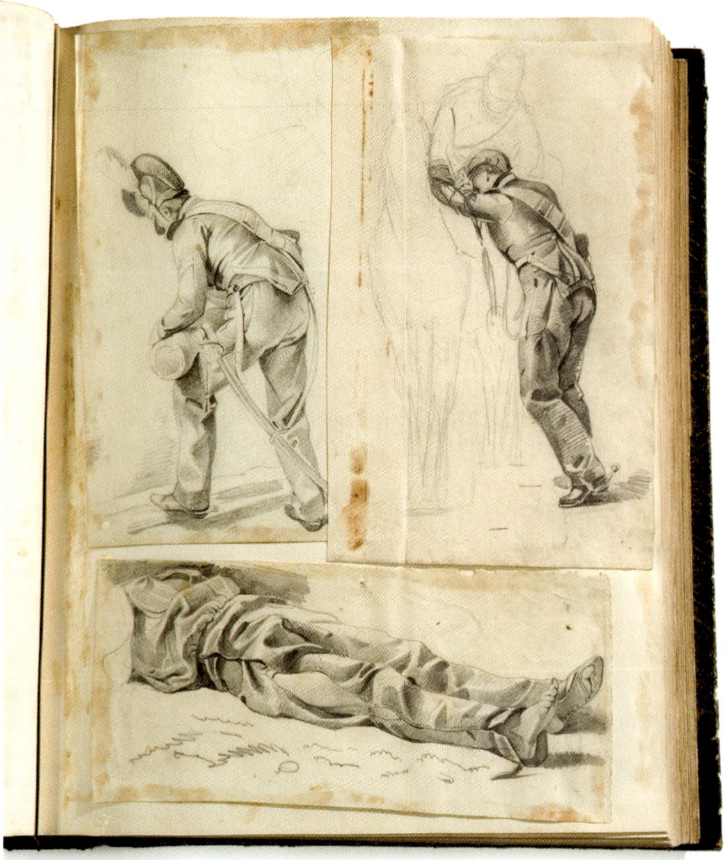

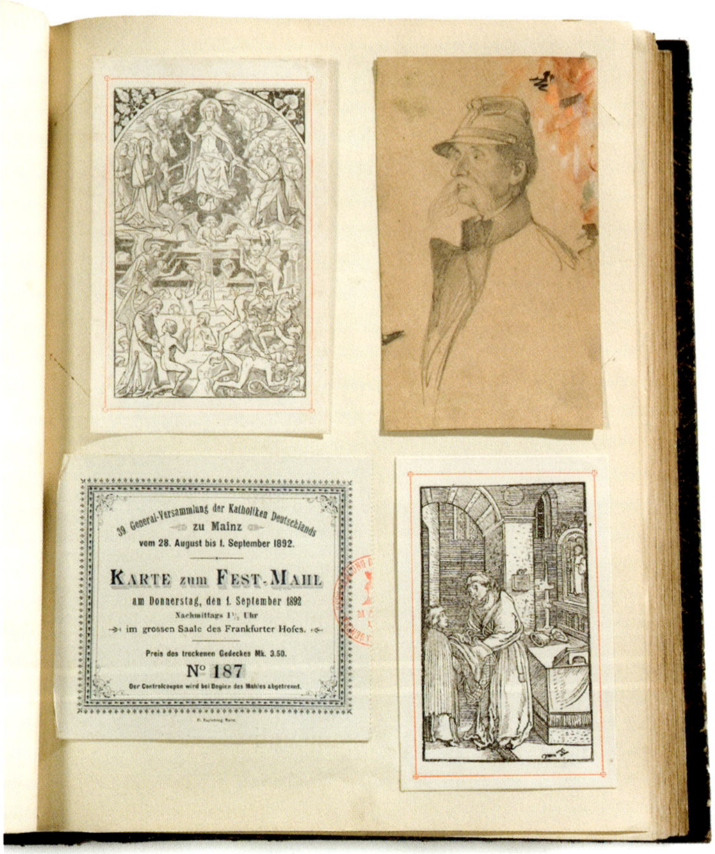
39 General-Versammlung der Katholiken Deutschlands
zu Mainz
vom 28. August bis 1. September 1892.
KARTE zum FEST-MAHL
am Donnerstag, den 1. September 1892
Nachmittags 1½ Uhr
im grossen Saale des Frankfurter Hofes.
Preis des trockenen Gedeckes Mk. 3.50.
№ 187
Der Controlcoupon wird bei Beginn des Mahles abgetrennt.

VII. SELBSTVERGEWISSERUNG DURCH TRADITIONSBILDUNG

VII.14
"Reisebuch"
des Edward Sigmund
Freiherrn von Hornstein-
Grüningen

Bis um 1895
Buchdeckel mit geprägtem Leder
31 x 25,5 x 8 cm
Privatbesitz

Die Gattung dieses Buches ist schwer zu bestimmen. Das Buch ist voll geklebt mit Hotelrechnungen, Einladungen, Todesanzeigen, Stichen von historischen Ereignissen oder Merkwürdigkeiten, Sehenswürdigkeiten touristischer Art und gelegentlichen Notizen, so dass das Ganze angewachsen ist zu einer Art Reise- oder Tagebuch, in dem sich in gewisser Weise das Itinerar und das Leben Edward Sigmunds von Hornstein in Dokumenten des alltäglichen Lebens niedergeschlagen haben. In den häufigen Einladungen zu Veranstaltungen katholischer Vereine kommt auch Hornsteins strenge konfessionelle Bindung zum Ausdruck, der nicht von ungefähr Geheimkämmerer von Papst Pius X. war. C.B.

LIT.: Unveröffentlicht.

216

VII. SELBSTVERGEWISSERUNG DURCH TRADITIONSBILDUNG

VII.15
Mitgliedertafel des St. Georgenvereins

Fotographisches Artistisches Institut Kayser & Co. Stuttgart
1867
Fotodruck
40 x 43 cm
Privatbesitz

1858 wurde von Angehörigen des ehemals ritterschaftlichen Adels in Württemberg der St. Georgenverein zur Wahrung adliger Interessen gegründet. Die Namensgebung war beziehungsreich, stand doch der Hl. Georg schon Pate, als sich der schwäbische Adel im Spätmittelalter zur Gesellschaft mit St. Georgenschild zusammenschloss, die später in der Reichsritterschaft aufging. Und der Hl. Georg als Ritterheiliger war in Oberschwaben bspw. in Heiligtümern wie in Isny oder Königseggwald historisch seit dem 11. Jahrhundert verwurzelt. Dennoch fällt auf, dass auf der Mitgliedertafel des St. Georgenvereins von 1867 die oberschwäbischen Familien fehlen. Es ist hier ausschließlich der württembergische Adel nördlich der Donau in kleinen Porträtfotografien repräsentiert. Allein Mitglieder der Familie König (von Warthausen), die mit Württemberg eng verbunden waren, finden sich. Selbst die Familie Hornstein, aus deren Überlieferung die Tafel stammt, fehlt. C.B.

LIT.: v. Wedel 1912.

VII.16
Die Trauung von Friedrich Erbgraf zu Waldburg-Wolfegg und Waldsee mit Elisabeth Gräfin von Königsegg-Aulendorf in der Aulendorfer Pfarrkirche

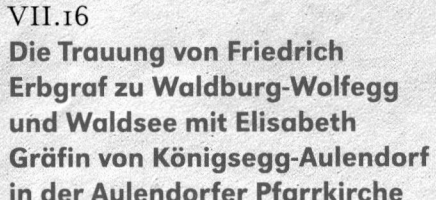

Josef Anton Lang
1832
Tinte auf Papier
34,6 x 29,6 cm
Kunstsammlungen der Fürsten zu Waldburg-Wolfegg

Im Oktober 1832 heiratete Friedrich Erbgraf zu Waldburg-Wolfegg und Waldsee Elisabeth Gräfin zu Königsegg-Aulendorf. Die Federzeichnung zeigt das Brautpaar in der Aulendorfer Pfarrkirche vor dem Priester, flankiert von den Trauzeugen, den beiden Kaplänen und den beiden Eltern. Eine ausführliche Beschreibung der sich über zwei Wochen hinziehenden Hochzeitsfeierlichkeiten ist im Archiv von Schloss Wolfegg erhalten. Festlichkeiten dieser Art waren eine willkommene Gelegenheit gesellschaftlicher Begegnung unter den benachbarten und vielfach verwandten und verschwägerten Adelsfamilien Oberschwabens. **G.A.**

LIT.: Mayer 2004, 10-16.

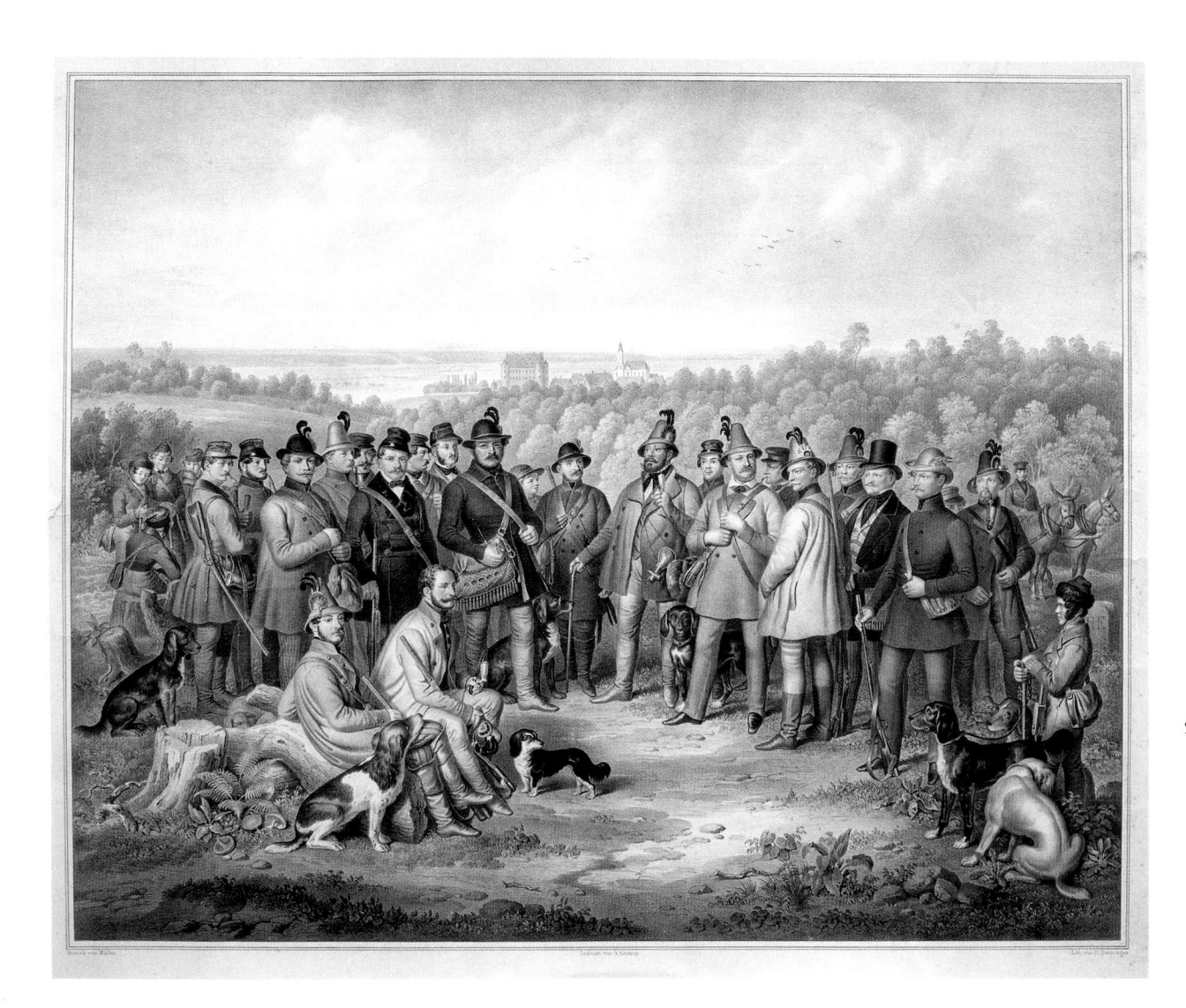

VII.17
Die Erbacher Fürstenjagd

1848
Lithographie von Eberhard Emminger nach dem Ölgemälde von F. von Müller
58 x 72 cm
Kunstsammlungen der Fürsten zu Waldburg-Wolfegg, Schloss Wolfegg

Die Jagd war traditionell ein Standesvorrecht des Adels. Jagdvergnügen boten zu allen Zeiten, aber nach der Mediatisierung in besonderer Weise die Gelegenheit exklusiver gesellschaftlicher Begegnung im Kreis der Standesherren. Hier handelt es sich um eine Jagd auf Einladung des Barons von Ulm zu Erbach. Im Hintergrund erkennt man Schloss und Kirche von Erbach. Auf dieser verbreiteten Lithographie ist nach einer älteren Beschreibung „alles versammelt, was in Oberschwaben Rang und Namen hat". Um den breitbeinig auf seinen Stock gestützten Baron Max von Ulm-Erbach und den rechts von ihm stehenden Fürsten Constantin Maximilian von Waldburg-Zeil gruppieren sich von links nach rechts: Prinz Salm, Graf von Reuthner zu Achstetten, Freiherr Max von Freyberg zu Allmendingen, Fürst von Salm-Reifferscheidt, Baron von Ulm-Mittelbiberach, Graf Fugger von Kirchberg, Fürst Öttingen, Fürst Friedrich von Waldburg-Wolfegg, Fürst Constantin von Waldburg-Zeil, Graf Maldeghem zu Niederstotzingen, Baron Baptist von Ulm, Baron Speth von Zwiefaltendorf und Baron von Stauffenberg-Rißtissen. Noch im Druckjahr dieser Lithographie fiel mit der Aufhebung des Adelsprivilegs in der Frankfurter Nationalversammlung ein identitätsstiftendes Vorrecht des Adels. **C.B.**

LIT.: H.-M. Maurer 1992, 279; Antonin 1998; Kat. Wolfegg 1999, 103-105; Zürn 2003, 929 ff.

VII.18
Kleine Auswahl-Bibliothek zur Geschichte des oberschwäbischen Adels

Im Lauf des 19. Und frühen 20. Jahrhunderts entstand eine umfangreiche Bibliothek mit wissenschaftlichen Publikationen zur Geschichte adliger Familien in Oberschwaben. In den souveränen Staaten Baden und Württemberg wurde die Herausgabe von historischen Quellenwerken, aber auch die wissenschaftliche Aufarbeitung der Haus- und Landesgeschichte in die Hand wissenschaftlicher Kommissionen gelegt. Unter den mediatisierten Fürstenhäusern schlossen sich Fürstenberg und Hohenzollern am weitest gehenden diesem hohen wissenschaftlichen Anspruch an, Fürstenberg etwa durch eine lange Reihe wissenschaftlich renommierter Historiker als Hausarchivare (Baumann, Schulte, Riezler u.a.). Das Haus Hohenzollern hatte das Glück, in dem preußischen Oberhofzeremonienmeister Rudolf Freiherr von Stillfried (1804-1882) und dem Tübinger Professor Ludwig Schmid („Hohenzollern-Schmid") zwei unermüdliche Bearbeiter seiner Geschichte zu finden. Das Haus Waldburg fand in dem Pfarrer Joseph Vochezer seinen Geschichtsschreiber. Aber auch die freiherrlichen Häuser arbeiteten ihre Hausgeschichte auf. Hier waren es häufig Angehörige dieser Familien selbst, die eine Hausgeschichte herausgaben (Edward Sigmund von Hornstein, Max Freiherr von Freyberg, Johann Leopold von Bodman). Wo die frühe Geschichtsforschung nicht zur Publikation noch im 19. oder beginnenden 20. Jahrhundert kam (so die umfangreichen Notizen von Franz Schenk von Stauffenberg und die Forschungen von Franz Xaver Graf zu Königsegg-Aulendorf), musste die Aufarbeitung der jeweiligen Hausgeschichte bis in die jüngere Vergangenheit warten, so für die Familien Stauffenberg (1972) oder Königsegg (2005).

Monumenta Zollerana. Urkundenbuch zur Geschichte des Hauses Hohenzollern. 8 Bde. Hg. von Rudolf Freiherr von Stillfried und Traugott Maercker. Berlin 1852-1890.

Fürstenbergisches Urkundenbuch. Sammlung der Quellen zur Geschichte des Hauses Fürstenberg und seiner Lande in Schwaben. Hg. von dem Fürstlichen Hauptarchiv in Donaueschingen. Bearb von Sigmund von Riezler und Franz Ludwig Baumann. 6 Bde. Tübingen 1877-1889.

Wirtembergisches Urkundenbuch. Hg. von dem Königlichen Staatsarchiv in Stuttgart. 11 Bde. Stuttgart 1894-1913.

Regesten der Markgrafen von Baden und Hachberg 1050-1515. Hg. von der Badischen Historischen Kommission. 4 Bde. Innsbruck 1900-1915.

Rudolf Freiherr von Stillfried/ TraugottMaercker: Hohenzollerische Forschungen. Berlin 1847.

Julius Cramer: Die Grafschaft Hohenzollern. Ein Bild süddeutscher Volkszustände 1400-1850. Stuttgart 1873.

Ludwig Schmid: Die älteste Geschichte des erlauchten Gesamthauses Hohenzollern. Tübingen 1884-1888.

Genealogie des Gesamthauses Hohenzollern, nach den Quellen bearb. und hg. von Julius Grossmann u.a. Berlin 1905.

Christoph Stälin: Wirtembergische Geschichte. 3 Bde. Stuttgart 1856.

Sigmund Riezler: Geschichte des Fürstlichen Hauses Fürstenberg und seiner Ahnen. Tübingen 1883.

Georg Tumbült: Das Fürstentum Fürstenberg. Von seinen Anfängen bis zur Mediatisierung im Jahre 1806. Freiburg 1908.

Johann Nepomuk von Vanotti: Geschichte der Grafen von Montfort und von Werdenberg. Ein Beitrag zur Geschichte Schwabens, Graubündtens, der Schweiz und des Vorarlbergs. Belle-Vue b. Constanz 1845.

Joseph Vochezer: Geschichte des fürstlichen Hauses Waldburg in Schwaben. 3 Bde. Kempten 1888-1907.

Max Freiherr von Freyberg: Genealogische Geschichte der Freiherren von Freyberg. (nur in wenigen Exemplaren publiziert1884).

Edward von Hornstein-Grüningen: Die von Hornstein und Hertenstein. Erlebnisse aus 700 Jahren. Konstanz 1911.

Franz Freiherr von Ulm-Erbach: Familiengeschichte über das Geschlecht der Herren von Ulm vom 12. Jahrhundert bis zur heutigen Zeit. Typoskript Erbach 1977.

Gerd Wunder: Die Schenken von Stauffenberg. Eine Familiengeschichte. Stuttgart 1972.

Horst Boxler: Die Geschichte der Reichsgrafen zu Königsegg seit dem 15. Jahrhundert. 2 Bde. Bannholz 2005.

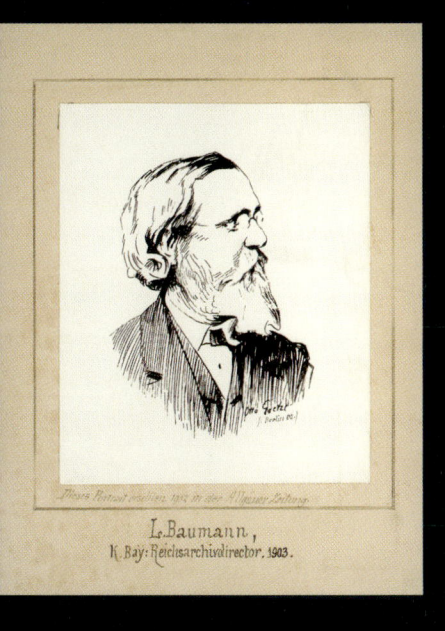

VII.19
**Bildnis
Franz Ludwig Baumann**
(1846–1915)

*Zeichnung 1902
38 x 26 cm
Fürstlich Fürstenbergisches
Archiv Donaueschingen*

VII.20
**Bildnis
Aloys Schulte**
(1857–1941)

*Foto ca. 1884
10 x 6,2 cm
Fürstlich Fürstenbergisches
Archiv Donaueschingen*

VII.21
**Bildnis
Sigmund Riezler**
(1843–1953)

*Foto um 1900
10,2 x 6,4 cm
Fürstlich Fürstenbergisches
Archiv Donaueschingen*

Das Fürstenhaus Fürstenberg legt seit dem frühen 19. Jahrhundert sein Hausarchiv in die Hände renommierter Forscher und Historiker Die Reihe beginnt gewissermaßen mit Joseph Freiherr von Lassberg, auch wenn dieser von Haus aus andere Aufgaben hatte. In der 2. Hälfte des 19. Jahrhunderts fungierten in der Rolle des Fürstlich Fürstenbergischen Archivars und Geschichtsschreibers junge Männer, deren wissenschaftliche Karriere sich später im akademischen Betrieb fortsetzte. Franz L. Baumann wurde später bekannt mit seiner dreibändigen „Geschichte des Allgäu". Aloys Schulte verfasste Standardwerke zum „Adel und Kirche im hohen Mittelalter" und zur „Geschichte der Ravensburger Handelsgesellschaft", und Sigmund Riezler, später selbst geadelt, ist einer der Begründer der bayerischen Landeskunde.

VIII.

→

OBERSCHWABEN:
»…EINE KONFESSIONELL BEDINGTE
INTERESSENGEMEINSCHAFT VON ADEL
UND LANDVOLK.«

Fürst Konstantin von Waldburg-Zeil

VIII. ADEL, KIRCHE UND RELIGION

Adel, Kirche und Religion

DER GESAMTE oberschwäbische Adel (und mit ihm die Bevölkerung) ist in der Reformation beim alten Glauben geblieben. Die Hinwendung einer Linie der Familie von Freyberg zu den Schwenckfeldtianern in Justingen im 16. und 17. Jahrhundert blieb Episode. Die hochadligen Familien der Grafen von Fürstenberg, Hohenzollern, Waldburg und Zimmern, alle eng mit dem katholischen Habsburg verbunden, wurden zu Stützen der Gegenreformation in Oberschwaben. Mit der Stärkung der katholischen Einrichtungen bewahrten sich der Hochadel, aber auch die freiherrlichen Familien den Zugang zu den Domstiften und Reichsabteien mit entsprechenden Aufstiegsmöglichkeiten bis hin zum Fürstabt oder Fürstbischof. Diese geistlichen Pfründe entlasteten nicht nur die wirtschaftlichen Grundlagen, sie förderten auch das Prestige und die Einflussmöglichkeiten der jeweiligen Familie. Die Auflösung der Klöster und Domstifte in der Säkularisation von 1803 bedeutete einen drastischen Einschnitt in die familiäre Ökonomie des Adels.

Mit dem Protestantismus kam Oberschwaben (abgesehen von Reichsstädten wie Ulm, Isny und Biberach) erst nach 1806 ernsthaft in Berührung. Denn die beiden Hauptgewinner der Mediatisierung, Baden und Württemberg, waren seit der Reformation evangelisch. Was Württemberg betraf, so trug der Streit um die staatliche Kirchenpolitik maßgeblich zur Distanzierung des oberschwäbischen Adels bei. 1921 ging die seit 1803 im Besitz des Hauses Württemberg befindliche ehemalige Deutschordenskommende Altshausen an den katholischen Zweig des Hauses Württemberg.

Die starke Verankerung des oberschwäbischen Adels im katholischen Glauben zählte vielleicht zu den wichtigsten identitätsstiftenden Traditionslinien über die Epochengrenze von 1806 hinweg. Fürst Konstantin von Waldburg-Zeil sah im oberschwäbischen Katholizismus die Grundlage für eine Koalition von Adel und Landvolk gegen Württemberg. Nach 1850 führte ein verstärktes Bekenntnis zum katholischen Glauben zur Restauration geistlicher Einrichtungen (Beispiel Kloster Beuron). Die Sorge um das Seelenheil drückte sich auch an allen oberschwäbischen Adelssitzen in traditionellen Formen des Totengedenkens und der Familienmemoria in den jeweiligen Familiengrablegen aus.

DIE KAPELLE DES PRINZENBAUS

DIE KAPELLE DES PRINZENBAUS ist selbst Zeugnis und Schauplatz der Religiosität des Fürstenhauses Hohenzollern. Sie wurde wohl 1842-47 als Teil des Verbindungstrakts zwischen Altem und Neuem Prinzenbau errichtet. 1847 empfing in diesem Raum der spätere Fürst Leopold die erste Kommunion. Bei gleicher Gelegenheit konvertierte seine Mutter, Erbprinzessin Josefine von Baden zum katholischen Glauben. 1882 gestattete Papst Leo XIII. der Erbprinzessin Antonia in dieser Kapelle auch an höchsten Feiertagen die Messe zu hören. Noch 1921 wurde das Recht zur Aufbewahrung des Altarsakraments durch Papst Benedikt XV. erneuert. Bis in die 50er Jahre des 20. Jahrhunderts wurden hier Messen gelesen.

LIT.: Kuhn-Rehfus 1979, 166.

VIII.1
Johann Anton von Freyberg (1674-1757), **Fürstbischof von Eichstätt** (1736-1757)

Unbekannter Künstler
Undatiert
Öl auf Leinwand
94 x 78,5 cm
Privatbesitz

Mehrere Angehörige der Familie der Reichsfreiherren von Freyberg durchliefen bemerkenswerte geistliche Laufbahnen. So wurde Christopherus von Freyberg Fürstpropst zu Ellwangen (1573-1584), Johann Christoph von Freyberg (1623-1690) war von 1666 bis zu seinem Tod Fürstbischof von Augsburg. Mit Johann Anton von Freyberg, 1736 bis 1757 Fürstbischof von Eichstätt, gelangte ein weiterer Vertreter der oberschwäbischen Freiherrenfamilie zu fürstlichen Würden. Geboren 1674 absolvierte Johann Anton in den Jahren 1695-1700 in Rom sein Studium, wo er auch zum Priester geweiht wurde. Danach verbrachte er einige Jahre als Pfarrer in Bayern, wurde 1711 Domherr in Eichstätt und 1722 in das Domkapitel aufgenommen. Mit 62 Jahren wurde er 1736 zum Fürstbischof von Eichstätt gewählt. In seiner Amtszeit war er in verschiedene Kämpfe verwickelt, ein Prozess mit dem Domdekan um Jurisdiktionsrechte wurde zu seinen Ungunsten entschieden. Auch die Abgrenzung von kirchlichen Hoheitsrechten und staatlicher Autorität sowie die geplante Verlegung der Universität Ingolstadt nach Eichstätt führte zu Konflikten. Fürstbischof Johann Anton starb im 83. Lebensjahr.

LIT.: Freyberg 1884; Blankenhorn 2003; Sax 1884, 623-650.

VIII.2
Ahnenprobe des Franz Christoph Wilhelm von Stauffenberg (1711-1749)

Ca. 1725/30
31 x 45 cm
Landesarchiv Baden-Württemberg,
Staatsarchiv Sigmaringen,
Dep. 38 T 4 Nr. 38

Franz Christoph Wilhelm Schenk von Stauffenberg war der Sohn Johann Werners (1654-1717) und seiner Frau Marie Sofie Elisabeth geb. von Rosenbach (1673-1711). Die Mutter starb im Alter von 39 Jahren und hinterließ 8 Kinder darunter den erst zwei Monate alten Franz Christoph. Als dieser im Alter von 6 Jahren auch den Vater verlor, nahm sich der Onkel, Fürstbischof Johann Franz von Konstanz, seiner an. Da er feststellte: „Keine Liebe hatt das Kindt nit haben können" und da er an dem Neffen eine „gar zu große Forcht wahrgenommen", schickte er ihn zu seiner Nichte Gräfin Starhemberg nach Ulm. Mit den Erziehungsmethoden des dortigen Hofmeisters nicht zufrieden, gab er den Neffen, der 1725 die Tonsur erhielt, 1726 ins Kloster Ettal. Noch im gleichen Jahr vermittelte er ihm Domherrenpfründe in Würzburg, Augsburg und Eichstätt (1727). Voraussetzung für eine Bewerbung um solche Pfründe war in der Regel eine „Ahnenprobe", wie sie hier vorliegt. 1733 weilte Franz Christoph Wilhelm als Student in Siena. Er starb im Jahr 1749 nach achttägigem Krankenlager in Würzburg. **M.S.**

LIT.: Wunder 1972, 242, 252-254, Abb. 14 u. 15

VIII.3
Johann Franz Schenk von Stauffenberg (1658–1740), **Fürstbischof von Konstanz**

Unbekannter Künstler
Undatiert
Öl auf Leinwand
87,5 x 70,5 cm
Privatbesitz

Als vierter von fünf Söhnen Wolfgang Friedrichs und seiner Gemahlin Anna Barbara von Wernau wurde Johann Franz Schenk von Stauffenberg früh für eine Domherren-Laufbahn bestimmt, eine für nachgeborene Söhne typische Karriere. Nach Beendigung seines Studiums in Dillingen erhielt er 1677 die Domherrenpfründe in Konstanz. 1698 in den Freiherrenstand erhoben, wurde er 1704 zum Fürstbischof gewählt, wo er als „einer der tüchtigsten und auch erfolgreichsten Bischöfe" der Neuzeit wirkte (Reinhardt). Konflikte resultierten aus der Tatsache, dass ein großer Teil des ehemaligen Bistums der Reformation anhing. Seit 1737 bekleidete er zusätzlich das Amt des Augsburger Bischofs. In Meersburg, wo die Konstanzer Bischöfe seit 1526 residierten, begann Fürstbischof Johann Franz im Jahr 1710 mit dem Bau des so genannten „Neuen Schlosses", einer Bischofsresidenz sowie eines Priesterseminars. Der in Meersburg federführende fürstbischöfliche Oberbauamtsinspektor Pater Christof Gessinger wurde auch mit dem Umbau des Familiensitzes Wilflingen betraut, der ab 1710 vollständig umgestaltet und mit Ecktürmen versehen wurde. M.S.

LIT.: Wunder 1972, 226-246 und Abb. 16; Achtermann 1982; Achtermann 1985; Reinhardt 1966.

VIII.4
Kasel

Erste Hälfte 18. Jahrhundert
110 cm x 66 cm
Kunstsammlungen der Fürsten
zu Waldburg-Wolfegg,
Schloss Wolfegg

Dieses reich mit Blumen, Ranken und Voluten bestickte liturgische Messgewand gehörte Franz Johann Ferdinand von Waldburg-Wolfegg (1706-1773), Dompropst zu Konstanz.

VIII.5
Prachtausgabe einer Bibel aus dem Haus Baden

„Die Bibel oder die Heilige Schrift
des Alten und Neuen Testaments
nach der deutschen Uebersetzung
des Dr. Martin Luther
mit Holzschnitten nach Zeichnungen
der ersten Künstler Deutschlands
Stuttgart u. München,
Bibelanstalt der J. G. Cotta'schen
Buchhandlung 1850"
Roter Ledereinband mit Messingschließe
und -dekor, Goldschnitt
38,3 x 31,5 x 12 cm
S.K.H. der Markgraf von Baden,
Schloss Salem

Die prachtvolle Lutherbibel, möglicherweise aus dem Besitz des späteren Großherzogs Friedrich I. von Baden (1826–1907), verweist auf die evangelische Konfession des großherzoglichen Hauses. Das Haus Baden zeichnete sich allerdings durch eine gelebte Toleranz aus. Die Klosterkirche des 1802 durch die Säkularisation an Baden gelangten Klosters Salem überließ der Großherzog Carl Friedrich seinerzeit der katholischen Kirchengemeinde Salem. Im Übrigen waren die Konfessionsgrenzen zwischen den süddeutschen Hochadelsfamilien durchaus durchlässig. Josephine von Baden (1813–1900), die Gattin des Fürsten Karl Anton von Hohenzollern, konvertierte 1847 in der Kapelle des Sigmaringer Prinzenbaus zum Katholizismus. C.B.

Das Kreuzpartikel-Reliquiar wurde für den Splitter des Kreuzes Christi gefertigt, den die Abtei unter Abt Johannes Bolsternang (1382-1398) erhalten hatte. Das eigentliche Kreuz ist mit Diamanten, Edelsteinen und Emailmedaillons verziert, die die Stationen des Leidens Christi darstellen. Die Silberfigur der Kreuzauffinderin St. Helena verbindet das Kreuz mit dem Fuß. Nachdem das kleine Holzkreuz von dem Bregenzer Goldschmied Johann Christian Lenz gefasst worden war, erfolgte die Übergabe der Kreuzreliquie an das Kloster Isny am 5. Mai 1737. Möglicherweise wurde der Fuß nachträglich an das eigentliche Kreuz angebracht Das Emailmedaillon auf der Schauseite des Fußes zeigt das Klosterwappen des Abtes Leo Bestle (1731-1746), die Beischrift L.A.M.Y. (Leo Abbas Monasterii Ysnensis), und die Jahreszahl 1737 lassen eine exakte Datierung zu. Auf der Kreuzrückseite sind in Stoff gewickelte und mit Goldfaden umschnürte, durchnummerierte Reliquien hinter Glas sichtbar. **G.A.**

LIT.: KDM Wangen 1954, 160 ff.; AK Bruchsaal 1981, 288; Reinhardt 1996, Abb. 55-57; AK Schussenried 2003, 247 und 253; Kirchenführer Sankt Georg und Jakobus 2005.

VIII.6
Reliquienkreuz aus der ehemaligen Benediktiner-Reichsabtei St. Georg in Isny

Johann Christian Lenz
Bregenz 1737
Silber, zum Teil vergoldet,
polychrom bemalte Emailmedaillons,
farbige Steine
73,5 x 39 cm
Kath. Kirchengemeinde
St. Georg und Jakobus, Isny.

VIII.7
Hostienmonstranz aus der ehemaligen Benediktiner-Reichsabtei St. Georg in Isny

Johann Melchior III Hirtz († 1715)
Augsburg 1700
Silber, teilweise vergoldet,
polychrom bemalte Emailmedaillons,
farbige Steine
101 x 44 cm
Kath. Kirchengemeinde
St. Georg und Jakobus Isny

Die Emailmedaillons auf dem Fuß der Monstranz zeigen das Klosterwappen und das Wappen des Abtes Michael Graff (1690-1701), ein weiteres Medaillon trägt die Jahreszahl 1700. Auf der Rückseite ist ein filigraner Silberaufsatz, bestehend aus Weinblättern und Weintrauben, angebracht. Der herzförmige Glasbereich ist aufklappbar, um die Hostie einzusetzen. **G.A.**

LIT.: Reinhardt 1996, Abb. 58; Kat. Bad Schussenried 2003, 247 und 253; Kirchenführer Sankt Georg und Jakobus 2005.

VIII. ADEL, KIRCHE UND RELIGION

VIII.8
Benediktiner-Stundenbuch

1734
Buchdeckel aus lederbezogenem
Holz mit Eisenbeschlägen
Tinte auf Papier,
Blätter 51,5 x 39 cm
Kath. Kirchengemeinde St. Georg
und Jakobus, Isny.

Die Beschriftung der ersten
Seite lautet:
ANTIPHONALE
BENEDICTINO
MONASTICUM PRO
CHORO FF.YSNENSIS
DESCRIPTUM ANNO
M.DCCXXXIV.

Das wertvolle Stundenbuch war von 1734-1802 im Gebrauch, zu einer Zeit, in der die Benediktiner-Reichsabtei Isny zwischen 25 und 30 Mönche beherbergte. Die 1803 aufgelöste Reichsabtei gehörte zur Entschädigungsmasse des vom Niederrhein stammenden Grafen Otto von Quadt-Wykradt, der für seine linksrheinischen Verluste mit der Reichsstadt Isny und dem dortigen Reichskloster entschädigt wurde. Anders als andere Adlige beließ Graf Quadt den Kirchenschatz am Ort und übergab ihn der Pfarrgemeinde, wo er bis heute vollständig überliefert ist. G.A.

LIT.: Kat. Bad Schussenried 2003, 247 und 253.

VIII.9
Neugotischer Kelch

1885
Messing vergoldet
mit Medaillons am Fuß und
einer Gravur auf der Standfläche
22 cm hoch
Kunstsammlungen der Fürsten
zu Waldburg-Wolfegg,
Schloss Wolfegg

Der neugotische Kelch ist ein Geschenk der Patronatspfarrer zum 25. Hochzeitsjubiläum des Fürstenpaares Franz und Sophie zu Waldburg-Wolfegg und Waldsee im Jahre 1885. Er war für die Schlosskapelle vorgesehen. Der Rückgriff auf die gotischen Stilformen des späten Mittelalters ab der Mitte des 19. Jahrhunderts steht allgemein für das Mittelalter-Interesse der Zeit, bedeutet aber im katholischen Milieu auch eine Rückbesinnung auf vorreformatorische Religiosität. Zugleich ist die Neugotik eine Antwort der restaurativen Phase nach 1850 auf die Säkularisierungstendenzen der ersten Jahrhunderthälfte. G.A.

LIT.: Mayer 2001, 20–28

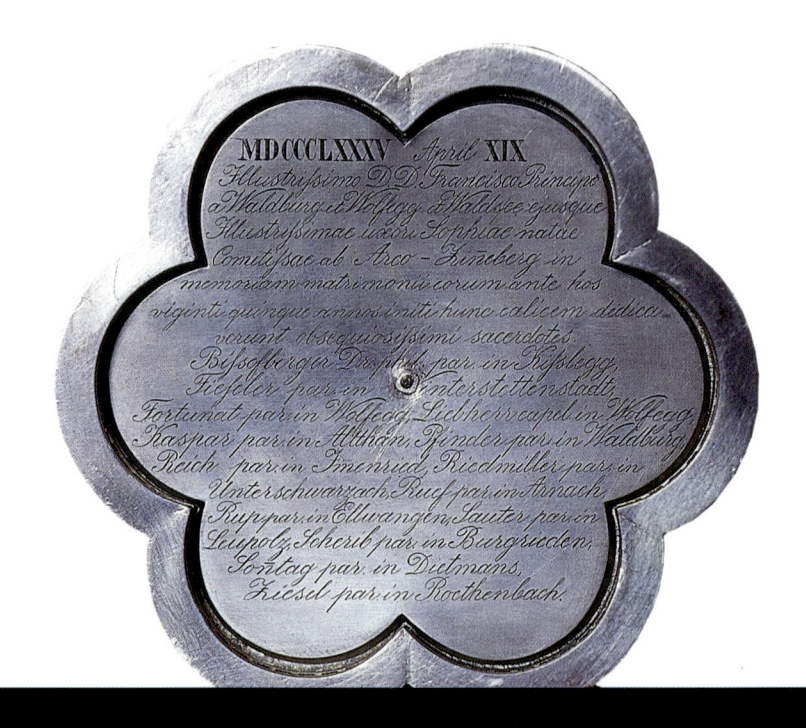

VIII.10
Fürst Franz (1833–1906)
und Fürstin Sophie (1836–1908)
zu Waldburg-Wolfegg und
Waldsee mit ihren Kindern

1864
Kolorierte Lithographie
32 x 26 cm (im Oval)
Kunstsammlungen der Fürsten
zu Waldburg-Wolfegg,
Schloss Wolfegg

Da der Fürstin Sophie geb. Gräfin von Arco-Zinneberg als junger Frau der Wunsch nach einem Leben im Kloster von ihrem Vater abgeschlagen wurde, versuchte sie nach ihrer Heirat mit dem Fürsten Franz 1860 ihre Frömmigkeit und Mildtätigkeit in ihrer Rolle als Fürstin weiterzuleben. Sie ließ mehrere Kapellen und sakrale Räume im Stil der Neugotik, zu dem sie einen ausgesprochenen Hang hatte, ausgestalten. Auch die aufwändigen Umbaumaßnahmen im Schloss Wolfegg 1872 tragen die Handschrift der Fürstin Sophie. G.A.

LIT.: Haggeney 1910; Mayer 2001.

VIII. ADEL, KIRCHE UND RELIGION

VIII.11
Prachtuniform des königlich bayerischen Haus-Ritter-Ordens vom Heiligen Georg

Weiße Seide, silberbestickt.
2. Hälfte 19. Jahrhundert
Rock 95 x 60 cm
Dazugehöriges Paar Schuhe 30 cm
Sammlungen der Fürsten zu Waldburg-Wolfegg, Schloss Wolfegg

Anknüpfend an die Tradition der mittelalterlichen Ritterorden wurde am 28. März 1729 von Kurfürst Karl Albrecht von Bayern der Ritterorden vom heiligen Georg wieder gegründet. Neben der Verehrung des Hl. Georg schworen die Ritter das Gelübde, „für die Verteidigung des Glaubens an die unbefleckte Empfängnis Mariens leben und sterben zu wollen". Das erhaltene Ordensbuch enthält die Statuten, Zeremonialvorschriften und Bestimmungen über die Ordenskleidung. Im Jahr 1871 wurden die Statuten vom Großmeister Ludwig II. bestätigt und „ohne Änderung des ursprünglichen Zwecks" durch „eine neue Aufgabe im Sinne der christlichen Caritas" ergänzt. Neben der Verteidigung des christkatholischen Glaubens widmete sich der Orden nun auch der Aufgabe, Krankenhäuser zu errichten. Auch oberschwäbische Adlige bewarben sich um Aufnahme in den Orden, so bereits 1844 Graf Friedrich Hermann von Quadt-Wykradt (vgl. Kat. Nr. XI.8) und Franz Xaver Erbgraf zu Königsegg-Aulendorf, der seit dem Georgstag (24. April) 1887 Mitglied war. Diese Uniform stammt aus dem Haus Waldburg-Wolfegg und gehörte wohl Graf Maximilian zu Waldburg-Wolfegg (1863-1950), der 1888 in den Orden aufgenommen wurde. M.S.

LIT.: Destouches 1890; vgl. Foto bei Boxler 2005, 853.

VIII.12
Fürstin Katharina von Hohenzollern
(1817–1893)

Richard Lauchert (1823–1868)
1848
Öl auf Leinwand
72 x 61 cm
Fürstlich Hohenzollernsche
Sammlungen Sigmaringen

Fürstin Katharina von Hohenzollern geb. Hohenlohe-Waldenburg-Schillingsfürst war die zweite Frau des Fürsten Karl von Hohenzollern. Das Porträt Richard Laucherts zeigt sie im Hochzeitsjahr 1848. Nach dem Tod ihres Gatten widmete sie sich der Wiederbelebung des Klosters Beuron im Donautal. Das Augustinerchorherrenstift Beuron wurde 1097 erstmals genannt. Um 1250 verfügten die Grafen von Zollern über die Vogtei, seit dem späten Mittelalter lag die Vogtei bei den Herren von Enzberg. Gegen Ende des Alten Reiches trat Österreich als Schutzmacht des Klosters auf. Infolge der Säkularisierung fiel Beuron 1802 an Hohenzollern-Sigmaringen. Wie alle ehemaligen Klöster unter hohenzollerischer Hoheit wurde Beuron behutsam „abgewickelt". Nach dem Tod des letzten Konventualen 1835 wurde der Komplex profan genutzt. Der Übergang Hohenzollerns an Preußen bot mit der im Staatsvertrag zugesicherten Freiheit der Religionsgemeinschaften die Möglichkeit zur Neugründung von Klöstern. Der Ruf nach einer Wiederbelebung Beurons kam aus der Geistlichkeit des Landes. Es war aber die verwitwete Fürstin, die das Projekt finanziell ermöglichte. 1862 erwarb sie von ihrem Stiefsohn, Fürst Karl Anton, Kirche und Klostergebäude, um sie als Stiftung den Brüdern Maurus und Placidus Wolter zu übergeben. Die beiden Benediktinermönche hatte die Fürstin in Rom kennen gelernt. Am 10. Februar 1863 wurde in Beuron ein selbständiges Konventualpriorat errichtet. In der Zeit des Kulturkampfes 1872 bis 1887 vorüber gehend aufgelöst, entwickelte sich Beuron in der Folge zur größten europäischen Benediktinerkongregation.

C.B.

LIT.: Kaufhold, Hofmaler 1969, 4, 18; Schöntag 1988 (bes. Beiträge von O.H. Becker); Hogg/Kremer 2002, 116 f.; Krins 2005, 19; Kat. Bad Schussenried, 440-442.

VIII. ADEL, KIRCHE UND RELIGION

VIII.13
Maurus Wolter (1825–1890)
als Erzabt von Kloster Beuron

Brügge (?)
1889
Öl auf Leinwand
206,7 x 119,7 (m.R.)
Erzabtei Beuron

Maurus Wolter und sein Bruder Placidus waren die Gründer des Benediktinerklosters Beuron. Maurus stand dem Kloster von 1863 bis 1868 als Prior, von 1869 bis 1875 als Abt vor. Von 1875 bis 1887 befand er sich wegen der Auflösung des Klosters im Exil. C.B.

LIT.: Kat. Sigmaringen 1995, 92 f.; Kat. Bad Schussenried 2003, 442.

VIII.14
Beuron im Donautal

Toni Wolter (1875–1929)
1913
Öl und Tempera auf Sperrholz
91 x 132 cm (o.R.)
Erzabtei Beuron

Toni Wolter entstammte einer alteingesessenen Bonner Familie und war ein jüngerer Verwandter der Gründer des Benediktinerklosters Beuron. Er studierte an der Düsseldorfer Akademie Landschaftsmalerei und ließ sich 1911 in Karlsruhe nieder. 1912 hielt er sich in Beuron auf und malte in den folgenden Jahren Bilder mit Motiven der Umgebung. Angeblich im Auftrag von Erzabt Placidus Wolter malte er das Panoramabild mit dem Kloster Beuron, das Kaiser Wilhelm II. überreicht werden sollte, dann aber im Besitz des Malers verblieb und erst in jüngerer Zeit nach Beuron gelangte. Wolters Panorama ist eine „Ideallandschaft", die mehrere Standpunkte kombiniert und über das Tal und das Kloster hinweg den Blick bis zum Schloss Bronnen und im Hintergrund bis zu den Alpen schweifen lässt. C.B.

LIT.: Heidemann 1999; freundl. Auskunft von Prof. Dr. Hubert Krins, Tübingen.

VIII.15
Gruppenbild mit Fürst Friedrich von Hohenzollern und Erzabt Raphael Walzer anlässlich der Schenkung des Fürsten an die Erzabtei Beuron am 10. August 1928

Fotographie
25 x 32,5 cm (m.R.)
Fürstliche Hohenzollernsche
Sammlungen Sigmaringen

Personen der ersten Reihe von links nach rechts: Prinz Franz Joseph von Hohenzollern, Fürst Friedrich von Hohenzollern, Fürstin Margarete von Hohenzollern, Erzabt Raphael Walzer, Fürstin Adelgunde, Prinz Johann Georg von Sachsen.

VIII.16
Dankurkunde des Abtes von Kloster Beuron an den Fürsten Friedrich von Hohenzollern vom 10. August 1928

Tinte und Gold auf Pergament
Mit zwei anhängenden Siegeln in der Holzkapsel
64 x 79 cm
Landesarchiv Baden-Württemberg, Staatsarchiv Sigmaringen, FAS HS 1-80 T 7 (NZ) R. 53, 289

In einer flüchtigen Betrachtung mutet diese Pergamenturkunde wie eine frühmittelalterliche Bulle an. Zu diesem Eindruck tragen der reich ornamentierte, in Rot- und Goldtönen gehaltene Zierrahmen ebenso bei wie die an ottonische Buchmalerei erinnernde Initiale P und die durch reiche Farbausmalung hervorgehobene Adressatenzeile FRIDERICO PRINCIPI DE HOHENZOLLERN. Aufklärung über die nähere Datierung der Urkunde verschaffen das Wappen im Wappenmantel in der Mitte der oberen Randleiste, das in dieser Form auf das 19. Jahrhundert verweist, aber auch die Schrift, die sich bei näherer Betrachtung als kunstvolle Imitation einer mittelalterlichen Minuskel erkennen lässt. Die Urkunde erweist sich so als ein modernes Dokument, das wegen seines Rückgriffs auf historische Vorbilder als Zeugnis des Historismus zu werten ist. Erstaunlich ist allerdings die späte Datierung von 1928, aus einer Zeit also, da man solche historistischen Rückgriffe nicht mehr erwartet. Die Urkunde steht allerdings als Produkt der Beuroner Künstlerwerkstatt in der Tradition kirchlicher Diplome. Sie enthält übrigens in der Adressatenzeile „... dem durchlauchtigsten Fürsten Friedrich von Hohenzollern..." eine subtile politische Unterstützung des Klosters für den Chef des Hauses Hohenzollern in seinem damaligen Kampf gegen die Repräsentanten der Weimarer Republik, die ihm im Einklang mit der Weimarer Gesetzgebung den Titel „Fürst" verweigerten (vgl. Kat. Nr. IX.24). Die Urkunde beglaubigt eine Schenkung des Fürsten Friedrich von Hohenzollern, der damals seinen landwirtschaftlichen Grundbesitz in Beuron der Erzabtei übereignete. Unterzeichnet ist die Urkunde von Erzabt Raphael [Walzer]. C.B.

LIT.: Kallenberg 1988, 766.

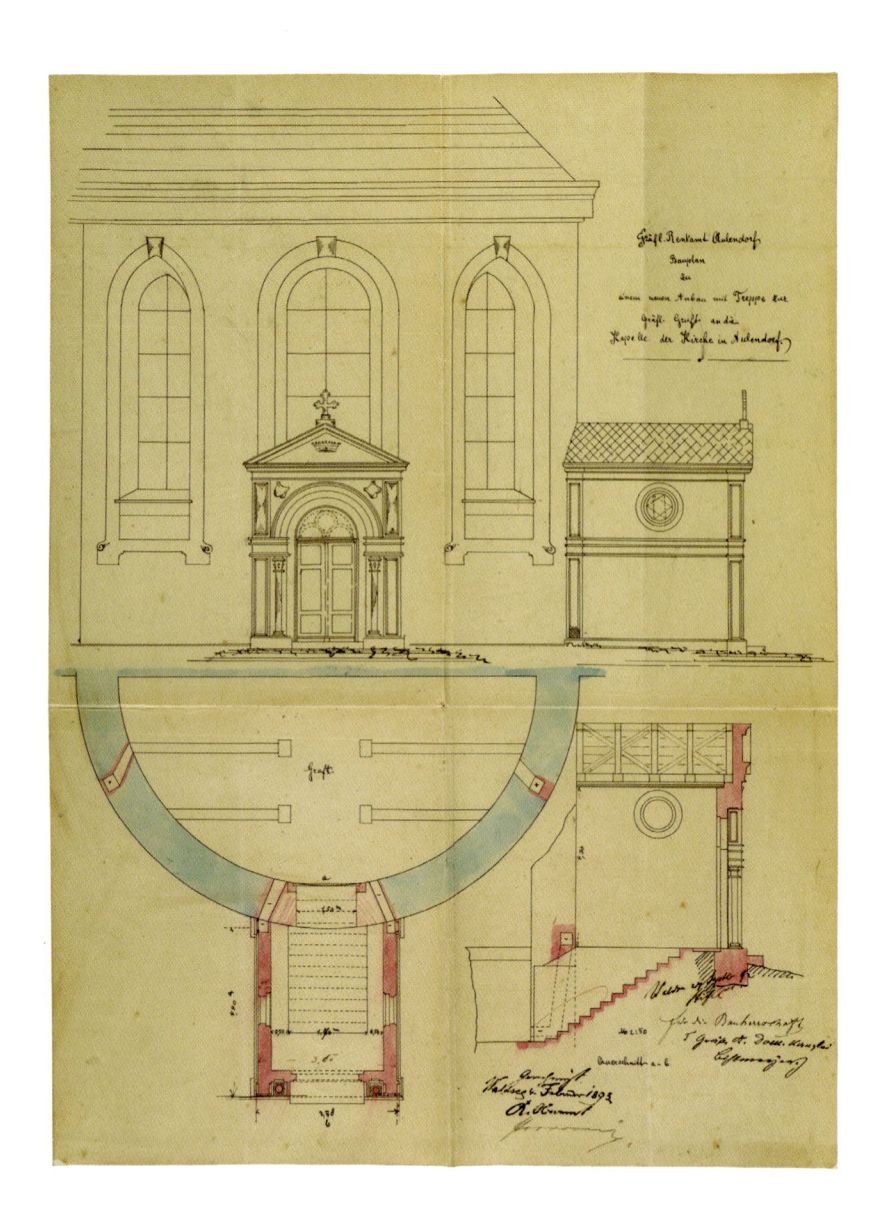

VIII.17
Bauplan zu einem neuen Anbau mit Treppe zur Gräflichen Gruft an die Kapelle der Kirche in Aulendorf

4. Februar 1893
50 x 40 cm
Kreisarchiv Ravensburg Y 2667

Die Grablege der Grafen zu Königsegg in der Kapelle der Pfarrkirche Aulendorf zählt zu den bedeutendsten Ensembles von Grabdenkmälern, die in ihrer Gesamtheit die Geschichte des Hauses Königsegg-Aulendorf aus dem Blickwinkel der Familienmemoria wieder spiegeln. Diese Reihung kunsthistorisch überaus wertvoller Epitaphien bildet sozusagen das Pendant zur Reihe der Porträts der lebenden Grafen in den Schlössern der Familie. Während die Grabdenkmäler über Tage in der Seitenkapelle der Pfarrkirche angeordnet wurden, befinden sich die eigentlichen Gräber unterhalb der Kapelle in der Familiengruft. Diese war bis ins 19. Jahrhundert wohl wie andernorts durch eine Falltüre aus dem Kircheninneren zu erreichen, bis die Familie Ende des 19. Jahrhunderts die Gruft durch einen Anbau an die Kirche mit Treppe von außen erschließen ließ. Der Plan und das Bauwerk sind architekturgeschichtlich unspektakuläre Dokumente, sie spiegeln aber die ungebrochene Kontinuität adliger Memorialkultur bis in die jüngere Geschichte wieder.

LIT.: Hengerer im Begleitband zur Ausstellung.

VIII.18
Maximilian Maria Graf zu Waldburg-Wolfegg und Waldsee (1684–1748) **auf dem Totenbett**

Unbekannter Künstler
1748
Öl auf Leinwand
97,5 x 176,5 cm
Kunstsammlungen der Fürsten zu Waldburg-Wolfegg, Schloss Wolfegg

Diese Darstellung eines verstorbenen Adligen auf dem Totenbett steht in der Überlieferung der Gemäldegalerien des oberschwäbischen Adels vereinzelt da. Sie bietet aber einen willkommenen Einblick in die zeitgenössische Trauerpraxis. Der auf einem Bett oder einer Bahre liegende Tote wirkt zunächst, nicht zuletzt wegen der angelegten Perücke, wie schlafend. Das schwarze Totengewand und weitere Bildelemente weisen das Bild aber sogleich als eine Trauerszene aus. Zur Rechten des Toten stehen auf einem Nachttisch zwischen zwei Kerzen, ein Kruzifix und ein Gefäß, möglicherweise ein Weihwasserkessel. Hinter dem Toten, von der Bildkomposition über der auf seiner Brust ruhenden Hand, gibt das ganz in Gold gehaltene, also von seinen heraldischen Farben abstrahierende Familienwappen in einer Barockkartusche Auskunft über die Identität des Verblichenen. Daneben betrauern zwei barocke Putti – paradoxerweise zu Leben erwacht – den Toten. Rechts neben den Putti öffnet sich der von einer Säule getragene Raum ins Freie. Im Hintergrund erhebt sich ein Berg. Dieser Ausblick in unendliche Weite mit einer leicht angedeuteten Morgen- oder Abendröte korrespondiert von der Bildkomposition her diagonal mit dem Kruzifix, das dem Verstorbenen die Auferstehung und den Eingang ins Paradies, angedeutet in dem parkartigen Garten, verheißt. **C.B.**

LIT.: Unveröffentlicht.

IX.

→

»WENN ETWAS GUTES FÜR
DEUTSCHLAND ZUSTANDE KOMMT,
SO WERDEN WIR ES PREUSSEN
ZU DANKEN HABEN...«

Großherzogin Stephanie von Baden 1850

IX. VOM KAISERREICH ZUM DRITTEN REICH

Vom Kaiserreich zum Dritten Reich

DAS GEMÄLDE „Die Kaiserproklamation in Versailles am 18. Januar 1871" wurde zur Ikone des zweiten deutschen Kaiserreiches schlechthin. Im Triumph des Sieges über Frankreich und im preußischen Kaisertum sah sich der nationale Traum der Deutschen aus kleindeutscher Sicht erfüllt. Oder wie es Kronprinz Friedrich Wilhelm während der Feier im Spiegelsaal von Versailles formulierte: „... befreit von den Schlacken des heiligen römischen Unsegens steigt ein an Haupt und Gliedern reformiertes Reich unter dem alten Namen und dem tausendjährigen Abzeichen aus sechzigjähriger Nacht empor". Der renommierte Maler Anton von Werner (1843-1915) fertigte im Auftrag des Kaisers als Augenzeuge Skizzen von den Feierlichkeiten an und malte dann im Auftrag Großherzog Friedrichs I. von Baden die erste 1877 fertig gestellte Fassung des Bildes (die im Zweiten Weltkrieg zerstört wurde). 1878 und 1882 schuf Anton von Werner weitere Fassungen der „Kaiserproklamation", auf letzterer basiert die Kopie Fritz Grotemeiers aus dem Jahr 1902. Das heißt, der Gründungsmythos des zweiten Reiches hat die Nation mehr als 30 Jahre beschäftigt. So realistisch (fast fotorealistisch) das Gemälde anmutet, so deutlich transportiert es preußische Reichsideologie. Das Bild hält das Geschehen im Augenblick des Hochrufes auf Kaiser Wilhelm I. fest. Auf dem Podest steht der Kaiser, links versetzt dahinter der Kronprinz Friedrich. Um das Podest drängen sich die Repräsentanten des Reiches und seiner Länder. Erkennbar sind Kanzler Bismarck in seiner weißen Uniform und rechts neben ihm General Moltke. Die heimliche Hauptfigur des Bildes ist jedoch Großherzog Friedrich I. von Baden, der Schwiegersohn des Kaisers, der hier mit seiner zum „Hoch" erhobenen Hand (auch als Segensgestus zu interpretieren) als einer der „Kaisermacher" figuriert.

LIT.: Kat. Karlsruhe 1998, 478; Flacke 2001, 120-125.

IX.1
Fürst Karl Anton von Hohenzollern (1811-1885)

Gustav Bregenzer (1850-1919)
1892
Öl auf Leinwand
51 x 41 cm
Fürstlich Hohenzollernsche Sammlungen Sigmaringen

Karl Anton zählt zu den herausragenden Fürsten aus dem Haus Hohenzollern. Selbst nur ein Jahr an der Regierung, trat er nach der 48-er Revolution sein Fürstentum Hohenzollern-Sigmaringen 1850 an das stammverwandte Haus Preußen ab. Dieser selbst gewählte Verzicht auf die Souveränität war von einer Reihe von Vergünstigungen begleitet, etwa mit der bedeutenden Jahresrente von 25.000 Talern und dem Titel „Königliche Hoheit". So spielte der abgedankte Regent im Kreis der Mediatisierten – ähnlich dem Fürsten von Fürstenberg – eine privilegierte Rolle, die mit seiner preußischen Karriere noch unterstrichen wurde. Von 1858 bis 1863 war er preußischer Ministerpräsident und damit Vorgänger Bismarcks, von 1863 bis 1871 war er Militärgouverneur in Düsseldorf. Mit seiner Sammlungstätigkeit und seinem Museumsbau von 1867 machte der Fürst das verschlafene Sigmaringen zu einem kleinen Mekka der Kultur. Die Stammverwandtschaft mit dem preußischen Haus und die Einbeziehung der schwäbischen Provinz in den preußischen Horizont unter der propagandistischen Formel vom „Kaiserstammland Hohenzollern" legten nahe, dass Fürst Karl Anton in der deutschen Frage der preußischen Lösung zuneigte. Hatte er schon seinen Rücktritt von 1850 als ein Opfer „auf dem Altare des Vaterlandes" verstanden, so unterlag es keinem Zweifel, dass er die Einheit der Nation unter der Führung Preußens begrüßte. Trotz der „natürlichen" Nähe zu Preußen versuchte er die Eigenständigkeit des Hauses Hohenzollern zu wahren. Hatte er schon in seiner Amtsführung versucht, „zwischen strammem preußischen Wesen und schwäbischer Gemütlichkeit" zu vermitteln, so bekannte er sich auch zu seinem süddeutschen Katholizismus, wenngleich er gegen alles polemisierte, was „nach der Sakristei" roch. Er verschaffte seinem Haus ein eigenes dynastisches Profil, indem er seine Kinder mit verschiedenen europäischen Monarchien verband. Die älteste Tochter Stephanie heiratete den portugiesischen Thronfolger Pedro V., Erbprinz Leopold ehelichte 1861 dessen Schwester, die Infantin Antonia von Portugal. Der Sohn Karl wurde 1866 Fürst und 1881 schließlich als Carol I. König von Rumänien, und Karl Antons jüngste Tochter wurde als Marie von Flandern zur Mutter des belgischen Königs Albert. Erbprinz Leopold bewarb sich 1870 um den spanischen Thron, was zum Krieg von 1870/71 führte. **C.B.**

LIT.: Zingeler 1911; Kallenberg 1996, 155-181; Krins 2005, 22-29.

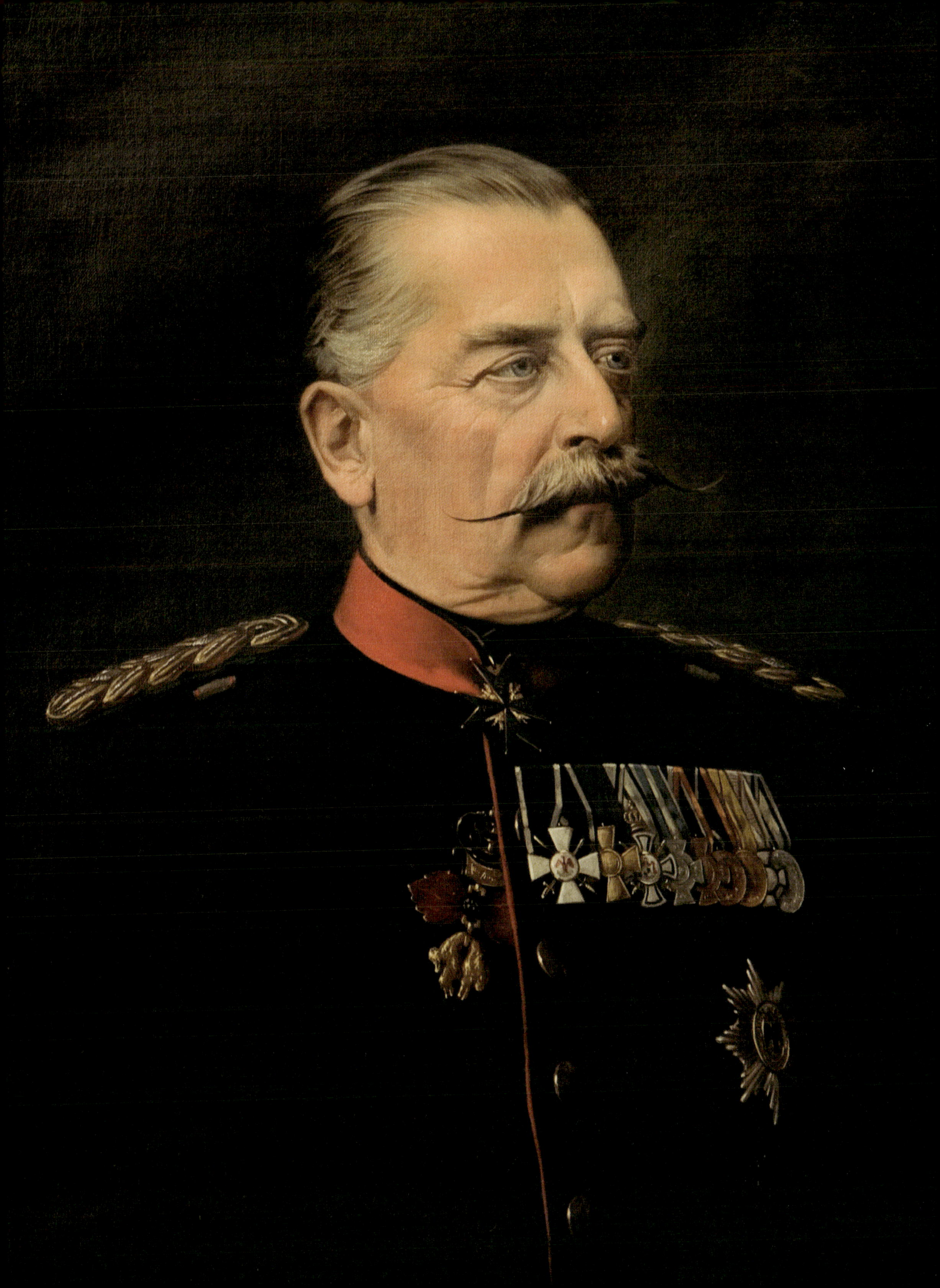

IX.2
Büste des Fürsten Leopold von Hohenzollern

Alois Stehle
1906 (?)
Bronze
Höhe 49 cm
Fürstlich Hohenzollernsche Sammlungen Sigmaringen

Erbprinz Leopold von Hohenzollern stand im Sommer 1870 unversehens im Brennpunkt europäischer Politik, als ihm die Spanier ihren vakanten Königsthron antrugen. Napoleon III. Kaiser der Franzosen, der 1866 noch die Kandidatur von Leopolds Bruder Karl um den rumänischen Thron befördert hatte, protestierte diesmal aus nationalen Interessen und intervenierte bei König Wilhelm von Preußen. Als Erbprinz Leopold und sein Vater Karl Anton erkannten, welche politischen Komplikationen sich aus der Sache ergaben, zogen sie die Thronkandidatur zurück. Die Nachricht hiervon an Kaiser Napoleon III. änderte Bismarck in seiner berühmten Emser Depesche durch Auslassen eines Textteiles so ab, dass die Botschaft des preußischen Königs nicht als Einlenken, sondern als Drohung gelesen werden konnte. Frankreich erklärte Preußen darauf hin den Krieg, eine Entwicklung, die Bismarck billigend in Kauf nahm, denn er spekulierte darauf, dass sich die süddeutschen Staaten an die Seite Preußens gegen die Franzosen stellen würden – eine Rechnung, die bekanntlich aufgegangen ist. Aus dieser Waffenbrüderschaft erwuchs nicht nur der rasche Sieg über Frankreich, sondern die Gründung des zweiten Deutschen Reiches unter der Führung Preußens. Mit dieser Wendung der Krise von 1870 konnte sich Fürst Leopold von Hohenzollern trösten, der fortan in Sigmaringen statt in Madrid residierte.

LIT.: Kat. Sigmaringen 1995, 162 f.; Stamm-Kuhlmann 2001, 208-222; Krins 2005, 29-32.

IX.3
Großherzog Friedrich I. von Baden (1826-1907)

Otto Propheter (1875-1927)
1907
Öl auf Leinwand
101 x 97 cm
S.K.H. der Markgraf von Baden

Großherzog Friedrich I. von Baden heiratete im Jahr 1856 Luise, die Tochter des preußischen Königs Wilhelm. Damit war eine dynastische Verbindung geknüpft, die gleichzeitig ein politisches Programm enthielt. Der Großherzog verstand sich als Förderer der Reichseinheit und sah seine Rolle bei der Kaiserproklamation in Versailles 1871 auch als Höhepunkt seines politischen Wirkens. Friedrichs mehr als 50-jährige Regierungszeit gilt als die „liberale Ära" Badens. Er förderte durch seine politischen und wirtschaftlichen Reformen einen Aufschwung des Landes, der sich auch im kulturellen und im sozialen Bereich auswirkte. Die Großherzogin Luise engagierte sich in der Mädchen- und Frauenbildung und förderte 1859 die Gründung des Badischen Frauenvereins. Auch wenn Baden durch die Reichsgründung einen Teil seiner Souveränität verlor – nicht nur die Außenpolitik, auch das Post- und Telegraphenwesen unterstand dem Reich -, so genossen der badische Staat als politische Einheit und der Großherzog als Person eine hohe Achtung im Reich. Als Großherzog Friedrich I. im September 1907 starb, wurde sein Begräbnis nach Schwarzmaier „... zu einer der letzten großen ... Demonstrationen der Monarchie in Deutschland. Es versammelte den gesamten deutschen Adel ... in Karlsruhe."

LIT.: Asche 1992, 206-211; Kat. Karlsruhe 1998, 460-465, 472; Schwarzmaier 2005, 231-248.

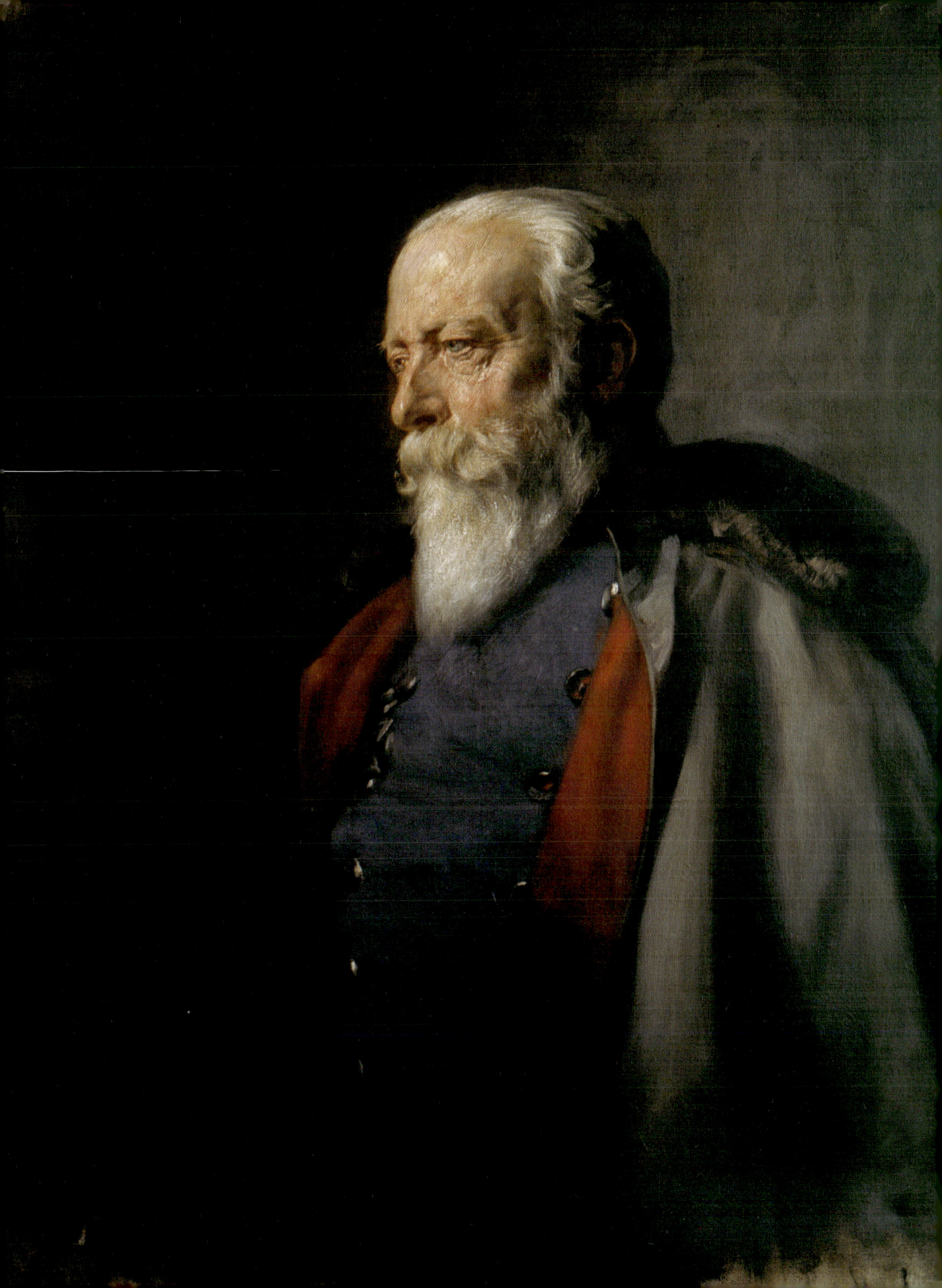

IX.5
Preußischer Infanterie-offiziershelm

Spätes 19. Jahrhundert
Lederhelm mit Silberbeschlag
Höhe 27 cm
Durchmesser 18 cm
Fürstlich Hohenzollernsche Sammlungen Sigmaringen

Die Pickelhaube wurde, obwohl länger auch schon in anderen Ländern gebräuchlich, nach 1871 zum Inbegriff preußischer Disziplin, nach 1900 allerdings auch zunehmend zum Sinnbild des sich aggressiver gebärdenden preußischen Militarismus. Der lederne Helm ist von einer gerieften Spitze mit vier Füßen erhöht. Der gekrönte Adler mit Szepter und Schwert trägt auf dem Brustschild den Stern des Schwarzen Adlerordens. Auf einem Spruchband steht die Parole: MIT GOTT . FUER KOENIG . UND VATERLAND. Vergoldete Schuppenkette, rechts die preußische Kokarde. G.A.

IX.4
Uniform des Prinzen Max von Baden

Ca. 1918
Privatbesitz

Stellte das Haus Baden mit Großherzog Friedrich I. eine der Pfortenfiguren des Deutschen Reiches, so fiel Prinz Max von Baden (1867-1929) die undankbare Aufgabe zu, nach dem verlorenen Weltkrieg das Ende des Kaiserreiches zu deklarieren. Da die Ehe seines Vetters, des Großherzogs Friedrich II. mit Hilda von Nassau kinderlos blieb, wurde Prinz Max frühzeitig zum Thronfolger bestimmt. Solange aber Friedrich II. regierte, machte der hoch gebildete Prinz Max mit seinen vielfältigen politischen Verbindungen politisch Karriere in Berlin. Gegen Ende des Ersten Weltkriegs fiel ihm die Verantwortung der letzten Kanzlerschaft zu. In den sechs Wochen vom 3. Oktober bis 9. November 1918 suchte er vergebens einen Reformkurs. Er bereitete den Waffenstillstand mit den Alliierten vor, setzte Ludendorffs Rücktritt durch, scheiterte aber in der kurzen Zeit außenpolitisch an den Forderungen der Alliierten. Nach Verkündigung der Abdankungserklärung des Kaisers übergab Prinz Max von Baden das Reichskanzleramt in die Hände Friedrich Eberts. Die hier gezeigte Uniform ist offenkundig jene, die Prinz Max auf dem Porträt Otto Propheters von 1918 trägt (vgl. Kat. Nr. XV.10).

LIT.: Prinz Max von Baden 1968; Schwarzmaier, 248-252.

IX. VOM KAISERREICH ZUM DRITTEN REICH

247

**IX.6
Zwei Fotos vom Besuch
Kaiser Wilhelms II.
in Sigmaringen**

*22. September 1910
Die Kutsche des Kaisers auf dem
festlich geschmückten Rathausplatz
Der Kaiser vor dem Prinzenbau
der Kutsche entsteigend
Beide Fotos 48,5 x 37,5 cm
mit Passepartout
Landesarchiv Baden-Württemberg,
Staatsarchiv Sigmaringen,
Sammlungen T 1 Sa 75/213 und 214*

Um die Jahrhundertwende suchte der
Adel die Nähe die Kaisers, man be-

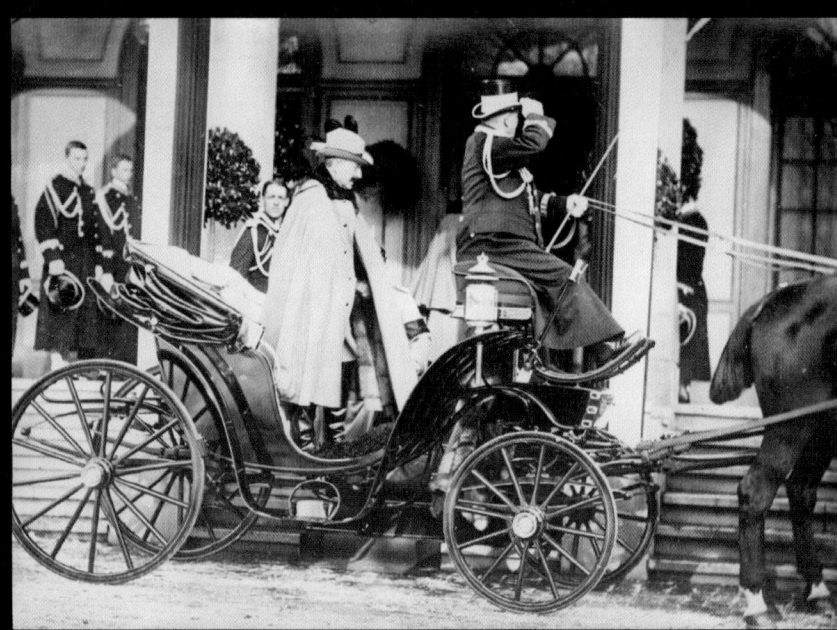

IX. VOM KAISERREICH ZUM DRITTEN REICH

IX.7
Porträt Kaiser Wilhelms II. (1859–1941)

Fotografie von einem Originalgemälde Fülöp Elek Lászlós von Lombos im Prunkrahmen
1909
127 x 91 cm (m.R.)
Fürstlich Fürstenbergische Sammlungen Donaueschingen

Das der Fotografie zugrunde liegende Gemälde stammt von dem ungarischen Maler Fülöp László (1869-1937). Aus einem Auftrag für den Fürsten Ferdinand von Bulgarien ergaben sich für László Verbindungen mit mehreren europäischen Fürstenhöfen. Die Gunst Kaiser Wilhelms II. brachten ihm wiederum zahlreiche Porträtaufträge aus den höchsten Gesellschaftskreisen Deutschlands ein. Obwohl László sich durch die „Massenanfertigung" seiner Gemälde der Kritik in Künstlerkreisen aussetzte, erfreute er sich gleichbleibender Beliebtheit bei seinen Auftraggebern. Die hochwertige Fotografie lässt das Porträt des Kaisers täuschend echt erscheinen. Tatsächlich ist das einzig Wertvolle an dem Bild der Prunkrahmen. Kaiser Wilhelm ließ diese Bilder in größerer Zahl an seine Freunde und Verehrer als Geschenk verteilen. An geregelten Abstufungen in Größe, Kolorierung, eigenhändiger Widmung und Rahmung war der jeweilige Wert des Geschenks ablesbar. Dieses Bild war ein Geschenk an seinen Vertrauten Max Egon Fürst von Fürstenberg. M.S.

LIT.: Thieme-Becker, Bd. 22, 415 f.; Kat. Donaueschingen 2000.

IX.8
Max Egon II. Fürst von Fürstenberg

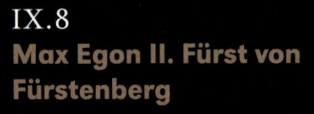

Fülöp László von Lombos (1869-1937)
1899
Öl auf Karton
106 x 79 cm
Fürstlich Fürstenbergische
Sammlungen Donaueschingen

Auch Max Egon II. von Fürstenberg zählte zu den von dem „Prominentenmaler" László porträtierten Adligen. Wie Kaiser Wilhelm II. ist Max Egon hier in der Uniform der „Gardes du Corps", Wilhelms Lieblingsregiment, dargestellt, was auf die enge freundschaftliche Beziehung der beiden Männer verweist. Beide gehörten dem "Corps Borussia", einer exklusiven Studentenverbindung an, zu der ausschließlich Angehörige des Adels Zugang hatten. Als Obersthofmarschall hatte Max Egon direkten Zugang zum Kaiser. Seine Stellung in der kaiserlichen Leibgarde brachte es mit sich, dass er den Kaiser häufig zu gesellschaftlichen Anlässen begleitete. Beide frönten der Jagdleidenschaft, Wilhelm II. war regelmäßiger Jagdgast im Donaueschinger Schloss, wo er die so genannten „Kaiserzimmer" im dritten Obergeschoss des rechten Flügels bewohnte. Die Verleihung des Schwarzen Adler-Ordens, Geschenke wie das Kaiserporträt im Prunkrahmen, auch die Teilnahme Wilhems II. als Ehrengast an der Hochzeit von Max Egons Tochter Leontine, zeigen die enge Beziehung zwischen dem Fürsten- und dem Kaiserhaus zu Beginn des 20. Jahrhunderts.

LIT.: Kube 1987, 67, 101 f.; Kat. Donaueschingen 2000.

IX.9
Helm und Kürass des Fürsten Max Egon II. von Fürstenberg

Eisen und Messing
Vor 1899
Helm 36 x 20 cm,
vom preußischen Adler bekrönt
Kürass 48 x 37 cm
Fürstlich Fürstenbergische
Sammlungen Donaueschingen

Der Offiziershelm der Kgl. Preußischen Regimenter „Gardes du Corps" und „Garde-Kürassiere", dem Max Egon II. angehörte, trägt einen versilberten Paradeadler. Dieser Helm war zugleich der Lieblingshelm des Kaisers. Zu der Uniform des Leib-Regiments gehörte der Kürass in Messing oder – wie er sich ebenfalls im Besitz des Fürsten befand – in schwarz lackierter Ausführung. Auf dem Porträt von Laszlo trägt Max Egon den Kürass in Messing.

LIT.: Kube 1987, 67, 102, 168, 178.

IX.10
Verleihungsurkunde zum Schwarzen Adlerorden

6. Juni 1905
Ca. 30 x 25 cm mit Siegel
Fürstlich Fürstenbergische
Sammlungen Donaueschingen

Der Schwarze Adlerorden – auch „Orden vom Preußischen Adler" genannt – wurde von König Friedrich I. im Jahr 1701 gestiftet. Als höchste Auszeichnung im Königreich Preußen konnte er nur vom Ordensoberhaupt, dem König selbst, verliehen werden. Zu den Aufnahmebedingungen gehörte die Zugehörigkeit zu einem reichsfürstlichen Haus. Ordenszweck, so heißt es in den Statuten, sei es, „Recht und Gerechtigkeit zu üben", gemäß dem Wahlspruch „suum cuique" – „Jedem das Seine".

Max Egon II. von Fürstenberg gehörte sowohl der österreichischen wie auch der preußischen Armee an, in der er vom Rittmeister bis zum Oberst „à la suite" aufstieg. So befand sich Max Egon im unmittelbaren Gefolge Kaiser Wilhelms II., mit dem ihn eine enge freundschaftliche Beziehung verband. Wilhelm II. verlieh ihm den Schwarzen Adlerorden am 6. Juni 1905. M.S.

LIT.: Kat. Donaueschingen 2000, Lehmann 2002, 24-35.

IX.11
Preußischer Schwarzer Adlerorden

42,9 x 33,3 cm
Fürstlich Fürstenbergische
Sammlungen Donaueschingen

Zu den Ordensinsignien des Schwarzen Adlerordens gehörte den Statuten zufolge „ein blau-emaillirtes, in acht Spitzen ausgehendes Kreutz, in dessen Mitte der einen Seite Unser Name: FRIDERICUS REX. mit den beyden ersten Buchstaben FR. zusammen gezogen; in einer jeden von denen vier Mittel-Ecken aber ein schwartzer Adler mit ausgebreiteten Flügeln vorgebildet ist ..." Ebenso gehörte dazu die Ordenskette die „von der Chiffre Unsers Namens, und von Adlern, so Donner-Keile in den Klauen halten, wechselweise an einander gefüget" ist. Dazu hatte ein jeder Ritter einen Unterrock von blauem Samt und über demselben einen Mantel aus rotem Samt zu tragen. M.S.

LIT.: Kat. Weitra 1994, 449; Lehmann 2002, 25 f.

IX.12
Die fürstliche Familie beim Ausritt im Donauried

Julius von Blaas (1845–1922)
1906
Öl auf Leinwand
163 x 254 cm
Fürstlich Fürstenbergische Sammlungen Donaueschingen

Die auf dem Bild dargestellten Personen der fürstlichen Familie von Fürstenberg sind (von links nach rechts) wie folgt zu identifizieren: Prinzessin Anna, Stallmeister Howe, Prinz Karl Friedrich, Fürst Max Egon II., Fürstin Irma, Prinz Max Egon, Prinzessin Leontine und Erbprinz Karl Egon. Wie häufig in der Pferdemalerei im adligen Milieu sind auch die Namen der Pferde auf der Rückseite des Gemäldes überliefert, d.h. den Pferden kommt wie ihren Reitern Persönlichkeit zu. So reitet Fürst Max Egon auf Granit, die Fürstin Irma auf Miss Naps, Erbprinz Karl Egon auf Dum-Dum, Prinzessin Lotti auf Cranberry, Prinzessin Netti auf Scherz, Prinz Max auf Cock Robin, Prinz Fritz auf Daisy und der Stallmeister auf

Strawberry. Die Pferde tragen nicht nur teils englische Namen, das ganze monumentale Bild strahlt die gelassene Atmosphäre englischer Genrebilder dieser Gattung aus. Ihm haftet zugleich trotz aller Dynamik, die von den springenden Pferden ausgeht, etwas Statisches, ja der Wirklichkeit Enthobenes an. Jenseits des Genrecharakters eines Reiterstücks scheint das Bild etwas Programmatisches zu enthalten. Fast unmerklich und wie zufällig in die unendliche Weite des Rieds einbezogen erscheinen am linken Ausläufer des Horizonts der Wartenberg, am rechten der Fürstenberg, jene beiden Burgberge, von denen die mittelalterliche Macht und Herrschaft der Fürstenberger ihren Ausgang nahm. Das Bild beschwört – bewusst oder unbewusst – jenseits der in den Vordergrund gestellten „Nebensächlichkeit" eines sonntäglichen Ausritts die Geschichte und die ungebrochene Bedeutung des Fürstenhauses Fürstenberg – und das in der Gegenwart des Jahres 1906, hundert Jahre nach der Mediatisierung.

LIT.: Kat. Weitra 1994, 448 f.

I.

II.

III.

IV.

V.

VI.

IX.13
Patrouillenritt des jungen Grafen Zeppelin (1838-1917)

Serie von 12 Zeichnungen von
Ernst Zimmer (1864-1924)
Nach 1870
Tusche und Wasserfarbe auf Papier
Alle Blätter zwischen 39
und 41,5 x 54,5 und 59 cm
Privatbesitz

Graf Ferdinand von Zeppelin begann 1855 seine militärische Karriere in der württembergischen Armee, bis er 1865 zum persönlichen Adjutanten König Wilhelms berufen wurde. 1869, im Jahre seiner Verehelichung mit Isabella Freiin von Wolff-Altschwanenburg, trat er wieder in den Militärdienst und nahm als junger Offizier am Krieg von 1870/71 teil. Hier machte er sich von sich reden durch seinen militärisch fragwürdigen Erkundungsritt ins nördliche Elsass, der ihm schon in dieser Zeit einen gewissen Ruhm einbrachte, so dass seine Frau in ihr Tagebuch eintragen konnte: „Was für ein populäres Männchen habe ich!" Zeppelins „Schirlenhof-Ritt" wurde in einer Serie von 12 Bildern von Ernst Zimmer in der Art einer Bildergeschichte festgehalten.

IX. VOM KAISERREICH ZUM DRITTEN REICH

VII. 
VIII. 
IX. 
X. 
XI. 
XII.

I. Überrumpelung der Torwache in Lauterburg
II. Rast im Dorfe Neuweier
III. Rencontre mit feindlicher Kavallerie bei Trimbach
IV. Leutnant Freiherr v. Gayling passiert die Grenzstation
V. Nächtliche Rast im Schönebürger Forste bei Sulz
VI. Im Moment des Überfalls in der Wirtsstube des Schirlenhofes
VII. Der Überfall auf den Schirlenhof
VIII. Graf Zeppelin entkommt durch die Rückseite des Hauses ins Freie
IX. Graf Zeppelin besteigt ein von einer alten Frau gehaltenes Chassenpferd
X. Graf Zeppelin von französischen Chasseurs verfolgt
XI. Graf Zeppelin nach ermüdendem Ritt von einem Kuhhirten Milch erlangend
XII. Einbringen der zwei gefangenen Dragoner in Wörth

G.A., C.B.

LIT.: Kat. Friedrichshafen 2000, 83, 92; Meighörner 1998.

IX.14
Modell des Luftschiffs LZ 1
Eisenblech
158 x 18 cm
Privatbesitz

Der „Zeppelin" wurde zur Ikone der Moderne, ihr Erfinder zum ersten „Superstar" des beginnenden 20. Jahrhunderts, das er 1900 im Beisein des württembergischen Königs mit dem Aufstieg von LZ 1 begrüßte. Der Inbegriff des technischen Fortschritts verband sich hier mit dem Gütesiegel eines populären adeligen Namens zu einem Markenzeichen deutscher Ingenieurskunst. C.B.

IX.15
Graf Ferdinand von Zeppelin mit Kaiser Wilhelm in Friedrichshafen
1908
Fotografie
13,5 x 9 cm
Privatbesitz

Graf Ferdinand von Zeppelin begann nach seiner Entlassung aus dem Militärdienst 1890 – übrigens wegen einer abschätzigen Bemerkung über das preußische Militär – seine zweite Karriere als Luftschiffbauer. Konnte er zunächst den württembergischen König, der ihm ein Seegelände bei Friedrichshafen zur Verfügung stellte, für seine Unternehmungen interessieren, so wurde um 1900 eine größere Öffentlichkeit auf die Pionierleistungen des Grafen aufmerksam. Einen Durchbruch bedeutete es, als auch Kaiser Wilhelm II. den Grafen in Friedrichshafen besuchte. Der Kaiser war mehrfach am Bodensee, begutachtete LZ 3 und befand das Luftschiff für militärische Zwecke gut, worauf es vom Reich angekauft wurde. Das Foto von 1908 trägt den handschriftlichen Vermerk: "Kaiser lässt Grossvater rechts gehen." G.A., C.B.

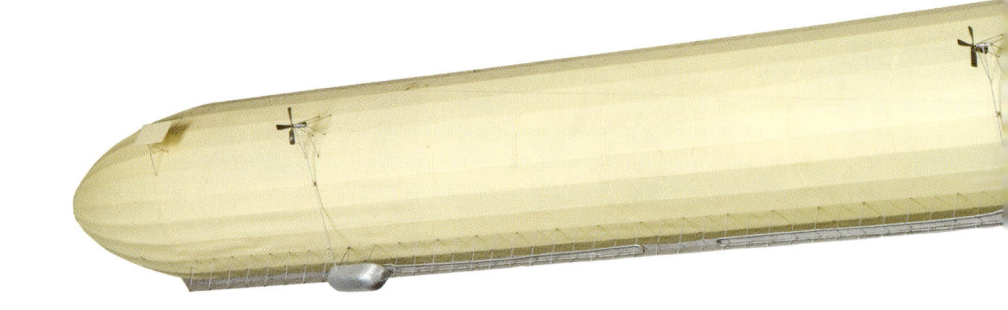

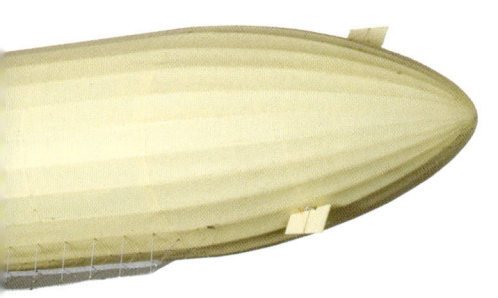

IX. VOM KAISERREICH ZUM DRITTEN REICH

a)

Zeppelin's Luftschiff. Letzte Landung bei Stuttgart, 5. August 1908.

Ganze Längsseite. Zur Grössenvergleichung. Kurz vor der Katastrophe aufgenommen.

b)

Zeppelin's Luftschiff. Letzte Landung bei Stuttgart, 5. August 1908.
Rückseite mit Steuerung. Kurz vor der Katastrophe aufgenommen.

IX.16
Die Katastrophe von Echterdingen

Fotoserie vom 5. August 1908
a) Der Zeppelin bei seiner letzten Landung bei Echterdingen, Längsseite
b) Der Zeppelin bei seiner letzten Landung in der Nähe von Stuttgart, Rückseite mit Steuerung
c) Der Zeppelin bei Echterdingen nach der Katastrophe
Alle Fotos 9 x 14 cm
Privatbesitz

c)

Luftschiff-Gerippe, hinteres Ende, nach der Katastrophe bei Stuttgart, am 5. August 1908.

LZ 4 wurde nach seiner Landung bei Echterdingen am 5. August 1908 durch einen Windstoß an einen Baum getrieben, stürzte ab und ging in Flammen auf. Das Unglück erlangte den Rang einer nationalen Katastrophe. In einer beispiellosen Spendenaktion erhielt Graf Zeppelin aus ganz Deutschland das Kapital an die Hand, um seine Produktion fortsetzen zu können. G.A.

IX.17
Graf Ferdinand von Zeppelin
(1838-1917)

Erwin Emerich
1913
Öl auf Leinwand
156 x 130 cm
Privatbesitz

Graf Ferdinand von Zeppelin, seit 1890 Zivilist, der seine Offiziersuniform gegen die Uniform des Luftschiffers ausgetauscht hatte und der in der Rolle des Luftfahrtpioniers zwischenzeitlich zum lebenden Mythos geworden war, lässt sich 1913, hundert Jahre nach der Völkerschlacht bei Leipzig und ein Jahr vor Ausbruch des Ersten Weltkriegs in einer prächtigen Generalsuniform porträtieren. Das Ende des Völkerkriegs, in dem seine Fluggeräte als Waffen eingesetzt waren, sollte er freilich nicht mehr erleben. **C.B.**

LIT.: AK Friedrichshafen 2000, 162

IX.18
Pickelhaube des Grafen Zeppelin mit Federnbusch in den Reichsfarben

31,5 x 16 x 24 cm
Privatbesitz

IX. VOM KAISERREICH ZUM DRITTEN REICH

259

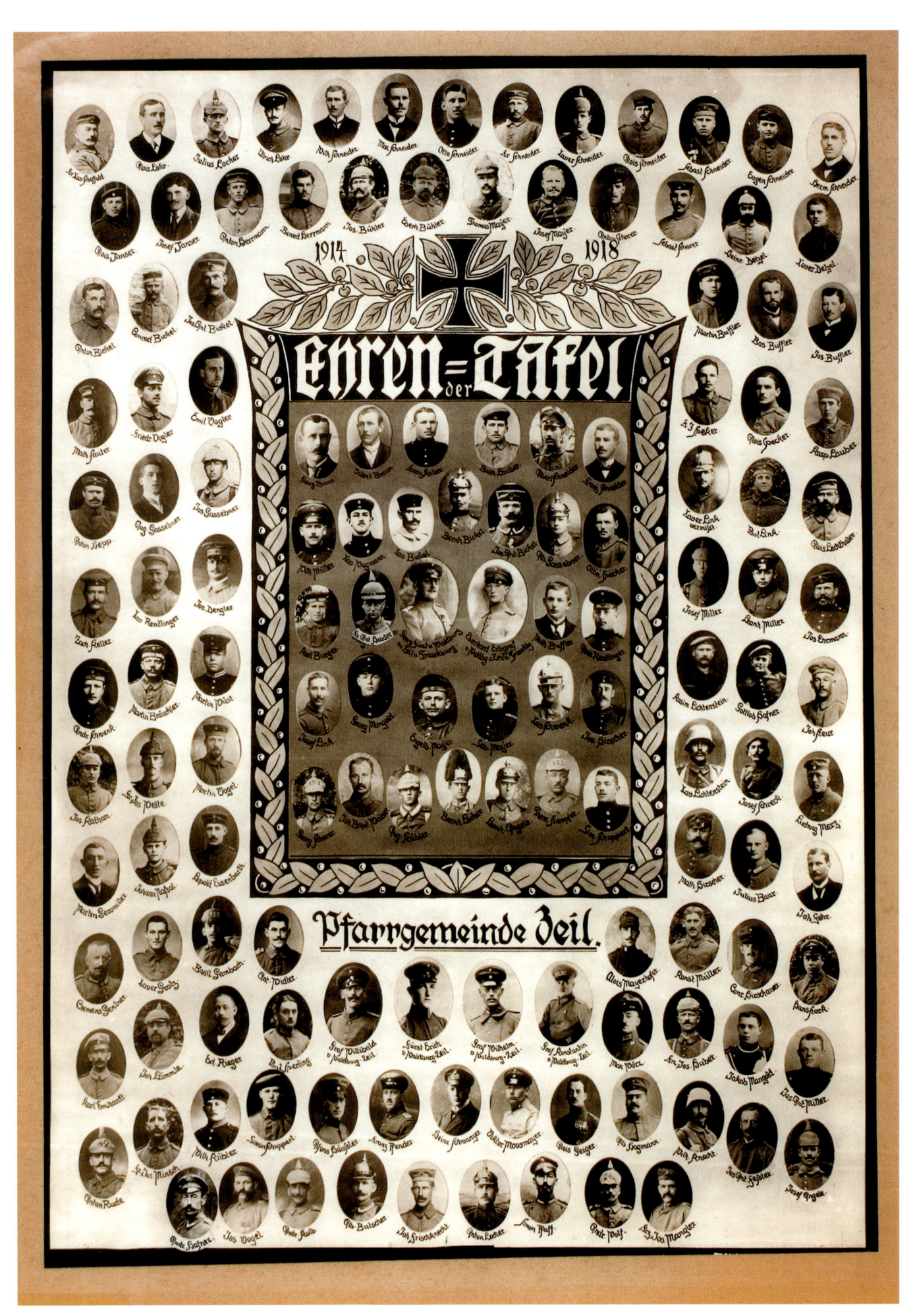

Ehren-Tafel der Pfarrgemeinde Zeil

1914 – 1918

IX. VOM KAISERREICH ZUM DRITTEN REICH

IX.19
Ehrentafel der Pfarrgemeinde Zeil

Gesamtarchiv des Hauses Waldburg

Im Ersten Weltkrieg sind in Deutschland Millionen Männer gefallen. Alle Gemeinden des Reiches hatten enorme Verluste zu beklagen. In der kleinen Gemeinde Zeil sind 140 Männer gefallen oder vermisst geblieben. Wie überall ließ die Gemeinde nach dem Krieg eine Totentafel ihrer „Helden" anfertigen. Unter den Kriegstoten sind auch Fürst Georg und der Erbgraf Eberhard aufgeführt. Das Fürstenhaus Waldburg-Zeil hatte mit dem Kriegstod des Erbgrafen 1916 und des Fürsten selbst 1918 einen hohen Blutzoll zu zahlen. Es ist bezeichnend für das Verhältnis des Fürstenhauses zu seinem Umland, dass die gefallenen Fürsten mit dem „gemeinen Mann" auf einer Gedenktafel verewigt wurden. C.B.

IX.20
Der Rittersaal von Schloss Wolfegg als Lazarett

Fotografie
1914
35 x 42 cm
Kunstsammlungen der Fürsten zu Waldburg-Wolfegg, Schloss Wolfegg

Schon bald nach Beginn des Weltkriegs von 1914 versackte der deutsche Angriff im Stellungskrieg der flandrischen Schlachtfelder. Die moderne Kriegsführung mit Gaseinsatz, Mörser- und Schrappnellbeschuss verursachte Verwundungen, die so aus früheren Kriegen nicht bekannt waren. Über heimkehrende Verwundete kehrte der Krieg auch an die Heimatfront zurück. Noch Ende 1914 stellte das Fürstenpaar von Waldburg-Wolfegg den berühmten Rittersaal des Wolfegger Schlosses als Lazarett zur Verfügung. In der vordersten Reihe sind inmitten von Pflegepersonal und Patienten Fürstin Marie Sidonie und Fürst Maximilian abgelichtet. G.A.

IX.21
Porträt des Fürsten Wilhelm von Hohenzollern (1864-1927)

Walter Thor (1870-1929)
1917
Öl auf Leinwand
140 x 110 cm
Fürstlich Hohenzollernsche Sammlungen Sigmaringen

Fürst Wilhelm von Hohenzollern, begann wie schon sein Vater eine militärische Karriere in Preußen, die ihn zum Kommandanten des „Füsilier-Regiments Fürst Karl Anton von Hohenzollern" machte. Seit 1907 widmete er sich der Verwaltung des Hausbesitzes, der sich nicht nur auf Hohenzollern, sondern auf Brandenburg, Pommern, Schlesien, Böhmen und Bayern erstreckte. Fürst Wilhelm frönte gerne der Jagdleidenschaft und gab sich gelegentlich in zivil als jovialer Lebemann. In den Notzeiten des Ersten Weltkrieges besann er sich seiner militärischen Laufbahn. Im Kriegsjahr 1917 ließ er sich von Walter Thor in Uniform in einer kargen Landschaft porträtieren, deren düstere Stimmung bereits den bevorstehenden Untergang ankündigt. C.B.

LIT.: Krins 2005, 33 f.

262

IX.22
Büste des Fürsten Wilhelm von Hohenzollern (1864–1927)

Alois Stehle
[1926]
Bronze
Höhe 52,5 cm
Fürstlich Hohenzollernsche Sammlungen Sigmaringen

Der verlorene Krieg, das Ende der Monarchie, der Übergang zur republikanischen Staatsform und der Verlust der Adelsvorrechte 1918/19 bedeutete für den gesamten Adel einen Einschnitt, der ähnlich tief greifend empfunden wurde wie jener von 1806, wenngleich die Forderung der Linken nach Enteignung des Adels nicht in die Weimarer Verfassung Eingang gefunden hatte. In Form des „Domänenstreits" blitzte für einen Moment für das Haus Hohenzollern dennoch die Gefahr einer Enteignung auf. Wie viele Vertreter des Hochadels begab sich Fürst Wilhelm von Hohenzollern in einen schroffen Gegensatz zur Republik und zu ihren Vertretern in Sigmaringen. Durch eine Indiskretion wurde dem Parteiorgan der KPD „Rote Fahne" ein Privatbrief des Fürsten zugespielt, der seine Haltung zum Sigmaringer Regierungspräsidenten Dr. Emil Belzer offenbarte: „Hier ist die Stimmung eine ganz zufrieden stellende, hätten wir nicht... einen höchst widerwärtigen Regierungspräsidenten. Der schwarze Mann mit der roten Weste ist eine ganz vertrauensunwürdige Persönlichkeit, ein Anhänger des heiligen Matthias von Biberach, Erzberger, und ganz im Fahrwasser der beiden Reichskanzler Fehrenbach und Wirth, also Erfüllungspolitiker nach innen und außen." Diesen Streit setzte Ende der 20-er Jahre sein Sohn, Fürst Friedrich, fort.

LIT.: Kallenberg 1988; Kat. Sigmaringen 1995, 178 f.; Krins 2005, 33 f.

IX.23
Publikationen zum Domänenstreit in Hohenzollern

a) Karl Bumiller: Die Domänenfrage in Hohenzollern. Hechingen 1921
b) Der Domänenstreit in Hohenzollern. Zwei Rechtsgutachten von Max Fleischmann und Victor Bredt. Halle a.d.S. 1922

Der Umbruch von 1918/19 setzte eine seit 1803 schwelende Frage neu auf die Tagesordnung. Es ging dabei um das Säkularisationsgut von 1803/06, das das Haus Hohenzollern damals nicht dem Staatsvermögen, sondern seinem Domänenbesitz zugewiesen hatte. Die Debatte wurde bereits in den 30-er Jahren des 19. Jahrhunderts geführt, sie stand 1848 erneut auf der Tagesordnung, und sie wurde 1919 wieder wach gerufen. Es war diesmal der Landeskommunalverband, eine Art Sonderlandtag der Hohenzollernschen Lande, der die Frage aufwarf und durch ein Gutachten des Hechinger Amtsgerichtsrats Karl Bumiller beantworten ließ. Der Jurist räumte einer Klage des Kommunallandtags keinen Erfolg ein, da er die Domänenfrage für eine ausschließlich politische Frage hielt. War damit der Versuch einer Teilenteignung des Fürstenhauses eigentlich schon erledigt, so gab doch der Fürst zwei Gegengutachten bei renommierten Juristen in Auftrag, die zum selben Ergebnis gelangten. So beschloss der Kommunallandtag am 1. Mai 1923, die Sache nicht weiter zu erfolgen. C.B.

LIT.: K. Bumiller 1921; Fleischmann/Bredt 1922; Kallenberg 1979, 26; Kallenberg 1988; Kallenberg 1996, 185 f.

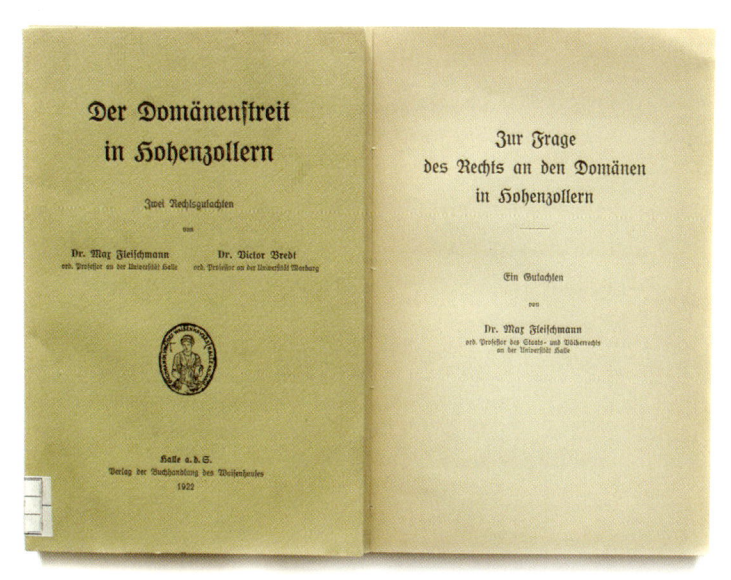

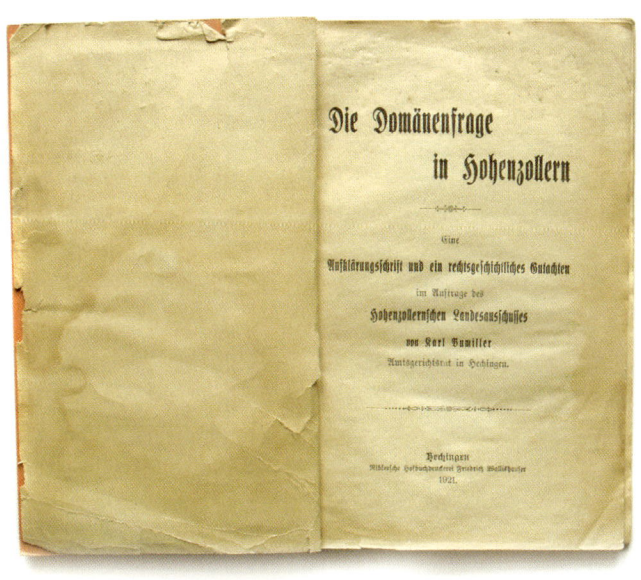

a)

b)

a)

Abschrift

Der Regierungs-Präsident   Sigmaringen, den 9. Juli 1928
P.344

Es ist mir aufgefallen, dass bei den Behörden noch eine gewisse Unklarheit über die Frage besteht, welchen Namen seit dem Tode des Wilhelm Fürst von Hohenzollern dessen ältester Sohn zu führen hat, und wie die ehemals Fürstlich Hohenzollerische Verwaltung zu bezeichnen ist. Auch legt sich der älteste Sohn des Verstorbenen öffentlich das Prädikat "Hoheit" und die Bezeichnung "Fürst" selbst im Verkehr mit Behörden bei bezw. lässt sie sich von seiner Verwaltung beilegen, wie auch seine Verwaltungen, Betriebe und Beamte sich "fürstlich" nennen.

Durch diese Tatsachen, wie insbesondere die neuerliche Veröffentlichung in Nr.157 der Hohenzollerischen Volkszeitung vom 2.Juli, nach der auch der an die Stelle des ehemaligen Hofmarschallamtes tretenden neuen Verwaltung wieder der Name einer "Fürstlichen Hofverwaltung" gegeben wird, sehe ich mich veranlasst, nach Vortrag bei dem Herrn Minister des Innern auf die Regelung hinzuweisen, die das Preussische Gesetz über die Aufhebung der Standesvorrechte des Adels und die Auflösung der Hausvermögen vom 23.Juni 1920 (G.S.S.367) auf Grund des Artikels 109 Abs. 3 der Reichsverfassung in den §§ 1, 22 und 41 Z. 23, 24 getroffen hat. Danach gilt das Folgende, das ich in Zukunft streng zu beachten bitte:

1. Der Familienname der ehemals Fürstlichen Familie Hohenzollern ist "Prinz von Hohenzollern". Dabei ist insbesondere zu beachten, dass die Befugnis, die Bezeichnung "Fürst" zu führen, die dem verstorbenen Wilhelm Fürst von Hohenzollern zustand, mit dessen Tod erloschen und nicht auf seinen ältesten Sohn übergegangen ist.

2. Es ist unzulässig, den Namen "Prinz von Hohenzollern" bei Zufügung eines Vornamens derart zu trennen, dass der Vorname zwischen die Worte "Prinz" und "von Hohenzollern" eingeschoben wird. Der Vorname ist vielmehr vor den gesamten Familiennamen zu setzen, der - wie andere Familiennamen - ein zusammenhängendes Ganzes bildet.

b)

Abschrift.
Preussisches Ministerium des Innern   Berlin, den 5. Dezember 1930.
Ministerialdirektor Dr. Brand   NW. 7 Unter den Linden 72 - 74.

Sehr verehrter Herr Dr. Aengenheister!

In Verfolg Ihres bei der gestrigen Besprechung geäusserten Wunsches, Ihnen noch eine kurze schriftliche Mitteilung über die Voraussetzungen für einen gesellschaftlichen Verkehr zwischen Herrn Prinz von Hohenzollern und den höheren Beamten in Sigmaringen zugehen zu lassen, erlaube ich mir, Ihnen im Einverständnis mit dem Herrn Staatssekretär folgendes zu erklären:

Die Möglichkeit für die Pflege eines gesellschaftlichen Verkehrs zwischen Herrn Prinz von Hohenzollern und den höheren Beamten in Sigmaringen ist gegeben, wenn Herr Prinz von Hohenzollern bei Veranstaltungen, einschliesslich der kirchlichen, bei denen der Herr Regierungspräsident von Sigmaringen als solcher erscheint, nicht einen Ehrenplatz vor dem Regierungspräsidenten beansprucht und wenn er ferner im gesellschaftlichen Verkehr selbst von den Beamten und ihren Damen eine andere Benennung als "Prinz von Hohenzollern" und das Prädikat "Hoheit" nicht erwartet und ihnen gegenüber die Grundsätze gesellschaftlicher Gleichheit (Gegenbesuch, Annahme von Gegeneinladungen, allgemein übliche Formen der Gastlichkeit) anzuwenden bereit ist. Die Regierung würde, sobald in dieser Hinsicht Einverständnis herrscht, die den Beamten in Bezug auf den gesellschaftlichen Verkehr mit Herrn Prinz von Hohenzollern auferlegten Beschränkungen aufheben. Die Regierung würde ferner damit einverstanden sein, dass bei allen offiziellen Veranstaltungen Herrn Prinz von Hohenzollern als dem angesehensten Bürger des Regierungsbezirks Sigmaringen der nächste Ehrenplatz nach dem Regierungspräsidenten eingeräumt wird.

Ueber die Aufnahme des gesellschaftlichen Verkehrs zwischen

c)

DER GENERALBEVOLLMÄCHTIGTE
DES FÜRSTLICHEN HAUSES HOHENZOLLERN

MÜNCHEN, den 3. September 1931
KANZLEI: TIVOLISTRASSE 4
TELEFON: 22493
TELEGRAMM-ADRESSE: HOHENZOLLERN TIVOLISTRASSE 4

Durchlauchtigster Fürst!
Gnädigster Fürst und Herr!

Soeben höre ich, dass Regierungspräsident Scherer in den einstweiligen Ruhestand versetzt ist und dass Ministerialdirektor Dr. Brandt kommissarisch den Posten erhält. Damit hat der Preussische Minister des Innern sein Versprechen, das er mir bei der mündlichen Verhandlung in Berlin gab, eingelöst. Es war damals davon die Rede, dass eine derartige Versetzung innerhalb von etwa 6 Monaten stattfinden würde, falls sich die Möglichkeit einer Versetzung auf einen gleichwertigen Posten ergibt. Diese Möglichkeit war nicht gegeben, infolgedessen hat sich die Aenderung etwas länger als 6 Monate hingezogen. Dass nun aber heute, obwohl die Voraussetzungen einer Versetzung anscheinend nicht gegeben sind, doch ein Wechsel in Sigmaringen eintritt, ist ein Zeichen dafür, dass Euere Hoheit gesiegt haben. Bezüglich der Einstellung gegenüber dieser Veränderung darf ich um mündlichen Vortrag bei nächster Gelegenheit bitten, da hierfür das Resultat meiner Verhandlungen in Berlin in der Form, wie es nachher mit Genehmigung Euerer Hoheit entsprechend dem abschriftlich beigefügten Schriftwechsel festgelegt wurde, massgebend sein dürfte.

Euerer Hoheit
gehorsamster

d)

Kabinett.

Sigmaringen, den 1. April 1932.

Regierungspräsident Brand.

Euer Hoheit.

Diese Anregung kam von Seiten des Herrn Präsidenten, die ich natürlich gerne aufgriff, in der Erwartung, dass Herr Präsident

teile ich untertänigst mit, dass ich soeben beim Herrn Regierungspräsidenten empfangen wurde und die Prozessionsangelegenheit fertig besprochen habe.

Ich habe dabei besonders betont, dass Euer Hoheit auf dem im kanonischen Recht zugesicherten Platz bestehen bleiben und das Recht des Patrons in jeder Weise gewahrt wissen wollen, dass aber nach Ansicht Euer Hoheit der Patron nicht als Gast der Kirche an der Prozession teilnehme, sondern als an sich dazu gehörender Faktor. Aus dieser Ueberlegung heraus wollten Euer Hoheit dem besonderen Ehrengaste den einem bevorzugten Gaste gebührenden Platz einräumen und den Herrn Regierungspräsidenten deshalb bitten an Euer Hoheit rechten Seite zu gehen.

Der Herr Regierungspräsident nahm diese Mitteilung äusserst befriedigt auf und bat mich Euer Hoheit den aufrichtigsten Dank dafür zu übermitteln, dass Euer Hoheit in so grosszügiger Weise die kleinlichen Schwierigkeiten mit zu überbrücken helfen. Ausserdem wurde betont, dass der Herr Regierungspräsident die rechtliche Stellungnahme Euer Hoheit voll verstehe und das Entgegenkommen sehr wohl würdige.

264

IX.24
Vier Dokumente aus dem „Titelstreit" um den Fürsten von Hohenzollern

a) *Schreiben des Regierungspräsidenten Alfons Scherer an den Landrat vom 9. Juli 1928*
b) *Der preußische Ministerialdirektor Dr. Brand an den Bevollmächtigten des Hauses Hohenzollern Aengenheister 5. Dezember 1930*
c) *Der Generalbevollmächtigte des Hauses Hohenzollern Aengenheister an Fürst Friedrich von Hohenzollern 3. September 1931*
d) *Schreiben des fürstlichen Generalbevollmächtigten an den Fürsten über eine Unterredung mit Dr. Brand vom 1. April 1932*
Landesarchiv Baden-Württemberg, Staatsarchiv Sigmaringen, FAS NVA 34 134

Die Weimarer Verfassung hat den Adel weder enteignet noch „abgeschafft", allerdings wurden die Standesvorrechte aufgehoben: „Adelsbezeichnungen gelten nur als Teil des Namens und dürfen nicht mehr verliehen werden" (Art. 109 WV). Adelstitel wie „Fürst" und Prädikate wie „Hoheit" waren nicht mit dem Gesetz vereinbar. Die republikanischen Behörden in Sigmaringen verkehrten insofern mit dem „Fürsten" Friedrich von Hohenzollern in der Form „Herr Friedrich Prinz von Hohenzollern", während jener auf dem Titel „Fürst" und der Anrede „Hoheit" bestand. Es kam zu einem jahrelangen Kampf zwischen Staatsautorität und Fürstenhaus, den letzteres mit der Drohung, seine Verwaltung von Sigmaringen nach München zu verlegen, schließlich gewann. Regierungspräsident Alfons Scherer wurde 1931 in den einstweiligen Ruhestand versetzt.

LIT.: Kallenberg 1988; Kallenberg 1996, 185-197.

IX.25
Foto vom Besuch des Reichsaußenministers Franz von Papen in Sigmaringen 1933

18 x 12,5 cm
Landesarchiv Baden-Württemberg, Staatsarchiv Sigmaringen, N 1/68 T 1 Nr. 104

Die in Friedrich von Hohenzollern (1891-1965) personifizierte Distanz zum republikanischen Staat steht stellvertretend für den gesamten oberschwäbischen Adel, auch wenn es im einzelnen Unterschiede in der jeweiligen Motivlage gegeben haben mag. Gemeinsam war allen Adelshäusern die prinzipielle Affinität zur Monarchie und die prinzipielle Aversion gegenüber einer gleichmacherischen Demokratie. Eine monarchistische Grundhaltung und das Engagement in der militärischen Traditionspflege, gepaart mit einer Hinwendung zum traditionalistischen Katholizismus führten bei „Fürst" Friedrich von Hohenzollern nach den Kämpfen mit dem Regierungspräsidium zu einer gewissen Annäherung an die nationale Bewegung Hitlers, wenn auch nicht so weitgehend wie bei seinem Zwillingsbruder Franz Joseph Prinz von Hohenzollern, der später eine SS-Karriere machen sollte. Auch wenn die NS-Behörden Fürst Friedrich ab 1935 sogar das Prädikat „Königliche Hoheit" zugestanden, so stand er doch der Nazi-Ideologie fern. Vielmehr scheint er eher der Reichsideologie der katholischen Rechten zugeneigt zu haben, wie sie 1933 unter der Schirmherrschaft Franz von Papens im Bund „Kreuz und Adler" vorübergehend Ausdruck fand. Dies könnte auch den Besuch des Reichsaußenministers in Sigmaringen im Jahr 1933 erklären. Das Foto zeigt in der Mitte Franz von Papen mit Gattin, rechts daneben Fürst Friedrich von Hohenzollern und seine Frau Margarete Prinzessin von Sachsen.

LIT.: Kallenberg 1988, 777 f.

IX.26
Egloff Freiherr von Freyberg
(1883-1984)

Halil-Beg Mussayassul (1896-1949)
1943
Öl auf Leinwand
85,5 x 70,5 cm
Privatbesitz

Mit Egloff Freiherrn von Freyberg tritt eine bemerkenswerte Adelsgestalt ins Licht der Geschichte, die bislang keine biographische Würdigung erfahren hat. Sein hundertjähriges Leben überspannte alle Epochen und Brüche der jüngeren deutschen Geschichte vom Kaiserreich über die Weimarer Republik und das „Dritte Reich" bis in die Bundesrepublik. Durch seinen Offiziersberuf wurden naturgemäß die beiden Weltkriege prägende Phasen seines Lebens. Egloff zählte zu den Flugpionieren der deutschen Luftfahrtgeschichte, im Jahr 1914 erhielt er für seinen Sieg im „Ostmarkenflug" von Kaiser Wilhelm II. einen Pokal. Im ersten Weltkrieg als Bomberpilot eingesetzt, fand er im Zweiten Weltkrieg altershalber nur noch Verwendung in der Militärverwaltung. Noch während des Krieges nahm er seinen Abschied im Rang eines Generalmajors der Luftwaffe. Anfang der 30-er Jahre war er als Ausbilder für die im Aufbau begriffene Luftwaffe der Roten Armee in Russland tätig. Dort wurden vermutlich auch deutsche Piloten ausgebildet, da in Deutschland die Militärfliegerei verboten war. Dem Nazi-Regime stand Freyberg distanziert gegenüber. Bereits 1934/35 hatte er Differenzen mit Göring. Er setzte sich damals für ein oder zwei Jahre nach Australien ab, um an einer Expedition teilzunehmen. Hier kam eine andere Leidenschaft Egloffs zum Tragen, sein ethnologisches und historisches Interesse.

Sein Standes- und Familienbewusstsein kommt aber auch in seinem 1943 wohl um seinen Abschied aus dem Militärdienst entstandenen Porträt zum Ausdruck. Das Gemälde des in Daghestan geborenen, damals in München lebenden Künstlers Mussayassul zeigt Egloff Freiherr von Freyberg mit den Mitteln moderner Malerei unter Verwendung ikonographischer Traditionen des Adelsporträts. Der tradtionsbewusste Offizier sitzt in der Uniform des Generalmajors der Luftwaffe mit Offizierssäbel, Eisernem Kreuz und Malteserordenskreuz auf einem goldlackierten barocken Stuhl. Das Wappen rechts oben identifiziert den Dargestellten als Angehörigen der Familie Freyberg. Zusätzlich gibt der Vorhang hinter ihm den Blick frei in eine Gebirgslandschaft, die von der Ruine Hohenfreyberg gekrönt ist. Bei der Darstellung der Ruine stand unverkennbar Quaglios Zeichnung von ca. 1830 Pate (vgl. Kat. Nr. XIII.3). Eine Pointe des Bildes besteht in dem kleinen Doppeldecker, einer von Egloff in der Frühzeit der Luftfahrt geflogenen Maschine, die, in einen Lichtstrahl getaucht, gerade den Bergfried der Familienstammburg überfliegt.

LIT.: Unveröffentlicht; zum Künstler Saur Bd. 7, 232.

IX. VOM KAISERREICH ZUM DRITTEN REICH

IX.27
Pokal Kaiser Wilhelms II. für Egloff Freiherrn von Freyberg

1914
Bronze und Messing auf Holzsockel
69,5 x 30 x 26,5 cm
Privatbesitz

Der achteckig gestaltete, sich nach unten leicht verjüngende Pokal ist seitlich mit zwei aufwändig gestalteten Henkeln versehen und trägt auf der Frontseite ein Wappenschild mit dem preußischen Adler. Zum Fuß und zum Pokalrand hin läuft das Gefäß in tropfenförmige Ausbuchtungen aus. Der geschwärzte Deckel imitiert ein edelsteinbestücktes Kissen, das zur Mitte hin in eine kleine Krone ausläuft. Die Messingtafel auf dem Sockel zeigt drei Flugzeuge der Pionierzeit und trägt die Inschrift:
KAISER WILHELM II. DEM SIEGER IM OSTMARKENFLUG 1914. C.B.

LIT.: Unveröffentlicht.

Der gerade Weg
Deutsche Zeitung für Wahrheit und Recht.

Herausgeber: Dr. Fritz Gerlich
Schriftleitung und Verlag: München, Hofstatt 5, 2. Stock
Postscheckkonto München Nr. 2426 / Telephon 93378/93379

Münchener Sonntag

Preis: 20 Pf., 30 Oesterr. Gr., 30 Schw. Rap.
monatlich 90 Pfennig einschließlich Zustellung
kostenloser Unfall- und Sterbegeldversicherung

Nummer 17 — **München, den 24. April 1932** — **4. Jahrgang**

Hitler der Bankrotteur

Stalin: Mit nationalsozialistisch. Sieg kommt Europ. Krieg!
Neuorganisierung der KPD. unter Radeks Leitung

Zu Beginn unserer heutigen Nummer legen wir unseren Lesern zwei neue Geheimberichte aus Moskau vor. Sie beschäftigen sich mit den Erwägungen der Moskauer Machthaber und der Leitung der internationalen Organisation des Bolschewismus über den endgültigen Ausgang der deutschen Reichspräsidentenwahl. Daran anschließend berichten wir unsere intimen Informationen über den derzeitigen Stand der Bestrebungen in der Hitlerpartei und ihre Bedeutung für die Landtagswahlen am 24. April.

I.
Die Vorbesprechung im Moskauer Politbüro

Nachfolgender Bericht ist auf Grund von Material aus einer kompetenten Moskauer Quelle zusammengestellt, die wir nicht näher bezeichnen dürfen.

Am 11. April 1932, also sofort nach der Feststellung des Ergebnisses der endgültigen Präsidentenwahl in Deutschland, trat das Politbüro der Sowjetregierung in Moskau zu einer außerordentlichen Sitzung zusammen. Stalin nahm von Anfang an an der Sitzung teil.

Krestinsky wollte gemäß der ursprünglichen Tagesordnung mit einem Bericht über die gegenwärtige internationale Lage der Sowjetunion beginnen, doch wurde er gleich zu Anfang durch Stalin am Sprechen verhindert, der in eine außerordentlich nervöse Stimmung gekommen war. Stalin stellte den Antrag, diese Frage zu vertagen und sich zunächst sofort den Ereignissen in Deutschland zuzuwenden.

Der Antrag wurde angenommen und als nächster Berichterstatter ergriff Manuilsky das Wort, doch wurde auch er von Stalin gleich nach der Mitteilung der Ergebnisse des zweiten Wahlganges der Reichspräsidentenwahl unterbrochen.

Stalin rechnet mit den deutschen Kommunisten ab

Stalin führte u.a. aus: „Wir haben gehört, wie die Direktiven des Präsidiums des Exekutivkomitees der Kommunistischen Internationale von dem Zentralkomitee der Kommunistischen Partei Deutschlands ausgeführt worden sind. Ich glaube mich erinnern zu können, daß in diesen Direktiven auch die Rede davon war, daß die kommunistischen Stimmen in Deutschland sich vermehren sollten. Die Zahlen aber, die wir soeben gehört haben, zeigen etwas ganz anderes. Sie zeigen, daß das Zentralkomitee der Kommunistischen Partei Deutschlands unfähig ist, unsere Direktiven durchzuführen. Das wiegt umso schwerer in einem Moment, in dem es um das Sein oder Nichtsein der Sowjetunion und der Weltrevolution geht.

Wir spüren überall die Wühlarbeit Frankreichs und Japans. Wir sehen, wie sich der Ring gegen uns immer fester schließt, die Weißgardisten mobilisiert werden. Die Weltbourgeoisie, die ihr Ende herannahen fühlt, holt noch zu einem letzten Schlage gegen uns aus. Wir sind im Augenblick noch nicht bereit, diesen Schlag aufzufangen. Wir müssen uns nur retten, wenn die Lage der kapitalistischen Staaten überall…"

…schen Partei Deutschlands den zu erwartenden Ereignissen Herr werden wird. Ich habe mir bereits über die Frage, wie diesem unglücklichen Umstand abgeholfen werden kann, einige Gedanken gemacht und werde sie Ihnen jetzt mitteilen.

Die gestrigen Wahlergebnisse in Deutschland zeigen uns, daß die Nationalsozialisten noch in weiterem Wachsen begriffen sind. Sie beweisen also die Richtigkeit unserer Auffassung über die Aussichten dieser Bewegung. Wir müssen heute aber außerdem konstatieren, daß die augenblickliche Leitung der Kommunistischen Partei Deutschlands unfähig ist, unsere Direktiven, die auf dieser Erkenntnis der Lage erst aufbauen, auszuführen. Wir müssen ferner feststellen, daß sie auch unfähig ist, mit der nötigen Tatkraft in diese Entwicklung im gegebenen Moment einzugreifen.

Ich sehe zwar in den Reihen dieser Partei niemand, dem wir genügend vertrauen können und der an uns genügend gebunden ist, um das augenblickliche Zentralkomitee zu ersetzen. Hier muß ein anderer Weg beschritten werden, und zwar in der Weise, daß den Charaktereigenschaften der betreffenden Persönlichkeiten, ihnen nach ihrer Absetzung in einer ganz anderen Frontstellung begegnen würden.

Russische Organisatoren müssen nach Deutschland!

Deswegen schlage ich vor, das Zentralkomitee der Kommunistischen Partei Deutschlands zwar unverändert bestehen zu lassen, doch den ganzen Organisationsapparat der Kommunistischen Partei Deutschlands einer gründlichen Umwandlung zu unterziehen und auf diese Weise neben dem schon bestehenden Apparat einen zweiten aufzubauen, der im entscheidenden Moment zur Durchführung der nötigen Maßnahmen bereitstehen muß.

Daß dieser neue Apparat nicht etwa auch unter die Führung des augenblicklichen Zentralkomitees geraten darf, ist selbstverständlich, auf diese Weise wird auch der neue Apparat am sichersten vor der Bespitzelung durch die sozialdemokratische Polizei geschützt.

Wir werden eben dafür Sorge tragen müssen, daß das Zentralkomitee der deutschen kommunistischen Partei in möglichster Unkenntnis über die Durchführung unserer Maßnahmen bleibt.

Ich schlage ferner vor, unverzüglich eine kleine, ganz inoffizielle Kommission, die sich aus den erfahrensten revolutionären Arbeitern zusammensetzt, nach Deutschland zu entsenden. Auf Grund ihrer Berichte, die wir durch die Berichte der GPU.-Residenturen d. h. der an den wichtigsten Plätzen Deutschlands sitzenden Agenten der russischen politischen Polizei, ergänzen können, vermögen wir dann unsere endgültigen Entscheidungen zu treffen. Es wird das beste sein, wenn wir Genossen Manuilsky die Zusammensetzung dieser Kommission überlassen.

Hitlerbewegung besorgt Deutschlands Auflösung

Ferner muß sofort damit begonnen werden, aus den Reihen der Kommunistischen Partei Deutschlands und der übrigen revolutionären Organisationen in diesem Lande gestählte und vor allem unkorrumpierte Elemente nach Moskau zu bringen und sie hier nach einer genauen Prüfung in Schnellkursen für ihre Funktionen bei dem Aufbau des neuen Apparates auszubilden.

Die Ausbildung muß unter unmittelbarer Leitung unserer erfahrensten revolutionären Fachleute vor sich gehen. Als Leiter würde ich den Genossen Radek vorschlagen, der auf seiner letzten Reise nach Europa viele wertvolle Beobachtungen hat machen können.

Es ist selbstverständlich, daß der neue Apparat vollkommen parallel neben dem alten funktionieren muß, weil etwas anderes zur Störung der Gesamtorganisation führen könnte. Hier in Moskau werden wir dann die neue Führung des deutschen Proletariats bilden, die die „Ischaki" (auf tatarisch: Esel), die zur Zeit an seiner Spitze stehen, ersetzen wird, wenn es nötig sein wird. Jetzt wollen wir den Genossen Manuilsky weiter hören."

Manuilsky führte aus, daß die Lage der Kommunistischen Partei Deutschlands schlimmer aussähe, als sie in Wirklichkeit ist. Diejenigen Proletarier, die Hitler gewählt hätten, wären trotzdem Kommunisten geblieben. Die Entscheidung in Deutschland läge eben nicht in den Parlamenten. In den Parlamenten könne man sie nur vorbereiten. Das aber besorgten gerade die Nationalsozialisten gründlich genug.

Die N.S.D.A.P. mit 20%

…aufzubauen, der im entscheidenden Moment zur Durchführung der nötigen Maßnahmen bereitstehen muß.

Wir bringen unseren Lesern hier das eindrucksvolle Titelbild einer Broschüre von Ernst Niekisch „Hitler ein deutsches Verhängnis". Die Zeichnung von A. Paul Weber spiegelt das wahre Gesicht von Hitlers Vormarsch zur Befreiung Deutschlands wieder. Wir bringen es, obwohl wir den Inhalt der Broschüre, die sozialistisches Wesen völlig verkennt, entschieden ablehnen, denn diese Zeichnung beweist, daß nachdenkliche Menschen, die auf einem ganz entgegengesetzten Gesichtspunkt aus zum gleichen Endergebnis bezüglich Hitlers Persönlichkeit gelangen.

Denn durch seine „zu plumpe und offensichtliche Unterstützung Hitlers" hätte er festgestellt, nur die kommunistischen Stimmen verringert, sogar Hitler selbst geschadet.

Die Arbeit auf diesem Sektor der Weltrevolution, meinte er, müsse eben einer grundlegenden Änderung unterzogen werden. Die bisherige Zeitschrift müsse aber nach seiner bisherigen Führung rechnen. Man müsse zunächst vor die Aufgabe stellen, unter allen Umständen Hitlers Sieg bei den bevorstehenden Landtagswahlen herbeizuführen …. „Denn die dann läufig einsetzende Entwicklung der Kombination Hindenburg-Hitler wird unsere Arbeit auf den Moment bringen, und bau komme auch der Moment, wo die „Eiserne Front" sich in der eigenen Phraseologie gefangen haben wird und der Vereinigung mit uns strebt. Die gleiche Wirkung muß dieser Vorgang auch bei einem parlamentarischen Sieg der NSDAP. auslösen". Dann wird es sich nämlich zeigen, daß einzige Kampfformationen der Werktätigen, radikale Befreiung nicht nur verkünden, sondern ausführen, eben unsere roten, proletarischen Truppen sind, denen dann alle diese Elemente zuströmen werden.

Manuilsky wurde aufgetragen, im Sinne der eben ausgeführten, gefaßten Beschlüsse des Präsidiums des Exekutivkomitees der Kommunistischen Internationale vorzugehen und die Kommission Deutschland sofort zu bilden und abzusenden.

II.
Die Sitzung des Exekutivkomitees der Kommunistischen Internationale

Der folgende Bericht behandelt die Sitzung des Präsidiums des Exekutivkomitees der Kommunistischen Internationale vom Tage nach der obigen Sitzung des Politbüros in Moskau, also vom 12. April 1932. Er gründet sich auf die offizielle Stenographie. Es war eine Sitzung des erweiterten Präsidiums des Exekutivkomitees.

Auf der Tagesordnung stand der Bericht des Zentralkomitees der kommunistischen Partei Deutschlands über die deutschen Reichspräsidentenwahlen am 10. April 1932. Das Präsidium war fast vollzählig zu dieser Sitzung versammelt, weil man den Ereignissen in Deutschland die größte Wichtigkeit beimißt. Es ging das Gerücht, daß die russische Sekte…

nach der Ausweisung Trotzkis aus Rußland trotzkistische Bewegung schleppe, worauf Stalin Radek gefragt: „Es ist höchste Zeit, daß Sie wieder den Kopf eines Esels zu sein." Wie man sieht, ist der Geschmack Herrn Radeks, obwohl erst zur Zeit Stalin Anlaß hatte, die russische Sekte Junge Hunter seinem Rücken zu in Wut geregt doch nicht, du hast vorzüglich allerlei Blödsinn erzählt über die „alte" Führer der Weltrevolution unterbrach ihn Radek und sagte: „Aber…

IX. VOM KAISERREICH ZUM DRITTEN REICH

IX.28
Titelseite der Wochenzeitung „Der gerade Weg"

24. April 1932
49,5 x 32 cm
Fürstlich Waldburg-Zeil'sches Gesamtarchiv, Schloss Zeil

Fritz Gerlich, 1883 in Stettin geboren, war bis zu seiner Verhaftung am 9. März 1933 Herausgeber der Wochenzeitung „Der Gerade Weg". In dem Eichstätter Kapuzinerpater Ingbert Naab, dem Herausgeber mehrerer katholischer Jugendzeitschriften und im Fürsten Erich von Waldburg-Zeil lernte der „Hauptschriftleiter" der „Münchner Neuesten Nachrichten", Süddeutschlands bedeutendster Tageszeitung, zwei Männer kennen, die seinen weiteren Lebensweg entscheidend beeinflussen sollten. Fürst Erich von Waldburg-Zeil und er planten eine Zeitung, die sich gegen radikale Strömungen von links und rechts und für die Anwendung christlicher Grundsätze im öffentlichen Leben einsetzten sollte. 1931/32 entstand die Zeitschrift „Der gerade Weg". In zahlreichen Leitartikeln nannte Gerlich den Nationalsozialismus eine „Pest" und die Nazis „Hetzer, Verbrecher und Geistesverwirrte". Hitler war für ihn ein „Bankrotteur". Mit der Machtergreifung Hitlers 1933 waren die Tage der Zeitschrift gezählt, die Redaktion wurde gestürmt, Fritz Gerlich verhaftet, ins Münchner Polizeigefängnis und später ins KZ Dachau gebracht und dort erschossen. **G.A.**

LIT.: Dornheim 1993, 295-348.

IX.29
Büste Claus Schenk Graf von Stauffenberg (1907-1944)

Frank Mehnert
Um 1925
Bronze
35 x 24 x 31 cm (ohne Sockel)
Privatbesitz

Diese Büste zeigt den jungen Grafen Stauffenberg noch ganz in der Unschuld des Jünglings, der von seinem Schicksal als Märtyrer der deutschen Geschichte noch nichts ahnt. Mit seiner Rolle im Widerstand des 20. Juli 1944 sollte Stauffenberg schließlich zu einer der frühen Symbolfiguren der Bundesrepublik Deutschland werden. **C.B.**

IX.30 a-d
Dokumente zur Offizierskarriere von Claus Schenk Graf von Stauffenberg (1907-1944)

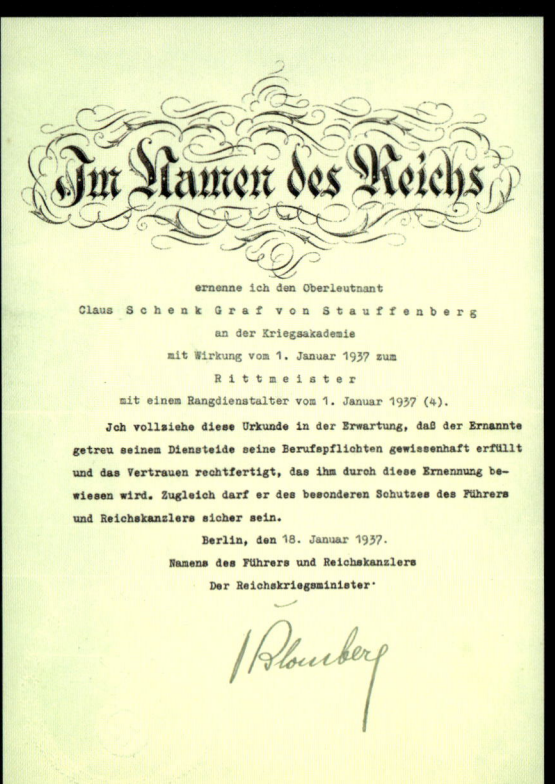

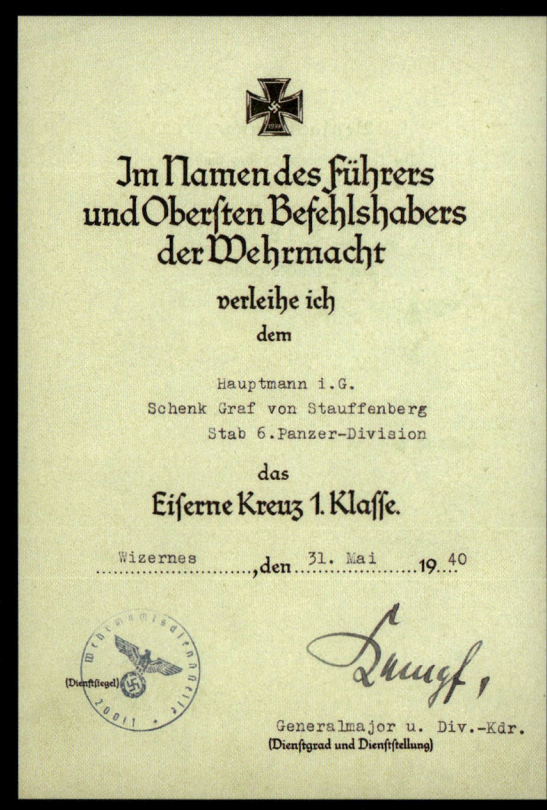

a) Ernennung des Oberleutnants Graf Stauffenberg zum Rittmeister 1. Januar 1937 durch Reichskriegsminister Blomberg
b) Verleihung des Eisernen Kreuzes 1. Klasse an Hauptmann Graf Stauffenberg am 31. Mai 1940 durch Generalmajor Kempf
c) Verleihung des Verwundetenabzeichens in Gold am 14. April 1943 in Afrika
d) Sterbeurkunde für den am „20. Juli 1944 Stunde unbekannt" verstorbenen Oberst Klaus Schenk Graf von Stauffenberg.
Landesarchiv Baden-Württemberg, Staatsarchiv Sigmaringen, Dep. 38 T 4 Nr. 376

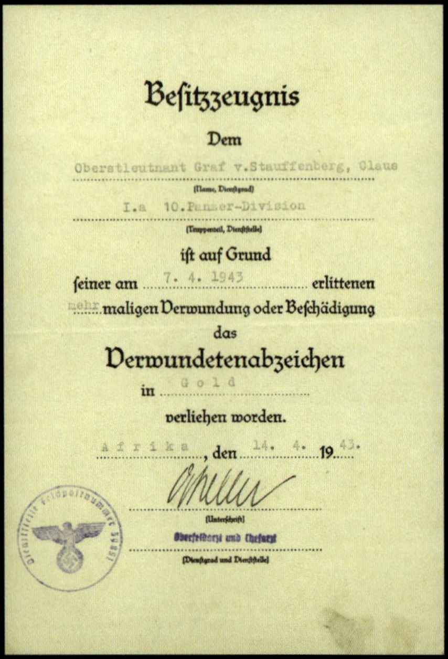

Die vorliegenden Dokumente belegen, dass Claus Schenk Graf von Stauffenberg zunächst wie viele adlige Offiziere in der Wehrmacht Karriere machte. Sein Widerspruch zum Nazi-Regime, dem er diente, erfolgte spät mit der Wahrnehmung der unmenschlichen Gräueltaten, die zu decken er weder mit seiner Offiziersehre noch mit seiner Adelsehre vereinbaren konnte. So wurde Graf Stauffenberg zu einem der Märtyrer des 20. Juli 1944. Es darf aber nicht übersehen werden, dass gerade dieser Widerstandsbewegung zahlreiche weitere Offiziere angehörten, nicht zuletzt sein Bruder Berthold.

Sterbeurkunde

G 1

(Standesamt Bamberg Nr. 989/1951.)

Der Oberst Klaus Philipp Maria Schenk Graf von Stauffenberg, römisch-katholisch,

wohnhaft in Bamberg, Schützenstraße 20,

ist am 20. Juli 1944 Stunde unbekannt um Uhr Minuten

in Berlin W 35, Bendlerstraße 14

verstorben.

Der Verstorbene war geboren am 15. November 1907 in Jettingen, Kreis Günzburg,

(Standesamt daselbst Nr. 65/1907)

Vater: Alfred Schenk Graf von Stauffenberg,

Mutter: Karoline Schenk Gräfin von Stauffenberg, geborene Gräfin Üxküll-Gyllenband.

Der Verstorbene war ‑ nicht ‑ verheiratet mit Nina Magdalena Elisabeth Vera Lydia Herta Schenk Gräfin von Stauffenberg, geborenen Freiin von Lerchenfeld, wohnhaft in Lautlingen, Kreis Balingen.

Bamberg, den 14. November 1951.

Der Standesbeamte
In Vertretung

Gebührenfrei.

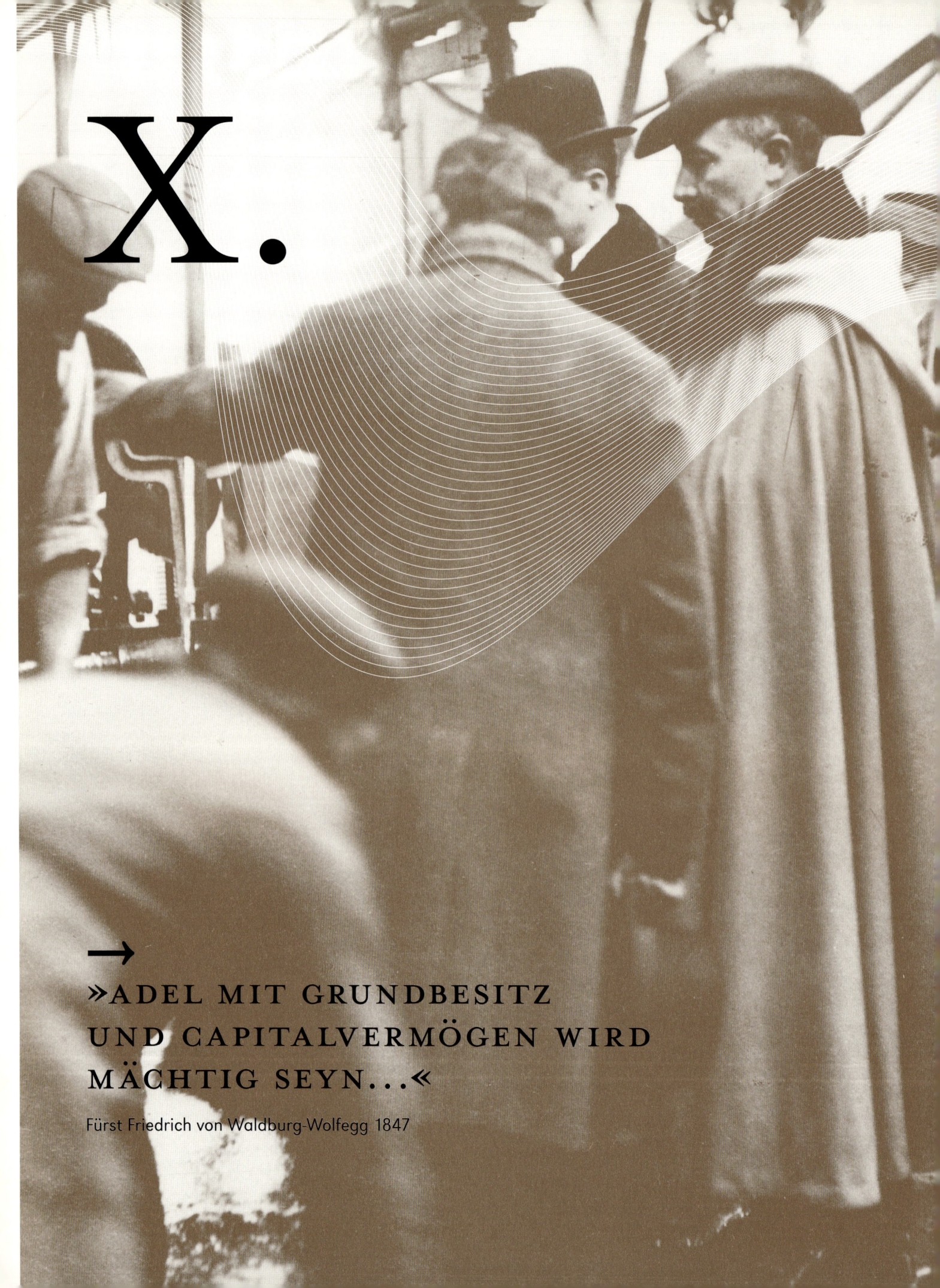

X.

→
»ADEL MIT GRUNDBESITZ
UND CAPITALVERMÖGEN WIRD
MÄCHTIG SEYN...«

Fürst Friedrich von Waldburg-Wolfegg 1847

Vom Feudalherrn zum Unternehmer

DIE MEDIATISIERUNG, die Ablösung der Feudallasten und die beginnende Industrialisierung bedeuteten für die Transformation der adeligen Ökonomie eine enorme Herausforderung – zugleich aber auch eine neue Chance. Hatte der Adel den Wegfall der Grundrenten und anderer feudaler Einkünfte als Bedrohung erfahren, so begriff er die hohen Ablösesummen, die seit den 30er Jahren aus der Bauernbefreiung resultierten, doch rasch als Möglichkeit für Investitionen. Bezeichnenderweise floss ein Großteil dieser Summen in Wald- und Grundbesitz, so dass die großen adligen Latifundien teilweise erst in diesen Jahrzehnten entstanden. Die Standesherrschaft Fürstenberg beispielsweise steigerte ihren Waldbesitz in der Zeit zwischen 1830 und 1918 von ca. 23.000 ha auf 42.000 ha. Die kleineren Häuser investierten überwiegend in Wald und Landwirtschaft, nur in geringem Maße in Industriebeteiligungen, und dann auch eher in Unternehmungen kleineren Maßstabs (Brauereien, Ziegeleien, Glasbläsereien, Papierfabriken, Holzwerke). Die ehemaligen reichsritterschaftlichen Familien, die vor 1806 ihr Einkommen aus Grundrenten und Dienstgeldern im Reichs- und Landesdienst bestritten hatten, versuchten nun ihre Existenz durch rationell betriebene Eigenwirtschaft auf ihren Domänen und Wäldern und zusätzlich durch Positionen in der freien Wirtschaft zu sichern. Montanwirtschaftliche Unternehmungen finden sich nur bei den Häusern Fürstenberg und Hohenzollern, deren Erfahrungen in diesem Bereich Jahrhunderte zurückreichen. Eine zukunftweisende Industriegründung gelang dem Grafen Zeppelin mit seinem Friedrichshafener Luftschiffbau. Zeppelin, der sein Unternehmen in den ersten Jahren im patriarchalen Stil eines Standesherrn führte, verstand es geschickt, seinen adligen Namen zum Markenzeichen eines Industrieprodukts zu machen. Einen anderen bemerkenswerten Wirtschaftszweig entdeckte das Haus Waldburg mit seinem Engagement im Klinikbetrieb, in dem sich auch die karitative Tradition des Adels wieder spiegelt. Nicht zu vergessen ist schließlich bei einigen Adelshäusern wie Württemberg, Baden, Hohenzollern und Fürstenberg das Engagement im Kultur- und Tourismusbereich, in dem adlige Geschichte, Kultur und Tradition als Gegenstand kommerzieller Vermarktung verstanden werden. Die Kehrseite dieser Medaille ist allerdings, dass in den vergangenen Jahrzehnten durch die Kapitalisierung des Kulturbegriffs Kulturgut immer wieder zur veräußerlichen Manövriermasse im Wirtschaftsbetrieb „Adelshaus" geworden ist.

X.1
Atlas der auf den Fürstlich Fürstenbergischen Eisenwerken in den Jahren 1830 bis 1840 neuerbauten Maschinen und Apparate

43,5 x 57 cm
Fürstlich Fürstenbergische
Sammlungen Donaueschingen

Das Haus Fürstenberg hatte seit dem 16. Jahrhundert Erfahrung mit der Montanindustrie. Der Eintritt ins Zeitalter der Industrialisierung vollzog sich in der ersten Hälfte des 19. Jahrhunderts. Die Standesherrschaft Fürstenberg hatte nach der Mediatisierung das Berg- und Salinenrecht bewahren können. Die verschiedenen Hüttenwerke in Bachzimmern, Kriegertal und Hammereisenbach bildeten die Fürstenbergischen Eisenwerke, die im Jahr 1830 mit 36 Arbeitern unter der Führung von zwei Beamten jährlich 170.000 Gulden erzielten.
Den entscheidenden Impuls erhielten die Eisenwerke nach dem Eintritt des Hüttenverwalters Ferdinand Steinbeis in fürstenbergische Dienste 1830. Nach nur 12 Jahren hatte Steinbeis die verschiedenen Betriebe auf den neuesten Stand der Technik gebracht. Allerdings kollidierte sein innovativer Stil mit dem schwerfälligen Verwaltungssystem, was zum Bruch führte: „Die bürokratischen Instanzengänge der fürstlichen Domänenverwaltung gewährleisten für einen Industriebetrieb nicht die erforderliche Beweglichkeit." Dennoch arbeiteten die Betriebe um die Mitte des 19. Jahrhunderts unter dem Schutz von Schutzzöllen erfolgreich weiter. Erst die Krise der 60er Jahre führte zur Schließung aller Werke, was 1500 Arbeiter freisetzte.

LIT.: Worring 1954; Eltz 1980, 122-130.

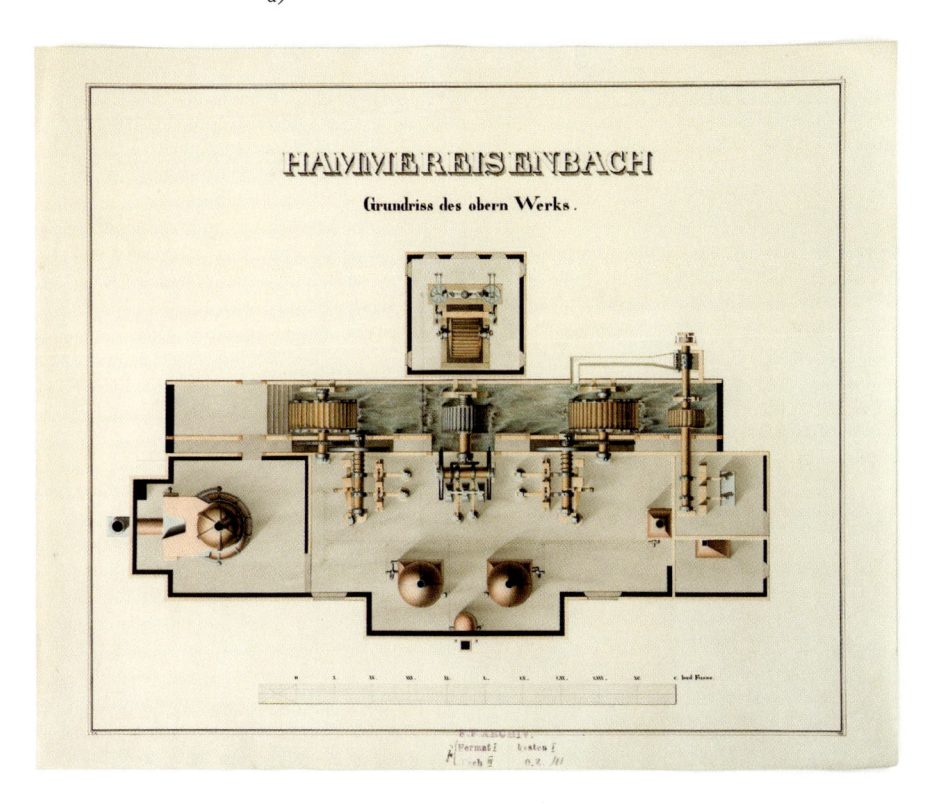

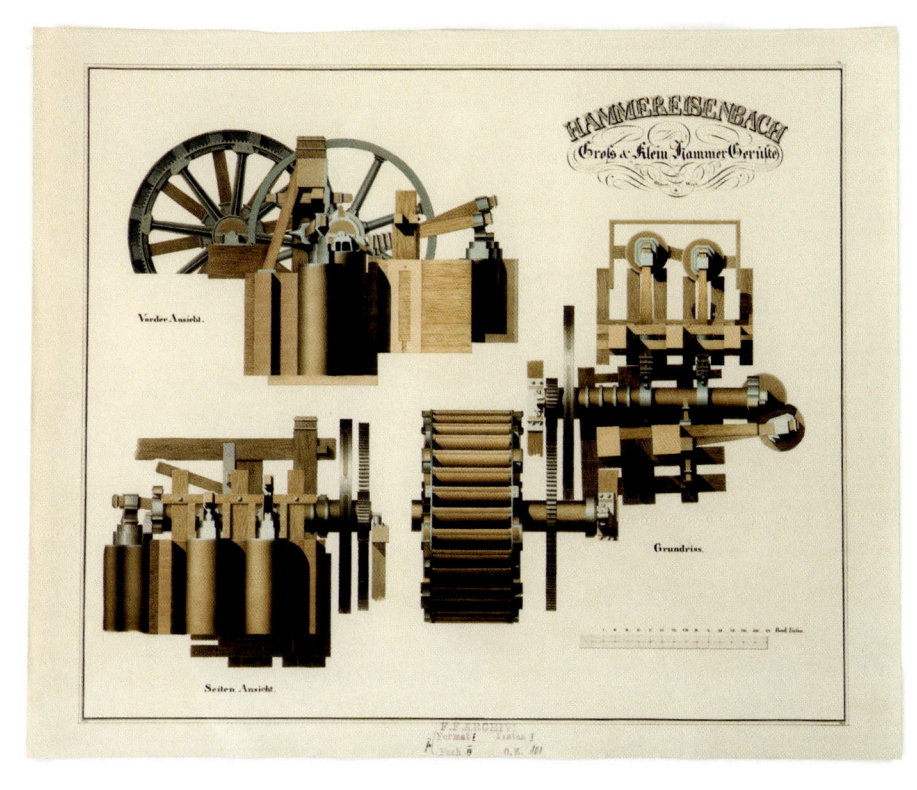

X.2
Hüttenwerk Hammereisenbach

Technische Zeichnungen um 1840
a) *Grundriss des oberen Werks*
   55,5 x 45,5 cm
b) *Groß und Klein Hammer Gerüste*
   45,5 x 56 cm
Fürstlich Fürstenbergische Sammlungen Donaueschingen

LIT.: Worring 1954; Eltz 1980, 122-130.

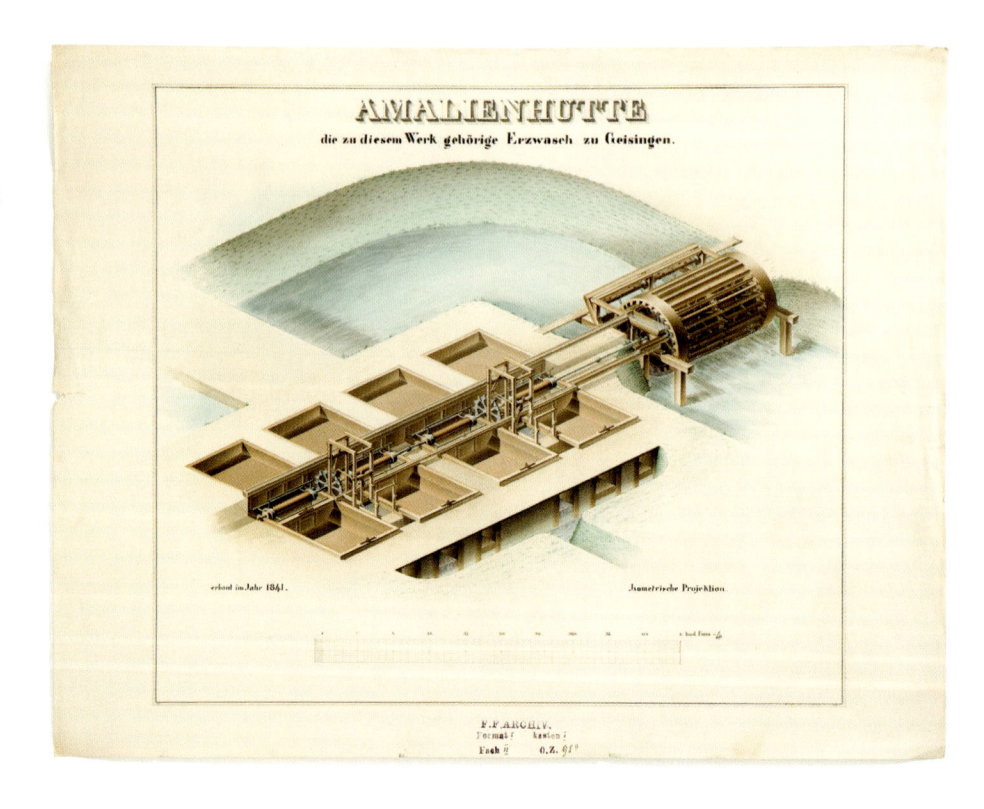

a)

276

c)

X. VOM FEUDALHERRN ZUM UNTERNEHMER

b)

d)

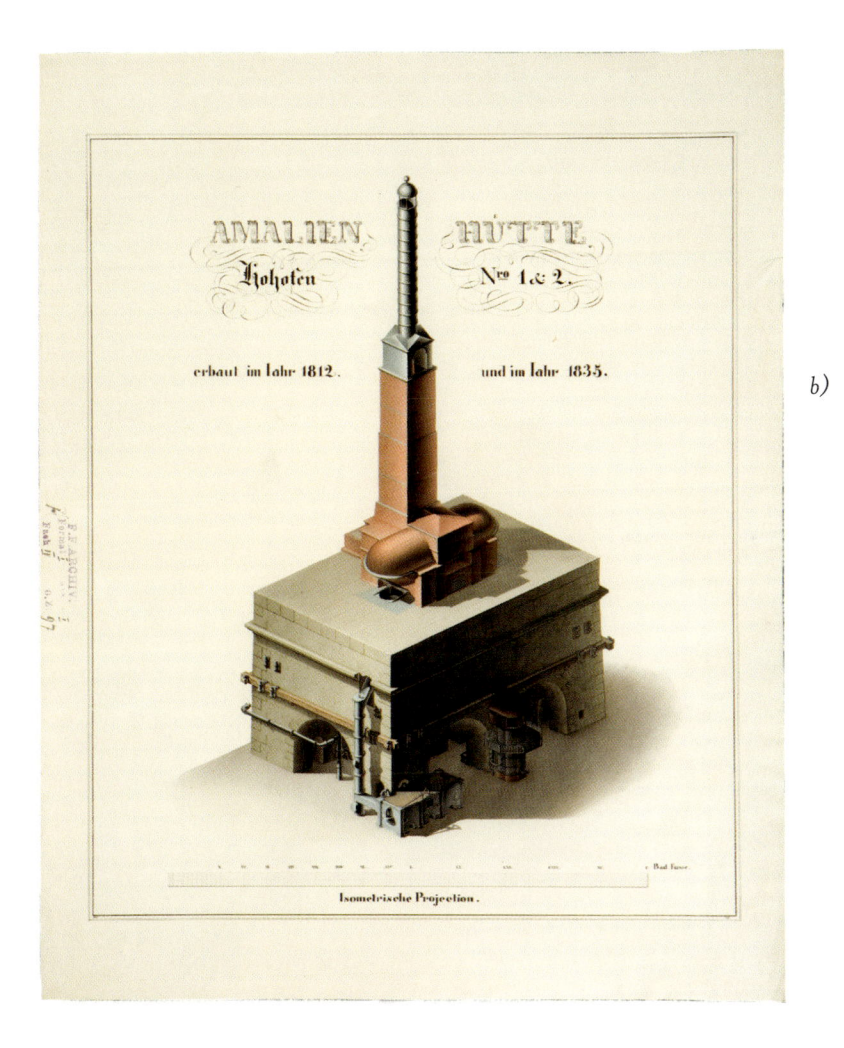

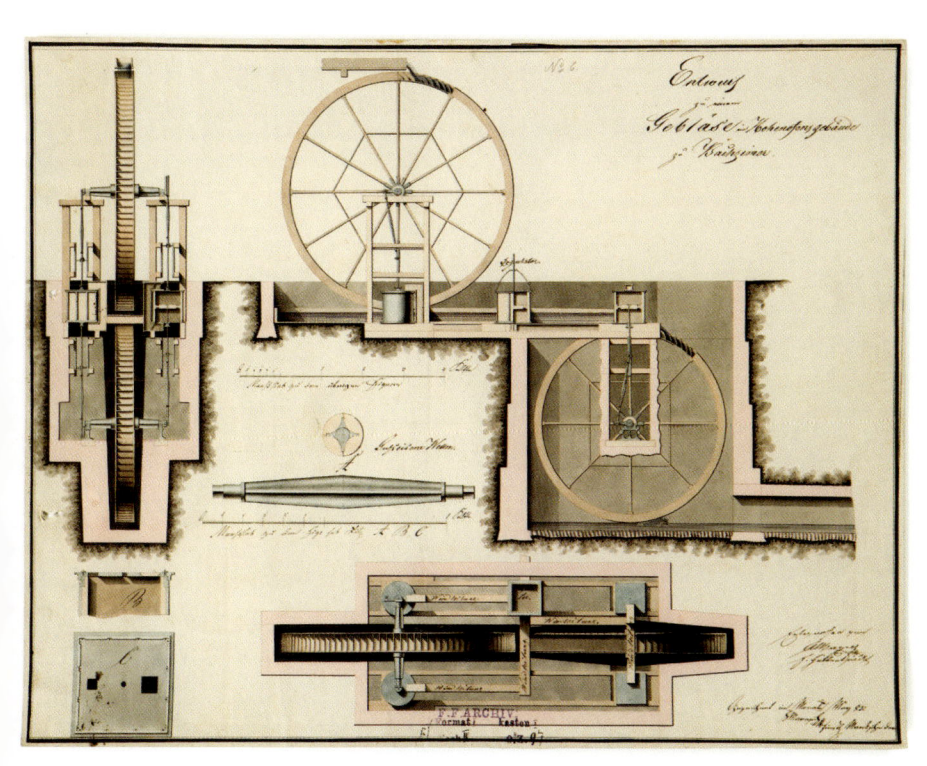

X.3
**Amalienhütte Bachzimmern
Technische Zeichnungen 1841**

a) *Situationsplan*
   46 x 58 cm
b) *Hochofen*
   58 x 47 cm
c) *Erzwaschanlage Geisingen*
   47,5 x 61 cm
d) *Zylindergebläse*
   57 x 46,5 cm
*Fürstliche Fürstenbergische
Sammlungen Donaueschingen*

Die hochwertigen technischen Zeichnungen aus der Ära von Ferdinand Steinbeis tragen beinahe schon den Charakter von Kunstwerken und vermitteln einen anschaulichen Eindruck von der Modernität der fürstenbergischen Eisenwerke zu dieser frühen Zeit um 1840. Dieser technische Fortschritt war gepaart mit einem Traditionsbewusstsein, das versuchte, die Technik hinter der Fassade feudaler schlossartiger Bauwerke zu verstecken, wie dies der Situationsplan der Amalienhütte Bachzimmern verdeutlicht.

LIT.: Worring 1954; Eltz 1980, 122-130.

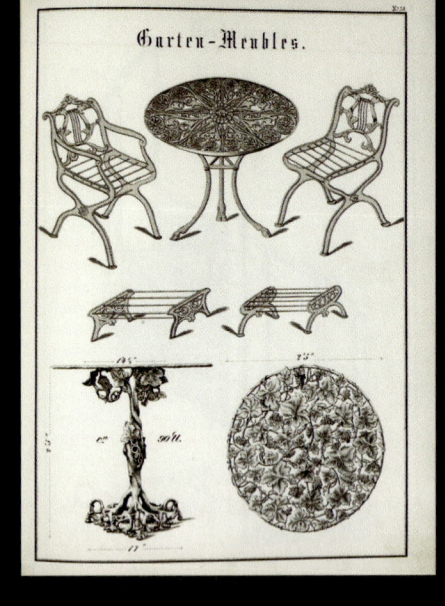

X.4
Katalog
„Die Gusswaren der Fürstlich Fürstenbergischen Eisenwerke"

1842
Druck
25,7 x 19,3 cm
Fürstlich Fürstenbergische Sammlungen Donaueschingen

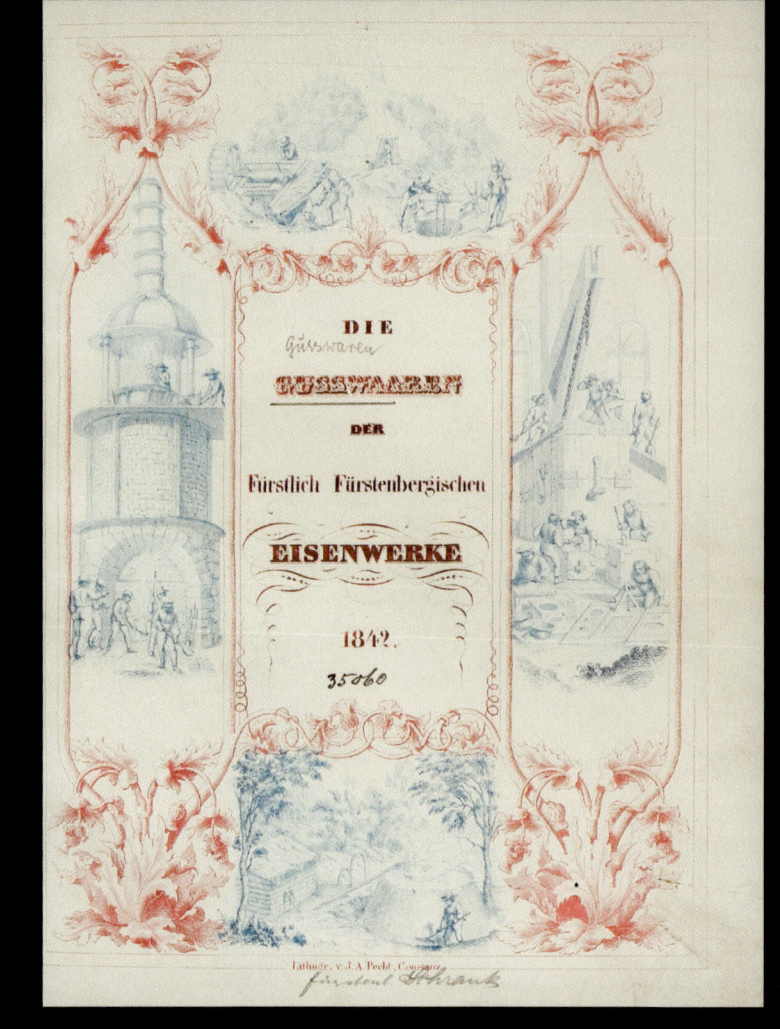

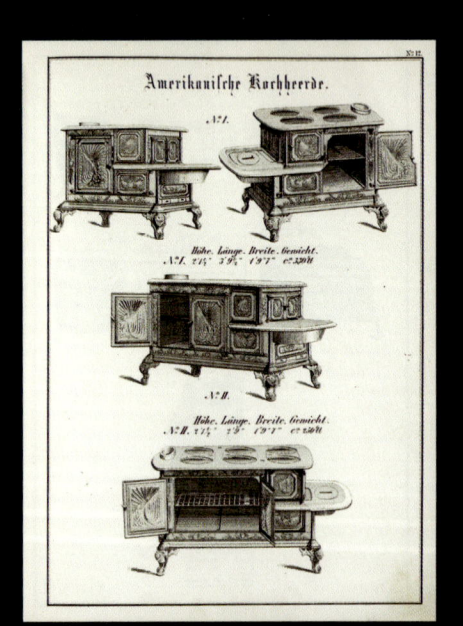

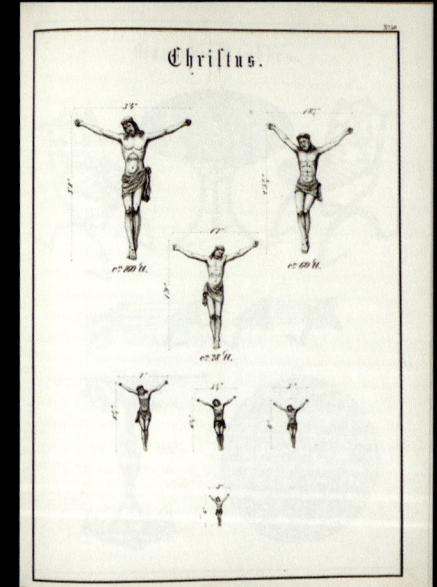

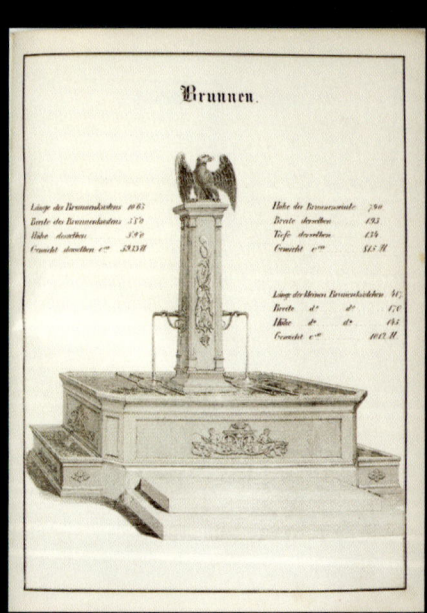

X. VOM FEUDALHERRN ZUM UNTERNEHMER

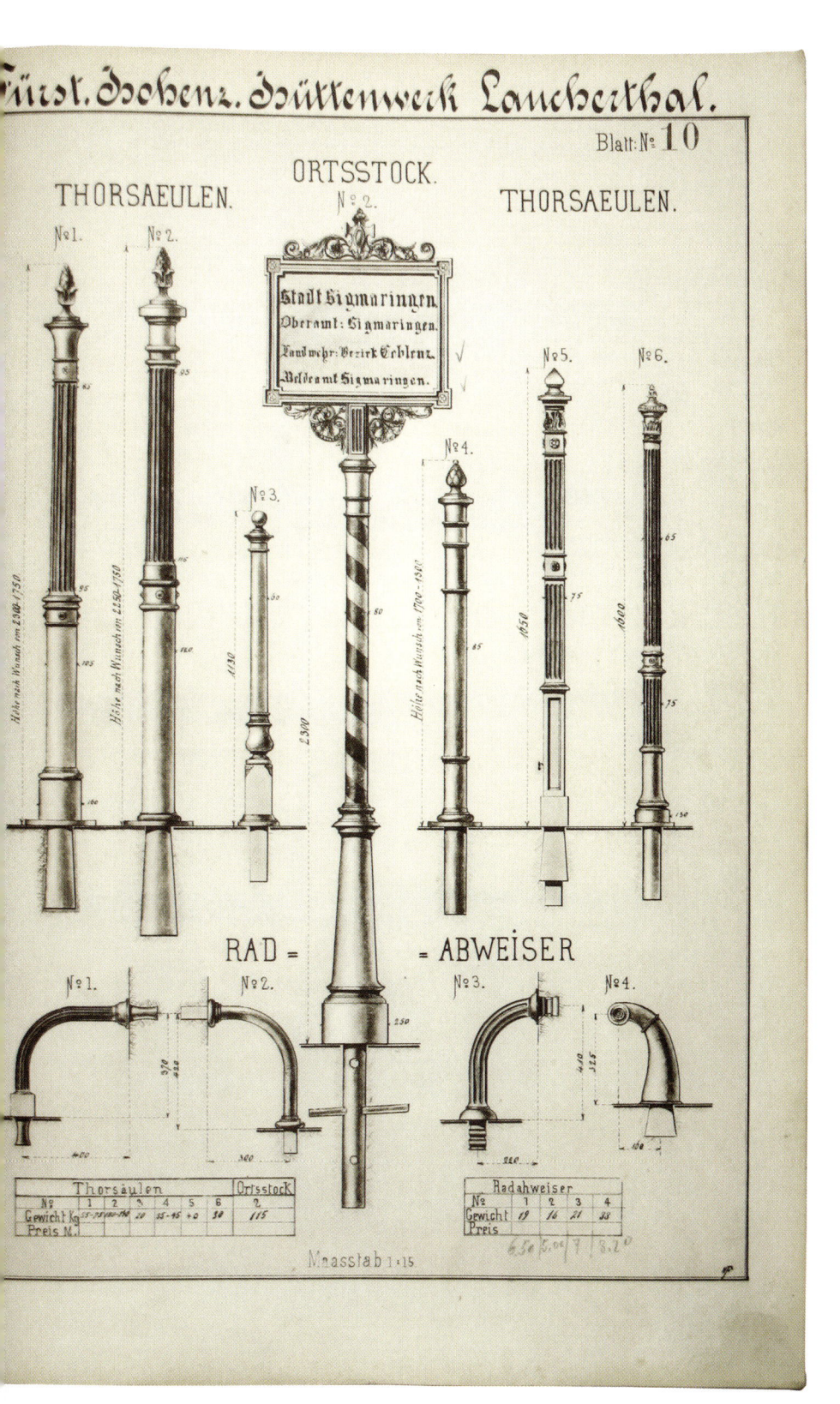

X.5
Musterbuch Fürstlich Hohenzollernsches Hüttenwerk Laucherthal

Druck [1901]
32,2 x 22 cm
Landesarchiv Baden-Württemberg,
Staatsarchiv Sigmaringen,
FAS DS 179 T 2 Nr. 3

Das Hüttenwerk Laucherthal wurde 1708 von Fürst Meinrad II. von Hohenzollern-Sigmaringen gegründet. In der ersten Hälfte des 19. Jahrhunderts nahm die Hütte ihren eigentlichen Aufschwung von einer einfachen Bohnerzhütte zum rentablen Industriebetrieb. Verantwortlich für diese Entwicklung war der Bergwerksverwalter Maximilian Haller, der von 1813 bis 1850 für das Werk verantwortlich war. Während der Betrieb in den folgenden Jahren auf hohem Niveau weiter arbeitete, bedeuteten die Reichsgründung von 1871 und der Börsencrash von 1873 einen schweren Rückschlag, weil nun plötzlich die günstigeren lothringischen Eisenwaren den Markt überschwemmten. Erst 1883 wurde die Krise überwunden, nicht zuletzt durch Erweiterung der Produktpalette auf Eisenguss, durch Errichtung eines Turbinen-Elektrizitätswerks und durch Zukauf anderer Betriebe. So erwarb Laucherthal im Jahr 1900 die Fürstlich Fürstenbergische Maschinenfabrik Immendingen, die allerdings schon 1916 wieder veräußert wurde. Das Hüttenwerk Laucherthal entwickelte sich nach dem Ersten Weltkrieg fort durch Erzeugung von Qualitätsstahl und Gleitlager. Es besteht bis heute, 300 Jahre nach der Gründung, unter dem Namen Fürstlich Hohenzollernsche Werke Laucherthal GmbH und Co. Das vorliegende Musterbuch zeigt Teile der Produktpalette an Gusswaren um 1900.

C.B.

LIT.: Dehner 1908; Maier 1958; Grees 1996, 331.

280

a) Fürstlich Fürstenbergische Brauerei, Donaueschingen. Aktien-Gesellschaft.

b)

c)

X. VOM FEUDALHERRN ZUM UNTERNEHMER

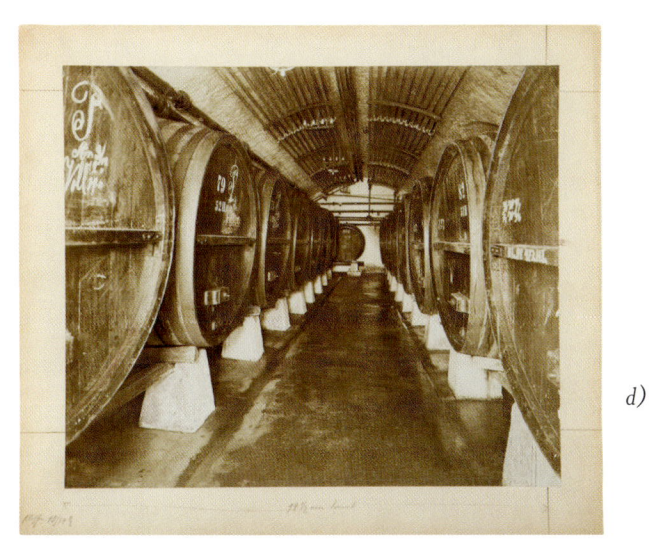

X.6
Fürstlich Fürstenbergische Brauerei Donaueschingen

*a) Ansicht der Brauereianlage
   Lithographie
   Anfang 20. Jahrhundert
   65 x 115 cm*
*b) Werbeplakat der Fürstlich
   Fürstenbergischen Brauerei mit
   Neujahrwünschen 1905*
*c) Werbeplakat der Fürstlich
   Fürstenbergischen Brauerei ca. 1920*
d) Lagerkeller, Fotografie 1905
*e) Neue Kühlanlage mit Dampf-
   maschine, Fotografie 1905*
*f) Kaiser Wilhelm II. besucht die
   Fürstlich Fürstenbergische Brauerei
   Fotografie 1905*
*Fürstlich Fürstenbergische Sammlungen
Donaueschingen*

In Donaueschingen bestand seit dem 16. Jahrhundert ein gräflich fürstenbergisches Brauhaus. Nach Unterbrechungen im 17. und beginnenden 18. Jahrhundert gibt es eine ununterbrochene Brautradition, seit 1739 in einem Neubau am heutigen Standort. Im 19. Jahrhundert nahm die Brauerei ihren eigentlichen Aufstieg, 1871 galt die Fürstenberg-Brauerei als größte im Großherzogtum Baden. 1894 wurden zwei neue Dampfkessel installiert, damals kehrte auch die Elektrizität ein. Seither besteht die künstliche Kellerkühlung. Zu Beginn des 20. Jahrhunderts wurde durch verschiedene Betriebsneubauten die Brauerei modernisiert. 1905 stattete Kaiser Wilhelm II. der Fürstenberg-Brauerei einen Besuch ab. Die Erfolgsgeschichte der fürstlichen Brauerei setzte sich im 20. Jahrhundert fort. In den 90-er Jahren erreichte die Bierproduktion die Millionen-Hektoliter-Grenze. Erst in jüngster Zeit wurde die Brauerei abgestoßen.

LIT.: Tumbült 1905; Schnetzer 1954; Hohloch 1994.

X.7
Modell der Quadtschen Schlossbrauerei

Hägele & Mayer, Ulm
Um 1904
Pappe auf Holz, Papier auf Gips, genagelt und geklebt
74 x 30 x 41,5 cm
Privatbesitz

Die Fürstlich Quadtsche Schlossbrauerei ging auf die ehemalige Klosterbrauerei Isny zurück. Archivmaterial zum Brauereibetrieb ist zu den Jahren 1857 bis 1923 überliefert. Das Modell entstand im Zusammenhang mit der Planung für einen Neubau der Schlossbrauerei im Jahr 1904. Nach der Familienüberlieferung wurde der Betrieb von der ortsansässigen Brauerei Stolz Anfang der 30er Jahre des 20. Jahrhunderts im Rahmen eines Pachtvertrags übernommen. Stolz bezog nach dem 2. Weltkrieg ein eigenes Gebäude, seither stand die Schlossbrauerei leer. Die Gebäude wurden 2001 abgerissen. G.A.

LIT.: Unveröffentlicht.

X. VOM FEUDALHERRN ZUM UNTERNEHMER

X.8
**Emailleschild
„Fürstl. Quadt-Isny'sche Schlossbrauerei Isny"**

Boos & Hahn, Plakatfabrik Ortenberg (Baden)
Um 1920
Eisenblech, emailliert
32,5 x 49 cm
Privatbesitz

Das schwarzgrundige, gewölbte Schild zeigt noch den Namen der Fürstlichen Brauerei mit dem Quadt'schen Wappen. Nach Übernahme der Fürstlichen Schlossbrauerei durch die Brauerei Stolz wurde die Biermarke unter dem Namen „Isnyer Schlossbräu" weiter geführt. G.A.

LIT.: Unveröffentlicht.

X.9
**Bierflasche
der Brauerei Stolz, Isny**

Grünes Glas mit Bügelverschluß
28 cm hoch
Privatbesitz

283

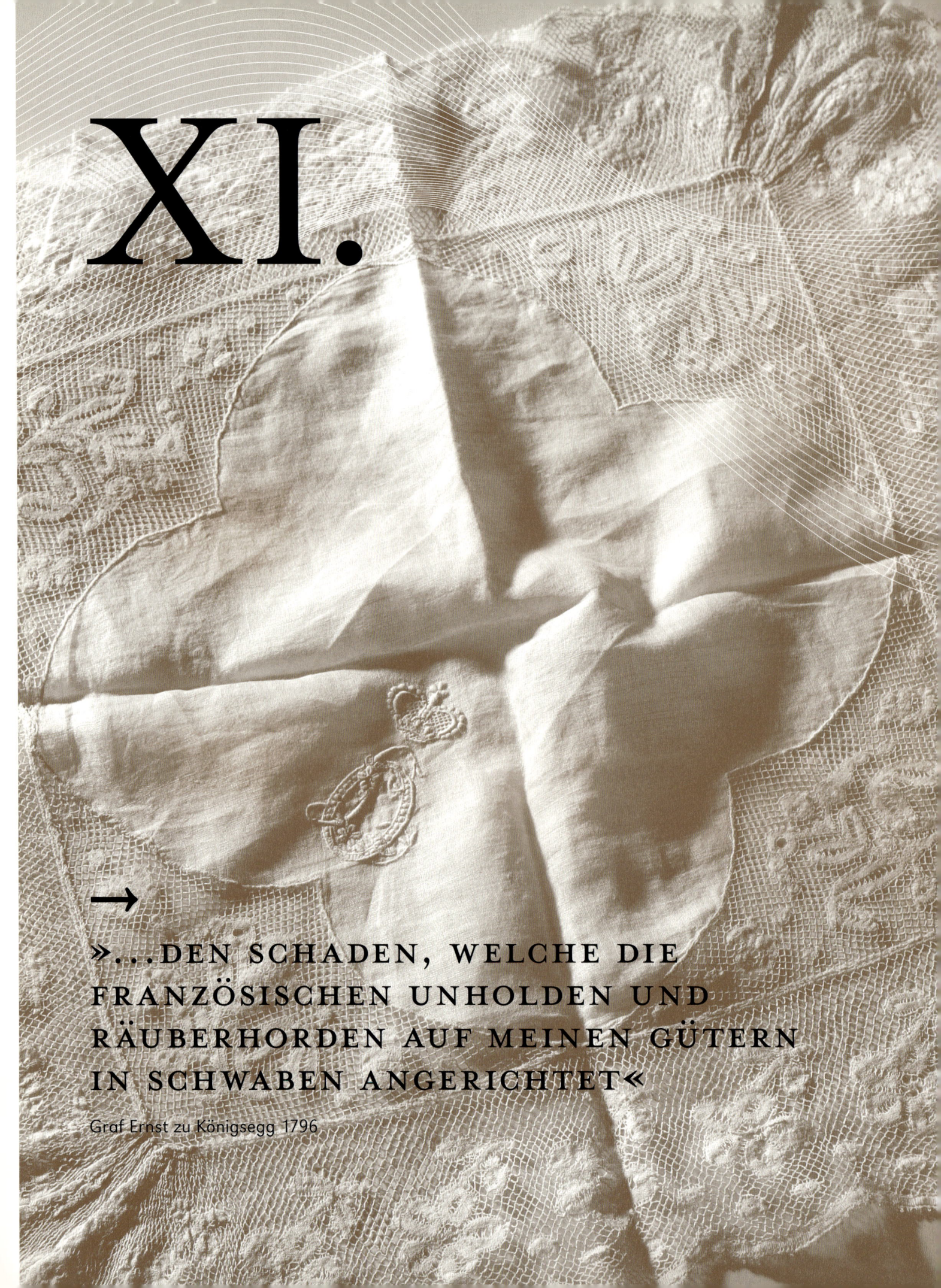

XI.

→

»...DEN SCHADEN, WELCHE DIE
FRANZÖSISCHEN UNHOLDEN UND
RÄUBERHORDEN AUF MEINEN GÜTERN
IN SCHWABEN ANGERICHTET«

Graf Ernst zu Königsegg 1796

Alte und neue Grafenhäuser: Königsegg und Quadt

FAST ALLE in der Ausstellung behandelten Adelshäuser gehören dem schwäbischen „Uradel" an, der sich seit dem 12. oder 13. Jahrhundert in diesem Raum nachweisen lässt, so die Fürsten von Fürstenberg und von Hohenzollern oder die Grafen von Waldburg und von Königsegg. Die Napoleonische Entschädigungspolitik, die sich aus dem Frieden von Lunéville ergab, führte im Jahr 1803 eine Reihe rheinischer Adelshäuser nach Oberschwaben, so die Grafen von Metternich, die mit Kloster Ochsenhausen, die Grafen von Waldbott Bassenheim, die mit der Reichsabtei Heggbach, und die Grafen von Quadt-Wykradt, die mit Reichsabtei und Stadt Isny für Verluste links des Rheins entschädigt wurden.

ALTER HEIMISCHER ADEL: DIE GRAFEN ZU KÖNIGSEGG

DIE GRAFEN ZU KÖNIGSEGG gehen auf ein seit 1239 fassbares welfisch-staufisches Ministerialengeschlecht zurück. Stammsitz war die Burg Königsegg (Gemeinde Guggenhausen, RV). Spätere Wohnsitze waren die Schlösser Königseggwald und Aulendorf. Im 14. Jahrhundert zweigte die preußische Linie ab, die bis heute blüht. Ebenfalls im 14. Jahrhundert teilte sich der oberschwäbische Stamm in die Linien Rothenfels und Aulendorf.

1621 wurde der Reichsfreiherrenstand bestätigt, 1629 erfolgte die Erhebung in den Reichsgrafenstand. Die Familie lehnte sich traditionell eng an die Habsburger an, ihre Familienoberhäupter waren mit der Landvogtei Schwaben belehnt. Der Landvogt Franz Maximilian Euseb (1669-1710) und Franz Xaver Euseb zu Königsegg (1787-1863) heirateten in den österreichisch-ungarischen Adel ein, was der Familie wertvolle Besitzungen in Ungarn zuführte. Hermann Friedrich zu Königsegg (1723-1786) ließ 1767-1775 das Schloss Königseggwald errichten.

Die historische Wende von 1803/06 erlebten der Generalmajor Alexander Euseb (1734-1807) und sein Neffe Ernst (1755-1803) als Befehlshaber schwäbischer Truppen sehr nahe mit. Ernst kam am Ende seines Lebens als Landvogt noch mit der Säkularisierung oberschwäbischer Klöster in Berührung, erlebte aber durch seinen frühen Tod die Mediatisierung seines Hauses nicht mehr.

Die Ausrichtung nach Österreich machte die Mediatisierung der Herrschaft Königsegg-Aulendorf durch Württemberg 1806 besonders schmerzlich. Franz Xaver Euseb und Gustav zu Königsegg (1831-1882) schwankten zwischen einem Arrangement mit Württemberg und einer dauerhaften Auswanderung auf die ungarischen Güter (Pruskau). Die Familie blieb bis 1918 in Württemberg immatrikuliert. Ein Vertrag mit dem württembergischen Staat kam 1828 zustande, 1832 verzichtete Königsegg auf die Patrimonial-Gerichtsbarkeit. Die Chefs des Hauses nahmen den Sitz in der Adelskammer ungern wahr. Sie residierten überwiegend in Ungarn und errichteten 1904 zudem ein Palais in München.

Gegen Ende der Monarchie wurde der Stand der deutschen Gutsbesitzer in Ungarn wegen nationalistischer Töne schwieriger. Dem gegenüber besserte sich während des Ersten Weltkriegs das Verhältnis zum Haus Württemberg durch die persönlichen Beziehungen von Josef Erwin zu Königsegg zu Herzog Albrecht von Württemberg. Der Untergang der Monarchie 1918 nivellierte die Rangunterschiede der Adelshäuser zusätzlich.

1915 wurde das ungarische Pruskau veräußert. Die Familie Königsegg engagierte sich zunehmend in der heimischen Forstwirtschaft und beteiligte sich vorübergehend an Industrieprojekten (Papierfabrik Baienfurt, Allgäuer Holzindustrie). Die Königsegg hielten Distanz zu den Nationalsozialisten. Das Reichserbhof-Gesetz zwang die Familie allerdings mitten im Krieg 1941 im Rahmen einer Entschuldungsaktion das Schloss Aulendorf zu verkaufen. Die Familie residiert heute in Königseggwald.

LIT.: Boxler 2005.

XI.1
Schloss Aulendorf

Albert Kirchner (1813–1885)
1837
Öl auf Leinwand
80 x 120 cm
Privatbesitz

Schloss Aulendorf, hier von Süden her gesehen, war einer der Familiensitze der Grafen zu Königsegg. Die eigentliche Anlage geht im Kern auf das 12. Jahrhundert zurück. Umfangreiche Umbaumaßnahmen ab 1778 unter dem Architekten Michel d´Ixnard gaben der Anlage ihr heutiges Aussehen. Das Schloss wurde 1935 als Wohnsitz aufgegeben und 1941 verkauft. Das Gemälde stammt von dem sächsischen Maler Albert Kirchner, der 1832/33 in München wirkte. **G.A.**

LIT.: Thieme-Becker Bd. 20, 358 f.; Flad 1990; Boxler 2005, 807, 871 f., 893-904.

XI.2
Burg Königsegg

Unbekannter Künstler
3. Viertel 19. Jahrhundert
Aquarell
34 x 48 cm
Privatbesitz

Von der hochmittelalterlichen Anlage der Burg Königsegg ist nichts mehr erhalten. 1790 wurde der hohe viereckige Bergfried abgebrochen, das Material zum Bau der Domäne Watt verwendet. Durch diesen Eingriff verlor die Stamm-

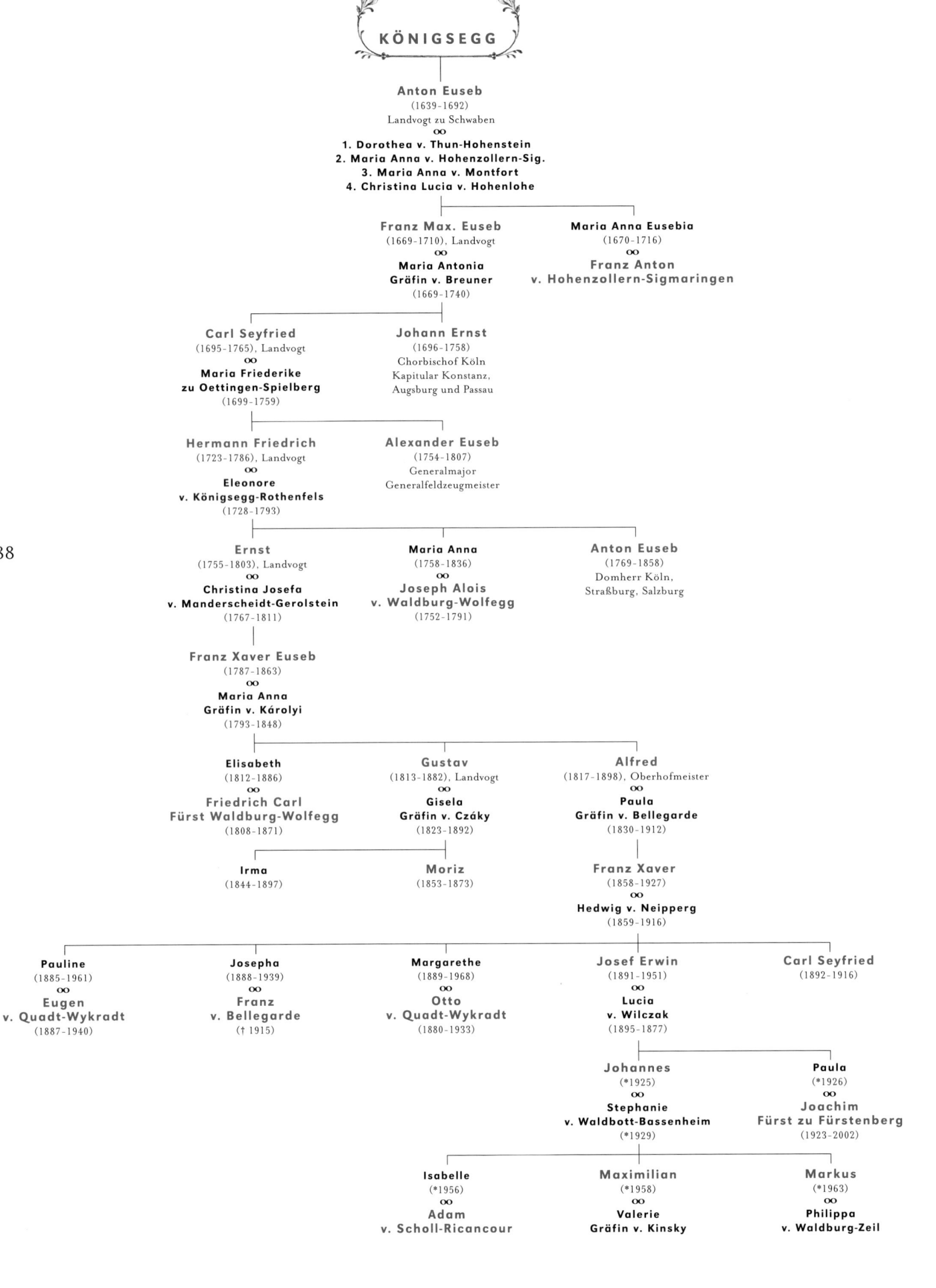

KÖNIGSEGG

Anton Euseb
(1639-1692)
Landvogt zu Schwaben
∞
1. Dorothea v. Thun-Hohenstein
2. Maria Anna v. Hohenzollern-Sig.
3. Maria Anna v. Montfort
4. Christina Lucia v. Hohenlohe

Franz Max. Euseb
(1669-1710), Landvogt
∞
Maria Antonia
Gräfin v. Breuner
(1669-1740)

Maria Anna Eusebia
(1670-1716)
∞
Franz Anton
v. Hohenzollern-Sigmaringen

Carl Seyfried
(1695-1765), Landvogt
∞
Maria Friederike
zu Oettingen-Spielberg
(1699-1759)

Johann Ernst
(1696-1758)
Chorbischof Köln
Kapitular Konstanz,
Augsburg und Passau

Hermann Friedrich
(1723-1786), Landvogt
∞
Eleonore
v. Königsegg-Rothenfels
(1728-1793)

Alexander Euseb
(1754-1807)
Generalmajor
Generalfeldzeugmeister

Ernst
(1755-1803), Landvogt
∞
Christina Josefa
v. Manderscheidt-Gerolstein
(1767-1811)

Maria Anna
(1758-1836)
∞
Joseph Alois
v. Waldburg-Wolfegg
(1752-1791)

Anton Euseb
(1769-1858)
Domherr Köln,
Straßburg, Salzburg

Franz Xaver Euseb
(1787-1863)
∞
Maria Anna
Gräfin v. Károlyi
(1793-1848)

Elisabeth
(1812-1886)
∞
Friedrich Carl
Fürst Waldburg-Wolfegg
(1808-1871)

Gustav
(1813-1882), Landvogt
∞
Gisela
Gräfin v. Czáky
(1823-1892)

Alfred
(1817-1898), Oberhofmeister
∞
Paula
Gräfin v. Bellegarde
(1830-1912)

Irma
(1844-1897)

Moriz
(1853-1873)

Franz Xaver
(1858-1927)
∞
Hedwig v. Neipperg
(1859-1916)

Pauline
(1885-1961)
∞
Eugen
v. Quadt-Wykradt
(1887-1940)

Josepha
(1888-1939)
∞
Franz
v. Bellegarde
(† 1915)

Margarethe
(1889-1968)
∞
Otto
v. Quadt-Wykradt
(1880-1933)

Josef Erwin
(1891-1951)
∞
Lucia
v. Wilczak
(1895-1877)

Carl Seyfried
(1892-1916)

Johannes
(*1925)
∞
Stephanie
v. Waldbott-Bassenheim
(*1929)

Paula
(*1926)
∞
Joachim
Fürst zu Fürstenberg
(1923-2002)

Isabelle
(*1956)
∞
Adam
v. Scholl-Ricancour

Maximilian
(*1958)
∞
Valerie
Gräfin v. Kinsky

Markus
(*1963)
∞
Philippa
v. Waldburg-Zeil

XI.3
Gräfin Maria Christina Josepha von Manderscheidt-Blankenheim (1767-1811) **mit den Söhnen Josef Hermann** (1785-1799) **und Franz Josef Euseb** (1787-1863)

Unbekannter Künstler
Undatiert (ca. 1790)
Öl auf Leinwand
61 x 67 cm
Privatbesitz

Das Ölgemälde verdient in verschiedener Hinsicht Aufmerksamkeit: Zunächst einmal weil hier, was selten geschieht, Kinder wirklich als Kinder (und nicht etwa als "kleine Erwachsene") dargestellt sind. Sie bilden mit ihrem Spielgefährten, dem Hund, in der Bildkomposition den zweiten Schwerpunkt neben der Mutter, die in ihrem schönen blauen Kleid an einem Tischchen sitzend die linke Bildhälfte dominiert. Bei dem intimen familiären Charakter des Bildes fällt allerdings auf, dass der Vater, Graf Ernst zu Königsegg (1755-1803; vgl. Kat. Nr. II.11), fehlt. Dieses Fehlen ist vielleicht kein Zufall, denn die Ehe des Grafen Ernst mit Maria Christina war alles andere als glücklich. Das Bild beleuchtet insofern ein adliges Frauenleben in napoleonischer Zeit. Maria Christina Josepha war Erbgräfin – ihr sollten die drei in der Eifel gelegenen Grafschaften Blankenheim, Gerolstein und Manderscheid zufallen. Sie wurde 1783, noch nicht sechzehnjährig, mit dem Grafen Ernst zu Königsegg-Aulendorf verehelicht, mit dem sie allerdings so nahe verwandt war, dass die Ehe einen päpstlichen Dispens benötigte. Sie gebar in den folgenden Jahren drei Söhne, wovon der erste, frühgeborene noch am Tag seiner Geburt starb (26.2.1784) – die Mutter ist gerade sechzehn Jahre alt – und der zweite das 14. Lebensjahr nicht erreichen sollte. Überlebt hat der nachmals bedeutende Graf Franz Xaver (1787-1863; vgl. Kat. Nr. IV.13). Die Eltern hatten sich über diesen Schicksalsschlägen auseinander gelebt. Maria Christina flüchtete sich ins gesellschaftliche Leben, während Europa vom revolutionären Furor der französischen Armeen heimgesucht wurde. Im Jahr des Reichsdeputationshauptschlusses 1803 starb Graf Ernst zu Königsegg, die junge Witwe führte das Regiment für ihren Sohn Franz Xaver, der, als die Mutter 40-jährig starb, 1811 die nunmehrige Königseggsche Standesherrschaft antrat. **C.B.**

LIT.: Boxler 2005, 758-760, 769-771.

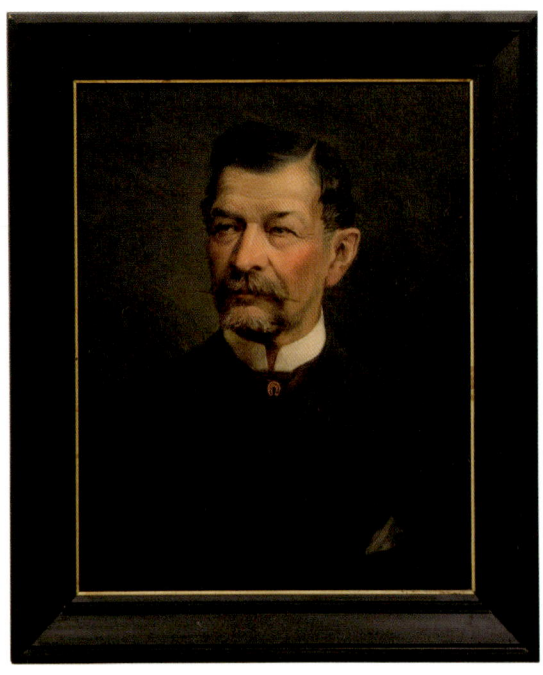

XI.4
Gräfin Elisabeth zu Königsegg-Aulendorf
(1812–1886)

Unbekannter Künstler
Nach 1832
Kupferstich
36 x 29 cm
Privatbesitz

Maria Elisabeth, das älteste von neun Kindern des Franz Xaver Euseb und seiner Gemahlin Maria Anna Gräfin von Károly, wurde in Ungarn geboren und heiratete 1832 Friedrich Carl Joseph Erbgraf von Waldburg-Wolfegg-Waldsee. Die Hochzeitsfeierlichkeiten sind detailliert überliefert und auch in einer Zeichnung festgehalten worden (vgl. Kat. Nr. VII.16). Mehrtägige Feiern im Oktober 1832 in Aulendorf machten die Hochzeit zu einem lokalen Großereignis, bevor man am 13. Oktober nach Wolfegg reiste, wo das Paar mit Triumphpforten und Transparenten empfangen wurde. Im Hoftheater zu Wolfegg wurden Gedichte zur Vermählungsfeier vorgetragen. Diese Hochzeit zwischen den beiden benachbarten Adelsfamilien belegt schlaglichtartig die enge Verbundenheit der ehemaligen Untertanen mit „ihrer" Herrschaft noch in standesherrlicher Zeit. **C.B.**

LIT.: Mayer 2004; Boxler, 2005, 813-815.

XI.5
Graf Alfred zu Königsegg-Aulendorf
(1817–1898)

Unbekannter Künstler
Ohne Datierung
Öl auf Leinwand
58 x 48 cm
Privatbesitz

1817 in Aulendorf geboren, zog Graf Alfred zu Königsegg 1826 mit seinen Eltern auf die Königseggschen Güter im ungarischen Pruska. Er verbrachte den größeren Teil seines Lebens in Österreich-Ungarn und vertiefte die Beziehungen der Familie Königsegg zum k.k. Adel 1857 durch seine Ehe mit Pauline Gräfin von Bellegarde. Graf Alfred durchlief eine glänzende militärische Karriere und wurde mit allen bedeutenden österreichischen Auszeichnungen dekoriert. Durch den Tod seines Bruders Gustav (1813-1882), dessen Sohn Moriz früh verstorben war, trat Alfred das Erbe der oberschwäbischen Güter an. Er gehörte offiziell von 1883 bis 1889 dem württembergischen Landtag an, ist aber nie persönlich in Stuttgart erschienen. Graf Alfred ist 1898 in Wien gestorben, er wurde aber in der Familiengruft in Aulendorf beigesetzt. **C.B.**

LIT.: Boxler, 2005, 839-844.

XI.6
Graf Franz Xaver zu Königsegg-Aulendorf
(1858–1927)

Unbekannter Künstler
Ohne Datierung
Öl auf Leinwand
33 x 25 cm
Privatbesitz

Franz Xaver wurde 1858 in Wien geboren, wo sein Vater Oberstleutnant des k.k. 7. Dragonerregimentes war. Er leitete die Rückkehr der Familie nach Oberschwaben ein. 1878 legte er in Aulendorf einen schriftlichen Eid auf die Beobachtung der Familienstatuten ab. 1880 renovierte er die bisherige Sommerresidenz Königseggwald und lebte als Erbgraf mit seiner Frau, der Gräfin Hedwig von Neipperg, die er 1881 heiratete, in Königseggwald. Als 1882 sein Onkel Gustav starb, übernahm er bis 1918 die Vertretung der königseggschen Standesherrschaft im württembergischen Landtag. 1900 wurde ihm das Großkreuz des Ordens der württembergischen Krone verliehen. Unter ihm besserten sich die Verhältnisse zum Haus Württemberg merklich, während die Verhältnisse im ungarischen Teil der Habsburgermonarchie für die Deutschen immer prekärer wurden. Noch im Krieg 1915 stieß Franz Xaver Pruska um die stolze Summe von 7,6 Mio Gulden ab, ein Glücksfall, denn nach dem Krieg hätte man die Güter womöglich ohne Entschädigung verloren. In den 20er Jahren beteiligt sich Graf Franz Xaver an der Allgäuer Holzindustrie (AHI) in Aulendorf. Doch die Inflation und die wirtschaftlichen Krisenerscheinungen tragen zu der Verschuldung bei, die später mitten im Zweiten Weltkrieg zum Verkauf von Schloss Auendorf führen sollte. **C.B.**

LIT.: Boxler 2005, 850-863.

NEUES BLAUES BLUT:
DIE GRAFEN VON QUADT-WYKRADT-ISNY

DAS 1752 in den Grafenstand erhobene Jülich-Geldernsche Adelsgeschlecht wurde 1803 für den Verlust seiner linksrheinischen Herrschaften Wickrath und Schwanenberg mit der aus der Reichsabtei Isny und der Reichsstadt Isny gebildeten Grafschaft Isny entschädigt. Der nie in Isny residierende Graf Otto († 1829) wurde aber bereits 1806 von Württemberg mediatisiert. Da Württemberg vom neuen Standesherrn Residenzpflicht verlangte, übergab dieser, nachdem er zuvor noch versucht hatte, seine Grafschaft zu veräußern, die Herrschaft an seinen Sohn Wilhelm Otto (1783-1849), der mit den oberschwäbischen Verhältnissen besser zurecht kam. Er residierte im zum Schloss ausgebauten St. Georgskloster. Graf Wilhelm Otto gehörte 1815 dem Verein der Standesherren an, die sich gegen den Verlust ihrer Souveränitätsrechte wehrten, er musste sich aber mit der Mediatisierung seiner Herrschaft auf die Dauer abfinden. Der evangelische Standesherr heiratete 1811 die katholische Gräfin Anna Maria von Thurn-Valsassina und erzog seine Kinder in der katholischen Konfession. Das trug aber zur Verlängerung konfessionell begründeter Spannungen zwischen der evangelischen Stadtbevölkerung von Isny und der katholischen Vorstadt bei, zumal die Grafen das Patronatsrecht auch über die protestantische Nicolai-Kirche besaßen.

Der Konfessionswechsel und verwandtschaftliche Beziehungen – die Tochter Graf Wilhelm Ottos, Maximiliane, heiratete 1833 den Fürsten Constantin von Waldburg-Zeil – förderten die Integration der Familie in den Kreis der oberschwäbischen Standesherren. Mit diesen teilten die Quadt auch ihre Zurückhaltung gegenüber Württemberg, obwohl seit 1827 ein Staatsvertrag das Verhältnis zu Württemberg regelte, obwohl der Erbgraf Otto württembergischer Gardeoffizier wurde und obwohl die jeweiligen Hauschefs bis 1918 Mitglieder der Kammer der Standesherren waren. Die Grafen von Quadt orientierten sich stattdessen, auch wegen ihrer bayerischen Besitzungen um Grafenaschau, zum Königreich Bayern. Seit 1842 besaßen sie die bayerische Staatsangehörigkeit und erwarben in München einen Wohnsitz. 1901 wurde Graf Bertram von Quadt (1849-1927) in den erblichen bayerischen Fürstenstand erhoben (Genehmigung Württembergs im folgenden Jahr).

Zwischen 1836 und 1862 erfolgte die Ablösung der Feudaleinkünfte, wobei die Entschädigungssummen teils in Grundbesitz, teils in Industriebeteiligungen flossen. Die Standesherrschaft war nicht nur der größte Grundbesitzer der Umgebung (Waldbesitz von 2100 ha), sondern verfügte auch über wichtige Gewerbe- und Industriebetriebe, darunter Glasfabriken, eine Ziegelei und die frühere Klosterbrauerei, die als Quadt'sche Schlossbrauerei fortgeführt wurde. Fürst Alexander (1880-1936) stand den Nazis distanziert gegenüber, seine Witwe und die Kinder verkauften das Schloss 1942. Die Familie Quadt spielte bis in die jüngere Vergangenheit unter Fürst Paul von Quadt (geb. 1930) kommunalpolitisch eine bedeutende Rolle in der Stadt Isny. Schon in der 20er Jahren und nochmals nach dem Zweiten Weltkrieg stellte das Haus der notorisch flächenknappen Stadt Grundstücke für den Wohnungsbau zur Verfügung.

LIT.: Rottenkolber 1938, 252-254; Greiffenhagen 1988, 137-169; Dornheim 1993, 34 f., 610, 652; Siegloch 1996.

XI.7
Erbgraf Otto von Quadt-Wykradt-Isny (1817–1899)

Carl M. von Ebersberg (1818–1880)
Ohne Datierung (ca. 1845)
Öl auf Leinwand
85 x 66,5 cm
Privatbesitz

Der Porträtierte ist auf Rückseite des Gemäldes identifiziert als ERBGRAF UND HERR OTTO VON QUADT WYKRADT ISNY GEBOREN IM JAHR 1817 DEN 27ten SEPTEMBER. Der Erbgraf lehnt hier im vornehmen dunklen Anzug an einer Eiche, vermutlich im Waldgebiet Adelegg. Im Hintergrund ist die Stadt Isny zu erkennen. Graf Otto heiratete 1846 Marie Emilie von Schönburg-Glauchau. Im selben Jahr übernahm er die Standesherrschaft Isny von seinem Vater Wilhelm Otto. Die 48er Revolution in Isny erlebte Graf Otto als bedrohlich. Er bewältigte aber die Bauernbefreiung in seiner Standesherrschaft erfolgreich und modernisierte mit der Ablösungssumme von 130.000 Gulden die gräflichen Wirtschaftsbetriebe, zu denen neben Glasfabriken und Ziegeleien auch die ehemalige Klosterbrauerei und spätere „Fürstl. Quadt-Isny'sche Schlossbrauerei" gehörte. **C.B.**

LIT.: Rottenkolber, 253; Greiffenhagen 1988, 137 ff.; Habicht, Adel 1999, 92, 96, 106.

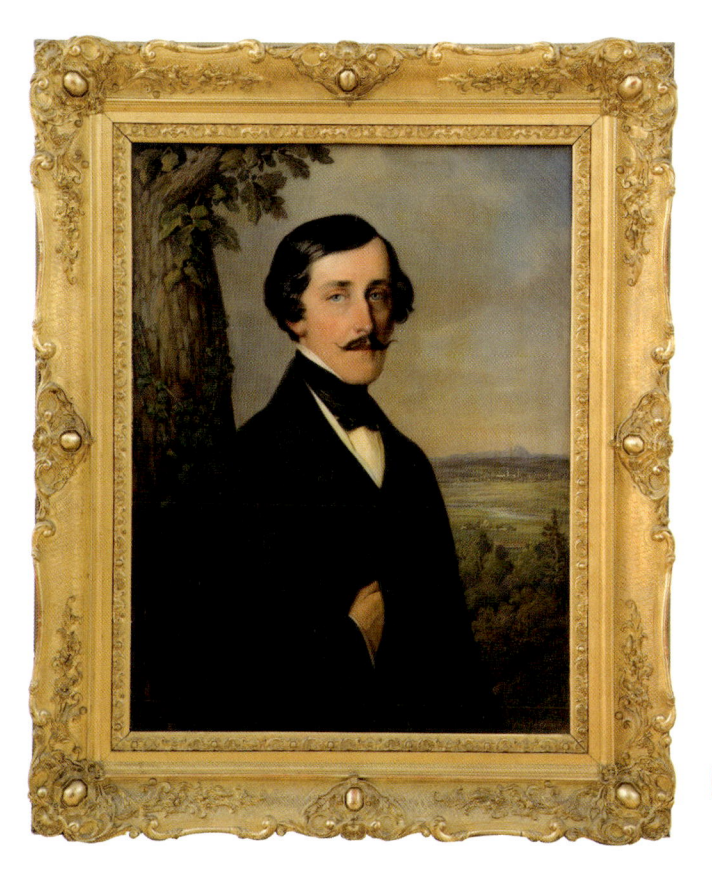

XI.8
Graf Friedrich Wilhelm Hermann von Quadt-Wykradt-Isny (1818–1892)

Unbekannter Künstler (Ebersberg?)
Ohne Datierung (ca. 1845)
Öl auf Leinwand
85 x 66,5 cm
Privatbesitz

Der Porträtierte ist auf der Rückseite des Gemäldes identifiziert als FRIEDERICH HERMANN GRAF UND HERR VON QUADT WIKRATH ISNY RITTER DES BAIERISCHEN ST. GEORGS ORDEN GEBOREN IM JAHR 1818 DEN 24ten DECEMBER. Graf Friedrich war der jüngere Bruder des Erbgrafen Otto. Sein Porträt wirkt von Größe und Bildaufbau wie das Komplement zum Bild des Bruders, weswegen beide Gemälde etwa zeitgleich entstanden sein dürften und auch vom gleichen Künstler stammen, obwohl Friedrichs Porträt nicht signiert ist. Die Datierung um 1845 beruht auf der Tatsache, dass Graf Friedrich sich 1844 um die Aufnahme in den bayerischen St. Georgsorden bewarb, in dessen Uniform er hier posiert. Der Graf trat eine Diplomatenlaufbahn an und vertrat Bayern in Petersburg, Paris und Brüssel. 1881 wurde er im Wahlkreis Allgäu für die katholische Zentrumspartei in den Reichstag gewählt. **C.B.**

LIT.: Rottenkolber, 253.

QUADT

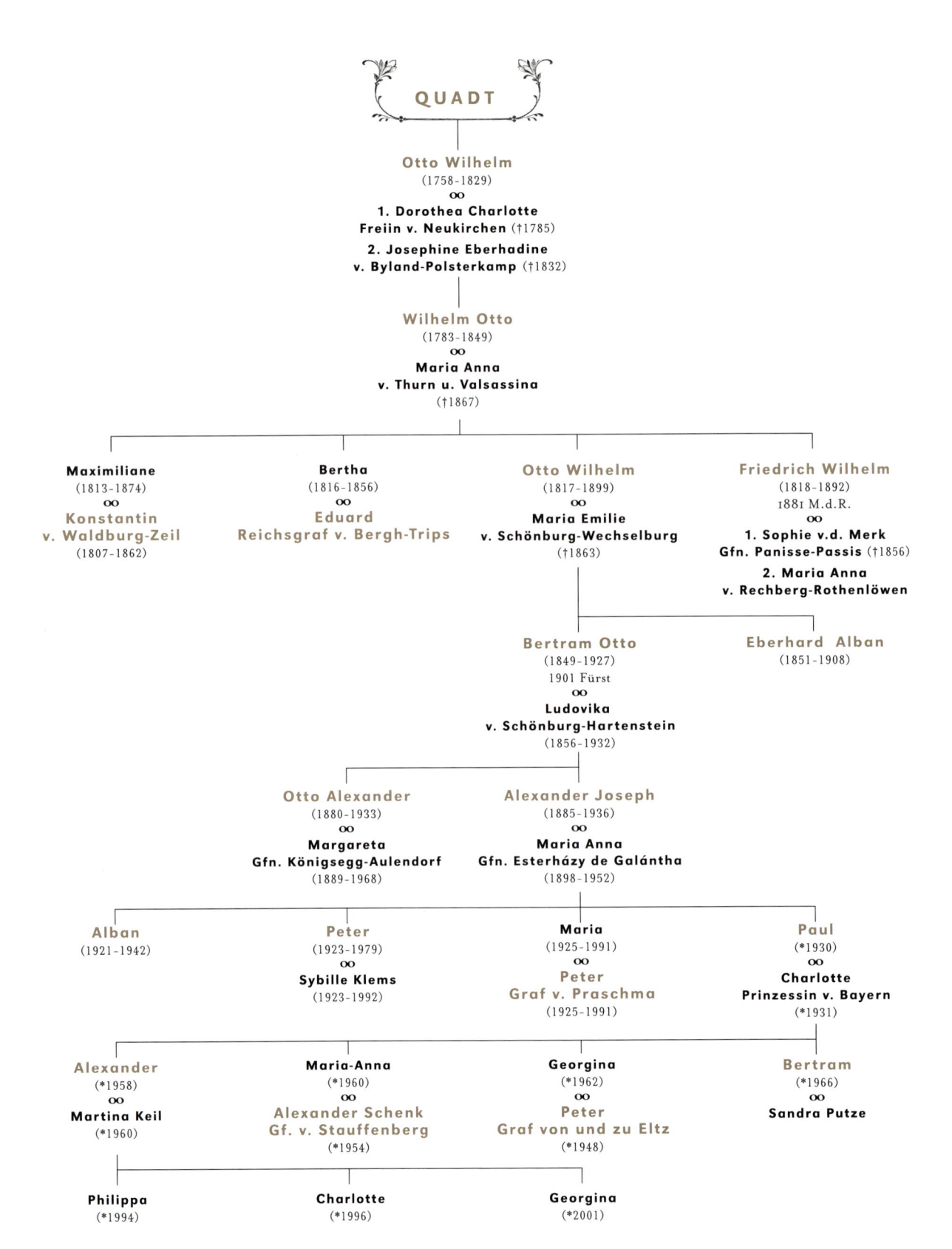

Otto Wilhelm
(1758-1829)
∞
1. **Dorothea Charlotte**
Freiin v. Neukirchen (†1785)
2. **Josephine Eberhadine**
v. Byland-Polsterkamp (†1832)

Wilhelm Otto
(1783-1849)
∞
Maria Anna
v. Thurn u. Valsassina
(†1867)

- **Maximiliane** (1813-1874) ∞ **Konstantin v. Waldburg-Zeil** (1807-1862)
- **Bertha** (1816-1856) ∞ **Eduard Reichsgraf v. Bergh-Trips**
- **Otto Wilhelm** (1817-1899) ∞ **Maria Emilie v. Schönburg-Wechselburg** (†1863)
- **Friedrich Wilhelm** (1818-1892) 1881 M.d.R. ∞ 1. **Sophie v.d. Merk Gfn. Panisse-Passis** (†1856) 2. **Maria Anna v. Rechberg-Rothenlöwen**

Bertram Otto
(1849-1927)
1901 Fürst
∞
Ludovika
v. Schönburg-Hartenstein
(1856-1932)

Eberhard Alban
(1851-1908)

- **Otto Alexander** (1880-1933) ∞ **Margareta Gfn. Königsegg-Aulendorf** (1889-1968)
- **Alexander Joseph** (1885-1936) ∞ **Maria Anna Gfn. Esterházy de Galántha** (1898-1952)

- **Alban** (1921-1942)
- **Peter** (1923-1979) ∞ **Sybille Klems** (1923-1992)
- **Maria** (1925-1991) ∞ **Peter Graf v. Praschma** (1925-1991)
- **Paul** (*1930) ∞ **Charlotte Prinzessin v. Bayern** (*1931)

- **Alexander** (*1958) ∞ **Martina Keil** (*1960)
- **Maria-Anna** (*1960) ∞ **Alexander Schenk Gf. v. Stauffenberg** (*1954)
- **Georgina** (*1962) ∞ **Peter Graf von und zu Eltz** (*1948)
- **Bertram** (*1966) ∞ **Sandra Putze**

- **Philippa** (*1994)
- **Charlotte** (*1996)
- **Georgina** (*2001)

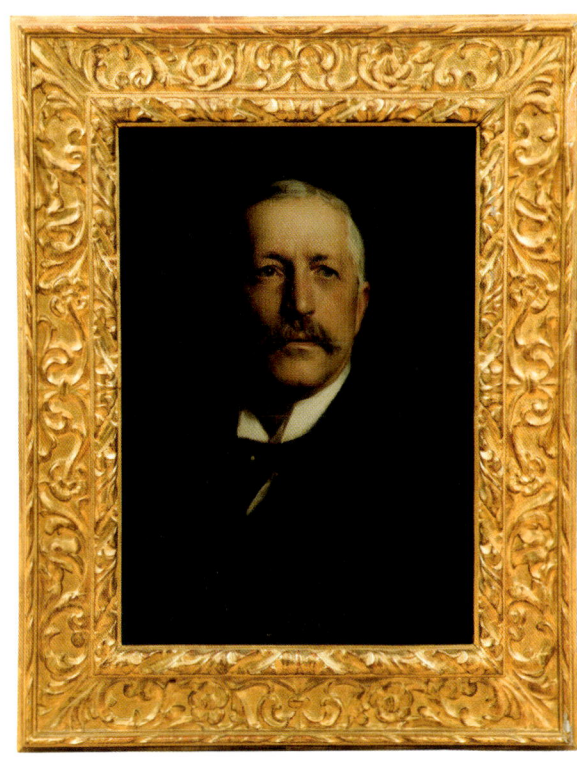

XI. KÖNIGSEGG UND QUADT

XI.9
Graf Otto von Quadt-Wykradt-Isny (1817-1899) **zu Pferd**

Carl M. von Ebersberg
(1818-1880)
1840
Öl auf Leinwand
58 x 50,5 cm
Privatbesitz

Auf der Rückseite des Gemäldes ist dieser forsche Reiter als OTTO ERBGRAF VON QUADT WYKRADT=ISNY WÜRTEMBERGISCHER GARDE-OFFICIER 1840 identifiziert. In der Tat begann der Erbgraf eine württembergische Militärkarriere, bevor er 1846 die Standesherrschaft in Isny antrat. Hier passiert Graf Otto auf Chaban, einem Original Araberhengst, in rasantem Galopp eine Baumgruppe, im Hintergrund gefolgt von einem zweiten Reiter. Graf Otto wirkt im Verhältnis zum dynamischen Lauf seines Pferdes etwas statisch, was vielleicht der Bildkomposition, vielleicht aber auch der noch unreifen Meisterschaft des Künstlers geschuldet ist. Das Porträt ist eines der frühen Werke des Biberacher Malers Carl M. Ebersberg, der bei Johann Baptist Pflug gelernt hatte, sich später einen Namen als Porträt- und Pferdemaler machte und selbst nobilitiert wurde. **C.B.**

LIT.: Gauss/Diemer 1973; Saur, Bd. 35 (U. Degreif); Kat. Biberach 2000, 108 f.

XI.10
Fürst Bertram zu Quadt-Wykradt-Isny (1849-1927)

Carl Blos (1860-1941)
1905
Öl auf Leinwand
55 x 40 cm
Privatbesitz

SEINE DURCHLAUCHT FÜRST BERTRAM ZU QUADT-WYKRADT-ISNY GEBOREN 11. JANUAR 1849, verheiratet mit Ludovika von Schönburg-Hartenstein, war als bayerischer Kammerherr und Oberst im Jahr 1901 in den erblichen bayerischen Fürstenstand erhoben worden. Er ist in dem qualitätvollen Porträt von Carl Blos aber weniger als fürstlicher Standesherr denn als vornehmer „bürgerlicher" Herr zu erkennen. Carl Blos, Professor an der Münchner Akademie, dem ein „stilles sicheres Talent" (Langheinrich) bescheinigt wird und der „feierlich anmutende Darstellungen" schuf, führte u.a. in diesem Fürstenporträt, unbeeindruckt von modernen Strömungen der Malerei, seine realistische Malweise zum Höhepunkt. **C.B.**

LIT.: Rottenkolber 1938, 253; Thieme-Becker, Bd. 4, 139; Saur, Bd. 11, 604.

XI.11
Spitzentaschentuch

Stoff
33,5 x 33,5 cm
Privatbesitz

Das Tuch mit den Initialen L.Q. gehörte vermutlich Ludovika Quadt geb. von Schönburg-Hartenstein, der Gattin Fürst Bertrams von Quadt.

XI.12
Tafelbesteck

Silber

1. Hälfte 19. Jahrhundert
Messer 23,5 cm lang
Gabel 19,5 cm lang
Suppenlöffel 20,5 cm lang
Kleiner Löffel 14 cm lang
Privatbesitz

Das Besteck stammt aus dem Besitz der Familie Quadt. Auf der Rückseite ist das Allianzwappen Quadt-Thurn-Valsassina eingraviert. Graf Otto von Quadt († 1849) war mit Anna Maria von Thurn-Valsassina († 1869) verheiratet.

XI. KÖNIGSEGG UND QUADT

XI.13 a–c
Drei Motivteller aus dem Haus Quadt

Meissner Porzellan, handbemalt mit ausgestochenem Flechtrand
3. Viertel 19. Jahrhundert
Durchmesser 24 cm
Privatbesitz

Alle Teller sind mit dem Allianzwappen Quadt-Schönburg-Glauchau und mit verschiedenen Schlössern dieser Herrschaft bemalt.
a) Schloss Vorder Glauchau mit gehisster Fahne
b) Schloss Lichtenstein, davor spielende Personen und Fußgänger
c) Schloss Rochsburg mit Kirche,

XII.

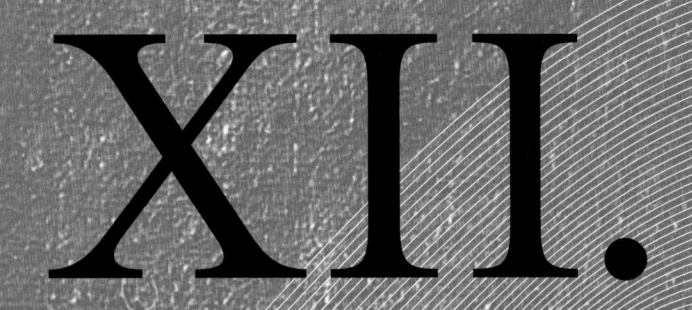

→
»SELBSTSTÄRKUNG
IM GEFÜHL DER KATHOLISCHEN
ZUSAMMENGEHÖRIGKEIT...«

Maximilian Fürst zu Waldburg-Wolfegg 1901

Die Häuser Waldburg-Zeil und Waldburg-Wolfegg

DIE FÜRSTEN von Waldburg gingen aus einer 1147 erstmals erwähnten welfisch-staufischen Ministerialenfamilie hervor. Stammsitz war die im 12. Jahrhundert erbaute Waldburg. Unter den Staufern stiegen die Truchsessen von Waldburg zu einer der führenden Ministerialenfamilien auf. Der Untergang der Staufer 1250/68 führte im deutschen Südwesten zu einem Machtvakuum, das den Waldburgern den Aufbau eines ansehnlichen Territoriums ermöglichte, das im Lauf des Mittelalters um die Herrschaften Wolfegg (1200), Trauchburg (1306), Zeil (1337), Bussen (1387-1786), Winterstetten (1438/42) und Friedberg-Scheer (1433-1785) anwuchs.

Eine Erbteilung von 1429 teilte die Familie in drei Linien, von denen die Georgische bis heute lebt. Eine bedeutende Gestalt dieser Linie war Georg III. Truchsess von Waldburg (1488-1531), der 1525 für die Niederschlagung des Bauernkriegs verantwortlich war. Die Familie lehnte sich eng an die Habsburger an, deren Besitznachbarschaft in Oberschwaben allerdings auch Konkurrenz bedeutete. Die Waldburger wurden bis 1541 von Habsburg zeitweilig mit der Landvogtei in Schwaben belehnt. 1628 erfolgte die Erhebung in den Reichsgrafenstand.

WALDBURG-ZEIL

DIE GEORGISCHE LINIE der Reichserbtruchsessen von Waldburg war seit 1595 in Waldburg-Wolfegg und Waldburg-Zeil geteilt. Das gräfliche Haus Waldburg-Zeil teilte sich 1675 nochmals in Waldburg-Zeil-Zeil und Waldburg-Zeil-Wurzach. Um eine weitere Zersplitterung des Besitzes zu verhindern, wurde 1687 eine Primogeniturordnung eingeführt. Der Stammvater der Familie Waldburg-Zeil-Wurzach, Graf Sebastian Wunibald († 1700), war Vizepräsident des Reichshofrates in Wien. Sein Sohn Graf Ernst Jakob († 1734) erbaute 1722-1728 das neue Residenzschloss in Wurzach. Aus der Familie Waldburg-Zeil-Zeil gingen Johann Jakob II. († 1750), Präsident des Reichshofrates, und die Bischöfe Ferdinand Christoph († 1786) und Sigmund Christoph († 1814) von Chiemsee hervor. 1772 erbten die Grafen von Waldburg-Zeil-Zeil die Grafschaft Trauchburg und nannten sich seither „von Waldburg-Zeil-Trauchburg". 1786 wurde die Grafschaft Friedberg-Scheer aus der Erbmasse der erloschenen Jakobinischen Linie an Thurn und Taxis verkauft und der Erlös unter Wolfegg, Waldsee, Wurzach und Zeil aufgeteilt und teils zur Schuldentilgung verwendet, teils als Fideikommisskapital angelegt.

1803 erhob Kaiser Franz II. die drei noch bestehenden gräflichen Häuser der Georgischen Linie, Waldburg-Wolfegg-Waldsee, Waldburg-Zeil-Wurzach und Waldburg-Zeil-Trauchburg in den Reichsfürstenstand, ihr Territorium wurde zum „Fürstentum Waldburg". Doch schon 1806 wurden die Fürsten von Waldburg mediatisiert. Das Gebiet von Waldburg-Zeil-Wurzach und der größte Teil von Waldburg-Zeil-Trauchburg kamen zum Königreich Württemberg, Teile der ehemaligen Grafschaft Trauchburg wurden Bayern zugeteilt.

Mit Fürst Wunibald von Waldburg-Zeil-Trauchburg, der sich zwischen 1806 und 1815 für die Rechte der Mediatisierten einsetzte, beginnt die lange Reihe politisch profilierter Fürsten aus dem Haus Waldburg. Sein Sohn Fürst Franz Thaddäus († 1845) war Präsident des Jagst-Kreises in Ellwangen, dessen Sohn Constantin († 1862) 1848/49 als einziger Standesherr Süddeutschlands Abgeordneter der Frankfurter Paulskirche. Fürst Wilhelm von Waldburg-Zeil-Trauchburg († 1906) gehörte als langjähriger Präsident der Ersten Kammer in Stuttgart zu den politisch maßgeblichen Persönlichkeiten Württembergs. 1903 starb das fürstliche Haus Waldburg-Zeil-Wurzach aus, der Besitz fiel an Waldburg-Zeil-Trauchburg. Im Ersten Weltkrieg fielen Fürst Georg von Waldburg-Zeil-Trauchburg († 1918) und sein Sohn Erbgraf Eberhard († 1916). Fürst Erich von Waldburg-Zeil-Trauchburg († 1953) machte sich als entschiedener Gegner des Nationalsozialismus einen Namen. Der derzeitige Fürst von Waldburg-Zeil-Trauchburg, Georg, ist

XII. WALDBURG-ZEIL UND WALDBURG-WOLFEGG

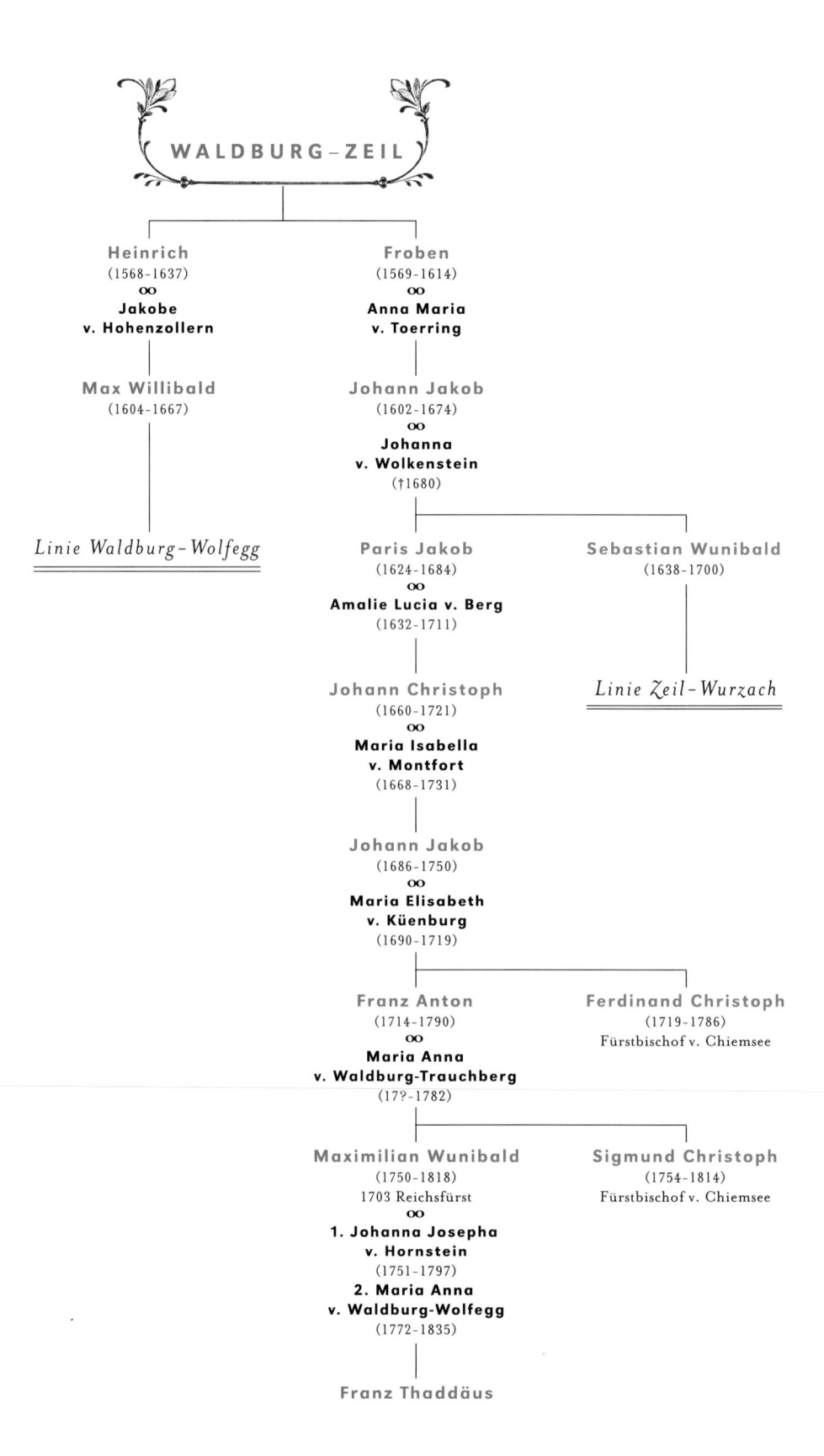

WALDBURG-ZEIL

Heinrich
(1568-1637)
∞
**Jakobe
v. Hohenzollern**

Max Willibald
(1604-1667)

Linie Waldburg-Wolfegg

Froben
(1569-1614)
∞
**Anna Maria
v. Toerring**

Johann Jakob
(1602-1674)
∞
**Johanna
v. Wolkenstein**
(†1680)

Paris Jakob
(1624-1684)
∞
Amalie Lucia v. Berg
(1632-1711)

Johann Christoph
(1660-1721)
∞
**Maria Isabella
v. Montfort**
(1668-1731)

Johann Jakob
(1686-1750)
∞
**Maria Elisabeth
v. Küenburg**
(1690-1719)

Sebastian Wunibald
(1638-1700)

Linie Zeil-Wurzach

Franz Anton
(1714-1790)
∞
**Maria Anna
v. Waldburg-Trauchberg**
(17?-1782)

Ferdinand Christoph
(1719-1786)
Fürstbischof v. Chiemsee

Maximilian Wunibald
(1750-1818)
1703 Reichsfürst
∞
1. **Johanna Josepha
v. Hornstein**
(1751-1797)
2. **Maria Anna
v. Waldburg-Wolfegg**
(1772-1835)

Sigmund Christoph
(1754-1814)
Fürstbischof v. Chiemsee

Franz Thaddäus

XII. WALDBURG-ZEIL UND WALDBURG-WOLFEGG

Franz Thaddäus
(1778-1845)
∞
**1. Henriette Chrstiane
v. Löwenstein-Wertheim**
(1782-1811)
**2. Antoinette Freiin
v. d. Wenge-Beck**
(1790-1819)
**3. Theresia Freiin
v. d. Wenge-Beck**
(1788-1864)

Constantin Maximilian
(1807-1862)
∞
**Maximiliane
v. Quadt-Wykradt**
(1813-1874)

Wilhelm Franz
(1835-1906)
M. d. R.
∞
**1. Maria Anna
v. Waldburg-Wolfegg**
(1840-1885)
**2. Maria Georgine
v. Thurn u. Taxis**
(1857-1909)

Georg
(1867-1918)
∞
**Marie Therese
Altgräfin zu Salm-Reiffenscheidt**
(1898-1916)

Erbgraf Eberhard
(1898-1916)

Erich August
(1899-1953)
∞
**Monika
Prinzessin zu
Löwenstein-Wertheim-Rosenberg**
(1905-1992)

Georg
(*1928)
∞
**Marie Gabrielle
Prinzessin v. Bayern**
(*1931)

Aloys
(*1933)
M. d. B.
∞
**Clarissa
Gräfin v. Schönborn-Wiesentheid**
(*1936)

Erbgraf Erich
(*1962)
∞
**Mathilde
Herzogin v. Württemberg**
(*1962)

303

Johanna Josepha als Gemahlin
des Grafen Maximilian Wuni-
balds Waldburg Zeil, geb.
Freyin von Hornstein.

XII.2
Johanna Josepha geb. Freiin von Hornstein-Weiterdingen (1751–1797)

Unbekannter Künstler
Undatiert (vor 1797)
Öl auf Leinwand
100 x 80 cm
Fürstlich Waldburg-Zeil'sches Gesamtarchiv, Schloss Zeil

Beschriftung links oben: „Johanna Josepha als Gemahlin des Grafen Maximilian Wunibald v. Waldburg-Zeil geb. Freiin von Hornstein." Als sich Maximilian Wunibald im Jahr 1773 mit Johanna, die er auf einer Reise kennen gelernt hatte, verlobte, notierte er: „Die Fräulein Braut war nicht nur schön an Geist und Körper, und in allen häuslichen Tugenden bestens erzogen, sondern ihre Frau Mutter als Erbin der Gräflich von Rothischen Güter in Schwaben besaß ein sehr beträchtliches Vermögen, in dessen Hinsicht für den Grafen sehr vorteilhafte Ehepakten eingegangen wurden." Das Zitat zeigt, dass bei der Brautschau des Adels Schönheit und Klugheit der künftigen Gattin durchaus eine Rolle spielten – die zu erwartende Mitgift wird jedoch im selben Atemzug genannt. So waren im Feudalzeitalter dynastische Strategien und wirtschaftliche Aspekte der Herrschaftssicherung immer Bestandteile adliger Heiratspolitik. **C.B.**

LIT.: Mößle 1968, Abb. 4, 28-30, 42 und 48.

XII.3
Maria Anna geb. Gräfin von Waldburg-Wolfegg (1772–1835)

Unbekannter Künstler
Undatiert (um 1800)
Öl auf Leinwand
100 x 80 cm
Fürstlich Waldburg-Zeil'sches Gesamtarchiv, Schloss Zeil

Beschriftung links oben: „Maria Anna als Gemahlin des Grafen Maximilian Wunibald v. Waldburg-Zeil geb. Gräfin von Waldburg-Wolfegg." Nach dem frühen Tod seiner ersten Frau 1797 begab sich der 47-jährige Graf Maximilian Wunibald erneut auf Brautschau und heiratete 1798 Maria Anna Gräfin von Waldburg-Wolfegg. **G.A.**

LIT.: Mößle 1968, 49, Abb. 5.

XII.4
Franz Thaddäus Fürst von Waldburg-Zeil-Trauchburg (1778–1845)

Unbekannter Künstler
Undatiert
Öl auf Leinwand
78 x 60 cm
Fürstlich Waldburg-Zeil'sches Gesamtarchiv, Schloss Zeil

Fürst Franz Thaddäus nahm zwischen seinem Vater Maximilian Wunibald und seinem Sohn Constantin auch politisch eine mittlere Position ein. Anders als der Vater, der sich mit seiner Stellung als württembergischer Standesherr nicht hatte abfinden können (vgl. IV.9), ließ sich Franz Thaddäus vom württembergischen König Wilhelm I. 1819 zum Präsidenten der Ständeversammlung berufen – ein „geschickter Schachzug" (Dornheim) des Königs. Der Fürst war später Präsident der Regierung des Jagstkreises in Ellwangen und somit immer Repräsentant des württembergischen Staates. Sein Sohn Constantin ging in seiner politischen Karriere erneut auf Distanz zum Staat.

LIT.: Mößle 1968, Abb 6; Dornheim 1993, 131.

XII.5
Constantin Fürst von Waldburg-Zeil in Jagdkleidung (1807–1862)

Unbekannter Künstler
Ca. 1848
Lithographie
50,5 x 35 cm
Fürstlich Waldburg-Zeil'sches Gesamtarchiv, Schloss Zeil

Fürst Constantin, der an andern Stelle als origineller politischer Kopf des oberschwäbischen Adels beschrieben worden ist (vgl. IV.16), war privat ein leidenschaftlicher Jäger, eine Leidenschaft, die er allerdings mit vielen seiner Standesgenossen teilte, wie der berühmte Stich von der Erbacher Fürstenjagd 1846 belegt (vgl. VII.17). Dieser Porträtstich von Fürst Constantin in Jagdbekleidung dürfte in zeitlicher Nähe zu dieser Fürstenjagd entstanden sein. C.B.

LIT.: Kircher 1980; Antonin 1998; Kircher 1999.

XII.6
Hirschgeweihe

Jagdtrophäen des 19. Jahrhunderts
Kunstsammlungen der Fürsten zu Waldburg-Wolfegg,
Schloss Wolfegg

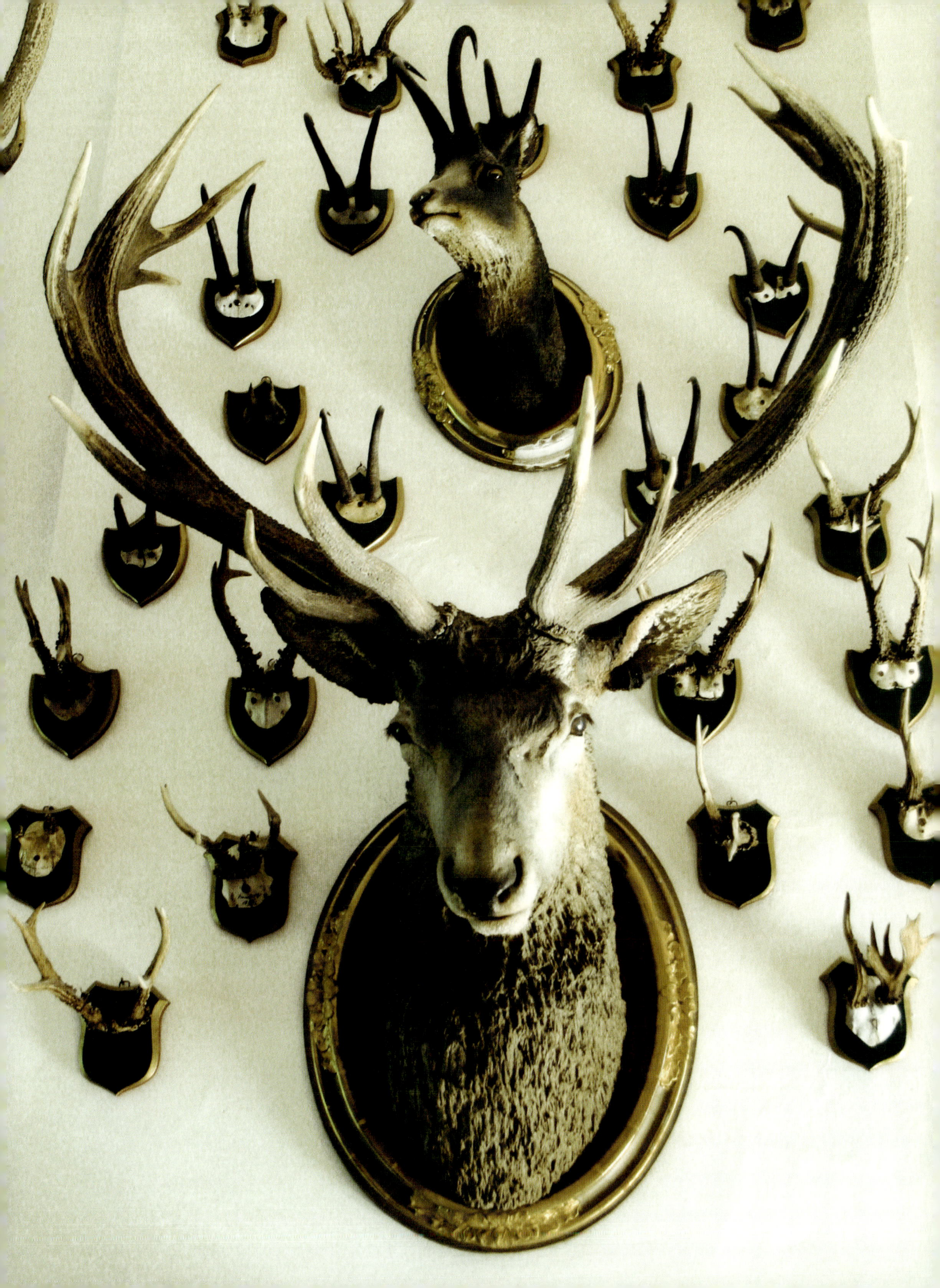

WALDBURG-WOLFEGG

BEI DER TEILUNG der Georgischen Linie des Hauses Waldburg 1595 bzw. 1601 erhielt Heinrich, der älteste der Brüder, die Herrschaften Waldsee, Winterstetten, Eberhardzell, Schweinhausen, Schwarzach, Wolfegg, Waldburg und Neutann. Heinrichs ältester Sohn Johann war Fürstbischof von Konstanz, sein jüngster Sohn Maximilian Willibald kaiserlicher Generalfeldmarschallleutnant und seit 1650 kurbayerischer Statthalter der Oberpfalz. Die berühmte Wolfegger Kupferstichsammlung geht auf ihn zurück. Das von den Schweden zerstörte Schloss Wolfegg wurde unter Graf Maximilian Franz († 1681) und Graf Ferdinand Ludwig († 1735) wieder aufgebaut. Die Söhne Maximilian Willibalds teilten 1672 den Besitz erneut. Maximilian Franz, der Stammvater der Linie Waldburg-Wolfegg-Wolfegg, erhielt die Herrschaften Wolfegg und Waldburg und einen Teil von Schwarzach, sein jüngerer Bruder Johann Maria († 1724), Begründer der Linie Waldburg-Wolfegg-Waldsee, Waldsee, Eberhardzell, Schweinhausen und den anderen Teil von Schwarzach. Durch Erbschaft gelangte die Schellenbergische Hälfte der Herrschaft Kißlegg mit Waltershofen an Wolfegg-Wolfegg, 1749 durch Kauf die Ritterherrschaften Leupolz und Praßberg. Der letzte Graf von Waldburg-Wolfegg-Wolfegg, Karl Eberhard, war Generalleutnant des Schwäbischen Kreises. Nach seinem Tod 1798 wurde der Besitz der beiden Linien unter Graf (bzw. seit 1803 Fürst) Joseph von Waldburg-Wolfegg-Waldsee wieder vereint. Fürst Franz von Waldburg-Wolfegg-Waldsee kaufte 1875 die ehemalige Klosterherrschaft Heggbach. Derzeitiger Chef des Hauses ist Fürst Johannes von Waldburg-Wolfegg-Waldsee.

LIT.: Stievermann.

XII.7
Dienerschaftslivree

2. Hälfte 19. Jahrhundert
97 x 63 cm
Dunkler Stoff mit Messingknöpfen, darauf das Wappen Waldburg
Kunstsammlungen der Fürsten zu Waldburg-Wolfegg, Schloss Wolfegg

Im 19. Jahrhundert waren an den Adelshöfen drei verschiedene Livreetypen üblich, die Großgala, die Halbgala und die Alltagslivree. Die einfache Dienerlivree wurde von der Dienerschaft getragen, die bei Festlichkeiten und bei Tisch ihre Arbeit verrichtete. **G.A.**

LIT.: Kliegel 1999; Kliegel 2005.

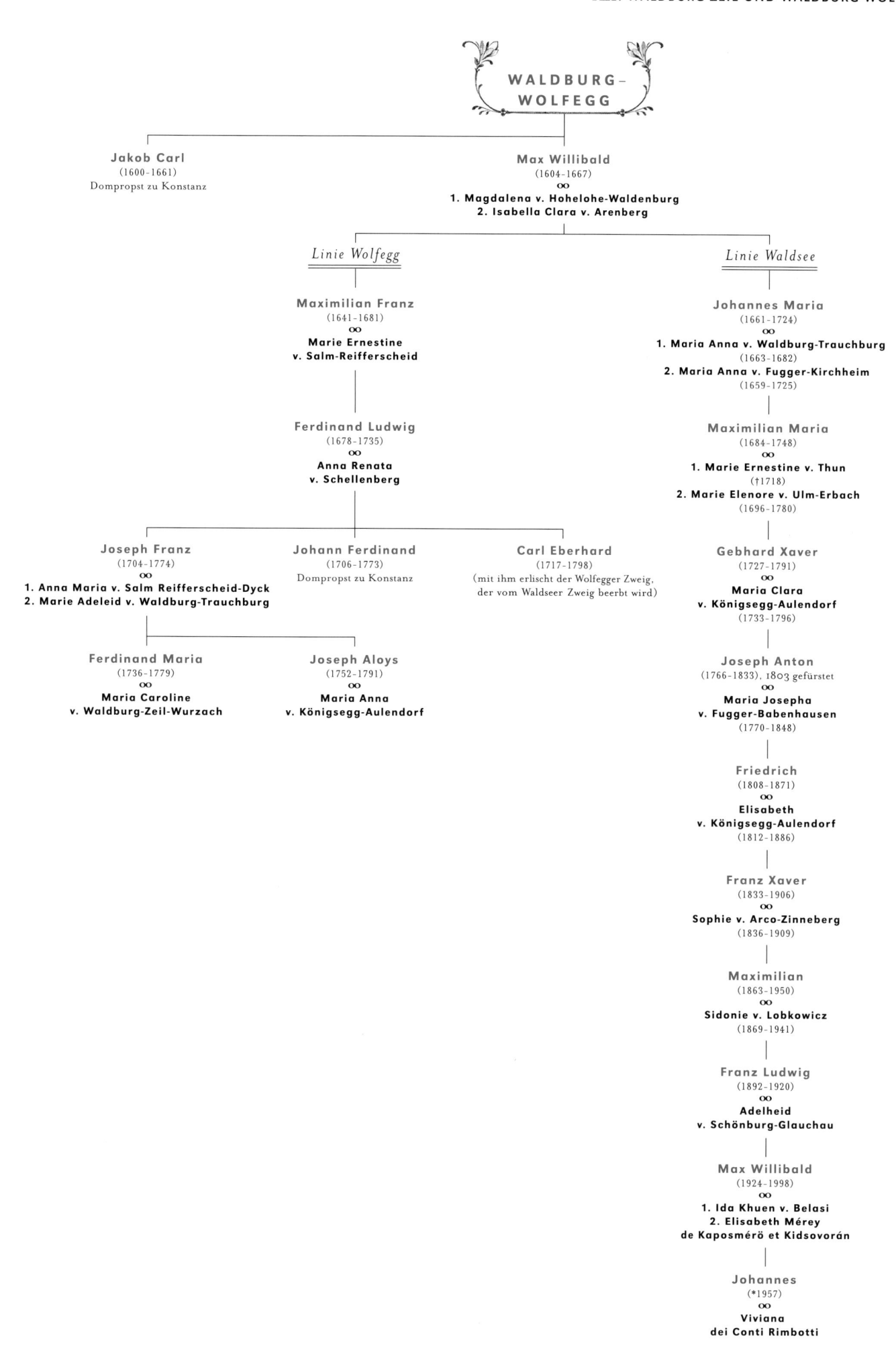

XII. WALDBURG-ZEIL UND WALDBURG-WOLFEGG

WALDBURG-WOLFEGG

Jakob Carl
(1600–1661)
Dompropst zu Konstanz

Max Willibald
(1604–1667)
∞
1. Magdalena v. Hohelohe-Waldenburg
2. Isabella Clara v. Arenberg

Linie Wolfegg

Maximilian Franz
(1641–1681)
∞
Marie Ernestine
v. Salm-Reifferscheid

Ferdinand Ludwig
(1678–1735)
∞
Anna Renata
v. Schellenberg

Joseph Franz
(1704–1774)
∞
1. Anna Maria v. Salm Reifferscheid-Dyck
2. Marie Adeleid v. Waldburg-Trauchburg

Johann Ferdinand
(1706–1773)
Dompropst zu Konstanz

Carl Eberhard
(1717–1798)
(mit ihm erlischt der Wolfegger Zweig,
der vom Waldseer Zweig beerbt wird)

Ferdinand Maria
(1736–1779)
∞
Maria Caroline
v. Waldburg-Zeil-Wurzach

Joseph Aloys
(1752–1791)
∞
Maria Anna
v. Königsegg-Aulendorf

Linie Waldsee

Johannes Maria
(1661–1724)
∞
1. Maria Anna v. Waldburg-Trauchburg
(1663–1682)
2. Maria Anna v. Fugger-Kirchheim
(1659–1725)

Maximilian Maria
(1684–1748)
∞
1. Marie Ernestine v. Thun
(†1718)
2. Marie Elenore v. Ulm-Erbach
(1696–1780)

Gebhard Xaver
(1727–1791)
∞
Maria Clara
v. Königsegg-Aulendorf
(1733–1796)

Joseph Anton
(1766–1833), 1803 gefürstet
∞
Maria Josepha
v. Fugger-Babenhausen
(1770–1848)

Friedrich
(1808–1871)
∞
Elisabeth
v. Königsegg-Aulendorf
(1812–1886)

Franz Xaver
(1833–1906)
∞
Sophie v. Arco-Zinneberg
(1836–1909)

Maximilian
(1863–1950)
∞
Sidonie v. Lobkowicz
(1869–1941)

Franz Ludwig
(1892–1920)
∞
Adelheid
v. Schönburg-Glauchau

Max Willibald
(1924–1998)
∞
1. Ida Khuen v. Belasi
2. Elisabeth Mérey
de Kaposmérö et Kidsovorán

Johannes
(*1957)
∞
Viviana
dei Conti Rimbotti

309

XII.8
Joseph Anton Fürst zu Waldburg-Wolfegg (1766–1833) **mit seiner Familie**

[Anton] Einsle (1801–1871) (?)
1816
Gouache auf Papier
36 x 27 cm (oval im Rahmen)
Kunstsammlungen der Fürsten
zu Waldburg-Wolfegg,
Schloss Wolfegg

Joseph Anton Xaver, der im März 1803 von Kaiser Franz II. in den Reichsfürstenstand erhoben wurde, hatte 1791 Maria Josepha Crescentia Walburga, Tochter des Grafen Anselm Joseph Victorian Fugger zu Babenhausen und der Maria Walburga Freiin von Waldburg Gräfin zu Wolfegg in Wolfegg geheiratet. Die kinderreiche Familie ließ sich vor dem Familienstammsitz, der Waldburg, malen. Das 1806 mediatisierte Haus wählte, nachdem auf dem Wiener Kongress von 1815 der Kampf um die Rückkehr zu den alten Herrschaftsrechten gescheitert war, 1816 bewusst die Kulisse des herrschaftlichen Ursprungs der Familie, um sich ihrer selbst zu vergewissern. Der erzwungene Rückzug ins Private, der sich in diesem Familienbild niederschlägt, erhält dadurch eine durchaus politische Note. **C.B.**

LIT.: Unveröffentlicht.

XII.9
Friedrich Fürst zu Waldburg-Wolfegg (1808–1871)

Alois Fraidel (1835–1914)
Um 1860
Öl auf Leinwand
74 x 61 cm
Kunstsammlungen der Fürsten
zu Waldburg-Wolfegg,
Schloss Wolfegg

Fürst Friedrich von Waldburg-Wolfegg gehörte wie sein gleichaltriger Verwandter von der Zeiler Linie, Fürst Constantin, zu jener Adelsgeneration, der die Mediatisierung „in die Wiege" gelegt war. Doch anders als Constantin war Friedrich kein politischer Kopf. Seine Leidenschaft galt der Jagd und dem Schützenwesen. Er zählte zu den Gründungsmitgliedern des 1855 in Ravensburg aus der Taufe gehobenen Oberschwäbischen Schützenvereins und stiftete zu besonderen Anlässen regelmäßig Schützenscheiben Er war ein durchaus populärer Fürst. Deshalb empfand er die Märzrevolution von 1848 als Bedrohung und größte Herausforderung seiner „Regentschaft". Für Fürst Friedrich, den leidenschaftlichen Jäger, war sicher der Verlust des Jagdprivilegs 1848 am schmerzlichsten. Aus den Folgen der Bauernbefreiung zog er allerdings bereits 1847 die Erkenntnis, dass künftig nur der „Adel mit Grundbesitz und Capitalvermögen mächtig seyn" würde und vollzog damit die Wende zur einer moderneren Auffassung von adliger Ökonomie. **C.B.**

LIT.: Habicht, Adel 1999.

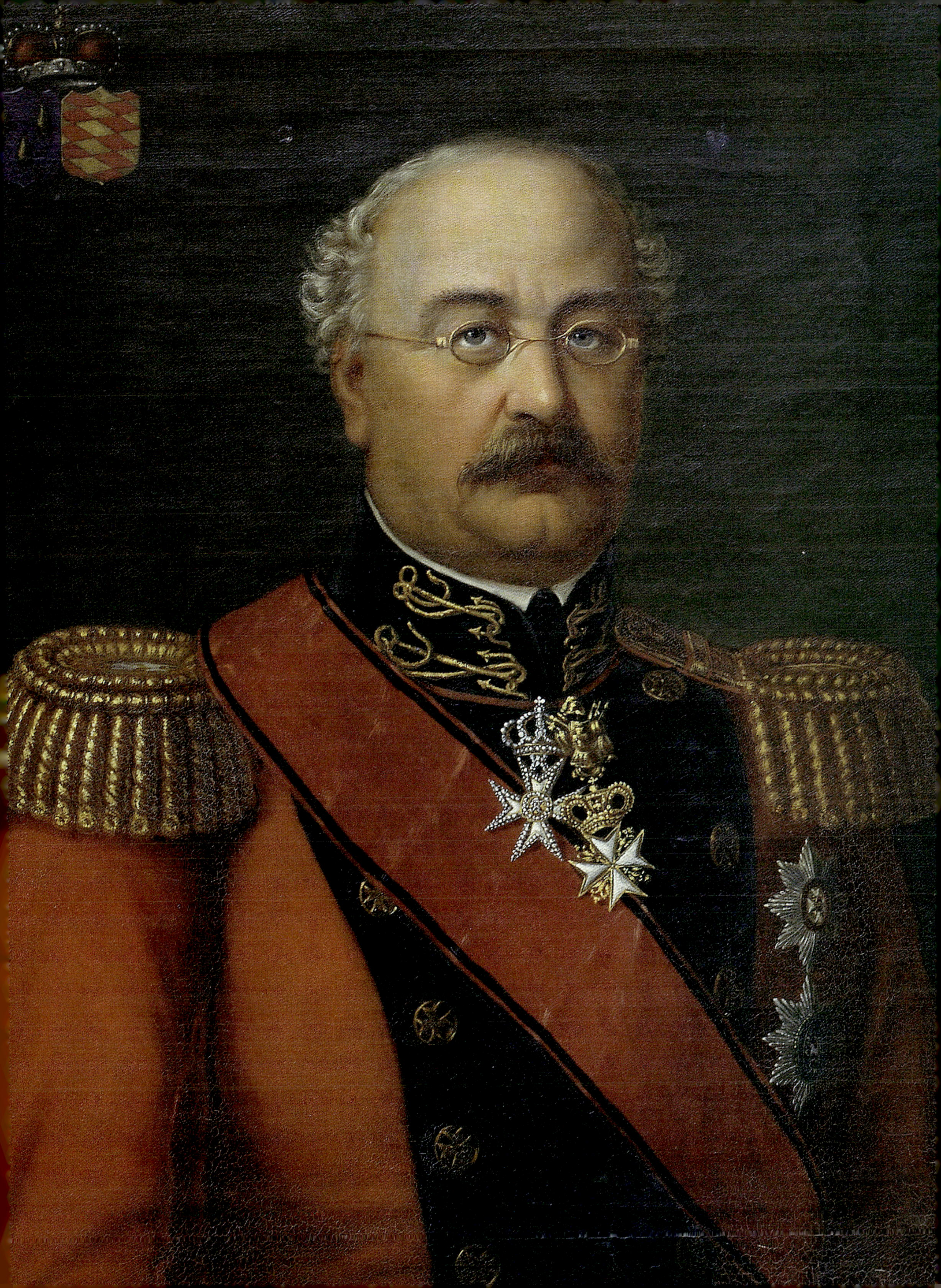

XII.10
Maximilian Fürst zu Waldburg-Wolfegg und Waldsee (1863-1950)

T[rude?] Brück (1902-1992)
1925
Schwarze Kreide, Bleistift, Papier
35,5 x 25,6 cm
Kunstsammlungen der Fürsten zu Waldburg-Wolfegg, Schloss Wolfegg

Von seiner zutiefst christlichen Mutter in streng katholischem Geist erzogen, verbrachte der Knabe den Großteil seiner Schulzeit im Jesuiteninternat „Stella Matutina" in Feldkirch. In der Tradition der Kavalierstouren unternahm er in seiner Jugend ausgedehnte Reisen nach Dänemark, Irland und Island. Kurioserweise nahm er auf die Reise nach Island seine Zither mit. Durch den Eintritt seines ältesten Bruders Friedrich in den Jesuitenorden wurde er als Zweitgeborener zum Erbgrafen und übernahm nach dem Tod des Vaters 1906 Erbe und Titel. 1890 schloss er die Ehe mit Sidonie Gräfin Lobkowitz, aus der 10 Kinder hervor gingen. Seit 1897 gehörte Erbgraf Maximilian der 1. Kammer des württembergischen Landtags an. In seiner Rede als Präsident des Katholikentags in Ulm 1901 fasste er seine ethische und politische Einstellung in folgendem Appell zusammen: „Ich rufe Euch auf zur Selbststärkung im Gefühl der katholischen Zusammengehörigkeit, um gewappnet zu sein für die Kämpfe, welche die destruktive Strömung der Jetztzeit einem jeden einzelnen aus der Gesamtheit nicht erspart." 1901 wurde Fürst Maximilian, den eine große Leidenschaft mit der Pferdezucht verband, zum Präsidenten des Württembergischen Pferdezuchtvereins gewählt. Da er wie sein Vetter Fürst Erich von Waldburg-Zeil eine tiefe Abneigung gegen den Nationalsozialismus hegte, drängten ihn die braunen Machthaber bereits 1933 aus diesem Amt. Mit großem Nachdruck bekämpfte er als Senior des Gesamthauses Waldburg und in Vertretung weiterer württembergischer Standesherren das am 1. April 1930 vom württembergischen Landtag beschlossene Gesetz über die Auflösung der Fideikommisse. Am 21. Mai 1930 reichte er erfolglos Klage gegen dieses Gesetz beim Staatsgerichtshof des Deutschen Reiches in Leipzig ein. B.M.

LIT.: Mack 1933; Kat. Ravensburg 1996.

XII.11
Aufnahme der Hochzeitsgesellschaft im Rittersaal von Schloss Wolfegg bei der Vermählung von Maximilian Herzog von Hohenberg (1902–1962) **mit Elisabeth Gräfin zu Waldburg-Wolfegg und Wolfegg** (1904–1993)

16. November 1926
Fotografie
35 x 42 cm
Kunstsammlungen der Fürsten zu Waldburg-Wolfegg, Schloss Wolfegg

Der berühmte „Rittersaal" aus der Renaissancezeit mit seiner barocken Ausgestaltung, in dem die gesamte Geschichte und Kultur des Hauses Wolfegg sozusagen komprimiert präsent ist, bot auch nach dem Ende der Monarchie den geeigneten Rahmen, um an den gesellschaftlichen Traditionen des Adels festzuhalten. Der Bräutigam von Gräfin Elisabeth war der älteste Sohn des in Sarajewo ermordeten Erzherzogs Ferdinand. **G.A.**

LIT.: Unveröffentlicht.

XIII.

→

»DIE RITTERSCHAFT VON
SCHWABEN FREI FÜHRT DIESE FAHNE,
GOTT STEH IHR BEI...«

Ehemals reichsritterschaftliche Familien: Freyberg und Stauffenberg

IM MITTELALTER differenzierte sich der Adel in den hohen und niederen Adel. Dem Hochadel gelang es in der Regel, in den Grafen- und Fürstenstand aufzusteigen, sich größere Territorien anzueignen und dort landesherrliche Rechte auszuüben. Der niedere Adel verharrte meist im Freiherrenstand, seine Herrschaftsrechte blieben auf wenige Ortschaften oder Kleinstterritorien beschränkt. Seit dem 15. Jahrhundert versuchte sich der niedere Adel deshalb in Standesorganisationen wie der Rittergesellschaft mit St. Georgenschild gegenüber den Landesherren zu behaupten. Diese Rittergesellschaft ging 1488 im Schwäbischen Bund auf, einer Vereinigung von Städten, Landesherren und Adel zur Friedenswahrung in Schwaben. 1562 etablierte sich die Ritterschaft als Organ der Reichsverfassung. Damit war die verfasste Reichsritterschaft direkt dem Kaiser unterstellt und rangierte als Korporation auf einer Ebene mit den Landesherren.

Alle reichsritterschaftlichen Familien wie die Freyberg, die Hornstein, die Stauffenberg oder die Ulm-Erbach bezogen einen wesentlichen Teil ihres Selbstwertgefühls aus der Zugehörigkeit zur Ritterschaft. Sie verwiesen auf ihre Verdienste in der Ritterschaft, um Standeserhöhungen zu erlangen. So besaßen die Freiherren von Freyberg zeitweilig wegen ihrer Herrschaft Justingen Sitz und Stimme auf der schwäbischen Grafenbank, und die Schenken von Stauffenberg erlangten noch am Ende des Alten Reiches die Aufnahme in den Reichsgrafenstand. Die Zerschlagung der Reichsritterschaft im Jahr 1806 bedeutete für die Niederadelsfamilien einen ebensolchen Bruch ihrer Traditionslinien wie der Verlust der Souveränitätsrechte beim mediatisierten Hochadel. Im 19. Jahrhundert konzentrierten sich diese Familien auf die Modernisierung ihrer land- und forstwirtschaftlichen Existenzgrundlagen. Daneben wird eine Hinwendung zu bürgerlichen Berufen erkennbar, bei den Stauffenberg aber auch ein ausgeprägter Hang zu politischer Betätigung.

LIT.: Schreckenstein 1871; von Waechter 1934; Press 2001; Endres 2003; Walther 2003.

DIE FREIHERREN VON FREYBERG

DIE FREIHERREN VON FREYBERG stammen aus dem Oberrheintal in Graubünden und lassen sich Ende des 13. Jahrhunderts in Oberschwaben nachweisen. Sie waren 1280 Mitbesitzer der Herrschaft Steußlingen (Alb-Donau-Kreis), wurden 1390 mit der österreichischen Burg Eisenberg bei Füssen belehnt und errichteten zwischen 1418 und 1432 auf dem Nachbarberg die bedeutende Feste Hohenfreyberg, die sie aber schon 1485 an Österreich veräußerten (seit 1841 ist die Ruine wieder im Familienbesitz).

1530 erwarb die Linie Freyberg-Öpfingen die reichsunmittelbare Herrschaft Justingen, die Ende des 17. Jahrhunderts an die Linie Allmendingen überging. Mit dieser Herrschaft hatten die Freyberger bis 1725, als sie an Württemberg verkauft wurde, Sitz und Stimme auf der schwäbischen Grafenbank. Die Herrschaft Justingen wurde dadurch bekannt, dass dort Georg Ludwig von Freyberg dem aus Schlesien stammenden Reformator Kaspar Schwenckfeldt Asyl gewährte und diese Form des Protestantismus bis um 1630 eine Heimstatt fand.

Seit dem späten Mittelalter besaßen die Freyberger durch kaiserliches Lehen den „Kesslerschutz", d.h. Schutz und Gerichtsbarkeit über das „fahrende Volk" im Raum zwischen Iller und Lech. Seit 1340 hatten die Freyberger Besitz in Allmendingen, aber erst 1528 erwarben sie durch Heirat Altheim und 1590 durch Kauf von der Stadt Ehingen die Herrschaft Allmendingen, seither einer der Hauptsitze der Linie Freyberg-Eisenberg. Das alte Schloss in Allmendingen stammt aus der Zeit um 1535, das Neue Schloss wurde 1782 von Franz Xaver Reichsfreiherr von Freyberg im Louis-XVI-Stil errichtet.

Die Freiherren von Freyberg spielten seit 1562 eine wichtige Rolle in der freien Reichsritterschaft an Donau, Lech und Iller. Sie waren durch Lehensbindung, aber auch durch Militär- und Beamtendienste stark auf Habsburg ausgerichtet. Daneben erlangte die Familie für ihre nachgeborenen Söhne Zugang zu Domherrenpfründen und brachte so bedeutende Reichsfürsten hervor wie Johann Christoph von Freyberg (1623-1690), Fürstbischof von Augsburg, und Johann Anton von Freyberg (1674-1757), Fürstbischof von Eichstätt.

Mit der Säkularisierung und Mediatisierung von 1803/06 brach sowohl die Versorgungsmöglichkeit aus kirchlichen Pfründen weg als auch die identitätsstiftende Korporation der Reichsritterschaft. Hinzu kam zu Beginn des 19. Jahrhunderts die Bauernbefreiung, die die letzten Reste feudaler Rechte beseitigte.

Um die Wende vom 19. zum 20. Jahrhundert gingen aus der Familie eine Reihe bedeutender Persönlichkeiten hervor, so der Geschichtsschreiber Max Freiherr von Freyberg-Eisenberg, die Malerin Charlotte Freiin von Freyberg (1848-1911) der Vizeadmiral Albrecht Freiherr von Freyberg (1876-1943) und der Fliegerpionier Egloff Freiherr von Freyberg (1883-1984). Seit dem 19. Jahrhundert konzentrieren sich die Freiherren von Freyberg auf die Modernisierung ihrer Land- und Forstwirtschaft. Im 20. Jahrhundert ergriffen Angehörige der Familie auch „bürgerliche" Berufe in der freien Wirtschaft, in Industrie und Finanzwesen, engagierten sich daneben aber auch in Kirche und Politik, in caritativen und kulturellen Bereichen.

LIT.: Freyberg 1884; Allmendingen 1961; F.M. Weber 1962.

XIII.1
Wappentafel der Reichsritterschaft zu Schwaben

Unbekannter Künstler
Ende 16. Jahrhundert
Öl auf Leinwand
64,5 x 50 cm
Privatbesitz

Dieses außergewöhnliche Dokument bietet gewissermaßen ein Organigramm der verfassten Reichsritterschaft in Schwaben am Ende des 16. Jahrhunderts: „Loblicher Freyer ReichsRütterschafft vnd Adels in dem Land zu Schwaben fünff thail Zaichen vnd Wappen, wie sie solche von Alters her gefierth." Die in fünf Rubriken angelegte Tafel stellt von oben nach unten die Namen und Wappen der Ausschussmitglieder in den fünf „Vierteln" der schwäbischen Reichsritterschaft vor, nämlich im Viertel zwischen Iller und Lech, in den Vierteln Hegau, Allgäu und Bodensee, Neckar und Schwarzwald, am Kocher und im Kraichgau. Die hier interessierenden beiden linken Spalten nennen an Iller und Lech einen Hans Georg von Freyberg, am Bodensee einen Günther Ferdinand von Freyberg. Das Medaillon in der Mitte unten vermeldet: „Obgedachte Schwebische ReichsRitterschafft hat in Anno 1595, 96, 97 vnd 98 Jedes Jahr 300 Pferd auf Ihren Costen 5 Monat lang ohne an vnd abzüg In dem Veld erhalten." Dies ist eine Anspielung auf den Türkenfeldzug nach Ungarn in diesen Jahren. Unten rechts ist ein geharnischter Reiter mit roter Schärpe und gezücktem Schwert dargestellt, den folgender Reim begleitet: „Wider des Türcken thüraney Stchn wir Christen ein ander bey." Ihm gegenüber links schwingt ein berittener Fähnrich die schwarz-rot-gold (!) gerautete Fahne der Ritterschaft: „Die Ritterschafft Schwaben frey fiert disen Fahnen, Gott steh ihr bey." (Vgl. Kat. Nr. 5.3) **C.B.**

LIT.: Tafel unveröffentlicht; zum Hintergrund Press 2001.

XIII.2
Stammbaum der Familie Freyberg-Eisenberg
„Linea descendens dero von Freyberg zum Eyssenberg"

Unbekannter Künstler
17. Jahrhundert
Öl auf Holz
132 x 68 cm
Privatbesitz

Der Stammbaum zeigt die Abkunft des Franz Joseph Freiherr von Freyberg in Form eines Baumes mit roten Früchten (Orangen?). Der Stammbaum verzweigt nicht in die verschiedenen Vorfahrenreihen der Eltern und Großeltern, sondern zeigt nur die Deszendenz des Vaters. Der Baum ist umrahmt von einem portalartigen Architekturrahmen. In der ovalen Supraporte findet sich ein Text, der die rudimentäre Form einer Familiengeschichte enthält. Die Familie, die hiernach erst im 14. Jahrhundert in Oberschwaben auftrat, davor aber in Graubünden im Oberrheintal begütert war, wird hier im Stil der Renaissancechroniken auf römischen Ursprung zurückgeführt. Links der Schrifttafel ist eine brennende Stadt dargestellt, rechts eine Schlachtenszene mit gerüsteten Reitern unter der Georgs-Fahne der Ritterschaft, darüber das Wappen Freyberg, ein silber-blau geteilter Schild mit drei goldenen Kugeln im blauen Feld. Die Identität dieser Familie leitet sich nach dieser Darstellung aus einer antiken Gründungslegende und aus den reichsritterlichen Verpflichtungen her. **C.B.**

LIT.: Unveröffentlicht.

HOHEN FREYBERG UND EISENBERG.

XIII.3
Die Ruinen Hohenfreyberg und Eisenberg

Druck nach einer Zeichnung von Domenico Quaglio (1786-1837)
Ca. 1830
50 x 58,5 cm
Privatbesitz

Die auf mehr als 1000 m im Vorland der Pfrontener Alpen liegende Burg Hohenfreyberg ist nicht im eigentlichen Sinne die Stammburg der Familie Freyberg. Der Name stammt vielmehr aus Graubünden, wo die Familie im Hochmittelalter residierte. 1390 wurde Friedrich von Freyberg mit der erst 1315 errichteten Burg Eisenberg von Herzog Leopold von Österreich belehnt. Dessen gleichnamiger Sohn errichtete dann in den Jahren 1418 bis 1432 auf dem Nachbarberg die Burg Hohenfreyberg. Es war der letzte Burgenneubau des Mittelalters im weiten Umfeld. Der Bauherr lehnte sich aber bewusst an archaische Bautraditonen an. Schon 1485 waren die Freyberger gezwungen, die Burg an Österreich zu verkaufen. 1646 wurden beide Burgen Freyberg und Eisenberg angesichts der anrückenden Schweden von kaiserlichen Truppen in Brand gesteckt. Burg Hohenfreyberg gelangte 1805 an den bayerischen Staat. Nachdem die Freiherren von Freyberg schon 1714 bis 1791 die Pfandschaft besessen hatten, erwarben sie 1841 ihren „Stammsitz" zurück. Kurz vor diesem Erwerb hatte der Maler Domenico Quaglio, Angehöriger einer berühmten italienischen Künstlerfamilie, die in München lebte, die Burgen Hohenfreyberg und Eisenberg im Stile der Burgenromantik gezeichnet.

LIT.: Miller 1987; Pölcher/Desing 1989; Zeune 1999; Zeune 2002.

Top genealogical tree

Top row (great-grandparents):
- Casparus L.B. de Freyberg ab Eysenberg
- Anna Regina à Rechberg
- Wolf. Guliel. Lösch L.B. ab & in Hilgershausen
- Eleonora Baronissa à Closen in Haydenburg
- Lotharius Comes in Criechingen
- Anna Magdalena Com. de Hanau
- Hugo Comes de Montfort
- Euphrosia Truckfia de Waldburg Com. de Wolfegg

Second row (grandparents):
- Albertus Ernestus L.B. de Freyberg. ab Eisenberg
- Barbara Elisabetha Lösch in Baron. ab & in Hilgershausen
- Franciscus Ernestus Comes in Criechingen
- Maria Elisabetha Comitissa de Montfort

Third row (parents):
- Josephus Albertus L.B. de Freyberg ab Eisenberg
- Anna Magdalena Adelhaidis Baron. de Freyberg nata Com. de Criechingen

Bottom (child):
- Maximilianus Felix L.B. de Freyberg ab Eisenberg

Bottom genealogical tree

Top row:
- Albertus L.B. de Freybenger...
- Barbara Elisabetha Losch in Baron. ab & in Hilgershausen
- Franc. Ernest Comes in Criechingen
- Maria Elisabetha Comitissa de Montfort
- Joës Rhuno L.B. de Franckenstein
- Sophia de Haumbach
- Georg Fridt. L.B. de Riedheim
- Catharina Theresia Baro(nissa) de Rosen
- Conradus L.B. de Ulm ab Erbach
- Maria Barbara Baro. de Willau
- Johannes Henr. Arnold. L.B. de Elfshausen
- Maria Anna Baro. de Welkinspess
- Wolfgangus Maria Arnold Baro. de Aggenthal
- Anna Chunegun. Baro. de Freybeg
- Franciscus Georg. Truchses de Vollingensheim de Frebeg
- Johannes Rudolph Lichtnr. de Bollweill in Flebeg

Second row:
- Josephus Albertus L.B. de Freyberg ab Eisenberg
- Maria Magdalena Adelhaidis Comitissa de Kriechingen
- Joannes Franciscus Otto L.B. de Franckenstein
- Catharina Baronissa de Riedheim
- Franciscus Antonius L.B. de Ulm ab Erbach
- Maria Anna Clara Baro. de Elfsheim
- Christophorus Franciscus Hermann Albertus Baron. de Muggenthal
- Maria Anna de Vollingenshe. de Freybeg

Third row:
- Ferdinandus Christophorus L.B. de Freyberg et Eisenberg
- Phillippina Baronessa De Franckenstein
- Franciscus Guilielmus L.B. de Ulm ab Erbach
- Maria Maximilia Josepha Comitissa de Muggenthal

Fourth row:
- Maximilianus L.B. de Freyberg ab Eisenberg
- Maria Anna Baronessa de Ulm ab Erbach

Bottom: (central shield, unnamed heir)

XIII. FREYBERG UND STAUFFENBERG

XIII. 4, 5 und 6

Stammtafel des Maximilian Felix Freiherrn von Freyberg († 1737)

Frühes 18. Jahrhundert
38 x 51 cm

Stammtafel des Franz Xaver Freiherrn von Freyberg, Sohn Maximilians von Freyberg und der Maria Anna von Ulm-Erbach

spätes 18. Jahrhundert
48 x 59 cm

Stammtafel des Conrad Freiherrn von Freyberg (1877–1939)

Ca. 1900
52 x 62,5 cm
Wasserfarben auf Papier
Privatbesitz

Stammtafeln hatten im 17. und 18. Jahrhundert vor allem eine rechtliche Bedeutung. Mit dem beglaubigten Nachweis adliger Abkunft bis in die vierte Generation bewarben sich junge adlige Damen und Herren auf eine geistliche Pfründe in einem Reichskloster oder Domstift. Mit der Säkularisation der geistlichen Institute 1803 brach für den ritterschaftlichen Adel eine bedeutende Versorgungs- und Karrieremöglichkeit weg. Die in der Familie aufbewahrten Ahnenproben wurden nun zu einer Grundlage der Ahnenforschung, da sich die verschiedenen Tafeln genealogisch ineinander verzahnen lassen. So setzt sich die hier gezeigte mittlere Stammtafel in der älteren fort. Die in der mittleren Probe in der linken aufsteigenden Reihe genannten Joseph Albert und Albert Ernst von Freyberg finden sich in der älteren, um eine Generation erweiterten Probe, wieder. Die jüngste, schon dem Historismus verpflichtete Stammtafel Conrads von Freyberg findet im Ur-Urgroßelternpaar Franz Xaver von Freyberg und Maria Aloisia von Werdenstein Anschluss an die älteren Tafeln.

LIT.: Unveröffentlicht.

XIII.7
Ernst Freiherr von Freyberg-Eisenberg (1844-1909)

Charlotte Freiin von Freyberg
(1848-1911)
1901
Öl auf Leinwand
83 x 68,5 cm
Privatbesitz

Ernst Freiherr von Freyberg stand von 1866 bis 1870 im württembergischen Militärdienst, übernahm dann von seinem Vater Maximilian die Verwaltung der Familiengüter und war Fideikommissherr auf Groß- und Kleinallmendingen und Altheim. Verheiratet war er mit Leopoldine Freiin von Freyberg-Eisenberg von der Haldenwanger Linie. Das Porträt stammt von seiner Schwester Charlotte.

LIT.: Unveröffentlicht.

XIII.8
Leopoldine Freifrau von Freyberg (1851-1941)

Charlotte Freiin von Freyberg
(1848-1911)
Um 1901 (?)
Öl auf Leinwand
82 x 68 cm
Privatbesitz

Freifrau Leopoldine von Freyberg, um 1901 von ihrer Schwägerin Charlotte porträtiert, hatte mit ihrem Mann Ernst Freiherr von Freyberg 13 Kinder.

LIT.: Unveröffentlicht.

FREYBERG

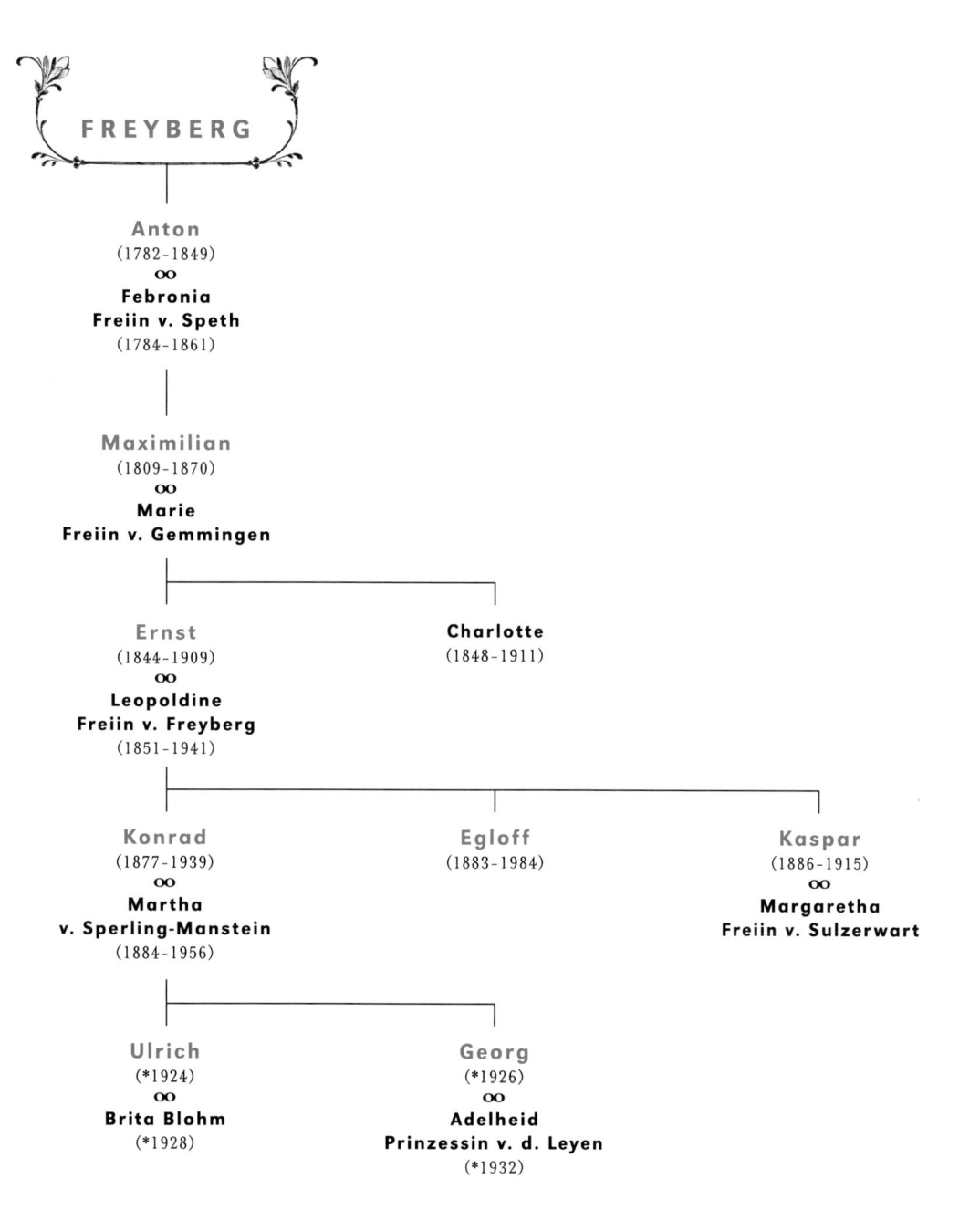

Anton
(1782-1849)
∞
**Febronia
Freiin v. Speth**
(1784-1861)

Maximilian
(1809-1870)
∞
**Marie
Freiin v. Gemmingen**

Ernst
(1844-1909)
∞
**Leopoldine
Freiin v. Freyberg**
(1851-1941)

Charlotte
(1848-1911)

Konrad
(1877-1939)
∞
**Martha
v. Sperling-Manstein**
(1884-1956)

Egloff
(1883-1984)

Kaspar
(1886-1915)
∞
**Margaretha
Freiin v. Sulzerwart**

Ulrich
(*1924)
∞
Brita Blohm
(*1928)

Georg
(*1926)
∞
**Adelheid
Prinzessin v. d. Leyen**
(*1932)

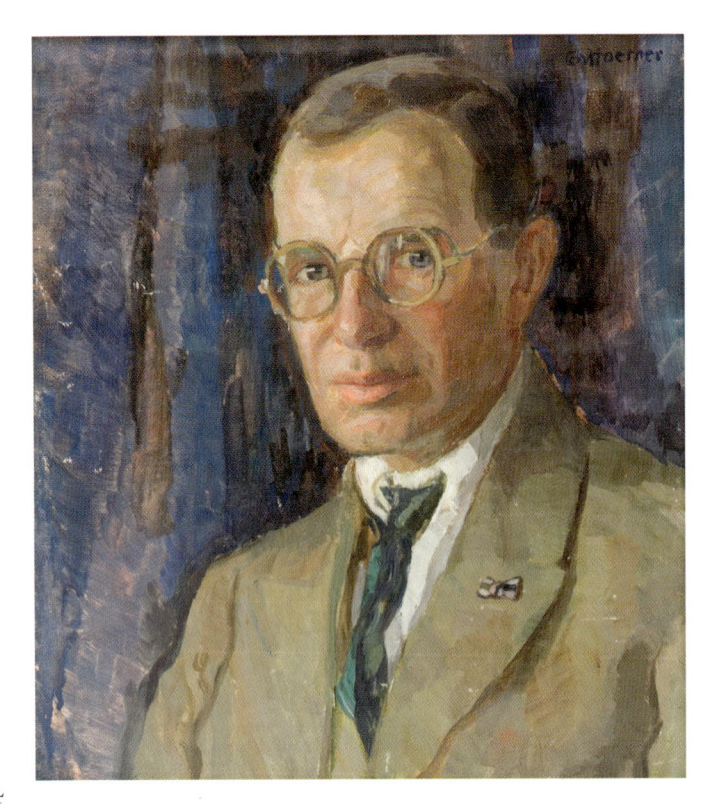

XIII.11
Kaspar Freiherr von Freyberg-Eisenberg (1885–1915)

Carl Langhorst (1867–1950)
1914
Öl auf Leinwand
127,5 x 99 cm
Privatbesitz

Kaspar Freiherr von Freyberg, Sohn von Ernst und Leopoldine von Freyberg, war Königlich Preußischer Hauptmann und Kompaniechef im Gardeschützenbataillon. Wie zwei seiner Brüder ist er im Ersten Weltkrieg gefallen. Er war verheiratet mit Margarethe Freiin von Sulzerwart.

LIT.: Unveröffentlicht.

XIII.9
Conrad Freiherr von Freyberg-Eisenberg (1877–1939)

G. von Hoerner
Um 1935
Öl auf Leinwand
45 x 40 cm
Privatbesitz

Conrad Freiherr von Freyberg-Eisenberg, Sohn von Ernst und Leopoldine von Freyberg, war Diplomingenieur (Technische Hochschule Stuttgart) und leitete vor dem Ersten Weltkrieg Sisalplantagen in Deutsch-Ostafrika, später Aufforstungen in Brasilien. Von 1930 bis zu seinem Tod verwaltete er den land- und forstwirtschaftlichen Familienbesitz in Allmendingen. Aus seiner Ehe mit Martha von Sperling-Manstein gingen zwei Söhne hervor.

LIT.: Unveröffentlicht.

XIII.10
Inuit-Bär

Arbeit eines Eskimo-Künstlers
2. Hälfte 20. Jahrhundert
Soapstone
46 cm hoch mit Sockel
Privatbesitz

Der tanzende Bär ist ein Abschiedsgeschenk der kanadischen Gesellschaft Alcan Aluminium Limited an Dr. Ulrich Freiherr von Freyberg, der in diesem Konzern in Kanada und in Europa 45 Jahre in leitenden Positionen tätig war.

LIT.: Unveröffentlicht.

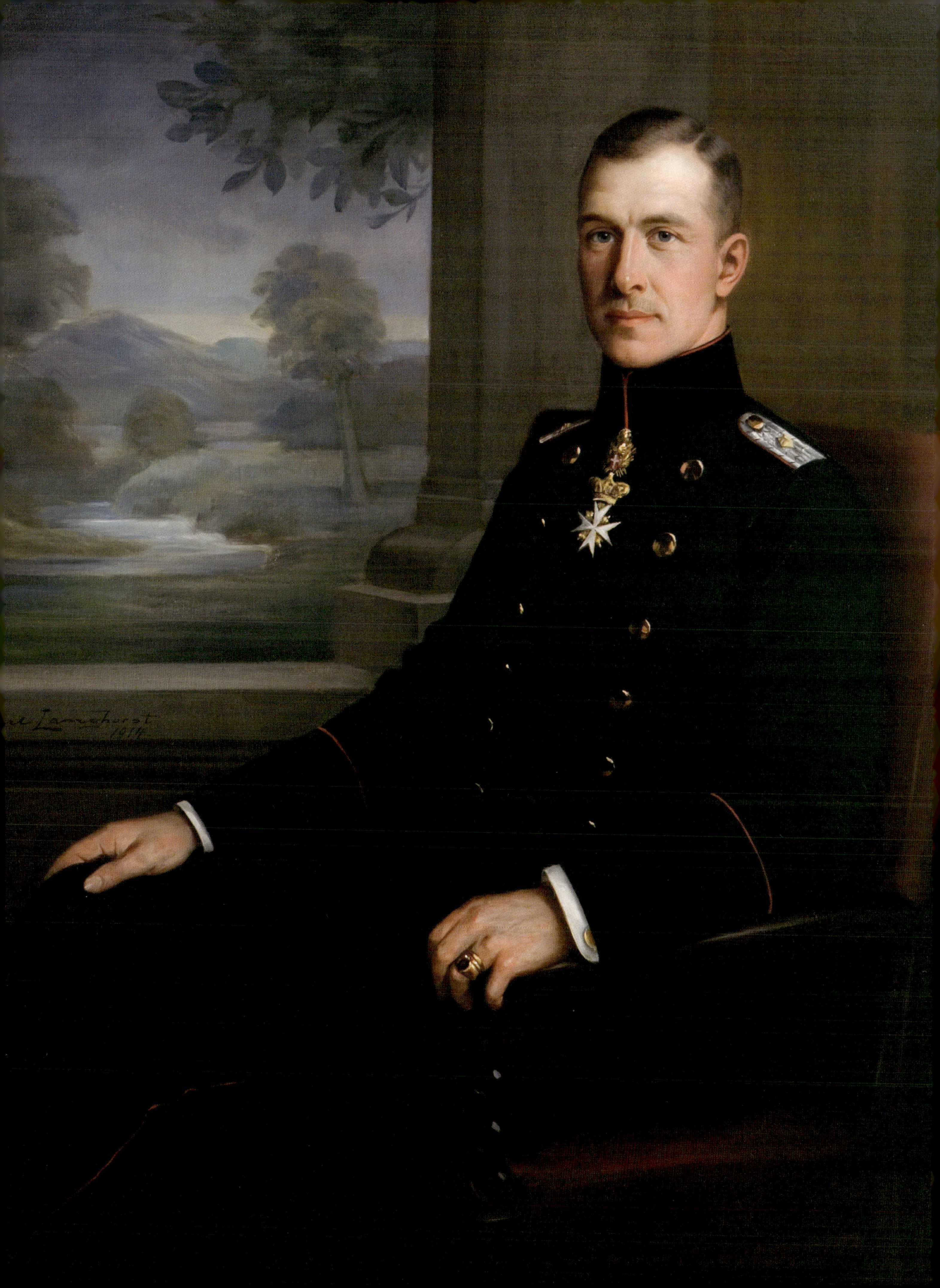

DIE SCHENKEN VON STAUFFENBERG

1251 treten die Schenken von Stauffenberg als Ministerialen der Grafen von Zollern in Erscheinung. Der zollerische Hofamtstitel des (Mund-)Schenken wurde zum festen Namensbestandteil der Familie. Bis zum Ende des 15. Jahrhunderts standen Stauffenberger in zollerischen Diensten. Ihre Stammburg unweit von Hechingen ging früh verloren, die Burgstelle ist aber seit 1954 wieder im Familienbesitz. Mit dem Erwerb der Herrschaft Wilflingen an der oberen Donau 1471, der fränkischen Herrschaft Amerdingen 1566 und der Herrschaft Rißtissen in Oberschwaben 1613 fand eine Verlagerung der Besitzschwerpunkte statt, auch wenn später wieder Herrschaften am oberen Neckar erworben wurde (Lautlingen 1625, Geislingen und Baisingen 1697).

Seit dem 16. Jahrhundert kennzeichnen drei Merkmale die Familie Stauffenberg: die Hinwendung zum Haus Habsburg, die Mitgliedschaft in der Reichsritterschaft und der Zugang zu Domherrenstellen seit 1578. Bis 1802 stellte die Familie 17 Domherren, überwiegend in Würzburg. Zwei Stauffenberger wurden Bischöfe: Markwart Sebastian in Bamberg (1683-93) und Johann Franz in Konstanz (1704-40).

Die Nähe zum Reich und der aus den geistlichen Ämtern rührende Prestigezuwachs führten 1791 zur Erhebung der Wilflinger Linie in den Reichsgrafenstand. Graf Anton von Stauffenberg (1735-1803) versprach sich von dieser Rangerhöhung den Aufbau einer Territorialherrschaft, doch wurde dieser Traum in einer Zeit des Umbruchs schnell zunichte. 1806 wurden die stauffenbergischen Güter mediatisiert: Amerdingen fiel an Bayern, Rißtissen, Wilflingen, Lautlingen und Baisingen an Württemberg. Mit dem erbenlosen Tod von Graf Klemens (1777-1833) erlosch nicht nur die Wilflinger Linie der Familie, sondern auch der Reichsgrafentitel.

In der Amerdinger Linie wurde der bambergische Hofrat und Ritterhauptmann Adam Friedrich von Stauffenberg 1803 von den neuen bayerischen Herren aus Bamberg ausgewiesen, als er versuchte die Reichsritterschaft zu retten. Die Schenken von Stauffenberg arrangierten sich wie andere Familien mit den neuen Verhältnissen. Es ist bezeichnend, dass sie sich politisch nach Bayern ausrichteten. „Die Maßnahmen, dem württembergischen Adel huldvoll die Uniform seiner Hoffouriers zu verleihen und eine Residenzpflicht für Monate in Stuttgart einzuführen, haben nur dazu geführt, dass man zunächst alles tat, um die Sonne dieser neuen königlichen Residenz zu vermeiden" (Franz Wilhelm Schenk von Stauffenberg).

Franz Schenk von Stauffenberg (1801-1884) machte im bayerischen Hofrat Karriere, erlangte den Titel „Exzellenz" und wurde 1884 in den bayerischen Grafenstand erhoben. So gab es nun wieder einen gräflichen Familienzweig. Sein Neffe, der freisinnige Freiherr Franz Schenk (1834-1901) war langjähriges Mitglied im bayerischen Landtag und im Reichstag. Eine Annäherung an das Haus Württemberg vollzog Graf Alfred Schenk von Stauffenberg (1860-1936), der den württembergischen Militärdienst wählte. Alfred war der Vater von Berthold und Claus Schenk von Stauffenberg, die, den nationalen Aufbruch von 1933 zunächst begrüßend, den Widerstand der Offiziere gegen Hitlers Unrechtsregime organisierten und dafür 1944 hingerichtet wurden.

LIT.: G. Wunder 1972.

XIII. FREYBERG UND STAUFFENBERG

XIII.12
Porträt des Johann Franz Schenk von Stauffenberg
(1734-1813)
Generalvikar in Konstanz

Unbekannter Künstler
Undatiert
Pastell
28 x 19,8 cm
Sammlung Stauffenberg,
Schloss Wilflingen

Johann Franz Schenk von Stauffenberg, der Großneffe des gleichnamigen Fürstbischofs von Konstanz, wurde am 11. November 1734 in Meersburg geboren. Er hatte Domherrenpfründe in Würzburg, Regensburg und Augsburg inne. Nach dem Studium in Bamberg und Straßburg wurde er 1773 zum Priester geweiht. Anders als viele seiner Domherren-Kollegen übte er den Priesterberuf als Pfarrer in Haßfurt und Heilbronn tatsächlich aus. Daneben war er ab 1781 Domdekan in Augsburg und Generalvikar in Würzburg, 1783 Präsident der Geistlichen Regierung und 1795 Domkustos. Von seinem Großonkel fiel ihm Wilflingen zu. Dort beauftragte er 1770 den Stuckateur Johann Michael Feuchtmayr (1709/10-1772) aus der berühmten süddeutschen Künstlerfamilie mit der Neugestaltung der Schlosskirche.
Sein Vermögen, das nach eigenen Aussagen „nicht aus dem Fideikommiß, sondern aus dem mäßigen Gebrauch meiner Präbenden Einkünfte" stammte, setzte er in Stiftungen und Stipendien zugunsten von Schulen und zur Ausbildung von Lehrern ein. M.S.

LIT.: Wunder 1972, 279-281, 462, Abb. 28.

STAUFFENBERG

Linie Wilflingen

Albrecht Schenk v. Stauffenberg
(†1593)
∞
Katharina v. Closen

Wilhelm
(1573-1644)
∞
Margarethe v. Stadion

Wolfgang Friedrich
(1612/13-1676)
∞
Anna Barbara v. Wernau

Johann Werner
(1654-1717)
∞
Marie Sophie v. Rosenbach

Johann Franz
(1658-1740)
1704 Fürstbischof von Konstanz

Lothar
(1694-1758)
∞
Johanna Schenk Gräfin v. Castell

Franz Christoph
(1711-1749)
Domherr Würzburg

Johann Franz
(1734-1813)
Generalvikar Würzburg

Anton
(1735-1803)
1791 Reichsgraf
∞
Marie Antonie v. Kageneck

Ignaz
(1770-1807)

Klemens
(1777-1833)

Linie Amerdingen

Hans Schenk v. Stauffenberg
(†1582)
∞
Barbara v. Westernach

Bernhard
(†1609)
∞
Anna Regine v. Leonrod

Hans Sigmund
(1607-1679)
∞
Ursula Schenk v. Geyern

Johann Philipp
(1656-1698)
∞
Maria Magdalena v. Riedheim

Sebastian Karl Christoph
(1692-1762)
∞
Theresia Gräfin v. Castell

Johann Franz
(1733-1797)
∞
Karoline Freiin Zobel v. Giebelstadt

Adam Friedrich
(1767-1808)
∞
Charlotte v. Harff

Franz   **Friedrich**

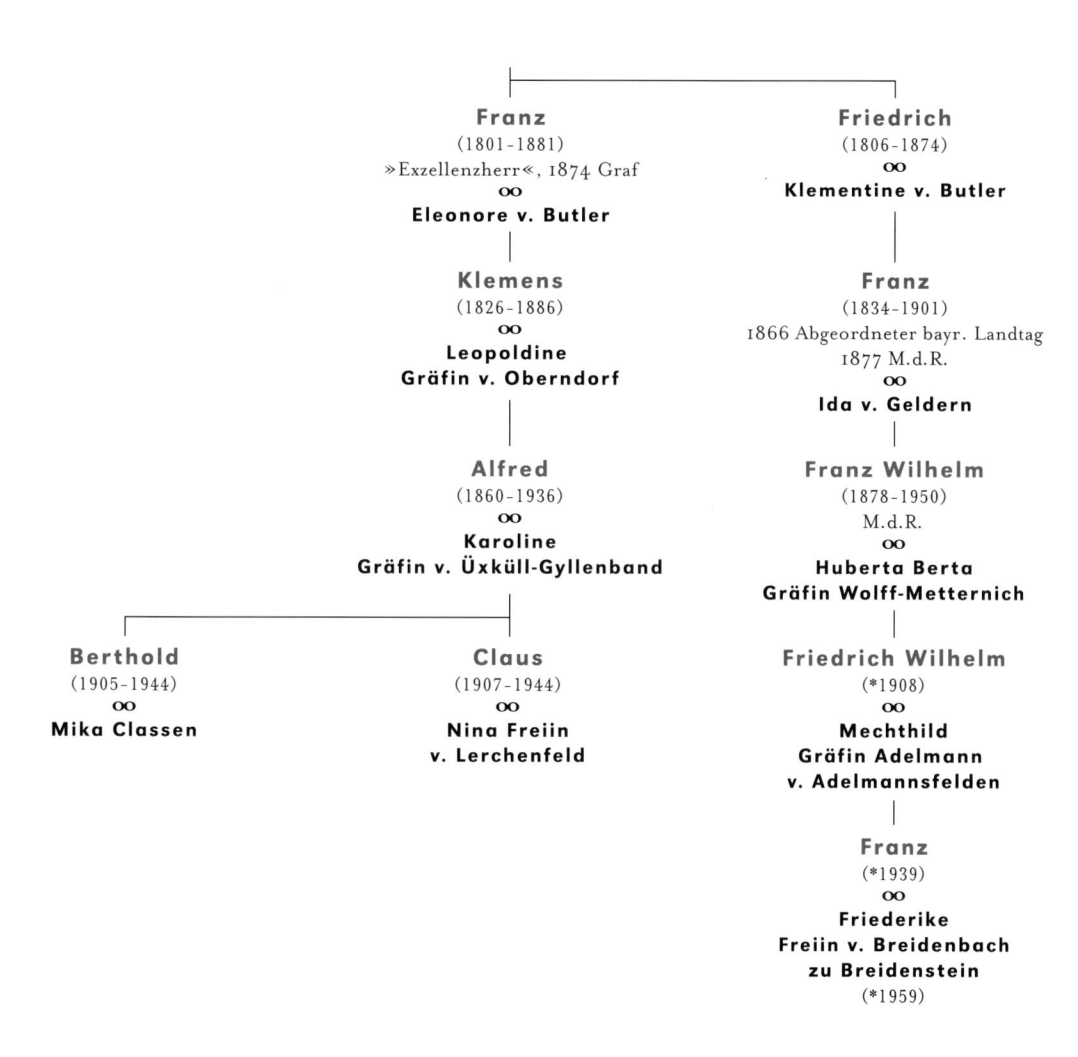

XIII. FREYBERG UND STAUFFENBERG

Franz
(1801–1881)
»Exzellenzherr«, 1874 Graf
∞
Eleonore v. Butler

Friedrich
(1806–1874)
∞
Klementine v. Butler

Klemens
(1826–1886)
∞
**Leopoldine
Gräfin v. Oberndorf**

Franz
(1834–1901)
1866 Abgeordneter bayr. Landtag
1877 M.d.R.
∞
Ida v. Geldern

Alfred
(1860–1936)
∞
**Karoline
Gräfin v. Üxküll-Gyllenband**

Franz Wilhelm
(1878–1950)
M.d.R.
∞
**Huberta Berta
Gräfin Wolff-Metternich**

Berthold
(1905–1944)
∞
Mika Classen

Claus
(1907–1944)
∞
**Nina Freiin
v. Lerchenfeld**

Friedrich Wilhelm
(*1908)
∞
**Mechthild
Gräfin Adelmann
v. Adelmannsfelden**

Franz
(*1939)
∞
**Friederike
Freiin v. Breidenbach
zu Breidenstein**
(*1959)

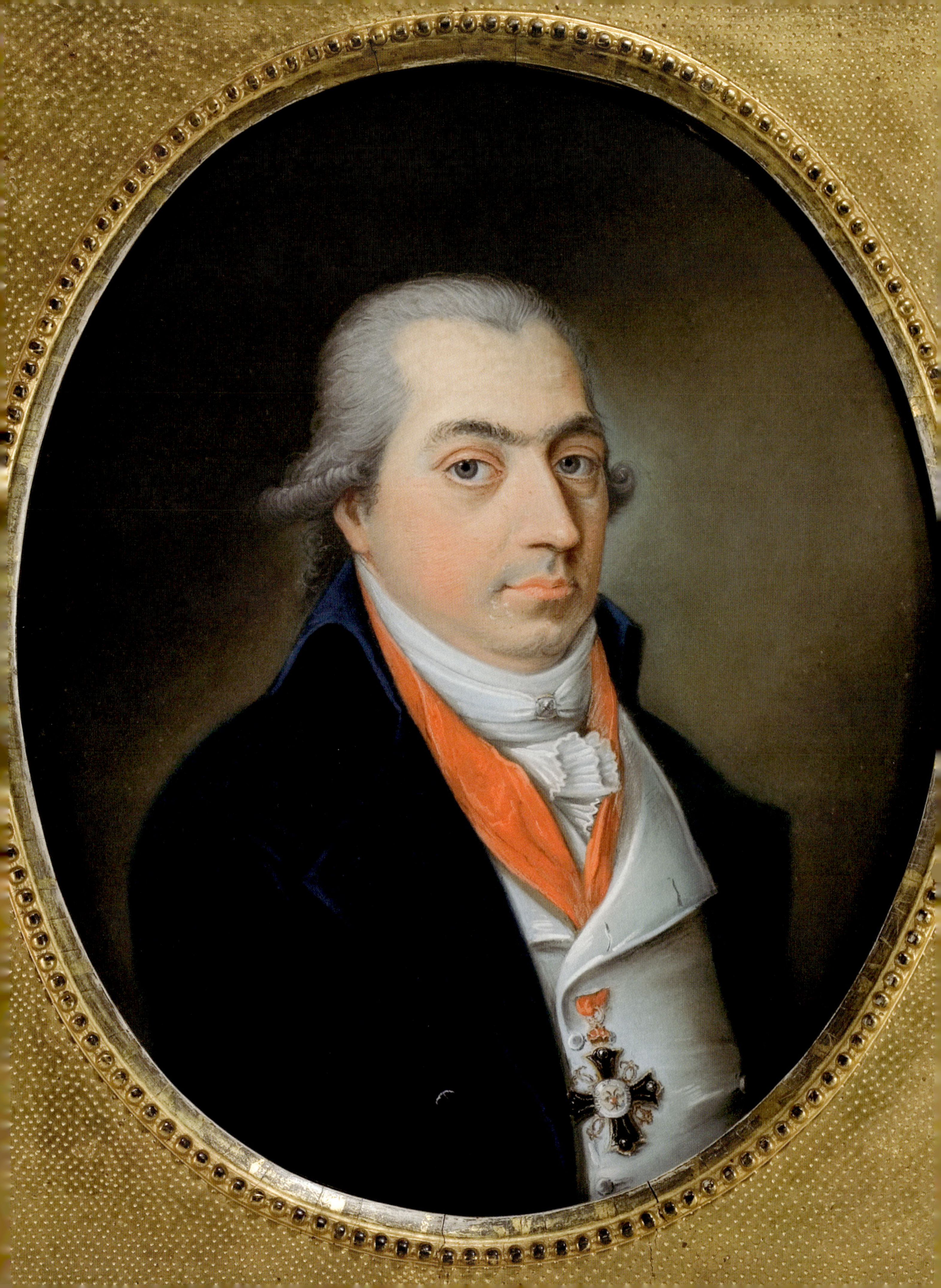

XIII.13
Adam Friedrich Schenk von Stauffenberg (1767-1808)

Unbekannter Künstler
Undatiert
Pastell
35,5 x 29 cm
Privatbesitz

Als Vertreter der Amerdinger Linie des Hauses Stauffenberg wurde Adam Friedrich Franz de Paula Aloysius Schenk von Stauffenberg am 7. März 1767 in Bamberg geboren. Er schlug zunächst eine Domherren-Laufbahn ein, erhielt 1797 in Würzburg die niederen Weihen, kehrte aber bald „in die Welt zurück" (Wunder). Adam Friedrich wurde fürstbischöflich bambergischer Kammerherr, 1790 Hof- und Regierungsrat und ebenso kurkölnischer Kammerherr. 1792 gehörte er der kurkölnischen Wahlbotschaft an, die sich in Frankfurt an der Wahl Franz' II. beteiligte. In seinen Reiseberichten tritt eine aufklärerische Gesinnung zutage sowie ein ausgeprägter Sinn für Kunst und Kultur. Fortschrittlich äußert er sich in Bezug auf das Verhältnis zwischen Regierung und Untertanen, die es zu fördern gelte. Nach dem Reichsdeputationshauptschluss 1803 geriet er als Vertreter der Reichsritterschaft in scharfe Gegnerschaft zum bayerischen Minister Graf Maximilian Josef von Montgelas, dessen Politik darauf abzielte, die Vorrechte der Ritterschaft einzuschränken und „aus Reichsrittern bayrische Untertanen zu machen" (Wunder). Dies führte am 13.11.1803 zu seiner Ausweisung aus Bamberg. Unter anderem auf Fürsprache des Vizekanzlers Colloredo wurde Adam Friedrich am 27.12.1803 zum Wirklichen Kaiserlichen Geheimen Rat ernannt und zum katholischen Präsidenten beim Reichskammergericht in Wetzlar. In seiner Ernennungsurkunde lobt der Kaiser außer Adam Friedrichs „altadligen Geschlechtsvorfahren" seine „teutschpatriotische Gesinnung", seinen Eifer für die „Beförderung der gottgefälligen Gerechtigkeitspflege" wie seine „Wissenschaft und Geschicklichkeit zu Reichs- und Rechtssachen." **M.S.**

LIT.: G. Wunder 1972, 297-396 ff. 467 ff. und Abb. 49.

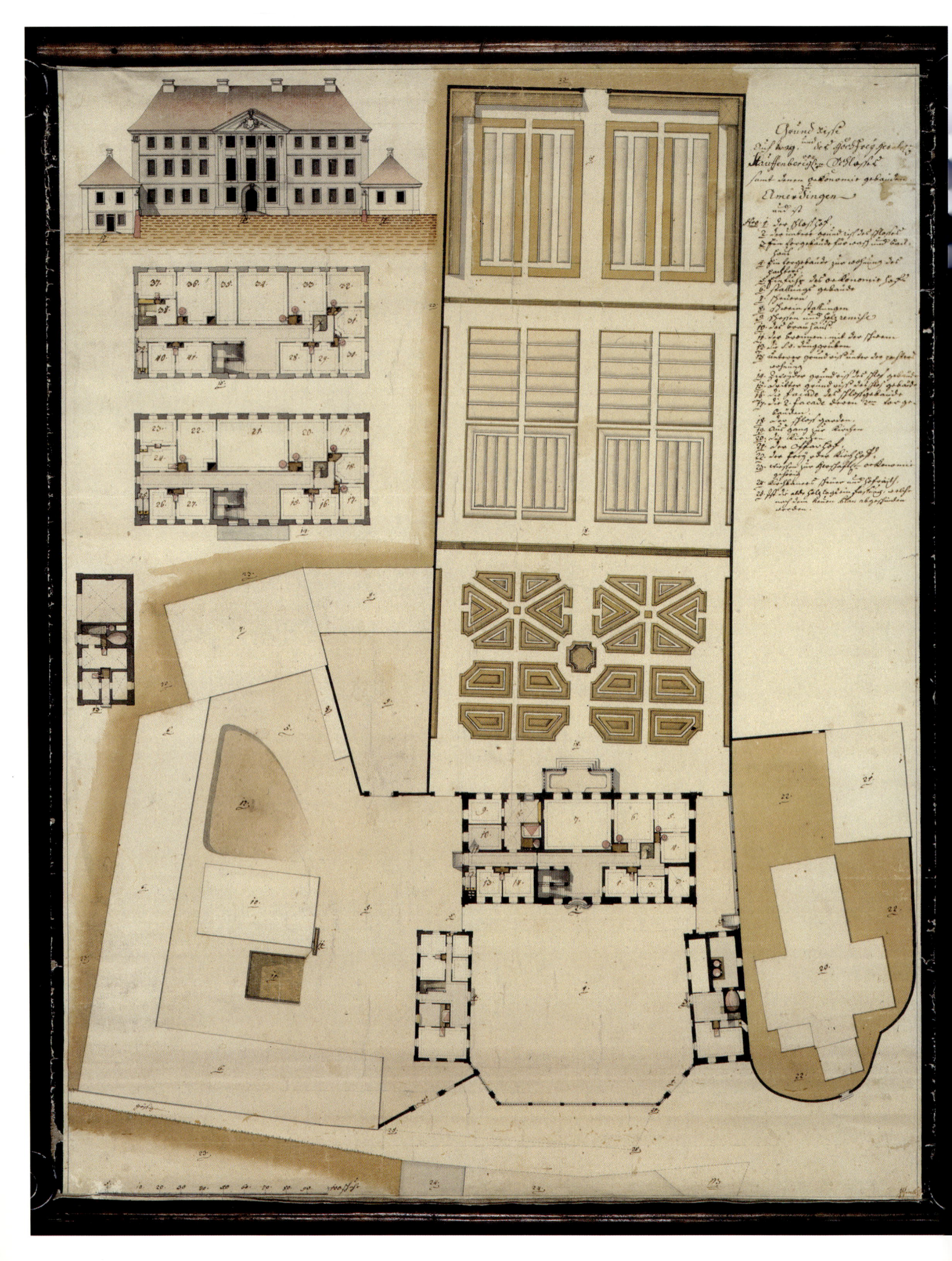

Grund riße
der [...] des hochfürstl
Kruffenberischen Schloßes
samt denen œconomie gebäuden
Ame[r]dingen
[...]

No i. der Schloßes
2. der unter grundriß des Schloßes
3. ein forgebäude zur wohnung des
   gastes
4. ein forgebäude zur wohnung des
   gastes
5. das haus der œconomie hof[...]
6. das stallungs gebäude
7. [...]
8. scheun stallungen
9. scheuer und holz remise
10. das brau haus
11. das brennen mit dem [...]
12. die [...] zugbrücken
13. unteres grundriß [...] der gastes
    wohnung
14. das 2tes grundriß des Schl. gebäudes
15. dritter grundriß des Schl. gebäudes
16. die facade des Schloß gebäudes
17. die 2. facade [...] der ge-
    [...]
18. der schloß garten
19. der gang zu kirchen
20. die kirchen
21. das Amt haus
22. der forst oder Kirch [...]
23. stallen zur herrschafft œconomi
    gesind
24. das [...] haus [...] scheur und schaff[...]
25. Ist die alte holz [...] in fassung, welche
    noch[...] ein [...] abgebrochen
    worden

XIII.14
Grundriss und Ansicht des Stauffenberg-Schlosses in Amerdingen
Kolorierte Architekturzeichnung

Undatiert (Ende 18. Jahrhundert)
59,5 x 46,5 cm
Landesarchiv Baden-Württemberg,
Staatsarchiv Sigmaringen, Dep 38 T 4
Nr. 1172

Das Stauffenberg'sche Schloss in Amerdingen wurde 1784-1788 von dem Bamberger Baumeister Lorenz Finck nach Plänen von Franz Ignaz Michael von Neumann errichtet. Es zeigt sowohl in der Fassadengestaltung des Schlosses selbst wie in der Gartenanlage die strenge Auffassung des Klassizismus, wie er sich überall um 1780 durchsetzte. Der dreistöckige Hauptbau und die beiden seitlichen freistehenden Flügelbauten gruppieren sich um einen Hof. Der klassizistische Festsaal aus der Erbauungszeit im ersten Obergeschoss des Schlosses ist mit vortrefflichen Stuckaturen von Materni Bossi ausgestattet. **M.S.**

LIT.: Dehio 1989, 22; Dursthoff 1987, 171.

XIII.15
Kolorierter Gartenplan des Schlosses Amerdingen

Bezeichnet: „Plan zu dem garten des Herrn Baron Clemens Schenk von Stauffenberg [1826-1886] in Amerdingen"
1854
63 x 50 cm
Landesarchiv Baden-Württemberg,
Staatsarchiv Sigmaringen, Dep 38 T 4 Nr. 1167

Westlich des Schlosses befindet sich ein weitläufiger Park, der ursprünglich im französischen Stil angelegt war und von Baron Klemens umgestaltet wurde. Dieser Gartenplan zeigt, wie weit sich der Geschmack des 19. Jahrhunderts vom strengen Klassizismus des späten 18. Jahrhundert entfernt hat. Deutlich erkennbar ist die Vorliebe für die verspielteren Formen des „englischen" Gartens, wie ihn übrigens schon der Namensvetter des Barons, Graf Klemens von Stauffenberg, Jahrzehnte früher beim Schloss Rißtissen verwirklichte. **C.B.**

LIT.: G. Wunder 1972, 295; Dehio 1989, 22.

XIII.16
Porträt des Anton Reichsgraf Schenk von Stauffenberg (1734–1803)

Unbekannter Künstler
Undatiert
Pastell
57,5 x 45,5 cm
Privatbesitz

Geboren am 22.11.1735 in Meersburg und aufgewachsen in Dillingen, erhielt Freiherr Anton Damian Hugo Schenk von Stauffenberg nach seinem Studium in Straßburg das Amt eines kurtrierischen und bischöflich Augsburgischen Geheimrats, später wurde er Oberstallmeister des Bischofs von Augsburg und Geheimer Rat und Kämmerer des Erzbischofs von Mainz. In diesem Zusammenhang wohnte er 1764 der Krönung Josefs II. in Frankfurt bei. Sein Wirken ist besonders durch den in wirtschaftlicher Hinsicht geschickten Umgang mit seinem großen Erbe sowie durch eine rege Bautätigkeit in den Schlössern Rißtissen, Geislingen, Jettingen und Eberstall gekennzeichnet. Auf seinen Antrag hin erfolgte 1791 die Erhebung der Familie in den Reichsgrafenstand.

LIT.: G. Wunder 1972, 283-288, 462 und Abb. 26.

XIII.17
Kaiser Leopold II. erhebt den Freiherrn Anton Schenk von Stauffenberg (1735-1803) **in den Reichsgrafenstand**

Wien, 15. August 1791
Libell in rotem Einband mit anhängendem kaiserlichem Siegel in Messingkapsel
53 x 37 cm
Landesarchiv Baden-Württemberg, Staatsarchiv Sigmaringen Dep. 38 T 1 I A a22

Bald nach der Wahl Leopolds II. (1790-1792) richtete Freiherr Anton Schenk von Stauffenberg ein Gesuch um Erhebung seiner Familie in den erblichen Grafenstand an die kaiserliche Regierung. Sowohl dieses eigenhändig auf grauem Papier geschriebene Gesuch, das „Verdienste, Ehren und Ruhm der Voreltern" aufzählt, wie auch die Bewilligung der Standeserhebung sind erhalten. Diese gibt die in dem Gesuch enthaltenen familiengeschichtlichen Angaben, beginnend im 10. Jahrhundert bis zu Anton selbst, wörtlich wieder.

Das Gesuch wurde am 15. August 1791 von Leopold II. angenommen. Mit der Erhebung in den Reichsgrafenstand war das Recht auf „Titel und Ehrenwort Hoch- und Wohlgeboren" sowie eine Besserung des Wappens um eine reichsgräfliche Krone verbunden. Der Wappenbrief zeigt als „Bild im Bild" das stauffenbergische Wappen frei stehend „in freier Natur" in einer Landschaft mit Blick auf einen in Morgen- oder Abendrot getauchten Horizont. Das stauffenbergische Wappen selbst hat einen zweifach geteilten silberfarbenen Schild mit rotem Balken, oben und unten findet sich ein nach rechts schreitender blauer Löwe. Der Helm trägt einen mit Hermelin verbrämten und mit Federn gezierten roten Hut, bei dem es sich – wie Anton in seinem Gesuch schrieb – um den hohenstaufischen Herzogshut handle. Das Recht, diesen in ihrem Wappen zu führen, sei der Familie erteilt worden, als einem Eberhard von Stauffenberg im 11. Jahrhundert das hohenstaufische Erbschenkenamt verliehen worden sei. Aus dem Hut wachsen zwei nach außen geneigte silberne Schalmeien hervor, die in der Mitte von einem roten Band belegt und in den Öffnungen mit 6 Hahnenfedern besteckt sind. Der Bilderrahmen um dieses „Wappengemälde" ist mit einem purpurnen, hermelingefütterten Wappenmantelumhängt, in dessen Mitte sich – als Krönung der Darstellung – die soeben erworbene Besserung des Wappens findet: die reichsgräfliche Krone, dargestellt im schwarzen Doppeladler. M.S.

LIT.: G. Wunder 1972, 286-288; Siebmacher 1971, Bd. 22, S. 20, Tafel 15, S. 58, Tafel 61.

XIII.18
Jägerbrief

24. Oktober 1793
Tinte auf Papier, Siegelwachs
76 x 95 cm (m.R.)
Privatbesitz

Justus Philipp Volckmuth, der Stauffenbergische Forstamts-Direktor mit Sitz in Rißtissen bestätigt, dass der aus Schwabach in Franken gebürtige Jägerssohn Joseph Werner für zwei Jahre „auf und angenommen" worden sei, um „das grosse und kleine Weidwerk und edle Hirschgerechte Jägerey mit jagen, hezen und bürschen zu erlernen". Abschließend sei er von den „hochgräflichen Schenk von Stauffenbergischen Jägern nach Weidmanns gebrauch examiniret" worden. Während seiner Lehrzeit habe sich Joseph Werner so „fleißig, getreu, redlich verschwiegen und ehrlich verhalten", dass man „darob ein Vollkomenes Vergnügen getragen" habe. Alle und „insonderheit die liebhaber des edlen weidwerks" werden gebeten, Joseph Werner infolge seiner in Lehre und Examen „erzeigten Wissenschaft" als einen „hirschgerechten jäger" anzuerkennen und ihm besonders aufgrund seines Wohlverhaltens eine besondere „beförderung" angedeihen zu lassen. Neben Forstamts-Direktor Philipp Volckmuth unterzeichnen der Oberjäger Johann Georg Brunner, der Revier-Jäger zu Jettingen Antoni Bauer und der daselbst zugeordnete Jäger Johann Marthin Reichel. Rechts und links des gräflich-stauffenbergischen Wappens sowie am unteren Rand ist der „Jägerbrief" mit drei Szenen aus dem Berufsleben des Jägers illustriert. M.S.

LIT.: Unveröffentlicht

XIII.19
Klemens Wenzeslaus Maria Johann Nepomuk Franz Ignaz Schenk von Stauffenberg (1777-1833)

Johann Conrad Eckart (1805-1861)
Lithographie
38 x 28,5 cm
Privatbesitz

Klemens Wenzeslaus war der einzige die Eltern überlebende Sohn des Reichsgrafen Anton Schenk von Stauffenberg und seiner Gemahlin Marie Antonie von Kageneck zu Munzingen. Geboren 1777 in Dillingen erhielt er schon 1788 eine Domherrenpfründe in Würzburg. Ab 1789 besuchte er die Universitäten Straßburg, Mainz und Würzburg. Obwohl von seinem Vater aufgefordert, die Dompfründe aufzugeben, um für den Fortbestand der Familie zu sorgen, blieb er Junggeselle. Graf Klemens lebte in Rißtissen, dessen Grundbesitz er durch Aufkäufe vergrößerte. Die bisher im französischen Stil gehaltenen Gartenanlagen gestaltete er in einen englischen Park um. 1807 erbte er Jettingen und Eberstall von seinem Bruder, 1818 von seinem Onkel Wilflingen. Graf Klemens wurde 1818 erblicher Reichsrat des Königreichs Bayern, er sollte der letzte Reichsgraf von Stauffenberg bleiben. 1833 starb er in Rißtissen als letzter der Wilflinger Linie des Hauses Stauffenberg. **M.S.**

LIT.: G. Wunder 1972, 292 ff. und Abb. 31.

XIII.20
Franz Ludwig Schenk von Stauffenberg (1801-1881), „Exzellenzherr"

Unbekannter Künstler
Undatiert
Lithographie
58 x 48,5 cm (m.R.)
Privatbesitz

Schon mit 15 Jahren hatte Franz Ludwig die Abschlussprüfung am königlichen Gymnasium Würzburg, mit 19 Jahren die juristische Staatsprüfung mit der Note „Ausgezeichnet" bestanden. Der begabte Jurist kümmerte sich ab 1826 um die Bewirtschaftung seiner Güter und schloss mit seiner Familie Verträge, die Vererbung des Familienbesitzes betreffend. Franz fiel die Administration der gesamten Familiengüter zu. Er erhielt auch den erblichen Sitz in der Kammer der Reichsräte, dem bayerischen Oberhaus. Seine Verdienste um die Finanzkontrolle des Parlaments und den Staatshaushalt wurde 1849 mit der Ernennung zum Präsidenten der Kammer der Reichsräte belohnt. 1869 wurde Franz von Stauffenberg mit dem Titel „Exzellenz" ausgezeichnet. Anlässlich des 25-jährigen Jubiläums seiner Tätigkeit als Präsident der Kammer wurde er 1874 von König Ludwig in den erblichen Grafenstand des Königreichs Bayern erhoben. **M.S.**

LIT.: Wunder 1972, 312-322 und Abb. 52.

XIII.21
Schloss Rißtissen

Unbekannter Künstler
Anfang 19. Jahrhundert
Gouache und Tusche
35 x 51,5
Privatbesitz

Das Gut Rißtissen kam im Jahr 1613 anläßlich ihrer Eheschließung mit Hans Christoph Schenk von Stauffenberg (1559-1638) als Heiratsgut der Maria von Laubenberg in Stauffenberger Besitz. Das heutige Schlossgebäude stammt aus dem frühen 18. Jahrhundert, umfangreiche Umbauten erfolgten im Jahr 1782. Das Gebäude wurde von zwei auf drei Stockwerke erhöht und erhielt eine frühklassizistische Fassade. Zu Beginn des 19. Jahrhunderts wurde der Garten grundlegend umgestaltet. Der nach französischer Art streng geometrisch gegliederte Park wurde zugunsten eines naturnahen englischen Gartens aufgegeben. Dazu hatte Graf Klemens eigens seinen Schlossgärtner Klenk nach England geschickt, damit er „an Ort und Stelle das Wesen des englischen Gartens kennenlerne". Möglicherweise drückt sich in dieser „englischen" Gartengestaltung mit ihrer Hinwendung zur Natur die Abkehr von der ehemals so einflussreichen französischen Hofkultur aus. **M.S.**

LIT.: G. Wunder 1972, 148, 295 u. 455; Der Alb-Donau-Kreis Bd. 2, 29, 128; Das Land Baden-Württemberg, Bd. VII, S. 342.

XIII. FREYBERG UND STAUFFENBERG

XIII.22
Ansicht von Schloss und Dorf Wilflingen von Süden

Unbekannter Künstler
2. Viertel 19. Jahrhundert
Kolorierter Stich
6 x 61,5 cm (m.R.)
Privatbesitz

Die Herrschaft Wilflingen gehörte seit 1471 den Schenken von Stauffenberg. Das Schloss erhielt gegen 1740 vom damaligen Inhaber, dem Konstanzer Fürstbischof Johann Franz von Stauffenberg seine heutige Gestalt. Zu Beginn des 19. Jahrhunderts gehörte Wilflingen dem Grafen Klemens von Stauffenberg. Diese gegen Mitte des 19. Jahrhunderts entstandene Ansicht veranschaulicht noch immer die beherrschende Stellung der Stauffenbergischen Patrimonialherrschaft im Dorf Wilflingen. C.B.

LIT.: G. Wunder, 1972, 292 ff.

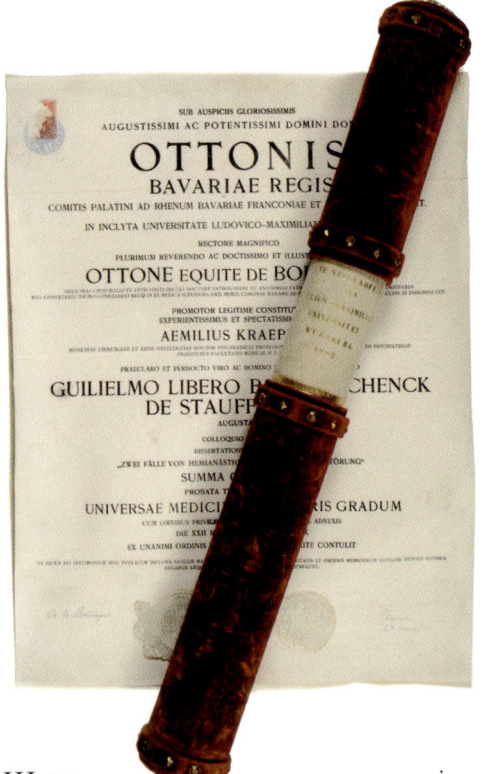

XIII.23
Doktordiplom für Wilhelm Freiherr Schenk von Stauffenberg (1879-1918)

*Ludwig-Maximilian-Universität München
1909
Papierurkunde
51,5 x 40,5 cm
dazu gehörige Rolle in rotem Samt,
55 cm lang, Dm. 8 cm
Landesarchiv Baden-Württemberg,
Staatsarchiv Sigmaringen,
Dep. 38 T 4 Nr. 128*

Es gehörte seit dem 16. Jahrhundert zum "guten Ton" der jungen Adligen, im Rahmen ihrer Erziehung zum künftigen Regenten oder Patrimonialherrn einige Semester Jura studiert zu haben. Nach der Mediatisierung verspürten viele Adlige, die die Leitung einer Standesherrschaft übernehmen sollten, die Notwendigkeit, sich mit einem Jura- oder Landwirtschaftsstudium auf ihre künftige Aufgabe vorzubereiten. Das Studium erhielt so eine berufsvorbereitende Funktion. Seit dem späten 19. Jahrhundert ergriffen nachgeborene Söhne des freiherrlichen Adels, die nicht die traditionelle Offizierslaufbahn einschlagen mochten, immer häufiger "bürgerliche" Berufe (Ingenieur, Forstwirt, Arzt). Wilhelm Schenk von Stauffenberg, der 1909 an der Universität München promoviert wurde, war später Privatdozent für innere Medizin. **C.B.**

LIT.: G. Wunder 1972, 484; vgl. Bratvogel im Begleitband.

XIII.24
Franz Schenk von Stauffenberg (1834-1901)
Mitglied des Reichstages

*Undatierte Fotografie
34,5 x 29,5 cm
Privatbesitz*

Wie sein Onkel, der "Exzellenzherr" Franz Ludwig, wurde Franz August von Stauffenberg Politiker. Nach dem Jurastudium in Würzburg und Heidelberg war er zunächst im bayerischen Justizdienst, ab 1863 als 2. Staatsanwalt in Augsburg. Dieses Amt gab er zugunsten der Verwaltung der Familiengüter 1866 auf. Noch im gleichen Jahr wurde er für die bayerische Fortschrittspartei in den Bayerischen Landtag gewählt, ein Mandat, das er bis auf eine zweijährige Unterbrechung bis 1898 innehatte. 1867 brachte er einen Antrag für die Abschaffung der Todesstrafe ein, der aber ebenso wie der Folgeantrag 1870 scheiterte. Von 1871-1875 war er Landtagspräsident. Schwerpunkte seiner politischen Tätigkeit waren u.a. das Bildungswesen und der Eisenbahnbau. Als Protagonist des Reichsgedankens war er 1870/71 Wegbereiter für den Beitritt Bayerns zum Reich. Von 1871 bis 1893 gehörte er als Vertreter der Nationalliberalen dem Reichstag an und kämpfte hier, später in der Sezession und ab 1884 in der Deutschen Freisinnigen Partei für die Liberalisierung des Obrigkeitsstaats. Mit der konservativen Entwicklung der Reichspolitik geriet er Ende der 70er Jahre zunehmend in Opposition zu Bismarck, dessen Sozialistengesetze er ebenso ablehnte wie die Schutzzollpolitik. Als Linksliberaler hob sich Stauffenberg von den Gesinnungen des sonst eher konservativ eingestellten Adels ab. Er gehörte "zu jenen edlen Naturen, die vornehmlich durch ihre Persönlichkeit wirken" (Th. Barth), und wurde als Politiker über die Parteigrenzen hinaus geschätzt. **M.S.**

LIT.: Steinsdorfer 1959; Wunder 1972, 332 ff. und Abb. 69; NDB Bd. 22, 677 f.

XIII.25
Gedächtnistafel der jüdischen Gemeinde Fürth für Franz Schenk von Stauffenberg

1901
43,5 x 55,5 cm
Privatbesitz

Das Rabbinat Fürth widmete dem liberalen Reichstagsabgeordneten Franz Schenk von Stauffenberg nach seinem Tod 1901 diese Gedächtnistafel in Anerkennung seiner Verdienste um eine liberale Judenpolitik. „Es ist ein herrlicher Oelbaum, ein hochverdienter Vorkämpfer der Freiheit u. Abwehr des Antisemitismus, die Krone Israels, die Zierde Deutschlands, langjähriges hervorragendes Mitglied des Reichtags u. des bayerischen Landtages, voll Milde, wo es einen Nächsten galt, am 16ten Silvan 5661 [2. Juni 1901] heimgegangen zu seinen Eltern, u. die Seele stieg rein in die lichten Höhen, um dort den wohlverdienten Lohn im Empfang zu nehmen. Friede s[einer] Asche."

LIT.: Unveröffentlicht.

XIV.

→

»GRAF ZEPPELIN ERSCHIEN ZU PFERD AUS POTSDAM, WO ER DEM PRINZEN WILHELM VON WÜRTTEMBERG BEIGEGEBEN IST...«

Isabella von Zeppelin 1868

Württemberg und die württembergische Klientel: Zeppelin und König von Warthausen

DAS KÖNIGREICH WÜRTTEMBERG hatte nach der Mediatisierung zunächst einen schweren Stand in Oberschwaben. Die neuen Standesherren aus altem Adel gingen überwiegend auf Distanz zu Stuttgart. Da lag es im Interesse des württembergischen Staates, in Oberschwaben Adelsfamilien zu fördern oder anzusiedeln, die ihm zugetan waren. Mit der ursprünglich bürgerlichen Familie König, die von Württemberg nobilitiert worden war und die 1829 Warthausen erwarb, erlangte Stuttgart einen solchen Vorposten in Oberschwaben.

Etwas anders verhielt es sich mit der ebenfalls durch Württemberg in den Grafenstand erhobenen Familie Zeppelin. Diese siedelte sich 1835 zunächst im thurgauischen Girsberg an. Erst Ende des 19. Jahrhunderts wurde Graf Ferdinand von Zeppelin durch sein Luftschiffunternehmen in Friedrichshafen zu einer profilierten Gestalt des oberschwäbischen Adels.

DAS HAUS WÜRTTEMBERG

MIT KONRAD VON WÜRTTEMBERG, der im Jahr 1083 die heute nicht mehr erhaltene Stammburg des Geschlechts errichten ließ, beginnt die Geschichte des Hauses Württemberg. Seit dem Untergang der Staufer vollzogen die Grafen von Württemberg einen unvergleichlichen Aufstieg im deutschen Südwesten. Schon im 14. Jahrhundert zeichnete sich ein relativ geschlossenes Territorium ab, das durch Heiratsverbindungen um linksrheinische Besitzungen wie Mömpelgard (Montbéliard) erweitert wurde. Die Teilung der Grafschaft unter zwei Brüdern im 15. Jahrhundert verzögerte vorübergehend den weiteren Aufstieg, bis Graf Eberhard im Bart die Landesteile vereinigen konnte und seinem Machtstatus entsprechend 1495 zum Herzog erhoben wurde.

Herzog Ulrich, der 1519 wegen seiner Eskapaden aus der Regierung vertrieben wurde, führte nach seiner Rückkehr 1534 die Reformation durch. Unter seinem Sohn Herzog Christoph entwickelte sich Württemberg zu einem der bedeutendsten evangelischen Territorien im Reich. Der Dreißigjährige Krieg betraf Württemberg und seine Bewohner besonders hart, ein Drittel der Bevölkerung fand damals den Tod. Trotz zeitweiliger Besetzung durch fremde Truppen musste Herzog Eberhard III. keine Territorialverluste hinnehmen. Im Barockzeitalter regierten die Herzöge von Württemberg absolutistisch und ließen sich in Stuttgart und Ludwigsburg prachtvolle Schlösser im Stile Versailles errichten. Bekanntester Herzog des 18. Jahrhunderts war zweifellos Karl Eugen, der trotz mancher schillernder Charakterzüge ein Förderer von Kunst und Bildung gewesen ist.

Die napoleonische Herrschaft brachte für Würt-temberg eine historische Wende insofern, als Napoleon das Herzogtum neben Bayern, Baden und Hohenzollern in seinen Rheinbund einbezog. Herzog Friedrich wurde 1803 zunächst zum Kurfürsten und 1806 schließlich zum König erhoben. Für linksrheinische Verluste wurde er durch Säkularisation und Mediatisierung reich entschädigt. Württemberg, das bisher nur mit seinem Außenposten Hohentwiel südlich der Donau präsent war, erweiterte nun sein Staatsgebiet im östlichen Oberschwaben bis zum Bodensee. Friedrichs Nachfolger König Wilhelm I. (1816-1864) erließ 1819 eine Verfassung, er setzte sich für die Bauernbefreiung und die Verbesserung der Landwirtschaft ein. Die Revolution von 1848 blieb ohne weit reichende Folgen, das politische System trug zur Liberalisierung des Landes bei. In der 2. Hälfte des 19. Jahrhunderts entfaltete sich in Württemberg die Industrie.

In der nationalen Frage befürwortete Württemberg zunächst nicht die kleindeutsche Lösung. Im Deutschen Krieg von 1866 stand es gegen Preußen auf der Seite Österreichs. Doch schon am deutsch-französischen Krieg nahm Württemberg an der Seite Preußens teil. Nach der Reichsgründung von 1871 verlor König Karl wie andere Regenten einen Teil seiner Souveränität, so wurde jetzt die Militär- und Außenpolitik in Berlin gemacht. Der Erste Weltkrieg von 1914/18 unterbrach eine Phase bescheidenen Wohlstands, die von der Industrialisierung ausgegangen war. Im November 1918 dankte König Wilhelm II. wie alle deutschen Regenten ab. Mit seinem Tod ging die Erbfolge auf die katholische Linie des Hauses Württemberg über. Die ehemalige Deutschordenskommende Altshausen, wo sich 1921 Herzog Albrecht niederließ, wurde zum Sitz der Familie. Chef des Hauses ist seit 1975 Herzog Carl, der sich der 900-jährigen württembergischen Tradition seines Hauses bewusst ist.

XIV. WÜRTTEMBERG, ZEPPELIN UND KÖNIG VON WARTHAUSEN

XIV.1
Wilhelm I. König von Württemberg

Unbekannter Künstler
Undatiert (ca. 1841)
Öl auf Leinwand
71,5 x 56,5 cm
Privatbesitz

Das Porträt König Wilhelms I. wurde wahrscheinlich zu seinem 25-jährigen Regierungsjubiläum gemalt, da der König die rechte Hand auf die Verfassungsurkunde legt. Im Hintergrund sind die Jubiläumssäule und der Wilhelmsbau in Stuttgart zu sehen. Wilhelm I., der Württemberg über den langen Zeitraum von 1816 bis 1864 regierte, löste mit der Verfassung von 1819 das spätabsolutistische Regime seines Vaters ab. Sein Konstitutionalismus und sein kompromissbereiter Stil wirkten stabilisierend auf die politischen Verhältnisse. Obwohl es ihm gelang, mit allen Standesherrschaften Verträge über deren Stellung im Königreich auszuhandeln, blieb der Adel weiter auf Distanz zum Staat. König Wilhelm förderte die Bauernbefreiung in Württemberg, übrigens auch in den Standesherrschaften. Er überstand die Revolution von 1848 unbeschadet und erlebte danach noch den Anbruch des Industriellen Zeitalters. In der nationalen Frage verfolgte Wilhelm einen Sonderweg. Ihm schwebte in Deutschland ein Sechs-Staaten-System vor mit den Großmächten Preußen und Österreich und den kleineren Königreichen Bayern, Hannover, Sachsen und Württemberg, wobei Württemberg um Baden und Hohenzollern vergrößert werden sollte. König Wilhelm pflegte zugleich Kontakte zu Russland und zum französischen Kaiser Napoleon III., um sich gegenüber Preußen und Österreich abzusetzen. Die Verbindung zum russischen Zarenhaus, die in seiner kurzen Ehe mit Katharina von Russland († 1819) nur angerissen war, wurde durch die Verehelichung seines Sohnes Karl mit Großfürstin Olga 1846 erneuert.

LIT.: Moersch 1996; Lorenz u.a. 1997, 302-306.

WÜRTTEMBERG

Friedrich Eugen
(1732-1797)
1795-97 Herzog
∞
**Friederike Dorothee
v. Brandenburg-Schwedt**
(1736-1798)

Friedrich I.
(1754-1816)
1797-1803 Herzog
1803 Kurfürst, 1806 König
∞
**Auguste Karoline
v. Braunschweig-Wolfenbüttel**
(1764-1788)

Alexander I.
(1771-1833)
∞
Antoinette v. Sachsen
(1779-1824)

Wilhelm I.
(1781-1864)
1816-64 König
∞
1. **Charlotte v. Bayern**
2. **Katharina v. Russland**
3. **Pauline v. Württemberg**

Katharina
(1783-1835)
∞
**Jérome
König v. Westfalen**
(1784-1860)

Paul
(1785-1852)
∞
**Charlotte
v. Sachsen-Hildburghausen**
(1787-1847)

Alexander II.
(1804-1881)
∞
1. **Marie v. Orléans**
2. **Catharina Pfennigkäufer**

Karl I.
(1823-1891)
1864-91 König
∞
**Olga
Großherzogin v. Russland**
(1822-1892)

Katharina
(1821-1898)
∞
Friedrich
(1808-1870)

Philipp I.
(1838-1917)
∞
**Marie Therese
v. Österreich**
(1845-1927)

Wilhelm II.
(1848-1921)
1891-1918 König
∞
1. **Marie v. Waldeck**
2. **Charlotte
v. Schaumberg-Lippe**

Albrecht
(1865-1939)
∞
**Margarethe Sophie
v. Österreich**
(1870-1902)

Philipp II. Albrecht
(1893-1975)
∞
1. **Helene v. Österreich**
(1903-1924)
2. **Rosa v. Österreich**
(1906-1983)

Carl
(*1936)
Herzog
∞
**Diane
geb. Prinzessin v. Orléans
und Braganza**
(*1940)

Friedrich
(*1961)
∞
Marie zu Wied
(*1973)

XIV.2
König Karl von Württemberg
(1823-1891)

Unbekannter Künstler
Undatiert
Öl auf Leinwand
74 x 62,5 cm
Privatbesitz

König Karl entstammte der zweiten Ehe seines Vaters mit Pauline von Württemberg, führte aber durch seine Ehe mit der Zarentochter Olga (1822-1892) dem Haus Württemberg erneut eine russische Verbindung zu. Karl galt als weniger willensstark als sein Vater, er zeigte mehr Neigung zu Kunst und Wissenschaft als zu Politik und Militär. An der Universität Tübingen erlangte er den Titel eines Dr. phil. König Karl begrüßte nach seinem Regierungsantritt den sich beschleunigenden Prozess zur nationalen Einigung, sah Württemberg aber eher an der Seite Österreichs als Preußens. Er trat 1870 unter Tränen in den Krieg gegen Frankreich ein und fügte sich der Reichsgründung unter Führung Preußens. Nach 1871 zog sich der kränkelnde Monarch aus der Politik zurück und widmete sich lieber kulturellen Belangen. Auch wenn zum württembergischen Volk eine gewisse Entfremdung eintrat, so wurde seine Regierungszeit unter dem Strich doch positiv bewertet. **C.B**.

LIT.: Lorenz u.a. 1997, 319-323.

XIV.3
König Wilhelm II. von Württemberg (1848-1921)

Fotografie
Undatiert
65 x 49,5 cm
Privatbesitz

Im Jahr der Revolution von 1848 geboren, sollte Wilhelm II. in der Revolution von 1918 als württembergischer König zur Abdankung gezwungen werden. Dabei war dies in gewisser Weise ein „ungerechtes" Schicksal. Denn Wilhelm II. von Württemberg war unter den deutschen Monarchen ein durchaus untypischer Charakter. Zwar im Militärdienst erzogen und 1870 als württembergischer Offizier im preußischen Hauptquartier eingesetzt, distanzierte er sich später von allem Säbelrasseln und setzte sich insbesondere von der militärischen Großmannssucht seines preußischen Namensvetters ab. Wilhelm II. war ein bürgernaher König, der auf die Formel „von Gottes Gnaden" wenig Wert legte und einen aufwändigen Repräsentationsstil ablehnte. Während andere Monarchen in Nizza Ferien machten, verbrachte Wilhelm den Sommer in Friedrichshafen, wo er die Fortschritte des Grafen Zeppelin verfolgte. Sein präsidialer Stil hätte sich womöglich gut in eine künftige demokratische Verfassung Württembergs gefügt, wenn nicht der verlorene Weltkrieg Wilhelm II. von Württemberg wie allen deutschen Monarchen die Krone vom Haupt gerissen hätte. Selbst durch die Kinderlosigkeit seines Vorgängers zur Thronfolge gelangt, ging die Erbfolge im Haus Württemberg durch seine eigene Kinderlosigkeit an eine Nebenlinie über. C.B.

LIT.: Lorenz u.a. 1997, 330-334.

XIV.4
Königin Charlotte von Württemberg (1864-1946)

Fotografie
Undatiert
65 x 49,5 cm
Privatbesitz

Charlotte zu Schaumburg-Lippe war seit 1886 die zweite Gattin Wilhelms II., der in erster Ehe mit Marie von Waldeck-Pyrmont verheiratet gewesen war. Die Ehe blieb kinderlos. Königin Charlotte hatte zwar ein reserviertes Verhältnis zu ihrem Volk und zu den königlichen Repräsentationsaufgaben. Sie war aber aufgeschlossen für alles Moderne, war offen für die Frauenbewegung und engagierte sich in der Sozialpolitik. In der Protektion des Malerinnenvereins verband sich ihr kulturelles Interesse mit dem sozialen Engagement. C.B.

LIT.: Lorenz u.a. 1997, 335.

XIV.5
Ansicht von Altshausen

Johann Georg Sauter (1782–1856)
Um 1820
Öl auf Leinwand
94 x 131 cm (m.R.)

Altshausen war seit dem 15. Jahrhundert Sitz der Deutschordens-Ballei Elsass-Burgund. Der im Schloss residierende Landkomtur war nicht nur Haupt einer geistlichen Gemeinschaft, sondern zugleich souveräner Herr einer Reichsgrafschaft. Im Rahmen der napoleonischen Flurbereinigung wurde Altshausen also sowohl Opfer der Säkularisation wie der Mediatisierung. Die bedeutende Herrschaft erregte den Appetit mehrerer neuer Herren, doch im Juni 1806 wurde Altshausen dem Königreich Württemberg zugesprochen. Der König verleibte Altshausen seinem privaten Domänenbesitz ein. Damit war der König von Württemberg in Oberschwaben nicht nur Souverän, sondern auch mit Privatbesitz präsent. Unter König Wilhelm I. wurde Altshausen einer „rationellen Landwirtschaft" unterworfen, man verbesserte die Domänenwirtschaft und experimentierte mit Hopfen- und Runkelrübenanbau, um die Mitte des 19. Jahrhunderts bestand in Altshausen eine Zuckerrübenfabrik. Schloss Altshausen diente König Wilhelm I. als Sommeraufenthalt. Zum eigentlichen Sitz der Familie wurde das Schloss erst nach 1918. Jetzt erwies es sich als weitblickend, dass Altshausen 1806 nicht dem Staats-, sondern dem Hausvermögen zugewiesen worden war. **C.B.**

LIT.: Fritz 2003.

XIV.6
Ansicht von Altshausen mit der Zuckerfabrik

Caspar Obach (Druck von D. Küstner)
Undatiert (um 1850)
Lithografie
42 x 54 cm
Privatbesitz

Im Rahmen der Verbesserungen der landwirtschaftlichen und gewerblichen Verhältnisse wurde in Altshausen 1837 eine Zuckerfabrik gegründet, die bis 1892 existierte. Die Ansicht Altshausens mit der Zuckerfabrik von Caspar Obach stammt aus der Zeit vor 1859, da die Eisenbahnlinie noch nicht abgebildet ist. **C.B.**

XIV. WÜRTTEMBERG, ZEPPELIN UND KÖNIG VON WARTHAUSEN

XIV.7
Albrecht Herzog von Württemberg (1865–1939)

Ohne Datierung
Öl auf Leinwand
83 x 70 cm (m.R.)
Privatbesitz

Herzog Albrecht gehörte der katholischen Linie des Hauses Württemberg an, die enge Beziehungen nach Frankreich, mehr aber noch zum österreichischen Kaiserhaus pflegte. Durch die Kinderlosigkeit Wilhelms II. gelangte Albrecht zur Erbfolge, wegen des Untergangs der Monarchie jedoch nicht mehr zum Königtum. Nach dem Umsturz siedelte er 1919 mit seiner Familie von Stuttgart nach Altshausen über, wo er zum ersten herzoglichen Bewohner des künftigen Hauptsitzes des Hauses wurde. Herzog Albrecht widmete sich hier der Verwaltung der herzoglichen Güter und dem Ausbau der Domänen. Der Republik gegenüber verhielt er sich reserviert, dem Nationalsozialismus stand er ablehnend gegenüber. **C.B.**

LIT.: Pfizer 1986; Lorenz u.a. 1997, 417 f.; Fritz 2003, 540.

DIE GRAFEN VON ZEPPELIN

DAS MECKLENBURGISCHE GESCHLECHT der Herren von Zeppelin lässt sich seit dem 13. Jahrhundert nachweisen. Ende des 18. Jahrhunderts trat Karl von Zepelin (ursprüngliche Schreibweise mit einem p) als Flügeladjutant in württembergische Dienste. Als Kammerherr des Prinzen (und späteren Königs) Friedrich wurde Karl 1792 in den Reichsgrafenstand erhoben. Sein Bruder Ferdinand folgte Karl nach Württemberg nach und wurde dort im Jahr der Königserhebung Friedrichs I. 1806 ebenfalls mit dem Grafentitel ausgestattet. Er sollte seine Karriere als außerordentlicher bevollmächtigter Minister Württembergs in Wien beenden.

Ferdinands Sohn Friedrich (1807-1886) begann zunächst als Oberhofmarschall in Hohenzollern-Sigmaringen eine Hofkarriere, trat dann aber nach seiner Verheiratung mit der Konstanzer Fabrikantentochter Amélie Macaire d'Hogguer in den Betrieb seines Schwiegervaters ein. Doch schon bald zog sich die Familie auf das ihr von Macaire geschenkte Gut Girsberg im nahen Thurgau zurück. Hier betätigte sich Friedrich von Zeppelin als Gutsherr und Privatier. Hier wuchsen auch seine drei Kinder Eugenie, Ferdinand und Eberhard auf.

Ferdinand von Zeppelin (1838-1917) verbrachte in Girsberg, nach einem strengen evangelischen Erziehungsideal erzogen, eine idyllische Jugend. Nachdem 1852 die Mutter jung verstorben war, begann er 1855 an der Königlich-Württembergischen Kriegsschule seine Offizierskarriere, ergänzt um bedeutende Funktionen im Hofdienst. Mit seiner Entlassung aus dem Militärdienst 1890 begann die zweite, bekanntere Karriere des Grafen: Auf einem von König Wilhelm II. von Württemberg bei Friedrichshafen zur Verfügung gestellten Seegelände verwirklichte er seinen Traum von der Luftschifffahrt. Das zunächst eher patriarchal geführte Handwerksunternehmen wurde 1908 in den Industriebetrieb Luftschiffbau Zeppelin GmbH überführt. Graf Zeppelin, damals bereits als Nationalheld gefeiert, übernahm nur noch repräsentative Aufgaben.

Des Grafen einzige Tochter Hella (1879-1967) heiratete einen Grafen von Brandenstein. Diese in Schloss Mittelbiberach lebende Familie erweitere ihren Familiennamen im Angedenken an den berühmten Vorfahren um den Namenszusatz Zeppelin.

LIT.: Wasmannsdorff 1938; Eckener 1938; Kat. Friedrichshafen 2000.

XIV.8
Ferdinand Ludwig von Zeppelin (1771-1829) **und Pauline geb. Freiin von Maucler** (1785-1829)
Philipp von Hetsch (1758-1838)
Öl auf Leinwand
180 x 147 cm (m.R.)
Privatbesitz

Das anrührende Gemälde des von Goethe gelobten Stuttgarter Historienmalers Philipp von Hetsch zeigt die Großeltern väterlicherseits des Grafen Ferdinand von Zeppelin in liebevoller Harmonie mit ihren Kindern. Ferdinand Ludwig von Zeppelin, erst im Rheinbund-Jahr 1806 in den Grafenstand erhoben, brachte es zum württembergischen Außenminister, dem es 1813 rechtzeitig vor dem Untergang Napoleons gelang, das Königreich aus dem Rheinbund zu lösen und ins Lager der künftigen Sieger zu führen. G.A.

LIT.: Thieme-Becker Bd. 16, 600; AK Friedrichshafen 2000, 9 f.

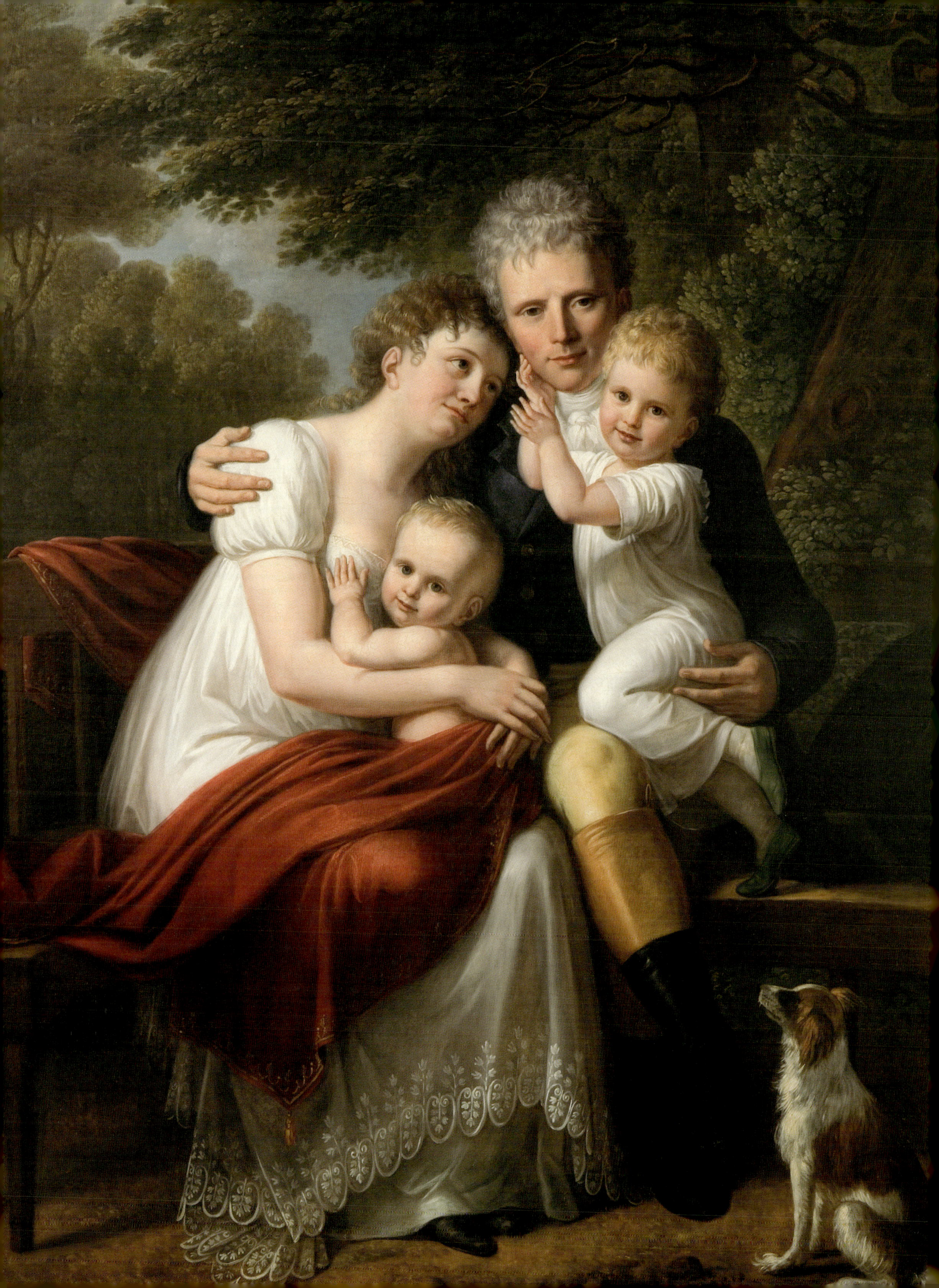

ZEPPELIN

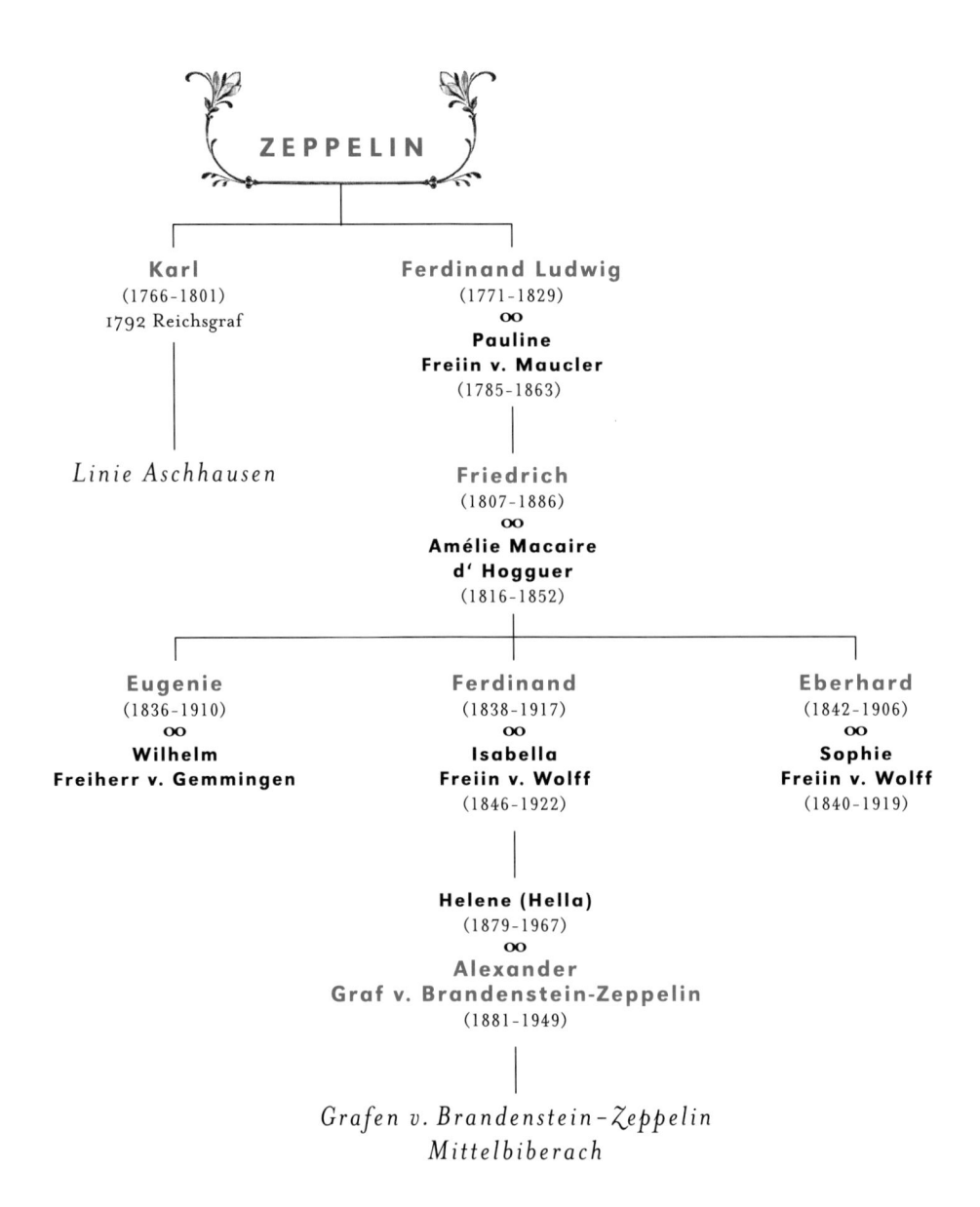

Karl
(1766–1801)
1792 Reichsgraf

Linie Aschhausen

Ferdinand Ludwig
(1771–1829)
∞
**Pauline
Freiin v. Maucler**
(1785–1863)

Friedrich
(1807–1886)
∞
**Amélie Macaire
d' Hogguer**
(1816–1852)

Eugenie
(1836–1910)
∞
**Wilhelm
Freiherr v. Gemmingen**

Ferdinand
(1838–1917)
∞
**Isabella
Freiin v. Wolff**
(1846–1922)

Eberhard
(1842–1906)
∞
**Sophie
Freiin v. Wolff**
(1840–1919)

Helene (Hella)
(1879–1967)
∞
**Alexander
Graf v. Brandenstein-Zeppelin**
(1881–1949)

*Grafen v. Brandenstein-Zeppelin
Mittelbiberach*

XIV. WÜRTTEMBERG, ZEPPELIN UND KÖNIG VON WARTHAUSEN

XIV.9
Graf Friedrich von Zeppelin (1807–1886)

Albert Gräfle (1807–1889)
1838
Öl auf Leinwand
30 x 24 cm
Privatbesitz

Der Vater des Grafen Ferdinand von Zeppelin war als junger Mann um 1834 Oberhofmarschall in Hohenzollern-Sigmaringen. Die französisch-stämmige Konstanzer Fabrikantentochter Amélie Macaire, die seine Frau werden sollte, lernte er möglicherweise auf Schloss Arenenberg, dem Musenhof der Königin Hortense kennen. Das junge Paar lebte zunächst in Sigmaringen, wo Friedrich für die Organisation des fürstlichen Haushaltes zuständig war. Im Alter von 29 Jahren wurde er Teilhaber der Unternehmungen seines Schwiegervaters und zog mit der Familie nach Konstanz. Mit dem 1838 geborenen Sohn Ferdinand und dessen Geschwistern Eugenie und Eberhard bewohnte die Familie später das Schloss Girsberg am Schweizer Ufer des Bodensees. **C.B.**

LIT.: Kat. Friedrichshafen 2000, 9 ff.

XIV.10
Gräfin Amélie von Zeppelin geb. Macaire (1816–1852)

Albert Gräfle (1807–1889)
1838
Öl auf Holz
29 x 22,5 cm
Privatbesitz

Gräfin Amélie war die Tochter des vermögenden Konstanzer Baumwollfabrikanten David Macaire und seiner Frau Claudine. Der junge in Freiburg geborene Maler Albert Gräfle, der später als badischer Hofmaler bekannt werden sollte, malte das Elternpaar des Grafen Zeppelin im Jahr seiner Geburt 1838. **G.A.**

LIT.: Thieme-Becker Bd. 14, 476 f.; Kat. Friedrichshafen 2000, 11.

XIV.12
Das Zeppelingelände mit schwimmender Halle in Manzell

1908
Zeichnung
78 x 147 cm
Privatbesitz

Der Graf Zeppelin beschäftigte sich seit 1887 mit der Konstruktion von Luftschiffen. Es gelang ihm, König Wilhelm II. von Württemberg so stark für seine Ideen zu interessieren, dass ihm jener gegen Ende des 19. Jahrhunderts ein Grundstück in der Bucht von Manzell bei Friedrichshafen für seine Zwecke zur Verfügung stellte. Hier errichtete Zeppelin seine schwimmende Konstruktionshalle. Von diesem Gelände aus beobachtete der König am 17. Oktober 1900 den zweiten Aufstieg von LZ 1. Ohne die Unterstützung des Königs wäre es Zeppelin wohl nicht gelungen, die Aufmerksamkeit des Kaisers auf sich zu lenken, der dann mehrfach in den folgenden Jahren in Friedrichshafen zu Gast war. C.B.

LIT.: Kat. Friedrichshafen 2000, 110-113.

XIV.11
Fernrohr des Grafen Ferdinand von Zeppelin

Messing, Holz
91 x 5,5 cm
Privatbesitz

XIV.13
Graf Ferdinand von Zeppelin in der Viktoriakutsche

1909
Fotografie
9 x 13,5 cm
Privatbesitz

Graf Zeppelin ließ sich in der Regel in dieser Kutsche auf sein Werksgelände bei Manzell kutschieren.

XIV. WÜRTTEMBERG, ZEPPELIN UND KÖNIG VON WARTHAUSEN

XIV.14
Graf Ferdinand von Zeppelin
(1838–1917)

Arthur Grimm (geb. 1883)
1917
Öl auf Leinwand
171 x 147,5 cm (m.R.)
Privatbesitz

Graf Zeppelin auf seinem ledernen Lieblingssessel, gemalt in seinem Todesjahr 1917 von dem Karlsruher Maler Arthur Grimm.

LIT.: AK Friedrichshafen 2000, Abb. S. 164

XIV.15
Zeppelinmodell

Hersteller unbekannt
Um 1910
Eisenblech
105 x 15 x 14 cm
Zeppelinmuseum Friedrichshafen

Fehlteile an Bug und Heck, Propeller und Ruder beschädigt.
Das Luftschiff LZ 4 stieg am 20. Juni 1908 erstmals auf und machte durch seine Dauerfahrt über der Schweiz am 1. Juli 1908 von sich reden. Das Schiff war dabei 12 Stunden ohne Zwischenlandung in der Luft. Daraufhin signalisierte das Reichsamt des Inneren die Bereitschaft zum Ankauf des Schiffes unter der Bedingung einer 24-Stunden-Dauerfahrt. Am 4. August startete LZ 4 in Manzell bei Friedrichshafen mit 12 Personen an Bord. Die jeweiligen Standorte wurden per Telefon und Telegraf gemeldet, Böllerschüsse und Kirchenglocken kündigten das Luftschiff an. Die Fahrtroute verlief über Konstanz, Basel, Straßburg, Karlsruhe, Mannheim, Worms und Mainz. Ein Motorausfall führte zu einer Landung auf der Filderebene bei Echterdingen. Mehr als 50.000 Menschen strömten zum Luftschiff, während ein Reparaturteam der Daimler-Werke an der Behebung des Motorschadens arbeitete. Ein abendlicher Gewittersturm riss das Luftschiff aus seiner Verankerung, ausströmendes Wasserstoffgas entzündete sich und LZ 4 brannte völlig aus. J.B.

LIT.: Unveröffentlicht.

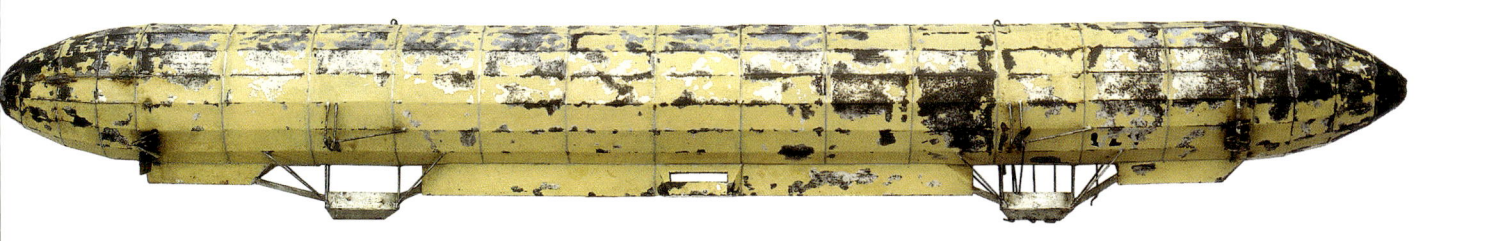

XIV. WÜRTTEMBERG, ZEPPELIN UND KÖNIG VON WARTHAUSEN

359

XIV.16
Graf Zeppelin

Hugo Eckener
1924
Zeichnung
53,5 x 37,7 cm
40 x 31 cm
Zeppelinmuseum Friedrichshafen

Die posthume Zeichnung seines Nachfolgers und Biographen zeigt Graf Ferdinand mit seiner charakteristischen Luftschiffermütze.
LIT.: Eckener 1938.

XIV.17
Wecker

FMS
Um 1910
Eisenblech, Glas
23 x 14,5 x 7 cm
Zeppelinmuseum Friedrichshafen

Der noch original verpackte Wecker ist ein typisches Stück aus der Zeit nach der Echterdinger Volksspende, als Graf Zeppelin endgültig zum Nationalhelden geworden war. Nach Bekanntwerden des Unglücks von Echterdingen, bei dem LZ 4 vor Tausenden von Zuschauern verbrannt war, kamen über eine Volksspende innerhalb weniger Wochen rund 6 Millionen Mark zusammen. In der

KÖNIG VON WARTHAUSEN

DIE FAMILIE KÖNIG stammte ursprünglich aus Sachsen, war dann im Elsass ansässig und zählte seit ca. 1700 zur Oberschicht der Reichsstadt Esslingen. Schon Ludwig Adam Koenig (1718-1796) trat in württembergische Dienste. Sein Sohn Wilhelm Ludwig Christoph gründete in Amsterdam ein florierendes Bankhaus, während seine Brüder Friedrich Wilhelm Ernst und Karl in württembergischen Diensten Karriere machten und hierfür 1803 und 1812 in den Adelsstand erhoben wurden.

Karl von Königs Söhne Wilhelm Friedrich und Friedrich August Karl erwarben 1828 und 1829 zum Teil mit dem Vermögen des erbenlos gestorbenen Onkels die Rittergüter Fachsenfeld bei Aalen und Warthausen. Beide erhielten 1823 den württembergischen Freiherrenstand bestätigt, ebenso ihr Onkel, der Bankier. Richard von König, der Sohn Friedrich August Karls, erhielt 1867 erneut eine Bestätigung des Adelsprädikats.

Die Familie bürgerlicher Herkunft mit Erfahrungen aus dem Bankgewerbe nutzte ihre Möglichkeiten geschickt, um den neu erworbenen Adelsrang wirtschaftlich zu sichern. So war der Erwerber von Warthausen, Friedrich August Karl von König, studierter Land- und Forstwirt. Seine Ehe mit der Lübecker Reederstochter Pauline Lembke, sorgte für eine Mitgift, mit der das leer geräumte Schloss Warthausen standesgemäß ausgestattet werden konnte.

In der Familie König bestand eine Neigung zur wissenschaftlichen und musischen Betätigung. Richard von König war nicht nur politisch als württembergischer Kammerherr aktiv, der gelernte Land- und Forstwirt wurde für seine ornithologischen Forschungen mit dem Ehrendoktor ausgezeichnet. Auch seine Schwester Elise war historisch-wissenschaftlich tätig. Bis weit ins 20. Jahrhundert knüpfte man auf Schloss Warthausen an den Geist des „Musenhofs" aus dem 18. Jahrhundert an.

LIT.: W.F. v. König-Warthausen 1938; Uhl 1992.

XIV.18
Familie des Freiherrn Friedrich August Karl von König auf der Terrasse von Schloss Warthausen

Johann Baptist Pflug
1831
Öl auf Leinwand
40,7 x 57 cm
Schlossmuseum Warthausen

Im Jahr 1829 erwarb Freiherr Friedrich August Karl von Koenig (1800-1889) Schloss und Hofgut Warthausen, das sich seit 1826 im Besitz der württembergischen Krone befand. Der studierte Land- und Forstwirt war seit dem Jahr 1825 mit der Tochter eines wohlhabenden Lübecker Handelsherren und Reeders, Pauline Lembke (1805-1872) verheiratet. Das Gemälde zeigt die Familie auf der Terrasse des neu erworbenen Schlosses ein Jahr nach der Geburt des Sohnes Richard (1830-1911), dem späteren württembergischen Kammerherrn und Landtagsabgeordneten. Für seine ornithologischen Arbeiten wurde der Land- und Forstwirt mit der Ehrendoktorwürde der Universität Tübingen ausgezeichnet. In seine Zeit fällt die Ausstattung des Schlosses mit historischem Mobiliar wie auch der Aufbau einer umfangreichen Bibliothek. Auch Richards Schwester Elise (1835-1921) lebte in den späteren Lebensjahren in Warthausen. M.S.

LIT.: Zengerle 1957, 117; Uhl 1992, 26.

**XIV.19
König Wilhelm I. von Württemberg erhebt die Brüder Wilhelm Ludwig Friedrich und Karl König in den Freiherrenstand und verleiht ihnen das Wappen ihres 1803 nobilitierten Vaters**

*Stuttgart 1827
Libell in rotem Samteinband mit anhängendem Siegel in Messingkapsel an Kordel aus rotem, schwarzem und goldenem Faden
37,3 x 53,8 cm (aufgeschlagen)
Schlossmuseum Warthausen (Archiv)*

**XIV.20
König Karl von Württemberg nobilitiert seinen Kammerherrn Richard Freiherrn König-Warthausen.**

*Stuttgart, 15. Febr. 1867
Libell in violettem Samteinband
36,5 x 47,5 cm (aufgeschlagen)
Schlossmuseum Warthausen (Archiv)*

XIV.21
Standesherrenuniform und Zweispitz des Friedrich August Karl König von Warthausen

Mitte 19. Jahrhundert
Schlossmuseum Warthausen

In der württembergischen Verfassung von 1819 mit ihrem Zweikammersystem hatten die Standesherren das Vorrecht der Mitgliedschaft in der ersten Kammer (Kammer der Standesherren). Dieses Recht beinhaltete aber auch die Pflicht, an den Beratungen der Ständeversammlung in Stuttgart teilzunehmen. Die Standesherren hatten während der Sitzungsperioden eine Residenzpflicht in Stuttgart, weswegen die meisten dort Wohnungen erwarben oder Palais errichteten. Württemberg besaß im Deutschen Bund durch die Mediatisierung mit 37 die meisten Standesherrschaften, wovon aber viele, insbesondere die oberschwäbischen Familien ein distanziertes Verhältnis zu Württemberg hatten. Manche wie die Waldburger oder die Grafen von Königsegg nahmen ihre Standesherrenpflichten ausgesprochen unwillig wahr. Dagegen waren Aufsteigerfamilien wie die König von Warthausen, die ihre Nobilitierung den württembergischen Königen verdankten, Stützen des Staatssystems. C.B.

LIT.: Dornheim 1993, 130-137, 161-165.

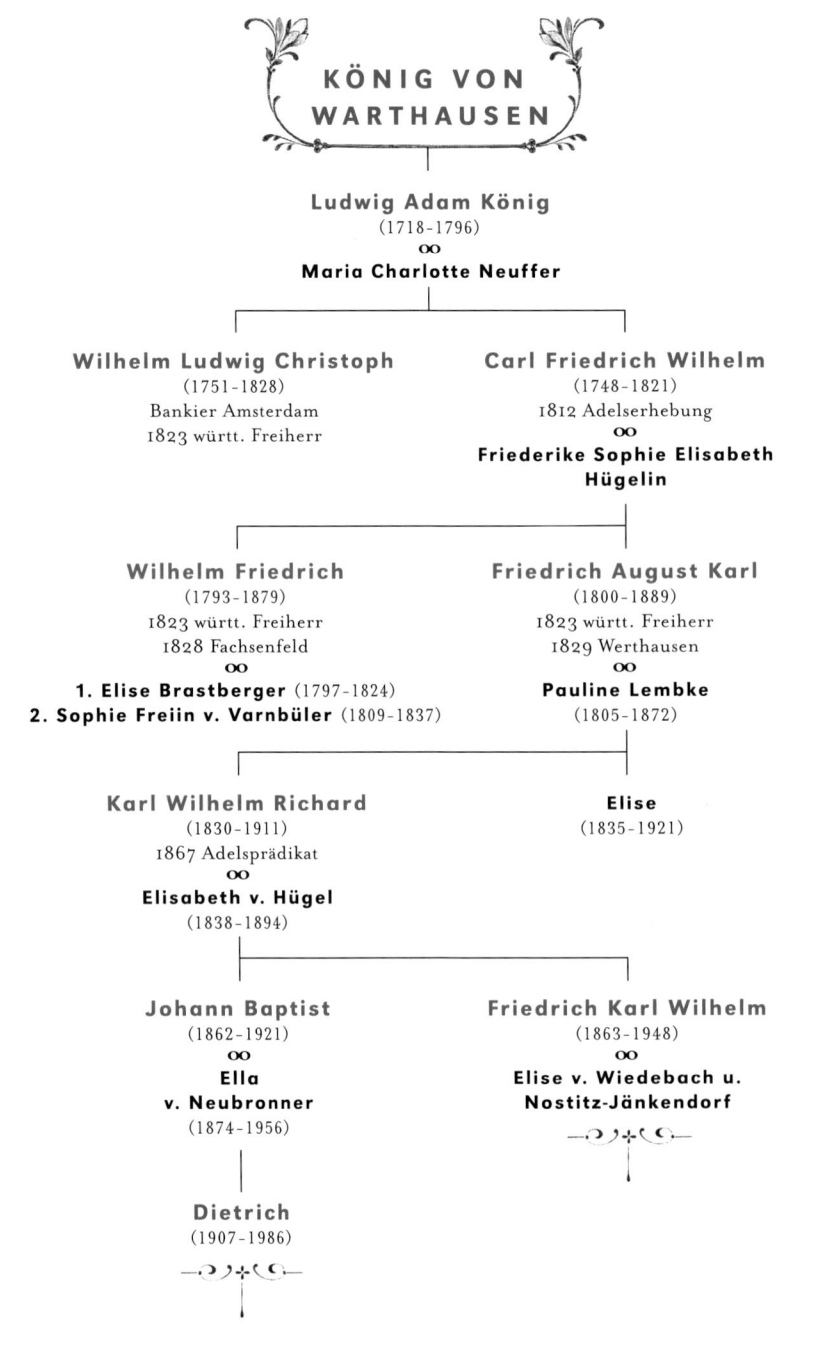

KÖNIG VON WARTHAUSEN

Ludwig Adam König
(1718-1796)
∞
Maria Charlotte Neuffer

Wilhelm Ludwig Christoph
(1751-1828)
Bankier Amsterdam
1823 württ. Freiherr

Carl Friedrich Wilhelm
(1748-1821)
1812 Adelserhebung
∞
Friederike Sophie Elisabeth Hügelin

Wilhelm Friedrich
(1793-1879)
1823 württ. Freiherr
1828 Fachsenfeld
∞
1. **Elise Brastberger** (1797-1824)
2. **Sophie Freiin v. Varnbüler** (1809-1837)

Friedrich August Karl
(1800-1889)
1823 württ. Freiherr
1829 Werthausen
∞
Pauline Lembke
(1805-1872)

Karl Wilhelm Richard
(1830-1911)
1867 Adelsprädikat
∞
Elisabeth v. Hügel
(1838-1894)

Elise
(1835-1921)

Johann Baptist
(1862-1921)
∞
Ella v. Neubronner
(1874-1956)

Friedrich Karl Wilhelm
(1863-1948)
∞
Elise v. Wiedebach u. Nostitz-Jänkendorf

Dietrich
(1907-1986)

XIV.22
Porträt der Elise von König-Warthausen (1835-1921)

Paula von Waechter-Spittler (1860-1944)
1904
Öl auf Leinwand
210 x 170 cm (m.R.)
Schlossmuseum Warthausen

Elise König wurde 1835 als Tochter des Land- und Forstwirts Friedrich August Karl (Fritz) von König (1800-1889) und der Lübecker Reederstochter Pauline Lembke (1805-1872) geboren. Sie interessierte sich für die historischen Hilfswissenschaften und spezialisierte sich auf die Wappen-, Münz-, und Siegelkunde sowie die Genealogie. Zugleich widmete sie sich der Sammlung wertvoller Autographen. Das Porträt von Paula Freiin von Waechter-Spittler zeigt Elise im Alter von nahezu 70 Jahren bei ihrer Beschäftigung mit Siegeln und Autographen. Die Malerin, ausgebildet bei Friedrich von Keller an der Königlichen Kunstschule Stuttgart und an der Académie Julian, Paris, war überwiegend in Stuttgart tätig. Da das Schloss Horn in Fischbach bei Biberach der Familie Waechter-Spittler gehörte, bestand Kontakt zur Familie König-Warthausen. Ein mit diesem Gemälde eng verwandtes, aber kleineres und weniger reich gestaltetes Porträt der Elise König (97 x 71 cm) von derselben Künstlerin besitzt seit 1954 das Stadtarchiv Stuttgart. **M.S.**

LIT.: Neumann 1999, Bd. 1, 44, 50, 63 u.ö., Bd. 2, 154, 297 ff., 300; Nagel 1986, 122; Thieme-Becker Bd. 35; Uhl 1992, 26.

XV.

→

»ICH BEWOHNTE DIE ZIMMER, DIE ICH, SEIT ICH IM BESITZ VON SALEM BIN, STETS BEWOHNE UND DACHTE NICHT, WIE LIEB UNS DIESER AUFENTHALT NOCH WERDEN WÜRDE.«

Markgraf Wilhelm von Baden ca. 1848

Das Haus Baden in Salem

DIE MARKGRAFEN und Großherzöge von Baden gehen auf eine Nebenlinie der Herzöge von Zähringen zurück. Während Herzog Berthold II. († 1111) die 1218 ausgestorbene Linie der Herzöge von Zähringen begründete, erwarb sein älterer Bruder Hermann I. († 1074) den Titel eines Markgrafen von Verona und die Grafschaft im Breisgau. Der Markgrafentitel sicherte dem Geschlecht dauerhaft den Reichsfürstenstand. Die ursprünglich im mittleren Neckarraum (Backnang) begüterte Familie verlagerte ihren Schwerpunkt im 12. Jahrhundert an den Oberrhein. Sie nannte sich 1112 erstmals nach der Burg Baden, erwarb im 13. Jahrhundert die Städte Pforzheim und Durlach und sicherte sich nach dem Untergang der Staufer die Grafschaftsrechte im Uf- und Pfinzgau.

Unter Markgraf Bernhard I. (1372-1431) gewannen die Badener eine dominierende Position in Mittelbaden (1415 Erwerb von Hachberg). Ende des Mittelalters erweiterten sie ihre Position am südlichen Oberrhein (1442 Lahr und Mahlberg, 1503 Sausenburg, Rötteln und Badenweiler). 1535 vereitelte die Teilung in die Linien Baden-Baden (mittlerer Bereich) und Baden-Durlach (nördliche und südliche Gebiete) für mehr als 200 Jahre den Aufschwung des Territoriums. Erst das Aussterben der baden-badischen Linie 1771 ermöglichte die Vereinigung des Gesamtterritoriums in der Hand von Markgraf Carl Friedrich (1728-1811), der Baden zu einem Hort des aufgeklärten Absolutismus machte.

Die Markgrafschaft Baden zählte neben Bayern, Württemberg und Hohenzollern zu den Gewinnern des napoleonischen Umbruchs. Der Verlust linksrheinischer Gebiete wurde durch Säkularisation und Mediatisierung mehr als wettgemacht: das badische Territorium wuchs um 738 % an. Carl Friedrich wurde 1803 zum Kurfürsten und 1806 zum Großherzog erhoben. Der Preis dafür war der Beitritt zum Rheinbund 1806. Durch die Ehe seines Enkels Karl von Baden mit Napoleons Adoptivtochter Stephanie de Beauharnais wurde Baden zudem an das Haus Bonaparte gebunden.

1817 drohte das Haus Baden durch den Tod zweier erbfolgeberechtigter Mitglieder in seiner Hauptlinie auszusterben. Bayern und Württemberg planten bereits die Aufteilung des Großherzogtums. Da stimmte Großherzog Karl dem neuen Hausgesetz zu, das die Hochberger Linie, also die Nachkommen aus der zweiten standesungleichen Ehe seines Großvaters sukzessionsfähig machte. Aus dieser Linie gingen in der Folge drei bedeutende Großherzöge hervor, unter denen Friedrich I. (1826-1907) als Schwiegersohn Kaiser Wilhelms I. große Bedeutung erlangte.

Das bedeutendste Territorium, das 1806 Baden einverleibt wurde, war das Fürstentum Fürstenberg. Das Großherzogtum erstreckte sich damit bis nach Oberschwaben und in den mittleren Bodenseeraum. Unter den säkularisierten Klöstern, die 1802/03 an Baden fielen, war die Reichsabtei Salem. Markgraf Wilhelm von Baden (1792-1859), verbesserte dort die Domänenwirtschaft und die Kellereien und legte so den Grund für den künftigen Hauptsitz des Hauses Baden. Denn nach dem Untergang der Monarchie 1918 zog sich die großherzogliche Familie dorthin zurück. Prinz Max von Baden gründete hier in Reaktion auf die neuen politischen Verhältnisse die Schlossschule Salem. Sein Sohn Markgraf Berthold verstand es, die Schule, die in den 30er Jahren unterwandert zu werden drohte, gegen die Nationalsozialisten abzuschirmen.

Heute ist Schloss Salem ein bedeutender Wirtschafts- und Kulturbetrieb. Die wirtschaftliche Tätigkeit des Hauses Baden konzentriert sich auf die traditionellen Kernbereiche Landwirtschaft, Waldwirtschaft und Weinbau.

LIT.: Kat. Stuttgart 1987, 136-167; Schwarzmaier 2005.

XV.1
Petschaft der Standesherrschaft Salem

Silber
Ca. 1803
Länge 7,8 cm, Dm. 2,4 cm
S.K.H. der Markgraf von Baden, Schloss Salem

Das hochovale, von einem Fürstenhut bekrönte Wappen ist zweigeteilt. Es zeigt links die badischen Farben, rechts einen stehenden Löwen mit dem Abtsstab und einem S für Salem. Das Siegel dürfte nur wenige Jahre nach 1802 in Gebrauch gewesen sein.

LIT.: Kat. Salem 2002, 166.

XV. BADEN IN SALEM

XV.2
Ansicht des Klosters Salem

Johann Sebastian Dirr
(1766–1830)
1804
Kolorierte Photographie nach dem
verschollenen Original
25 x 38 cm
S.K.H. der Markgraf von Baden,
Schloss Salem

Die 1134 gegründete Zisterzienserabtei Salem fiel durch die Säkularisation schon am 4. Dezember 1802 an Baden. Markgraf Carl Friedrich überließ das Kloster seinen Söhnen Friedrich und Ludwig, die den Konvent zum 23. November 1804 auflösten. Die 49 verbliebenen Mönche erhielten eine Jahresrente von 600 Gulden, Abt Caspar Oexle durfte bis zu seinem Tod 1820 das Schloss Kirchberg bei Immenstaad am Bodensee bewohnen. Das 1804 entstandene, im Original verschollene Bild des Überlinger Vedutenmalers Johann Sebastian Dirr zeigt das Kloster in der Übergangszeit, als badisches Militär gemeinsam mit den letzten Zisterziensermönchen das Klostergelände bevölkerte. **C.B**

LIT.: Moser 1987, 15 ff.; Kat. Salem 2002, 162.

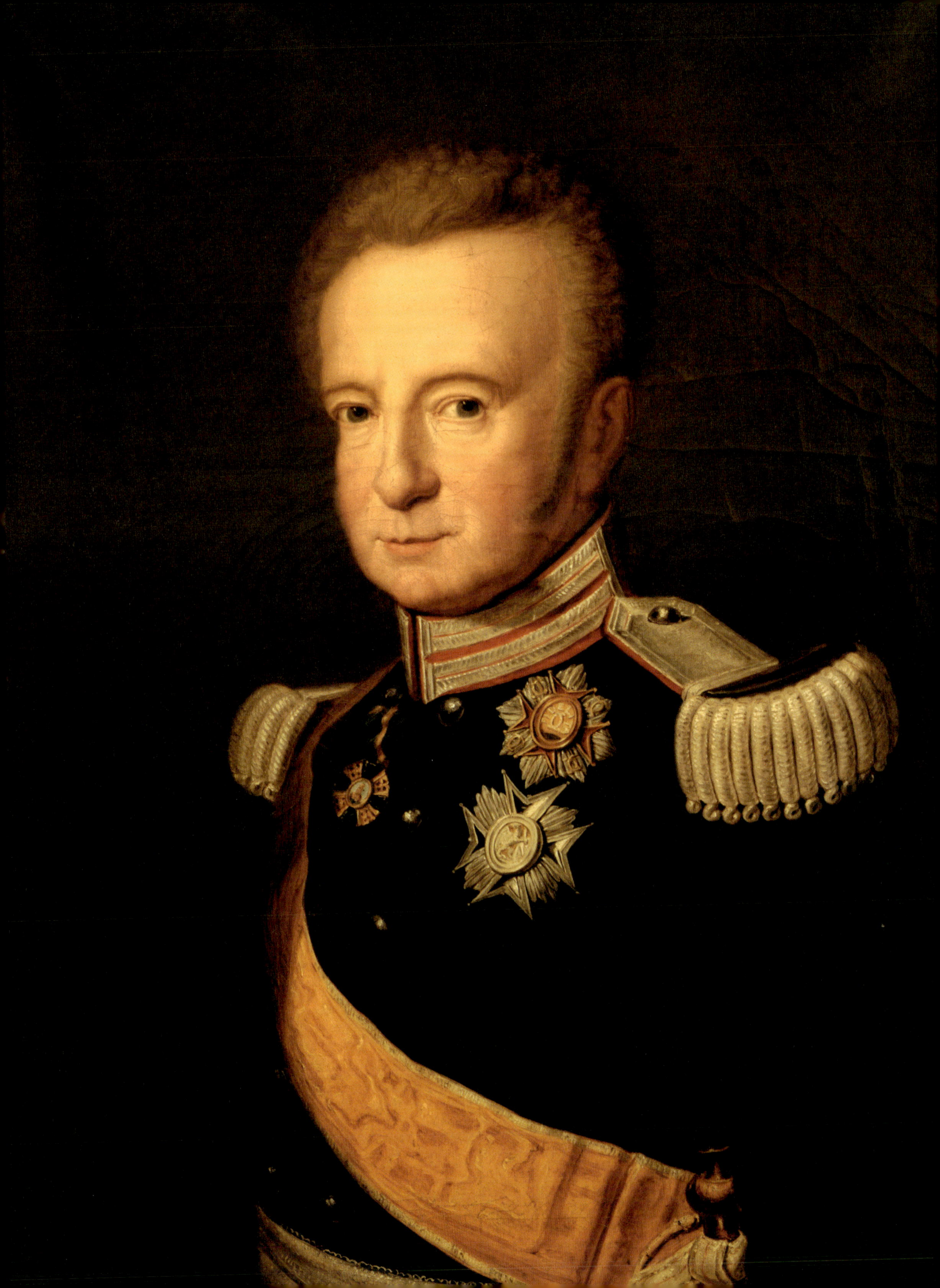

XV.4
Waschgarnitur

Christian Friedrich Deimling, Karlsruhe
Silber, z.T. vergoldet
Um 1820
Privatbesitz

Die Waschgarnitur besteht aus einer ovalen Schüssel und einer Kanne, die an der Frontseite das badische Wappen trägt. Schüssel und Kanne lassen sich durch das Markenzeichen CFD dem Karlsruher Hofsilberlieferanten Christian Friedrich Deimling zuschreiben.

LIT.: Kat. Salem 2002, 192.

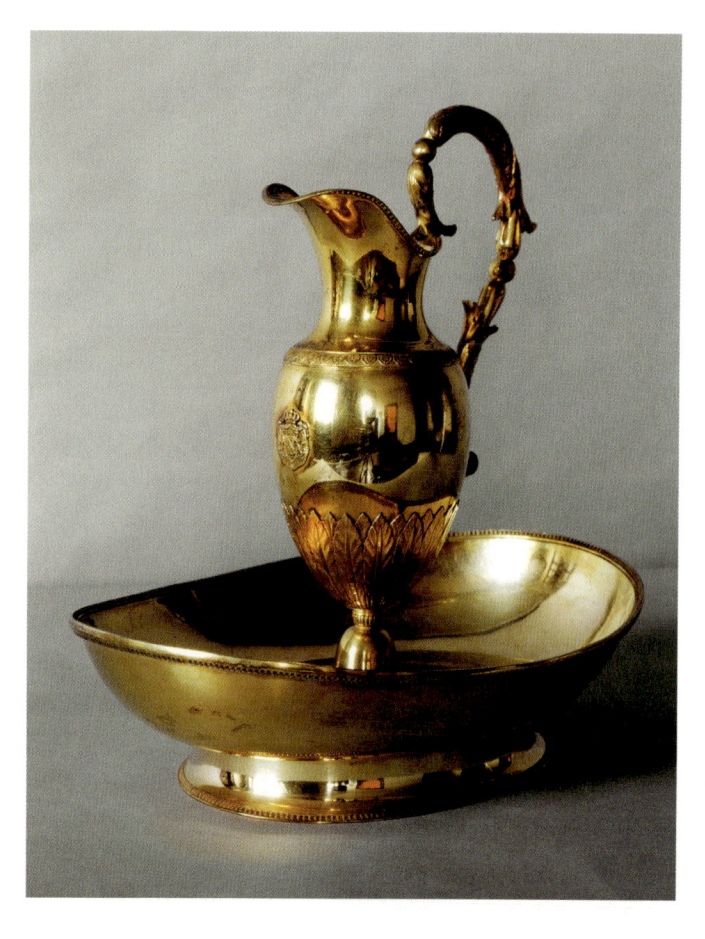

XV.3
Großherzog Ludwig I. von Baden (1763-1830)

Franz Joseph Zoll (1772-1833)
Um 1827
Öl auf Leinwand
64,3 x 52,5 cm
S.K.H. der Markgraf von Baden, Schloss Salem

Großherzog Ludwig I. zählt sicherlich zu den tragischeren Gestalten des Hauses Baden. Als jüngerer Sohn des ersten Großherzogs Carl Friedrich (1728-1811) hatte er zunächst keinerlei Aussicht auf eine Nachfolge auf dem 1806 geschaffenen Thron. Hinzu kam, dass sich Ludwig, der seit 1789 eine militärische Karriere durchlaufen hatte, in der Rheinbundzeit, als Napoleons Adoptivtochter Stephanie an der Seite Karls zur Großherzogin Badens aufgestiegen war, das Misstrauen des Korsen zuzog und auf dessen Intervention hin 1808 vom Karlsruher Hof entfernt wurde. Ludwig wählte als Exil das frühere Kloster Salem, das ihm 1802 zugefallen war. Er verbrachte hier in Gesellschaft eines kleinen Hofstaats ungewollt mehrere Jahre in Einsamkeit und Langeweile, bis er 1812 nach Karlsruhe zurückkehren durfte. Der Beerdigung seines Vaters im Jahr zuvor hatte er als einziger der Familie nicht beiwohnen können. Allein die Tatsache, dass sein seit 1811 regierender Neffe Karl schon 1818 35-jährig starb, brachte Ludwig doch noch unerwartet an die Regierung, so dass nun auch im Karlsruher Schloss „das fröhliche Leben des ‚französischen Hofes' der Langeweile wich", die in Salem geherrscht hatte (Schwarzmaier). C.B.

LIT.: Schwarzmaier 2002; Kat. Salem, 180 f.

XV.5
Teller mit dem Monogramm Großherzog Ludwigs I.

Porzellan der Manufaktur Denuelle,
Paris
Um 1820
Dm. 22 cm
Privatbesitz

Großherzog Ludwig und andere Mitglieder des badischen Hauses haben in diesen Jahren häufig Geschirr und andere Porzellanwaren bei der Pariser Manufaktur Denuelle bezogen.
LIT.: Kat. Salem 2002, 189.

XV.6
Teile eines Bestecks

Christian Friedrich Deimling
Karlsruhe
Nach 1806
Länge 22–25 cm
Silber
Privatbesitz

XV.7
Wasserglas, Weinglas und Karaffe Großherzog Ludwigs I.

mit eingeschliffenem badischen Wappen
Höhe 8,1 cm, 11,2 cm und 23,4 cm
Privatbesitz
LIT.: Kat. Salem 2002, 190 f.

XV.8
Markgraf Wilhelm von Baden (1792–1859)

L. Schick
Öl auf Leinwand
96 x 86 cm
Privatbesitz

Da Großherzog Karl († 1818) nur Töchter hinterließ und sein Nachfolger Ludwig von Baden († 1830) keine legitimen Kinder hatte, wäre das Haus Baden 1830 im Mannesstamm ausgestorben, hätten nicht weitblickende Politiker des Landes schon 1817 die „Hochbergische Sukzession" per Hausgesetz sanktioniert. Darin wurde bestimmt, dass die Kinder des 1811 verstorbenen Großherzogs Carl Friedrich aus seiner nicht standesgemäßen Ehe mit Luise Geyer von Geyersberg das Recht der Erbfolge erhielten. Aufgrund dessen bestieg 1830 Ludwigs Halbbruder Leopold I. den badischen Großherzogsthron. Leopolds Bruder Wilhelm hingegen wurde zum Erben Salems. Ganz anders als Ludwig, der Salem als ungeliebtes Exil betrachtet und hier griesgrämig seine Jahre verbracht hatte, nahm Markgraf Wilhelm Salem mit großer Leidenschaft in Besitz und trat zu den benachbarten Nebenresidenzen Fürstenbergs, Schloss Heiligenberg, und Württembergs, Schloss Friedrichshafen, in einen regen Kontakt. In Friedrichshafen lernte Wilhelm auch seine Frau Elisabeth von Württemberg kennen. Markgraf Wilhelm kümmerte sich mit Hingabe um den Weinbau in Salem und legte den Grund für die bis heute blühenden badischen Kellereien. Erst 1830 mit Markgraf Wilhelm hat das Haus Baden sein Schloss Salem wirklich in Besitz genommen. **C.B.**

LIT.: Schwarzmaier 2002, 82 ff.; Schwarzmaier 2005, 196 ff.

XV.9
**„Hauschronik"
des Großherzoglich
badischen Paares**

Unbekannter Künstler
Papier und Pergament
Heller Ledereinband mit
Messingbeschlägen
a) Band 53,5 x 42 x 9,9 cm
b) Band 64,2 x 53,4 x 15,5 cm
S.K.H. der Markgraf von Baden,
Schloss Salem

Hinter dem missverständlichen Titel des Buches verbirgt sich eine Chronik der Ehejahre von Großherzog Friedrich I. von Baden (1826-1907) und seiner Gattin Luise von Preußen (1838-1923). Die aufwändig illustrierten, kalligraphisch hochwertig gestalteten und in das Gewand mittelalterlicher Codices gepackten Aufzeichnungen dokumentieren überwiegend die familiären Ereignisse des großherzoglichen Paares während der zweiten Hälfte des 19. Jahrhunderts. Verzeichnet sind Bildungsreisen etwa nach Rom, Reisen zur Sommerfrische in St. Moritz oder Trouville, Familientreffen in Berlin, Wien oder Schweden. Gelegentlich dringt jenseits der privaten Aufzeichnungen die große Politik ins großherzogliche Wohnzimmer, so der Krieg und die Reichsgründung von 1870/71. Band 1 umfasst die Ehejahre 1856 bis 1872, Band 2 endet mit dem Jahr 1890. Die erste Seite des Buches erklärt den Sinn des Werkes: „Die Hauschronik hat den Zweck in bildlicher allegorischer Darstellung und in kurzen schriftlichen Bemerkungen die Haupt Ereignisse wiederzugeben, welche wir in jedem Jahr unserer von Gott reich gesegneten Ehe erleben durften, seien sie ernsten, seien sie freudigen Inhalts. So soll die Hauschronik ein Denkmal unseres grossen Glückes werden, uns selbst eine stete Mahnung zu nie versiegendem Danke beim Rückblick auf so viel Empfangenes, den uns Überlebenden ein Erinnerungszeichen an den Segen, den unser Bund von Gott empfing. Gestiftet und begonnen Carlsruhe Weihnachten 1861." C.B.

LIT.: Unveröffentlicht.

BADEN

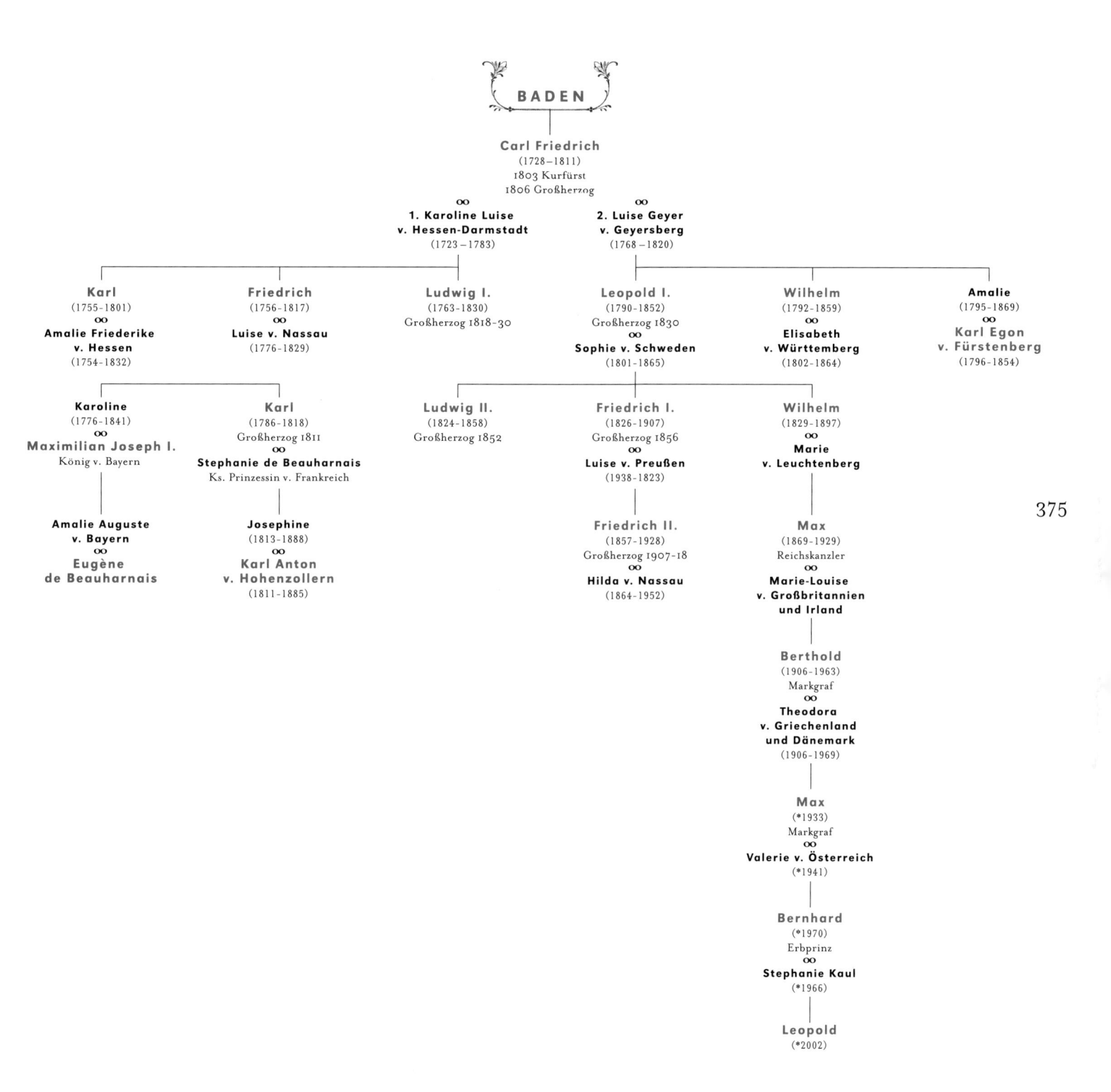

Carl Friedrich
(1728–1811)
1803 Kurfürst
1806 Großherzog
∞
1. Karoline Luise
v. Hessen-Darmstadt
(1723–1783)
∞
2. Luise Geyer
v. Geyersberg
(1768–1820)

Karl
(1755-1801)
∞
Amalie Friederike
v. Hessen
(1754-1832)

Friedrich
(1756-1817)
∞
Luise v. Nassau
(1776-1829)

Ludwig I.
(1763-1830)
Großherzog 1818-30

Leopold I.
(1790-1852)
Großherzog 1830
∞
Sophie v. Schweden
(1801-1865)

Wilhelm
(1792-1859)
∞
Elisabeth
v. Württemberg
(1802-1864)

Amalie
(1795-1869)
∞
Karl Egon
v. Fürstenberg
(1796-1854)

Karoline
(1776-1841)
∞
Maximilian Joseph I.
König v. Bayern

Karl
(1786-1818)
Großherzog 1811
∞
Stephanie de Beauharnais
Ks. Prinzessin v. Frankreich

Ludwig II.
(1824-1858)
Großherzog 1852

Friedrich I.
(1826-1907)
Großherzog 1856
∞
Luise v. Preußen
(1938-1823)

Wilhelm
(1829-1897)
∞
Marie
v. Leuchtenberg

Amalie Auguste
v. Bayern
∞
Eugène
de Beauharnais

Josephine
(1813-1888)
∞
Karl Anton
v. Hohenzollern
(1811-1885)

Friedrich II.
(1857-1928)
Großherzog 1907-18
∞
Hilda v. Nassau
(1864-1952)

Max
(1869-1929)
Reichskanzler
∞
Marie-Louise
v. Großbritannien
und Irland

Berthold
(1906-1963)
Markgraf
∞
Theodora
v. Griechenland
und Dänemark
(1906-1969)

Max
(*1933)
Markgraf
∞
Valerie v. Österreich
(*1941)

Bernhard
(*1970)
Erbprinz
∞
Stephanie Kaul
(*1966)

Leopold
(*2002)

XV.10
Prinz Max von Baden (1867-1929)

Otto Propheter (1875-1927)
1918
Öl auf Leinwand
133 x 108 cm
Privatbesitz

Prinz Max von Baden war zum Nachfolger seines Cousins Friedrich II. auf dem badischen Thron vorgesehen. Stattdessen fiel ihm die Rolle zu, 1918 als letzter Reichskanzler das Ende der Kaiserreiches zu verkünden und damit auch das Ende des Großherzogtums Baden. Salem wurde zum Refugium des abgedankten Politikers. Gut 110 Jahre nach der Mediatisierung traten nun auch die 1806 zu gekrönten Häuptern aufgestiegenen Häuser in den Kreis der „Privatleute" zurück. Prinz Max widmete sich in den letzten Jahren seines Lebens einem ehrgeizigen kulturpolitischen Projekt: Gemeinsam mit dem Reformpädagogen Kurt Hahn gründete er in Salem die berühmte bis heute existierende Schule. In seinen Memoiren von 1928 reflektierte Prinz Max sein politisches Leben. C.B.

LIT.: Prinz Max von Baden 1968.

XV.11
Schreibutensilien aus der Umgebung des Prinzen Max von Baden

*Reiseschreibset, Briefblock,
Petschaft, Etui,
Füller, Tintenfass und Briefumschläge
mit dem Initial „M".
S.K.H. der Markgraf von Baden,
Schloss Salem*

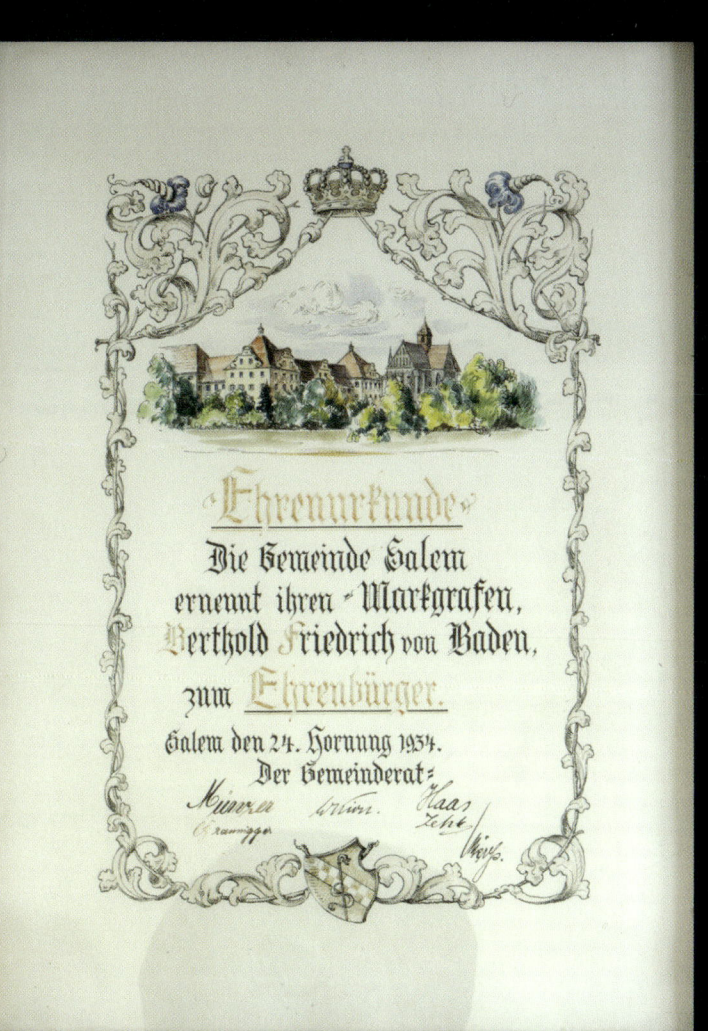

XV.12
Ehrenbürgerurkunde der Gemeinde Salem für Markgraf Berthold von Baden (1906–1963)

*1934
52 x 40 cm
S.K.H. der Markgraf von Baden,
Schloss Salem*

XVI.

→

»MIT DEM AUFHÖREN DER
HOHENZOLLERISCHEN HERRSCHAFT IN
PREUSSEN IST DAS IDEALE UND GEISTIGE
BAND ZWISCHEN HOHENZOLLERN
UND PREUSSEN ZERSCHNITTEN.«

Friedrich Wallishauser, Abgeordneter des Hohenzollerischen Kommunallandtags 1918

Das Haus Hohenzollern

DAS 1061 ERSTMALS ERWÄHNTE HAUS der Grafen von (Hohen-) Zollern zählt zu den ältesten Adelsgeschlechtern Süddeutschlands. Der Name leitet sich ab von der damals bereits bestehenden Burg Zollern bei Hechingen. Nationalgeschichtlichen Rang erlangte eine um 1200 abgezweigte Linie, die über das Burggrafenamt in Nürnberg und die Kurfürstenwürde in Brandenburg 1701 zum preußischen Königtum aufstieg. Das Kaisertum von 1871 bildete die Krönung dieser bemerkenswerten dynastischen Karriere.

Die schwäbische Stammlinie hingegen stand um 1430 nach einem verheerenden Bruderkrieg (1423 Zerstörung der Burg Hohenzollern) vor dem Erlöschen, konnte sich aber im Zeitalter der Renaissance rekonsolidieren. 1534 erwarb Karl I. von Hohenzollern die Grafschaft Sigmaringen als habsburgisches Lehen und vereinigte 1558 alle hohenzollerischen Herrschaften in seiner Hand. 1576 wurde das Territorium allerdings unter dreien seiner Söhne geteilt: Eitelfriedrich IV. erhielt Hohenzollern-Hechingen, Karl II. Hohenzollern-Sigmaringen und Christoph die Herrschaften Haigerloch und Werstein am oberen Neckar. Nach Erlöschen der Haigerlocher Linie 1634 fielen Haigerloch und Werstein an Hohenzollern-Sigmaringen.

1623 wurden die Grafschaften Hohenzollern-Hechingen und Hohenzollern-Sigmaringen wegen ihrer Treue zum Haus Habsburg und zur katholischen Konfession gefürstet. Die hohe reichspolitische Stellung erforderte insbesondere in Hohenzollern-Hechingen einen Repräsentationsaufwand, der die Möglichkeiten des von Untertanenkonflikten gebeutelten Landes überforderte. Die Schuldenlast der Hechinger

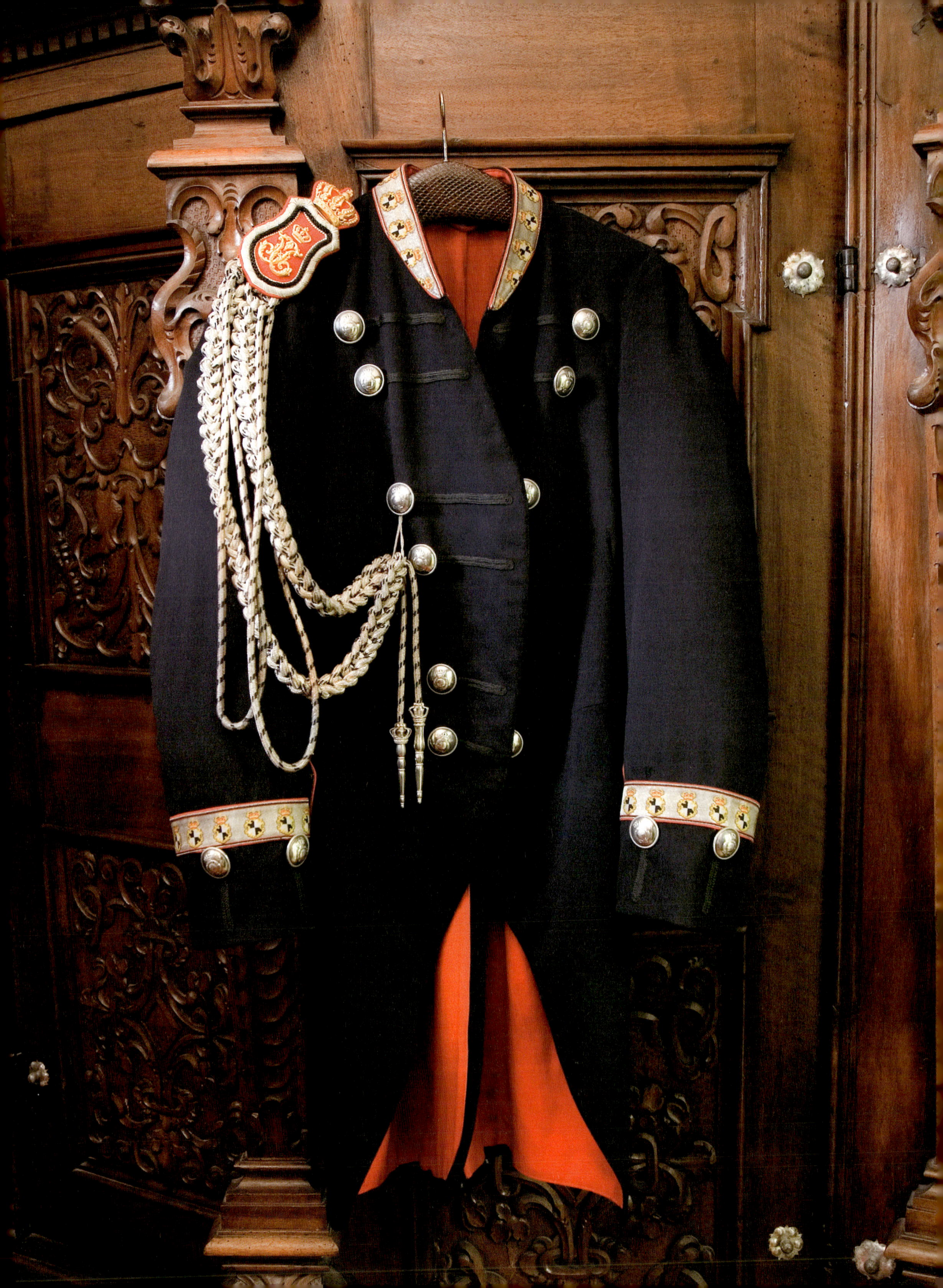

Fürsten wuchs bis zum Ende des Alten Reiches auf bemerkenswerte 600 000 fl. an. In Sigmaringen gestalteten sich die sozialen Verhältnisse weniger dramatisch, dafür häuften sich die Konflikte der Fürsten mit Habsburg wegen des ungeklärten Lehensverhältnisses.

Beide Fürstentümer Hohenzollern zusammen umfassten nur etwa ein Drittel des benachbarten Territoriums der Fürsten von Fürstenberg. Dennoch entgingen sie 1806 der Mediatisierung. Dies war nicht zuletzt das Verdienst der Sigmaringer Fürstin Amalie Zephyrine, die, getrennt von ihrem Mann Anton Aloys in Paris lebend, ihren Einfluss auf Napoleon geltend machte. Beide Fürstentümer schlossen sich in der Rheinbundakte 1806 Napoleon an. Sie erhielten ihre Souveränität in der Bundesakte von 1815 garantiert, obwohl sie sowohl Preußen als auch Österreich brüskiert hatten.

Nach der Revolution von 1848 dankten die über ihre Untertanen enttäuschten Fürsten von Hohenzollern zugunsten Preußens ab. Während mit dem Tod Friedrich W. Konstantins von Hohenzollern-Hechingen die Hechinger Linie 1869 ausstarb, trat Karl Anton von Hohenzollern-Sigmaringen (1811-1885) in eine privilegierte Standesherrschaft gegenüber Preußen ein. Er bekleidete von 1858-1862 das Amt des preußischen Ministerpräsidenten und etablierte sein Haus im Kreis des europäischen Hochadels. Die Thronkandidatur seines Sohnes Leopold in Spanien führte 1870 zum deutsch-französischen Krieg, aus dem das Deutsche Kaiserreich unter Führung Preußens hervorging.

Nach dem Untergang der Hohenzollernmonarchie 1918 war der seit 1850 aufgebaute Mythos vom Kaiserstammland zerstört, was sich nicht zuletzt im schwierigen Verhältnis der Sigmaringer Fürsten Wilhelm (1864-1927) und Friedrich (1891-1965) zur Weimarer Republik ausdrückte. Zum Nationalsozialismus bestand ein ambivalentes Verhältnis. Seit dem 19. Jahrhundert spielte das Haus Hohenzollern durch den Aufbau seiner Sammlungen eine bedeutende kulturpolitische Rolle, die sich heute in der wirtschaftlichen und touristischen Funktion des Hauses in der Region fortsetzt.

LIT.: Kallenberg 1996.

XVI.1
Lakaienlivree des Fürstlich Hohenzollerischen Hofstaats

1884
Blaues Wolltuch
Höhe ca. 102 cm
Fürstlich Hohenzollernsche Sammlungen Sigmaringen

LIT.: Kliegel 2005.

XVI.2
Zeremonienstab des Sigmaringer Hofstaates aus der Zeit des Fürsten Wilhelm (1864-1927)

Um 1910
Holz, Silberbeschläge, Messing (vergoldet)
Höhe 169,5 cm
Fürstlich Hohenzollernsche Sammlungen Sigmaringen

XVI.3
Fürst Karl Anton von Hohenzollern (1811-1885)

Gustav Bregenzer (1850-1919)
1878
Öl auf Leinwand
52,7 x 44,7 cm
Fürstlich Hohenzollernsche
Sammlungen Sigmaringen

Fürst Karl Anton von Hohenzollern ist zweimal von Gustav Bregenzer porträtiert worden (vgl. IX.1). Dieses Porträt von 1878 zeigt den Fürsten in zivil in seinem letzten Lebensabschnitt. Seine preußische Laufbahn und sein politisch aktives Leben, aber auch die aufreibende Zeit um die Reichsgründung lagen hinter ihm. Karl Anton lebte seit 1871 wieder fest in Sigmaringen und genoss die Erfolge seiner Hauspolitik und die Achtung, die ihm auch seitens der Sigmaringer Bevölkerung entgegen gebracht wurde. Diese Verehrung erreichte ihren ersten Höhepunkt 1884 anlässlich der Goldenen Hochzeit des Fürstenpaares und fand ihren bleibenden Ausdruck in dem Denkmal, das für Karl Anton einige Jahre nach seinem Tod 1890 errichtet wurde (vgl. V.7). **C.B.**

LIT.: Krins 2005, 22-29.

XVI. HOHENZOLLERN

XVI.4
Medaille zur Goldenen Hochzeit von Fürst Karl Anton und Fürstin Josephine von Hohenzollern

Karl Schwenzer
1884
Gold
Durchmesser 4,9 cm
Fürstlich Hohenzollernsche
Sammlungen Sigmaringen

LIT.: Bahrfeldt 1900; Link/Gauggel 1985.

XVI.5
Glückwunschadresse zur Goldenen Hochzeit von Fürst Karl Anton und Fürstin Josephine von Hohenzollern vom 21. Oktober 1884

Handschreiben (Pergamentdoppelblatt)
des Gemeinderates und Bürgerausschusses
der Stadt Sigmaringen
Einband aus blauem Samt, Edelmetalle
und Edelsteine, emailliertes
Allianzwappen, Stadtsiegel
Künstlerische Ausschmückung durch die
Lithographische Anstalt M. Lutz,
Sigmaringen und A. Federer, Stuttgart.
44 x 60 cm (aufgeschlagen)
45,7 x 32,7 cm (Einband)
Fürstlich Hohenzollernsche
Sammlungen Sigmaringen

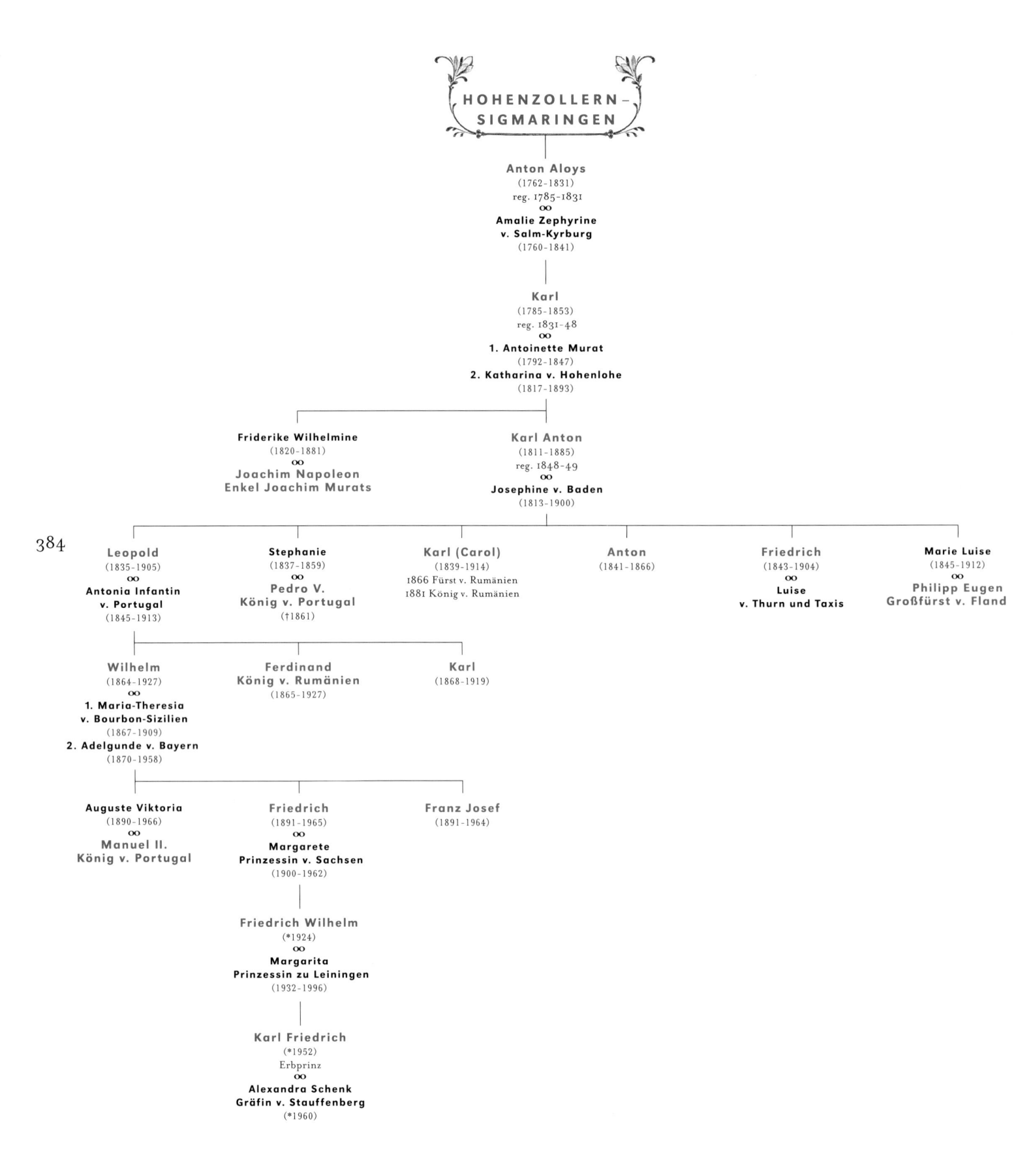

HOHENZOLLERN-SIGMARINGEN

Anton Aloys
(1762–1831)
reg. 1785–1831
∞
**Amalie Zephyrine
v. Salm-Kyrburg**
(1760–1841)

Karl
(1785–1853)
reg. 1831–48
∞
1. **Antoinette Murat**
(1792–1847)
2. **Katharina v. Hohenlohe**
(1817–1893)

Friderike Wilhelmine
(1820–1881)
∞
**Joachim Napoleon
Enkel Joachim Murats**

Karl Anton
(1811–1885)
reg. 1848–49
∞
Josephine v. Baden
(1813–1900)

Leopold
(1835–1905)
∞
**Antonia Infantin
v. Portugal**
(1845–1913)

Stephanie
(1837–1859)
∞
**Pedro V.
König v. Portugal**
(†1861)

Karl (Carol)
(1839–1914)
1866 Fürst v. Rumänien
1881 König v. Rumänien

Anton
(1841–1866)

Friedrich
(1843–1904)
∞
**Luise
v. Thurn und Taxis**

Marie Luise
(1845–1912)
∞
**Philipp Eugen
Großfürst v. Fland**

Wilhelm
(1864–1927)
∞
1. **Maria-Theresia
v. Bourbon-Sizilien**
(1867–1909)
2. **Adelgunde v. Bayern**
(1870–1958)

**Ferdinand
König v. Rumänien**
(1865–1927)

Karl
(1868–1919)

Auguste Viktoria
(1890–1966)
∞
**Manuel II.
König v. Portugal**

Friedrich
(1891–1965)
∞
**Margarete
Prinzessin v. Sachsen**
(1900–1962)

Franz Josef
(1891–1964)

Friedrich Wilhelm
(*1924)
∞
**Margarita
Prinzessin zu Leiningen**
(1932–1996)

Karl Friedrich
(*1952)
Erbprinz
∞
**Alexandra Schenk
Gräfin v. Stauffenberg**
(*1960)

384

XVI. HOHENZOLLERN

XVI.6
Prunkvase

Um 1890/91
Porzellan
Königlich Preußische Manufaktur
Höhe 67 cm
Fürstlich Hohenzollernsche
Sammlungen Sigmaringen

Die Vase ist zur Erinnerung an die am 21. Oktober 1890 erfolgte Enthüllung des Fürst-Karl-Anton-Denkmals gefertigt worden. Die mit einem Deckel versehene Vase zeigt auf der einen Seite das Standbild des Fürsten Karl Anton, auf der anderen das Porträt des Fürsten Leopold. G.A.

LIT.: Unveröffentlicht.

XVI.7
Truhenbank mit intarsierten Jagdszenen

Italienisch, um 1870
Verschiedenartiges Holz, Bein
133 x 120 x 50 cm
Fürstlich Hohenzollernsche
Sammlungen Sigmaringen

Die schöne Truhenbank, die auf Vorbilder der Renaisancezeit zurück greift, stammt von Fürstin Maria Theresia von Hohenzollern, geb. Prinzessin von Bourbon-Sizilien (1867-1909), der Gattin von Fürst Wilhelm von Hohenzollern (1864-1927). **G.A.**

XVI.8
Fürst Leopold von Hohenzollern (1835–1905) als Jäger

Karl von Hohenzollern (1868–1919)
Undatiert
Öl auf Leinwand
70 x 44 cm
Fürstlich Hohenzollernsche
Sammlungen Sigmaringen

Das Porträt stammt von Karl von Hohenzollern, dem jüngsten Sohn des Fürsten Leopold und zeigt diesen von seiner privaten Seite: als Jäger im "Zwiegespräch" mit seinen Jagdhunden. **C.B.**

LIT.: Unveröffentlicht.

388 XVI.9 a–f
Sechs allegorische Frauenfiguren

Spätes 19. Jahrhundert
Porzellan
Königlich Preußische Manufaktur
Höhe 35 cm mit Sockel
Fürstlich Hohenzollernsche Sammlungen Sigmaringen

Die sechs Porzellanfiguren stammen aus dem Besitz der Prinzessin Luise von Hohenzollern geb. von Thurn und Taxis (1859-1948), Gemahlin des Prinzen Friedrich von Hohenzollern (1843-1904). Die allegorischen Figuren verkörpern die Musen und die Kardinaltugenden: so die Prudentia (mit Spiegel und Schlange), die Justitia (mit Schwert und Waage), die Abundantia (mit dem Füllhorn), die Siegesgöttin Nike (mit Palmzweig und Lorbeerkranz), die Muse Urania der Sternkunde (mit Himmelsglobus und Stab), die Muse Terpsichore der Lyrik und des Tanzes (mit Leier). M.S.

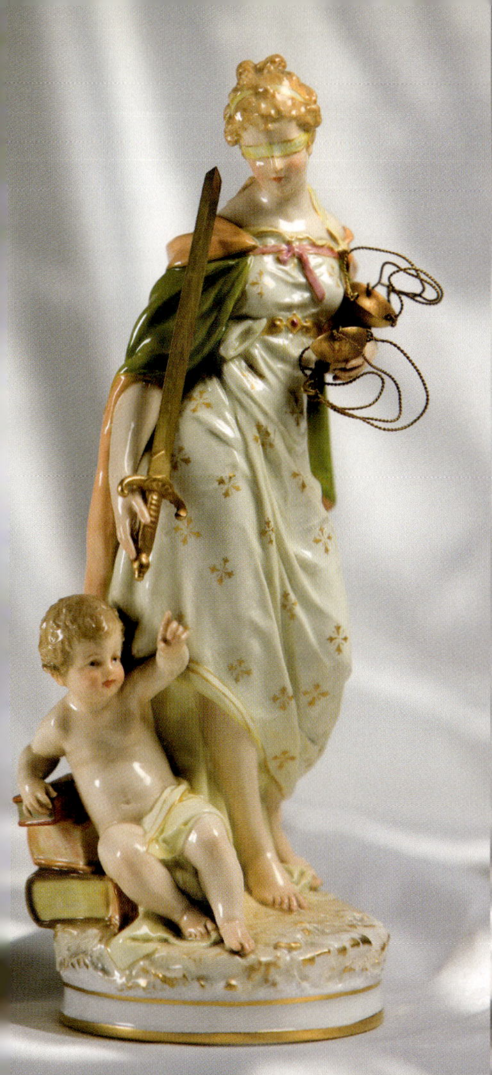
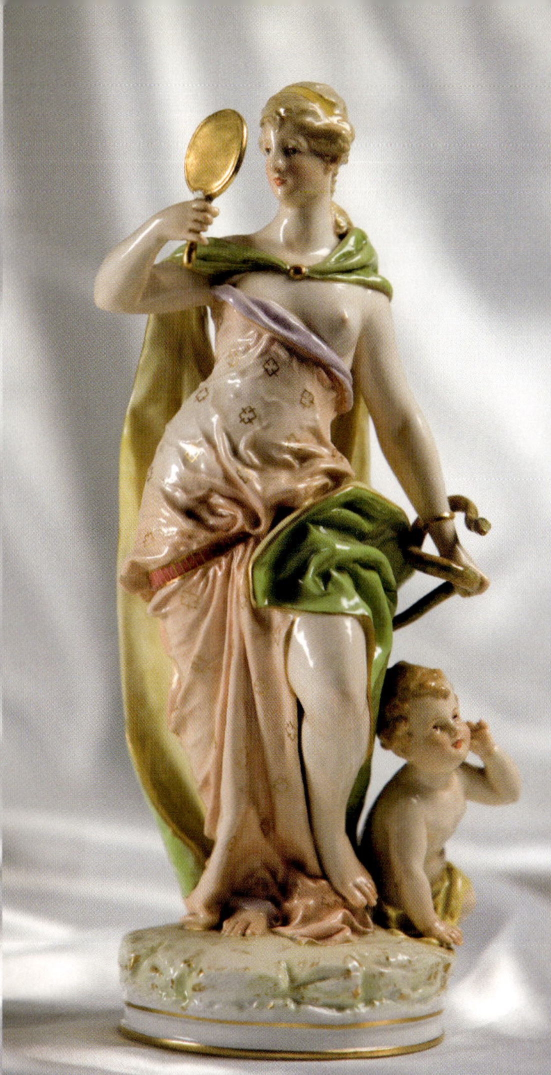
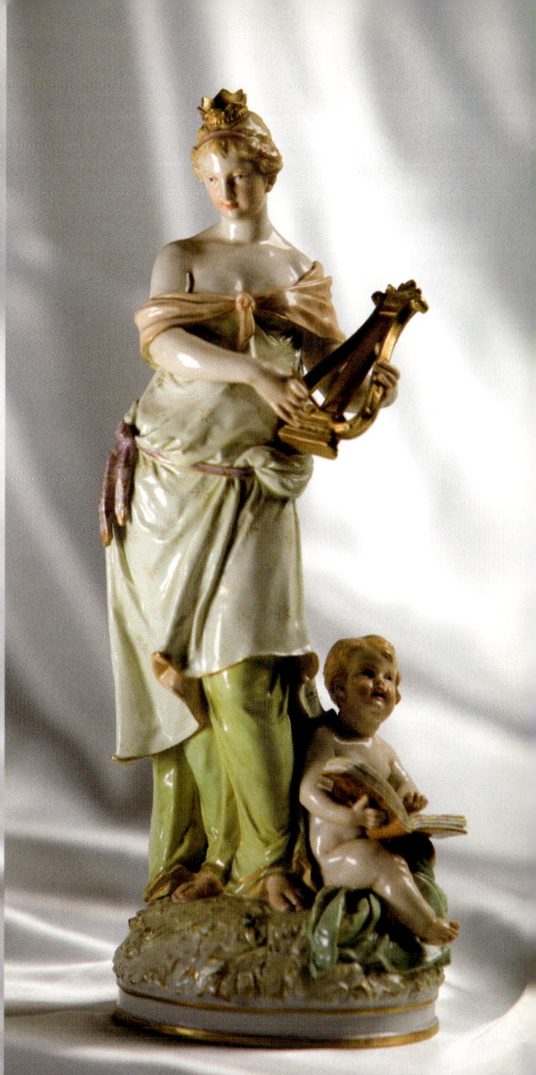
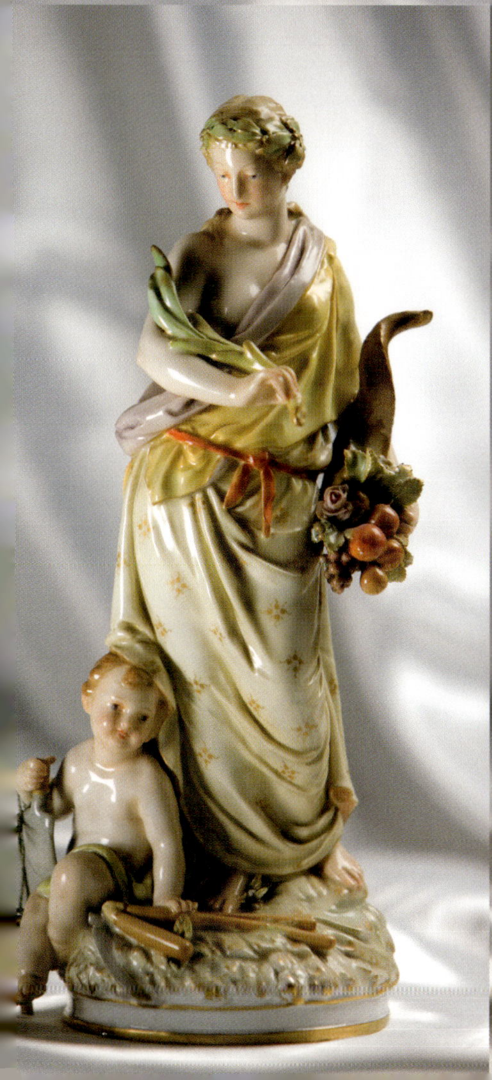
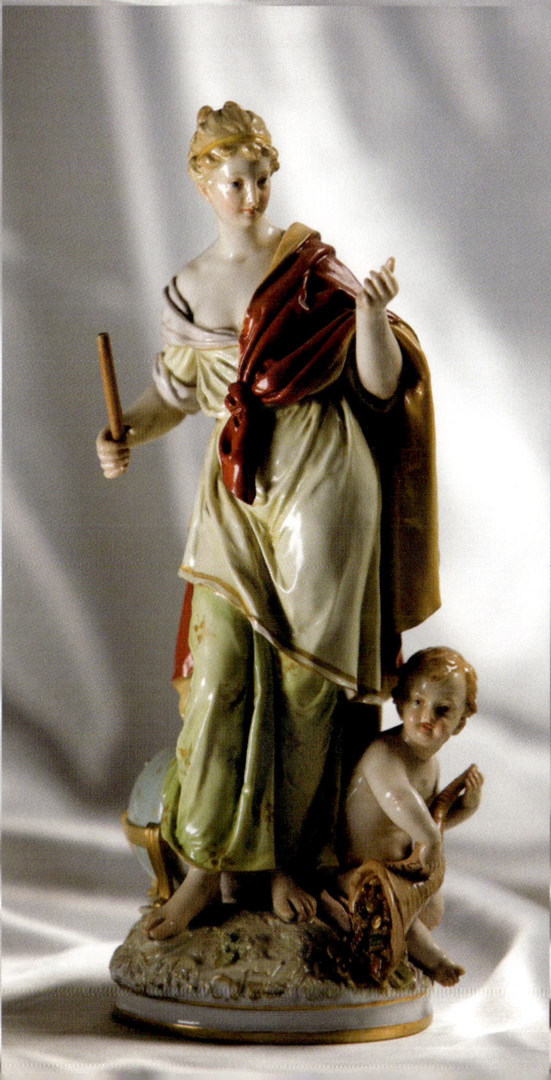
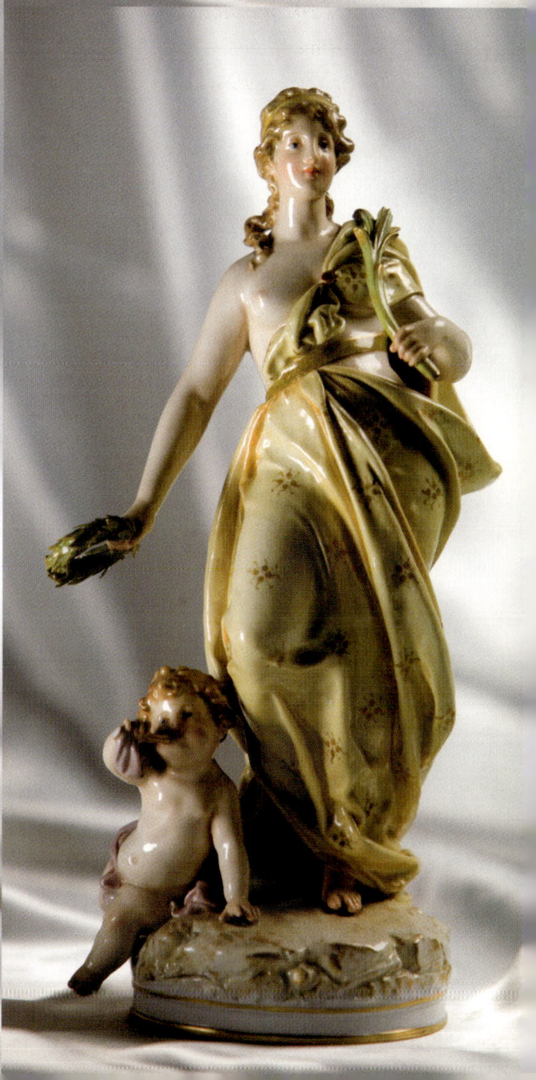

XVI.10
Jagdtrophäen von Fürst Friedrich von Hohenzollern

Fürstlich Hohenzollernsche Sammlungen Sigmaringen

XVI.11 a–d
Vier Fotographien mit Jagdmotiven aus der fürstlichen Fotosammlung

a) *Erbprinz Friedrich, Fürst Wilhelm und Prinzessin Auguste Victoria von Hohenzollern mit erlegten Hirschen vor dem Jagdschloss Grisel in Brandenburg*
Um 1909/1910
12,2 x 16,9 cm
Fürstlich Hohenzollernsche Sammlungen Sigmaringen

b) *König Ludwig III. von Bayern im Wildpark Josefslust bei Sigmaringen*
Fotografie von Max Brückl
1919
27,8 x 21,9 cm
Fürstlich Hohenzollernsche Sammlungen Sigmaringen

c) *Jagdgesellschaft mit Erbprinz Friedrich mit erlegten Bären*
1926
15,8 x 22,9 cm
Fürstlich Hohenzollernsche Sammlungen Sigmaringen

d) *Erbprinz Friedrich von Hohenzollern mit erlegtem Bär*
1926
15,9 x 22,2 cm
Fürstlich Hohenzollernsche Sammlungen Sigmaringen
Handschriftlicher Vermerk:
„Dein getreuer Sohn Friedl. 7.III.1927
Mein stärkster Bär erlegt am 30.X.26.
Revier Dosul Téleki-Gurghiu,
Länge 2,15 m; Gew. über 4 Ztr."

In den für das Fürstenhaus Hohenzollern schwierigen Jahren nach dem Untergang der Monarchie bildeten die jährlich veranstalteten Jagdvergnügen eine willkommene Abwechslung in den Alltagsquerelen. Nach wie vor bildete die Jagd das standesgemäße traditionelle Freizeitvergnügen des Adels. Da sich der Waldbesitz des Hauses Hohenzollern nicht nur auf die heimischen Wälder, sondern auf Bayern, Brandenburg und Schlesien erstreckte, waren hier der Abwechslung gewissermaßen keine Grenzen gesetzt. Durch die rumänische Verwandtschaft standen den Sigmaringer Fürsten selbst karpatische Reviere offen. 1921 verlor das Haus Hohenzollern seinen böhmischen Besitz durch Enteignung an die tschechoslowakische Regierung. Ein Schädlingsbefall vernichtete 1926 die Wälder im Osten Deutschlands. Die notwendigen Aufforstungsmaßnahmen zwangen Fürst Wilhelm 1927 zum Verkauf von Teilen seiner Sammlung. So bedeutete der ausgedehnte Waldbesitz nicht nur Lust, sondern auch Last. **C.B.**

LIT.: Krins 2005, 34.

XVI.12 a–c
**Fotoserie vom
Schlossbrand 1893
und vom Wiederaufbau
des Schlosses**

a) *Schloss Sigmaringen
nach dem Brand
am 17. April 1893
Josef Zimmermann
1893
22,1 x 27,9 cm
Fürstlich Hohenzollernsche
Sammlungen Sigmaringen*

b) *Schloss Sigmaringen,
Wiederaufbau
mit Richtfest
F. Kugler
1895
28,2 x 38,7 cm
Fürstlich Hohenzollernsche
Sammlungen Sigmaringen*

c) *Schloss Sigmaringen,
Wiederaufbau
F. Kugler (?)
1895*

*29,2 x 24,1 cm
Fürstlich Hohenzollernsche
Sammlungen Sigmaringen*

Die Brandkatastrophe von 1893, die einen Teil des Ostflügels des Sigmaringer Schlosses zerstörte, bedeutete für das Fürstenhaus wie für die Sigmaringer Bevölkerung, die damals stark mit dem Fürstenhaus identifiziert war, einen Schock, zugleich jedoch die Chance für eine Neugestaltung dieses ganzen Flügels. Fürst Leopold und seine Gattin, Fürstin Antonia, die mit ihren Baumaßnahmen der vergangenen Jahre das Stadtbild Sigmaringen im Stil des Historismus geprägt hatten, gaben nun auch dem Ostflügel des Schlosses durch den Hofarchitekten Johann de Pay und den Münchener Architekten Emanuel von Seidl ein historisches Gepräge, in dem sich romanisierende Neugotik und Neurenaissance mit dem Dekor der Münchner Schule verbanden. Erst 1906 waren die Baumaßnahmen abgeschlossen. Der Fürst versäumte es damals nicht, die neuesten technischen Errungenschaften, z.B. einen Aufzug installieren zu lassen.
C.B.

LITARTUR: Krins 2005, 29.

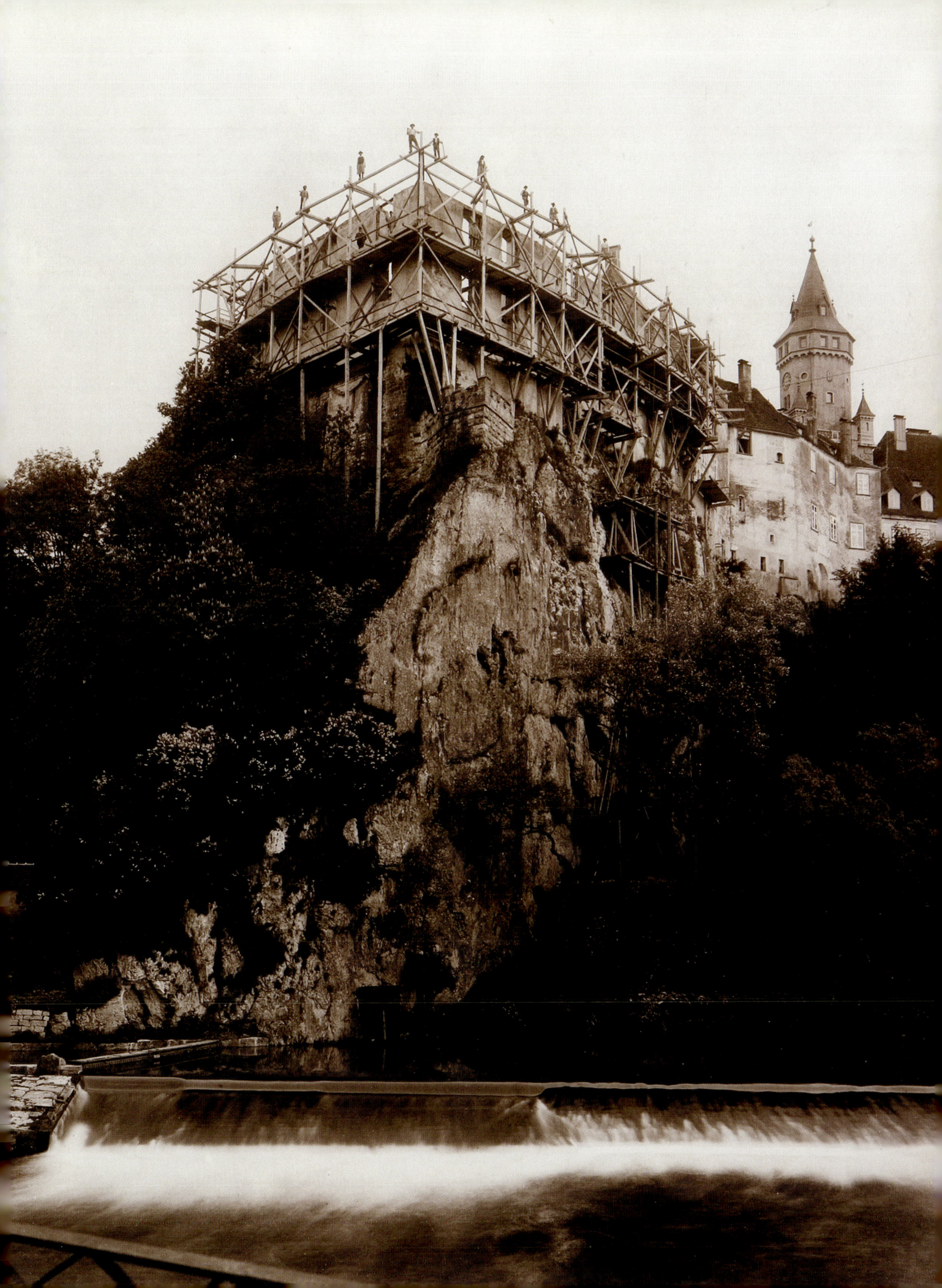

KATALOGE

Kat. Bad Schussenried 2003 Alte Klöster – Neue Herren. Die Säkularisation im deutschen Südwesten 1803. Band 1: Ausstellungskatalog, hg. von *Volker Himmelein*. Ostfildern 2003.

Kat. Baden-Baden 1981 Carl Friedrich und seine Zeit. Ausstellungskatalog der Markgräflich Badischen Museen. Baden-Baden 1981.

Kat. Biberach 1985 Johann Baptist Pflug (1785-1866). Gemälde und Zeichnungen. Städtische Sammlungen (Braith-Mali-Museum). Katalog: *Idis B. Hartmann*. Biberach a.d. Riß 1985.

Kat. Biberach 2000 Braith-Mali-Museum. Kunst des 17. bis 19. Jahrhunderts. Ausstellungsführer Bd. 2. Biberach 1. Aufl. 2000.

Kat. Biberach 2002 Braith-Mali-Museum. Stadtgeschichte. Ausstellungsführer Bd. 3. Biberach 1. Aufl. 2002.

Kat. Donaueschingen 2000 Im Bann des Kaisers. Max Egon II. und das Haus Fürstenberg im Wilhelminischen Zeitalter. Hg. von *Andreas Wilts u.a.* Donaueschingen 2000.

Kat. Friedrichshafen 2000 Der Graf 1838-1917. Ausstellungskatalog, hg. vom Zeppelin Museum Friedrichshafen. Friedrichshafen 2000.

Kat. Karlsruhe 1986 Die Renaissance im Deutschen Südwesten zwischen Reformation und Dreißigjährigem Krieg. Eine Ausstellung des Landes Baden-Württemberg im Heidelberger Schloss. Hg. vom Badischen Landesmuseum Karlsruhe. 2 Bde. Karlsruhe 1986.

Kat. Karlsruhe 1998 1848/49. Revolution der deutschen Demokraten in Baden. Hg. vom Badischen Landesmuseum Karlsruhe. Baden-Baden 1998.

Kat. Kassel 1987 Johann Heinrich Tischbein d.Ä. 1722-1789. Ausstellung in der Neuen Galerie, Kassel 25.11.1989-11.2.1990. Katalog und Ausstellung: *Marianne Heinz, Erich Herzog*. Kassel 1989.

Kat. Konstanz 1992 „...und hat als Weib unglaubliches Talent" (Goethe). Angelika Kaufmann (1741-1807) Marie Ellenrieder (1791-1863). Malerei und Graphik. Ausstellung vom 30. Mai bis 23. August 1992, Rosgartenmuseum Konstanz. Katalog und Ausstellung: *Elisabeth von Gleichenstein, Bettina Baumgärtel u.a.* Konstanz 1992.

Kat. Salem 2002 Salem. Vom Kloster zum Fürstensitz 1770-1830. Ausstellung zur Säkularisation veranstaltet vom Generallandesarchiv Karlsruhe in Schloss Salem 22.6.-22.9.2002. Hg. von *Rainer Brüning/Ulrich Knapp*. Karlsruhe 2002.

Kat. Sigmaringen 1995 Preußen in Hohenzollern. Hg. vom Haus der Geschichte Baden-Württemberg und dem Staatsarchiv Sigmaringen. Katalog: *Otto H. Becker*. Sigmaringen 1995.

Kat. Sigmaringen 2005 Alte Pläne neu im Blick. Hohenzollern in historischen Plänen des 19. und 20. Jahrhunderts. Bearb. von *Corinna Knobloch*. Katalog zur Ausstellung im Staatsarchiv Sigmaringen 2005.

Kat. Stuttgart 1985 Württemberg im späten Mittelalter. Ausstellung des Hauptstaatsarchivs Stuttgart und der Württembergischen Landesbibliothek. Bearb. von *Joachim Fischer, Peter Amelung und Wolfgang Irtenkauf*. Stuttgart 1985.

Kat. Stuttgart 1987 Baden und Württemberg im Zeitalter Napoleons. Hg. vom Württembergischen Landesmuseum. Bände 1,1 und 1,2 Ausstellungskatalog. Band 2 Aufsätze. Stuttgart 1987.

Kat. Ulm 2003 Schwabenspiegel. Literatur vom Neckar bis zum Bodensee 1000-1800. Band 1: Katalog und Autorenlexikon. Band 2: Aufsätze. Zur Wanderausstellung in Blaubeuren, Tübingen, Ochsenhausen, Meersburg, Rottweil, Metzingen, Isny, Balingen, Meßkirch, Horb, Ulm. Hg. von *Ulrich Gaier, Monika Küble, Wolfgang Schürle* im Auftrag der Oberschwäbischen Elektrizitätswerke. Ulm 2003.

Kat. Ulm/Biberach 1983 Christoph Martin Wieland 1733-1813. Leben und Wirken in Oberschwaben. Ausstellung der Stadtbibliothek Ulm vom 4.5-25.6.1983 und der Stadtbücherei Biberach vom 4.9.-15.10.1983. Katalog und Ausstellung: *Hans Radspieler*. Weißenhorn 1983.

Kat. Weitra 1994 Die Fürstenberger. 800 Jahre Herrschaft und Kultur in Mitteleuropa. Ausstellungskatalog der niederösterreichischen Landesausstellung 1994 in Weitra, hg. von *Erwein H. Eltz/Arno Strohmeyer*. Korneuburg 1994.

Kat. Wolfegg 1999 Ohne Gerechtigkeit keine Freiheit. Hg. vom Haus der Geschichte Baden-Württemberg in Zusammenarbeit mit der Gesellschaft Oberschwaben. Stuttgart-Friedrichshafen-Ravensburg 1999.

SEKUNDÄRLITERATUR

Eberhard Achtermann: Fürstbischof Stauffenberg und sein Hof in Meersburg. In: Glaserhäusle. Meersburger Blätter für Politik und Kultur, Heft 3 (1982), 22-26.

Eberhard Achtermann: Der Besitzstand des Hochstifts Konstanz zu Anfang des 18. Jahrhunderts. In: Schriften des Vereins für die Geschichte des Bodensees 103 (1985), 93-106.

Der Alb-Donau-Kreis. Bearb. von der Abteilung Landesbeschreibung des Staatsarchivs Ludwigsburg. Hg. von der Landesarchivdirektion Baden-Württemberg in Verbindung mit dem Alb-Donau-Kreis. Bd. 2. Sigmaringen 1992.

Andreas Antonin: „Der gesunde und rechtliche Sinn der Oberschwaben". Constantin, der „rote Fürst", und die Revolution im Oberland. In: Im Oberland 9 (1998), 3-15.

Susanne Asche u.a.: Karlsruher Frauen 1715-1945. Eine Stadtgeschichte. Karlsruhe 1992.

Baden und Württemberg im Zeitalter Napoleons. Hg. vom Württembergischen Landesmuseum Bände 1,1 und 1,2 Ausstellungskatalog. Band 2 Aufsätze. Stuttgart 1987.

Prinz Max von Baden: Erinnerungen und Dokumente. Hg. von *Golo Mann*. Stuttgart 1968.

Karl S. Bader: Zur Lage und Haltung des Schwäbischen Adels am Ende des alten Reiches. In: ZWLG 5 (1941), 335-389.

Karl S. Bader: Josef von Lassberg. Mittler und Sammler. Stuttgart 1955.

Karl S. Bader: Archiv und geschichtliche Landesforschung. In: Archivalische Zeitschrift 50/51 (1955), 57-69.

Karl S. Bader: Fürstin Elisabeth zu Fürstenberg im Kampf um die Erhaltung der Rechte ihres mediatisierten Hauses. In: SVGBaar 24 (1956), 119-153.

Karl S. Bader/Christian Altgraf zu Salm: Schloss Heiligenberg. Konstanz-Stuttgart 1963.

Frank P. Bär: Die Sammlung der Musikinstrumente im Fürstlich Hohenzollerischen Schloß zu Sigmaringen an der Donau. (Tübinger Beiträge zur Musikwissenschaft Bd. 15). Tutzing 1994.

Emil Bahrfeldt: Das Münz-und Geldwesen der Fürstenthümer Hohenzollern. Berlin 1900.

Bettina Baumgärtel/Klaus Thelen (Hgg.): Bewegte Landschaft – Düsseldorfer Malerschule. Katalog zur Ausstellung im Wilhelm-Fabry-Museum Hilden, Neanderthal Museum Mettmann, Museum der Stadt Ratingen. Heidelberg 2003.

Otto Beck: Katholische Pfarrkirche St. Georg und Jakobus in Isny im Allgäu. Lindenberg 2005.

Rudolf Beck: Man frißt die Fürstlein wie die Würstlein. Die Mediatisierung des Hauses Waldburg. In: *Volker Himmelein/Hans Ulrich Rudolf u.a.* Band 2,2 (2003), 919-928.

Otto H. Becker: Die hohenzollerischen Fürstentümer und die Mediatisierung der freien Reichsritterschaft in Schwaben 1805/6. In: ZHG 15 (1979), 137-154.

Louis Bergeron/François Furet/Reinhart Koselleck: Das Zeitalter der europäischen Revolution 1780-1848 (Fischer Weltgeschichte Bd. 26). Frankfurt 1969.

Ferdinand von Biedenfeld: Geschichte und Verfassung aller geistlichen und weltlichen, erloschenen und blühenden Ritterorden. 2 Bde. Weimar 1841.

Antony Black: Republikanismus als europäisches Phänomen. In: *Peter Blickle (Hg.)*: Verborgene republikanische Traditionen in Oberschwaben. Tübingen 1998, 13-14.

Elmar Blessing: Die territoriale Entwicklung von Württemberg bis 1796 einschließlich der linksrheinischen Besitzungen. Beiwort zur Karte VI,2 des Historischen Atlas von Baden-Württemberg.

Peter Blickle (Hg.): Verborgene republikanische Traditionen in Oberschwaben. Tübingen 1998.

Heinz Bothien (Hg.): Joseph von Lassberg. Des letzten Ritters Bibliothek. Frauenfeld-Stuttgart-Wien 2001.

Horst Boxler: Die Geschichte der Reichsgrafen zu Königsegg seit dem 15. Jahrhundert. Bannholz 2005.

Rainer Brüning: Der Übergang des Klosters Salem an das Haus Baden (1802-1804). In: *Ders./Ulrich Knapp (Hg.)*: Salem. Vom Kloster zum Fürstensitz 1770-1830. Karlsruhe 2002, 63-70.

Rainer Brüning/Ulrich Knapp (Hg.): Salem. Vom Kloster zum Fürstensitz 1770-1830. Karlsruhe 2002.

Heinrich Bücheler: Die Schlacht bei Ostrach im Gesamtzusammenhang der französischen Revolutionskriege. In: *Edwin E. Weber (Hg.)*: Ostrach 1799. Die Schlacht, der Ort, das Geschehen. Ostrach 1999, 129-167.

Heinrich Bücheler: Joachim Murat. Zu seinem Leben und seinen Briefen an die Fürstin Amalie Zephyrine von Hohenzollern-Sigmaringen. In: ZHG 40 (2004), 29-52.

Heinrich Bücheler/Werner Fischer/Roland Kessinger: Die Schlacht bei Meßkirch 5ter Mai 1800. Gedenkband zum 200. Jahrestag. Hg. von der Museumsgesellschaft Meßkirch. Meßkirch 2000.

Casimir Bumiller: Hohentwiel. Die Geschichte einer Burg zwischen Festungsalltag und großer Politik. Konstanz 1990.

Casimir Bumiller: „... so gehört ihr Bauern zum Pflug und nicht zum Wildpretschießen..." In: Damals, Heft 10/1996, 20-26.

LITERATURVERZEICHNIS

Casimir Bumiller: „Es lebe die Freiheit und unser Fürst": Die Rolle der Revolution von 1848 in der hohenzollerischen Geschichte. In: Die großen Revolutionen im deutschen Südwesten. Hg. von *Hans-Georg Wehling* und *Angelika Hauser-Hauswirth* (Schriften zur Politischen Landeskunde Baden-Württembergs 27). Stuttgart 1998, 69-84.

Casimir Bumiller: Die 48er Revolution in Hohenzollern mentalitätsgeschichtlich betrachtet. In: ZHG 35 (1999), 93-100.

Casimir Bumiller: Der „Sonderfall Hohenzollern". Die hohenzollerischen Fürstentümer – Säkularisation und Mediatisierung. In: *Volker Himmelein/Hans Ulrich Rudolf u.a.* Band 2,2 (2003), 893-906.

Karl Bumiller: Die Domänenfrage in Hohenzollern. Eine Aufklärungsschrift und ein rechtsgeschichtliches Gutachten. Hechingen 1921.

Heinrich Burkard: Musikpflege in Donaueschingen. In: Badische Heimat 8 (1921), 83-98.

Herbert Burkarth: Lieber wurden sie badisch... Die Mediatisierung der Speth'schen reichsritterschaftlichen Herrschaften Gammertingen und Hettingen. In: *Volker Himmelein/Hans Ulrich Rudolf u.a.* Band 2,2 (2003), 873-882.

Martin Dallmeier: Das oberschwäbische Schloß Marchtal der Fürsten von Thurn und Taxis im 19. Jahrhundert. In: *Max Müller/Rudolf Reinhardt/Wilfried Schöntag (Hgg.):* Marchtal. Prämonstratenserabtei, Fürstliches Schloß, Kirchliche Akademie. Ulm 1992, 321-353.

Georg Dehio: Handbuch der Deutschen Kunstdenkmäler. Bayern III. Schwaben. Bearbeitet von *Bruno Bushardt* und *Georg Paula.* München-Berlin 1989.

Karl Dehner: Zum 200jährigen Bestehen des Hüttenwerks Lauchthal 1708-1908. Aus urkundlichem und amtlichem Material bearbeitet und zusammengestellt. Sigmaringen 1908.

Ernst von Detouches: Geschichte des Königlich Bayerischen Haus-Ritter-Ordens vom Heiligen Georg. Nach urkundlichen Quellen des Ordensarchives dargestellt. Zeichnungen von Peter Halm. Bamberg 1890.

Christoph Döbeli: Revolutionäre Bestrebungen in Vorderösterreich. In: Vorderösterreich – nur die Schwanzfeder des Kaiseradlers? Die Habsburger im deutschen Südwesten. Hg. vom Württembergischen Landesmuseum Stuttgart. Stuttgart 1999, 211-217.

Ingfried Dold: Die Entwicklung des Beamtenverhältnisses im Fürstentum Fürstenberg in der Zeit des späten Naturrechts (1744-1806). Allensbach 1961.

Andreas Dornheim: Adel in der bürgerlich industrialisierten Gesellschaft. Eine sozialwissenschaftlichhistorische Fallstudie über die Familie Waldburg-Zeil. Frankfurt 1993.

Andreas Dornheim: Oberschwaben als Adelsherrschaft. In: *Hans Georg Wehling (Hg.):* Oberschwaben. Stuttgart-Berlin-Köln 1995, 123-151.

Winfried Dotzauer: Zur Geschichte der Wild- und Rheingrafen. In: Mitteilungsblatt zur rheinhessischen Landeskunde 15 (1966), 305-312.

Winfried Dotzauer: Geschichte des Nahe-Hunsrück-Raumes von den Anfängen bis zur französischen Revolution. Stuttgart 2001.

Lutz Durstoff: Die deutschen Burgen und Schlösser in Farbe. Burgen, Schlösser, Festungsanlagen, Herrenhäuser und Adelspalais in der Bundesrepublik Deutschland und Berlin (West). Frankfurt 1987.

Hans Wilhelm Eckardt: Herrschaftliche Jagd, bäuerliche Not und bürgerliche Kritik. Zur Geschichte der fürstlichen und adligen Jagdprivilegien vornehmlich im südwestdeutschen Raum. Göttingen 1976.

Hugo Eckener: Graf Zeppelin – sein Leben nach eigenen Aufzeichnungen und persönlichen Erinnerungen. Stuttgart 1938.

Jörn Eckert: Der Kampf um die Familienfideikommisse. Studien zum Absterben eines Rechtsinstituts. Berlin-Bern-New York-Paris-Wien 1992.

Karlfriedrich Eckstein: Friedrich Carl von Moser (1723-1798). Rechts- und Staatstheoretisches Denken zwischen Naturrecht und Positivismus. Diss. Giessen 1973.

Christina Egli: 2. Dezember 1804: Das grösste Spektakel aller Zeiten. In: *Dominik Gügel/Christina Egli (Hgg.):* Was für ein Theater! Frauenfeld 2004, 67-107.

Christina Egli: Née en 1760 à Paris où mes parents... Eine Prinzessin zwischen Pariser Pracht und Sigmaringer Bescheidenheit (erscheint demnächst in: Schwabenspiegel 2).

Joseph von Eichendorff: Der Adel und die Revolution. In: Sämtliche Werke des Freiherrn Joseph von Eichendorff. Hg. von *Wilhelm Kosch* und *August Sauer,* Regensburg 1910, Bd. 10, 383-406.

Peter Eitel/Elmar L. Kuhn: Oberschwaben. Beiträge zur Geschichte und Kultur. Konstanz 1995.

Eberhard Elbs: Hechingen und der bäuerliche Widerstand in der Grafschaft Zollern. In: 1200 Jahre Hechingen. Beiträge zur Geschichte, Kunst und Kultur der Stadt Hechingen. Hechingen 1987, 61-73.

Erwein H. Eltz: Die Modernisierung einer Standesherrschaft. Karl Egon III. und das Haus Fürstenberg in den Jahren 1848/49. Sigmaringen 1980.

Erwein H. Eltz/Arno Strohmeyer (Hgg.): Die Fürstenberger. 800 Jahre Herrschaft und Kultur in Mitteleuropa. Ausstellungskatalog der Niederösterreichischen Landesausstellung 1994 in Weitra. Korneuburg 1994.

Joachim Emig: Friedrich III. von Salm-Kyrburg (1745-1794). Ein deutscher Reichsfürst im Spannungsfeld von Ancien régime und Revolution. Frankfurt a.M. 1997.

Rudolf Endres: Adel in der frühen Neuzeit. München 1993.

Rudolf Endres: Oberschwäbischer Adel und absoluter Staat. Herrschaftsstil und Herrschaftstechnik in Oberschwaben. In: *Peter Blickle:* Politische Kultur in Oberschwaben. Tübingen 1993. 147-174.

Rudolf Endres: Lieber Sauhirt in der Türkei als Standesherr in Württemberg... Die Mediatisierung des Adels in Südwestdeutschland. In: *Volker Himmelein/Hans Ulrich Rudolf u.a.* Bd. 2,2 (2003), 837-856.

Elisabeth Fehrenbach: Das Scheitern der Adelsrestauration in Baden. In: *Eberhard Weis (Hg.):* Reformen im rheinbündischen Deutschland (Schriften des Historischen Kollegs 4). München 1984.

Ulrich Feldhahn/Stefan Schmidt-Lawrenz/Otto Werner: Fürstin Eugenie von Hohenzollern-Hechingen. Begleitheft zur Gedächtnisausstellung zum 150jährigen Todestag im Alten Schloß in Hechingen. Hechingen 1997.

Gerhard Fetscher: Der Verlauf der Schlacht nach zeitgenössischen Quellen. In: Ostrach 1799. Die Schlacht, der Ort, das Geschehen. Hg. von *Edwin E. Weber.* Ostrach 1999,169-199.

Hanspeter Fischer: „Viel haimlich Sachen offenbart". Die Wolfegger Landtafel wird jetzt dem Kartografen Daniel Beich zugeschrieben. In: Beiträge zur Landeskunde von Baden-Württemberg 1 (2000), 16 ff.

Hanspeter Fischer: „... wo ein schöner prospeckt und weitum zu sehen ist". Kartografische Gestaltungselemente in oberschwäbischen Landtafeln. In: Im Oberland 2/2002, 33-39.

Hanspeter Fischer: Die Rauch'sche Landtafel der Herrschaft Waldburg von 1626. In: Im Oberland 2/2005, 29-36.

Joachim Fischer: Territorialentwicklung Badens bis 1796. Beiwort zu den Karten VI,1 und VI,1a. Historischer Atlas von Baden-Württemberg.

Monika Flacke: Die Begründung der Nation aus der Krise. In: Dies. *(Hg.):* Mythen der Nationen: ein europäisches Panorama. München-Berlin 2. Aufl. 2001, 101-128.

Max Flad: Johann Georg Sauter, ein Aulendorfer Maler der Biedermeierzeit In: Im Oberland 1/1990. S. 22-30.

Max Fleischmann/Victor Bredt: Der Domänenstreit in Hohenzollern. Zwei Rechtsgutachten. Halle a.d.S. 1922.

Anna Charlotte Flohr: Johann Heinrich Tischbein d.Ä. (1722-1789) als Porträtmaler mit einem kritischen Werkverzeichnis. München 1997.

Erich Franz: Pierre Michel d'Ixnard 1723-1797, Leben und Werk. Weißenhorn 1985.

Eberhard Fritz: Das Haus Württemberg in Oberschwaben. Aus der Tätigkeit des Hofkameralamts Altshausen. Im Oberland 1/1993, 17-21; 2/1993, 13-17.

Eberhard Fritz: Königreich statt Ordensherrschaft. Säkularisation, Mediatisierung und Besitznahme der Deutschordenskommende Altshausen. In: *Volker Himmelein/Hans Ulrich Rudolf u.a.:* Bd. 2,1 (2003), 529-542.

Für die Sache der Freiheit, des Volkes und der Republik. Die Revolution 1848/49 im Gebiet des heutigen Landkreises Sigmaringen. Hg. vom Landkreis Sigmaringen. Sigmaringen 1998.

Fürstliche Standesherrschaft Fürstenberg. Eine Denkschrift verfasst im Auftrag des Fürsten Max zu Fürstenberg von der Fürstlich Fürstenbergischen Hofkammer in Donaueschingen. Baden-Baden 1919.

François Furet/Denis Richet: La Révolution. 2 Bde. Paris 1965/66 [dt. Furet/Richet: Die Französische Revolution. Frankfurt a.M. 1968 (ND München 1981)].

François Furet: La Révolution 1770-1880. Paris 1988.

Martin Furtwängler: Die Standesherren in Baden (1806-1848). Frankfurt-Berlin-New York-Paris-Wien 1996.

Ulrich Gaier/Helmut Weidhase: Joseph Freiherr von Laßberg (1770-1855). Imaginierte Lebensformen des Mittelalters. Marbach a.N. 1998.

U. Gauss/K. Diemer: Carl von Ebersberg. Gemälde, Aquarelle, Zeichnungen. Biberach 1973.

Johann Wolfgang von Goethe: Aus meinem Leben. Dichtung und Wahrheit. Hg. von *Siegfried Scheibe.* 2 Bde. Berlin 1974.

Heinz Gollwitzer: Die Standesherren. Die politische und gesellschaftliche Stellung der Mediatisierten 1815-1918. Göttingen 1964.

Klaus Graf: Schatzhäuser des Adels in Gefahr. In: Kunstchronik 58 (2005), 181-184.

Hermann Grees: Siedlung, Bevölkerung, Wirtschaft. In: *Fritz Kallenberg (Hg.):* Hohenzollern. Stuttgart 1996, 307-359.

Sylvia Greiffenhagen: Politische Kultur Isnys im Allgäu. Auf den Spuren einer Freien Reichsstadt. Kehl-Straßburg-Arlington 1988.

Claus Grimm/Bernd Konrad: Die Fürstenbergsammlungen Donaueschingen. Altdeutsche und schweizerische Malerei des 15. und 16. Jahrhunderts. München 1990.

Hans Martin Gubler: Johann Kaspar Bagnato und das Bauwesen des Deutschen Ordens in der Ballei Elsass-Burgund im 18.Jahrhundert. Sigmaringen 1985.

Dominik Gügel/Christina Egli (Hgg.): Was für ein Theater! Krönungen und Spektakel in napoleonischer Zeit. Frauenfeld 2004.

Dominik Gügel: Zu Gast am Hof von Königin Hortense. In: *Ders./Christina Egli (Hgg.):* Was für ein Theater! Frauenfeld 2004, 11-65.

C. F. Gutmann: Karl Egon III. Fürst zu Fürstenberg. Ein Immortellenkranz auf seinen Sarg. In: Schriften der Baar 8 (1893), 1-44.

Meike Habicht: Oberschwäbischer Adel 1848/49. In: Kat. Wolfegg 1999, 92-107.

Meike Habicht: Die Städte als politische Zentren. In: Kat. Wolfegg 1999, 122-139.

Carl Haggeney: Fürstin Sophie von Waldburg. Mergentheim 1910.

Martin Harns: Joseph Maria Freiherr von Lassberg (1770-1855). Briefinventar und Prosopographie. Heidelberg 1991.

Christian Hattenhauer: Wahl und Krönung Franz II. AD 1792. Das Heilige Römische Reich krönt seinen letzten Kaiser – Das Tagebuch des Reichsquartiermeisters Hieronymus Gottfried von Müller und Anlagen. Frankfurt a.M. 1995.

Otto Titan v. Hefner/Gustav Adelbert Seyler: Die Wappen des bayerischen Adels. Reprografischer Nachdruck von Siebmacher's Wappenbuch Band 22, Neustadt a.d. Aisch 1971.

Horst Heidemann: „... bis man eines Tages, und sei es nach meinem Tode, ein Blümlein entdeckt" – Auf den Spuren des Malers Toni Wolter (1875-1929). In: Godesberger Heimatblätter 27 (1999), 5-59.

Gisela Herdt: Der württembergische Hof im 19. Jahrhundert. Studien über das Verhältnis zwischen Königtum und Adel in der absoluten und konstitutionellen Monarchie. Diss. Göttingen 1970.

Franz Herre: Napoleon Bonaparte. Eine Biographie. Regensburg 2003.

Michael Hertl: Totenmasken. Was vom Leben und Sterben bleibt. Ostfildern 2002.

Wolfgang Hilpert: Der Verein für Geschichte und Naturgeschichte der Baar. In: *Erwein H. Eltz/Arno Strohmeyer* (1994),101-147.

Hans-Peter Hils: Die Handschriften des oberdeutschen Fechtmeisters Hans Talhoffer. In: Codices manuscripti 9 (1983), 97-121.

Hans-Peter Hils: Meister Johann Liechtenauers Kunst des langen Schwertes. Frankfurt a. M. 1985.

Volker Himmelein/Hans Ulrich Rudolf u.a. (Hgg.): Alte Klöster – Neue Herren. Die Säkularisation im deutschen Südwesten 1803. Bd. 1 Ausstellungskatalog. Bände 2,1 und 2,2 Aufsätze. Ostfildern 2003.

Wolfgang von Hippel: Die Bauernbefreiung im Königreich Württemberg. 2 Bde. Boppard 1977.

Lothar Höbelt: Adel und Politik seit 1848. In: *Erwein H.Eltz/Arno Strohmeyer* (1994), 365-377.

Erwin Hölzle: Der deutsche Südwesten am Ende des Alten Reiches. Stuttgart 1938.

Hans Hubert Hofmann: Adelige Herrschaft und souveräner Staat. München 1962.

Hans H. Hofstätter: Die Fürstlich Fürstenbergischen Sammlungen in Donaueschingen. München-Zürich 1980.

Theodor Hogg/Bernd Mathias Kremer (Hgg.): Wo Gott die Mitte ist – Ordensgemeinschaften in der Erzdiözese Freiburg in Geschichte und Gegenwart. Lindenberg 2002.

Karl von Hohenlocher: Fürst Friedrich Wilhelm Constantin. In: Zollerheimat 7 (1939), 73-77.

Albrecht Prinz von Hohenzollern: Weizen im Geigenkasten – Erinnerungen und Begegnungen. Hg. von Ingeborg von Schönermark. Bonn 1998.

Johann Georg Prinz von Hohenzollern: Der Museumsbau in Sigmaringen. In: Nachrichtenblatt der Denkmalpflege in Baden-Württemberg 10/4 (1967), 86-90.

Werner Hohloch: Die Geschichte der Fürstlich Fürstenbergischen Brauerei in Donaueschingen. In: *Erwein H.Eltz/Arno Strohmeyer* (1994),196-199.

Edward von Hornstein-Grüningen: Die von Hornstein und Hertenstein. Erlebnisse aus 700 Jahren. Konstanz 1911.

Ernst Rudolf Huber (Hg.): Dokumente zur deutschen Verfassungsgeschichte. Stuttgart 3. Aufl. 1978.

Volkhard Huth: Donaueschingen. Stadt am Ursprung der Donau. Ein Ort in seiner geschichtlichen Entwicklung. Sigmaringen 1989.

Eduard Johne: Die Fürstlich Fürstenbergische Hofbibliothek in Donaueschingen. In: Badische Heimat 8 (1921), 56-82.

Eduard Johne: Der Schöpfer des Fürstenbergischen Staatswesens, Fürst Joseph Wilhelm Ernst zu Fürstenberg (1699-1762). Seine Bedeutung für die staatlichen und kulturellen Verhältnisse in den Fürstenbergischen Landen. In: Badische Heimat 25 (1938), 291-304.

Eric Joly: Jagd und Jagdwaffen. München 1998.

Fritz Kallenberg: Die Fürstentümer Hohenzollern am Ausgang des Alten Reiches. Ein Beitrag zur politischen und sozialen Formation des deutschen Südwestens. Diss. masch. Tübingen 1961.

Fritz Kallenberg: Die Fürstentümer Hohenzollern im Zeitalter der Französischen Revolution und Napoleons. In: ZGO 111 (1963), 357-472.

Fritz Kallenberg: Landesgeschichte in Hohenzollern. Der Hohenzollerische Geschichtsverein im Spannungsfeld von Lokalpatriotismus und Geschichtswissenschaft. In: ZHG 15 (1979), 9-90.

Fritz Kallenberg: Die Staatsautorität der Republik. Der preußische Regierungspräsident, der Fürst von Hohenzollern und die Stadt Sigmaringen 1919-1933. In: Deutschland und Europa in der Neuzeit. Festschrift Karl Otmar Frhr. von Aretin. Stuttgart 1988, Bd.2, 751-779.

Fritz Kallenberg: Hohenzollern (Schriften zur politischen Landeskunde Baden-Württembergs 23). Stuttgart 1996.

Walter Kaufhold: Fürstenhaus und Kunstbesitz. Hundert Jahre Fürstlich Hohenzollernsches Museum. In: Zeitschrift für Hohenzollerische Geschichte 3 (1967), 133-22 und 4 (1968), 69-147 [dasselbe als Separatdruck Sigmaringen 1969].

Walter Kaufhold: Hofmaler Richard Lauchert. Leben und Werk. In: Hohenzollerische Heimat 19 (1969), 1, 3-5, 17-22, 44.

Walter Kaufhold: Das Fürstlich Hohenzollernsche Museum in Sigmaringen. München 1981.

Joseph Kerkhof: Territoriale Entwicklung von Hohenzollern. Beiwort zur Karte VI,5. Historischer Atlas von Baden-Württemberg.

Rudolf Kiess: Forst und Freie Pirsch. Zur Waldgeschichte Oberschwabens und zur Entstehung des württembergischen Staatswaldes. In: *Volker Himmelein/Hans Ulrich Rudolf u.a.* Band 2,2 (2003), 1223-1234.

Walter-Siegfried Kircher: Ein fürstlicher Revolutionär aus dem Allgäu. Fürst Constantin von Waldburg-Zeil 1807-1862. Kempten 1980.

Walter-Siegfried Kircher: Fürst Constantin von Waldburg-Zeil. In: Kat. Wolfegg 1999, 108-121.

Arthur Kleinschmidt: Karl Friedrich von Baden. Heidelberg 1878.

Marieluise Kliegel: Des Dieners alte Kleider. Livreen und Livreeknöpfe – ausgewählte Beispiele deutscher Adelshöfe des 19. Jahrhunderts. Münster 1999.

Marieluise Kliegel: „Gut betucht"- Zur Kleidung der Dienerschaft vornehmlich schwäbischer Adelshöfe im 19. Jahrhundert. In: Im Oberland 2/2005, 43-54.

Ulrich Knapp: Salem und Petershausen. Zum Schicksal zweier Reichsabteien nach der Säkularisation. In: *Volker Himmelein/Hans Ulrich Rudolf u.a.* Bd. 2,2 (2003) 1119-1134.

Gabriele von Koenig-Warthausen: Friedrich Graf von Stadion. In: Lebensbilder aus Schwaben und Franken. Band 8, Stuttgart 1962, 113-136.

Wilhelm Koenig von und zu Warthausen: Der Übergang der Herrschaft Warthausen an Württemberg. In: ZWLG 2 (1938), 166-205.

Gert Kollmer: Die schwäbische Reichsritterschaft zwischen Westfälischem Frieden und Reichsdeputationshauptschluß. Untersuchung zur wirtschaftlichen und sozialen Lage der Reichsritterschaft in den Ritterkantonen Neckar- Schwarzwald und Kocher. Stuttgart 1979.

Bernd Konrad: Die Fürstenbergischen Tafelbilder. In: *Erwein H. Eltz/Arno Strohmeyer* (1994), 130-142.

Alfred Kraus: Der Feldzug von Ulm. Ulm 1912.

Albrecht Krause: Frauen machen Politik. Amalie Zephyrine von Hohenzollern-Sigmaringen und Elisabeth von Fürstenberg. In: *Otto Borst (Hg.):* Frauen bei Hof. Tübingen 1998, 125-164.

Hubert Krins: Das Fürstenhaus Hohenzollern. Lindenberg 2005.

Jan K. Kube: Militaria. Ein Bilderbuch für Sammler und Freunde alter Helme und Uniformen. Ljubljana 1987.

Monika Küble: Gefährliche Liebschaften in Oberschwaben. Sophie la Roches Geschichte des Fräuleins von Sternheim im Kontext des Musenhofs Warthausen. In: Schwabenspiegel. Literatur vom Neckar bis zum Bodensee 1000-1800. Hg. von *Ulrich Gaier, Monika Küble, Wolfgang Schürle* im Auftrag der Oberschwäbischen Elektrizitätswerke. Ulm 2003, Band 2, 127-134.

Joachim Kühn: Königin Hortense und ihre Söhne. Stuttgart 1965.

Renate Küppers-Fiebig: Die Entstehung und Entwicklung der fürstlich Fürstenbergischen Naturkundesammlungen in Donaueschingen. In: *Erwein H.Eltz/Arno Strohmeyer* (1994), 120-129.

Axel Kuhn: Aufgeklärter Absolutismus – Revolution – Reform. Der Stellenwert der Französischen Revolution in der deutschen Geschichte. In: *Anton Pelinka/Helmut Reinalter (Hgg.):* Die Französische Revolution und das Projekt der Moderne. Wien 2002, 17-26.

Elmar L. Kuhn: „Kein Land zu einer Republik besser geschaffen als Oberschwaben". Der Plan einer oberschwäbischen Republik 1798. In: *Peter Blickle (Hg.):* Verborgene republikanische Traditionen in Oberschwaben. Tübingen 1998, 227-241.

Maren Kuhn-Rehfus: Der Übergang Hohenzollerns an Preußen. Die Vorgänge in den Fürstentümern Sigmaringen und Hechingen von 1848-1851. In: Beiträge zur Landeskunde 1976 Nr. 1.

Maren Kuhn-Rehfus: Der Prinzenbau in Sigmaringen. Versuch einer Baugeschichte. In: ZHG 15 (1979), 155-171.

Werner Kundert: Reichskirche und Adel im Südwesten des Reiches. In: Barock in Baden Württemberg. Vom Ende des Dreißigjährigen Krieges bis zur Französischen Revolution. Begleitband zur Ausstellung des Landes Baden-Württemberg im Schloss Bruchsal. Hg. vom Badischen Landesmuseum Karlsruhe. Karlsruhe 1981, Bd. 2, 325-334.

Monica Kurzel-Runtscheiner: Ein Leben zwischen Politik und Liebe – Fürstin Elisabeth von Fürstenberg als Frau und als Kämpferin für die Rechte ihres mediatisierten Hauses. In: *Erwein H. Eltz/Arno Strohmeyer* (1994), 78-89.

Karl Kwasnitschka: Die Geschichte des Fürstenbergischen Forstwesens in Schwaben. In: *Erwein H. Eltz/Arno Strohmeyer* (1994), 177-188.

Sophie La Roche: Geschichte des Fräuleins von Sternheim. Hg. von *Fritz Brüggemann.* Darmstadt 1964.

Sophie von La Roche: Melusinens Sommerabende. Hg. von *Christoph Martin Wieland.* Nachdruck der Ausgabe von 1806. Eschborn 1992.

Das Land Baden-Württemberg. Amtliche Beschreibung nach Kreisen und Gemeinden. 7 Bde. Stuttgart 1977-1983.

Landesgeschichten. Der deutsche Südwesten von 1790 bis heute. Das Buch zur Dauerausstellung im Haus der Geschichte Baden-Württemberg. Hg. vom Haus der Geschichte Baden-Württemberg. Stuttgart 2002.

Susanne Langner-Drescher: Die Fürstlich Fürstenbergische Hofbibliothek (von 1465-1871). Ungedr. Diplomarbeit. Würzburg 1990.

Felix Lorenz Benjamin Lehmann: Der Rote Adlerorden. Entstehung und rechtliche Grundlagen (1705-1918). Frankfurt a.M.-Berlin-Bern-Bruxelles-New York-Oxford-Wien 2002.

Wilfried Liener: Übergang der Reichsritterschaftlichen Herrschaft Hettingen an Hohenzollern-Sigmaringen In: ZHG 104 (1981), 129-201.

Martin Lindemann: Franz Josef Denner, 1734-1811, Hofschreiner und Ebenist der Deutschordensresidenz Altshausen. In: Beiträge zur Kulturgeschichte von Altshausen und Umgebung, 15. Jg. Nr. 6, 141-148.

Eva Link/Heinz Gauggel: Fürstlich Hohenzollernsche Orden und Ehrenzeichen. Fridingen 1985.

Richard Link: Verwaltung und Rechtspflege im Fürstentum Fürstenberg in den letzten Jahrzehnten vor der Mediatisierung (1744-1806). Diss. Freiburg 1942.

Sönke Lorenz/Christoph Eberlein: Das Haus Württemberg. Ein biographisches Lexikon. Stuttgart 1997.

Albrecht P. Luttenberger: Das Haus Fürstenberg vom frühen Mittelalter bis ins 19. Jahrhundert. In: *Erwein H. Eltz/Arno Strohmeyer* (1994), 1-38.

Ernst Wilhelm Graf zu Lynar: Schloss Heiligenberg. München-Zürich 1981.

Ernst Wilhelm Graf zu Lynar: Die Fürstenberg-Sammlungen in Donaueschingen. In: *Erwein H. Eltz/Arno Strohmeyer* (1994), 115-119.

Ernst Wilhelm Graf zu Lynar: Schloß Heiligenberg. In: *Erwein H.Eltz/Arno Strohmeyer* (1994), 143-146.

Eugen Mack: Kaiser Franz II. erhebt das Reichserbtruchsessenhaus Waldburg in den Fürstenstand, 21. März 1803. O.J.

Wolfgang Mager: Republikanismus. Überlegungen zum analytischen Umgang mit einem geschichtlichen Begriff. In: *Peter Blickle (Hg.):* Verborgene republikanische Traditionen in Oberschwaben. Tübingen 1998, 243-260.

Johannes Maier: Geschichte des Fürstlich Hohenzollerischen Hüttenwerks Laucherthal nach den Quellen des Fürstlich-Hohenzollerischen Haus- und Domänenarchivs Sigmaringen. In: Hohenzollerische Jahreshafte 18 (1958), 1-143.

Stephan Malinowski: Vom König zum Führer. Deutscher Adel und Nationalsozialismus. Frankfurt a.M. 2004.

Golo Mann: Ein Regent in der Republik. Markgraf Berthold von Baden. O.O. 1963.

Hans-Martin Maurer u.a. (Hgg.): Geschichte Württembergs in Bildern (1083-1918). Stuttgart 1992.

Michael Maurer (Hg.): Ich bin mehr Herz als Kopf. Ein Lebensbild in Briefen Sophie von la Roche. München 1983.

Bernd M. Mayer: Der Rittersaal in Schloss Wolfegg. Geschichte und Bildprogramm. In: Im Oberland 2/1995, 3-14.

Bernd M. Mayer: „Was ‚gothisch' wird von ihr ja nur beachtet". Fürsten Sophie von Waldburg-Wolfegg und der Einzug der Neugotik in Wolfegg. In: Im Oberland 2/2001, 20-28.

Bernd M. Mayer: Die Kunstsammlungen der Fürsten zu Waldburg-Wolfegg und Waldsee auf Schloss Wolfegg. In: Schwäbische Heimat, Jg.54, 2003, 261.

Bernd M. Mayer: Verliebt, verlobt, verheiratet. Eine oberschwäbische Fürstenhochzeit. In: Im Oberland 1/2004, 10-16.

Bernd M. Mayer: Dort, wo die Zitronen blüh. Die Geschichte des Fürstlichen Hofgartens und des Wolfegger Landschaftsparks. In: Im Oberland 2/2005, 3-14.

Frank Meier: Die Verhältnisse der mediatisierten Herren, Grafen und Fürsten betreffend. Fürst Wunibald von Waldburg-Zeil-Trauchburg (1750-1818) und die Vereine der Mediatisierten 1813 und 1815/16. In: *Volker Himmelein/Hans Ulrich Rudolf u.a.* Band 2,2 (2003), 943-958.

Wolfgang Meighörner: Zum Rekognoszierungsritt des Hauptmanns i.G. Ferdinand Graf von Zeppelin im unteren Elsaß im Juli 1870. In: Ders. (Hg.): Wissenschaftliches Jahrbuch 1998, Friedrichshafen 1998, 18-23.

Hermann Mildenberger: Der Maler Johann Baptist Seele. In: Tübinger Studien zur Archäologie und Kunstgeschichte 5 (1984).

Hermann Mildenberger: Johann Baptist Seele und die Stuttgarter Malerei um 1800. In: Baden und Württemberg im Zeitalter Napoleons, Band 2, (1987), 529-560.

Albrecht Miller: Die Sammlung malerischer Burgen der bayerischen Vorzeit von Domenico Quaglio und Karl August Lebschée. München 1987.

Karl Moersch: Sperrige Landsleute. Wilhelm I. und der Weg zum modernen Württemberg. Stuttgart 1996.

Wilhelm Mößle: Fürst Maximilian Wunibald von Waldburg-Zeil-Trauchburg (1750-1818). Geist und Politik des Oberschwäbischen Adels an der Wende vom 18. zum19. Jahrhundert. Stuttgart 1968.

Franz Mohr: Geschichte von Schloss Mittelbiberach. Typoskript 2006.

Eva Moser: Der Überlinger Vedutenmaler Johann Sebastian Dirr (1766-1830). In: *Johann Sebastian Dirr.* Ansichten vom Bodensee (Kunst am See 18). Friedrichshafen 1987, 5-49.

Friedrich Carl Freiherr von Moser: Ueber die Regierung der geistlichen Staaten in Deutschland. Frankfurt-Leipzig 1787.

Werner Mosse: Adel und Bürgertum im Europa des 19. Jahrhunderts. In: *Jürgen Kocka (Hg.):* Bürgertum im 19. Jahrhundert. Deutschland im europäischen Vergleich. München 1988, Bd. 2, 276-314.

Heinrich Müller: Der letzte Kampf der Reichsritterschaft um ihre Selbstständigkeit (1790-1815). Berlin 1910.

Heinrich Müller: Gewehre, Pistolen, Revolver. Europäische Jagd- und Kriegswaffen des 14. bis 19. Jahrhunderts. Berlin 2. Aufl. 1997.

Winfried Müller: Säkularisation und Mediatisierung. Historische und politische Voraussetzungen ihrer Durchführung. In: *Volker Himmelein/Hans Ulrich Rudolf u.a.* Band 2,1 (2003), 327-346.

Wolf Dieter Münch: Die Grunderwerbungen der Fürstlich Fürstenbergischen Standesherrschaft im Schwarzwald während des 19. Jahrhunderts. Freiburg 1958.

Gert K. Nagel: Schwäbisches Künstlerlexikon. Vom Barock bis zur Gegenwart. München 1986.

Monika Nenon: Autorschaft und Frauenbildung. Das Beispiel von Sophie von La Roche. Würzburg 1988.

Ulrich Neth: Standesherren und liberale Bewegung. Der Kampf des württembergischen Adels um seine Rechtsstellung in der zweiten Hälfte des 19. Jahrhunderts. Stuttgart 1970.

Neue Deutsche Biographie. Hg. von der Historischen Kommission bei der Bayerischen Akademie der Wissenschaften. Bd. 22. Berlin 2005.

Edith Neumann: Künstlerinnen in Württemberg. Zur Geschichte des Württembergischen Malerinnen-Vereins und des Bundes Bildender Künstlerinnen Württembergs. Stuttgart 1999.

Viia Ottenbacher/Heinrich Bock: Sophie von La Roche von Warthausen „… schönere Tage sah ich nie …" Marbach a.N. 1997.

Louise Otto: Geschichte mediatisierter deutscher Adelshäuser. Leipzig 1868.

Erich Pelzer: Napoleon Bonaparte. Biographie eines europäischen Monarchen. Stuttgart 2006.

Karl Pfaff: Biographie der Regenten von Württemberg von Herzog Eberhard im Bart bis König Friedrich. Stuttgart 1821.

Karl Pfaff: Württembergisches Heldenbuch. Esslingen 1840.

Karl Pfaff: Geschichte des Fürstenhauses und Landes Wirtemberg. 4 Teile. Stuttgart, Teil 2, 1850.

Theodor Pfizer: Albrecht Herzog von Württemberg. In: Lebensbilder aus Schwaben und Franken. Bd. 16. Stuttgart 1986, 338-362.

Alexander von Platen: Karl Egon II. von Fürstenberg 1796-1854. Eine Gedenkschrift. Stuttgart 1954.

Bertolt Pölcher/A. Desing: Beschreibung und Geschichte der Burgruinen Eisenberg und Hohenfreyberg. Eisenberg 1989.

Volker Press: Von den Bauernrevolten des 16. Jahrhunderts zur konstitutionellen Verfassung des 19. Jahrhunderts. Die Untertanenkonflikte in Hohenzollern-Hechingen und ihre Lösungen. In: *Hermann Weber (Hg.):* Politische Ordnungen und soziale Kräfte im Alten Reich. Wiesbaden 1980, 85-112.

Volker Press: Der württembergische Landtag im Zeitalter des Umbruchs 1770-1830. In: ZWLG 42 (1983), 256-281.

Volker Press: Südwestdeutschland im Zeitalter der Französischen Revolution und Napoleons. In: Baden und Württemberg im Zeitalter Napoleons. Band 2 (1987), 9-24.

Volker Press: König Friedrich I. – der Begründer des modernen Württemberg. In: Baden und Württemberg im Zeitalter Napoleons. Band 2 (1987), 25-40.

Volker Press: Der hohenzollern-hechingische Landesvergleich von 1798. Reichsrecht und Untertanenvertretung im Zeichen der Französischen Revolution. In: ZHG 14 (1987), 77-108.

Volker Press: Adel im 19. Jahrhundert. Die Führungsschichten Alteuropas im bürgerlich-bürokratischen Zeitalter. In: *Ralph Melville/Armgard Rheden-Dohna (Hgg.):* Der Adel an der Schwelle des bürgerlichen Zeitalters 1780-1860. Stuttgart 1988, 1-19.

Volker Press: Reichsritterschaft. In: *Hansmartin Schwarzmaier/Meinrad Schaab u.a. (Hgg.):* Handbuch der baden-württembergischen Geschichte. Bd. 2, Stuttgart 1995, 771-813.

Volker Press: Die Reichsritterschaft im Reich der Frühen Neuzeit. In: Adel im Alten Reich. Gesammelte Vorträge und Aufsätze. Hg. von *Franz Brendle* und *Anton Schindling.* Tübingen 1998, 205-231.

Volker Press: Das Haus Fürstenberg in der deutschen Geschichte. In: Adel im Alten Reich. Gesammelte Vorträge und Aufsätze. Hg. von *Franz Brendle* und *Anton Schindling.* Tübingen 1998, 139-166.

Preußen in Hohenzollern. Begleitband zur Ausstellung Sigmaringen 1995. Herausgegeben vom Haus der Geschichte Baden-Württemberg und vom Staatsarchiv Sigmaringen. Sigmaringen 1995.

Gerhard Raff: Hie gut Wirtemberg allewege. Das Haus Württemberg. 3 Bde. Stuttgart-Leipzig 1988,1993, 2002.

Rudolf Rauh: Das Hausrecht der Reichserbtruchsessen Fürsten von Waldburg. 2 Bde., Kempten 1971/72.

Rudolf Rauh (Bearb.): Inventar des Archivs Trauchburg im Fürstlich Waldburg-Zeil'schen Gesamtarchiv in Schloß Zeil vor 1806 (1850). Karlsruhe 1968.

Armgard von Reden-Dohna/Ralph Melville (Hgg.): Der Adel an der Schwelle des bürgerlichen Zeitalters 1780-1860. Stuttgart 1988.

Heinz Reif: Der Adel in der modernen Sozialgeschichte. In: *Wolfgang Schieder/Volker Sellin:* Sozialgeschichte in Deutschland. 4 Bde. Göttingen 1986-1987. Bd. IV, 34-60.

Rudolf Reinhardt: Die Beziehungen von Hochstift und Diözese Konstanz zu Habsburg-Österreich in der Neuzeit. Wiesbaden 1966.

Rudolf Reinhardt (Hg.): Reichsabtei St. Georg in Isny 1096-1802. Beiträge zu Geschichte und Kunst des 900 jährigen Benediktinerklosters. Im Auftrag der Kirchengemeinde St. Georg Isny und der Stadt Isny. Weissenhorn 1996.

Franz Rieffel: Das fürstlich hohenzollerische Museum zu Sigmaringen. Gemälde und Bildwerke. In: Städel-Jahrbuch 3/4 1924, 55-74.

Sigmund Riezler: Geschichte des Fürstlichen Hauses Fürstenberg und seiner Ahnen bis zum Jahre 1509. Tübingen 1883.

Helmut Rössler: Graf Johann Philipp Stadion, Napoleons deutscher Gegenspieler. 2 Bde. Wien-München 1966.

Johannes Rogalla von Bieberstein: Adelsherrschaft und Adelskultur in Deutschland. Frankfurt-Bern-New York-Paris 1989.

Wilfried Rogasch: Schatzhäuser Deutschlands. Kunst in adligem Privatbesitz. Begleitbuch der gleichnamigen Ausstellung München 19. Nov. 2004 bis 13. Febr. 2005. München 2004.

Josef Rottenkolber: Geschichte des Allgäus, Bd. 4: Das 19. Jahrhundert. München 1938.

Andreas Ruess: Die Revolution 1848/49 in der württembergischen Amtsstadt Saulgau. In: Für die Sache der Freiheit, des Volkes und der Republik. Die Revolution 1848/49 im Gebiet des heutigen Landkreises Sigmaringen. Hg vom Landkreis Sigmaringen 1998, 263-277.

Roger Sablonier: Adel im Wandel. Göttingen 1979.

Christian Altgraf zu Salm: Der Karlshof in Donaueschingen. Zur Entstehung eines Vielzweckmuseums. In: Museum und Kunst. Beiträge für Alfred Hentzen. Hamburg 1970, 187-196.

Paul Sauer: Der schwäbische Zar: Friedrich, Württembergs erster König. Stuttgart 1984.

Paul Sauer: König Friedrich I. (1797-1816). In: *Robert Uhland (Hrsg.),* 900 Jahre Haus Württemberg. Leben und Leistung für Land und Volk. Stuttgart u.a. 1984, 280-305.

Paul Sauer: Napoleons Adler über Württemberg, Baden und Hohenzollern in der Rheinbundzeit. Stuttgart-Berlin-Mainz-Köln 1987.

Paul Sauer: Heiraten aus Staatsräson. Napoleon und seine Beziehungen zu den Regentenhäusern Badens, Württembergs und Hohenzollerns. In: Baden und Württemberg im Zeitalter Napoleons. Band 2 (1987), 55-80.

Paul Sauer: Württembergs letzter König. Das Leben Wilhelms II. Stuttgart 1994.

Paul Sauer: Wilhelm I. von Württemberg. Reformer auf dem Königsthron. Stuttgart 1997.

Julius Sax: Die Bischöfe und Reichsfürsten von Eichstädt 745-1806. Versuch einer Deutung ihres Waltens und Wirkens. Landshut 1884.

Adolf Schahl u.a. (Bearb.): Die Kunstdenkmäler des ehemaligen Kreises Wangen.(Die Kunstdenkmäler in Württemberg). Stuttgart 1954.

Hans Schantel: Die Anfänge des Hauses von Ulm im Mittelalter im frühen und hohen Mittelalter 1139-1313. Weißenhorn 1989.

Max Schefold: Kirchen und Klöster in Württemberg und Zollern. Frankfurt a. M. 1961.

Max Schefold: Hohenzollern in alten Ansichten. Konstanz-Lindau-Stuttgart 1963.

Wolfgang Schild: Alte Gerichtsbarkeit. Vom Gottesurteil bis zum Beginn der modernen Rechtsprechung. München 1980.

Wolfgang Schild: Die eiserne Jungfrau. Dichtung und Wahrheit (Schriftenreihe des Mittelalterlichen Kriminalmuseums Rothenburg o.d.Tauber Nr.3) Rothenburg o.d.Tauber o.J. [2000].

Schloss Arenenberg. In: Bodensee Magazin Spezial. Konstanz 2005.

Helga Schnabel-Schüle: Ansteckungsgefahr und Prophylaxe: Die Französische Revolution und die napoleonische Territorialrevolution. In: Die großen Revolutionen im deutschen Südwesten. Hg. von *Hans-Georg Wehling* und *Angelika Hauser-Hauswirth.* Stuttgart-Berlin-Köln 1998, 15-33.

Eugen Schneider: Württembergische Geschichte. Stuttgart 1896 (2 ND Magstadt 1986).

Eugen Schneider: Ausgewählte Urkunden zur Württembergischen Geschichte (Württembergische Geschichtsquellen, Bd. 11). Stuttgart 1911.

Eugen Schneider (Hg.): Bilderatlas zur Württembergischen Geschichte. Esslingen 1913, Neuausgabe mit Vorwort, Sach-, Personen- und Ortsregister ergänzt von Günter Stegmaier. Frankfurt 1981.

Eugen Schneider: König Friedrich von Württemberg und Napoleon. In: Von schwäbischer Scholle. Kalender für schwäbische Literatur und Kunst 1913, Heilbronn 1912, 62-66.

Gustav Schnetzer: Zur älteren Geschichte der Fürstlich Fürstenbergischen Brauerei in Donaueschingen. In: SVGBaar 33 (1954).

Wilfried Schöntag: „... dass die Rheinbunds-Acte das Fürstenhaus größer, mächtiger und reicher – das Land aber unfreier und ärmer gemacht hat..." Die Fürstentümer Hohenzollern-Hechingen und Hohenzollern-Sigmaringen im Zeitalter Napoleons. In: Baden und Württemberg im Zeitalter Napoleons. Band 2 (1987), 81-102.

Karl Heinrich Frhr. von Schreckenstein: Geschichte der ehemaligen freien Reichsritterschaft in Schwaben, Franken und am Rheinstrome, nach Quellen bearbeitet. 2 Bde. Tübingen 1871 (Reprint Neustadt a.d. Aisch 1998).

Harald Schukraft: Die Grablegen des Hauses Württemberg. Stuttgart 1989.

Manfred Schuler: Die Fürstenberger und die Musik. In: *Erwein H.Eltz/Arno Strohmeyer* (1994), 150-161.

Thomas Schulz: Die Mediatisierung des Adels. In: Baden und Württemberg im Zeitalter Napoleons. Band 2 (1987), 157-174.

Hansmartin Schwarzmaier: Vom Empire zum Biedermeier: Der badische Hof nach dem Tod Großherzog Karl Friedrichs. In: Baden und Württemberg im Zeitalter Napoleons. Band 2 (1987) 41-54.

Hansmartin Schwarzmaier: Das Kloster als Fürstensitz. In: *Rainer Brüning/Ulrich Knapp (Hg.):* Salem. Vom Kloster zum Fürstensitz 1770-1830. Konstanz 2002, 71-84.

Hansmartin Schwarzmaier: Baden. Dynastie – Land – Staat. Stuttgart 2005.

Hans Bernhard Graf von Schweinitz: Die staatsrechtliche Stellung der Mediatisierten unter der Rheinbundverfassung in Württemberg. In: Württembergisch Franken 28/29 (1954), 269-286.

Rudolf Seigel/Walter Bernhardt: Bibliographie der Hohenzollerischen Geschichte. Sigmaringen 1975.

Siebmacher's Wappenbuch, s. Hefner/Seyler.
Johann Siebmacher/ Otto Titan von Hefner/Gustav Adelbert Seyler: Die Wappen des Adels in Württemberg. Reprintausgabe von Siebmacher's Wappenbuch, Nürnberg Bd. 2, Abt. 5 (1856) Bd. 6, Abt. 2 (1911) und Bd. 7, Abt. 1. Neustadt a.d.Aisch 1982.
Nicola Siegloch: Vom herrschaftlichen Schloß zur Medizinisch-Geriatrischen Abteilung. In: *Rudolf Reinhardt (Hg.):* Reichsabtei St. Georg in Isny. Beiträge zur Geschichte und Kunst des 900jährigen Benediktinerklosters. Weißenhorn 1996, 275-286.
Gebhard Spahr: Oberschwäbische Barockstraße IV, Altshausen bis Birnau. Weingarten 1982.
Hermann Speth: Die Reichsstadt Isny am Ende des Alten Reiches, 1775-1806.Untersuchungen über Verfassungs-, Finanz-, Wirtschafts- und Sozialgeschichte der Stadt im Vergleich mit Wangen im Allgäu und Leutkirch. (Veröffentlichungen der Kommission für geschichtliche Landeskunde in Baden-Württemberg, Reihe B: Forschungen Band 68). Stuttgart 1973.
Christoph Friedrich von Stälin: Wirtembergische Geschichte, 4 Bde. Stuttgart u.a. 1841-1873 (ND Aalen 1975).
Stammtafel des mediatisierten Hauses Waldburg (1892).
Thomas C. Starnes: Christoph Martin Wieland. Leben und Werk. Aus zeitgenössischen Quellen chronologisch dargestellt. Band 1-3. Sigmaringen 1987.
Helmut Steinsdorfer: Franz Freiherr von Stauffenberg (1834-1901) als ein bayrischer und deutscher Politiker. Dissertation München 1959.
Andreas Stephani: Die Jagd als Phänomen adligen Selbstverständnisses. In: *Erwein H. Eltz/Arno Strohmeyer* (1994),167-176.
Kurt Stephani: Geschichte der Jagd in den schwäbischen Gebieten der Fürstenbergischen Standesherrschaft. Donaueschingen 1938.
Dieter Stievermann: Waldburg. In: *Hansmartin Schwartzmaier/Meinrad Schaab u.a. (Hgg.):* Handbuch der baden-württembergischen Geschichte, Bd. 2, Stuttgart 1995, 350-359.
Harald Stockert: Adel im Übergang. Die Fürsten und Grafen von Löwenstein-Wertheim zwischen Landesherrschaft und Standesherrschaft 1780-1850. Stuttgart 2000.
Arno Strohmeyer: Adelige Überlebensstrategien im 19. Jahrhundert am Beispiel der Bildungspolitik Karl Egons III. In: *Erwein H.Eltz/Arno Strohmeyer* (1994), 90-100.
Ulrich Thieme/Felix Becker: Allgemeines Lexikon der bildenden Künstler von der Antike bis zur Gegenwart. 37 Bde. Leipzig 1907-1954.
Gunther Träger: Erich Fürst von Waldburg zu Zeil und Trauchburg und der Konservatismus in Deutschland 1945. Dissertation Würzburg 1976.
Jürgen Treffeisen/Volker Trugenberger: Hohenzollern wird preußisch. In: Preußen in Hohenzollern. Hg. vom Haus der Geschichte Baden-Württemberg und dem Staatsarchiv Sigmaringen. Ausstellungskatalog. Sigmaringen 1995, 29-43.
Danny Trom: Frankreich. Die gespaltene Erinnerung. In: *Monika Flacke (Hg.):* Mythen der Nationen: ein europäisches Panorama. München-Berlin 2. Aufl. 2001, 129-151.
Georg Tumbült: Karl Aloys Fürst zu Fürstenberg 1760-1799. Ein Lebensbild. Donaueschingen 1899.
Georg Tumbült: Die Fürstlich Fürstenbergische Brauerei zu Donaueschingen 1705-1905. Ein geschichtlicher Überblick in amtlichem Auftrag bearbeitet. Stuttgart 1905.

Georg Tumbült: Das Fürstentum Fürstenberg. Von seinen Anfängen bis zur Mediatisierung im Jahre 1806. Freiburg 1908.
Stefan Uhl: Schloss Warthausen. Baugeschichte und Stellung im Schlossbau der Renaissance in Schwaben. Bad Buchau 1992.
Stefan Uhl/Edwin Ernst Weber (Hgg.): Hornstein. Beiträge zur Geschichte von Burg, Familie und Herrschaft. Sigmaringen 1997.
Robert Uhland (Hg.): 900 Jahre Haus Württemberg. Leben und Leistung für Land und Volk. Stuttgart, Berlin-Köln-Mainz 1984.
Robert Uhland: Herzog Friedrich Eugen. In: *Ders. (Hg.):* 900 Jahre Haus Württemberg. Leben und Leistung für Land und Volk. Stuttgart 1984, 267-279.
Robert Uhland (Hg.): Das Tagebuch der Baronin Eveline von Massenbach, Hofdame der Königin Olga von Württemberg. Stuttgart 1987.
Franz Freiherr von Ulm-Erbach: Familiengeschichte über das Geschlecht der Herren von Ulm vom 12. Jahrhundert bis zur heutigen Zeit. Typoskript Erbach 1977.
Brigitte Vacha (Hg.): Die Habsburger. Eine europäische Familiengeschichte. Graz-Wien-Köln 1992.
James Allen Vann: Württemberg auf dem Weg zum modernen Staat 1593-1793. Stuttgart 1986.
Joseph Vochezer: Geschichte des fürstlichen Hauses Waldburg in Schwaben. 3 Bände. Kempten 1888-1907.
Eberhard von Waechter: Die letzten Jahre der deutschen Reichsritterschaft. In: WVjh 40 (1934), 243-289.
Aloys Graf von Waldburg-Zeil: Familiengeschichte als Geschichtsspiegel. In: Zeiler Aspekte. Kempten 1980, 13-31.
Franz Ludwig Fürst zu Waldburg-Wolfegg: Die Nachkommen meiner Urgroßeltern. Die Waldburg-Wolfegger vom 19. bis ins 20. Jahrhundert. Kisslegg 1985.
Friedrich Walter: Stephanie Napoleon, Lebensweg und Weggenossen 1789-1860. Baden-Baden 1949.
Gerrit Walther: Treu und Globalisierung. Die Mediatisierung der Reichsritterschaft im deutschen Südwesten. In: *Volker Himmelein/Hans Ulrich Rudolf u.a.* Band 2,2 (2003), 857-872.
Emil Wasmannsdorf: Geschichte des Geschlechts von Zepelin (Zeppelin). Berlin 1938.
Edwin E. Weber: Die Entwicklung der kommunalen Archivpflege in Baden-Württemberg mit besonderer Berücksichtigung des Gebietes des heutigen Landkreises Sigmaringen. In: *Christoph Schmieder/Edwin. E. Weber (Hgg.):* Kommunale und kirchliche Archivpflege im ländlichen Raum. Geschichte, Probleme und Perspektiven am Fallbeispiel des Gemeinde- und des Pfarrarchivs Kreenheinstetten. Sigmaringen 1999, 15-77.
Edwin E. Weber: Der Abriß von Schloss Hornstein im Herbst 1873. Vorgänge und Hintergründe. In: *Stefan Uhl/Edwin E. Weber (Hgg.):* Hornstein. Beiträge zur Geschichte von Burg, Familie und Herrschaft. Sigmaringen 1997, 189-220.
Edwin E. Weber: Die Revolution 1848/49 in der badischen Amtsstadt Pfullendorf. In: Für die Sache der Freiheit, des Volkes und der Republik. Die Revolution 1848/49 im Gebiet des heutigen Landkreises Sigmaringen. Hg. vom Landkreis Sigmaringen. Sigmaringen 1998, 126-167.
Edwin E. Weber (Hg.): Ostrach 1799. Die Schlacht, der Ort, das Gedenken. Ostrach 1999.

Franz Michael Weber: Ehingen. Geschichte einer oberschwäbischen Donaustadt. Ehingen 1955.
Franz Michael Weber: Kaspar Schwenckfeld und seine Anhänger in den freybergischen Herrschaften Justingen und Öpfingen. Stuttgart 1962.
Heinrich von Wedel: Über Entwürfe zur Reorganisation des Adels im 19. Jahrhundert. In: Deutsches Adelsblatt XXX (Berlin 1912), 295-298, 337-339, 353-356, 365-367, 382-385, 393-394, 405-407, 412-423, 437-439.
Hans-Ulrich Wehler: Deutsche Gesellschaftsgeschichte. 4 Bde. München 1987-2003.
Hans-Ulrich Wehler: Europäischer Adel 1750-1950. Geschichte und Gesellschaft. Sonderheft 13. Göttingen 1990, 9-18.
Karl Weller/Arnold Weller: Württembergische Geschichte im südwestdeutschen Raum. Stuttgart-Aalen (7. Aufl.) 1972.
Irene Wiedel-Senn: Zu Paul Bürde's Darstellung der Erbhuldigung auf Burg Hohenzollern. In: Hohenzollerische Jahreshefte 11 (1951), 3-9.
Christoph Martin Wieland: Betrachtungen über die gegenwärtige Lage des Vaterlandes. 1793. In: Ders.: Meine Antworten. Aufsätze über die Französische Revolution 1789-1793. Nach den Erstdrucken im „Teutschen Merkur" hg. von *F. Martini*. Marbach am Neckar 1983.
Georg Wieland: Bauernbefreiung in Oberschwaben. In: Kat. Wolfegg 1999, 56-70.
Hermann Wieser: Das Fürstlich Fürstenbergische Archiv zu Donaueschingen, ein Beitrag zur Baugeschichte. In: SVGBaar 25 (1960), 223-249.
Johannes Karl Wilhelm Willers: Die Jagdwaffe im 18. Jahrhundert. In: Die Jägerey im 18. Jahrhundert. Colloquium der Arbeitsstelle 18. Jahrhundert Bergische Universität Gesamthochschule Wuppertal. Heidelberg 1991, 91-100.
Johannes Willms: Napoleon. Eine Biographie. München 2005.
Ingelore Winter: Der Adel. Ein deutsches Gruppenportrait. Wien-München-Zürich-New York 1981.
Joseph Ludolph Wohleb: Der Übergang der Sammlungen Joseph von Lassbergs an das Haus Fürstenberg. In: ZGO 97 NF 58 (1949), 229-247.
Joseph Ludolph Wohleb: Das Lebenswerk der Deutschordensbaumeister Johann Kaspar Bagnato und Franz Anton Bagnato. In: ZWLG 11 (1952), 207-224.
Alfred Woltmann: Verzeichniss der Gypsabgüsse. Fürstlich-Fürstenbergische Sammlungen zu Donaueschingen. Karlsruhe 1870.
Hans J. Worring: Das Fürstlich Fürstenbergische Eisenwerk Hammereisenbach und die angegliederten Schmelzhütten Ippingen, Bachzimmern und Kriegertal. Allensbach 1954.
Bernd Wunder: Der württembergische Personaladel. In: ZWLG 40 (1981), 494-518.
Bernd Wunder: Die Entstehung des modernen Staates in Baden und Württemberg. In: Baden und Württemberg im Zeitalter Napoleons. Band 2 (1987), 103-120.
Bernd Wunder: Europäische Geschichte im Zeitalter der Französischen Revolution 1789-1815. Stuttgart 2001.
Gerd Wunder: Die Schenken von Stauffenberg. Eine Familiengeschichte. Stuttgart 1972.
Max Zengerle: Johann Baptist Pflug. Ein Maler schwäbischer Idylle. Stuttgart 1957.
Joachim Zeune: Hohenfreyberg (Kleine Burgenführer). Eisenberg 1999.

LITERATURVERZEICHNIS

Joachim Zeune: Freund oder Feind? Einige Anmerkungen zu Burgsanierungen. In: Festschrift Werner Meyer. Basel 2002, 69-80.

Uwe Ziegler: Verwaltungs-, Wirtschafts- und Sozialstruktur Hohenzollerns im 19. Jahrhundert. Sigmaringen 1976.

Walter Ziegler: Kaiser Franz II. (I.), Person und Wirkung. In: *W. Brauneder (Hg.):* Heiliges Römisches Reich und moderne Staatlichkeit. Frankfurt a.M. 1993, 9-27.

Lothar Zier: Königseggwald – Die Geschichte des Amtes Wald und der Herrschaft Königsegg. Königseggwald 1996.

Charles-Otto Zieseniss: Napoléon et la Cour Impériale. Paris 1980.

Karl Theodor Zingeler: Aufzeichnungen einer deutschen Fürstin aus der Schreckenszeit des französischen Revolution von ihr selbst erlebt. In: Historisch-politische Blätter für das katholische Deutschland o.J., 849-859.

Karl Theodor Zingeler: Fürst Karl von Hohenzollern-Sigmaringen. Ein Lebensbild. In: Mitteilungen des Vereins für Geschichte und Altertumskunde in Hohenzollern 43 (1909/10), 1-123.

Karl Theodor Zingeler: Karl Anton Fürst von Hohenzollern. Ein Lebensbild nach seinen hinterlassenen Papieren. Stuttgart-Leipzig 1911.

Günther Zollmann: Adelsrechte und Staatsorganisation im Königreich Württemberg 1806 bis 1817. Diss. Tübingen 1971.

Hartmut Zückert: Das Leiden des Biberacher Kanzleidirektors Christoph Martin Wieland an seiner Stadtrepublik. Zu Wielands republikanischem Gedankengut. In: *Peter Blickle (Hg.):* Verborgene republikanische Traditionen in Oberschwaben. Tübingen 1998, 211-226.

Martin Zürn: Vom Untergange retten, was man noch kann... Das Fürstliche Haus Waldburg zwischen 1806 und 1848. In: *Volker Himmelein/Hans Ulrich Rudolf u.a.* Band 2,2 (2003), 929-942.

BILDNACHWEIS

Altshausen
Archiv des Hauses Württemberg
XIV.5, XIV.6

Arenenberg
Napoleonmuseum
S.43

Bad Buchau
Ingo Rack Fotografie
VI.12, VI.13

Bad Saulgau
Frank Müller
S.224, IX.23

Bad Saulgau
Stadtmuseum
VI.17

Berlin
akg-images
S.241

Staatliche Museen, Gemäldegalerie
V.17

Beuron
Erzabtei
VIII.13, VIII.14

Biberach
Braith-Mali-Museum
S.45, I.5, II.4, II.5, XII.1
Wieland-Archiv
S.19, 24, 36, I.6, I.9, I.10

Bingen
Reiner Löbe
VI.3

Donaueschingen
Fürstlich Fürstenbergisches Archiv
IV.6, V.19

Hechingen
Hohenzollerisches Landesmuseum
S.21, I.30, II.32, II.33

Leonberg
Dr. Ulrich Knapp
II.17, II.18, VIII.5, IX.3, IX.4, XV.1-12

Leutkirch
Waldburg-Zeil'sches Gesamtarchiv, Schloss Zeil
S.52, 56, IV.9-11, IV.16, IX.19, IX.28, XII.2-5

Ravensburg
Johannes Volz
VIII.17

Riedlingen
Foto Ulrich
S.22, 23, 26, 30, 42, 52, 55, 56, 59, 60, 63, I.1-3, I.17, I.20-26, I.28, I.32, I.34, II.6, II.7, II.9, II.11, II.13, II.15, II.16, II.21, II.24, II.26-29, II.31, III.1, III.3, III.4, III.6, III.7, III.10, III.11, IV.1-5, IV.7, IV.8, IV.12-15, IV.18, V.1-14, V.16, V.18, V.20-28, VI.2, VI.4, VI.5, VI.8-11, VII.1-15, VII.19-21, VIII.1, VIII.3, VIII.6-8, VIII.12, VIII.15, IX.1, IX.2, IX.5-17, IX.21, IX.22, IX.26, IX.27, IX.29, X.1-4, X.6-9, XI.1-13, XIII.1-13, XIII.16, XIII.18-22, XIII.24, XIII.25, XIV.1-4, XIV.7, XIV.8, XIV.11-14, XIV.22, XVI.1-12

Sigmaringen
Fürstlich Hohenzollernsche Sammlungen
V.15
Kreisarchiv
II.2, IV.19, iV.20

Stuttgart
Haus der Geschichte
III.12
Landesarchiv Baden-Württemberg
S.57, I.29, I.31, II.19, II.20, II.30, III.5, III.8, III.9, VIII.2, VIII.16, IX.24, IX.25, IX.30, X.5, XIII.14, XIII.15, XIII.17, XIII.23

Sulz-Glatt
Gerhard Scheunemann
II.23, III.2

Überlingen
Fotostudio Lauterwasser
II.14
Barbara Zoch-Michel
S.35, 61, I.4, I.7, I.8, I.11-16, I.19, I.27, I.33, II.1, II.3, II.8, II.10, II.12, II.22, II.25, VI.1, VI.6, VI.7, VII.16, VII.17, VIII.4, VIII.9-11, VIII.18, IX.20, XII.6-11, XIV.9, XIV.10, XIV.15-21